广东省现代农业产业发展报告2024

广东省农业科学院◎编著

GUANGDONG PROVINCE MODERN AGRICULTURAL
INDUSTRY DEVELOPMENT REPORT 2024

经济管理出版社
ECONOMY & MANAGEMENT PUBLISHING HOUSE

图书在版编目（CIP）数据

广东省现代农业产业发展报告. 2024 / 广东省农业
科学院编著. -- 北京：经济管理出版社，2024.
ISBN 978-7-5243-0184-4

Ⅰ. F327. 65

中国国家版本馆 CIP 数据核字第 2025RL0623 号

组稿编辑：曹　靖
责任编辑：郭　飞
责任印制：张莉琼
责任校对：陈　颖

出版发行：经济管理出版社
　　　　　（北京市海淀区北蜂窝 8 号中雅大厦 A 座 11 层　100038）
网　　址：www. E-mp. com. cn
电　　话：（010）51915602
印　　刷：唐山玺诚印务有限公司
经　　销：新华书店
开　　本：720mm×1000mm/16
印　　张：30. 75
字　　数：586 千字
版　　次：2025 年 1 月第 1 版　　2025 年 1 月第 1 次印刷
书　　号：ISBN 978-7-5243-0184-4
定　　价：98. 00 元

《广东省现代农业产业发展报告 2024》

编委会

编写组

主　　编：周灿芳　梁俊芬

副 主 编：方　伟　曹　阳　黄红星　苏柱华

编著人员：田璞玉　蔡　勋　甘阳英　冯珊珊　雷百战

杨　琴　张　磊　王佳友　杨　浩　李伟锋

王思盼　胡韵菲　杨震宇　洪思扬　王玉梅

赵永琪　莫子健　王建军　刘晓珂　陈　强

翟少轩　杨伟恒　方晨宇　刘培钦　杜园园

周　斐　卢泓雨　凡　超　王靖杰　高卓君

李伟敏　王炳成　卓钟洪　代丽娜

指导专家：谢大森　何志超　郑春田　穆利霞　刘　伟

胡桂兵　陈国荣　张　彬

前　言

　　"农业根基稳，发展底气足"，习近平总书记对"三农"工作高度重视，强调"推进中国式现代化，必须加快推进乡村振兴"，而"乡村振兴首先要靠产业"，现代农业产业是推进农业强国、实现高质量发展的应有之义。近年来，广东省深入学习贯彻党的二十大和二十届二中、三中全会精神，认真贯彻落实习近平总书记视察广东重要讲话、重要指示精神，推动实施"百县千镇万村高质量发展工程"，是激活县域发展动能、守牢"三农"基本盘的长治久安之举。2024 年是"百千万工程"加力提速、全面突破的关键一年，省委作出"要抓住产业这个根本，更好实现强县富民兴村""深入实施现代农业产业集群培育行动""加快打造更多千亿元级百亿元级农业产业集群"等具体部署，为现代农业产业明确了发展方向和重点任务。我省特色农业资源丰富、区位优势明显、市场潜力巨大，现代农业产业大有可为。

　　为了系统分析广东现代农业产业发展情况，广东省农业科学院依托本院农业经济与信息研究所、农业农村部华南都市农业重点实验室，组织本院专家及省内相关高校、科研院所权威人士，共同研究编写了《广东省现代农业产业发展报告2024》。本研究工作的开展有助于打造"广东农科智库"品牌，为积极投身"百县千镇万村高质量发展工程"提供舞台，为服务广东农业强省建设做出更大贡献。

　　本报告得到了广东省农业农村厅项目"现代农业与食品战略性支柱产业集群咨询""种植业生产信息动态监测""广东省耕地种植用途管控措施研究"、广东省科学技术厅项目"岭南特色农业科学数据中心""省自然科学基金"、广东省"百千万工程"指挥部办公室课题"乡村运营资源、典型案例及经验模式研究"、广东省政协农业和农村委员会项目"发展特色优势产业　引领县域高质量发展"和广东省农业科学院创新基金产业专项项目"大力促进产业强县　扎实推动百县千镇万村高质量发展"的资助。本报告汇集了项目的阶段性研究成果。

　　《广东省现代农业产业发展报告 2024》包括宏观发展篇、专题研究篇、县域调研篇、典型案例篇，聚焦现代种业、粮食、蔬菜、荔枝、水产、生猪、调味品、预制菜、饲料、乡村休闲十大优势特色产业，基于详实的基础数据和实地调查，刻画和分析了十大优势特色产业的空间布局、业态特征和变化趋势，为进一步推动农业产业高质量发展提供借鉴和指引。

广东省农业科学院党委书记

2025 年 1 月 13 日

目　录

I　宏观发展篇

Ⅱ　专题研究篇

Ⅲ　县域调研篇

Ⅳ 典型案例篇

Ⅰ 宏观发展篇

广东省践行大食物观的潜力与路径

王佳友 杨震宇 方 伟

主要观点： 广东省作为全国最大的粮食主销区和传统双季稻主产区，在践行大食物观方面具有独特的潜力与路径。习近平总书记强调要树立大食物观，中央也出台了一系列相关政策，为广东粮食安全工作提供了政策指引。广东食物消费结构呈现人均粮食消费下降（直接与间接消费自给率差异大）、猪肉消费上升但自给率不足、蔬菜自给有余、水果自给有余且外销能力强、水产品自给率高的特征，同时农产品消费以生鲜为主，预制菜增长潜力大。在食物供给方面，口粮稳定在 1200 万吨以上潜力在"地"，生猪出栏量保持在 3300 万头以上潜力在大企业，蔬菜自给率稳定在 100% 以上潜力在规模化，水果外销能力强潜力在特色优品，水产品稳居全国第一潜力在深远海养殖，但各产业也面临着不同挑战。为此，广东应发展"大农业"提升供给端规模化水平，构建"大链条"提升产业竞争力，聚合"大科技"加强品种培育和推广，打造"大品牌"提升品牌影响力，推进"大融合"促进产业交叉融合，以实现大食物观下粮食安全和食物产业高质量发展的目标。

广东省是全国最大的粮食主销区，也是传统的双季稻主产区，粮食种植面积和产量占全国 7 个主销区省市的 45% 和 44%。2023 年 4 月习近平总书记在广东考察时强调：中国是一个有着 14 亿多人口的大国，解决好吃饭问题、保障粮食安全，要树立大食物观。广东省委、省政府严格贯彻落实习近平总书记视察广东系列重要讲话、重要指示精神，在"百千万工程"中加强了粮食安全问题的统筹力度，可以预见，未来在大食物观下推进粮食安全是广东省履行国家粮食安全任务的总基调。为响应国家号召和广东省的要求，课题组针对大农业观大食物观背景下粮食安全的政策逻辑开展实地调研，对大食物观下广东粮食安全发展形势进行分析：

一、大农业观大食物观的政策逻辑

（一）习近平总书记对大食物观有着深刻判断

1990 年 4 月，习近平同志在福建宁德地区工作时就提出：过去讲的粮食只是狭隘地理解为就是水稻、小麦、玉米等禾本科作物，现在讲的粮食即食物，大粮食观念替代了以粮为纲的旧观念；1992 年 7 月，习近平同志在《摆脱贫困》一书中再次提出同样的观点。2017 年，习近平总书记在中央农村工作会议上提出，向耕地草原森林海洋、向植物动物微生物要热量、要蛋白，全方位多途径开发食物资源；2022 年全国两会上，习近平总书记强调要树立大食物观，"在确保粮食供给的同时，保障肉类、蔬菜、水果、水产品等各类食物有效供给，缺了哪样也不行"；2023 年《求是》刊登习近平总书记文章《加快建设农业强国 推进农业农村现代化》，其中提到"解决吃饭问题，不能光盯着有限的耕地"（见图 1）。

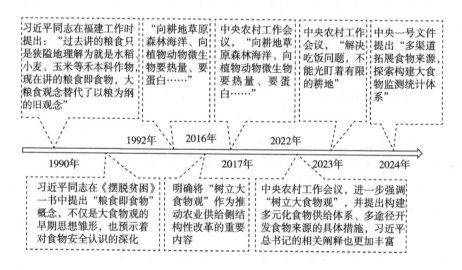

图 1　习近平总书记和中央文件对大食物观的判断和政策要求

（二）中央对大食物观有明确的政策要求

2015 年中央农村工作会议首次提出"树立大农业、大食物观念"，这一提法标志着大食物观正式被提上日程，开始被纳入国家的政策框架中，强调农业的全局性和食物供给的系统性；2016 年中央一号文件《中共中央 国务院关于落实发展新理念加快农业现代化 实现全面小康目标的若干意见》，列入"树立大食物观"，明确将其作为推动农业供给侧结构性改革的重要内容，表明大食物观已成为国家战略层面上推动农业和食物供给改革的重要工具；2022 年中央农村工作会议进一步强调"树立大食物观"，并提出构建多元化食物供给体系，多途径开发食物来源的具体措施；2023 年，中央一号文件《中共中央 国务院关于做好2023 年全面推进乡村振兴重点工作的意见》首次将"树立大食物观"纳入"抓紧抓好粮食和重要农产品稳产保供"的章节；2024 年，中央一号文件提出，"多渠道拓展食物来源，探索构建大食物监测统计体系"。

（三）大食物观下粮食安全政策的四个判断

通过梳理习近平总书记和中央文件对大食物观的判断和政策要求，可以发现其理论和政策逻辑基本趋同。总体而言，大食物观的实质内容包括：一是资源多元化：从耕地资源向整个国土资源拓展，开发多样的食物品种。二是生产结构优化：推动种养加一体，农林牧渔结合，形成与市场需求和资源环境承载力相匹配的现代农业生产结构。三是市场多元化：充分发挥市场在资源配置中的决定性作用，提升粮食和食物产业链供应链的韧性，提高各类食物的保供能力。四是科技创新：利用生物科技发展向更丰富的生物资源拓展，实现食物供给的可持续性。此外，大食物观的目标是确保粮食安全、生态安全和食品安全，同时满足人民群众日益多元化的食物消费需求，推动实现全民健康的最终目标。

二、广东省食物消费的结构与特征

（一）人均粮食消费下降，直接和间接消费粮食自给率差异大

1. 人均粮食消费呈现下降趋势，口粮自给率为 90.1%

1999~2022 年，广东省城镇和农村居民人均口粮消费量分别从 165 公斤和258 公斤下降至 102 公斤和 145 公斤，年均下降幅度分别为 2.04% 和 2.49%（见图 2）。由此可见，近 20 多年来广东省城乡居民人均口粮消费量均出现不同程度下降，农村居民人均口粮消费下降幅度高于城镇居民。2022 年，广东省粮食总产量为 1291.54 万吨，经测算广东省居民口粮自给率为 90.1%。

2. 食品消费类型多样，考虑间接消费的粮食自给率为 28.7%

广东城乡居民对猪牛羊肉、家禽、水产品等畜禽水产品以及食用植物油等消费的增加，间接促进了畜禽水产品生产所需的饲料粮消费和用于加工食用油的大豆等消费。依据广东城乡居民家庭人均猪牛羊肉、家禽、水产品、食用植物油消费量及其折粮系数，可以分别测算广东城乡居民对畜禽水产品和食用植物油的间

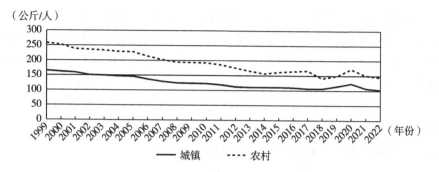

（公斤/人）

—— 城镇　　…… 农村

图 2　1999~2022 年广东省城乡居民人均口粮消费量

接粮食消费。本文采用贾晋和周迪[1]、杨东群和蒋和平[2]、李欣和李干琼[3]、王东阳和程广燕[4]、张志新等[5]所使用的折粮系数：食用植物油 5.56（大豆油按出油率 18% 计算）、猪肉 3.18、牛肉 2.00、羊肉 2.50、禽肉 2.50、蛋类 1.65、奶类 0.36、水产品 1.00。加上间接粮食消费，1999~2022 年广东省城镇和农村居民人均粮食消费量分别从 306 公斤和 372 公斤上涨至 333 公斤和 420 公斤，年均增幅分别为 0.36% 和 0.52%（见图 3）。由此可见，近 20 多年来，考虑间接消费的广东省城乡居民人均粮食消费量均出现不同程度的上升，农村居民人均粮食消费上升幅度高于城镇居民。2022 年，考虑间接消费的广东省居民粮食自给率为 28.7%。

（二）人均猪肉消费呈上升趋势，自给率仅 65.3%

1999~2022 年，广东省城镇和农村居民人均猪肉消费量分别从 20.2 公斤和 20.4 公斤上涨至 31.8 公斤和 40.1 公斤，年均上升幅度分别为 2% 和 3%（见图 4）。由此可见，近 20 多年来，广东省城乡居民人均猪肉消费量均出现不同程度上涨，农村居民人均猪肉消费上涨幅度高于城镇居民。2022 年，广东省猪肉产量为 279.81 万吨，经测算广东省居民猪肉自给率为 65.3%，缺口达 34.7%。

①　贾晋，周迪．中国城乡居民粮食消费预测与结构优化——基于均衡营养目标的视角 [J]．农业经济与管理，2013，17（1）：55-64．
②　杨东群，蒋和平．我国粮食主销区的粮食安全问题研究——基于粮食产需平衡缺口视角 [J]．中国农业科技导报，2017，19（7）：1-9．
③　李欣，李干琼．我国饲料粮消费测算 [J]．中国农业大学学报，2023，28（10）：206-215．
④　王东阳，程广燕．人均粮食消费 430 公斤必不可少 [EB/OL]．2013-05-28．https：//ifnd.caas.cn/xwzx/kyjz/219532.htm．
⑤　张志新，王迪，唐海云．中国粮食安全保障程度：基于粮食消费结构变化的分析 [J]．消费经济，2022，38（5）：38-49．

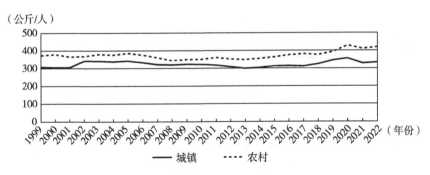

图3 1999~2022年广东省城乡居民人均粮食消费量（含间接消费）

资料来源：根据《广东统计年鉴》（2000~2023年）及各类食物折粮系数计算。

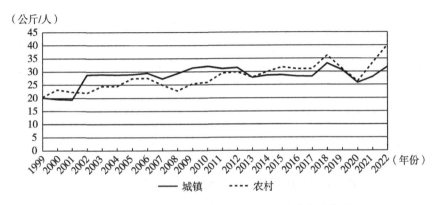

图4 1999~2022年广东省城乡居民人均猪肉消费量

资料来源：根据《广东统计年鉴》（2000~2023年）及相关数据估算。

（三）人均蔬菜消费呈上升趋势，自给有余

2013~2022年，广东省城镇和农村居民人均蔬菜消费量分别从87.0公斤和88.3公斤上涨至93.8公斤和109.8公斤，年均上升幅度分别为0.84%和2.45%（见图5）。由此可见，近20多年来，广东省城乡居民人均蔬菜消费量均出现不同程度上涨，农村居民人均蔬菜消费上涨幅度高于城镇居民。2022年，广东蔬菜产量为3999.1万吨，全年消费量为1238.3万吨，居民自给率有余。

（四）人均水果消费总体呈上升趋势，自给之余有超过70%的外销能力

2000~2022年，广东省城镇和农村居民人均水果消费量分别从19.70公斤和19.12公斤上升至43.51公斤和34.41公斤；但是相较2022年全国人均新鲜水果消费量54.7公斤，广东省人均水果消费量仍然偏低。2022年，广东省水果总产量1895.18万吨，水果消费量仅为521.66万吨，水果外销比例可达72.47%（见图6）。

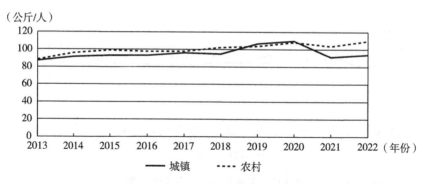

图 5　2013～2022 年广东省城乡居民人均蔬菜消费量

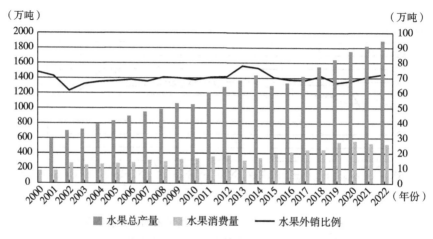

图 6　2000～2022 年广东省城乡居民人均水果消费量

（五）人均水产品消费总体呈上升趋势，水产品自给率为 289.14%

2013～2022 年，广东省城镇和农村居民人均水产品消费量分别从 21.31 公斤和 16.48 公斤上升至 24.33 公斤和 24.67 公斤，年均上升幅度分别为 1.42% 和 4.97%（见图 7）。由此可见，近 10 年来，广东省城乡居民人均水产品消费量均出现不同程度上升，农村居民人均水产品消费上升幅度高于城镇居民。2022 年，广东省水产品总产量为 894.03 万吨①，经测算，广东省居民水产品自给率为 289.14%②。

---

① 资料来源：《广东统计年鉴 2023》。

② 2022 年广东水产品自给率 = $\dfrac{\text{广东水产品总量}(894.03\ \text{万吨})}{\text{全省居民人均水产品消费量}(24.43\ \text{公斤/人}) \times \text{全省年末常住人口数}(12656.80)} \times$

100%。

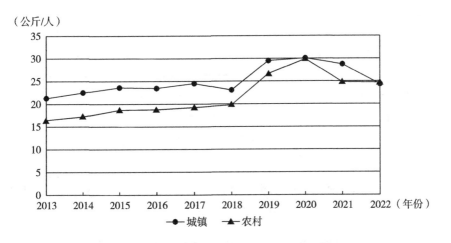

图7 2013～2022 年广东省城乡居民人均水产品消费量

（六）农产品消费以生鲜为主，预制菜具有较大增长潜力

从消费偏好来看，广东省农产品消费主要以生鲜为主，农产品加工转化率不足 60%，低于全国 65% 的平均水平。尽管近年预制菜发展势头迅猛，但目前广东省预制菜的产值只相当于农业总产值的 8% 左右。《2024 淘宝丰收节报告》显示，广东人购买的农产品占全国的 1/6。广东人民注重食材的新鲜和质量。广东省预制菜产业依托其深厚的出口基础和雄厚的工业实力，展现出强劲的增长势头，2023 年，广东省预制菜产值突破 700 亿元，同比增长超过 25%，预制菜产业发展指数连续 3 年稳居全国第一，发展潜力巨大。

三、广东食物供给的潜力与挑战

（一）口粮有能力稳定在 1200 万吨以上，潜力在"地"，挑战也在"地"

近 5 年，广东省粮食产量逐渐趋于稳定，维持在 1200 万吨以上，2023 年全年粮食播种面积为 3344.26 万亩，产量为 1285.19 万吨（见图 8）。

潜力：运用新质生产力提升土地单产、扩大食味型优质稻面积，并补齐机械化短板。广东省耕地复种指数 2.37 居全国第一，比全国平均水平（1.32）高出 79.5%，通过提高复种指数来增加粮食种植面积的空间极小。广东省作物优良品种培育既有优势又有潜力，目前全省双季稻平均亩产仅 799 公斤，单产 800 公斤/亩以下的稻田约有 2000 万亩，丝苗米亩均产量 413 公斤，低于普通稻谷 500～600 公斤的亩产，未来应加强在宜栽地区推广高产品种，配合良法，单产还有挖掘潜力。

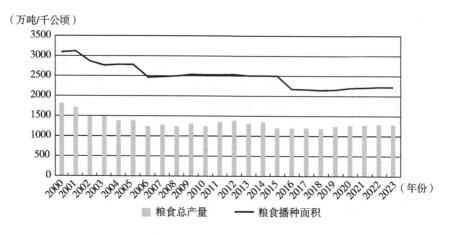

图 8　2000~2023 年广东省粮食总产量、播种面积变化情况

挑战：种地效益低，种粮效益更低，未来"谁来种地"。从种地收益来看，目前经济作物可以有每亩 2000~3000 元效益，而种水稻不计人工只能有 200 元每亩左右的利润，与外出打工每月 4000 元左右的收入相差甚远。全省约有 161.7 万户农业经营户，其中大部分为 10 亩以下的小散户，占总数的 82.54%，新型经营主体种粮占比不足 10%。

（二）生猪出栏量有能力保持在 3300 万头以上，潜力在大企业，挑战在市场

2012~2023 年，广东省生猪生产重心逐渐向粤西、粤北地区转移，并向生猪大县集中，规模化和企业化养殖趋势加快。2023 年，广东省生猪出栏 3794 万头，同比增长 8.5%，占全国的 5.22%，居全国第七位；猪肉产量 298 万吨，同比增长 6.5%（见图 9）。生猪出栏量和猪肉产量均创历史新高，产量已超过非洲猪瘟前水平。

图 9　2012~2023 年广东省生猪生产情况

潜力：企业化、绿色化和科技化优势带动产业高质量发展动力强劲。2022年底，全省生猪养殖规模化率为80%，比全国平均水平约高15%，万头以上的规模养殖场出栏量超全省的1/5。产能向龙头企业进一步集中，规划产能超过当前出栏量，能够保持出栏量3300万头的规划目标。生猪种业在全国处于领先地位，生态养殖和品牌建设加力提速，为生猪产业高质量发展转型提供了坚实基础。

挑战：价格波动、全产业链建设滞后，部分地区养殖积极性低。生猪价格波动剧烈仍是生猪稳产保供的关键影响因素。大部分养殖大县的生猪产业集中在养殖环节，"一产大、二产弱、三产滞后"，生猪产业"大而不强"，屠宰加工环节的收益无法留在本地。受环保政策、财政负担、养殖用地等影响，以中小养殖规模为主的地区养殖主体结构相对固化，地方政府推动产业转型升级的积极性不足。

（三）蔬菜自给率有能力稳定在100%以上，潜力在规模化，挑战在销售端

蔬菜是广东省最大宗的经济作物和特色产业。近年来，广东省蔬菜播种面积和总产量稳居全国前十，2023年全省蔬菜播种面积145.37万公顷，占全国6.36%，居全国第六位；蔬菜总产量4099.33万吨，占全国的4.95%，居全国第九位。

潜力：广东省蔬菜产业的发展空间主要体现在生产基地建设、仓储保鲜、加工、流通及品牌培育等。广东省丰富的蔬菜品种为特色农业的发展提供了良好条件，通过推动全产业链集群化、规模化发展，加强区域内资源的有效整合与优化配置，培育特色蔬菜品牌，有助于形成具有竞争力的蔬菜产业集群。

挑战：拓宽市场销售渠道，构建高效全面的营销体系，是当前广东省蔬菜产业面临的主要难题。以连州菜心为例，目前销售仍以传统的市场批发为主，线上渠道销售额不足20%，电商平台、社区团购及订单销售等新型渠道尚需进一步开发。此外，当市场价格低迷时，高成本的人力采摘导致许多种植户宁愿让蔬菜烂在地里，这进一步凸显了销售多元化的重要性。解决这些问题对于促进广东蔬菜产业高质量发展至关重要。

（四）水果自给之余有能力外销60%，潜力在特色优品，挑战在冷链物流和鲜果加工

广东省主要水果种植面积整体平稳，小宗特色水果发展迅速。2023年，广东省水果种植面积约为1613.5万亩，居全国第三位，水果产量约为1929.8万吨，居全国第五位，荔枝、龙眼、菠萝、香蕉产量均居全国首位。以荔枝为例，广东省是我国种植历史最悠久、规模最大、品种最多、品质最优、产业发展最强的荔枝产区。2023年，广东省荔枝种植面积396.91万亩，占全国的50.2%，荔枝产量179.66万吨，占全国的54.5%（见图10）。

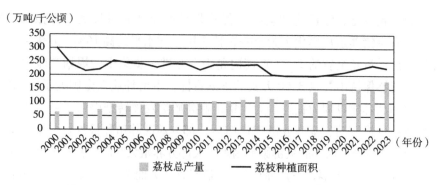

图 10 2000~2023 年广东省荔枝总产量、种植面积变化情况

潜力：特色优品发展是未来水果产业潜力点。以荔枝为例，广东省有 100 多个品种，除妃子笑、桂味、糯米糍等优质主栽品种外，还有仙进奉、井岗红糯、岭丰糯、凤山红灯笼、观音绿、冰荔等 30 多个丰产稳产、优质、耐贮运、抗裂果的特色品种，目前主栽品种优质率超过 60%，新品种较传统品种效益提高 10 倍以上。

挑战：冷链物流和鲜果加工是广东水果产业的短板。以荔枝为例，采后预冷设施和田头小站运输车不足，现有采后保鲜技术在降低成本、简化流程、保持新鲜度和产业化应用等方面仍需攻关。目前广东荔枝仍以初加工为主、深加工为辅。由于荔枝存在上市期限短、原料不足不稳、加工型品种少、适销对路产品少等问题，导致用于加工的荔枝仅占鲜果产量的 5%~10%。

（五）水产品有能力稳居全国第一，潜力在深远海养殖，挑战在"种芯不强"

2023 年，广东省水产品总产量 924.02 万吨，同比增长 3.35%，为近 10 年来最高增长年份，居全国首位（见图 11）。全省水产养殖总面积为 47.73 万公顷，养殖产量占全年水产品总产量的 86.1%，连续 27 年居全国第一。

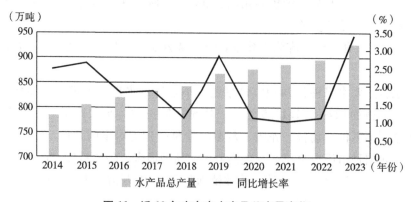

图 11 近 10 年广东省水产品总产量变化

潜力：提升深远海养殖设备抗风险能力，提高养殖效益。广东省拥有4114多千米的大陆海岸线、居全国首位，投产重力式深水网箱超过5000个，推动海洋渔业向装备化、智能化、信息化转型升级，有必要激发海洋潜力，提升养殖效益。

挑战：水产"种芯不强"，高密度养殖病害频发，出路在种业振兴和养殖方式转型升级。广东省水产产业在科技创新、良种培育、示范推广、产业融合等方面仍未形成体系，水产良种覆盖率较低，制约了水产种业的健康发展。广东省水产养殖仍较多以追求产量为主要目的，对水域生态环境保护的重视程度仍需提升。同时，数字渔业、工厂化养殖等模式占比总体不高，仍处于起步阶段。

四、践行大食物观的政策建议

（一）发展"大农业"：通过产业带建设提升供给端规模化水平

打造现代农业产业带，优化大食物观下重点农产品种养结构和空间布局，在产业带内建设一批现代农业大基地，提升供给端规模化水平。一是在粤西、粤北粮食产区建设优质稻重点发展产业带，在粤西和珠三角产区建设全省冬种马铃薯、鲜食玉米等特色旱粮产业带。二是围绕大宗蔬菜和特色蔬菜，打造粤西北运菜、粤北夏秋蔬菜、珠三角高效设施蔬菜和粤东精细蔬菜产业带。三是围绕荔枝、香蕉、柑橘、龙眼、菠萝、柚子等大宗岭南水果，以及三华李、火龙果、鹰嘴桃等优稀水果，打造水果产业带。四是依托"链主"龙头企业，延伸产业链、提升价值链、打造供应链，推动生猪屠宰、加工、销售等企业向产地集中，打造生猪畜禽产业带。五是围绕优势特色淡水、海水产品养殖、加工区，打造西江、北江下游水产产业带、粤东西部海洋牧场产业带。

（二）构建"大链条"：通过延链、补链、强链、优链提升主要农业产业竞争力

通过延链、补链、强链、优链提升粮食、蔬菜、水果、畜牧、水产品产业竞争力。一是强化育种、种植、加工三方联动，打造优质优价各方共赢的全产业链闭环。扶持农户绿色化生产、社会化服务主体降低生产成本、粮油龙头企业加工促产品溢价，实现"优粮优价""优菜优价""优果优价""优品优价"。二是聚焦重点区域和关键环节，加强生产基地、仓储保鲜、初加工、精深加工、现代流通各环节建设，推动特色蔬菜产业全链条发展。三是创新生猪养殖经营模式，将饲料供应、养殖、加工、消费等环节紧密衔接，推动养殖大市（县）养殖、屠宰、加工、配送、销售一体化发展。四是推进生物制品等产品研发，开发鱼油、鱼蛋白粉、钙片等产品，提升产品附加值，进一步延长水产加工产业链。

（三）聚合"大科技"：聚合科研资源，加强突破性品种培育和良种推广力度

发挥大湾区科技资源优势，聚合科研资源，加强粮食、蔬菜、水果、畜牧、水产品突破性品种培育和良种推广力度。一是充分发挥粤港澳大湾区国际科技创新中心的优势，聚合涉农高校、科研院所、国家种业振兴企业、育繁推一体化企业等主体，建设一批"以企业为主体、科研单位为支撑"的种业创新实验室、种业科技创新中心等平台。二是加强农业科技关键技术攻关，重点培育优质高产、多抗广适、适宜机械化作业的水稻突破性优良品种。集成水稻、蔬菜、水果等新品种和新技术的示范，利用数字科技提升农业管理水平，同时结合科研院所和高校技术力量，推动农业科技创新。三是持续推进畜禽核心育种场、水产良种场、良种扩繁基地建设，助推优势品种扩繁和生产。以种业产业园、科技园为平台，聚集资源、技术、人才、资本等要素，强化新品种试验示范，带动区域优势现代种业产业快速发展。四是加快良种推广应用，加大当家品种的推广力度，提升丝苗米、岭南水果、生猪、"国字号"水产等优质良种的生产能力和市场占有率。

（四）打造"大品牌"：持续推动"粤字号"品牌影响力提升

持续推动"广东丝苗米""广东荔枝""广东龙眼""广东菠萝""广东柚""广东水产"等"粤字号"品牌影响力提升。一是持续推进丝苗米品牌化建设行动，在品牌载体、品牌形象、营销模式方面挖掘"粤农丝苗"更高的品牌潜力。二是加快特色蔬菜主产县由卖"蔬菜"向卖"品牌"转变，构建以区域公用品牌为引领、企业品牌为支撑、产品品牌为重点的品牌发展矩阵，打通高端销售渠道。三是加大开展水产品牌推广工作，通过水产菜式评选、水产美食节、水产电商节等活动，借助电商直播、新媒体、科普等平台，加大广东水产美食文化推广，让更多消费者了解广东水产。

（五）推进"大融合"：推进农业与食品产业交叉型融合

推进粮食、蔬菜、水果、畜牧、水产品生产与食品产业交叉型融合，与二三产业融合，以及内部形态整合融合。一是开发预制菜特色产品，通过推进特色主打预制菜产品建设，促进广东丝苗米、蔬菜、水果、畜牧、水产品加工发展，延伸产业链条。二是支持特色食品加工业发展，大力发展方便食品、速冻食品和预制食品，鼓励开发个性化功能的主食食品。三是探索创新岭南水果产业融合发展模式，探索创新荔枝古树保护开发、休闲观光采摘、全产业链开发、荔枝认养定制和荔枝产城融合等模式，推动广东省荔枝产业高质量发展。四是深度挖掘岭南特色农耕文化，积极推进"旅游+""文化+""康养+"的农业跨界融合发展，打造全省以岭南特色农业为载体的农旅融合示范。

广东省现代种业发展报告

黄红星　刘晓珂　卢泓雨　高卓君　王炳成　卓钟洪

主要观点："十四五"以来，广东省深入实施种业振兴行动，大力实施"粤强种芯"工程，政产学研深化协同创新，推动种业高质量发展，取得了显著成效。一是种业发展环境不断优化，制定了《广东省种业振兴行动实施方案》，建设了8个功能性种业产业园。二是农业种质资源保存和利用走在全国前列，建成作物、畜禽、水产、微生物四大农业种质（遗传）资源库，农作物种质资源保存数量占全国的15%。三是种业产业化、现代化水平日益提升，10家（次）畜禽企业、12家（次）水产种苗企业入选国家种业阵型，分别居全国第一位、第二位；黄羽肉鸡种鸡、水产种苗产能占全国的50%以上。四是种业科技创新能力持续增强，水稻、亚热带水果、猪、禽、水产育种整体水平居于全国前列。五是广东省现代种业发展为国家粮食安全做出了重要贡献。广东省育成及参与育成的超级稻品种数量已达26个，居全国第一位，占比为20.15%；累计育成畜禽新品种（配套系）约占全国总数的16%，其中肉鸡配套系占全国总数的40%。但广东省种业虽大还不强，种业企业创新能力、种质资源深度鉴评及挖掘利用、现代化育种技术突破等方面仍然存在短板。在借鉴国内外种业发达地区经验的基础上，提出了加快推进广东省种业振兴的基本思路：要进一步完善政策支持、规划引领，提升金融服务与市场监管，要更好地发挥种质资源"基石"作用，要坚持加强种业科技创新、突破种业"卡脖子"技术。

种子是农业的"芯片"，是国家战略性、基础性核心产业，是促进农业长期稳定发展、保障国家粮食安全和农产品供给的根本。2024年中央一号文件要求"加快推进种业振兴行动，开展重大品种研发推广应用一体化试点，推动生物育种产业化扩面提速"。广东深入实施种业振兴行动，以种源保护鉴评、新品种创

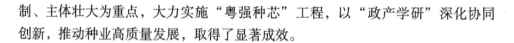

制、主体壮大为重点，大力实施"粤强种芯"工程，以"政产学研"深化协同创新，推动种业高质量发展，取得了显著成效。

一、广东种业发展成效

（一）种业发展环境不断优化

广东省自 2013 年起连续 11 年将推进现代种业发展列为重点工作，并先后出台了《广东省种子条例》《广东省农业种质资源保护与利用中长期发展规划（2021-2035 年）》《新时代广东省现代种业发展规划（2019-2025 年）》《广东省种业振兴行动实施方案》等一系列政策文件（见表1）。从资源保护到创新驱动，从企业培育到市场监管，再到数字化升级，为推进广东省种业振兴提供了全方位的政策指引。

表 1 广东省出台与种业相关的主要政策、规划

发布时间	发布单位	文件名称	主要内容
2019 年 11 月	广东省人民政府	《广东省种子条例》	对种质资源保护，品种审定、认定、登记与评定，种子生产经营与使用，种业扶持与创新，种业监督管理及法律责任等做出规定
2021 年 4 月	广东省人民政府	《广东省国民经济和社会发展第十四个五年规划和2035年远景目标纲要》	实施"粤强种芯"工程，组建广东种业集团公司，加强动植物种质资源保护和开发利用
2021 年 9 月	广东省人民政府办公厅	《广东省科技创新"十四五"规划》	实施科技支撑种业振兴行动，聚焦种业亟待攻关的主要方面，有序推进生物育种产业化应用
2021 年 9 月	广东省人民政府	《广东省海洋经济发展"十四五"规划》	聚焦种业"卡脖子"关键问题，实施"粤强种芯"工程，实现建设水产种业强省目标
2021 年 8 月	广东省人民政府	《广东省推进农业农村现代化"十四五"规划》	实施"粤强种芯"工程，加强种质资源保护利用，加大种源"卡脖子"核心技术攻关，培育突破性新品种，提升种业科研创新水平，做大做强优势特色种业企业，高标准建设现代种业基地

发布时间	发布单位	文件名称	主要内容
2022 年 3 月	广东省农业农村厅	《广东省种业振兴行动实施方案》	对加强种质资源保护利用，突破核心育种关键技术，培育突破性新品种，提升种业科技创新水平，支持优势特色企业做大做强，高标准建设现代种业基地，提升种业监管能力等做出具体部署
2022 年 4 月	广东省农业农村厅	《广东省农业种质资源保护与利用中长期发展规划（2021-2035 年）》	聚焦农业种质资源收集、安全保存、鉴评利用、共享交流四大环节，建设一批标志性工程，全面提升广东省农业种质资源保护与利用水平
2024 年 8 月	广东省农业农村厅	《广东省农业农村厅省级农作物种资源库（圃、区）管理办法》	明确了省级农作物种质资源库（圃、区）的确定条件、程序以及监督管理、资源共享利用等具体要求

在强化种业发展资金扶持上，自 2021 年以来，广东省政府每年落实省财政资金 3 亿元用于支撑种业发展，持续加大对生物育种、育种联合攻关和畜禽遗传改良等重大项目的资金投入。广东省财政投入 4 亿元在作物、畜禽种业领域新建 8 个功能性种业产业园。组建广东种业振兴基金，为种业发展提供长期稳定的金融支持，资金总规模已达 100 亿元。在金融保险支持种业方面，相关机构针对企业与农户的实际需求，推出特色信贷产品、保险产品，如广东人保财险开发的"种业振兴保"系列产品、中华财险广东分公司推出的"水稻育秧保险"等，有效分散转移了种业生产经营的市场风险。

（二）农业种质资源保存和利用走在全国前列

农业种质资源是保障国家粮食安全与重要农产品供给的战略性资源，同时也是农业科技原始创新与现代种业发展的基础支撑。广东历来是种质资源大省，种业"家底"丰厚，开展种质资源库建设时间早、规模大、涉及生物门类多。依托广东省农业科学院、中国科学院华南植物园、华南农业大学、广东省微生物研究所等科研机构，广东省已建成华南地区规模最大的种质资源保护与研究数据库。至 2023 年底，广东省共建成国家级和省级农作物种植资源圃（专业库、原生境保护区）27 个，省级畜禽遗传资源保种场（保护区）31 个，省级以上水产原良种场 69 个。全省累计收集保存农作物种质资源 7.6 万份，占全国 15%，畜禽种质资源（遗传物质）10.02 万份，水产种质资源（遗传物质）9.8 万份，农业微生物种质资源 6.5 万余株。

在作物资源方面，第三次全国农作物种质资源普查与收集行动，广东省共收集各类农作物种质资源 8437 份。2022 年农业农村部种业管理司发布的第一批国家级农作物种质资源库中，有 4 个农作物种质资源库（圃）来自广东（见表 2）。截至 2023 年底，广东省农作物种质资源保护库（含分库、圃）累计保存种质资源 7.6 万余份。其中省农科院累计保存农作物种质资源 6.3 万份，包含水稻、甘薯、玉米等粮食作物，香蕉、荔枝、黄皮等特色水果以及蔬菜和花卉等多种农作物，规模居华南地区首位。荔枝、黄皮、桑树保存数量居世界首位，鲜食玉米、香蕉、番木瓜、冬瓜、丝瓜等华南特色蔬菜资源保存数量为全国之最，野生稻和地方品种资源、茶树、柑橘、龙眼、菠萝、芒果资源的保存数量位居全国前列。广东收集和保存的野生稻资源为世界之最。已收集保存国内外栽培稻资源超过 19700 份、野生稻资源 5210 份，并已完成 1 万余份水稻种质资源 DNA 分子指纹图谱的构建。新发现的阳西、罗定、陆丰 3 个野生稻分布点也进一步丰富了水稻种质资源的储备。

表 2　广东省入选国家级农作物种质资源库（圃）

资源库（圃）名称	资源保存情况
国家野生稻种质资源圃（广州）	现有广东、海南、湖南、江西、福建等省份及国外 20 多个国家和地区的野生稻资源 5210 份，以普通野生稻、药用野生稻及疣粒野生稻为主，包含了 21 个稻属物种
国家荔枝香蕉种质资源圃（广州）	作为首批国家级 15 个果树种资源圃之一，收集保存荔枝资源 600 多份，香蕉资源 358 份
国家甘薯种质资源圃（广州）	保存的资源包括甘薯农家品种、育成品种（系）、国外引进品种以及近缘野生种等共有 1300 多份
国家热带果树种质资源圃（湛江）	已收集保存芒果、菠萝、澳洲坚果、香蕉、火龙果、龙眼、杨桃、番石榴、黄皮、荔枝等 23 科 40 属 55 种热带果树种质资源共 1390 份

在畜禽资源方面，广东省累计保存畜禽种质资源（遗传物质）10.02 万份。2018 年，广东省结合第二次全省畜禽遗传资源调查的结果出版了《广东省地方畜禽遗传资源志》，确定大花白猪等 20 个畜禽品种为广东省畜禽遗传资源保护品种（见表 3）。近年来，还发现"粤西卷羽鸡（麒麟鸡）""阳春白鹅"等 8 个畜禽新资源，其中包含重新发现的原认定灭绝地方特色品种"中山麻鸭"。已初

步建立了小耳花猪、大花白猪、蓝塘猪、清远麻鸡、杏花鸡、狮头鹅、马冈鹅等品种的分子鉴别标准；创制了包括"粤豚一号"华南地方猪保种40K、"广芯1号"肉鸡60K在内的六款华南地方品种特异性基因芯片；初步建成生猪和家禽DNA指纹特征数据库，这些都为广东省畜禽遗传资源保护及开发利用奠定了重要基础。

表3　广东省畜禽遗传资源保护名录地方品种

类别	地方品种名称	数量
猪	大花白猪 *、蓝塘猪 *、粤东黑猪 *、广东小耳花猪 *	4
鸡	清远麻鸡 *、惠阳胡须鸡 *、怀乡鸡、杏花鸡、阳山鸡、中山沙栏鸡	6
鸭	中山麻鸭	1
鹅	狮头鹅 *、乌鬃鹅 *、阳江鹅、马岗鹅	4
牛	雷琼牛 *、陆丰黄牛	2
羊	雷州山羊 *	1
鸽	中山石岐鸽	1
蜂	华南中蜂 *	1

注：＊为列入国家级畜禽遗传资源保护名录的品种。

在水产资源方面，广东省已完成19.2万家水产养殖单位种质资源普查，摸清水产种质资源"家底"9.8万份。南方海洋实验室已建成国际一流的海洋水产种质资源库，并开发了海洋生物样本信息管理系统、海洋生物种质数据库、海洋生物基因数据库等，为海洋生物资源共享服务提供了重要支撑。

（三）种业产业化、现代化水平显著提升

广东种业企业在广东省龙头企业中占据重要地位。截至2023年底，全省作物种业领域有省级龙头企业46家，国家级龙头企业4家；畜禽种业领域有省级龙头企业68家，国家级龙头企业5家；水产种业领域有省级龙头企业24家，国家级重点龙头企业2家①（见图1）。

---

① 资料来源：从广东省农业农村厅公布的广东省重点农业龙头企业名单中人工筛选出种业相关企业进行统计，种业相关企业的定义是：开展动植物育种研发或企业主营业务中包括农作物种子、种苗生产或畜禽、水产苗种生产的企业。

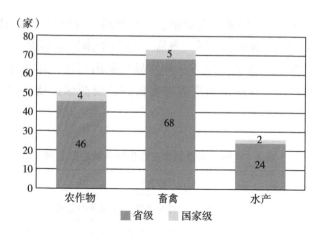

图 1 广东种业相关龙头企业数量及产业分布

在作物种业方面，代表性企业有广东鲜美种苗股份有限公司、广东省金稻种业有限公司、广东华茂高科种业有限公司、华农大种业有限公司、广东省种业集团、广东天弘种业有限公司、绿亨科技集团股份有限公司等，主要从事水稻、玉米、蔬菜等农作物的良种选育和种子种苗生产、销售。这些龙头企业初步建立了育种研发团队，且形成了与广东省农业科学院、华南农业大学等联合研发的模式，有力推动了广东省作物种业发展。2023 年，全省拥有现代化育苗工厂、优质荔枝采穗圃和无毒苗繁育基地 30 余个。在第十五届中国国际种业博览会上，广东鲜美种苗股份有限公司分别上榜商品种子销售总额 20 强（排名第 6）、蔬菜商品种子销售总额 10 强（排名第 1）和持证农作物种子企业总营收 10 强（排名第 10）。

在畜禽种业方面，截至 2023 年底，广东省拥有国家级生猪核心育种场 11 个，国家级肉鸡核心育种场 9 个，国家级肉鸡良种扩繁推广基地 6 家，主要畜禽良种基本满足自给供应。其中全省年产种猪 80 余万头，约占全国的 10%；年均供应黄羽肉鸡种鸡近 2400 万套，占全国的 50% 以上。在种鸡领域，温氏集团自主培育了新兴矮脚黄鸡等 9 个家禽品种配套系，是国内掌握优质鸡遗传资源最多的单位之一。在政府、企业、科研单位的共同推进之下，广东省已建立快速型、中速型、慢速型搭配的黄羽肉鸡产品结构，形成了较为完善的"原种、祖代—父母代、扩繁场—商品场"繁育体系，育种实力位居全国前列。其中，自主育成通过国家审定的地方特色优质黄羽肉鸡新品种（配套系）24 个，约占全国肉鸡育成新品种（配套系）的 41%。新广农牧公司成功培育出"广明 2 号"白羽肉鸡配套系新品种，实现了我国白羽肉鸡自主育种零的突破。

在水产种业方面，广东省是全国水产苗种生产中心和南苗北运核心区。至2023年底，广东省共拥有省级以上水产原良种场 69 个，年产水产养殖苗种 8000 亿尾，占全国的 50% 以上。广东淡水鱼苗、海水鱼苗产量均位居全国首位。海大集团、恒兴集团、百容水产、梁氏水产等一批水产种业龙头的涌现，已成为水产种源安全、重要农产品供给的有效支撑。此外，广东省水产"育繁推"一体化居于全国领先地位，在 2021 年农业农村部公布的全国水产种业育繁推一体化优势企业①中，广东省有 6 家企业上榜，数量居全国第二位（见表 4）。

表 4　广东省入选全国水产种业育繁推一体化优势企业名录

序号	企业名称	自主培育品种
1	广东海兴农集团有限公司	凡纳滨对虾"海兴农 2 号"
2	广东伟业罗非鱼良种有限公司	吉奥罗非鱼
3	广东恒兴饲料实业股份有限公司	南美白对虾"中兴 1 号"
4	广东金阳生物技术有限公司	凡纳滨对虾"正金阳 1 号"
5	佛山市南海百容水产良种有限公司	长珠杂交鳜，全雌翘嘴鳜"鼎鳜 1 号"
6	广东梁氏水产种业有限公司	大口黑鲈"优鲈 3 号"

广东省不断强化企业在种业创新体系中的主体地位，加快构建以企业为主体的商业化育种体系，激发企业主体创新动能。通过成立省种业振兴股权投资基金，广泛吸引社会、金融资本投入，推动优势企业兼并重组，支持大型企业和社会资本通过并购或参股等方式进入种业。在 2022 年公布的国家种业阵型企业名单②中，广东省共有 19 家企业入选，数量居全国第三位（见图 2），在畜禽和水产领域稳居第一梯队。

（四）种业科技创新能力持续增强

广东省已建成亚热带农作物、水产和畜禽育种等 100 多个种业相关的创新平台和重点实验室、研发中心。广州优质稻育种、深圳现代生物育种、畜禽育种国家重点实验室、国家生猪产业技术研发中心等重大种业创新平台呈点阵式分布，为广东种业振兴提供核心科技支撑（见表 5）。广东积极推进以"生物技术+数据技术+人工智能"（"BT+DT+AI"）为核心的现代育种工程技术发展，改造传统育种方式，加快构筑由基础研究、技术应用到产业示范推广的完整种业创新链与产业链。

---

① 资料来源：《2021 中国水产种业育繁推一体化优势企业名录》。
② 资料来源：农业农村部办公厅公布的国家种业阵型企业名单。

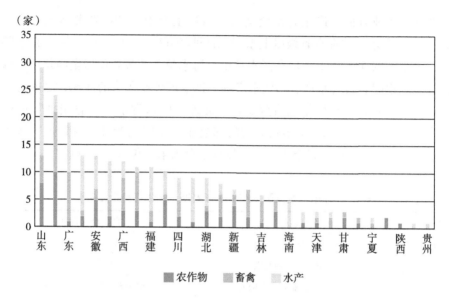

图2 全国各省份种业阵型企业数量及构成

表5 广东建设的国家级种业创新平台

平台名称	主要任务
畜禽育种国家重点实验室	开展猪鸡重要经济性状遗传的遗传基础研究、畜禽新品种（配套系）培育及相关支撑技术研究，培育具有自主知识产权的优良畜禽新品种
国家生猪种业工程技术研究中心	围绕国家生猪产业发展目标，以种质资源保存和利用、种猪公司化育种工程技术等为主要研发方向，开展种猪生物育种的应用基础研究、试验生产和产业化应用
国家植物航天育种工程技术研究中心	围绕植物航天诱变育种这一总体目标，从航天诱变新品种（种质）选育及应用、航天育种共性关键技术研发等方向进行研究。为我国植物航天生物育种发展提供公益性、高水平、全链条的科技及智力支撑
农业农村部华南优质稻遗传育种重点实验室	依托广东省农业科学院水稻研究所建设，实验室围绕华南地区优质稻新品种、优质稻高产高效低碳生产技术等产业需求，为华南地区高产型多抗广适型品种培育及绿色高效生产技术提供有效的科技支撑
农业农村部农业基因数据分析重点实验室	围绕"粮食安全"等国家重要战略需求，研究和开发生物组学研究等共性技术，构建农业生物大数据云计算平台
亚热带农业生物资源保护与利用国家重点实验室	聚焦亚热带重要特色作物种质资源创新不足、重大突破性品种匮乏等问题，挖掘和创制优异基因资源，创新生物育种关键技术，培育"高产、优质、多抗、宜机"协同改良突破性品种

续表

平台名称	主要任务
南海海洋生物技术国家工程研究中心	以南海生物资源为依托，以海洋生物技术为核心，以海洋生物产品为目标，发展海水健康养殖、海洋生物制品、海洋药物等海洋生物产业为宗旨，搭建技术服务，建立海洋生物 RTPS 一体化创新体
国家基因库	集生物资源样本库、生物信息数据库和生物资源信息网络为一体，通过建立高水平的生物资源样本库、高效的生物信息数据处理等，搭建信息资源研究开发的基础性支撑平台

广东把国家级和省级育种联合攻关同谋划同推进，广东省为白羽肉鸡、瘦肉型猪、荔枝和香蕉四项国家良种重大科研联合攻关成立良种联合攻关领导小组和专家组，制定实施方案，并从省级现代种业提升工程中安排资金给予支持。同时谋划组建省级地方猪、黄羽肉鸡、肉鸽、肉鹅、菠萝等联合攻关组，通过"揭榜挂帅""赛马"等组织方式创新育种攻关机制，重点对优质稻、地方猪、黄羽肉鸡、南美白对虾、荔枝等优势特色领域开展育种联合攻关。推动要素聚合、技术集成，加快育种关键技术研究，持续培育突破性新品种，使广东丝苗米、瘦肉型生猪、黄羽肉鸡以及罗非鱼、对虾等品种创新和产业化水平位居国内领先水平。广东省针对广东丝苗米全产业链建设、海洋牧场全产业链建设，在饲养品种筛选、抗病育种技术、疫苗研究、水稻分子育种和大数据育种等领域也逐渐积累了相关技术储备。

（五）广东种业为国家粮食安全做出重要贡献

广东是全国第一人口大省，截至 2023 年底，广东省常住人口已达 1.27 亿，农产品稳产保供压力巨大。特别是在耕地资源受限的背景下，良种良法对重要农产品单产的持续提高发挥了主要作用。广东省水稻的亩产 2005~2022 年，增长了 15.80%；蔬菜的亩产增长了 25.47%（见图 3）。

在新品种培育方面，广东省培育出了一批具有重大突破性的农作物、畜禽、水产优新品种，占据全国较大市场份额（见表 6）。

广东育成及参与育成经农业农村部确认的超级稻品种数量居全国首位，优质稻品种"黄华占"多年名列全国籼稻品种推广种植面积首位；累计育成畜禽新品种（配套系）约占全国总数的 16%，其中肉鸡配套系占全国总数的 40%；黄羽肉鸡种鸡、水产苗种产能占全国的 50% 以上。广东种业不仅为广东省也为全国粮安做出了重要贡献。

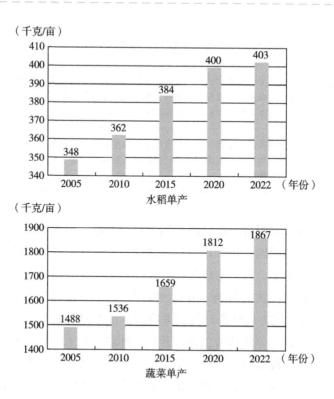

图3　2005～2022 年广东省水稻、蔬菜单产变化情况

表6　广东省育种重要成果（部分）

品种	主要成果
水稻	累计育成或参与育成超级稻26个，数量居全国第一；全国累计推广面积最大的6个常规籼稻中，4个为"广东造"，2个为"广东芯"
蔬菜	在全球率先运用"基因组设计"实现马铃薯杂交种子替代薯块繁殖，自主选育的冬节瓜、菜心、紫红茄等特色蔬菜在多个省份大面积种植，推广至东南亚、澳大利亚等国家和地区
果树	"中蕉8号"等香蕉抗病品种阶段性缓解了香蕉枯萎病危害这一世界性难题，"仙进奉"荔枝成为高端荔枝的代表性品种
畜禽	广东省累计育成畜禽新品种（配套系）36个，约占全国总数的16%，其中黄羽肉鸡配套系25个，占全国肉鸡配套系总数的40%。由新广农牧研发培育的"广明2号"白羽肉鸡配套系新品种通过国家审定，实现了我国白羽肉鸡自主育种零的突破
水产	广东省累计培育水产新品种40个，约占全国水产新品种总数的15%，培育出"中兴一号""海兴农3号""海茂1号"等南美白对虾新品种7个，解决了种源依赖进口的问题

二、广东种业短板问题

与发达国家和地区相比，广东省离种业强省的发展目标还有一定差距，种业发展的短板主要体现在以下四个方面：

一是"航母型、旗舰型"种业企业少，企业整体创新能力还不强。广东省种业企业普遍规模小、研发投入不足、市场竞争力不强。全省具备种子研发、繁育和推广三项全能的企业占种企数量不到5%，绝大部分种业企业为不具备研发能力，仅从事种子种苗繁育或经营销售的中小微企业（见表7）。

表7　北京、安徽、湖北、湖南和广东种业上市企业情况对比

省份	企业名称	主营业务	营业总收入（2023年）	上市年份
北京	中农发种业集团股份有限公司	玉米、小麦、水稻种子等（国内领先"育繁推一体化"种子企业）	67.61亿元	2001
	奥瑞金种业股份有限公司	水稻、玉米、棉花、油菜种子等（农业农村部认证"育繁推一体化"种子企业）	138.43亿元	2005
	北京大北农科技集团股份有限公司	饲料、生猪、作物科技	333.90亿元（种子销售收入约10亿元）	2010
安徽	合肥丰乐种业股份有限公司	种业、农化（全国首批"育繁推一体化"种子企业）	31.14亿元	1997
	安徽荃银高科种业股份有限公司	水稻、玉米、小麦种子等（农业农村部认证"育繁推一体化"种子企业）	41.03亿元	2010
	安徽江淮园艺种业股份有限公司	西瓜、南瓜、胡瓜、胡椒等蔬菜种子（全国蔬菜种子"育繁推一体化"企业）	未披露	2015
	安徽皖垦种业股份有限公司	小麦、水稻、玉米、大豆种子等（农业农村部认证"育繁推一体化"种子企业）	4.55亿元	2023
湖北	湖北中香农业科技股份有限公司	杂交水稻种子	0.51亿元	2015
	湖北康农种业股份有限公司	玉米种子、魔芋种子、中药材种苗（国家农作物新品种"育繁推一体化"现代种业企业）	2.88亿元	2024

续表

省份	企业名称	主营业务	营业总收入（2023 年）	上市年份
湖南	袁隆平农业高科技股份有限公司	杂交水稻、玉米、蔬菜种子等（国内领先"育繁推一体化"种子企业）	92.23 亿元	2000
	湖南桃花源农业科技股份有限公司	水稻种子等	未披露	2016
广东	广东海大集团股份有限公司	虾苗、鱼苗	1161.17 亿元（种苗业务收入约 13 亿元）	2009
	广东鲜美种苗股份有限公司	甜玉米、水稻、西瓜、甜瓜、蔬菜等种子	4.62 亿元	2015
	广东和利农生物种业股份有限公司	瓜类蔬菜种子	0.86 亿元	2017
	绿亨科技集团股份有限公司	蔬菜种子、农药等	4.22 亿元	2022

二是种质资源深度鉴评、挖掘利用仍需加强。种质资源是种业创新的"原料库"，广东农业种质资源保存的类型和数量均居于全国前列，近年来针对种质资源的制度设计和投入显著增加，但种质资源精深鉴评、挖掘利用是一项战略性、长期性的基础工作，更加需要政策和支持的稳定性，需要政府、科研机构、企业等各方力量的协同，久久方能为功。

三是原创性、颠覆性育种技术研究不足，突破性新品种不多。目前，广东作物新品种选育主要依赖于传统杂交选育等手段，对以"生物技术+数字技术+人工智能"为特征的现代育种技术研究还明显不足，多组学、基因编辑、分子模块设计育种、全基因组选择育种等方面技术研究总体还处于"跟跑"阶段，新品种存在一定的同质化问题，高产稳产、优质抗逆、耐储藏、加工专用、适宜机械化等面向国家战略以及满足未来市场需求的突破性新品种少。

四是种业进出口贸易逆差大，种业国际竞争力弱。相较于发达国家，广东种业企业起步晚且规模小，种企在新型品种研发投入上远远低于国内外种业巨头，在国际竞争中处于不利地位，导致种子种苗进出口贸易长期处于大逆差状态。广东省进出口的农作物种子主要分为三大类别：草本花卉植物种子、蔬菜种子及其他种植用种子、果实、孢子等。2023 年，农作物种子进口总量为 2673.89 吨，进口总额为 12.39 亿元；农作物种子出口总量为 351.82 吨，出口总额为 2009.39 万元（见图 4）。

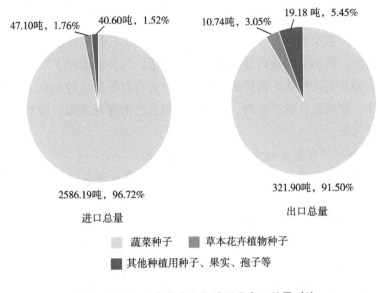

图 4　2023 年广东省农作物种子进出口总量对比

在水产方面，广东省水产种苗同样处于贸易逆差状态。海关数据显示，2023 年广东省水产种苗进口总量为 14.11 吨，进口总额为 1.11 亿元；水产种苗出口总量为 106 吨，出口总额为 1132.87 万元。广东省占进口总量比重最大的水产种苗品类为对虾种苗及其他小虾种苗，占比为 93.12%，主要从泰国进口。

三、国内外种业发达地区经验借鉴

（一）发达国家种业发展模式

1. 美国——知识产权保护的"复合模式"

美国种业兴起较早，产业资源配置优越，现已成为全球种业最发达国家，也是全球第一大种业市场。美国种业辉煌成绩得益于它的知识产权保护，为育种者提供了专利权和植物品种权的复合保护。美国专利法制定于 1790 年，对可享专利的对象作了界定，"任何人发明或发现任何新颖而且有用的方法、机器、设备或物质成分，或者对其做有用的改进，并符合其他要件时，可获得专利权"。1930 年，美国颁布了《植物专利法》，是世界上第一部专门保护有生命体发明的知识产权法律。植物专利法的保护对象是除了块茎繁殖植物或未开发土地上发现的植物之外的无性繁殖植物，主要是观赏植物和果树等。为确保有性繁殖植物能得到相应的保护，美国于 1970 年颁布了《植物品种保护法》（*The Plant Variety Protection Act*，PVPA），其保护对象包括了绝大部分植物种类，尤其是《植物专利法》不能保护的有性繁殖植物及块茎类植物。在 1994 年修订时，又将保护对象扩大至第一代杂交种（F1）和块茎植物品种，但不包括真菌和细菌。美国通过实用专利法、植物专利法以及植物品种保护法，为种业编织了严密的知识产权保护网，推动着美国种业的高质量发展。育种者可以根据 3 种知识产权的特点从中自由选择一种或组合选择多种，以充分保护自己的育种成果，即对知识产权进行多重复合保护。

2. 荷兰——"育繁推一体化"种业运行模式

荷兰种业发展始于 19 世纪，历经 100 多年，荷兰种业在世界上占据举足轻重的地位，一直是世界上最大的种子、种苗生产和出口国之一。荷兰逐步形成了"育、繁、推一体化"的种业运行模式，这种模式主导着荷兰的种业发展。全球种业销售额 Top20 的企业有 4 家出自荷兰，即瑞克斯旺种子公司、安莎种子公司、必久种子有限公司以及百绿集团。以瑞克斯旺种子公司为例，该公司番茄种子排名第一，专业从事蔬菜育种、种子生产和销售，其一体化模式包括各环节一体化和各部门一体化，在"育繁推一体化"各环节中实现了基础研究、品种选育、种子生产、加工、种子销售、种子出口以及种子售后服务的一体化。各部门中种子的研发、创新、生产与销售既分工明确、相对独立，又保持着企业在运行过程中的信息交流与资源共享，共同构成了跨国种业公司各部门互为补充而又充分合作的一体化运行机制。

3. 德国——商业化育种模式

德国是全球种业强国之一，在全球种子市场占据重要的地位。该国的跨国种业企业如拜耳、巴斯夫、KWS 等，早已建立了商业化育种模式。在 1953 年，德国政府就颁布了《保护植物品种和人工栽培植物种子法》，用来保护植物新品种的知识产权，未经登记的新品种不得进行生产、加工和销售。在 1968 年实施的植物保护法中，德国又对该法规进行了修订，在新法保护下，未经育种者同意，不得进行以商业销售为目的的生产和销售等。在育种技术方面，德国非常重视种子基础材料的研究和利用，积极搜寻国内外不同特点和类型的种源，再根据不同的环境改善基因群体，加上培育大量姐妹系，以此来育成优良种子。在维护商业化育种机构方面，成立了德国联邦育种者协会，参与协调育种者的利益，对新品种质量进行严格的控制，同时为育种行业提供资金支持，在新品种保护方面也发挥了重要作用。

德国通过建立完备的植物新品种保护法律体系，辅之以育种者协会等中介机构提供服务支撑，对育种者的权力给予较好的保护，也激励了育种者的积极性，从而构筑起以私有育种企业为主体、功能完备的商业化育种体系。

4. 法国——政府推动种业高效发展模式

法国种业因其优越的气候和丰富的农作物种类，在欧盟乃至世界都占据非常重要的地位。法国以政策推动种企高效发展的模式取得了显著效果。一是实行植物新品种证书（COV）制度，允许种业研发企业拥有一定数量的种业产品垄断推广权，加快了优良品种的传播，保障种业企业的发展。二是设置技术转移机构，设立公私合作基金，促进公立研究机构和种子企业的研发。三是强化种子质量监管，通过成立种子品种研究控制集团，对种子进行官方鉴定和测试，保证进入市场的种子都能符合农业部门规定的繁育种子技术标准，也保障了育种企业在快速发展过程中的稳定性和可靠性，避免声誉受到影响，确保种子企业的高质量发展。

（二）国内种业发达地区经验

1. 北京——完善"种业之都"顶层设计

北京市种质资源数量、种业头部企业数量及实力、科研创新和成果转化能力均居全国前列。北京于 2021 年启动了种质创新和品种选育联合攻关项目，在农作物、水产种业材料创新、技术创新和品种选育方面取得阶段性成果；持续推动"种业之都"建设，通过建立种业"一盘棋"工作协调机制，整合资源，集成力量，加快实施种业振兴行动。

北京市围绕种业振兴，统筹推进"4520 行动"，即围绕农作物、畜禽、水产、林果花草四大种业，实施种质资源保护利用、种业创新攻关、种业企业扶优、创新基地提升、创新环境优化五大行动，落实 20 项重点任务。依托首都区位优势和资源禀赋，北京市初步构建了农作物、畜禽、水产、林果花草四大种业研发体系，布局建设了平谷、通州、延庆和南繁四大种业公共服务平台，基本形成"种业之都"的四梁八柱。经过多年探索和发展，北京市种业产业链逐步形成了"育种在京，制种、用种在外"的显著特点，主要体现在：育种主体和种质资源掌握在京，种业企业在京外布设种植基地、种植带、繁育中心，玉米、小麦、肉种鸭、蛋种鸡、鲟鱼、宫廷金鱼种苗等京牌优良品种在全国广泛推广应用。

2. 安徽——金融支持种业做大做强

截至 2023 年底，安徽全省有 2 家企业进入全国持证农作物种子企业总营收

10强；3家企业进入全国商品种子销售总额20强；3家企业入选全国小麦商品种子销售总额10强。安徽省拥有农作物种子主板上市企业2家，居全国第一位；"育繁推一体化"企业12家，居全国第二位；13家种业企业入选国家阵型，总数居全国第六位，农作物种子产值居全国第三位。安徽省拥有国家级制种基地（大县）5个、省级制种基地13个，农作物制种量居全国第四位，杂交水稻种子出口量连续4年居全国第一位，西甜瓜、线椒、紫云英等特色作物制种量位居全国前列。

安徽省农业农村厅作为省直部门率先于2020年7月专门成立了农村金融工作领导小组并下设金融办，并将现代种业作为金融支农的重点领域，着力建立种业企业与金融机构常态化对接机制。2022年为种业企业新增贷款35.96亿元，组织种业发展基金和省农业产业化发展基金向种业企业投资2.7亿元，为7家企业办理专利权或商标权质押融资近2500万元。

3. 湖南——打造高水平种业创新平台

湖南有杂交水稻全国重点实验室等一批国家级科技创新平台，拥有农业相关国家及省部级创新平台39个，其中3个国家重点实验室、1个国家技术创新中心、3个国家工程技术研究中心、9个国家育种中心或改良分中心。湖南省南繁科研育种园每年创制育种材料20多万份，选育新品种100个以上。湖南省拥有国家级制种大县8个，其中水稻制种大县6个，年产杂交稻种子8000万千克左右，居全国首位。位于长沙的隆平高科技园，在不到20平方千米的土地上，聚集了310家生物育种产业链企业，来自25家相关高校、科研院所的近4000名种业科研人员在园区工作。"栽下梧桐树，引来金凤凰"。岳麓山实验室、岳麓山种业创新中心的建设，将进一步提升湖南种业科技优势。实验室把集聚顶尖人才放在第一位，明确高层次人才标准、招引标准和流程、绩效考核、人才待遇、经费保障和退出机制等，对于急需紧缺人才采取"一事一议"特殊政策或通过"揭榜挂帅"项目合作、访问学者等方式链接。

四、进一步加快广东种业高质量发展的思路

加快推进广东种业振兴，促进种业高质量发展，要进一步完善政策、规划引领，提升金融服务与市场监管，更好地发挥种质资源"基石"作用，坚持加强种业科技创新、突破种业"卡脖子"技术。

（一）强化政策机制创新，进一步优化种业发展环境

一是面向新时期广东种业发展需求，紧跟国内外种业产业发展趋势，高位谋

划广东省"十五五"现代种业发展规划及相关配套政策。制定实施现代种业中长期发展规划。将现代种业纳入广东省重点支持和优先发展的产业链，加强政策衔接与协同，完善金融支持、用地保障、人才引进等相关配套政策，为现代种业产业高质量发展提供全面、稳定的政策支持。

二是完善广东种业相关法律法规。适时修订完善广东种子法律法规和规章，健全并改进品种测试、品种审定、品种保护和品种退出制度，完善种子生产、经营行政许可审批和监督管理的相关规定，提高违法行为处罚标准，制定育种研发、科技成果转化及科研人员行为准则。

三是加强种业金融服务和市场监管。建立金融支持核心种业企业投资与并购机制，以企业规模化发展促进种业产业整体优化。灵活运用信用监管、"互联网+"监管、触发式监管等模式，持续加强种业知识产权保护，提升种子质量检验机构服务能力，净化种子种苗经营市场。

（二）深化种质资源收集保护利用，加快优质品种繁育推广

一是持续加强种质资源收集、保护、挖掘利用。充分发挥国家、省各级种质资源库作用，持续开展水稻、岭南特色作物、畜禽、水产等种质资源普查，保护和挖掘特色遗传资源、优异天然种源，实施地方品种提纯复壮行动，推动资源创新共享利用。加快推进国际化种质资源库的收集与引进，以丰富广东省农作物种质资源战略储备，增强育种物质基础和发展后劲。

二是持续推进畜禽核心育种场、水产良种场、良种扩繁基地建设，助推优势品种扩繁和生产。以种业产业园、科技园为平台，聚集资源、技术、人才、资本等要素，强化新品种试验示范，带动区域优势现代种业产业快速发展。

三是立足区位优势，通过实施育繁推一体化示范项目，加快良种推广应用，加大当家品种的推广力度，提升丝苗米、岭南水果、生猪、鸡、"国字号"水产等优质良种的生产能力和市场占有率。

（三）瞄准种业科技自立自强，强化技术联合攻关

一是强化平台支撑。深入发挥粤港澳大湾区国际科创中心的优势，聚合涉农高校、科研院所、国家种业阵型企业、"育繁推一体化"企业等主体，建设一批"以企业为主体、科研单位为支撑"的种业创新实验室、种业科技创新中心等平台。

二是促进联合攻关。围绕种质创新、突破性品种选育、育种技术创新等"卡脖子"问题，选择科研实力强、研究基础好的科研机构和高校，与种子龙头企业组成创新联合体，组织实施一批联合攻关重大项目，发展基因编辑技术、基因组

学和全基因组选择育种技术攻关，重视人工智能、大数据技术在种业研发中的应用布局，加快实现育种原创性技术突破。

三是深化院企、科企合作，加快种业科技成果转化。建立商业化成果转化机制，推动种业资源、技术、人才向企业流动。大力培育大型种业企业集团，加快形成产学研紧密协同的新型种业创新体系。

表 8　广东省入选国家种业阵型企业清单

领域	阵型	物种	企业名称
畜禽	破难题	白羽肉鸡	佛山市高明区新广农牧有限公司
	补短板	生猪	温氏食品集团股份有限公司
			深圳市金新农科技股份有限公司
			广东德兴食品股份有限公司
			广东壹号食品股份有限公司
	强优势	黄羽肉鸡	温氏食品集团股份有限公司
			佛山市高明区新广农牧有限公司
			广东天农食品集团股份有限公司
			广东墟岗黄家禽种业集团有限公司
			广东省广弘食品集团有限公司
水产	破难题	四大家鱼	佛山市南海百容水产良种有限公司
		南美白对虾	广东海兴农集团有限公司
			海茂种业科技集团有限公司
			广东恒兴饲料实业股份有限公司
		蛙类	中洋渔业（清远）有限公司
	补短板	黄颡鱼	佛山市南海百容水产良种有限公司
		鳜	佛山市南海百容水产良种有限公司
			广东梁氏水产种业有限公司
		龟鳖类	广东绿卡实业有限公司
	强优势	罗非鱼	广东伟业罗非鱼良种有限公司
		大口黑鲈	广东梁氏水产种业有限公司
			佛山市南海百容水产良种有限公司

（指导专家：陈国荣　副研究员　广东省农业科学院水稻研究所）

广东省粮食产业发展报告

方　伟　杨震宇　洪思扬

主要观点： 广东省粮食作物包括水稻、玉米和甘薯，2000~2023 年其产量总体呈现下降趋势，但近五年已逐步回稳。2023 年粮食总产量略有下降至 1285.19 万吨。其中，水稻保持稳定，而薯类、玉米种植面积因市场价格上涨而增加。广东省各县市粮食生产差异显著，粮食产业专业化程度在珠三角及粤东区域较强，粤西、粤北、珠三角地区的粮食生产集聚贡献较大。目前，广东省建设了 41 个省级以上的现代农业产业园，推动了粮食产业的全产业链形成和三产融合模式的发展，全省拥有 12 个国家地理标识认证的粮食产品。近年来，广东省还探索了多熟高效的粮食种植模式，如 "水稻/禾虫一种多收套种"、"烟—稻" 轮作、"稻—肥" 轮作等，以提高种粮效益和生产效率。针对广东省粮食产业发展中存在的粮农户收益有限、粮食生产规模化水平不高等问题，借鉴国内外的经验做法，如台山市的粮食产业高质量发展措施、连州市的丝苗米加工能力和品牌建设、崇州市的 "农业共营制" 经营模式、松江家庭农场模式，以及美国、日本、法国、印度的农业合作社模式等，做好县域统筹，加强耕地管控，突出科技支撑，适度促进规模，深挖品牌潜力，强化补贴政策等建议，可有效地推动广东省粮食产业的高质量发展。

一、发展概况

（一）发展规模：粮食产量呈现 "总体下降，逐步回稳" 的特征

广东是我国人口第一大省，全国最大粮食主销区，也是传统的双季稻产区，水稻占粮食比重达 85%。近二十余年来，全省粮食产量呈现 "总体下降，逐步回稳" 的特征。如图 1 所示，广东省粮食产量从 1999 年的 1967 万吨下降至

2020 年的 1267 万吨, 年均增长率为−2.07%, 粮食供求缺口日渐增大。其中, 1999~2009 年粮食产量下降最快, 主要原因是城镇工业化和城市化的快速发展, 粮食播种面积呈现显著下降趋势。进入 2010 年, 由于国家的稳产保供政策需要及农业结构的调整, 粮食产量进入了波动恢复期, 产量开始在 1100 万~1400 万吨波动; 直至近五年, 广东省粮食产量才进入稳定, 维持在 1200 万吨以上, 2022 年产量为近 9 年的最高值, 达 1291 万吨; 2023 年, 全年粮食播种面积为 3344.26 万亩, 单产为 384.3 千克/亩, 总产量达 1285.19 万吨。与上一年相比, 粮食总产量略有下降, 减少了 0.5%。总体而言, 广东省粮食消费量增速显著快于粮食产量增速, 致使全省粮食自给率仅为三成左右, 粮食供给安全保障任务十分艰巨。

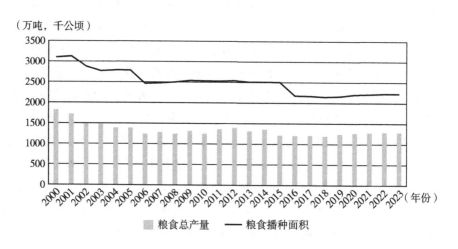

图 1 2000~2023 年广东省粮食总产量和播种面积

（二）品种类别：粮食种植结构呈现"水稻稳，旱粮增"特征

2023 年, 广东省三季粮食面积呈现"水稻稳、旱粮增"的局面, 全省春收粮食面积、早稻面积增加, 秋粮面积有所减少, 由于薯类、玉米市场价格走高, 旱粮种植面积增加较为明显。

早播种面积为 1298.93 万亩, 单产为 407.8 公斤/亩, 总产量为 529.70 万吨, 比上年增加了 1.8%。增加的主要原因是广东省压实粮食生产责任、推进高标准农田建设和提高种粮补贴等。

晚稻播种面积为 1442.49 万亩, 单产为 393.2 千克/亩, 总产量为 567.19 万吨, 与上年相比减少了 3.6%。除了栽培管理和病虫害影响外, 晚稻产量的减少

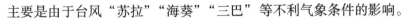

主要是由于台风"苏拉""海葵""三巴"等不利气象条件的影响。

玉米播种面积为201.04万亩，单产325.6千克/亩，产量65.48万吨，与上年相比增加了2.07万吨，增加的原因是亩产量增加，以及市场销路较好，农民种植意愿上升。

薯类播种面积为330.52万亩，单产325.4千克/亩，产量（折粮）109.88万吨，与上年相比增加了2.87万吨，增加的原因主要是田间收购价格高，农民种植意愿上升。

（三）县域分布：粮食生产县域差异较大，专业化与生产集聚空间存在错位现象

1. 总体分布：广东省粮食生产的县域差异非常突出

表1呈现了广东省县域粮食生产情况的总体情况。全省125个县（市、区）平均粮食播种面积为19737亩，平均粮食总产量为114000吨。从标准差来看，离散程度较大，分别为17971.72亩和105000吨，说明各县之间的粮食播种面积和总产量差异较大。第1百分位数和第99百分位数的情况也反映了数据分布存在极端差异的情形。这些数据表明，广东省各县的粮食生产存在较大的差异，部分县的生产非常集中，而有些县几乎没有生产。

表1 广东省粮食生产情况基本统计量

变量	观测值	均值	标准差	最小值	最大值	第1百分位数	第99百分位数
粮食播种面积	125	19737.04	17971.72	0	78897.87	39.067	74743.53
粮食总产量	125	114000.00	105000.00	0	435450.00	166.400	405000.00

图2进一步展示了广东省县域粮食产量/面积分布情况。左图反映出粮食播种面积和产量严格正相关，其中，高于拟合线的样本点体现出单产较高的产能属性，即用更少的面积种出更多的粮食，右侧小提琴图中宽的部分表示数据点的密集区域，可以看出大多数县的粮食总产量集中在5万吨左右的范围。尾部显示了极端值或离群值。可以看出，图的上端有锥形延伸，表示少数县的粮食总产量非常高，接近50万吨。总体而言，全省粮食总产量的离散程度较大。标准差较大，表示各县之间的粮食总产量与全省各县平均产量的差异较大。

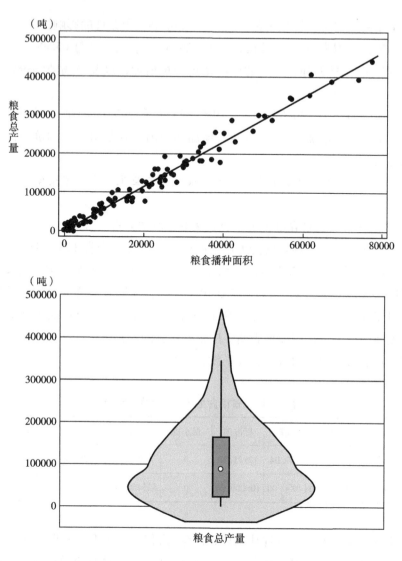

图2 广东省县域粮食产量/面积分布情况

2. 专业化程度：珠三角及粤东地区粮食产业专业化水平较强

粮食生产的专业化程度可以反映各区（县、市）粮食生产的分工情况和结构差异，一般而言，可采用区位熵指数（LQ）反映。本部分采用了广东省2023年125个县级单元的粮食生产数据进行测算（见表2），剔除无效样本后为113个县级单元，测量了粮食产业的产量区位熵（LQ_y），这些指标的产能占比维度反映了当地粮食产业的专业化水平。

表2 粮食区位熵（前80县）

排名	地区	城市	粮食区位熵	排名	地区	城市	粮食区位熵	排名	地区	城市	粮食区位熵
1	从化区	广州市	39.96	28	揭西县	揭阳市	3.46	55	清城区	清远市	1.65
2	增城区	广州市	30.04	29	五华县	梅州市	3.45	56	电白区	茂名市	1.65
3	饶平县	潮州市	25.48	30	惠城区	惠州市	3.21	57	梅县区	梅州市	1.61
4	潮安区	潮州市	16.66	31	清新区	清远市	3.12	58	云城区	云浮市	1.59
5	陆丰市	汕尾市	11.90	32	开平市	江门市	3.09	59	仁化县	韶关市	1.55
6	海丰县	汕尾市	11.76	33	东源县	河源市	3.00	60	广宁县	肇庆市	1.54
7	潮阳区	汕头市	9.88	34	江城区	阳江市	2.98	61	惠阳区	惠州市	1.51
8	潮南区	汕头市	9.49	35	兴宁市	梅州市	2.93	62	榕城区	揭阳市	1.40
9	阳春市	阳江市	8.82	36	连州市	清远市	2.61	63	遂溪县	湛江市	1.40
10	罗定市	云浮市	7.76	37	怀集县	肇庆市	2.50	64	佛冈县	清远市	1.38
11	惠东县	惠州市	6.91	38	阳山县	清远市	2.42	65	新丰县	韶关市	1.23
12	澄海区	汕头市	5.56	39	廉江市	湛江市	2.35	66	丰顺县	梅州市	1.19
13	博罗县	惠州市	5.43	40	和平县	河源市	2.31	67	德庆县	肇庆市	1.18
14	台山市	江门市	5.32	41	高州市	茂名市	2.23	68	四会市	肇庆市	1.04
15	南雄市	韶关市	4.70	42	云安区	云浮市	2.21	69	乳源县	韶关市	0.99
16	龙川县	河源市	4.65	43	翁源县	韶关市	2.14	70	连山县	清远市	0.97
17	英德市	清远市	4.58	44	雷州市	湛江市	2.11	71	吴川市	湛江市	0.89
18	阳东区	阳江市	4.38	45	高要区	肇庆市	2.04	72	鹤山市	江门市	0.81
19	新兴县	云浮市	4.38	46	乐昌市	韶关市	2.03	73	平远县	梅州市	0.81
20	郁南县	云浮市	4.16	47	恩平市	江门市	1.98	74	茂南区	茂名市	0.75
21	阳西县	阳江市	4.15	48	化州市	茂名市	1.91	75	徐闻县	湛江市	0.73
22	紫金县	河源市	3.90	49	信宜市	茂名市	1.90	76	蕉岭县	梅州市	0.68
23	普宁市	揭阳市	3.84	50	封开县	肇庆市	1.86	77	麻章区	湛江市	0.47
24	龙门县	惠州市	3.80	51	新会区	江门市	1.80	78	大埔县	梅州市	0.46
25	陆河县	汕尾市	3.72	52	连平县	河源市	1.77	79	坡头区	湛江市	0.35
26	惠来县	揭阳市	3.61	53	曲江区	韶关市	1.70	80	鼎湖区	肇庆市	0.30
27	揭东区	揭阳市	3.55	54	始兴县	韶关市	1.68				

总体来看，汕头市和云浮市各有3个县进入区位熵排名前20；广州市、潮州市、汕尾市、阳江市、惠州市各有2个县进入区位熵排名前20；江门市、韶关市、河源市、清远市各有1个县进入区位熵排名前20。具体而言，广州市的两个区（从化区和增城区）粮食区位熵分别为39.96和30.04，表明这两个地区在粮食生产区位优势明显和专业化程度高；潮州市的两个区（饶平县和潮安区）也表现较好，但区位熵明显低于广州市的两个区；汕尾市的两个区（陆丰市和海丰县）、汕头市的三个区（潮阳区、潮南区、澄海区）区位熵相对较高，表明潮汕地区在粮食生产方面具有较强的竞争力；阳江市的两个区（阳春市和阳东区）区位熵差异较大，表明阳春市在粮食生产方面的专业化程度明显高于阳东区。

图3统计了粮食生产区位熵排名前20的县域，其跨度在4~40，表明即使在前20的县域，各地区在粮食生产方面的专业化程度也存在较大差异，高区位熵值的地区可能具有更好的农业资源、技术和政策支持，而低区位熵值的地区可能需要更多的支持和改进措施。

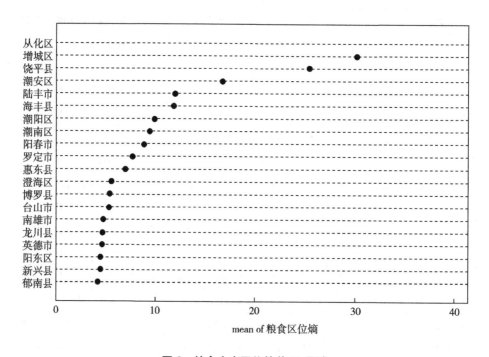

图3　粮食生产区位熵前20县域

图4展示了稻谷产量区位商排名前20的县域及其对应的稻谷区位熵。总体来看，广州市的从化区和增城区在稻谷生产上具有显著优势，其他地区如潮州

市、汕尾市和汕头市也有较高的稻谷区位熵。广州市的从化区和增城区在稻谷区位熵上显著领先。这表明这两个地区在稻谷生产方面具有显著的优势。饶平县和潮安区（潮州市）紧随其后，虽然不及广州市的2个区，但在潮州市内表现突出。汕尾市的3个县市（陆河县、海丰县、陆丰市）、汕头市的2个区（澄海区、潮南区）稻谷区位熵表现也较为突出。其他县如龙门县（惠州市）、江城区（阳江市）、新兴县（云浮市）等，稻谷区位熵也存在一定的优势。

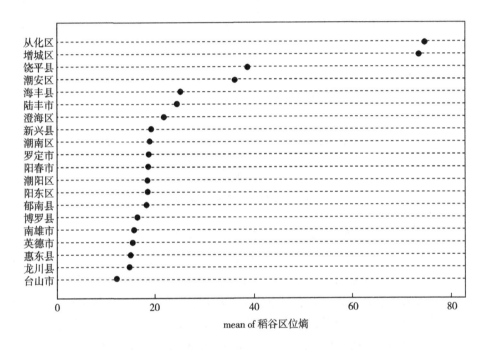

图4　稻谷生产区位熵前20县域

图5展示了薯类产量区位商排名前20的县域及其对应的薯类区位熵。总体而言，汕头市和揭阳市在薯类生产方面具有显著优势，特别是潮阳区、潮南区和惠来县。广州市、潮州市和惠州市也有一定的竞争力。汕尾市、肇庆市、湛江市和云浮市的薯类产量区位熵相对较低，但仍在前20名之列。其中，汕头市的3个区在薯类产量区位熵上表现突出，特别是潮阳区和潮南区。揭阳市有5个县区上榜，显示出该市在薯类生产方面的整体优势，特别是惠来县和揭东区。广州市的从化区和增城区、潮州市的潮安区和饶平县、汕尾市的3个县在薯类产量区位熵上表现较好，显示出该市在薯类生产方面的竞争力。

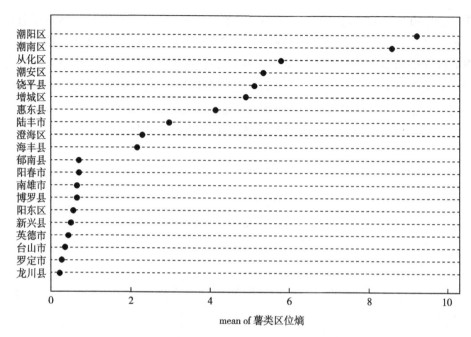

图5 薯类生产区位熵前20县域

3. 集聚水平：粤西、粤北、珠三角地区集群贡献较大

粮食生产集中程度可以反映各区（县、市）粮食生产的集聚水平，一般而言，可采用集中度指数（CR）反映。空间集中度指数（CR）在测算全省粮食生产集聚程度方面有较强意义，它可以便于了解粮食生产是否被少数地区主导。从表3的数据可以看出，薯类的市场集中度最高，CR40达0.852，说明前40个县占据了85.2%的市场份额。稻米次之，CR40为0.721，而粮食的市场集中度最低，CR40为0.712。

表3 广东省粮食类产业CR指数

	粮食	稻米	薯类
CR5	0.154	0.163	0.281
CR10	0.276	0.288	0.491
CR15	0.373	0.391	0.613
CR20	0.456	0.477	0.688
CR30	0.596	0.610	0.790
CR40	0.712	0.721	0.852

表 4 呈现了广东省粮食产业主导县情况，具体而言，全省共有 23 个粮食主导县，其中，22 个稻谷主导县，11 个薯类主导县。这些地区的粮食产量加总数占全省的半壁江山，是全省粮食产能的重要集聚区域。这进一步说明了广东省薯类产区相较于稻谷更为集中，仅 11 个县市就主导了全省一半以上的薯类生产。

表 4　广东省粮食类产业主导县　　　　单位:%

粮食（23）			稻谷（22）			薯类（11）		
排名	地区	累加百分比	排名	地区	累加百分比	排名	地区	累加百分比
1	廉江市	3.4	1	高州市	3.5	1	惠来县	7.2
2	高州市	6.5	2	台山市	6.9	2	普宁市	12.8
3	台山市	9.6	3	廉江市	10.2	3	揭东区	18.3
4	雷州市	12.7	4	雷州市	13.3	4	潮阳区	23.3
5	化州市	15.4	5	五华县	16.3	5	廉江市	28.2
6	五华县	18.0	6	化州市	19.0	6	潮南区	32.7
7	信宜市	20.7	7	兴宁市	21.6	7	遂溪县	37.1
8	电白区	23.0	8	怀集县	24.0	8	揭西县	41.5
9	怀集县	25.3	9	电白区	26.4	9	惠东县	45.4
10	兴宁市	27.6	10	信宜市	28.8	10	信宜市	49.1
11	阳春市	29.7	11	阳春市	31.0	11	雷州市	52.7
12	遂溪县	31.7	12	罗定市	33.1			
13	罗定市	33.6	13	龙川县	35.2			
14	高要区	35.5	14	开平市	37.2			
15	龙川县	37.3	15	高要区	39.1			
16	开平市	39.2	16	遂溪县	40.9			
17	封开县	40.9	17	封开县	42.7			
18	南雄市	42.5	18	南雄市	44.4			
19	惠东县	44.1	19	紫金县	46.1			
20	紫金县	45.6	20	英德市	47.7			
21	普宁市	47.1	21	海丰县	49.1			
22	英德市	48.6	22	陆丰市	50.5			
23	惠来县	50.1						

注：产业主导县指该若干县的粮食产量累加值占全省总产量超过 1/2。

分区域来看，如图6所示，广东省23个粮食主导县中：

粤西茂名市（4个）、湛江市（3个）、阳江市（2个）的县市在粮食产量上表现突出，9个主导县共承担了全省21.3%的粮食生产比重，显示出粤西地区在粮食生产中的关键核心地位。

粤北梅州市（2个）、河源市（2个）、云浮市（1个）、韶关市（1个）、清远市（1个）共7个县市承担了全省13.4%的粮食生产比重，显示出广东省丘陵山区地带对粮食生产存在不可忽视的贡献。

珠三角江门市（2个）、惠州市（1个）、肇庆市（3个）作为粤港澳大湾区中的粮食生产区域，共有5个县市承担了全省12.4%的粮食生产比重。显示出城郊区域农业对粮食生产的贡献仍然较大。

粤东仅揭阳市（2个）的部分县市贡献了3.0%的粮食生产比重，说明粤东地区在集约化生产方面相对于广东省其他区域较弱，产业集聚水平和集群贡献不突出。通过进一步提高农业技术和优化种植结构，这些地区的粮食产量有望继续增长，为全省乃至全国的粮食安全做出更大贡献。

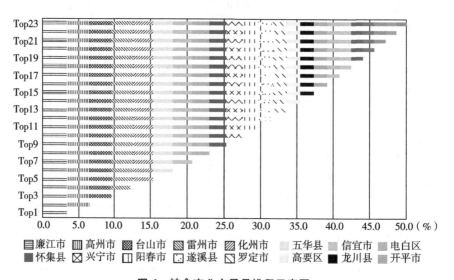

图6 粮食产业主导县堆积示意图

从上述分析可以看出，广东省的粮食产业在专业化程度和产能集聚方面存在一定的空间错位现象。特别体现于粤东地区虽然在粮食生产的专业化水平上较为突出，但在产能贡献方面相对较弱。这可能是由于粤东地区在农业资源和技术方面具有一定优势，使得其在粮食生产的专业化水平上表现突出，促进了专业化生产的发展。此外，当地市场对特定粮食品种的需求较高，也推动了专业化生产的发展。相比之下，粤西、粤北和珠三角地区在农业资源方面可能更为丰富，适合大规模粮食生产，这些地区的农业基础设施较为完善，有利于大规模粮食生产和集聚，同时地方政府在政策上对这些地区给予了更多的支持，促进了粮食产能的集聚。为了提高粤东地区的粮食产能，可以在该地区推广先进的农业技术，提高粮食生产的效率和产量，同时根据市场需求和资源条件，优化粮食种植结构，提高产能。此外，地方政府可以在政策上给予更多的支持，促进粮食产能的提升。

（四）平台载体：粮食省级产业园、专业村镇等主要集中在粤北和珠三角地区，粤西主产区较少

创建粮食类省级以上现代农业产业园41个，粤北和珠三角地区占比接近八成，粤西地区仅有4个。2018~2022年，广东省共建设粮食相关省级以上现代农业产业园41个，其中稻谷相关产业园37个，主要分布在粤北、珠三角地区，薯类相关产业园2个，分布在珠三角、粤东地区，玉米产业园一个，位于粤西地区，具体分布情况如表5所示。

表5　广东省粮食类产业园分布情况

	稻米	薯类	玉米
粤北地区	17	0	0
珠三角地区	13	1	0
粤东地区	5	1	0
粤西地区	3	0	1
总计	38	2	1

注：截至2022年，数据通过计算已公布产业园建设数据所得。

从广东省粮食相关产业园的分布来看，主要以重要产区为依托不断向外延伸。在稻谷类的产业园方面，广东在全省范围内共建立了38个省级丝苗米产业园，主要分布在广州市（增城区、从化区、南沙区）、惠州市（惠城区、龙门县、博罗县）、肇庆市（怀集县）、云浮市（新兴县、罗定市）、江门市（恩平市、台山市）、清远市（阳山县、连山县）、韶关市（南雄市、乐昌市）、梅州市（蕉岭县、五华县、兴宁市）、汕头市（潮阳区）、汕尾市（海丰县）、河源市（龙川县、东源县、和平县）。薯类产业园均位于产量较高的地区，具体为惠州市（惠东县），汕尾市（陆丰市），玉米产业园位于湛江（徐闻县）。

现代农业产业园建设有力地推动了广东省粮食产业高质量发展：

一是促进了"生产+加工+科技+营销"全产业链形成。现代农业产业园（以下简称产业园）是在规模化种养基础上，通过开发"生产+加工+科技+营销（品牌）"全产业链，聚集现代生产要素，创新体制机制，形成明确的地理界线和一定的区域范围，建设水平领先的现代农业发展平台。粤东、粤西、粤北地区的水稻产业基础较好、优势明显，围绕水稻产业发展的企业类型相对全面，又以生产型、轻加工型企业为主。然而，企业之间习惯于单打独斗，未实现"抱团式发展"，产业园项目的实施正好有力地推动了农产品全产业链的搭建。结果显示，所调研的丝苗米产业园均能在促进生产要素在空间和产业上的优化配置，基本形成了"生产+加工+科技+营销（品牌）"全产业链，打造产业集群。

二是产业主导联农带农效应显现。课题组调研发现，广东省内水稻产业园不同程度地积极引导着新型农业经营主体与农民建立利益联结机制，通过紧密型、松散型、辐射型等多种联农带农机制，带动农户尤其是贫困户就业。为服务这些返乡下乡创业人员，不少产业园已建成完善的人才服务平台，提供"一站式"服务。例如，梅州市蕉岭县丝苗米产业园通过订单种植、保护价收购，引导农户与企业建立稳定的利益联结关系，企业为农户提供优质的农技服务、农资供应，提供产前、产中和产后的水稻生产技术指导，引导农户统一种植、统一防治、统一施肥、统一用药，农户种植成本降低了两三成。同时，在品牌上，主推"客家良稻"系列优质大米，带动蕉岭县 2835 户农户种植水稻面积 3 万多亩。

三是促进了粮食产业三产融合模式的形成。推进产加销、贸工农一体化发展，建设农村一二三产业融合发展区，是省级产业园开展建设的六大任务之一。围绕主导产业发展，各地产业园规划布局休闲、服务等板块，推动产业链纵向延伸和产业间横向拓展。

（五）品牌营销：初步打造了"南有丝苗、北有五常"优质稻米品牌效应

1. 地标意识不断加强，获国家地理标志认证 12 个

广东省拥有粮食类国家地理标志产品 6 个（见表 6）：增城丝苗米、罗浮山大米、连山大米、罗定稻米、马坝油黏米、惠东马铃薯；全国农产品地理标志产品 6 个：台山大米、客都稻米、龙门大米、海丰油占米、恩平大米、扶溪大米。此外，龙川大米、蕉岭富硒稻米、城东优质稻、联安优质稻、清新大米、洪冠黄谷水稻等入选农业农村部名特优新农产品。

表6　广东省粮食获国家地理标志认证情况

品种名称	生产地域	品质特色	生产规模	已获认证情况
增城丝苗米	广州市增城区	细长苗条、晶莹洁白、米泛丝光、玻璃质	15万亩	国家地理标志产品
罗浮山大米	惠州博罗县	米粒长形、细长苗条、米泛丝光，口味清香、柔滑爽口	30万亩	国家地理标志产品
连山大米	清远连山县	色泽晶莹玉白通透，煮出来的饭富有光泽、柔而不黏，冷却不硬不回生	12万亩	国家地理标志产品
罗定稻米	云浮罗定市	米粒细长、晶莹洁白、油润有光泽、柔滑有弹性，香甜回甘	20万亩	国家地理标志产品
马坝油黏米	韶关市曲江区	米粒丝长、晶莹洁白、香滑软熟	10万亩	国家地理标志产品
惠东马铃薯	惠州惠东	表皮光滑且薄、口感爽滑、味道清香，是品质优良、美誉度高的马铃薯品种	8.0万亩	国家地理标志产品
台山大米	江门台山市	米粒细长、晶莹洁白、口味清香、柔滑爽口	100万亩	国家农产品地理标志
客都稻米	梅州	米饭油光润泽，入口软滑、有弹性、香甜可口	250万亩	国家农产品地理标志
龙门大米	惠州龙门县	米粒晶莹剔透无心白，气味清香；米饭软滑可口，香气怡人	26万亩	国家农产品地理标志
海丰油占米	汕尾海丰县	米粒晶莹剔透，气味清香；米饭松软可口，香气怡人	42万亩	国家农产品地理标志
恩平大米	阳江恩平县	垩白率低、米味清香，质地软硬适中，口感好	38万亩	国家农产品地理标志
扶溪大米	韶关仁化县	米粒晶莹剔透，气味清香，米饭松软可口	2万亩	国家农产品地理标志

2. 公用品牌和企业品牌齐头共进

2018年，成立广东丝苗米产业联盟后，制定了广东丝苗米品种标准、丝苗米产品标准等团体标准，向国家市场监督管理总局申报注册"广东丝苗米"商标，认定了16个广东丝苗米品种和35个广东丝苗米产品，形成全省省域性公用品牌、企业品牌各层次品牌齐头共进的架构。现有14个大米区域公用品牌和188个产品品牌入选"粤字号"农业品牌目录，罗定大米荣获"中国十大大米区域公用品牌"。初步打造了"南有丝苗、北有五常"优质稻米品牌效应。

（六）生态种植模式：形成了"虫稻、烟稻、鸭稻、虾稻、稻肥"等区域性生态种植模式

广东省各县域粮食种植特色种植模式多样，例如，台山大江镇探索出了"水稻+禾虫"的绿色种养模式，引入专业技术团队探索试验，增加种粮效益，台山市大江镇引入珠海专业公司采用"水稻+禾虫"种养模式，推广面积300亩，每亩稻田禾虫收益可以达到1万元，同时土地租金也涨到了1400元/亩。南雄湖口镇，当地黄烟种植历史悠久，"烟稻"轮作有文字记载历史，可以追溯到清朝乾隆年间，当地农户探索出了黄烟和水稻轮作，能使农户亩均增收3000元，目前当地有1/3的农户采用"烟—稻"轮作模式，主要是在早造种植时节种植部分黄烟。云安区探索出了"稻—肥"轮作模式，大力推广种植有机肥料油菜、紫云英，2022年晚稻收割后，利用冬春闲置农田播种油菜、紫云英共3220亩，早稻种植前将油菜、紫云英还田用作绿肥。据统计，3220亩绿肥可减少施用化肥约29吨，可使水稻增产约112吨，新增经济效益约74万元。"鸭稻共作""稻虾共作"等模式在各个县域也比较普遍，农户一般将早稻作为养鸭的饲料，可以间接提升种粮的效益。广东省采用扶持政策推广"稻稻薯""稻稻菜""稻稻油"等亩产值超万元的增粮油菜、促肥地力绿色高产高效轮作模式。

二、存在问题

（一）"谁来种地"问题：小农户依然是绝对主力军，10亩以下占82.54%

广东省地处我国经济发达地区，"种地、种粮"比较效益低下愈发明显，"谁来种地"问题也愈发明显。目前，全省约有161.7万户农业经营户，其中大部分为10亩以下的小散户，占总数的82.54%，反映出规模化种粮权重仍处于起步阶段。调研发现，作为广东省内为数不多可以使用大型农业机械的产粮区之一，台山市的规模化种植主体（50亩以上）也仅占总户数的六成左右。此外，农业生产经营人员中35岁以下的仅达18%，表明中老年人是广东省粮食生产的主力军。尽管全省龙头企业数量超过5000家，且年营业收入超50亿元的企业有19家，但合作社和家庭农场在联农带农上存在"小、散、弱"的问题，需要从数量增长转向质量提升。此外，社会化服务组织虽然数量众多，达4.12万家，但在推动土地集中连片经营中的作用不明显，显示出服务供给与需求之间的不匹配。

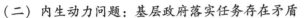

（二）内生动力问题：基层政府落实任务存在矛盾

调研部分县市反馈，通过占补平衡获得的指标收益逐步下降，产粮大县没有了建设用地指标，未来经济发展后劲不足，在招商方面没有竞争力和优势。从全省情况来看，财政穷县在产粮大县中占比较高，粮食支持政策涉及县域财政配套时往往难以达到，给县域粮食产业高质量发展带来了障碍。

（三）土地资源问题：耕地资源面临紧约束，紧平衡，且规模化经营程度不高

广东省"种地"面积为6830万亩，其中粮食作物3345万亩，占比为49%，经济作物3490万亩，占比为51%。耕地复种指数为2.37，全国最高，比全国平均（1.32）高79.5%，通过增加复种指数来增加粮食种植面积的空间极小。随着当前水稻常规品种单产达到短期峰值，依靠单产提升粮食总产量的方式在短期内难以突破。另外，广东省土地零散细碎问题突出，户均承包地面积3.17亩，不到全国平均水平7.13亩的一半，人均耕地面积0.23亩，不及全国的1/5。调研县（市）情况反馈，目前农地流转对象仍以农户内部为主，较大比例的土地流转给了一般农户（55.9%），流转给规模经营主体如农民合作社、家庭农场、农业企业的面积比例（38.9%）仍低于全国平均水平（44.71%）。

（四）科技支撑问题：粮食突破性品种和技术创新短期内面临瓶颈

调研显示，农户普遍青睐优质稻品种，但现有优质稻品种尽管在品质上表现突出，产量却难以突破。以台山市为例，当地主要种植的是常规优质稻，这些品种在品质上有明显优势。然而，随着外省杂交稻优质品种米质的提升，这些杂交稻在产量上逐渐显现出优势，而本地常规优质稻品种的产量短期内难以提升。从全省粮食产业的发展趋势来看，实现粮食短期增产需要突破性品种和技术创新。近年来，广东省具有品质和市场优势的常规稻品种逐渐替代了高产稳产、抗病性强的杂交稻品种。然而，随着常规稻品种的单产达到短期峰值，依靠单产提升粮食总产量的方式在短期内难有突破。在推广杂交稻品种方面，主要问题在于种子成本过高，如配合机插秧技术，成本还需翻倍。为了应对这些挑战，广东省目前的主要思路是推广和精准实施轻简高效技术。然而，推广新技术需要大量的培训和宣传，农民对新事物的接受度较低。同时，完善的基础设施也是实施轻简高效技术的前提条件。

（五）市场机制问题：粤港澳大湾区市场机制优势发挥不显著

实地调研的大江镇种植企业反馈，当地优质稻收购价格没有细分市场，只要确定为优质稻，收购价格基本一致，没有细致的分级定价，种植户的收益主要影响因素还是产量。在调研座谈中，种粮农户尤其是50亩以上种植规模的大户最

大的意见是十几年来什么都大涨价,唯独粮食基本不涨价!就连城镇居民都有同感。农户普遍反馈种出优质的粮食不难,但卖出好的价格很难。广东省坐拥粤港澳大湾区、全国第一大粮食主销区的市场优势,但在粮食市场化建设方面明显滞后,虽然近年来大力培育"广东丝苗米"等公共品牌,但尚未形成具有较大影响力、市场占有率高的企业品牌,产品竞争力远不如东北"五常米"。

三、经验做法

(一)国内经验

1. 台山市:从品种到品牌全链条打造"广东第一田"

台山是广东省优质稻种植面积最大的县级市,是国家优质商品粮基地之一,有"中国优质丝苗米之乡"称号,和"广东好大米特色产区""广东第一田"的美誉。台山水稻生产区位及土壤具有天然优势。区位上,"广东第一田"基本由冲积平原构成,土质肥沃疏松、通透性好且是富氧状态,水稻根系沁氧充分。气候上,"广东第一田"属于亚热带季风性气候,雨热同期、日照充足。地质上,"广东第一田"大多属于填海区,土壤富硒量高,达到国家一级、二级土壤标准。台山丝苗米种植历史久远,明嘉靖二十四年编纂的《新宁县志》里就有黄粘、油粘、花粘等品种的记载。2020年,台山市丝苗米现代农业产业园成功入选第一批省级特色产业现代农业产业园建设名单。2022年粮食播种面积达112.1万亩,大豆播种面积1.29万亩,水稻种植面积104.5万亩,粮食产量达40.4万吨,粮食产业产值达15.2亿元。

台山市近年来推进粮食产业高质量发展的经验与措施主要有以下六点:一是强化种质资源保护,优化各镇主导品种结构,保护和推广优质高产品种,提高良种覆盖率。二是加强农田基础设施建设,推进高标准农田建设,改善农业生产条件,提升耕地质量。三是推广农业社会化托管服务,完善粮食生产服务链条,提升托管服务效率,增加农户收益。四是扶持粮食产业平台建设,推动粮食龙头企业发展,延长产业链,提升农民合作社和家庭农场的带动能力。五是强化"台山大米"品牌建设,提升台山大米的社会影响力和品牌价值。六是推进数字化管理,通过物联网监测系统,提升农业生产托管服务的数字化管理水平。目前台山市粮食高质量发展面临的挑战主要有四点:一是品种培优面临瓶颈:台山优质稻缺乏突破性品种,现有品种如"象牙香占"等虽品质优良,但产量难以突破,面临被外省杂交稻替代的风险。二是稻谷市场波动大:优质稻"优质优价"市场机制尚未形成,当地粮食企业规模小,市场影响力不足。三是社会化服务补短板难题：台山粮食生产社会化服务走在前列，但育秧环节存在政策难题，育秧大棚用地问题尚未明确。四是推进规模化经营困难：台山农业机械化水平高，但土地流转难度大，种粮大户扩大经营规模面临困难，当地财政难以提供相应支持。

调研组与当地干部和种植户讨论后一致认为，推进粮食产业高质量发展意义重大，提升农户种粮积极性是核心，一揽子推进品种优质高产、品牌提升、规模化经营势在必行。粮食价格是保障农民种粮积极性的关键，只有提升稻米品质，优质优价，让种植户能够得到实际回报，才能稳定农户种粮积极性。要做好粮食收益保障的长效机制，包括改善基本农田基础设施、推进小田变大田、推进社会化服务等。当地推进粮食产业高质量发展的计划为：一是强化科技支撑的作用，重点是与省农科院加强联系，加强台山本地与省内权威机构联合育种和水稻优良品种推广，以及绿色栽培技术的推广，同时加强抗病害、虫害技术的推广。二是加强种粮大户的培育，争取省里相关政策对大户奖补，提升大户的种粮积极性，同时做好土地流转相关工作，推进规范化经营，引导小农户向大户流转，鼓励农户开展"水稻—禾"等生态种养模式，提升农户种粮综合效益。三是注重培育新型职业农民，通过培训引导等方式培育一批懂市场、懂技术的新型职业农民，提升种粮主体整体素质。四是继续大力推广农作物病虫害专业化统防统治服务和化肥减量增效等技术，补足短板发展工厂化育秧中心，完成粮食生产链条，实现种植业绿色发展。五是加快农旅融合发展。围绕大米产业的功能拓展，深度挖掘岭南特色农耕文化，积极推进"旅游+""文化+""康养+"的农业跨界融合发展，打造全省以岭南特色农业为载体的农旅融合示范。

2. 连州市：立足"丝苗米加工和品牌"夯实和提升传统种粮大县全省产粮食基地

连州市是广东粤北地区的传统种粮大县，2022 年连州市粮食种植面积为31.55 万亩，产量为 10.97 万吨，产值为 38888 万元，其中水稻种植面积为 24.87万亩，产量为 9.49 万吨。丝苗米种植面积约为 20.5 万亩，亩均收益 350 元，占水稻种植面积的 82.4%，丝苗米总产量约为 8 万吨，占连州市水稻总产量的84.3%。全市 12 个镇（乡）均有种植丝苗米，集中连片种植基地主要分布在西岸、连州、丰阳、东陂、保安、星子 6 个镇。具有规模化、标准化生产基地建设的营业主体有 3 个，主要是连州市连正农业发展有限公司、连州市联合农产品专业合作社、连州市佳兴农业食品科技有限公司，种植面积达 1000 亩以上。连州市注册登记的丝苗米加工企业 9 家：连州市高山绿稻米业有限公司、连州市诚晟米业有限公司、连州市锦越盛食品厂、连州市荣晟米业有限公司、连州市丰阳盛裕米业粮食加工厂、连州市荔心连粮油有限公司、连州市畔水农业发展有限公司、连州市顺益米业有限公司、连州市祥兴粮油米业有限公司。近年来，连州市丝苗米产业以加工销售为主，主要销往珠三角城市。年销售量约为1万吨，销售单价约为8元/千克，产值约为0.8亿元。目前已培育出"高山绿稻""湟川稻"丝苗米品牌。连州市高山绿稻米业有限公司生产的丝苗米产品获得绿色农产品认证及有机农产品认证。目前，已完成1.53万亩的连片规模经营种植面积。

实地调研了解到，连州市近些年推进实现粮食产业高质量发展的经验与措施主要有以下四点：一是加强丝苗米加工能力和品牌建设。连州市有4家注册商标的丝苗米生产企业，年销售收入约为6500万元，已培育出"高山绿稻""湟川稻"品牌。通过提升加工效能、引进先进生产线、开发米制深加工产品等措施，扩大优质丝苗米的出品量和附加值。二是推进丝苗米繁育和种植标准化：依托科研单位和大型企业，培育优质丝苗米品种，推广南晶香占、美香占2号、十九香等品种，发展"公司+基地+农户"等模式，推动机械化和社会化服务。三是拓展丝苗米销售渠道和市场：搭建产销对接平台，培养销售队伍，推动企业"走出去"，加强现代化农业设施建设，提升公共服务能力。四是加强农业生产社会化服务：构建"市运营中心+镇服务中心+村托管员"三级服务体系，已建立1个运营中心、2个镇级服务中心、10个服务站，提供4.2万亩粮食生产托管服务，带动7.5万亩托管面积，日烘干能力250吨。调研发现，目前连州市粮食高质量发展面临的挑战主要有四点：一是水稻效益下降，结构调整。连州市传统"稻—菜""稻—玉米"轮作习惯因生产成本上升，水稻效益下降，农民转向种植玉米或改为两年一次水旱轮作。二是加工能力不足，销售短板。连州市只有9家丝苗米加工企业，大多停留在初加工阶段，销售链不完善，外来米影响大，整体收益低。三是土地质量问题。连山县20万亩富硒农地未凸显价值，品牌创建受土地重金属镉超标影响，缺乏有影响力的本土品牌。四是托管服务不平衡。平坦地区托管服务发展快，丘陵山区滞后；灌溉托管少，耕收托管普遍；机插秧水平低，影响产量。

调研组认为：连州市作为广东传统粮食种植大县，当地政府和种植主体深刻认识到，当地粮食产业高质量发展特别需要省里相关政策的支持，另外规模化和全产业链发展是未来粮食产业高质量发展的必由之路，当地必须突破精深加工和三产融合短板。连州市当地未来推进粮食产业高质量发展的计划为：一是加强统筹推进，稳定产业规模。稳步增加丝苗米优品种的种植面积，实现丝苗米产业化规模化生产经营。二是探索精深加工，提高产业化水平。以工业化思维发展丝苗米产业，鼓励和引导经营主体企业积极开展丝苗米精深加工，开发米酒等米制品深加工产品，延长产业链条，增加农产品附加值。三是加强品牌建设，提升产品竞争力。结合连州市文化特色及农业优势，围绕"岭南硒谷长寿连州"的定位，着力抓好丝苗米公用品牌培育。四是聚力多产融合，延伸产业链条。大力推动"农业+旅游"融合发展，加快绿色种养体验区建设，扩大特色农产品区域公用品牌的影响效益。

3. 崇州市：农业"共营制"经营模式

在近年来我国高速城镇化进程中，处于成都市近郊的崇州，粮食生产能力仍是手中的一张"王牌"，有着全国新增千亿斤粮食生产能力建设县、商品猪调出大县、新型职业农民培育示范县等称号。在成都市被列为农村改革试验区后，崇州市围绕解决农村土地细碎化、农业兼业化、劳动力弱质化等问题，探索构建出"土地股份合作社+农业职业经理人+农业综合服务"的"农业共营制"，对农业"谁来经营"、农村"谁来种地"、生产"谁来服务"三个难题进行了解答。谁来经营？崇州市选择了不一样的道路——农户以土地承包经营权折资入股，工商注册率先在全国成立土地承包经营权股份合作社，推进土地股份合作经营，解决农业"谁来经营"问题。谁来种地？借鉴现代企业管理制度，土地股份合作社形成了"理事会+农业职业经理人+监事会"运行机制。理事会代表社员决策"种什么"，公开招聘农业职业经理人。农业职业经理人统一组织生产管理，负责"怎样种""如何种"，实行科学种田。谁来服务？依托"一校两院"，崇州市建成了农业专家大院两个，组建农业专家团队和科技推广团队 225 人，还构建起了专家团队、科技推广团队与农业职业经理人、新型职业农民上下互通的农业科技服务体系；依托基层农业综合服务站，以片区建立农业服务超市，崇州市已经搭建起了农业技术咨询、农业劳务、机械化、田间运输、粮食代烘代贮、粮食银行农业生产服务平台。

广东省可以从四川省崇州市的"农业共营制"经营模式中学习如何通过土地股份合作社、农业职业经理人和农业综合服务的"三位一体"模式，有效解决农业经营中的关键问题。这种模式有助于提高土地使用效率、促进农业现代化管理，并通过农业服务体系为农民提供全方位的支持。广东省的农业大县或者是有较强的农业基础和发展潜力的地区，如粤西茂名、湛江等地，可以通过模仿崇州市的经验，推动农业现代化，提高农业竞争力，促进农民增收。

4. 上海市：松江家庭农场模式

2007 年，松江区政府发布《关于鼓励发展粮食生产家庭农场的意见》，并在家庭农场发展过程中，坚持"流转自愿、农场自耕、规模适度、租金合理、择优选择"的原则，成功实现了农业生产家庭经营向家庭农场的跃迁。主要做法包括：一是家庭农场经营竞聘制，在村集体经济组织内部，村委会成立由村干部、农户等组成的小组，公开招聘家庭农场经营者。二是强调适度规模经营。松江在发展家庭农场时，综合考虑家庭耕种能力、家庭务农收入与务工收入比、政府补贴水平等因素，将纯粮食种植型家庭农场的规模确定在100～150亩，并根据农业生产条件的变化适时调整家庭农场土地适度经营规模的标准，有效实现了现有生产条件下劳动力与耕地的合理匹配，提高了家庭农场的经济效益。据统计，目前松江家庭农场经营者的年均收入已达到本区城镇居民家庭收入水平，有的甚至接近上海市居民家庭收入水平。三是政府提供完备的社会化服务。由政府负责农田水利排灌设施、生产辅助设施和设备等农田基础设施的日常维护和管理；建立农机作业服务网络，家庭农场可更便捷地购买农机作业服务；建立良种繁育供应基地，水稻良种实现区级统一供种；提供粮食收储、烘干等全程服务，解决了家庭农场晒粮难的问题；每年对家庭农场经营者进行分级培训，针对家庭农场的需求，设置不同的培训课程，并深入田间地头开展现场培训，在茬口安排、品种选用、施肥用药等方面开展全方位技术指导。

总体而言，上海市松江区的家庭农场模式为解决农业生产家庭经营向家庭农场的跃迁提供了有益的经验。通过家庭农场经营竞聘制、适度规模经营、政府提供社会化服务和技术培训，有效提升了农业生产的规模化和集约化水平，增强了农业的市场竞争力。广东省在推进农业现代化的过程中，可以考虑采取类似的家庭农场培育模式，通过政策支持和服务保障，鼓励农户发展成为专业化、规模化的农业经营者，从而提高农业生产效率和农民收入。

（二）国外经验

1. 美国模式：以家庭农场为经营主体

美国的农场形式主要有三种：公司农场、家庭农场、合伙农场，其中，以家庭农场为主导。其具有三大特点：一是经营高效，农业机械化应用在美国农场已十分普遍，美国农场数量减少、单个规模扩大的趋势也能提高其单个农场的竞争力。二是经营模式多元，除专业生产农产品的农场之外，美国娱乐型农场、农林型农场等新模式也逐渐发展壮大。三是风险抵御能力强，美国农场以土地产权为保障，通过自由的农地流转扩大了自身规模，最终转变为股份制经营，这一农业经营模式向工业运作模式的转变避免了一定的债务与风险。目前，美国大半农产品出自仅占2%的大型农场，美国把全国分为10个农业生产区域，每个区域主要

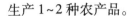

生产1~2种农产品。

总体而言，美国家庭农场模式的关键在于其家庭式管理、规模适应性、专业化与现代化生产、商品化经营以及强大的农业服务体系支持。其面临的突出难点包括土地成本的上升、农业劳动力的减少以及市场价格波动的风险。为应对这些挑战，美国采取了多种措施，如政府补贴、农业保险以及科技创新等。结合广东省的实际情况，在美国家庭农场的经验中，最值得借鉴的是其专业化、现代化的生产方式，以及农业服务体系的建设。广东省拥有丰富的农业资源和较为发达的市场经济，特别是在珠三角地区，农业产业化组织规模大，水平高，带动农民的能力强。

2. 日本模式：突出农协社会化服务作用

20世纪70年代以后，日本的专业农户数量仍保持基本稳定，但兼业农户的数量出现了大幅下降，使农户总数大幅减少。而且普通的兼业农户不可能是现代化农业生产的主力军，日本开始培植未来农业的"担当手"，重点培育自立经营农户、农业法人、认定农业者三种农业规模经营主体。1961年制定的《农业基本法》提出，要尽快培育250万户农地规模在2公顷以上的能自立经营的专业农户。1993年制定的《经营基础强化法》创立了认定农业者制度，确立了将农地向有经营能力的农户和经营体集中的原则。认定农业者既包括了新兴的具有一定生产规模的农户，同时还包括了业已存在的自立经营农户和农业法人，以法人化为特征的经济组织成为农业规模经营主体。日本农协在日本农业中起着重要作用，它不仅是农民农业种植养殖生产活动的指导者，也是农户培训等相关服务的提供者、农业政策措施的实际执行者，其财政来源主要来自农产品共同运销、物资供销等服务费用收入。日本农协的业务经营范围覆盖了农户日常生产生活的多个方面，一定程度上克服了农户小规模经营的不足，有利于小农户与大市场之间的"无缝连接"。

结合广东省的实际情况，日本家庭农场的经验中，最值得借鉴的是其农协社会化服务的模式和土地整合的经验。广东省有潜力通过农业合作组织提供更全面的服务来提高家庭农场的效益，同时鼓励土地流转和集约化经营，促进家庭农场的规模化发展。这些措施有助于提高农业生产效率，降低成本，并增强农业的市场竞争力。

3. 法国模式：强化农业合作社组织功能

法国农业以家庭农场为生产主体，具有规模化、专业化、高度组织化的特征。法国是欧洲最大的农业生产国，农产品出口居世界第二，家庭农场对法国农业贡献突出。20世纪60年代之后，在法国农地、人口、信贷、价格调控等一系列国家政策的鼓励和引导下，法国农场的总量大幅下降，单个农场的种植规模却大幅增长。法国农场的数量从1955年的228万个减少到1997年的67万个，农场土地平均规模从1955年的14公顷增长至1997年的41公顷。目前，法国约有65万个家庭农场，都以家庭为单位，经营具有高度组织化的特征，以农业合作社的方式组织起来。全法农业合作社成员达130万，70%的农业种植者都参加了农业合作社，且农业合作社发展十分规范，法国是全球范围内拥有与合作社相关的法律法规最多的国家之一。

总体而言，法国农业合作社模式的成功在于其组织功能的强化，这包括为农场提供技术培训、市场信息、农资供应和农业保险等全面服务。其应对的挑战主要是小规模经营导致的高交易成本和科技革命对农业合作社提出的新要求。广东省可以借鉴法国的经验，特别是在强化农业合作社的组织功能方面，推动土地流转和集约化经营，促进家庭农场的规模化发展。这些措施有助于提高农业生产效率，降低成本，并增强农业的市场竞争力。

4. 印度模式：构建完整的农业合作经济体系

印度合作社已经有近120年的发展历史，1904年成立了第一个合作社，同年国家通过了合作社法。据文献资料，印度全国共有54.53万个合作社组织，2.49亿户社员，覆盖全国2/3以上的家庭和绝大多数乡村。印度合作社具有自愿入社、出入自由、民主管理、平等入股、民办官助等特点。印度合作社的种类主要有：农业信贷合作社，包括为社员提供中短期贷款服务的信用合作社和为社员专门提供长期贷款服务的土地开发银行合作社；农业销售合作社，包括化肥合作社、农副产品营销合作社、消费品合作社等；加工和仓储合作社，主要承担农产品加工业务，包括合作社制糖厂、碾米厂、纺纱厂以及棉花、水果、蔬菜加工厂等；牛奶乳制品合作社、渔业合作社以及耕种合作社等。合作社经济已成为印度国民经济的一支重要力量，在许多领域拥有较高的市场占有率，占农村信贷的38.0%、农用肥料的35.0%、糖业的46.2%、小麦收购的33.5%、零售平价商店的21.0%、基层仓储设施的64.5%、动物饲料的50.0%。印度合作社分为基层社、地区合作社、邦级合作社和中央级合作社四个层次，目前共有全国性的中央级专业合作社联合社18个，邦级联合社360个，区级联合社2761个，形成了较完整的合作经济体系，是世界上最大的合作社体系之一。印度合作社的最高机构是印度全国合作社联合会，主要职能是代表合作社沟通与政府间的联系渠道，协调与政府各部门的关系，争取有关政策支持，指导全国合作社的发展，组织合作社的教育和培训，开展合作社的国际交流。中央级专业合作社联合社和邦级合作社联合社都是印度全国合作社联合会的成员。

印度农业合作社模式的成功在于构建了一个完整的农业合作经济体系，这一体系通过合作社的广泛分布和多样化类型，覆盖了全国的村庄和家庭。广东省的农民合作社可以借鉴印度的经验，特别是在多样化合作社类型和政府支持与监管方面。在广东省，这种模式可以促进农业生产效率的提高和农产品市场竞争力的增强。

四、政策建议

（一）运用大食物观理念赋予"藏粮于地"新内涵

践行大食物观框架下"藏粮于地"的种植理念，构建多种耕地种植制度，以是否破坏耕地为出发点和落脚点，探索科学合理耕地地类认定标准，科学认定耕地地类，明确地类标识与用途。加大对粮食种植的扶持力度，兼顾保障粮食安全和促进农民增收。在完成粮食生产任务的同时，保障蔬菜、水果、水产品等各类食物有效供给，构建多元化食物供给体系，多途径开发食物来源，重点发展玉米、甘薯等比较收益较高的粮食作物，发展马铃薯等冬种粮食作物，提高土地利用率和综合效益，实现粮食结构优化。

（二）运用新质生产力赋予"藏粮于技"新内涵

支持种业、农机、土壤改良、农产品加工等农业生产领域科技创新攻关，结合广东省实际探索优质高产特色种质资源，挖掘开展耕地后备资源开发利用，对市场无法调节的农业技术研发领域加大政府投资引导力度，通过科技创新减少农业生产成本，促进种地、种粮可持续发展。继续支持建设育秧中心、育苗中心、滴灌设施，适当扩宽设施农业和山地农机补贴，发挥设施农业和山地农机作用。

（三）做好县域统筹，推进粮食高质量发展产业带建设

在粤西、粤北粮食产区建设优质稻重点发展产业带，在粤西和珠三角地区建设全省冬种马铃薯、鲜食玉米等特色旱粮产业带。结合地区资源环境优势，发展一批水稻生产专业镇（村）、现代农业产业园，高标准打造水稻优势生产、加工基地。配合高质量发展产业带建设建立粮食主产区利益补偿机制。参照中央做法，实施产粮大县、商品粮大县奖励政策，缓解产粮大县、商品粮大县财政困难。建议研究广东省产粮大县、商品粮大县划分标准，由省财政对纳入粮食高质量发展产业带内产粮大县、商品粮大县给予一定财力性奖补。

（四）加强耕地管控，做好粮食功能区监测和高标准农田建设

对划定的粮食功能区开展耕地作物种植情况调查，对在耕地上种植的非粮食

作物面积掌握底数、加强监测，确保不破坏耕地质量。制定逐步把永久基本农田全部建成高标准农田的实施方案，将土壤改良作为高标准农田建设的一项重要内容，加强高标准农田后续培肥，着力提升耕地质量，严格落实管护责任，健全管护机制，鼓励各地引入商业保险开展高标项目金融保险创新试点，打造广东"升级版"高标准农田。

（五）适度促进规模，解决土地"碎片化""经营成本高"等问题

有序引导粮食适度规模经营，加强对适度规模经营主体的奖补支持，省财政在指定动作的基础上，继续拨付补贴资金支持粮食龙头企业、农民合作社、种粮大户等新型粮食生产经营主体。同时促进农村承包土地经营权流转，激励基层采取土地股份合作，统一连片发包租赁，或采取互换地块等方式，解决土地"碎片化""经营成本高"等问题，实现连片规模化种植。建议设立省级适度规模经营奖补专项，对种粮大户、流转大户等经营主体建立长效的支持，提升大户的种粮积极性，同时做好土地流转相关工作，推进规模化经营，引导小农户向大户流转，鼓励农户开展"稻—薯""稻—菜""稻—禾虫"等生态种养模式，提升农户种粮综合效益。培育新型职业农民，通过培训引导等方式培育一批懂市场、懂技术的新型职业农民，提升种粮主体整体素质。

（六）深挖品牌潜力，打造丝苗米优质优价全产业链闭环

持续推进丝苗米品牌化建设行动，依托广东省优质稻米生产重点区域，建设一批绿色高质高效丝苗米示范基地，重点建设一批10万亩以上的丝苗米生产示范区与核心生产供给保障区，在品牌载体、品牌形象、营销模式方面挖掘"粤农丝苗"更高的品牌潜力。强化育种、种植、品牌三方联动，打造优质优价各方共赢的全产业链闭环。扶持农户绿色化生产、社会化服务主体降低生产成本、粮油龙头企业加工促产品溢价，实现"优粮优产""优粮优加""优良优价"。围绕大米产业的功能拓展，深度挖掘岭南特色农耕文化，积极推进"旅游+""文化+""康养+"的农业跨界融合发展，打造全省以岭南特色农业为载体的农旅融合示范。

（七）强化补贴政策，完善稳定县域粮食种植积极性的保障机制

重点是对现有补贴方式进行优化，建议在财政统筹涉农资金以外创建"省级粮食安全保障基金"，对地方性农业生产短板、规模经营主体、品牌化建设等进行专项支持。加大物化补贴力度，重点补助生产环节，强化产业化优势和补齐生产短板。主要包括耕地轮作休耕试点、病虫害监测防治、农业生产社会化服务、撂荒耕地复耕复种奖补等。构建差异化补贴方式，建议优化普惠性现金补贴与重

点扶持的比重，可参照浙江省的做法，由财政牵头联合相关部门制定方案，按100元/亩的补助标准对实际种粮农民实行普惠性和种粮大户奖励性补贴，其中20%的补贴资金用于支持种粮大户扩大生产规模，并根据粮食生产集中度变化，逐渐提高对种粮大户的支持力度。

（指导专家：张彬　副研究员　广东省农业科学院水稻所稻作新技术研究室）

广东省蔬菜产业发展报告

冯珊珊　梁俊芬　周灿芳

主要观点：蔬菜是广东最大宗的经济作物和特色产业。近年来，广东蔬菜播种面积和总产量稳居全国前十，2022年蔬菜播种面积142.84万公顷，占全省农作物播种面积的31.37%。广东县域蔬菜种类丰富多样，涌现出一批如"连州菜心""增城迟菜心""合水粉葛""水东芥菜""北乡马蹄""张溪香芋"等特色产品。通过对清远连州市、佛山高明区等典型县域实地调研发现，广东县域蔬菜产业化、规模化、品牌化等发展水平不断提升，但仍然存在以下几个共性问题：蔬菜产业化整体发展水平不高，很多品种的种植面积小，规模化种植程度低；蔬菜种植标准化程度较低，很多蔬菜在种植采摘、质量等级、包装、贮藏技术等方面的标准较为缺乏；延链强链力度有待加强，大部分蔬菜以鲜销为主，产品附加值较低；市场营销体系不够完善，蔬菜销售主要以自组织的田头收购或市场批发为主，很多地区缺乏从田头、批发市场到农产品交易中心的完整统一的蔬菜销售链条。建议广东以县域为单位统筹谋划系统推进蔬菜产业集群发展，强化科技创新加速蔬菜产业向"微笑曲线"两端延伸，培育特色蔬菜品牌，打通高端销售渠道，深入实施新型经营主体提升行动构建现代农业经营体系。

一、发展概况

（一）从规模产量来看，蔬菜播种面积与产量均位列全国前十，单产水平有待提升

广东是蔬菜生产和消费大省，蔬菜是种植业中仅次于粮食作物的第二产业。2022年，广东蔬菜播种面积1428.4千公顷，占全国的6.4%，居全国第七位，与排名第一位的河南省（1782.5千公顷）相比，相差354.1千公顷（见表1）；广

东蔬菜总产量达 3999.1 万吨，占全国的 5.0%，居全国第九位，与排名第一位的山东省（9045.8 万吨）相比，相差 5046.7 万吨（见表 2）；广东蔬菜单产 27997.06 千克/公顷，居全国第 24 位，不足排名第一位河北省（64916.5 千克/公顷）的一半（见表 3）。

表 1　2022 年全国蔬菜播种面积及排名　　　　单位：千公顷

排名	省份	面积	排名	省份	面积
1	河南	1782.5	17	陕西	551.3
2	广西	1653.7	18	甘肃	453.5
3	山东	1548.5	19	新疆	337.4
4	四川	1542.3	20	辽宁	336
5	江苏	1471.3	21	海南	267.8
6	贵州	1458.7	22	山西	226.2
7	广东	1428.4	23	内蒙古	191.8
8	湖南	1407.3	24	黑龙江	162.8
9	湖北	1343.7	25	吉林	138.7
10	云南	1315.0	26	宁夏	129.4
11	河北	838.7	27	上海	87.5
12	重庆	812.0	28	天津	55.5
13	安徽	769.2	29	北京	51.4
14	江西	704.4	30	青海	43.4
15	浙江	670.8	31	西藏	27.8
16	福建	627.2			

资料来源：《中国农村统计年鉴 2023》。表中不包括港澳台地区数据，本文同。

表 2　2022 年全国蔬菜产量面积及排名　　　　单位：万吨

排名	省份	产量	排名	省份	产量
1	山东	9045.8	7	湖南	4356.7
2	河南	7845.3	8	广西	4236.5
3	江苏	5974.7	9	广东	3999.1
4	河北	5406.8	10	贵州	3355.7
5	四川	5198.7	11	云南	2857.9
6	湖北	4407.9	12	安徽	2537.7

续表

排名	省份	产量	排名	省份	产量
13	重庆	2272.4	23	黑龙江	759.8
14	陕西	2082.2	24	海南	605.4
15	辽宁	2055.4	25	宁夏	527.9
16	浙江	1976.7	26	吉林	514.8
17	江西	1786.9	27	上海	259.6
18	福建	1752.9	28	天津	256.4
19	甘肃	1736.6	29	北京	198.9
20	新疆	1731.9	30	青海	151.8
21	内蒙古	1012.9	31	西藏	81.6
22	山西	1010.3			

资料来源：《中国农村统计年鉴 2023》。

表3　2022 年全国蔬菜单产及排名　　　　单位：千克/公顷

排名	省份	单产	排名	省份	单产
1	河北	64466.44	17	四川	33707.45
2	辽宁	61172.62	18	安徽	32991.42
3	山东	58416.53	19	湖北	32804.20
4	内蒙古	52810.22	20	湖南	30957.86
5	新疆	51330.76	21	上海	29668.57
6	黑龙江	46670.76	22	浙江	29467.80
7	天津	46198.20	23	西藏	29352.52
8	山西	44664.01	24	广东	27997.06
9	河南	44012.90	25	重庆	27985.22
10	宁夏	40795.98	26	福建	27948.02
11	江苏	40608.31	27	广西	25618.31
12	北京	38696.50	28	江西	25367.69
13	甘肃	38293.27	29	贵州	23004.73
14	陕西	37768.91	30	海南	22606.42
15	吉林	37116.08	31	云南	21733.08
16	青海	34976.96			

资料来源：《中国农村统计年鉴 2023》。

（二）从品种类别来看，广东蔬菜种类丰富多样，最具广东特色的菜心种植面积占全省蔬菜面积的 1/4

广东蔬菜的主要种类包括：叶菜（菜心、芥蓝、小白菜等）、瓜类（冬瓜、节瓜、丝瓜、苦瓜、黄瓜、南瓜等）、茄果类（番茄、辣椒、茄子）、豆类（豇豆、菜豆等）、根茎类（萝卜、胡萝卜、马铃薯等）、香辛类（芫荽、葱、蒜等）、水生蔬菜等。广东省规模基地 2023 年蔬菜以种植白菜类、茄果类、绿叶蔬菜和瓜类为主，面积占比分别为 35.2%、24.9%、16.5% 和 10.9%。分品种而言，种植面积排名前三的分别是菜心、辣椒和小白菜，占比分别为 25.0%、18.9% 和 5.8%。

（三）从县域分布来看，蔬菜主产县主要分布在珠三角和粤西地区，粤东地区县域蔬菜单产水平领先

2022 年，广东省蔬菜播种面积排名前十的县（市、区）依次为增城区、廉江区、博罗县、雷州市、白云区、阳山县、电白区、高要区、惠东县、连州市，主要分布在珠三角和粤西地区。其中，蔬菜播种面积超过 2 万公顷的县（市、区）有 24 个（见表 4），其蔬菜播种面积之和为 73.74 万公顷，占全省总播种面积的 51.6%。

表 4　2022 年广东蔬菜播种面积超过 2 万公顷的县（市、区）　单位：公顷

排名	县（市、区）	面积	排名	县（市、区）	面积
1	增城区	42803	13	陆丰市	30055
2	廉江市	41633	14	遂溪县	29185
3	博罗县	40528	15	英德市	28910
4	雷州市	39002	16	阳春市	28250
5	白云区	37142	17	高州市	27180
6	阳山县	36629	18	清新区	25950
7	电白区	36292	19	台山市	24790
8	高要区	35010	20	南沙区	21466
9	惠东县	33482	21	花都区	21203
10	连州市	33410	22	信宜市	20719
11	徐闻县	32417	23	惠城区	20431
12	化州市	30646	24	惠阳区	20295

资料来源：《广东农村统计年鉴 2023》。

2022年，广东省蔬菜产量排名前十的县（市、区）依次为增城区、高要区、廉江市、博罗县、电白区、雷州市、遂溪县、高州市、惠东县、徐闻县，均分布在珠三角和粤西地区；蔬菜产量超过50万吨的县（市、区）有30个（见表5），其蔬菜产量之和为2451.91万吨，占全省总产量的61.3%。

表5　2022年广东蔬菜产量超过50万吨的县（市、区）　　单位：万吨

排名	县（市、区）	产量	排名	县（市、区）	产量
1	增城区	142.86	16	阳山县	78.34
2	高要区	112.67	17	陆丰市	74.98
3	廉江市	111.95	18	澄海区	73.99
4	博罗县	110.00	19	南沙区	71.89
5	电白区	105.05	20	清新区	70.88
6	雷州市	104.09	21	揭东区	69.08
7	遂溪县	103.33	22	怀集县	66.96
8	高州市	100.48	23	台山市	64.21
9	惠东县	92.18	24	信宜市	63.13
10	徐闻县	88.25	25	惠城区	60.88
11	兴宁市	87.45	26	海丰县	55.35
12	连州市	86.67	27	惠阳区	55.10
13	白云区	84.67	28	花都区	54.10
14	英德市	82.36	29	梅县区	52.00
15	化州市	78.68	30	普宁市	50.33

资料来源：《广东农村统计年鉴2023》。

2022年，广东蔬菜单产排名前十的县（市、区）依次为揭西县、南澳县、兴宁市、梅县区、惠来县、怀集县、龙湖区、澄海区、潮南区、榕城区，主要分布在粤东地区；蔬菜单产高于全省平均水平（27997.61千克/公顷）的县（市、区）有43个（见表6）。

表6 2022年广东蔬菜单产高于全省平均水平的县（市、区）

单位：千克/公顷

排名	县（市、区）	单产	排名	县（市、区）	单产
1	揭西县	46802.63	23	三水区	34676.63
2	南澳县	46408.01	24	潮安区	34142.60
3	兴宁市	46166.25	25	曲江区	34014.31
4	梅县区	45814.31	26	丰顺县	33829.31
5	惠来县	44889.72	27	南沙区	33491.68
6	怀集县	41779.13	28	增城区	33375.70
7	龙湖区	41633.80	29	武江区	32280.08
8	澄海区	39583.39	30	浈江区	32255.99
9	潮南区	38318.29	31	高要区	32182.15
10	榕城区	37979.35	32	端州区	31794.77
11	濠江区	37277.15	33	海丰县	31734.34
12	高州市	36967.08	34	始兴县	31139.61
13	封开县	36723.09	35	茂南区	30911.01
14	潮阳区	36686.89	36	五华县	30652.50
15	普宁市	36596.05	37	信宜市	30471.15
16	德庆县	36102.24	38	四会市	29987.92
17	揭东区	35636.72	39	惠城区	29797.56
18	湘桥区	35547.21	40	龙门县	29011.56
19	金平区	35493.62	41	电白区	28946.70
20	遂溪县	35405.09	42	鼎湖区	28739.13
21	饶平县	35070.14	43	英德市	28489.61
22	罗定市	34740.87			

资料来源：《广东农村统计年鉴2023》。

（四）从平台主体来看，打造"一县一园、一镇一业、一村一品"蔬菜类产业发展平台载体

2018~2023年，广东省财政投入资金支持县域创建了29个蔬菜（含食用菌）类省级现代农业产业园（见表7），促进了一批富有广东特色的蔬菜产业规模化、集约化发展，如连州菜心、增城迟菜心、合水粉葛、陆丰萝卜、湛江莲藕、乐昌芋头等。2019~2022年，广东省发布省级"一村一品、一镇一业"专业村和专业

镇共 2807 个，其中以蔬菜为主导产业的专业镇 35 个、专业村 338 个，占比为 13.3%，有力地促进了富民兴村产业发展。截至 2022 年底，全省 1430 家省级以上的重点农业龙头企业中，蔬菜类龙头企业有 110 家。

表 7　2018~2023 年创建的蔬菜类省级现代农业产业园

序号	产业园	所在县区	序号	产业园	所在县区
1	增城区迟菜心	广州市增城区	16	新丰县蔬菜	韶关市新丰县
2	增城区幸福田园蔬菜	广州市增城区	17	乐昌市香芋	韶关市乐昌市
3	白云区设施蔬菜	广州市白云区	18	始兴县蔬菜	韶关市始兴县
4	博罗县蔬菜	惠州市博罗县	19	曲江区食用菌	韶关市曲江区
5	惠东县蔬菜	惠州市惠东县	20	武江区食用菌	韶关市武江区
6	惠阳区蔬菜	惠州市惠阳区	21	乐得鲜（梅江）蔬菜	梅州市梅江区
7	怀集县蔬菜	肇庆市怀集县	22	丰顺县特色蔬菜	梅州市丰顺县
8	坡头区莲藕	湛江市坡头区	23	五华县蔬菜	梅州市五华县
9	连州市菜心	清远市连州市	24	澄海区蔬菜	汕头市澄海区
10	阳山县蔬菜	清远市阳山县	25	陆丰市萝卜	汕尾市陆丰市
11	英德市连樟村果菜茶	清远市英德市	26	海丰县蔬菜	汕尾市海丰县
12	英德市西牛麻竹笋	清远市英德市	27	揭东区竹笋	揭阳市揭东区
13	源城区蔬菜	河源市源城区	28	揭西县苦笋	揭阳市揭西县
14	乳源县蔬菜	韶关市乳源县	29	普宁市稻蔬	揭阳市普宁市
15	武江区蔬菜	韶关市武江区			

资料来源：广东省农业农村厅官网。

（五）从品牌培育看，认定一批蔬菜类地理标志保护产品

近年来，广东省着力开展品牌建设，发展区域公用品牌，鼓励开展"两品一标"认证工作，蔬菜品牌数量逐渐增多，有效提高了蔬菜产业效益。2019~2023 年，广东省有 429 个农产品入选为全国"名特优新"农产品，其中蔬菜类 88 个。截至 2022 年底，广东省有经国家质检总局认定的蔬菜类国家地理标志保护产品 14 个，经农业农村部审核批准的蔬菜类国家农产品地理标志产品 9 个（见表 8）。

表8 广东省蔬菜类国家地理标志保护产品和农产品地理标志产品

序号	国家地理标志产品	地区	序号	国家农产品地理标志	地区
1	增城迟菜心	广州市增城区	1	炭步槟榔香芋	广州市花都区
2	合水粉葛	佛山市高明区	2	三水黑皮冬瓜	佛山市三水区
3	桑麻黑毛节瓜	佛山市顺德区	3	鹤山粉葛	江门市鹤山市
4	西牛麻竹笋	清远市英德市	4	新会甜水萝卜	江门市新会区
5	阳山淮山	清远市阳山县	5	杜阮大顶凉瓜	江门市蓬江区
6	星子红葱	清远市连州市	6	城矮陂梅菜	惠州市惠城区
7	竹山粉葛	清远市佛冈县	7	福田菜心	惠州市博罗县
8	虎嗷金针菜	汕尾市海丰县	8	连州菜心	清远市连州市
9	莆田竹笋	揭阳市揭东区	9	阳山西洋菜	清远市阳山县
10	水东芥菜	茂名市电白区			
11	北乡马蹄	韶关市乐昌市			
12	新丰佛手瓜	韶关市新丰县			
13	张溪香芋	韶关市乐昌市			
14	徐闻良姜	湛江市徐闻县			

二、存在问题

近年来,广东蔬菜产业发展形势持续向好,产业聚集明显,蔬菜品类丰富,地方蔬菜品牌不断涌现,蔬菜产业化、规模化、品牌化等高质量发展水平不断提升。但从县域蔬菜产业调研情况来看,菜心产业仍存在规模化程度不高、销售渠道偏窄、标准体系不统一、公共品牌辨识度较低、延链强链力度有待加强等问题亟需解决。

(一)种植端,大部分蔬菜特色品种种植面积不大、规模化种植程度不高,导致市场竞争力较弱

实地调研中了解到(2023年6~8月),连州菜心最大规模的生产企业是经营了20多年的连正农业发展有限公司,种植规模约4000亩,而超过1000亩的企业寥寥无几,且实力普遍较弱。由于菜心种植采摘需要耗费大量的人力,一般家庭农场的种植面积在30亩左右,还有众多的小农户处于分散独自经营的状态,种植面积2~6亩。究其原因:一是由于连州地处粤北山区,主要是丘陵盆地,土地分散细碎,土地规模化、集约化程度低;二是缺乏农业龙头企业带动,目前发展连州菜心的本地企业少,且大多数种植规模不足千亩,难以起到示范带动作用。

合水粉葛虽然作为国家地理标志产品，近年来生产规模不但没有增加反而缩减，从历史上最高峰种植的 1.5 万亩跌至现在不足 5000 亩，目前仅有 6 家规模种植合水粉葛的企业和专业合作社，绝大部分是家庭农户零散种植，难以做大做强，无法形成专业化、产业化经营，导致市场份额不大，品牌地位不突出，竞争实力不强。究其原因：一是高明区土地分散细碎，企业难以整合连片土地发展规模化种植，大部分企业种植规模为 200~300 亩，规模化、集约化程度较低；二是由于近年来防止耕地"非粮化"的管控要求，耕地应当优先用于粮食和棉、油、糖、蔬菜等农产品生产，大规模种植粉葛受到一定的限制。

（二）加工端，大部分蔬菜以鲜销为主，尚未研发出具有辨识度和代表性的蔬菜精深加工产品，产业链延伸能力较弱，产品附加值较低

调研了解到，连州菜心主要以鲜销为主，深加工企业少，产业链延伸能力较弱。虽然本地菜心相关加工企业产出菜心干、菜心富硒纤维素粉、菜心含片等加工产品，也尝试研发菜心香菇饺预制菜式，但后续推进力度不够。根本原因在于本地加工企业体量偏小，缺乏实力雄厚、市场知名度高、带动能力强的优质加工企业，导致产业链延伸难度较大。合水粉葛目前的加工产品主要有葛根面、葛根粉、葛饮料和葛米粉等，但是由于当地粉葛种植规模较小，粉葛产量不足以吸引大规模的加工企业，导致粉葛的精深加工的推进难度较大；同时，当地尚未研发出具有辨识度和代表性的合水粉葛加工产品，创新能力有待提高，粉葛精深加工能力不强，产品附加值偏低。

（三）品牌端，蔬菜标准化程度较低，在种植采摘、质量等级、包装、贮藏技术等方面的标准较为缺乏，导致产品认可度和标识度不高，也难以持续占据高端消费市场

第一，标准化体系有待完善。由于连州菜心生产组织化程度不高，对品种、种植采摘、分等定级、包装等标准执行不统一，造成连州菜心的品质标准参差不齐，内在品质标准更是空白，亟需形成标准化的种植模式和稳定的产品品质。目前连州菜心的田头收购一般只按重量计价，菜心分级分拣标准尚未完善，导致当地连州菜心的收购价一直在低端徘徊，难以进入高端市场。第二，公共品牌辨识度不高。连州菜心在"菜心节"的带动下，具有一定品牌效应，但是连州菜心的品牌辨识度仍然不强。究其原因：一是目前连州菜心的标准体系不完善，造成市面上的连州菜心长短参差不齐、不打霜不甜、口味不统一；二是"连州菜心"品种在外省亦可种植，连州本地种植的菜心尚未形成鲜明的地域辨识度。

（四）销售端，蔬菜销售主要以自组织的田头收购或市场批发为主，销售渠道有待进一步拓宽

如何拓宽蔬菜的市场销售渠道，打造更加高效全面的市场营销体系，是蔬菜产业发展亟待解决的主要问题之一。在调研中，连州市菜心协会反映，当前连州菜心销售仍以传统的市场批发（中间商销售）为主，线上渠道销售额不足20%，电商平台销售、视频直播、自媒体销售等线上销售以及展销会、社区团购、订单销售、加工销售等线下销售渠道有待拓宽。当地农业农村部门干部反映，"菜心采摘耗费人力，且菜心的适宜采摘期只有3天左右，如果市场行情低迷，菜心收购价低，很多种植户选择把菜心烂在田间地头"。家庭农户零散种植的粉葛主要以田头收购为主，当地农业农村部门干部反映，"田头收购价格由采购商贩决定，经常因为采购商贩压价而导致种植农户效益较低"。种植合水粉葛企业的营销渠道主要是订单直销或者线下实体店销售，线上销售比例约为15%，电商平台销售、视频直播、订单销售等线上销售渠道有待拓宽。

三、经验借鉴——寿光模式

寿光市是山东省潍坊市所辖县级市，总面积1997.4平方千米（其中耕地面积147.32万亩、占比为49.2%），2022年全市人口为111.21万人，地区生产总值为1002.1亿元，其中第一产业产值为131.6亿元、第二产业产值为435.9亿元、第三产业产值为434.7亿元，三次产业结构比为13.13∶43.49∶43.38。寿光是"中国蔬菜之乡"，也是我国设施蔬菜的发源地和全国最大的蔬菜集散地，拥有蔬菜大棚17.3万个，年蔬菜种植面积为60万亩，年产量为450万吨，年交易量高达900多万吨，产值达110亿元。2020年5月，寿光蔬菜产业集群被财政部、农业农村部共同确定为全国首批50个优势特色产业集群之一。自20世纪80年代起，寿光以冬暖蔬菜大棚技术的应用推广为起点，先后探索出蔬菜产业的生产、销售、技术、会展和标准输出等改革经验，创造了业内公认的"寿光模式"①。2018年以来，习近平总书记两次肯定"寿光模式"。现将其主要做法报告如下：

（一）制定出台蔬菜种业专项扶持政策，构建"育繁推"一体的商业化育种体系

2012年以来，寿光市政府通过"内培、外引+扶持"在蔬菜种业创新研发方

---

① "寿光模式"可概括为：发挥蔬菜产业比较优势，通过政府改革创新，不断优化资源配置，推动形成了以市场为导向、以安全为底线、以科技为动力、以品牌为引领、以标准化生产为抓手、以组织化发展为路径"六位一体"的现代农业生产经营体系，同时，不断向全国输出技术、人才、标准以及农业发展的整体解决方案，带动农业增效、农民增收。

面持续发力，连续 4 次出台《关于加快蔬菜种业发展的实施意见》（寿政办发〔2020〕12 号）、《加快推进现代蔬菜种业创新发展扶持政策》（寿政办发〔2023〕18 号）等专项扶持政策，市财政累计投入专项资金 3 亿元，在种质资源保护利用、品种创新、基地提升、企业扶优、平台建设、人才培养、展示交易等方面对种子企业和研发机构给予扶持，加快构建以产业为主导、企业为主体、基地为依托、产学研结合、"育繁推"一体的商业化育种体系。

在前端育种方面，整合研发资源，于 2010 年成立寿光蔬菜种业集团，全力打造蔬菜新品种研发龙头，培育了蔬菜种业集团、三木种苗、永盛农业等 7 家种业龙头企业；建设投用了全省最大的蔬菜种质资源库，收集种质资源 2.5 万份；规划建设了占地 138 亩的国家现代蔬菜种业创新创业基地研发中心，带动蔬菜种业集团等多家企业与中国农业科学院、中国农业大学等 40 多家科研院校开展深入合作；吸引中国农业科学院寿光蔬菜研发中心等 12 个国字号平台先后落户并实体化运行；引进蔬菜育种领域合作院士、国外专家 6 人（吴明珠、李天来、邹学校等），培育省级以上重点人才工程人选 34 人。在中端繁育方面，培育了鲁寿种业、金百利种苗、鲁盛农业等 29 家标准化种苗繁育基地，引导多家企业在甘肃、海南建设品种测试点和繁种基地，集中打造产业集聚、体系健全、集约高效的种苗繁育区域。在后端推广方面，2013 年起每年举办中国（寿光）国际蔬菜种业博览会，累计展示设施蔬菜新品种 4.7 万多个，建设了总投资 15 亿元的蔬菜小镇、总投资 8.5 亿元的现代农业高新技术试验示范基地。

截至 2022 年底，寿光从事蔬菜育种企业有 15 家，其中 7 家获批省级技术研发中心，培育国家级"育繁推一体化"企业 2 家（蔬菜种业集团、三木种苗）、国家农作物种业阵型企业 1 家（寿光蔬菜种业集团）、国家育种联合攻关阵型企业 1 家（永盛农业），中国蔬菜种业信用骨干企业 3 家（三木种苗、蔬菜种业集团、永盛农业，全国共 20 家），自主研发蔬菜品种 178 个，种苗年繁育能力 18 亿株、占全省近 1/4，产值突破 10 亿元，被农业农村部认定为国家级区域性良种繁育基地。成功入围国家战略，纳入《种业振兴行动方案》国家级蔬菜种业创新基地建设布局。通过品种示范推广，寿光国产蔬菜种子市场占有率由 2010 年的 54% 提高到 2022 年的 70% 以上。其中，黄瓜、圆茄、丝瓜、苦瓜、豆类、西葫芦、甜瓜、樱桃番茄等作物国产种子市场占比达 90% 以上。

（二）建设全国蔬菜质量标准中心，推动"寿光标准"上升为"行业标准""国家标准"

2018 年 7 月 12 日，农业农村部和山东省人民政府联合建立的"全国蔬菜质量标准中心"在寿光揭牌成立（正处级公益一类事业单位）。"建好全国蔬菜质量标准中心"列入山东省人民政府、农业农村部《共同推进现代农业强省建设方案（2021-2025年）》，"提升全国蔬菜质量标准中心功能"写入《山东省国民经济和社会发展第十四个五年规划和2035年远景目标纲要》和《山东省"十四五"推进农业农村现代化规划》。寿光市依托全国蔬菜质量标准中心，把设施蔬菜全产业链标准研制作为突破口，全面总结设施蔬菜生产管理经验，建立蔬菜全产业链标准化发展模式，以"寿光标准"抢占蔬菜行业"话语权"。中心成立了由4名院士领衔的全国蔬菜质量标准中心专家委员会，先后引进落户全国蔬菜标准化技术委员会、全国绿色食品科技成果转化试验站等权威专业平台，先后编制完成37种蔬菜的54项生产技术规程，发布实施3项国家标准、番茄等7项全产业链行业标准、14项地方标准和68项团体标准，通过举办全国蔬菜质量标准高峰论坛、成立国家蔬菜质量标准化创新联盟、认定试验示范基地等渠道向全国输出寿光标准。

（三）健全"寿光蔬菜"区域公用品牌管理体系，提高品牌知名度和竞争力

近年来，寿光市按照"区域+企业+产品"三位一体品牌建设思路，健全完善区域公用品牌组织管理体系，通过成立联合会加强区域品牌管理，提高"寿光蔬菜"区域公用品牌品牌知名度和竞争力。为实现"寿光蔬菜"品牌的规范升级，2019年成功注册"寿光蔬菜"地理标志集体商标。聘请专业机构对"寿光蔬菜"品牌进行设计，2021年4月正式发布"寿光蔬菜"区域公用品牌及《寿光蔬菜区域公用品牌管理办法》，明确了区域公用品牌使用标准和产品要求，"寿光蔬菜"有了自己的Logo和标志。2020年9月成立的寿光市蔬菜合作社联合会作为"寿光蔬菜"区域公用品牌的管理单位，对符合条件的企业或者合作社，授权使用"寿光蔬菜"Logo，扶持授权单位开拓高端销售渠道，形成企业知名品牌，打造一批明星单品。先后与京东物流、阿里巴巴、正大集团卜蜂国际供应链签订战略合作协议，在天猫平台开设了"寿光蔬菜"旗舰店；在北京、天津、上海、广州等大中城市建立"寿光蔬菜"展示交易平台和社区实体店，开拓"寿光蔬菜"高端销售渠道。引导龙头企业和合作社成功认证"三品一标"农产品390个、国家地理标志产品16个，培育"七彩庄园""乐义"2个中国驰名商标，古城番茄、纪台长茄等22个农产品入选农业农村部"名特优新"农产品名录，69家基地被评为粤港澳大湾区"菜篮子"产品直供基地、数量位列全国县市区首位，建设"崔西一品""斟灌彩椒"等单体品牌生产基地5家，累计创建山东省知名农产品企业产品品牌6个。

（四）规范提升经营主体，解决蔬菜产业"大产业小农户"问题

近年来，寿光市以合作社和家庭农场规范提升为重点，通过强化政策引领、加大财政金融扶持力度、创新发展模式等措施，打造蔬菜合作社样板社、蔬菜样板家庭农场，充分发挥蔬菜合作社示范引领作用，提高农民的组织化程度，解决蔬菜产业中"大产业小农户"问题。一是出台提升扶持政策。制定出台《寿光市蔬菜合作社样板社规范提升标准》、《寿光市蔬菜合作社信用评级实施办法》、《寿光市蔬菜合作社样板社规范提升实施意见》（寿政办发〔2022〕7号）、《寿光市家庭农场规范提升扶持意见》（寿政办发〔2022〕8号）等文件（见表9），每年评定15家高标准蔬菜合作社样板社、10家蔬菜样板家庭农场，每家一次性给予10万元奖励扶持，进一步提升蔬菜合作社样板社和样板家庭农场发展质量。二是村党支部领办实体化运营合作社。在潍坊市全面推进"村社一体化"过程中，寿光市以组织振兴为引领，引导村党支部领办创办土地、资金、生产经营等专业合作社，创新"村党支部+合作社+农户"生产经营模式，打造特色蔬菜品牌，不断做强产业链条，实现村民和集体经济双增收。如寿光市洛城街道东斟灌村、稻田镇崔岭西村等党支部领办的"果菜营销、土地流转、资金互助"合作社，整合分散经营，运作新型经济实体，探索出一条党建引领、村社互动、人才支持、科技助力，以产业振兴带动乡村全面振兴的发展道路。2021年寿光村集体收入10万元以上的村达906个，占比为93.6%；100万元以上的村达206个，占比为21.3%。三是构建新型组织体系。2020年9月，寿光组建全国首家蔬菜合作社联合会①，构建以合作社联合会为龙头、15家镇街合作社分会为骨干、124家潍坊市级以上示范社为支撑的"联合会+合作社分会+示范社"高品质合作

---

① 寿光市蔬菜合作社联合会由全市107家蔬菜专业合作社联合成立，旨在通过加快推进全市蔬菜合作社规范化建设，全面提升蔬菜合作社发展水平，发挥蔬菜合作社引领蔬菜产业发展作用，推进实施"寿光蔬菜"区域公用品牌战略，创新提升"寿光模式"新内涵，实现"寿光蔬菜"由随行就市到品质蔬菜的跨越，逐步实现订单销售，提高菜农收入，推动乡村振兴。

（1）要强化联合会统筹功能，实现技术服务、农资管理、标准化管理、质量检测、注册品牌、包装销售六个统一，全面提升"寿光蔬菜"品质，为下一步推广"寿光蔬菜"区域公用品牌打下坚实基础；

（2）要发挥联合会职能作用，建立健全组织机构和管理制度，明确会员责任和权利，公开、公平、规范生产经营行为；

（3）要突出联合会引领作用，积极进行蔬菜产业全链条技术引进与推广，对新品种、新技术、新材料、新工艺进行示范引领，提高科技应用水平，促进产业创新；

（4）要严格落实蔬菜质量安全主体责任，建立联合会内部督查制度，实现行业自律；

（5）要建立联合会公共网站，利用科技网络技术，实现各类蔬菜展销信息共享，积极组织会员参加产品展销、洽谈、品鉴活动，拓展线上线下等多种营销渠道，推动寿光蔬菜转型升级提质增效和"寿光模式"创新。

社体系架构，带动85%的农户进入产业化经营体系，扭转了蔬菜生产"一家一户单打独斗"的局面。

表9 寿光市蔬菜产业发展相关政策

出台年份	出台单位	政策名称
2013	寿光市政府	《关于加快蔬菜种业发展的意见》
2014	寿光市政府	《关于进一步扶持蔬菜种业发展的政策》（寿政发〔2014〕25号）
2015	寿光市政府	《寿光市人民政府办公室关于印发〈寿光市农产品质量安全村级监管员考核办法〉的通知》
2016	寿光市政府	《寿光市设施蔬菜"两改"扶持政策》（寿政发〔2016〕22号）
2016	寿光市政府	《关于印发寿光市棚户区改造货币化安置办法（试行）的通知》
2018	寿光市政府	《寿光蔬菜产业"良田—良品"工程实施方案》
2019	寿光市委	《寿光高端品牌蔬菜工作实施方案》
2019	寿光市政府	《寿光市人民政府办公室关于进一步提升蔬菜品质的实施意见》
2019	寿光市政府	《寿光市省级区域性蔬菜良种（种苗）繁育基地发展规划（2019-2022年）的通知》
2019	寿光市政府	《寿光市蔬菜专业合作社规范提升实施方案》
2019	农业农村局	《寿光市重点园区打造实施方案》
2019	农业农村局	《寿光市重点园区智慧农业建设标准规范》
2019	农业农村局	《关于营里镇灾后重建农业园区补助的建议》
2020	寿光市人民政府办公室	《寿光市财政金融政策融合支持乡村振兴战略制度试点工作实施方案》
2020	寿光市人民政府办公室	《关于加快蔬菜种业发展的实施意见》（寿政办发〔2020〕12号）
2022	寿光市人民政府办公室	《寿光市蔬菜合作社样板社规范提升实施意见》（寿政办发〔2022〕7号）
2022	寿光市人民政府办公室	《寿光市家庭农场规范提升扶持意见》（寿政办发〔2022〕8号）
2023	寿光市人民政府办公室	《加快推进现代蔬菜种业创新发展扶持政策》（寿政办发〔2023〕18号）

截至2022年年底，寿光拥有蔬菜类家庭农场983家、合作社1621家，年销售额过亿元的合作社13家，创建国家级示范社8家、省级示范社55家，高标准

打造蔬菜合作社样板社 15 家、蔬菜类样板家庭农场 10 家，众旺果蔬合作社、优品农鲜果蔬合作社、全农蔬菜合作社 3 家合作社通过全球和中国良好农业规范（GAP）双认证，农户入社比例达到 85% 以上。《农民日报》评选公布的"2021 中国农民合作社 500 强"中，寿光市菜都果蔬专业合作社、东华蔬菜合作社、亮泽果蔬合作社等 20 家合作社入围，入选数量占全国 1/25，占全省 1/5，列全国县级市第一位。

党支部领办合作社案例

案例一：寿光市洛城街道东斟灌村斟都果菜合作社

寿光市洛城街道东斟灌村位于寿光市的最东端。全村共有 586 户、2200 人，党员 62 人，耕地面积 4486 亩，属于典型的农业村。党支部通过领办斟都果菜合作社、土地股份合作社和资金互助合作社 3 个合作社，探索出一条党建引领、村社互动、抱团致富之路，吸引了大批年轻人回乡创业。2022 年，该村彩椒产量 2.2 万吨，产值超过 1.5 亿元，集体经济收入 180 万元，村民人均纯收入 4.3 万元，有 50 多户农户年收入超过 50 万元。以承包合作的方式吸引回乡创业年轻人 300 多人。

为解决蔬菜销售过程中，蔬菜批发商扯皮压价、克扣菜款等问题，2008 年村党支部领办了斟都果菜合作社，发展种植五彩椒，通过实行统一技术培训、统一质量检测、统一农资供应、统一档案建立、统一包装销售，实现标准化生产，采取"合作社当中介、买卖两分离、钱款先集中"的办法，解决了群众关注的生产标准化程度低、卖菜难、价格不稳等问题。

2012 年领办土地股份合作社，村民通过依法自愿的原则把土地交给合作社，合作社对全村 4486 亩土地进行股份制统一运营管理。根据不同地块划分不等地价。对于合作社的收益分配，采用动账不动地的办法，全体村民每人一股，每股每年保底分红 600 元。剩余的土地收益，村民和集体按四六分红。根据人口变动和市场行情，股份一年一调整，承包费三年一变动。土地股份合作社解决了"增人不增地、减人不减地"土地流转难问题。

2013 年领办资金互助合作社，以"惠民利民、发展生产"为宗旨，将农民手头多余的钱聚集起来，以略高于银行同期存款利率吸纳，以低于银行同期贷款利率放出，年吸纳资金 300 万元，放出贷款 300 万元，每年为 62 户菜农解决燃眉之急。合作社通过"单一用途、以贷定存、封闭运行"的运营方式，解决了建设蔬菜大棚生产融资难的问题。

全村回乡创业年轻人 70 后 300 人，80 后 130 多人，90 后 20 人，返乡大学生 21 人，退役军人 26 人。他们有知识、能钻研、会经营，成为彩椒生产经营主力军，家庭年收入均在 20 万元以上。

资料来源

1. 大众日报. 吸引年轻人回乡创业，寿光东斟灌村有何高招［EB/OL］. https：//dzrb. dzng. com/articleContent/1176_ 916877. html.

2. 东斟灌村斟都果菜专业合作社入选全省合作社案例选编［EB/OL］. http：//trs. shouguang. gov. cn/api/weixin/news. aspx? id = 134204.

案例二：寿光市崔岭西村众旺果蔬专业合作社（订单农业）

崔岭西村位于稻田镇区以南，全村共 226 户、880 人，党员 33 人，耕地面积 1536 亩。种什么，怎样种，怎么卖？是农户常遇到的问题。稻田镇崔岭西村把"订单农业"作为推进蔬菜产业化的一项重要措施，大力发展"合作社+农户"的"订单式"种植，让农民既"种得好"，又"卖得好"。

为了解决村民菜难卖、菜价低等问题，2014 年崔岭西村党支部领办成立了众旺果蔬专业合作社，带领村民抱团闯市场，形成了以自有基地种植和社员种植为第一手货源，统一检测、统一包装、统一品牌销售、统一金融服务的经营管理模式。该村以种植高端番茄为主，群众负责种植，合作社负责统一包装、销售，打造"崔西一品"品牌，番茄售价高达 40 元/千克（合作社以每 20 元/千克的价格收购，经过包装等环节，再以每 40 元/千克的价格销售出去）。众旺果蔬专业合作社下设资金互助合作社，每年为菜农发放互助资金 600 多万元，满足了农民的"扩融"需求。2021 年，合作社投资 600 多万元建设高标准品质蔬菜分拣中心。合作社主要销售市场是俄罗斯，年出口蔬菜 2 万吨，交易额超 1 亿元，村集体收入 450 万元，户均存款超过 30 万元，全村百万元户占到了 1/10 以上。

资料来源

1. 中国500强，寿光多家合作社入围［EB/OL］. https：//www.shouguang.gov.cn/news/zhxw/202412/t20241225_ 6452630.html.

2. 迟慧娟，李善金.打造优质"大菜园"共筑致富"众旺路"——山东省寿光市众旺果蔬专业合作社.中国农民合作社.2023（06）：41-42.

3. 山东寿光：蔬菜远销俄罗斯［EB/OL］. https：//www.gov.cn/xinwen/2019-07/07/content_ 5407040.htm#1.

（五）政府坚持制度创新，引导蔬菜产业集群发展、促进集群保持竞争优势

寿光市有着悠久的种菜历史，但由于多种因素制约，到20世纪80年代中期，全市只有5万亩左右的大田菜和少量的土温室，没有形成规模，效益也不高。1983年秋菜上市，因为流通不畅，烂掉5000千克大白菜，出现了"菜贱伤农"现象。在寿光县八届人大五次会议上，县政府将"建市场，促流通"写入《政府工作报告》。1984年3月1日，占地52亩的寿光蔬菜批发市场在九巷村正式开业，开创了产地型蔬菜批发市场的先河。1989年冬暖式蔬菜大棚技术试验成功以后，县政府制定落实"县乡包技术指导、包物料供应、包蔬菜销售，村级种棚三年免税、棚区水电路全通、提供贴息贷款"等扶持政策，使寿光蔬菜产业迅速形成规模经济优势和反季节销售的市场优势。1995年以来，随着全国菜篮子工程的全面实施，各地蔬菜生产迅猛发展，寿光蔬菜产业的优势受到严峻挑战。寿光市委、市政府作出了"发展绿色食品，走向二次革命"的战略决策，引导蔬菜产业升级，造就了目前寿光蔬菜的品质优势。近年来，地方政府又把发展蔬菜深加工、突破蔬菜产业发展"芯片"（种业）、打造"寿光蔬菜"区域公用品牌作为集群发展新的战略目标。为了改善多年种植蔬菜土壤肥力下降和病虫害增多问题，寿光市实施了"设施蔬菜沃土工程""根结线虫病防治工程"和"绿色植保工程"等技术创新工程。2019年2月，寿光人民政府与中国农业科学院蔬菜花卉研究所共建"寿光蔬菜研发中心"。

在产业发展政策扶持方面，寿光按照"总量持续增加、比例稳步提高"的原则，持续加大财政支农投入，推动财政金融资金向蔬菜产业转型发展和种业研发、土壤改良等产业链条延伸方向投入，出台了一系列专项扶持政策，对种业创新、园区建设、品牌创建、经营主体规范提升等方面给予强力财政资金扶持。寿光对蔬菜产业转型发展的政策扶持主要体现在对大棚"两改"（旧棚改棚、大田改大棚）的支持上。2016年寿光市政府制定了《寿光市设施蔬菜"两改"扶持政策》（寿政发〔2016〕22号），对积极参与"两改"的农户进行扶持，单个农户扶持低息贷款50

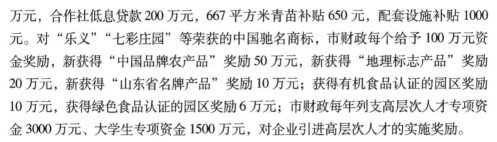

万元，合作社低息贷款 200 万元，667 平方米青苗补贴 650 元，配套设施补贴 1000 元。对"乐义""七彩庄园"等荣获的中国驰名商标，市财政每个给予 100 万元资金奖励，新获得"中国品牌农产品"奖励 50 万元，新获得"地理标志产品"奖励 20 万元，新获得"山东省名牌产品"奖励 10 万元；获得有机食品认证的园区奖励 10 万元，获得绿色食品认证的园区奖励 6 万元；市财政每年列支高层次人才专项资金 3000 万元、大学生专项资金 1500 万元，对企业引进高层次人才的实施奖励。

（六）小结

"寿光模式"诞生之初，就与"有为政府"分不开，按照"做强两端、提升中间"的思路，全链条提升蔬菜产业。前端重点做标准制定、种子研发和技术集成创新，后端重点培育特色蔬菜品牌、打通高端销售渠道，中间以合作社、家庭农场为主体构建新型农业经营体系，抢占蔬菜全产业链"微笑曲线"的两端，全方位提升核心竞争力。

四、政策建议

《中共广东省委关于实施"百县千镇万村高质量发展工程"促进城乡区域协调发展的决定》明确提出"发展壮大县域经济。发展特色优势产业，以'粮头食尾''农头工尾'为抓手，培育农产品加工业集群"。发展县域特色蔬菜产业，是广东省实施"百县千镇万村高质量发展工程"重要内容。建议蔬菜主产县在实施"百县千镇万村高质量发展工程"过程中，将打造百亿蔬菜产业集群作为重要内容，系统谋划，全面推动。

（一）以县域为单位统筹谋划系统推进蔬菜产业集群发展

从寿光市的经验可以看出，产业集群发展有其客观规律，不可能一蹴而就，只有保持定力，久久为功，才能让优势产业持续健康成长。县级政府在县域资源配置、行政与经济管理等方面处于主导地位，在加强县域市场体系建设、维护市场交易公平、建立区域创新网络等方面大有作为。建议在实施"百千万工程"过程中，充分发挥广东省蔬菜地方品种（土特产）多达 200 多种的优势，各特色蔬菜主产县（市、区）可以考虑借鉴寿光政府的做法，始终把蔬菜产业作为富民强村、振兴乡村的支柱产业，统筹规划并坚持一张蓝图干到底、一任接着一任干，根据蔬菜产业发展不同阶段的特点及所面临的问题进行战略政策创新，真金白银地投、真刀真枪地干，聚焦重点区域和关键环节，加强生产基地、仓储保鲜、初加工、精深加工、现代流通、品牌培育等各环节建设，推动特色蔬菜产业全链条集群化发展。

（二）强化科技创新加速蔬菜产业向"微笑曲线"两端延伸

技术创新是产业集群成长和保持整体竞争优势的原动力。根据经济学"微笑曲线"理论，产业链前端的研发和后端的营销，附加值高、门槛高，中间的生产环节往往处于价值链低端。靠拼资源不可持续，出路在于科技创新，做强产前、产后，抢占产业制高点。寿光蔬菜产业集群发展得益于品种、技术、标准、组织、制度等多层次的全面创新。其中种业是蔬菜产业的制高点，更是产业发展的命脉。因此，建议特色蔬菜主产县域政府通过一系列政策安排，改善蔬菜种业创新环境，培育区域创新主体，构建农业创新体系，打造区域创新网络，以创新促进特色蔬菜产业集群发展。

（三）培育特色蔬菜品牌打通高端销售渠道

谁制定标准，谁就拥有话语权；谁掌握标准，谁就占领制高点。一是挖掘地方特色品种的"土""特"，完善特色蔬菜的地方标准，确保从生产到销售的全过程标准化，建立统一产品品质标准体系，为蔬菜产业高质量发展奠定标准化基础。二是大力实施区域、企业、产品"三位一体"品牌战略，以区域公共品牌为总抓手，统一设计特色蔬菜区域公用品牌标识和包装设计，培育特色鲜明、质量过硬、信誉可靠的特色蔬菜品牌，构建以区域公用品牌为引领、企业品牌为支撑、产品品牌为重点的品牌发展矩阵，打通高端销售渠道，加快特色蔬菜主产县由卖"蔬菜"向卖"品牌"转变。成立县域蔬菜行业联合会或协会，制定区域公用品牌使用管理规范，引导规范区域公用品牌使用管理。

（四）深入实施新型经营主体提升行动构建现代农业经营体系

建议各特色蔬菜主产县以深入实施新型农业经营主体提升行动为抓手，将县级以上农民合作社示范社和示范家庭农场作为支持重点，促进农民合作社、家庭农场内强素质、外强能力，提升规范运营水平；加快培育新型农业经营主体，鼓励有长期稳定务农意愿的蔬菜种植户适度扩大经营规模，成长为家庭农场；引导以家庭农场为主要成员联合组建农民合作社，开展统一生产经营服务；支持农民合作社依法自愿兼并、合并或组建联合社，形成规模优势，增强市场竞争力和抗风险能力。在产业基础薄弱、主体发育滞后、农民组织化程度低的县域，鼓励村党支部领办农民合作社，聚集人才、资源优势发展特色蔬菜产业。实施高素质农民培育计划，面向家庭农场主、农民合作社带头人开展全产业链培训，将新型农业经营主体带头人培育为蔬菜产业振兴领头雁，切实发挥其示范引领和辐射带动作用。

（指导专家：谢大森　研究员　广东省农业科学院蔬菜研究所）

广东省荔枝产业发展报告

雷百战　胡韵菲

主要观点：

（1）**发展现状：** 广东荔枝产业规模全国第一，已经建成一批现代农业产业园、示范村镇、专业镇村和产业集群，拥有一批荔枝国家地理标志、荔枝知名品牌，区域公用品牌价值不断提升，"12221"市场体系是广东荔枝营销的成功密码；广东荔枝以初加工为主、深加工为辅，加工企业数量接近全国1/4，加工产品品类不断丰富，冷链物流水平逐年提升。广东拥有一批重要的农业文化遗产，建成了一批荔枝文化公园，每年举办主题多样的荔枝文化活动，推出了一批各具特色的荔枝文旅精品线路。

（2）**存在问题：** 广东荔枝产业发展仍面临小农户生产、品种结构不合理、生产管理粗放、冷链保鲜有待提升、精深加工缺乏、文创产业亟待升级、特色文化旅游缺乏整体谋划等问题，制约荔枝产业高质量发展。

（3）**经验借鉴：** 延安洛川是全国苹果第一县，"洛川苹果"千亿产业在科技创新、标准果园建设、产业集群打造、龙头引领带动、数字赋能营销、区域公用品牌打造等方面的经验做法，对打造"广东荔枝"千亿产业有重要借鉴意义。

（4）**政策建议：** 借鉴"洛川苹果"千亿产业的经验做法，结合广东省"百千万工程"建设和荔枝产业发展实际，提出培育荔枝产业新质生产力、建设荔枝高标准果园、补齐荔枝全链条保鲜储运短板、发展荔枝特色文化休闲旅游等十条政策建议，推动广东荔枝产业高质量发展。

广东省荔枝种植面积、产量均居全国第一。全省97个县（市、区）均有荔枝种植，以茂名、广州、东莞、惠州、阳江、湛江等地最多[1]。近年来，广东通过打好荔枝产业、市场、科技、文化"四张牌"，在推动县域产业高质量发展上为全省率先破题、先行示范，取得明显成效。荔枝"土特产"已经发展成为广东省富民兴村的百亿级"大产业"。

2023年4月11日，习近平总书记在考察高州市根子镇柏桥村时指出，高州荔枝种植有历史传承和文化底蕴，发展荔枝种植有特色有优势，是促进共同富裕、推动乡村振兴的有效举措，农村特色产业前景广阔；要进一步提高种植、保鲜、加工等技术，把荔枝特色产业和特色文化旅游发展得更好。习近平总书记在充分肯定荔枝是乡村振兴"致富果"的同时，也为我国荔枝产业高质量发展指明了方向。

一、发展概况

本报告从荔枝产业发展规模、资源品种、县域分布、平台载体、品牌营销、加工流通、文化遗产、文旅融合八个方面进行梳理，充分展示广东荔枝产业的资源优势、发展基础及文化旅游特色。

（一）发展规模全国第一，从业人员数量庞大

1. 广东荔枝产业规模全国第一

广东省是全国种植历史最久、种植规模最大、种植品种最多、荔枝品质最优、产业发展最强的荔枝产区，荔枝也是广东省种植面积最大、品种特色最鲜明、区域优势最明显的岭南特色水果。2000年以来，全省荔枝种植面积总体减少51.95万亩，产量反而增加114.91万吨。近年来，荔枝种植面积总体保持稳步增长，除去荔枝个别"小年"波动外，产量总体稳步增加。2023年，广东荔枝种植面积396.91万亩，占全国种植面积的50.2%；荔枝产量为179.66万吨，占全国总产量的54.5%[1]（见图1）。

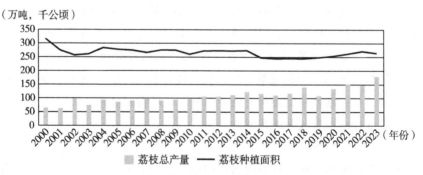

图1 2000~2023年广东荔枝总产量、种植面积变化情况

资料来源：《广东统计年鉴》（2001~2024年）。

2. 荔枝经营主体和从业人员数量庞大

广东省现有荔枝相关经营主体 800 多家，占全国的 35%。省级重点农业龙头企业 30 家、绿色食品（荔枝）认证企业 32 家，无公害食品（荔枝）认证企业 35 家，农民合作社 280 多家，从事荔枝种植的家庭农场近 2500 家，从事荔枝种植的专业大户 580 户；连片面积 100 亩以上的果园近 3000 家，占全省面积的 20%，连片面积 300 亩以上的果园近 400 家，占全省面积的 3%。荔枝产区涉及全省 97 个县（市、区），从业人员超 180 万人[2]。

（二）种质资源种类丰富，主栽品种特色鲜明

1. 荔枝种质资源圃种类丰富

国家果树种质广州荔枝香蕉圃位于广州市，20 世纪 80 年代由广东省农业科学院果树研究所创建，共收集保存荔枝种质资源 650 多份，是我国最主要的荔枝种质资源保存单位，也是目前世界上保存荔枝种质资源最多、最完整、最规范的种质资源圃，2022 年，国家果树种质广州荔枝香蕉圃成为第一批 72 个国家级农作物、农业微生物种质资源库（圃）之一。国家荔枝种质资源圃位于茂名市高州市，共收集包括国内七大荔枝主产区（广东、广西、福建、海南、云南、四川、台湾）及国外 11 个国家（印度、孟加拉国、尼泊尔、越南、泰国、以色列、澳大利亚、马达加斯加、南非、毛里求斯、巴西）的荔枝种质资源 700 多份、3500 多株[3]。广东省中晚熟荔枝种质资源圃位于东莞市，现收集 322 种中晚熟荔枝种质资源。华南农业大学自建荔枝种质资源圃，收集保存荔枝资源 180 多份。增城区、从化区和阳西县等荔枝主产区也先后创建有资源数量不等的特色种质资源圃。

2. 广东荔枝主栽品种特色鲜明

广东荔枝有 100 多个品种，主栽的大宗品种有妃子笑、桂味、黑叶、糯米糍、怀枝、白蜡、白糖罂、双肩玉荷包等。大宗优质品种占比达 80%，妃子笑、桂味、糯米糍等优质品种已成为广东省荔枝品种的中流砥柱，种植面积分别为 75.03 万亩、54.97 万亩、22.79 万亩，合计约占总面积的 38.5%。低质品种占比仍然较大，其中包括黑叶、怀枝、白蜡、双肩玉荷包，种植面积分别为 54.89 万亩、19.54 万亩、18.50 万亩、15.05 万亩，合计约占总面积的 27.2%[4]。近年来，广东省不断调整优化荔枝生产结构，高接换种面积近 80 万亩，荔枝品种优质率超过 60%，推动全省早、中、晚熟荔枝均衡上市[5]。近十多年来广东省选育 38 个荔枝新品种，包括仙进奉、井岗红糯、岭丰糯、凤山红灯笼、御金球、观音绿、翡脆、北园绿、冰荔等一批丰产稳产、优质、耐贮运、抗裂果的省审品种和国审品种，部分特色新品种带来的效益增长可达 10 倍以上。

（三）优势产区各具特色，专业化和产业集聚水平明显

1. 荔枝生产优势区各具特色

目前，广东省有97个县（市、区）种植荔枝，栽培面积10万亩以上的地级市有9个，面积1.5万亩以上的县（市、区）有47个，已形成三个明显的荔枝优势区，如表1所示。

表1　广东三大荔枝优势区面积与产量　　　单位：万亩，万吨

区域	地市	面积	产量
粤西早中熟优势区	茂名市	139.22	55.06
	湛江市	36.43	22.19
	阳江市	32.31	8.17
	合计	207.96	85.42
珠三角晚熟优势区	广州市	56.44	11.29
	惠州市	32.88	10.03
	东莞市	15.58	1.77
	江门市	8.07	2.66
	深圳市	3.85	0.80
	珠海市	4.21	0.50
	肇庆市	2.77	2.91
	中山市	1.04	0.54
	佛山市	0.20	0.12
	清远市	2.40	1.17
	云浮市	11.02	3.45
	合计	138.46	35.24
粤东中迟熟优势区	汕尾市	24.74	11.85
	揭阳市	18.07	7.58
	汕头市	4.94	1.13
	潮州市	2.88	2.58
	河源市	5.31	0.94
	梅州市	4.49	2.01
	合计	60.43	26.09
总计		406.85	146.75

资料来源：《广东农村统计年鉴2023》。

（1）粤西早中熟荔枝优势区。

2023年，荔枝种植面积约210万亩，以茂名、湛江、阳江等地为主产区，重点分布在高州、电白、化州、信宜、廉江、阳东、阳西等县（市、区）[6]。其果实成熟期全省最早，每年4月初开始少量上市，主要品种有黑叶、白蜡、白糖罂、妃子笑、双肩玉荷包等，较出名的品种是白糖罂、白蜡，茂名高州是国家白糖罂、白腊荔枝生产基地。2021年，"高州荔枝"入选广东省农业农村厅公布的《广东省特色农产品优势区名单》[7]。茂名市荔枝种植面积约139.22万亩[8]，有大批荔枝专业合作社，发展起多家荔枝初加工龙头企业，对当地鲜荔枝有较好的消化作用，电商微商不断兴起，开始不断增加市场空间和份额占据，荔枝北运和贸易出口量提升荔枝产品销售量，建有"贡园""红荔阁"等著名荔枝文化旅游景点，品牌打造力度日益增加。

（2）粤东中迟熟荔枝优势区。

2023年种植面积约为55万亩[6]，以揭阳、汕尾、汕头、潮州等地为荔枝主产区，重点分布在惠来、陆丰、海丰、饶平等县（市、区）。该区的特征是荔枝成熟期在全省居中，黑叶5月底至6月上旬成熟上市，迟熟品种怀枝、桂味6月中下旬成熟上市。荔枝品种资源较丰富，主栽品种有黑叶、怀枝、桂味、糯米糍、妃子笑、凤山红灯笼等。发展荔枝种植专业村上百个，荔枝加工企业10多家，龙头企业大规模建有种植基地，带动周边能力较强，荔枝制酒、酿醋等精深加工产业有较好的基础和发展潜力，销售产品档次日渐提升，拥有千年文化荔枝古树资源，在休闲采摘方面有新尝试。

（3）珠三角晚熟荔枝优势区。

广东省重要的荔枝传统产区，以广州、东莞、惠州、深圳等地为荔枝主产区，重点分布在从化、增城、东莞、博罗等县（市、区）。近年来因区域经济与工业发展的冲击，荔枝种植面积大幅度缩减，2023年种植面积约80万亩[9]。该区的特征是荔枝成熟期为全省最晚，妃子笑6月中下旬成熟上市，迟熟品种怀枝、糯米糍、桂味6月底至7月上旬成熟上市。珠三角荔枝名优品种多，包括增城挂绿、观音绿、镇隆东坡荔、仙进奉、井岗红糯等优质荔枝，传统主要品种有怀枝、桂味、糯米糍、妃子笑、黑叶等。2020年，"广州市从化区、增城区广州荔枝中国特色农产品优势区"入选《中国特色农产品优势区（第三批）名单》[10]。2021年，从化区从化荔枝、从化区从化荔枝蜜、增城区增城荔枝、惠阳区镇隆荔枝入选广东省农业农村厅公布的《广东省特色农产品优势区名单》[7]，"广东岭南荔枝产业集群"入选农业农村部、财政部"2021年优势特色产业集群建设名单"[10]；2021～

2023 年，中央财政每年分配广州市补助资金约 2500 万元、东莞市 1250 万元、惠州市 1250 万元发展荔枝产业[11]。珠三角地区专业合作社数量多，形成一批实力龙头企业（加工为主）。科学核心技术集聚，有较好的产销对接能力，以当地销售为主，部分鲜荔枝和加工产品出口到欧美、东南亚国家。近年来呈现城郊型农业的特性，在发展生态果园、农家乐等休闲农业方面取得较好效益。

2. 荔枝生产专业化程度高的区域集聚在十个地市

采用区位熵指数反映各区（县、市）荔枝相对全省水果而言的生产专业化程度。对 2022 年广东省 125 个县级单元的荔枝种植面积和产量数据进行测算（见表 2 和表 3），剔除无数据样本后为 60 个县级单元，通过测度荔枝的种植面积区位熵和产量区位熵，在生产面积和产量占比 2 个维度衡量区域荔枝产业的专业化水平。

表 2　荔枝种植面积区位熵（前 60 县）

排名	地区	城市	面积区位熵	排名	地区	城市	面积区位熵	排名	地区	城市	面积区位熵
1	南山区	深圳	3.36	21	高州市	茂名	1.78	41	恩平市	江门	0.55
2	市城区	汕尾	3.14	22	台山市	江门	1.77	42	佛冈县	清远	0.54
3	阳西县	阳江	3.14	23	源城区	河源	1.69	43	陆河县	汕尾	0.50
4	东莞市	东莞	3.01	24	花都区	广州	1.62	44	吴川市	湛江	0.50
5	茂南区	茂名	2.70	25	江城区	阳江	1.54	45	榕城区	揭阳	0.46
6	惠阳区	惠州	2.68	26	化州市	茂名	1.24	46	云安区	云浮	0.45
7	陆丰市	汕尾	2.59	27	博罗县	惠州	1.23	47	丰顺县	梅州	0.40
8	斗门区	珠海	2.54	28	深汕合作区	深圳	1.14	48	揭西县	揭阳	0.40
9	电白区	茂名	2.41	29	新兴县	云浮	0.93	49	五华县	梅州	0.37
10	从化区	广州	2.40	30	紫金县	河源	0.88	50	普宁市	揭阳	0.37
11	海丰县	汕尾	2.32	31	罗定市	云浮	0.80	51	高要区	肇庆	0.35
12	黄埔区	广州	2.31	32	中山市	中山	0.78	52	雷州市	湛江	0.33
13	阳东区	阳江	2.25	33	鹤山市	江门	0.76	53	新会区	江门	0.32
14	潮南区	汕头	2.24	34	郁南县	云浮	0.73	54	潮安区	潮州	0.20
15	增城区	广州	2.18	35	阳春市	阳江	0.68	55	麻章区	湛江	0.15
16	坡头区	湛江	2.17	36	饶平县	潮州	0.64	56	徐闻县	湛江	0.15
17	惠来县	揭阳	2.13	37	揭东区	揭阳	0.62	57	德庆县	肇庆	0.12
18	廉江市	湛江	2.05	38	开平市	江门	0.60	58	龙门县	惠州	0.10
19	惠城区	惠州	1.97	39	信宜市	茂名	0.59	59	四会市	肇庆	0.05
20	惠东县	惠州	1.90	40	遂溪县	湛江	0.57	60	封开县	肇庆	0.03

资料来源：《广东统计年鉴 2023》。

在种植面积方面，2022年汕尾市、惠州市和广州市各有3个县进入区位熵排名前20；阳江市、茂名市和湛江市各有2个县进入区位熵排名前20；深圳市、东莞市、珠海市、汕头市和揭阳市各有1个县进入区位熵排名前20（见表2）。具体而言，深圳市南山区、汕尾市城区、阳江市阳西县和东莞市荔枝种植区位熵分别达3.36、3.14、3.14和3.01，表明以上4个区在荔枝种植面积上具有显著的相对优势；茂名市茂南区也表现较好（2.70），但区位熵未达3。从空间分布来看，荔枝种植面积区位熵前20位的县区所在城市主要分布在珠三角的广州、东莞、惠州、深圳、珠海，粤西的茂名、阳江、湛江，粤东的汕尾、揭阳，表明以上地市在荔枝种植面积上具有较显著优势。

表3　荔枝产量区位熵（前60县）

排名	地区	城市	产量区位熵	排名	地区	城市	产量区位熵	排名	地区	城市	产量区位熵
1	市城区	汕尾	10.42	21	惠城区	惠州	2.20	41	五华县	梅州	0.87
2	南山区	深圳	9.99	22	博罗县	惠州	2.10	42	佛冈县	清远	0.87
3	陆丰市	汕尾	6.76	23	鹤山市	江门	2.05	43	信宜市	茂名	0.75
4	茂南区	茂名	5.93	24	揭东区	揭阳	1.84	44	云安区	云浮	0.70
5	阳西县	阳江	5.75	25	深汕合作区	深圳	1.76	45	吴川市	湛江	0.68
6	电白区	茂名	5.15	26	增城区	广州	1.69	46	榕城区	揭阳	0.64
7	黄埔区	广州	4.72	27	饶平县	潮州	1.51	47	郁南县	云浮	0.62
8	阳东区	阳江	4.67	28	台山市	江门	1.44	48	紫金县	河源	0.60
9	从化区	广州	4.38	29	坡头区	湛江	1.43	49	中山市	中山	0.60
10	廉江市	湛江	4.14	30	高州市	茂名	1.40	50	遂溪县	湛江	0.53
11	江城区	阳江	3.88	31	潮安区	潮州	1.36	51	新会区	江门	0.51
12	花都区	广州	3.85	32	阳春市	阳江	1.36	52	开平市	江门	0.48
13	东莞市	东莞	3.49	33	新兴县	云浮	1.28	53	揭西县	揭阳	0.41
14	惠阳区	惠州	3.25	34	丰顺县	梅州	1.26	54	雷州市	湛江	0.31
15	惠来县	揭阳	3.10	35	恩平市	江门	1.17	55	麻章区	湛江	0.26
16	惠东县	惠州	3.07	36	高要区	肇庆	1.14	56	四会市	肇庆	0.15
17	海丰县	汕尾	2.98	37	陆河县	汕尾	1.13	57	德庆县	肇庆	0.09
18	源城区	河源	2.91	38	普宁市	揭阳	1.10	58	封开县	肇庆	0.07
19	潮南区	汕头	2.79	39	罗定市	云浮	1.05	59	徐闻县	湛江	0.06
20	斗门区	珠海	2.53	40	化州市	茂名	0.99	60	龙门县	惠州	0.05

资料来源：《广东统计年鉴2023》。

在产量方面，2022 年汕尾市、阳江市和广州市各有 3 个县进入区位熵排名前 20；茂名市和惠州市各有 2 个县进入区位熵排名前 20；深圳市、湛江市、东莞市、揭阳市、河源市、汕头市和珠海市各有 1 个县进入区位熵排名前 20（见表 3）。具体而言，汕尾市城区、深圳市南山区和汕尾市陆丰市荔枝产量区位熵分别达 10.42、9.99 和 6.76，表明以上 3 个县区在荔枝产量上具有显著的相对优势；茂名市茂南区也表现较好（5.93），但区位熵未达 6。从区位熵值来看，荔枝产量的集聚程度高于种植面积。荔枝种植和产量在专业化程度上存在一定程度的"错位"。例如，河源市源城区种植面积优势不显著但产量具有显著优势；广州市增城区及湛江市坡头区种植面积优势显著但产量不具显著优势。从空间分布来看，除了河源市源城区，荔枝产量区位熵前 20 位的县区所在城市主要分布在粤西的茂名、湛江、阳江，粤东分布在汕尾、揭阳，珠三角分布在广州、惠州、东莞、深圳、珠海，表明以上地市在荔枝产量上也具有较显著优势。

3. 荔枝近 50% 的产能集中在排名前 5 个地区

采用集中度指数（CR）反映各区（县、市）荔枝生产的绝对集聚水平。从表 4 可以看出，广东省整体荔枝种植面积集中度与产量集中度高，CR30 均达到 0.88 以上，说明前 30 个县的荔枝产业规模占据八成以上。其中，荔枝种植面积前 5 的地区（茂名市高州市、茂名市电白区、广州市从化区、湛江市廉江市、茂名市化州市）占全省荔枝面积约 43%，集中优势明显；种植面积前 10 的地区占全省面积约 62%；荔枝产量前 5 的地区（茂名市高州市、茂名市电白区、湛江市廉江市、汕尾市陆丰市、茂名市信宜市）占全省荔枝产量近 50%，集中优势明显；产量前 10 的地区占全省产量接近 65%。虽然前 5 位存在一定差异，但整体而言，荔枝种植面积与产量二者之间的产业集聚格局差异较小。

表 4　广东省荔枝种植面积及产量 CR 指数

	种植面积	产量
CR5	0.431	0.483
CR10	0.618	0.644
CR15	0.744	0.737
CR20	0.814	0.806
CR30	0.898	0.889

表 5 呈现了广东省荔枝产业主导县情况，具体而言，全省共有 7 个荔枝主导

县，其中，7 个面积主导县，6 个产量主导县。这些地区的荔枝种植面积或产量累计值占全省的一半，是全省荔枝产能的重要集聚区域。进一步说明了广东省荔枝产区集中程度高。值得注意的是，2022 年从化区面积优势明显但产量优势不明显，需要更加重视从品质上提高竞争力，才能发挥面积优势。

表5　广东省荔枝生产主导县　　　　　　　　单位:%

面积			产量		
排名	地区	累计百分比	排名	地区	累计百分比
1	高州市	14.51	1	高州市	14.59
2	电白区	23.21	2	电白区	26.62
3	从化区	30.44	3	廉江市	38.03
4	廉江市	36.94	4	陆丰市	43.34
5	化州市	43.07	5	信宜市	48.31
6	增城区	47.92	6	化州市	52.74
7	东莞市	51.74			

注：主导县指该县荔枝面积或产量累计值占全省总量超过 1/2。

(四) 平台载体初步建成，联农带农效果显著

广东省通过建设一批现代农业产业园、示范村镇、专业镇村和产业集群，推动产业全面升级、全链增值，带动果农就业增收，促进共同富裕。截至 2023 年，广东省已建设荔枝产业园 7 个（其中，国家级 1 个，省级 6 个），全国"一村一品"荔枝示范村镇 14 个、省级"一镇一业"荔枝专业镇 27 个、省级"一村一品"荔枝专业村 117 个。

1. 现代农业产业园是荔枝产业集聚的重要载体

目前，广东省创建有 7 个荔枝产业园，包括广东省茂名市现代农业产业园（国家级）、茂名市荔枝优势产区产业园、广东荔枝跨县集群产业园（茂名市）、茂名市高州市荔枝产业园、阳江市阳西县荔枝产业园、广州市从化区荔枝产业园和广州市增城区仙进奉荔枝产业园，推动形成荔枝板块经济带（圈），加速荔枝产业聚集。其中，茂名市荔枝国家现代农业产业园主导产业荔枝总产值 116.55 亿元，其中：第一产业产值为 22.92 亿元，第二产业产值为 70.16 亿元，第三产业产值为 23.48 亿元；园内农村居民人均可支配收入高出全市平均水平 30% 以上，并提供就业岗位超 10 万个。如表6 所示。

表6 广东省荔枝产业园创建情况

序号	园区名称	建设范围
1	广东省茂名市现代农业产业园	高州市、茂南区和电白区3个区县11个镇
2	茂名市荔枝优势产区产业园	高州市、茂南区、电白区、高新区4个区县13个镇街
3	广东荔枝跨县集群产业园	广州市、茂名市、汕头市
4	茂名市高州市荔枝产业园	高州市根子镇、分界镇
5	阳江市阳西县荔枝产业园	阳西县儒洞镇、上洋镇、新圩镇、织篢镇
6	广州市从化区荔枝产业园	从化区太平镇、温泉镇、江埔街、街口街
7	广州市增城区仙进奉荔枝产业园	增城区仙村镇为主，联动朱村街等周边区域

资料来源：根据国家和省级现代农业产业园公示名单整理。

2. 荔枝示范村镇是做好"土特产"文章的重要举措

发展"一村一品"是做好"土特产"文章，推动乡村特色产业集聚化、标准化、规模化、品牌化发展的重要途径，是提高农特产品附加值、拓宽农民增收渠道的重要举措。截至2022年，全国"一村一品"示范村镇共开展了12批，广东省14个村镇被评为全国"一村一品"荔枝示范村镇，涵盖了阳江、云浮、茂名、湛江、汕头、广州、汕尾、东莞、惠州共9地市。其中，广州市、阳江市各有3个，东莞市有2个，其余6个地市各有1个，如表7所示。

表7 全国"一村一品"荔枝示范村镇

序号	年份	地区	类型
1	2012	阳江市阳东县雅韶镇柳西村	双肩玉荷包荔枝
2	2016	云浮市郁南县宝珠镇庞寨村	庞寨黑叶荔枝
3	2018	茂名市高州市根子镇	荔枝
4	2019	湛江市廉江市良垌镇	荔枝
5	2019	汕头市潮南区雷岭镇	荔枝
6	2019	广州市增城区正果镇	荔枝
7	2020	阳江市阳西县儒洞镇	荔枝
8	2020	汕尾市海丰县赤坑镇岗头村	荔枝
9	2020	阳江市阳东区塘坪镇北甘村	荔枝

序号	年份	地区	类型
10	2021	广州市从化区太平镇井岗村	荔枝
11	2021	东莞市大岭山镇	荔枝
12	2021	惠州市惠阳区镇隆镇	荔枝
13	2022	广州市从化区太平镇钱岗村	荔枝
14	2022	东莞市厚街镇	荔枝

资料来源：根据历年全国"一村一品"示范村镇名单整理。

3. 省级荔枝专业镇村是富民兴村产业的重要抓手

（1）省级荔枝专业镇。

截至目前，广东省"一镇一业"专业镇共有四批，荔枝相关专业镇共计27个，如表8所示。从表8可以看出，"一镇一业"荔枝专业镇最多的是东莞，有7个，其次是茂名，有6个，阳江和广州各有4个，惠州有2个，除去肇庆，其余地市均有1个。广东省"一镇一业"专业镇第一批开始于2019年，第一批共有5个荔枝专业镇，分布在汕头、东莞、湛江和茂名4个地市。第二批荔枝"一镇一业"专业镇实施于2020年，共计14个，分布在东莞、茂名、广州、惠州、阳江和云浮共6个地市。2021年实施了第三批"一镇一业"专业镇，荔枝专业镇共计6个，分布在东莞、茂名、广州、阳江和汕尾5个地市。2022年实施了第四批"一镇一业"专业镇，荔枝专业镇2个，分布在东莞、茂名2个地市。

表8　广东省级"一镇一业"荔枝专业镇

年份	专业镇名称
2019	5个：汕头市潮南区雷岭镇、东莞市厚街镇、湛江市廉江市良垌镇、茂名市（电白区旦场镇、高州市根子镇）
2020	14个：广州市（从化区太平镇、从化区温泉镇、增城区正果镇）、惠州市（博罗县泰美镇、惠阳区镇隆镇）、东莞市（大岭山镇、大朗镇、谢岗镇）、阳江市（阳东区新洲镇、阳东区雅韶镇、阳西县儒洞镇）、茂名市（电白区霞洞镇、高州市平山镇）、云浮市郁南县宝珠镇
2021	6个：广州市增城区仙村镇、汕尾市海丰县赤坑镇、东莞市（樟木头镇、黄江镇）、阳江市阳东区塘坪镇、茂名市电白区林头镇
2022	2个：东莞市清溪镇、茂名市高州市谢鸡镇

资料来源：根据广东省级"一村一品、一镇一业"荔枝专业镇名单整理。

（2）省级荔枝专业村。

截至 2022 年，广东省"一村一品"专业村已有三批，荔枝专业村共计 117 个，如表 9 所示。从表 9 可以看出，"一村一品"荔枝专业村 10 个以上的地市有 5 个，其中，茂名有 30 个，全省最多，其余是湛江、东莞、广州、阳江，分别有 19 个、18 个、18 个、11 个。广东省"一村一品"专业村第一批开始于 2020 年，第一批共有 61 个荔枝专业村，分布在广州、茂名、湛江、东莞、阳江、惠州、汕头、汕尾、肇庆、云浮共 10 个地市，大约覆盖了广东省近一半的地市。第二批荔枝"一村一品"专业村实施于 2021 年，共计 47 个，分布在广州、茂名、湛江、东莞、阳江、惠州、肇庆和云浮共 8 个地市。2022 年实施了第三批"一村一品"专业村，荔枝专业村 9 个，分布在广州、茂名、东莞和惠州 4 个地市。

表 9 广东省"一村一品、一镇一业"荔枝专业村/镇   单位：个

地区	"一村一品"荔枝专业村				"一镇一业"荔枝专业镇				
	第一批	第二批	第三批	合计	第一批	第二批	第三批	第四批	合计
广州	11	3	4	18	0	3	1	0	4
汕头	2	0	0	2	1	0	0	0	1
惠州	5	2	2	9	0	2	0	0	2
汕尾	2	1	0	3	0	0	1	0	1
东莞	9	8	1	18	1	3	2	1	7
阳江	8	3	0	11	0	3	1	0	4
湛江	11	8	0	19	1	0	0	0	1
茂名	11	17	2	30	2	2	1	1	6
肇庆	1	2	0	3	0	0	0	0	0
云浮	1	3	0	4	0	1	0	0	1
合计	61	47	9	117	5	14	6	2	27

资料来源：广东省农业农村厅网站。

4. 广东岭南荔枝产业集群具有较强竞争力

2021 年 4 月，"广东岭南荔枝产业集群"入选农业农村部、财政部"2021 年优势特色产业集群建设名单"[2]。产业集群立足跨市区域，聚焦优势特色品种，全产业链布局、全价值链提升。参与集群建设的广州市、东莞市、惠州市，找准短板，明确分工，统一方案，统一布置，统一推进，实现错位发展差异化竞争，推动产业形态由"小特产"转变为"大产业"，空间布局由"平面分散"转变为

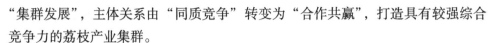

"集群发展"，主体关系由"同质竞争"转变为"合作共赢"，打造具有较强综合竞争力的荔枝产业集群。

（1）广州市荔枝产业。

2023年，广州市荔枝种植面积为56.4万亩，总产量为12万吨。百余种荔枝品种中，既有状元红、妃子笑等早熟品种，也有怀枝、挂绿等迟熟品种，其中增城挂绿、桂味、糯米糍、仙进奉和水晶球等多个品种入选国家地理标志产品保护。其中，桂味、糯米糍、井岗红糯、仙进奉、流溪红荔五大优良品种成为广州荔枝的中流砥柱。2020年，广州荔枝产区被认定为中国特色农产品优势区，增城挂绿、增城荔枝、从化钱岗糯米糍、萝岗糯米糍、从化荔枝蜜被评为国家地理标志保护产品。增城荔枝品牌价值为24.8亿元，获得2021年广东荔枝最有价值区域公用品牌称号。

（2）东莞市荔枝产业。

2023年，东莞市荔枝种植面积为15.8万亩，总产量为2.44万吨。荔枝种植遍布28个镇街，有传统的糯米糍、桂味、妃子笑等优质品种，还有冰荔、观音绿、岭丰糯、唐夏红、莞香荔等特色高端品种。东莞糯米糍和桂味共计10万亩，观音绿、冰荔等特色品种超过1万亩。莞荔的优质品种占比高达85%以上，远超全省平均水平20%~30%。东莞荔枝种植系统于2020年成功入选第五批中国重要农业文化遗产；东莞荔枝蜜酿造技艺和烘焙荔枝干技术也分别入选省、市级非遗项目。网络销售和休闲采摘已逐渐成为莞荔最主要的销售模式，形成"线上+线下"销售的"东莞经验"。"美荔东莞给荔中国"区域农产品IP享誉海内外。

（3）惠州市荔枝产业。

2023年，惠州市荔枝种植面积为38万亩，总产量为12.3万吨。以桂味、糯米糍、妃子笑等优质品种为主。近年来引进和培育了井岗红糯、岭丰糯、桂爽等优良品种。惠州还拥有"镇隆荔枝""罗浮山荔枝"2个区域公用品牌，并获国家农产品地理标志认证，其中"镇隆荔枝"入选了中国农业品牌名录和2019年农产品区域公用品牌；山前、山顶、丹荔、镇隆、东坡荔、四季鲜等7个荔枝经营产品获广东省名牌产品和"粤字号"品牌，"博罗山前荔枝""镇隆荔枝"入选了全国名特优新农产品目录。荔枝以鲜食为主，加工品有荔枝酒、荔枝醋、荔枝饮料、荔枝干以及荔枝红茶等。

（五）品牌培育和营销模式增强，品牌价值不断提升

1. 广东拥有多个荔枝国家地理标志

近年来，广东省不断加强荔枝地理标志建设，完善质量技术标准，是发展荔

枝"土特产"的生动体现。拥有国家地理标志产品 11 个、国家地理标志证明商标 15 个。

（1）国家地理标志产品。

地理标志具有区域公共性，挖掘并发展区域地理标志，可以为其所在地区培育特色产品，从而形成一个产业集群。广东作为荔枝第一生产大省，共有 11 个荔枝产品被评为国家地理标志产品。广东省荔枝国家地理标志产品分布在广州、茂名、深圳、揭阳、惠州和云浮市共 6 个地市。荔枝国家地理标志产品最多的地市为广州市，已取得 5 个，其中，增城区和从化区各 2 个，黄埔区 1 个；云浮市 2 个；其他地市各有 1 个。如表 10 所示。

表 10　荔枝国家地理标志产品清单

序号	名称	批准公告	质量技术要求
1	茂名白糖罂荔枝	国家质检总局 2004 年第 107 号	《白糖罂荔枝种植技术规程（茂名市）》（DB4409/T 15—2020）、《茂名荔枝白糖罂电商销售标准》（DB4409/T 21—2021）
2	南山荔枝	国家质检总局 2006 年第 160 号	《地理标志产品——南山荔枝》（DB4403/T 179—2021）
3	惠来荔枝	国家质检总局 2007 年第 213 号	《地理标志产品　惠来荔枝》（DB4452/T 5—2021）
4	新兴香荔	国家质检总局 2008 年第 64 号	《地理标志产品——新兴香荔》（DB4453/T 03—2021）
5	钱岗糯米糍	国家质检总局 2009 年第 66 号	《地理标志产品　钱岗糯米糍》（DB44/T 684—2009）
6	萝岗糯米糍	国家质检总局 2011 年第 175 号	《地理标志产品　钱岗糯米糍》（DB44/T 684—2009）
7	从化荔枝蜜	国家质检总局 2011 年第 33 号	《地理标志产品　从化荔枝蜜》（DB44/T 885—2011）
8	增城荔枝	国家质检总局 2012 年第 125 号	《地理标志产品　增城荔枝》（DB44/T 1413—2014）
9	增城挂绿	国家质检总局 2012 年第 125 号	《地理标志产品　增城挂绿》（DB44/T 1414—2014）
10	庞寨黑叶荔枝	国家质检总局 2016 年第 128 号	《地理标志产品——庞寨黑叶荔枝》（DB4453/T 10—2021）

序号	名称	批准公告	质量技术要求
11	罗浮山荔枝	国家质检总局 2018 年第 31 号	《地理标志产品　罗浮山荔枝》（DB4413/T 8—2019）

资料来源：根据历年国家地理标志产品批准公告整理。

（2）国家地理标志证明商标。

广东省共有国家地理标志证明商标 15 个，包括增城荔枝、增城挂绿、增城桂味、增城糯米糍、从化荔枝、从化荔枝蜜、谢岗荔枝、南山荔枝、斗门荔枝、茂名荔枝（鲜果、干果）、高州荔枝、德庆鸳鸯桂味荔枝、阳东双肩玉荷包荔枝、雷岭荔枝、雷岭乌叶荔枝。如表 11 所示。

表 11　国家地理标志证明商标清单

序号	商标名称	年份	地区	商标注册者
1	增城荔枝	2018	广州市增城区	广州市增城区农产品推广中心
2	增城桂味荔枝	2018	广州市增城区	广州市增城区农产品推广中心
3	增城糯米糍荔枝	2018	广州市增城区	广州市增城区农产品推广中心
4	增城挂绿荔枝	2018	广州市增城区	广州市增城区农产品推广中心
5	从化荔枝	2021	广州市从化区	广州市从化区农产品推广中心
6	从化荔枝蜜	2021	广州市从化区	广州市从化区农产品推广中心
7	斗门荔枝	2021	珠海市斗门区	珠海市斗门区农业技术推广总站
8	谢岗荔枝	2021	东莞市	东莞市谢岗镇农业技术服务中心
9	高州荔枝	2014	茂名市高州市	高州市荔枝协会
10	茂名荔枝	2021	茂名市电白区	茂名市农业农村事务中心
11	雷岭荔枝	2023	汕头市潮南区	汕头市潮南区雷岭镇荔枝协会
12	雷岭乌叶荔枝	2023	汕头市潮南区	汕头市潮南区雷岭镇荔枝协会
13	南山荔枝	2020	深圳市南山区	深圳南山区西丽果场
14	德庆鸳鸯桂味荔枝	2020	肇庆市德庆县	德庆县农业技术推广中心
15	阳东双肩玉荷包荔枝	2001	阳江市阳东区	阳江市阳东区农业技术推广中心

资料来源：根据历年国家地理标志证明商标整理。

2. 广东拥有一批荔枝知名品牌

近年来，广东通过培育荔枝知名品牌，着力做好"土特产"文章，筑牢

"广东荔枝"品牌基础，不断提升品牌价值，有效助力"百千万工程"。目前，全省拥有全国名特优新农产品 23 个、广东省名特优新农产品 20 个、"粤字号"农业品牌目录区域公用品牌 10 个。

（1）全国名特优新农产品品牌。

截至 2023 年 12 月，广东省共有 23 个荔枝产品被评为全国名特优新农产品。其中，阳江市 5 个、湛江市 4 个、广州市 3 个、茂名市 3 个、惠州市 2 个，东莞市、珠海市、汕头市、汕尾市、揭阳市、肇庆市各 1 个。如表 12 所示。

表 12 全国名特优新农产品名录

序号	县域	证书编号	产品名称	生产规模
1	增城区	CAQS-MTYX-20190191	增城荔枝	11533.33 公顷
2	从化区	CAQS-MTYX-20190192	从化荔枝	20000 公顷
3	从化区	CAQS-MTYX-20200354	从化荔枝蜜	5.3 万群
4	大岭山镇	CAQS-MTYX-20210465	东莞荔枝	9478.067 公顷
5	斗门区	CAQS-MTYX-20220475	斗门荔枝	1407 公顷
6	惠阳区	CAQS-MTYX-20200382	镇隆荔枝	2866.67 公顷
7	博罗县	CAQS-MTYX-20190107	博罗山前荔枝	233.33 公顷
8	阳东区	CAQS-MTYX-20210454	阳东双肩玉荷包荔枝	6200 公顷
9	阳西县	CAQS-MTYX-20200394	阳西妃子笑荔枝	4000 公顷
10	阳西县	CAQS-MTYX-20200395	阳西双肩玉荷苞荔枝	4000 公顷
11	阳西县	CAQS-MTYX-20210452	阳西白糖罂荔枝	800 公顷
12	阳东区	CAQS-MTYX-20200396	阳东糯米糍荔枝	1000 公顷
13	高州市	CAQS-MTYX-20190200	高州桂味荔枝	38670 公顷
14	高州市	CAQS-MTYX-20210434	高州白糖罂荔枝	5333 公顷
15	高州市	CAQS-MTYX-20200075	高州荔枝干	37200 公顷
16	廉江市	CAQS-MTYX-20200686	廉江妃子笑荔枝	17414 公顷
17	徐闻县	CAQS-MTYX-20200368	徐闻荔枝	2015 公顷
18	雷州市	CAQS-MTYX-20200371	邦塘荔枝	2067 公顷
19	遂溪县	CAQS-MTYX-20220483	遂溪湛川荔枝	733 公顷
20	海丰县	CAQS-MTYX-20200389	海丰荔枝	4666.7 公顷
21	惠来县	CAQS-MTYX-20200400	惠来荔枝	1400 公顷
22	德庆县	CAQS-MTYX-20190104	德庆鸳鸯桂味荔枝	533.33 公顷
23	潮南区	CAQS-MTYX-20230580	雷岭荔枝	1000 公顷

资料来源：根据历年《全国名特优新农产品名录》整理。

（2）广东省"名特优新"农产品（广东区域公用品牌）。

广东省共有 20 个荔枝产品被认定为广东省名特优新农产品。其中，最多的是广州市，有 5 个荔枝区域公用品牌；其次是茂名市，有 4 个荔枝区域公用品牌，汕尾市、云浮市、揭阳市各有 2 个荔枝区域公用品牌，深圳市、惠州市、东莞市、阳江市、肇庆市各有 1 个荔枝区域公用品牌。如表 13 所示。

表 13　广东省"名特优新"农产品名录（荔枝）

序号	所属地区	品牌名称	申报单位
1	广州市	增城挂绿荔枝	增城区农业农村局
2	广州市	增城荔枝	增城区农业农村局
3	广州市	从化荔枝	从化区农业农村局
4	广州市	从化钱岗糯米糍荔枝	从化区农业农村局
5	广州市	从化荔枝蜜	从化区农业农村局
6	东莞市	东莞荔枝	东莞市荔枝协会
7	深圳市	南山荔枝	深圳市市场监督管理局南山监管局
8	惠州市	镇隆荔枝	惠阳区农业农村和水利局
9	阳江市	阳东双肩玉荷包荔枝	阳东区农业农村和水务局
10	茂名市	高州荔枝	高州市农业农村局
11	茂名市	茂名白糖罂荔枝	茂名市水果局
12	茂名市	电白荔枝	电白区农业农村局
13	茂名市	沙田鸡嘴荔枝	高州市农业农村局
14	云浮市	庞寨黑叶荔枝	郁南县农业农村局
15	云浮市	新兴香荔	新兴县农业农村局
16	肇庆市	德庆鸳鸯桂味荔枝	德庆县农业农村局
17	汕尾市	赤坑荔枝	海丰县赤坑镇人民政府
18	汕尾市	凤山红灯笼荔枝	汕尾市城区农业农村和水利局
19	揭阳市	惠来荔枝	惠来县农业农村局
20	揭阳市	惠来乌叶荔枝	惠来县农业农村局

资料来源：根据历届《广东省名特优新农产品入库名单》整理。

（3）"粤字号"（荔枝）知名品牌。

广东省不断推动荔枝品牌打造，品牌知名度不断提高，影响力不断扩大。2019 年"粤字号"县域"名特优新"农产品区域公用品牌百强中，荔枝共有 3

个县域区域公共品牌上榜，分别是高州荔枝以 54.7 亿元品牌价值位居荔枝区域公用品牌首位、从化荔枝品牌价值 13.7 亿元、镇隆荔枝品牌价值 3.6 亿元[12]。"山前""山顶""丹荔"等 6 个荔枝经营产品获广东省名牌产品和"粤字号"品牌。2023 年，共有 10 个区域公用品牌、43 个品牌示范基地、34 个产品品牌入选 2023 年度"粤字号"农业品牌目录。如表 14 所示。

表 14　"粤字号"农业品牌目录区域公用品牌名单

序号	地市	品牌名称	申报单位
1	广州市	从化荔枝	从化区农业农村局
2	广州市	增城荔枝	增城区农业农村局
3	深圳市	南山荔枝	深圳市市场监督管理局南山监管局
4	惠州市	镇隆荔枝	惠阳区农业农村和水利局
5	东莞市	东莞荔枝	东莞市荔枝协会
6	阳江市	阳东双肩玉荷包	阳东区农业农村局
7	湛江市	廉江荔枝	廉江市农业农村局
8	茂名市	高州荔枝	高州市农业农村局
9	茂名市	电白荔枝	电白区农业农村局
10	揭阳市	惠来荔枝	惠来县农业农村局

资料来源：根据《2023 年度"粤字号"农业品牌目录名单》整理。

3. "12221"市场体系是营销成功密码

2019 年，广东省开始开展农产品"12221"市场体系建设。2023 年，全省继续深入推进"12221"市场体系建设，推动荔枝营销一盘棋，各产区形成合力，共同拓市场、打品牌、促提升，助力"百千万工程"，全方位促进广东荔枝产业全链条高质量发展。2023 年，"12221"市场体系作用明显。创新"荔枝定制"模式从化区荔枝定制约 1.2 万棵 480 吨；茂名市荔枝定制 3.2 万棵 1594 吨，定制价格较传统销售高 30% 以上。组织采购商走进产区，组织龙头企业、品牌基地、荔枝产业园等到销区推介。组织十万电商卖荔枝，茂名开启全民营销大擂台，3600 多家荔枝电商、8000 多家微商参与带货直播，全市荔枝电商销售额占销售总额的 26.5%；惠州镇隆镇电商销售占比超五成，从化荔枝电商销量占比 36%。举办数百场营销活动，巩固开拓了京津冀、长三角、川渝、山东和西北市场，省外市场份额占比约 50%。举办"广东荔枝丝路行"活动，广东荔枝走进新加坡、意大利、韩国、法国、英国、西班牙、南非等 20 多个国家和地区，出口量达 7014.5 吨，占全国的 60.8%，同比增长 66.7%；出口额为 1.39 亿元，占全国的 62.6%，同比增长 47.9%[12]。

4. 广东荔枝区域公用品牌价值不断提升

2021 年，共有 6 个荔枝区域公共品牌被评为广东最有价值荔枝区域公用品牌，高州荔枝品牌价值从 2018 年的 54.7 亿元提升到 122.2 亿元，成为广东省荔枝"最有价值区域公用品牌"中首个突破百亿元的品牌，电白荔枝以 78 亿元，从化荔枝以 68.1 亿元，增城荔枝以 24.8 亿元，镇隆荔枝和惠来荔枝以超 10 亿元登上榜单[13]。

（六）以初加工为主、深加工为辅，冷链物流水平提升

1. 广东荔枝以初加工为主、深加工为辅

荔枝加工可以有效增加荔枝上市期、扩大销售半径，从季节性生产变成全年性销售。广东省荔枝产业实施"高档鲜果"和"精深加工"同步发展策略。目前，荔枝加工仅占鲜果产量的 5%～10%。荔枝初加工以荔枝干为主，小型烘炉烘干技术、半干型烘干技术已相当成熟。深加工以荔枝酒、荔枝醋、荔枝汁等为主，缺少利用荔枝果肉、果核、果壳提取物研制保健品、护肤品等高附加值的精深加工，加工副产物荔枝核仅当作原材料出售给制药企业，荔枝壳等当废弃物丢掉。

2. 广东荔枝加工企业接近全国 1/4

《云果：2023 年中国荔枝产业数据分析报告》显示，广东荔枝加工企业 346 家，在全国荔枝加工企业中所占比重为 37.61%，大多集中在茂名、广州、惠州、东莞等地[14]。广药集团牵头成立了"广东荔枝跨县集群产业园"，形成以广州荔枝产业运营总部为核心，以粤西、粤东地区为翼的"一体两翼"产业布局。广药王老吉广东荔枝跨县产业园（茂名）生产基地是全国最大的荔枝饮料生产基地，以荔枝原浆及荔枝罐装饮料生产加工为主，已推出 20 种"荔小吉"系列产品，罐装生产线规划产能 900 万箱/年[15]；2023 年年底，广药王老吉广东荔枝（汕头）产业园一期建成投产，产能达 700 万箱/年，是粤东地区最大的荔枝饮料生产基地。

3. 广东荔枝加工产品品类不断丰富

荔枝初加工品包括荔枝干、冻干荔枝、荔枝罐头、荔枝原浆等。荔枝深加工品包括荔枝酒、荔枝醋、荔枝果汁、荔枝饮料、荔枝红茶、荔枝米酿、荔枝花胶、荔枝燕窝、荔枝果酱、荔枝酥、荔枝饼、荔枝芝麻糕、荔枝月饼、荔枝曲奇、荔枝原料药品等。荔枝美食是以荔枝为主材料的各式菜品，如荔枝虾球、荔

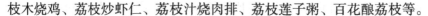

枝木烧鸡、荔枝炒虾仁、荔枝汁烧肉排、荔枝莲子粥、百花酿荔枝等。

4. 广东荔枝冷链物流水平逐年提升

广东省大力推进农产品产地冷藏保鲜设施建设，2023年新建1700余个农产品产地冷藏保鲜设施，新增冷库近60万立方米，特色农产品优势区和主产县的产地冷藏保鲜、商品化处理和减损增值能力明显提升。全省参与建设设施主体300余家，联动各类市场主体超千家，利用率达100%。茂名市已建成田头小站301个，配备一线冷链车30辆，有效解决了荔枝"最先一公里"难题，促进荔枝仓储、包装、加工、物流等各环节高效协同。2023年，广东省农业农村厅发布了荔枝保鲜加工全链集成技术，涵盖耐储藏品种培育、采前贮运品质调控技术、荔枝冷处理护色保鲜技术、荔枝无硫综合保鲜技术、可移动式压差预冷技术与装备等15项技术与装备，实现荔枝良种与保鲜、深加工等技术形成良性循环[5]。广东省科学技术厅设置"荔枝保鲜核心技术攻关"专项，围绕降温、控湿、杀菌、抑制呼吸作用荔枝保鲜四大关键问题，从育种、栽培、采摘、预冷、分选、包装、物流、货架等保鲜全过程，开展核心技术攻关[16]。其中，荔枝超低温冻眠锁鲜技术、荔枝等离子体冷杀菌技术、荔枝"控释"可食性纳米保鲜技术等10多项荔枝采后保鲜技术成果已经成熟，实现荔枝产业从鲜果直销单一模式向多种模式的转变。其中，荔枝超低温冻眠锁鲜技术可实现个别荔枝品种保鲜期延长至1年。

（七）文化遗产资源丰富，特色文化底蕴深厚

荔枝是我国南方地区重要的经济作物，荔枝古树也是广东省重要的农业文化遗产，具有较高的生态、经济、文化和旅游价值。广东省已经形成了完整的岭南荔枝种植系统，保存了丰富的荔枝古树资源，也传承了一批地域特色的荔枝传统技艺，流传有丰富的传说故事与地方民俗。

1. 广东拥有完整的岭南荔枝种植系统

《广东省茂名市荔枝农业文化遗产保护与管理办法》指出，荔枝农业文化遗产是指人们在与其所处环境长期协同发展中创造并世代传承，具有丰富的农业生物多样性、完善的传统知识与技术体系、独特的生态与文化景观的荔枝农业种植系统，既包含了流传至今的古荔枝树资源和传统种植技术，也包括与荔枝生产相关的民俗、诗歌、传说等文化资源[17]。2020年，广东岭南荔枝种植系统（增城、东莞）入选第五批中国重要农业文化遗产名单，2021年，茂名市古荔枝贡园种植系统补选入广东岭南荔枝种植系统[18]。"广东岭南荔枝种植系统"是岭南人民在两千年农耕生产中创造的，以岭南地区荔枝果木复合种植为地域特色的农业生

产系统。系统拥有丰富的内涵，是由"荔枝有关的栽培历史、种质资源、农业生产、民俗文化、农耕技术以及产品加工延伸出来的一系列文化活动"拼成的一个琳琅满目的图景。荔枝文化遗产不仅打响了"岭南荔枝"的品牌，向世界传播岭南农业文化，展示岭南农民的智慧，还为广东荔枝产业的发展带来了新的机遇。

2. 广东拥有丰富的荔枝古树（群）与贡园

荔枝古树是指树木生命力强、树龄在一百年以上的荔枝树，"荔枝古树群"是指大面积成片生长的荔枝古树。荔枝古树不仅是岭南传统经济果树，而且是成百上千年历史演变和文化的象征，具有浓郁的乡土气息和地域特色，是前人和自然留下的珍贵历史文化遗产，也是当地重要的植物资源、乡土园林景观资源、艺术美学资源和旅游资源，是自然景观的延伸，是人与大自然的连接纽带，与当地居民的生产和生活息息相关，极具科学、文化、经济和生态价值。广东省古树名木信息管理系统显示，全省荔枝古树有 15506 株[①]，占全省古树名木总数的18.02%。2022 年，留存有优势树种荔枝的茂名根子古树群、东莞清溪古树群、珠海唐家湾古树群 3 个古树群入选"广东十大最美古树群"名单[19]。目前保存最为完整的荔枝古贡园主要是高州根子柏桥贡园、高州泗水滩底贡园、高州分界南山贡园、茂南羊角禄段贡园、电白霞洞上河贡园等[20]。其中，茂南羊角禄段龟贡园内一株树龄 1933 年的荔枝古树，是目前中国存活的树龄最大的荔枝树，也可能是全世界最古老的荔枝树。

3. 广东传承有多个地域特色的传统技艺

广东省现有荔枝干、荔枝蜜、荔枝酒、荔枝烧鹅、荔枝烧鸭、荔枝木家具传统技艺等省（市、区）非物质文化遗产（见表 15）。2022 年，茂名市认定了一批荔枝干、荔枝炭烧鸭、荔枝酒传统酿造技艺等非遗工坊，赋能非遗文化的高质量发展[21]。

表 15 广东省荔枝相关传统技艺情况

序号	传统技艺名称	认定级别及批次	认定年份
1	荔枝木家具传统制作工艺	增城区第三批区级非物质文化遗产代表性项目	2019
2	增城荔枝蒸馏酒制作技艺	增城区第六批区级非物质文化遗产代表性项目	2021
3	东莞焙荔枝干传统技艺	东莞市第二批市级非物质文化遗产代表性项目名录	2010

① 资料来源：广东省古树名木信息管理系统，截至 2023 年 12 月 31 日。

序号	传统技艺名称	认定级别及批次	认定年份
4	东莞荔枝蜜酿造技艺	广东省第七批省级非物质文化遗产代表性项目名录	2018
5	大岭山荔枝柴烧鹅制作技艺	东莞市第五批非物质文化遗产保护名录	2019
6	茂名荔枝干传统制作技艺	茂名市第六批市级非物质文化遗产代表性项目名录	2021
7	荔枝炭烧鸭制作技艺	茂名市第六批市级非物质文化遗产代表性项目名录	2021
8	酿造酒传统酿造技艺 （茂名荔枝酒传统酿造技艺）	茂名市第七批市级非物质文化遗产代表性项目名录	2023

资料来源：根据网络公布的公开数据整理。

4. 广东荔枝流传有丰富的传说故事与地方民俗

在 2300 多年的荔枝产业发展历史长河中，积聚了很多关于荔枝的传说故事和地方民俗，构成了荔枝文化的重要组成部分。如杨贵妃与妃子笑、何仙姑与挂绿、湛若水与尚书怀、木棉村与荔枝皇、基岗村与仙进奉、杨钦与谢鞋山等有关的荔枝传说故事。荔枝地方民俗包括古代广州荔枝湾的"红云宴"、化州地区的春分拜荔园和高州市的祭荔枝神等。

（八）休闲公园建成，节庆活动和文化旅游推动融合

经过多年发展，广东建成了一批荔枝公园，每年举办主题多样的荔枝文化活动，也推出了一批各具特色的荔枝文旅精品线路。

1. 广东建成一批各具特色的荔枝公园

荔枝在栽培和种植管理过程中留下很多景观资源，其中有荔枝树本身的生态景观资源，也有文人墨客对荔枝纷纷赞扬的诗词书画，形成具有经济价值和欣赏、游览价值的荔枝园人文景观。广东省以荔枝为主题的荔枝公园有 20 个以上。其中包括从化荔枝皇公园、增城区荔枝文化公园、黄埔贤江古荔枝公园、东莞市大朗镇松柏朗荔枝公园、深圳市南山区西丽生态公园（荔枝世界生态园）、惠州市荔枝文化公园、茂名市电白区荔枝文化公园等。广东省现有的荔枝博览园（馆）6 个，包括中国荔枝博览馆（茂名市）、从化区荔枝文化博览园、增城区荔枝农耕文化博览园、增城荔枝文化博览馆、东莞市植物园荔枝园、东莞岭南荔枝园。

2. 广东每年举办形式多样的荔枝文化节庆活动

明末清初，广东就有庆祝荔枝丰收的活动。《广东新语》记载："其有开荔社之家。则人人竞赴。以食多者为胜。胜称荔枝状头。少者有罚。罚饮荔枝酒数大白。"[22] 每到荔枝成熟季节，荔枝产地会举办丰富多彩的节庆活动，近年来，广东先后举办两次中国国际荔枝产业大会、四次中国荔枝龙眼产业大会，以荔枝产业高质量发展和荔枝市场体系"12221"建设为主题，开展了广东荔枝丝路行活动、"520"荔枝节、广东国际网络荔枝节等活动，通过"520"用荔枝表达爱、南航荔枝号、高铁荔枝专列等系列宣传活动，向全世界推介"广东荔枝"品牌[23]。同时，广东省荔枝主产市（县、区）也举办不同主题的荔枝推介会、文化节，营造了"赏荔枝、啖荔枝、谈荔枝、赞荔枝"的文化体验氛围，开展名优荔枝推介、荔枝采摘、荔枝营销论坛、荔枝休闲旅游等活动，进一步推广荔枝文化，促进荔枝销售，带动当地荔枝休闲旅游产业发展。

3. 文创产品创新提升广东荔枝文化品牌价值

文创产品指依托文化创意与设计服务，以实体化物质为呈现方式的、具有文化内涵和艺术品质的产品。由荔枝文化形象元素可演绎出众多的荔枝文化产品，根据不同消费群体的市场需求定位，有手工艺品、家居装饰、文创文具、生活用品四大类。手工艺品类是指具有文化内涵和艺术价值的手工艺品，如荔枝广绣、荔枝贝雕、荔枝摆件、荔枝茶宠等；家居装饰类是指以文化元素为设计灵感的家居装饰品，如装饰画、根雕、茶台、茶具、抱枕、公仔等；文创文具类是指具有荔枝文化内涵的文具用品，如邮票、明信片、信封等；生活用品类是指通过荔枝品牌主题打造，延伸出的一系列生活类文创产品，如包包、伞具、扇子、服饰、挂件等。

4. 休闲采摘成为珠三角荔枝销售的主要模式

近年来，我国都市市民对农业采摘休闲需求增长较快。依托荔枝资源特色，在荔枝"最佳赏味期"，荔枝休闲采摘逐渐成为广州、东莞、深圳等珠三角城市荔枝果园销售的主要模式之一，各地挖掘荔枝休闲采摘发展潜力，发布"荔枝休闲采摘地图"，为市民精准采摘荔枝提供有力指引。荔枝休闲采摘，既满足了市民对农事体验、旅游休闲、食品安全的需求，又减少了种植户的采摘人工成本，进一步提升了荔枝种植的经济效益。

5. 农文旅融合助推广东荔枝产业高质量发展

2021年，广东农产品"12221"市场体系建设工作会议暨广东荔枝营销动员大会上推出广东十大"魅荔"红色精品休闲游线路，十条线路覆盖全省荔枝四大主产区，包含广州市从化区、增城区荔枝小镇、惠州市博罗县、茂名市高州市、阳江市阳西县等，将游与学相结合，联动开展荔枝主题旅游活动[24]。2023年广州从化区以四大名荔为主，推出水厅桂味线、钱岗糯米糍线、井岗红糯线、双壳槐枝线4条线路，打造了"荔枝+旅游""荔枝+美食"等组合产品[25]。

2023 年东莞厚街镇围绕荔枝特色产业，深度挖掘历史文化、生态等资源，推出厚街冰荔游线路、绿色生态游线路、红色文化游线路 3 条荔枝主题精品线路[26]。高州市"大唐荔乡"赏花叹蜜品荔之旅入选 2022 年"乡村四时好风光——春生夏长　万物并秀"全国乡村旅游精品线路[27]。2022 年廉江市推出 4 条荔枝旅游精品线路，串联起荔枝观光采摘园、红色文化村落、旅游景区、公园、农庄等人文历史和自然生态旅游景点[28]。2023 年，阳西荔枝推介会上推出以荔枝为主题的"阳西美荔之旅路线"，将阳西的荔枝古园、南粤古驿道、书院、森林公园等特色美景串珠成链，推动阳西荔枝产业与旅游产业的融合发展[29]。2022 年，德庆县官圩镇发布"大桔大荔"荔香画廊路线，包含柑香画廊和荔香画廊，是官圩镇的特色乡村游线路[30]。

二、存在问题

广东荔枝产业发展仍面临小农户生产、冷链保鲜有待提升、精深加工缺乏、文创产业亟待升级、特色文化旅游缺乏整体谋划等问题，制约荔枝产业高质量发展。

（一）荔枝生产仍以小农户为主，果园标准化水平仍然较低

1. 荔枝生产者仍以小农户为主

广东省荔枝种植遍及 97 个县（市、区），从业人员超过 180 万人，小农户文化程度不高，老龄化趋势明显，接受新品种、新技术、新模式的能力有限，老经验、旧办法已经不再适应荔枝高质量发展，部分"果二代"返乡接手果园管理，还需要较长时间的适应和经验积累。由于小农户果园流转托管意愿不强、果园改造财政补助资金有限等原因，广东省荔枝高接换种和低效果园改造整体推进较慢，低效果园占比仍然较大。小农户由于种植管理措施跟不上，在气候异常年份，受"大小年"影响较大，荔枝品质也不高，大年卖价低，小年产量低。

2. 荔枝标准化管理水平不高

荔枝以山地种植居多，一般果园标准化种植管理水平不高，基础设施不完备，肥水管理不到位，果树修剪不得法，绿色防控不及时，不但荔枝基础产量难以保证，而且荔枝鲜果品质也难以提升，果农收入上不去，甚至都有放弃管理的可能。荔枝主栽品种结构仍然不丰富，妃子笑、黑叶、白糖罂等大宗品种较单一；主栽品种在成熟期性状上层次不分明，致产期集中和季节性过剩突出；现有桂味、糯米糍等中晚熟优质荔枝品种对气候依赖性较强，"大小年"现象致生产成本加大。

（二）荔枝采后冷链仍有断链环节，保鲜技术需要继续攻关

1. 荔枝冷链保鲜仍有断链环节

荔枝冷藏保鲜核心的冷链基础设施建设仍然薄弱，大多荔枝果园和快递收购点没有采后预冷设施和低温分拣包装场地，荔枝分级和快速包装装备也不足，基本仍以人工为主。目前应用较好的田头小站运输车仍然数量不足，荔枝从预冷到保鲜库到冷藏车链条经常出现断链。

2. 荔枝保鲜技术仍需要继续攻关

荔枝采前、采中、采后保鲜措施结合还不紧密，荔枝冷链保鲜技术研发不少，但实际大规模推广应用仍未取得较大进展，居高不下的冷链快递费制约着消费半径的扩大。新鲜荔枝由于不易长期贮存，容易导致短期供应过剩、周年供应不足、深加工原料缺乏等问题[39]。传统冷冻荔枝冻结速率慢、解冻后汁液流失率高、颜色褐变快、营养成分损失较大。目前，荔枝超低温冻眠锁鲜技术应用取得较好效果，但是仍需在降低冷冻成本、简化技术流程和还原新鲜度方面继续攻关。

（三）荔枝精深加工仍然面临问题，加工副产物综合利用不足

1. 荔枝精深加工仍然有瓶颈障碍

荔枝鲜果滞销降价后，加工是保本增值的较好出路。鲜果价格波动大、加工量不稳定、多元化加工产品少和加工周期极短等原因，使企业普遍不愿意投资建设现代化加工厂，大多数加工专业户加工用地难以获取，仍使用投资较少的小作坊进行加工，加工品质参差不齐。荔枝"大年"时，普遍收购加工能力不足；荔枝"小年"时，普遍面临无荔枝加工。目前，广东省仍以科技含量低和附加值不高的荔枝干为主，荔枝酒、荔枝醋、荔枝饮料、荔枝酥、荔枝饼等产品加工量不大，荔枝冻干、荔枝月饼、荔枝燕窝、荔枝米酿等新产品还在逐步开发，消费市场还未完全打开。

2. 荔枝加工副产物综合利用不足

荔枝壳富含小分子多酚，荔枝核富含类黄酮、多糖、高不饱和脂肪酸和生物活性肽，可抗氧化、抗衰老，预防治疗癌症、糖尿病、心血管等疾病。目前，荔枝核仅当作原材料出售给制药企业，荔枝枝叶、荔枝壳、荔枝果渣等废弃物仍没有很好地综合利用，大部分废弃物被直接丢掉，而且还不同程度地影响了生态环境。

（四）荔枝文创产品有待大力开发，荔枝文化有待发扬光大

1. 荔枝文创产品开发仍需创新

目前，围绕荔枝的文创作品包括小公仔、挂摆件、茶具、T恤等家居生活用

品，较难吸引消费者购买。2021 年，中国美术学院和天猫联合研究发布了专属颜色"给荔红"，天猫新文创还联合了多个品牌发布"给荔红"中国礼物系列礼盒[31]，传统文化 IP 赋能、更具文化创意元素的现代流行文创产品还较少。

2. 荔枝文艺作品创作有待加强

目前，关于荔枝的文艺作品，大家熟悉的仅有粤曲《荔枝颂》、电影《荔枝红了》、杨朔《荔枝蜜》等早期文艺作品，时下专门围绕荔枝产业有广泛影响力的文学、影视、动漫和歌曲等文艺创作较少，荔枝文化传承不够广泛。

（五）荔枝文化品牌定位不准，特色文化旅游缺乏规划

1. 荔枝文化品牌定位不清晰

目前，在荔枝区域公用品牌打造方面，往往过于注重品牌创建形式而忽视其文化内涵，品牌名称多以地域名称加荔枝品种来命名，而没有很好地与当地优秀的荔枝文化相结合，也缺乏独有的品牌 Logo 及响亮的宣传口号，IP 形象也没有个性特色，品牌的核心价值有待发掘。随着品种结构的不断优化，消费者可能对优质荔枝品种本身更加看重，荔枝之乡、荔枝原产地等概念对消费者的吸引力逐渐下降。

2. 荔枝节庆文化特色不明显

目前，各荔枝主产区每年举办的荔枝节基本是融合荔枝产销对接、休闲采摘、荔枝及美食品鉴、文艺表演等活动，起到了有效的品牌宣传和产品营销作用。但是，各地每年节庆主题和宣传口号都不一样，荔枝与本地民俗文化连接不够，节庆活动每年大同小异，活动影响仅限本地区，部分消费者觉得活动缺乏文化亮点，难以发展成为省内外知名节庆品牌。

3. 荔枝休闲旅游需要整体规划

目前，全省的荔枝休闲旅游缺乏整体谋划，荔枝主产区、专业镇村的文旅元素不突出，缺少有吸引力的荔枝文化旅游景点和精品旅游线路。每年荔枝季，只有部分县（市、区）发布相关采摘果园信息和简单的荔枝旅游线路，对游客的休闲采摘消费服务不到位，缺少整合果园、交通、美食、民宿等信息为一体的荔枝智慧文旅公共服务平台。

三、经验借鉴

洛川县号称全国苹果第一县，全县提出"八链同构、三产融合"现代苹果产业发展体系，致力打造千亿级苹果品牌。苹果产业已经成为洛川规模最大、链条最全、持续效益最好、从业人数最多、对农民增收贡献最大的特色产业。2023

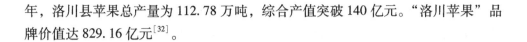

年，洛川县苹果总产量为112.78万吨，综合产值突破140亿元。"洛川苹果"品牌价值达829.16亿元[32]。

（一）主要做法

1. 紧抓苹果产业科技创新

洛川县先后建成西北农林科技大学洛川苹果试验站、洛川苹果科技创新中心和苹果研究院，成立3个院士工作站、1个专家工作站，聘请国内56个果树专家成立技术攻关团队，攻克亟待解决的种源"卡脖子"关键技术难题；同时，引进4000份苹果种资资源，已经累计选育出600个新优品种[33]。

2. 加快苹果标准果园建设

洛川县坚持"引、育、繁、推"相结合，相继制定出台了一系列政策措施和标准规范。建成14.6万亩现代苹果矮化密植园，创建2个国家级苹果标准园、63个省级示范园，全县53万亩基地全部通过国家绿色认证，建成通过出口注册认证果园13万亩，有机基地6.5万亩[34]。为推动全县果品产业高质量发展打下坚实基础。

3. 打造县域苹果产业集群

创建国家级洛川苹果现代产业园区，引进配套智能选果线36条，对全县90%的苹果进行精细化分选，使洛川苹果的优果筛选率从50%提升到94%；建成冷气库68万吨，全县近70%的苹果可就地储存储藏能力达67%，实现周年供应；年产脆片、果醋、果脯等深加工产品2000多吨，国内最先进的3万吨智能冷气库开创了中国智能高新科技冷库的先河[33]。

4. 发挥龙头引领带动效应

洛川县按照"大企业引领、中小企业（合作社）支撑、家庭农场和职业农民为基础"的思路，大力实施"龙头+"工程，先后探索出"企业+合作组织+农户+基地""合作社+农户""园区+企业+农户"等模式，通过土地流转、果农果园入股、果园"托管"等多种形式统一生产标准、统一技术培训、统一物资供应、统一产品销售，提高了产业组织化、专业化、市场化程度，实现了"单家独户""小群体""弱群体"与"大市场"的有效对接，初步建成了适应现代农业发展、梯次分明、数量充足的苹果生产经营主体。

5. 探索数字赋能果品销售

洛川县始终把发展数字经济、智慧农业作为产业转型的重要内容，政府和淘宝走出了一条苹果产业数字化路径，摸索出了"洛川苹果模式"，即消费侧反推——标准化生产、品种改良——冷藏冷链——分级分选——建立销售标准——建设直管仓——组合营销、培育品牌——培养电商人才等，不断提升着洛川苹果的品牌价值和影响力[35]。

6. 打造知名区域公用品牌

洛川县大力推行"区域品牌+企业品牌"的捆绑授权使用模式，培育企业自主品牌40多个。洛川县依托紧靠西安国家中心城市和延安革命圣地的区位优势，坚持"开门办节会"与"走出去推介"相结合，持续提升品牌知名度。洛川县已成功举办了多届世界苹果大会和中国陕西（洛川）国际苹果博览会[36]。2008年获准注册洛川苹果地理标志证明商标，先后获得国内外280余项品质大奖，2022年被农业农村部纳入农业品牌精品培育计划[32]。

（二）经验启示

对标延安"洛川苹果"千亿产业，广东荔枝需要在产业科技创新、标准果园建设、产业集群打造、龙头引领带动、数字赋能营销、区域公用品牌打造等方面持续发力，推动广东荔枝向"千亿产业"迈进。

四、政策建议

通过系统梳理荔枝产业发展现状，针对产业存在的若干问题，借鉴洛川苹果产业的典型经验，结合广东省"百千万工程"建设和荔枝产业发展实际，提出广东荔枝产业高质量发展的政策建议。

（一）着力培育荔枝产业新质生产力

新质生产力赋能荔枝产业现代化，引领产业高质量发展。一是加快培育优质荔枝新品种。保护种质资源和高效培育新品种，是发展荔枝产业新质生产力的核心。在古荔枝树（群）原生境保护和荔枝种质资源圃保存能力提升的基础上，开展原产优异荔枝品种资源挖掘与创新利用研究，综合利用常规育种、分子育种和智慧育种手段，规模化创制遗传稳定、目标性状突出、综合性状优良的优质荔枝新品种，加快品种改良和品质提升[1]。二是集成创新荔枝稳产丰产综合关键技术。以科技创新提升荔枝种植水平，是培育荔枝产业新质生产力的基础。继续熟化荔枝高效栽培技术、克服荔枝中晚熟品种大小年产业关键技术、果园隔年交替结果技术以及丘陵山地荔枝园宜机化改造等，推动荔枝生产能力提升。三是加快荔枝气象关键核心技术研究。随着国家级"荔枝气象服务中心"落地茂名，荔枝产业技术体系进一步完善。中心将通过开展荔枝生产气候适宜度评判、气象灾害影响评估、气候区划、产量预报、病虫害防控、气候品质评价、气象指数保险产品研发等关键核心技术研究[37]，不断完善荔枝特色农业气象观测预报服务体系，打造全国荔枝产学研用气象服务综合平台，从源头上保障荔枝产业高质量发展。四是建立荔枝全链条保鲜技术体系。以科技创新破解荔枝保鲜难题，是培育荔枝产业新质生产力的突破口。聚焦综合荔枝保鲜技术创新和全程冷链技术体系建设，建立集预冷、减菌、包装、冻眠、贮藏等为一体的荔枝全链条保鲜技术体系[38]，继续完善中草药保鲜、物理保鲜、益生菌保鲜和新型保鲜材料等技术措施[39]，减少荔枝鲜销损失、扩展市场半径和延长货架期。五是加快研究试验适合加工的荔枝品种和工艺技术体系。包括研究试验适合荔枝冻干、荔枝干、果酒果醋加工等荔枝品种，研究针对不同加工产品、不同口感的荔枝成熟度、采收期及相应的加工工艺，研究荔枝加工废弃物的综合高值利用等。

（二）加快保护荔枝古树（群）资源

荔枝古树是悠久历史文化的象征，是有生命的"活化石"、会呼吸的"编年史"、好品种的"基因库"、会说话的"博物馆"。保护荔枝古树，就是保护历史文化遗产，传承历史文化底蕴。一是摸清荔枝古树资源底数。加大对广东省内荔枝主产区、非主产区荔枝古树的普查，发动当地村民积极参与荔枝古树名木补录，全面掌握其数量、分布、生存环境和保护现状等情况，组织专家对荔枝古树进行树龄鉴定、健康诊断等，简化登记造册手续，提高荔枝古树保护与登记挂牌的效率。二是开发荔枝古树保护小程序。针对荔枝古树保护特点，例如，开发荔枝古树保护小程序，健全荔枝古树名木图文档案和电子信息数据库，包括荔枝古树基本情况、荔枝古树主人或守护人信息等，设置古树健康状况上报、管护措施上报、生产状况上报、健康安全评估、抢救复壮技术等板块。三是做好荔枝古树的日常管护。扩大荔枝古树守护人队伍，明确管护职责；也可由村委会统筹协调，将村民散乱管理改为村集体统一管理，再由企业承包经营。尽量保护好荔枝古树的原生境，仍能产生显著经济效益的荔枝古树，所属人可以进行施肥、轻剪、防治病虫害等活动，但不得进行整株品种更新[40]。组织古树保护专家组对荔枝古树实行定期"体检"，必要时进行抢救复壮。四是推动荔枝古树资源开发利用。开展荔枝古树（群）系统性规划布局和整体性开发利用。结合"百千万高质量发展工程"和乡村振兴示范带建设，因地制宜建设古荔公园、荔枝文化园、荔枝文化遗产展示馆、古荔村庄（社区）、古荔街巷等[41]，打造以荔枝古树为核心的荔枝"农旅文创一体化"旅游观光带。

（三）加快建设荔枝"五化"高标准果园

荔枝产业高质量发展，优良的品种、现代的农机、先进的农艺缺一不可。聚焦传统果园品种优质化、防控绿色化、水肥智能化、生产机械化和管理数字化改造，将低产低效平地果园和山地果园打造成为亩产值过万的高经济效益、现代化果园。一是调整优化荔枝品种结构，按照早熟更早、迟熟更迟、中熟更优质丰产和稳产的原则，高接换种优质高效新品种，提高荔枝优质品种率，从源头上为荔枝品质打牢基础。二是推广应用智能水肥一体化灌溉系统、山地果园单轨运输机、植保无人机、果园智能采摘升降机、智能农情监测系统、生物预警与气象综合监测平台、"互联网+智慧果园"大数据云服务平台等机械化、智能化、数字化技术装备，让智能装备与信息技术为荔枝种植全面赋能，将传统"看天吃饭"模式切换到"知天而作"模式，有效解决未来"谁来种地"和农业提质增效问题[42]。若果园水肥一体化灌溉设施配套到位，不但干旱少雨天气能及时补充树体营养和水分，而且倒春寒天气可以通过喷灌减少低温伤害，多雨季节能保证促花保果和病虫害防控措施及时到位，荔枝开花、座果率相对较好，荔枝鲜果品质相应提升。

（四）加快推动荔枝产业生态良性循环

紧密衔接全省荔枝产业高质量发展三年行动计划成效，引导荔枝主产区形成产业生态良性循环。一是支持荔枝专业合作社良性发展。合作社能做到资金合作、资产合作及技术合作，能做到信息共享、渠道共享及成果共享，能做到统一标准、统一品牌、统一宣传，能做到对接大企业、对接大市场、对接大网络[43]。因此，合作社生产经营能力提升，不但能减少本地果园低产低效失管和短期盲目外包，而且能带动果农主动参加培训、积极管理果园，能培养出一批网红销售达人；能加强与顺丰、京东、邮政等快递企业的沟通合作，争取降低快递成本助力荔枝销售。二是强化荔枝生产社会化服务。创新"企业+合作组织+大户+小农户""合作社（家庭农场）+小农户"等多种经营模式，通过土地流转、果农入股、果园托管等多种方式联农带农，针对荔枝种植大户、小农户开展嫁接、修剪、施肥、打药，甚至采摘、销售等环节的外包服务，有效解决荔枝失管、土地丢荒等问题，提升种植大户、小农户生产经营组织化程度，帮助农户降低生产成本和经营风险，提升产品质量安全和鲜果品质，拓展农户增收空间。三是扶持荔枝"新农人"创业。随着冷链物流行业的快速发展和数字化服务下沉，越来越多"新农人"快速切入电商营销赛道，通过高品质打响荔枝品牌，进而实现品牌溢价增值，倒逼产业链前端的品种改良和标准化种植。荔枝生产标准化、专业化程度不断提升，鲜果品控持续加强，抱团销售渠道更加畅通，产业生态链逐渐形成，带动更多农户增收致富。"新农人"逐步成为荔枝产业高质量发展的主力

军、品牌的最佳代言人。

（五）加快补齐荔枝全链条保鲜储运短板

发展荔枝保鲜是促进荔枝产业高质量发展的有效手段，也是以新质生产力赋能传统产业的具体体现。搭建从田间地头到餐桌可操作性强、成本经济的全程冷链体系，重点从田头预冷、冷链包装、冷链物流等方面发力，完善冷链物流网络体系。一是继续推进荔枝产地冷藏保鲜设施建设。根据荔枝鲜果采后需要，在荔枝主产区补齐田头保鲜库，配备一线冷链车——田头智慧小站，第一时间实现田头预冷，有效解决荔枝"最先一米"保鲜难题[39]；在非荔枝季，可以用于其他农产品的保鲜和冷链保鲜运输，提高冷链物流设施设备的利用率。二是开展荔枝预冷服务和保鲜技术推广示范。包括推广应用荔枝保鲜加工全链集成技术、荔枝超低温冻眠锁鲜技术等，实现荔枝产业从鲜果直销单一模式向多种模式的转变[5]。三是补齐荔枝加工品低温储藏设施。包括低温储藏荔枝干、荔枝原浆、荔枝果酒、荔枝果醋等加工产品，有效延长销售期和提升口感风味；建设补齐荔枝酒存放的低温酒窖，有效保留其醇香风味。

（六）加快布局主产区荔枝精深加工厂

打破季节性限制，实现荔枝"高档鲜果"和"精深加工"同步发展，延长产业链条，推进荔枝果变干、果变汁、果变粉规模生产，成为四季都能消费的"土特产"。通过开发国潮食品、特产手信，有效提升荔枝产品附加值，带动农户增收致富。一是积极推广干制加工关键技术与智能装备。初加工是保障农户收入的托底，荔枝干加工对技术要求不高，适宜中小规模的果园经营主体，支持建设闭环式空气能（热泵）绿色节能干燥生产线，荔枝"大年"能及时收购农户鲜果制干；在非荔枝季，可以兼顾烘干加工其他蔬果，有效提高烘干设备的利用率。二是规划布局荔枝精深加工。根据本地加工型荔枝品种种植规模，合理布局若干规模化的荔枝加工厂，加强研发荔枝干的下游精深加工制品，提高荔枝月饼、荔枝果冻、荔枝雪糕、荔枝燕窝、荔枝米酿等精深加工制品产量，持续开发适合年轻消费群体的荔枝蜜、荔枝酒、荔枝醋、荔枝汁、荔枝风味水等新品类，加快研发荔枝预制菜、荔枝调味品、荔枝日化品等新产品，支持企业提取荔枝功能氨基酸与多酚类化合物，生产相关的治疗药品和保健品。三是开发荔枝国潮食品。食品企业要提高自身产品研发能力和新品迭代能力，利用文创联名、跨界混搭、时尚出位等国潮营销手段，为荔枝食品注入全新元素，赢得年轻消费群体的认可与喜爱。

（七）积极开展丰富多样的荔枝营销活动

联动荔枝产区和销区市场，开展多种形式的产销对接和营销活动，实现荔枝品牌热度持续提升[39]。一是"请进来"。通过举办荔枝品牌推介会、采购大会等，邀请国内连锁商超、电商平台等大型采购商和经纪人队伍到荔枝主产区进行订单采购，支持行业协会、企业和合作社等利用电子商务加强营销推介，把荔枝销往大湾区乃至全国。二是"走出去"。组织企业主动走进全国重要销区市场和发达地区中心城市，组团参加大型农产品交易博览会，鼓励企业在北京、上海、重庆、西安等发达地区中心城市建立销售渠道；邀请海外消费者参加广东荔枝品鉴，把广东荔枝推介给海外消费者。三是"热起来"。通过举办中国荔枝产业大会、荔枝产销博览会、短视频征集大赛等，大力开展广东荔枝宣传推广活动，联动产区销区，成系列、成话题推高品牌热度；聚集众多荔枝电商、微商开展带货直播大赛，持续带火荔枝销售。四是"降下去"。政府要引导物流公司做实做优从采摘预冷、分拣包装到物流配送一条龙电商服务。加强与物流公司合作，建立"荔枝电商寄递白名单制度"，推动物流公司寄递费用整体下降，把更多收益留给农民，把更多实惠让给消费者。五是"活起来"。创新营销方式，推动荔枝销售"从论箱、论盒卖到论粒、论棵、论片定制"，联动企业、网红进行定制果园打卡传播，做好荔枝"土特产"文章，以"荔"为媒促进农文旅融合[44]。

（八）加快推动荔枝文创产业多元化发展

荔枝在我国种植历史悠久，荔枝不但鲜红甜美，而且寓意吉祥美好，蕴含深厚的文化底蕴，一直都是古今文化创作和创意设计钟爱的对象。一是运用文创思维赋能荔枝品牌营销。立足于区域荔枝特色，融合特有的地域文化、传统建筑、独特山水、乡土特色等元素，通过高品质产品、创意化包装、深刻文化内涵与消费者产生情感共鸣，提升产品美誉度和企业知名度，推动荔枝特色文化的广泛传播。二是开发多元化的荔枝元素文创产品。荔枝象征长盛不衰、健康长寿、吉祥富贵、团结励志等寓意，饱含人们对美好生活的向往和积极向上的激励。鼓励开发更多生活化、艺术化的荔枝元素文创产品，比如文艺有趣的日用品、寓意美好的艺术品、工艺品、纪念品和数字产品等，满足各种目标人群的文化消费需求。三是鼓励创作荔枝书画摄影作品。通过举办各种荔枝书画展览、摄影大赛和歌曲征集等，鼓励大家创作书画、墙绘、摄影、短视频、歌曲等优秀作品，充分展现荔枝果园的秀美风景、生产场景、歌颂荔枝产业富民兴村的励志故事。四是鼓励创作荔枝主题动画作品。文艺领域可以围绕我国优秀的荔枝文化，创新挖掘历史人物和民间故事，以当代审美激活荔枝文化基因，创作出更多和荔枝相关的国产动画电影，让现代价值理念与荔枝传统文化相衔接、相融合；根据动画人物的形象IP，积极探索荔枝文创产业链，快速衍生出一系列文创业态。

（九）探索创新荔枝产业融合发展模式

探索创新荔枝古树保护开发、休闲观光采摘、全产业链开发、荔枝认养定制和荔枝产城融合等模式，推动广东荔枝产业高质量发展。一是打造一批荔枝文化遗产保护中心。通过改造失管荔枝古树群、修建生态栈道和休闲绿道、宣传荔枝文化等措施，建设成不同主题景观的荔枝古贡园、荔枝文化园、荔枝博览园，探寻挖掘荔枝古树背后的历史故事和文化价值；开展荔枝古树认养和高端定制，开发古树文化产品和旅游产品等。二是引导小规模果园开展荔枝休闲采摘。鼓励都市郊区乡村、外部交通条件便利、具有一定生产基础的小规模荔枝果园，开展标准化果园改造升级，发展养蜂采蜜、林下养鸡鸭、套种中药材、栽培食用菌等多种林下经济，完善田头预冷设施和休闲服务设施，为游客提供舒适的休闲体验环境。三是支持规模化果园进行全产业链开发。打造"五化"高标准智慧果园，开展荔枝品种资源展示、优质高效种植技术及立体栽培模式示范，拓展荔枝保鲜储藏、多元精深加工；开展线下荔枝定制、农产品展销和线上新媒体销售；提供以农家菜为主的餐饮服务，开发荔枝特色菜品；因地制宜开展传统手工制作体验活动，开发亲子娱乐、果园拓展、CS 野战等体验性休闲活动；建造荔枝文化展览馆或科普长廊，开发荔枝主题精品民宿。四是数字化提升"一棵树"定制。把更多荔枝古贡园、省级标准荔枝果园、专业镇村标准果园纳入定制行列；鼓励开发荔枝云定制平台，逐步实现对荔枝果树的云展示、云定制、云交易；完善云定制平台农产品购买功能，增加旅游景点、美食小店、乡村民宿等推荐功能，实现从定制荔枝"一棵树"，延伸到荔枝文旅"一条线"。五是创新荔枝小镇产城融合模式。规划改造荔枝专业村为美"荔"社区，规划建设荔枝加工园区、荔枝电商街区和荔枝创客空间，探索开发荔枝主题乐园、荔枝主题酒店、荔枝主题餐厅等，助推都市乡村向美"荔"经济转型发展。

（十）加快发展荔枝特色文化休闲旅游

持续打好荔枝文化牌，实现农文旅融合发展。一是打造荔枝主题网红打卡点。立足区域文旅发展，统筹开发荔枝文旅资源，做好网红打卡点的顶层设计。在荔枝季，荔枝主产县镇村要秉承大景区理念，通过荔枝特色墙绘、荔枝人文雕塑、荔枝时尚标识、荔枝品牌 IP，融入地域特点的农耕文化、荔枝文化、美食文化等元素，打造一批荔枝网红打卡点，使其成为荔枝文旅新亮点、消费新场景，从而有力地带动当地农民增收致富。二是策划举办丰富多彩的荔枝文化节。在古代，荔枝季有红云宴、啖荔诗会等活动，文人骚客聚集在一起，一边品尝美味荔枝，一边吟诵荔枝诗词。如今，可以通过策划举办荔枝产销对接会、荔枝旅游节、荔枝美食节、荔枝音乐会、"520"婚庆等活动，有效助"荔"荔枝文化宣传和品牌营销，推动荔枝产业高质量发展。三是策划设计荔枝旅游线路。围绕荔枝精品果园、核心旅游景区景点、绿道碧道、非遗文化等资源，融合节庆、赛事活动精心设计一批荔枝精品旅游线路。在广州、深圳、东莞、惠州等粤港澳大湾区的荔枝主产区设计多条不同主题的荔枝休闲采摘游和亲子研学游精品线路。在湛江、茂名、阳江、汕尾、云浮、肇庆等荔枝主产区，深入挖掘荔枝的历史文化和人文价值，整合荔枝文化遗产、荔枝古树公园、荔枝文化公园、荔枝文化博览园、荔枝种植资源圃、荔枝文化名人景点、设计一批广东荔枝文化体验旅游精品线路。

参考文献

[1] 中国·茂名荔枝白皮书（2023）.中国荔枝产区情况［EB/OL］.搜狐网，2024-03-29. https：//www. sohu. com/a/767845042_ 283674.

[2] 陆华忠.广东荔枝产业高质量发展蓝皮书［M］.北京：经济科学出版社，2021.

[3] 茂名日报.茂名打造荔枝种业"硅谷"［EB/OL］.搜狐网. https：//www. sohu. com/a/677601079_ 121106875.

[4] 陈厚彬，杨胜男，苏钻贤，等.2024年全国荔枝生产形势分析与管理建议［J］.中国热带农业，2024（3）：8-20.

[5] 南方农村报.图文直播实录｜2024年第八届中国荔枝龙眼产业大会新闻发布会［EB/OL］.广东省农业农村厅，2024-05-16.

[6] 吴扬，郑颖，卓倩，等.广东荔枝，何以红遍全球？［EB/OL］.南方+，2023-05-20. https：//static. nfapp. southcn. com/content/202305/19/c7702156. html.

[7] 广东省农业农村厅.关于公布广东省特色农产品优势区名单的通知［EB/OL］.2021-08-05. https：//dara. gd. gov. cn/tzgg2272/content/post_ 3456847. html.

[8] 中国新闻网."中国荔乡"广东茂名发布荔枝产业发展白皮书［EB/OL］.2023-05-20. https：//www. chinanews. com. cn/cj/2023/05-20/10011199. shtml.

[9] 南方日报网络版.今年荔枝成化率达85%以上全省荔枝有望再迎"中大年"［EB/OL］.广东省人民政府，2023-05-04. https：//www. gd. gov. cn/gdy-wdt/bmdt/content/post_ 4174071. html.

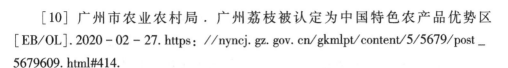

［10］广州市农业农村局．广州荔枝被认定为中国特色农产品优势区［EB/OL］．2020－02－27．https：//nyncj. gz. gov. cn/gkmlpt/content/5/5679/post_5679609. html#414.

［11］南方+．广州多部门协"荔"助销，全市完成销售约七成［EB/OL］．网易网，2021－06－30. https：//m. 163. com/dy/article/GDP2K35E055004XG. html.

［12］茂名发布．给"荔"！广东荔枝"12221"市场体系建设总结大会召开！茂名收获颇丰［EB/OL］．澎湃新闻网，2021－07－28. https：//m. thepaper. cn/baijiahao_ 13783080.

［13］广东省农业农村厅．关于"粤字号"2019 年县域名特优新农产品区域公用品牌百强结果公示［EB/OL］．2019－11－25. https：//dara. gd. gov. cn/tzgg2272/content/post_ 2704871. html.

［14］农小蜂数智云．2023 年中国荔枝产业数据分析简报［EB/OL］．知乎网，2023－06－21. https：//zhuanlan. zhihu. com/p/638762546.

［15］南方都市报．全国最大荔枝饮料生产基地投产，广药王老吉在茂名打造［EB/OL］．腾讯网，2022－05－29. https：//new. qq. com/rain/a/20220529A06V7X00. html.

［16］科技日报．广东：推进荔枝保鲜科研攻关［EB/OL］．广东省科学技术厅，2023－07－03. https：//gdstc. gd. gov. cn/kjzx_ n/gdkj_ n/content/post_ 4211294. html.

［17］茂名市人民政府．茂名市人民政府关于印发《广东省茂名市荔枝农业文化遗产保护与管理办法》的通知［EB/OL］．2022－01－21. http：//www. maoming. gov. cn/zwgk/szfwj/content/post_ 985007. html.

［18］南方农村报．广东岭南荔枝种植系统　农业生产亦是人文传承［EB/OL］．2022－06－02. https：//epaper. nfncb. cn/nfnc/content/20220602/Articel01002MT. htm.

［19］广州日报．广东十大最美古树群名单揭晓［EB/OL］．广东省人民政府，2022－12－01. https：//www. gd. gov. cn/zjgd/lyxx/lydt/content/post_ 4056343. html.

［20］茂名史志．茂名荔枝［EB/OL］．茂名市人民政府，2024－03－11. http：//www. maoming. gov. cn/zlmm/tsmm/content/post_ 1308524. html.

［21］茂名文旅．助力乡村振兴，茂名市首批非遗工坊名单公布！［EB/OL］．搜狐网，2022－12－09. https：//www. sohu. com/a/615363208_121117456.

［22］广州日报．读懂广州·粤韵丨岭南佳果海纳百川　蝉鸣荔红独宠千年［EB/OL］．腾讯网，2022-08-24．https：//new. qq. com/rain/a/20220824A0170900.

［23］羊城晚报．广东荔枝今年好"红"预估身价超 180 亿元［EB/OL］．中华人民共和国农业农村部，2020-07-09．https：//www. moa. gov. cn/xw/qg/202007/t20200709_ 6348382. htm.

［24］广州日报．广东发布十大"魅荔"红色精品休闲游线路［EB/OL］．广东省农业农村厅，2021-04-23．https：//dara. gd. gov. cn/nyyw/content/post_ 3267759. html.

［25］南方报业传媒集团南方+客户端．打好"四张牌"，广州从化乡村振兴有"荔"量［EB/OL］．搜狐网，2023-06-27．https：//www. sohu. com/a/691499243_ 100116740.

［26］羊城晚报·羊城派．东莞厚街给"荔"！再添"国字号"名片［EB/OL］．腾讯网，2023-06-19．https：//new. qq. com/rain/a/20230619A08WHU00.

［27］中华人民共和国文化和旅游部．"大唐荔乡"赏花叹蜜品荔之旅［EB/OL］．2022-04-25．https：//zhuanti. mct. gov. cn/csxz2022/guangdong/detail/1518. html.

［28］廉江市文广旅体局．约起！荔红时节，跟着 4 条廉江旅游精品线路，享荔枝盛宴［EB/OL］．网易，2022-05-26．https：//www. 163. com/dy/article/H89L852R0534RQIU. html.

［29］中新网广东．推动农旅融合发展　阳西发布美荔之旅路线［EB/OL］．2023-06-15．https：//www. gd. chinanews. com. cn/2023/2023-06-15/428739. shtml.

［30］肇庆发布．"荔香官圩·与荔相约"德庆县官圩荔枝节正式启动！［EB/OL］．澎湃新闻网，2022-07-01．https：//www. thepaper. cn/newsDetail_ forward_ 18826966.

［31］中国新闻网．中国美院联合天猫发布 2021 新年流行色：给荔红［EB/OL］．2021-01-14．https：//www. chinanews. com. cn/business/2021/01-14/9386842. shtml.

［32］西部网．829. 16 亿元"洛川苹果"商标品牌价值再创新高［EB/OL］．陕西日报，2024-01-04．http：//m. cnwest. com/ztlist/a/2024/01/04/22217525. html.

［33］洛川宣传官方账号．延安日报丨洛川苹果让果农挑起乡村振兴"金扁担"［EB/OL］．腾讯网，2023-05-30．https：//new. qq. com/rain/a/20230530A018IE00.

［34］中国农科新闻网．第十五届中国·陕西（洛川）国际苹果博览会将于

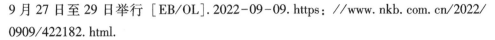

9 月 27 日至 29 日举行 [EB/OL]. 2022-09-09. https：//www. nkb. com. cn/2022/ 0909/422182. html.

[35] 工人日报. 品牌价值 687 亿元的苹果是如何"种"出来的？[EB/OL]. 央视网，2022-08-10. https：//jingji. cctv. com/2022/08/10/ARTIJsSqggK94hL7ks AGLFAO220810. shtml.

[36] 中国经营报. 陕西洛川：做强苹果产业接力乡村振兴 [EB/OL]. 腾讯 网，2022-10-29. https：//new. qq. com/rain/a/20221029A00CAE00.

[37] 广州日报. 国家级"荔枝气象服务中心"在茂名正式揭牌 [EB/OL]. 腾讯网，2024-05-21. https：//new. qq. com/rain/a/20240521A016HW00.

[38] 广东省农业科学院蚕业与农产品加工研究所. 2024 年广东荔枝保鲜产 业技术提质增效行动启动会暨培训会在茂名市召开 [EB/OL]. 2024-05-16. http：//www. gdaas. cn/srigaas/xwxx/content/post_ 1242668. html.

[39] 茂名发布.【520·我爱荔】以荔枝国家现代农业产业园为抓手！茂 名：用"荔"打造，实"荔"出圈 [EB/OL]. 2024-05-20. https：//mp. weixin. qq. com/s/rQ8nfrrhLn2vK-kPDLvykQ.

[40] 广东省林业局. 广东新出台古树名木保护管理指导意见 每 10 年至少 组织一次古树名木资源普查 [EB/OL]. 2023-07-26. https：//lyj. gd. gov. cn/ news/forestry/content/post_ 4225353. html.

[41] 张蓓，庄丽娟. 我国古荔休闲旅游产业开发的思路与策略 [J]. 广西 社会科学，2012（3）：59-63.

[42] 南方+."五化"高标准智慧果园，打造广东荔枝高质量发展样板 [EB/OL]. 2021-05-22. https：//dara. gd. gov. cn/mtbd5789/content/post_3288714. html.

[43] 茂名发布. 茂名荔枝产业链十大项目，成就荔枝产业"最靓的 仔"——世界荔枝产业中心 [EB/OL]. 2024-05-21. https：//mp. weixin. qq. com/s/LqqI8Qm6NKCpOJ1XX2dvuQ.

[44] 茂名发布. 茂名去年荔枝定制 3.2 万棵，"共富树"也是"共享树" [EB/OL]. 澎湃新闻，2024-03-26. https：//www. thepaper. cn/newsDetail_ forward_ 26817883.

（指导专家：胡桂兵 教授 华南农业大学园艺学院

刘伟 研究员 广东省农业科学院果树研究所）

广东省水产产业发展报告

曹 阳　王思盼　陈　强　刘培钦

主要观点：（1）发展现状：2023年广东省渔业经济总产值达4420.28亿元，增长率为4.6%，水产品总产量和水产养殖产量稳居全国第一，主要养殖品类为鱼类和甲壳类。有水产相关企业约3000家，省级以上水产原良种场69个，累计培育水产新品种40个。从区域分布来看，全省海水养殖的优势产区集中在粤西地区，淡水养殖的优势产区集中在珠三角地区。成立了16家现代化海洋牧场一级开发平台企业，为推动全省现代化海洋牧场高质量发展起到示范引领作用。水产"粤字号"品牌建设成效显著，水产国家级区域品牌数目稳步增加。水产加工以粗加工形式为主，预制菜产业实现多元发展。

（2）**存在问题：**广东省水产产业发展仍面临水产"种芯不强"、精深加工还需提升、发展方式亟待转型升级、基础设施投入依然不足、渔港效能未能充分发挥、抗风险能力不足、品牌影响力较弱等问题，制约水产产业高质量发展。

（3）**经验借鉴：**分析湖北监利小龙虾产业、福建连江县鲍鱼和大黄鱼产业、山东河口对虾产业、江苏兴化大闸蟹产业取得成功的经验以及做法。

（4）**政策建议：**提出加强水产种业振兴、持续推进水产养殖转型升级、在基础设施建设等方面加大支持、进一步健全完善保险机制、推动渔港发展机制建设、延伸水产产业链条、加大品牌推广力度7条政策建议，推动广东省水产产业高质量发展。

前言

广东濒临南海，海域滩涂辽阔，珠三角河网纵横，沿海滩涂面积20多万公顷，近岸海域0~10米等深线海域100多万公顷，内陆水域100多万公顷，是中国渔业第一大省。2023年，广东省水产品总产量和水产养殖产量稳居全国第一，草鱼、罗非鱼、乌鳢、鲈鱼、鳜鱼、南美白对虾、斑节对虾等多个水产品种产量均列全国首位，涌现出白蕉海鲈、湛江对虾、中山脆肉鲩、顺德鳗鱼、清新鳜鱼等多个全国知名品牌，渔业经济在全省经济发展和社会发展大局中的地位日益突出。

一、发展概况

（一）渔业经济总产值连续递增，养殖规模稳中略降

1. 渔业经济总产值连续递增

2023 年，广东省渔业经济总产值达 4420.28 亿元，居全国第二位，实现连续五年递增。其中，渔业第一产业产值为 2005.31 亿元，居全国首位，海洋渔业总产值为 1068.40 亿元，占渔业第一产业总产值的 53.30%。渔业第二产业产值为 513.43 亿元，居全国第六位，水产品加工（260.25 亿元）和渔用饲料（235.25 亿元）分别占渔业第二产业总产值的 50.68% 和 45.82%，后者占比略有下降。渔业第三产业产值为 1901.55 亿元，同比增长 13.41%，居全国首位，水产品流通和休闲渔业分别占渔业第三产业产值的 92.37% 和 6.75%。三产产值比例由 2022 年的 44.0∶17.0∶38.9 调整到 2023 年的 45.4∶11.6∶43.0，产业结构进一步优化[①]。

2. 水产养殖规模略有下降

2023 年，广东省水产养殖总面积为 47.73 万公顷、居全国第五位，其中，淡水养殖面积为 30.52 万公顷、居全国第八位（见图 1），海水养殖面积为 17.21 万公顷、居全国第四位（见图 2）。从 2019～2023 年的数据来看，广东省水产养殖总面积变动不大，基本维持在 47 万～48 万公顷，2023 年比 2019 年养殖总面积略有下降 867 公顷（2019 年 47.82 万公顷）。从水产养殖面积构成来看，广东省淡水养殖面积约是海水养殖面积的 1.7～1.9 倍，5 年间淡水养殖面积呈现略有下降趋势，海水养殖面积稳中有升（见图 3）。

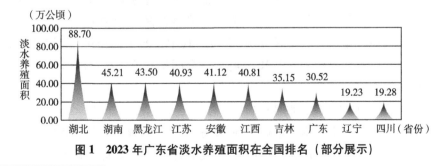

图 1 2023 年广东省淡水养殖面积在全国排名（部分展示）

---

① 资料来源：农业农村部渔业渔政管理局、全国水产技术推广总站、中国水产学会、《中国渔业统计年鉴》。

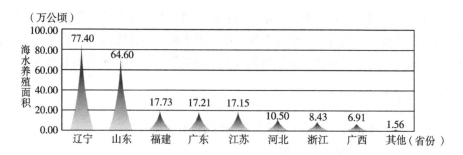

图 2　2023 年广东省海水养殖面积在全国排名（部分展示）

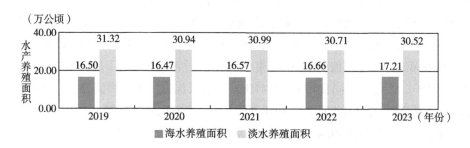

图 3　2019～2023 年广东省水产养殖面积变化情况

3. 水产品总产量居全国首位

2023 年，广东省水产品总产量 924.02 万吨，同比增长 3.35%，居全国首位，为近 10 年来最高增长年份。在养殖方面，水产养殖总产量为 795.71 万吨，居全国首位，分别占广东水产品总产量和全国养殖水产品总产量的 86.1% 和 13.7%。其中，海水养殖产量为 357.28 万吨，居全国第三位，淡水养殖产量为 438.42 万吨，居全国第二位。在捕捞方面，水产品捕捞总产量为 128.31 万吨，居全国第四位，分别占广东省水产品总产量和全国捕捞水产品总产量的 13.9% 和 9.8%，是南海海域捕捞产量最大的省份（见图 4）。其中，海水捕捞量为 113.69 万吨，居全国第四位，远洋捕捞量为 7.18 万吨，居全国第六位，淡水捕捞量为 7.44 万吨，居全国第七位。

4. 水产经营主体呈现区域性分布

目前，广东省有水产相关企业约 3000 家，其中涉及水产品精深加工的龙头企业共有 91 家，主要分布在粤西地区，占比超过四成。全省另有省级以上水产

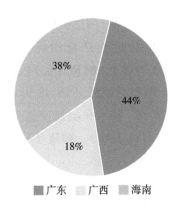

图 4　南海海域捕捞产量分布情况

原良种场 69 个①，累计培育水产新品种 40 个，约占全国水产新品种总数的 15%②，国家级水产原种场 1 家③，苗种生产企业 2200 余家，其中淡水苗种企业约 1500 家，分布较多的地市有佛山、阳江、中山，海水苗种企业约 700 家，分布较多的地市有湛江、阳江、茂名等，供种能力稳步提升，每年向省内外提供水产苗种近 8000 亿尾。实现了现代化海洋牧场种业重点攻关项目——黄金鲹人工繁育突破。此外，得益于粤港澳大湾区的广阔市场和不断优化的创新发展环境，广东省 12 家水产企业入选国家种业企业阵型，数量居全国第二位④。

（二）鱼类、甲壳类为大宗品类，多品种产量稳居第一

广东省以养殖为主，全省主要养殖品类为鱼类和甲壳类，两者年产量占养殖水产品总产量的 75.6%⑤。2023 年，农业农村部公告推广的 17 个水产新品种，广东省入选 2 个，分别是罗非鱼"百容 1 号"和"穗丰鲫"。

1. 鱼类产量连续多年位于全国前列

2023 年，广东省鱼类苗种产量为 7785.13 亿尾（全国首位），其中淡水鱼苗产量为 7717.42 亿尾，约占全国总产量的 52%；海水鱼苗产量为 67.71 亿尾，约占全国比重的 51%。在成鱼养殖方面，2023 年，广东省海、淡水鱼类养殖总产量约为 485.12 万吨，其中淡水养殖的草鱼（93.19 万吨）、罗非鱼（77.85 万

①　广东省农业农村厅网站. 小种苗链接大产业　广东水产种业再领航 2023 中国水产种业博览会暨首届广东（国际）现代化海洋牧场产业大会在广州南沙开幕［EB/OL］. 2023-11-25。

②　17 个国家审定水产新品种发布［N］. 南方日报，2023-11-26.

③　农业农村部渔业渔政管理局. 2023 年国家级水产良种场名单公示，2023-12-30。

④　广东种业，向新向兴！［N］. 南方农村报，2023-12-08.

⑤　农业农村部网站. 农业农村部公告推广 17 个水产新品种［EB/OL］. 2023-07-25。

吨）、河豚（0.81 万吨）、短盖巨脂鲤（1.59 万吨）、鳜鱼（15.32 万吨）、乌鳢（34.96 万吨）和鲈鱼（36.76 万吨）产量均居全国首位。海水养殖的鲈鱼（16.70 万吨）、军曹鱼（2.33 万吨）、鲷鱼（8.74 万吨）、美国红鱼（3.44 万吨）、石斑鱼（10.75 万吨）和卵形鲳鲹（15.48 万吨）等产量均居全国首位。在捕捞方面，2023 年，广东省海、淡水鱼类捕捞总产量约为 476.24 万吨，其中海鳗（8.48 万吨）、沙丁鱼（4.11 万吨）、鲷鱼（4.08 万吨）、大黄鱼（2.63 万吨）海水捕捞产量均居全国首位。

2. 养殖甲壳类产量逐年递增

广东省甲壳类海水养殖以虾类为主，2023 年，养殖面积约为 5.75 万公顷，养殖品类主要为南美白对虾和斑节对虾，养殖面积占比分别为 78.1% 和 14.6%，养殖产量分别为 58.62 万吨和 8.90 万吨，同比增长 4.97% 和 7.00%，约占养殖甲壳类总产量的八成以上。在蟹类养殖方面，主要养殖品种为青蟹，养殖面积达蟹类养殖总面积的九成以上。在捕捞方面，2023 年，广东省海洋捕捞甲壳类总产量为 22.56 万吨，其中虾类 14.63 万吨，主要为对虾、毛虾和虾蛄，分别占虾类捕捞总量的47.7%、21.7% 和 15.9%；蟹类 7.93 万吨，主要为梭子蟹和青蟹，分别占蟹类捕捞总量的 56.3% 和 34.9%。在淡水品类方面，2023 年广东省淡水甲壳类总产量约为35.85 万吨，占全国淡水甲壳类总产量的 6.73%，主要养殖品种为罗氏沼虾、青虾、克氏原螯虾和南美白对虾，其中，罗氏沼虾和南美白对虾产量均居全国首位。

3. 甲壳类盈利空间较大

根据 2023 年广东省农业农村厅对广东省养殖的 4 种大宗淡水鱼（草鱼、鲫鱼、鲢鱼和鳙鱼）和 15 种名特优水产品（大黄鱼、淡水鲈鱼、罗非鱼、牡蛎、淡水南美白对虾、海水南美白对虾、中国花鲈、斑节对虾、鳜鱼、黄颡鱼、卵形鲳鲹、罗氏沼虾、青蟹、石斑鱼和乌鳢）共 19 个水产养殖品种的监测结果显示：淡水养殖重点品种中的鱼类中仅鳜鱼盈利空间较大，其余各品种与甲壳类相比，盈利空间均处于较小状态，甚至亏损（见表 1）；海水养殖重点品种中，除石斑鱼外，其余的鱼类仍存在盈利空间较低的情况（见表 2），可能会影响到来年的养殖规模。

表 1　2023 年广东省淡水养殖重点品种出塘价及成本监测情况

单位：元/千克

序号	品种	出塘价	成本	是否盈利
1	草鱼	14.13~16.70	11.00~11.60	具有一定的盈利空间

续表

序号	品种	出塘价	成本	是否盈利
2	鲫鱼	18.70~23.17	14.00~16.00	盈利
3	鲢鱼	7.07~11.60	8.00	盈利空间不大
4	鳙鱼	9.14~16.26	11.00~12.00	亏损
5	淡水鲈鱼	14.98~28.64	20.00~22.00	亏损
6	罗非鱼	7.51~10.88	10.00~11.00（1.0~1.5斤规格） 11.00~12.00元（大罗非鱼） 14.00~15.00（脆肉罗非）	亏损
7	南美白对虾 （淡水）	22.75~52.00	30.00~34.00 34.00~38.00 （冬棚虾）	盈利空间较大
8	鳜鱼	59.76~111.53	40.00~50.00	盈利空间较大
9	黄颡鱼	18.64~26.10	16.00~18.00	具有一定盈利空间
10	罗氏沼虾	52.65~99.88	40.00~44.00	盈利空间较大
11	乌鳢	10.35~18.49	18.00	亏损
12	青蟹	140.67~198.87	40.00~60.00	盈利空间较大

资料来源：广东省农业技术推广中心发布的《2023年广东省水产养殖重点品种监测年度报告》。

表2　2023年广东省海水养殖重点品种出塘价及成本监测情况

单位：元/千克

序号	品种	出塘价	成本	是否盈利
1	大黄鱼	25.00~50.00	30.00~34.00	盈利空间较小
2	牡蛎	3.29~13.20	（仅苗种成本）	盈利空间较大
3	南美白对虾 （海水）	23.40~54.58	30.00~34.00 34.00~38.00 （冬棚虾）	盈利空间较大
4	中国花鲈	17.93~23.55	20.00~22.00	盈利空间不大
5	斑节对虾	36.66~99.26	30.00~34.00 34.00~38.00 （冬棚虾）	盈利空间较大
6	卵形鲳鲹	27.81~43.00	28.00~32.00	盈利空间不大
7	石斑鱼	58.63~82.86	40.00~50.00	盈利空间较大

（三）海淡水养殖区域分布明显，粤西海产占全省六成

广东省拥有 41.93 万平方千米的辽阔海域，海域面积是陆地面积的 2.3 倍，4000 多千米的大陆海岸线，居全国首位①，全省共有沿海地级以上市 14 个，沿海县（市、区）45 个，面积占全省的 26.3%，人口占全省的 40.6%，经济总量占全省的 38.7%，是高质量发展"蓝色引擎"的现代化海洋牧场，推动城乡区域协调发展的重要战场。同时，广东河流众多，以珠江流域（东江、西江、北江和珠江三角洲）及独流入海的韩江流域和粤东沿海、粤西沿海诸河为主，集水面积占全省面积的 99.8%，其余属于长江流域的鄱阳湖和洞庭湖水系②。因此，广东水产养殖具有明显的区域分布特色。

1. 海水养殖的优势产区集中在粤西地区

广东省海水养殖的主要区域为粤东、粤西和珠三角地区，2022 年，粤西地区海水养殖总产量约为 205.99 万吨，占全省海水养殖总产量的六成以上，主要集中在湛江市、茂名市和阳江市（见表 3）。以阳江市阳西县为例，阳西依托滨海资源优势，全力扶持发展海水种苗产业，形成了"亲鱼—鱼卵—鱼苗"完整的产业链，共有水产苗种生产场（点）186 个，面积 1.3 万亩，池塘 1.27 万亩，车间 15 万平方米③。阳江市农业农村局和阳江市海水种业创新发展协会提供的数据显示，阳西海水鱼苗产量约占全省的 41.4%。在阳西的儒洞、沙扒、上洋、溪头等沿海一带，依托当地海水条件，以农业合作社的形式，进行鱼苗规模化繁育。其中，儒洞镇新村是海水鱼苗生产的特色村，全村鱼苗繁育面积超过 7000 亩，种类包含平头鲷、金鲳鱼等，年产值超过 1 亿元，辐射带动当地约 1000 人就业，当地从事鱼苗孵化和养殖的农户就有 300 多人④。

表 3　广东省三大区域 2022 年海水养殖产量统计结果　　单位：万吨

区域	地市	海水养殖产量
珠三角	广州市	12.07
	深圳市	1.85
	珠海市	11.08
	江门市	24.41
	惠州市	5.23

① 资料来源：《广东统计年鉴 2023》。
② 资料来源：《广东统计年鉴 2019》。
③ 阳西县人民政府网. 百千万工程小鱼苗　大产业 [EB/OL]. 2023-05-24。
④ 人民网. 小小鱼苗"游"向省内外养殖场 [EB/OL]. 2023-05-16。

区域	地市	海水养殖产量
粤西	阳江市	78.52
	湛江市	82.47
	茂名市	45.00
粤东	汕尾市	36.49
	潮州市	14.26
	揭阳市	2.46
	汕头市	25.84
全省		339.67

2. 淡水养殖的优势产区集中在珠三角地区

广东淡水养殖在粤东、粤西、粤北以及珠三角地区均有分布。但由于珠三角区域河网密布，淡水资源丰富，具备发展淡水养殖业的良好条件，因此，广东省淡水养殖业最具优势的区域大都集中在珠三角区域。2022 年，珠三角地区淡水养殖总产量约为 292.69 万吨，约占全省淡水养殖总产量的七成，主要集中在佛山市、江门市、肇庆市、中山市和广州市等地市（见表 4）。以佛山市三水区为例，截至 2023 年 11 月，三水区拥有省级水产良种场 3 家，吸引何氏水产、合洋水产等一批国家级、省级水产行业龙头企业投资①。2022 年以来，三水加州鲈、三水鳜鱼、三水笋壳鱼、三水苏丹鱼先后获评全国名特优新水产品，拥有全国名特优新水产品的数量 4 个，位居全省前列。

表 4　广东省各区域 2022 年淡水养殖产量统计结果　　单位：万吨

区域	地市	淡水养殖产量
珠三角	广州市	33.53
	深圳市	0.72
	珠海市	21.63
	江门市	52.99
	佛山市	76.71
	肇庆市	51.90
	东莞市	4.29

---

① 三水发布．打造金字招牌！三水推出"鱼出三水"水产品区域公用品牌 [EB/OL]．2023-11-27。

续表

区域	地市	淡水养殖产量
珠三角	中山市	36.96
	惠州市	13.96
粤西	阳江市	10.08
	湛江市	17.80
	茂名市	34.66
粤东	汕尾市	5.03
	汕头市	9.39
	潮州市	4.77
	揭阳市	7.81
粤北	河源市	4.71
	梅州市	9.63
	云浮市	9.81
	清远市	13.62
全省		428.06

（四）水产产业集群加速构建，示范引领作用逐步加强

1. 大中小企业融通的创新生态基本形成

广东省通过政策引导、机制建设、平台打造，依托现代化海洋牧场一级开发主体、链主企业、大型龙头企业组建产业发展联合体，以"大渔带小渔""新型带传统"促进大中小企业通过分工协作、基地培育、资金合作和技术扩散等方式互融互通，带动中小企业、渔民专业合作社转型升级，形成协同、高效、融合的大中小企业融通创新生态[①]。目前，广东沿海各市和省属国企共成立 16 家一级开发主体，在地方政府支持下统筹开发海域、海岛、渔港、陆基产业用地等资源[②]。各地市一级开发平台企业充分发挥在科学规划、统筹布局、资源整合等方面的优势作用，为推动当地现代化海洋牧场高质量发展起到示范引领作用。

2. 水产养殖向专业化、特色化迈进

2022 年，广东省新增水产相关的全国"一村一品"示范村、镇 2 个，分别是广东省珠海市金湾区红旗镇大林社区（黄立鱼）和广东省中山市三角镇（杂

---

① 广东省农业农村厅. 关于加快海洋渔业转型升级　促进现代化海洋牧场高质量发展的若干措施 [EB/OL]. 2023-09-22。

② 广东加快建设全链条现代化海洋牧场［N］. 南方日报，2024-08-21。

交鳢)①；入选全国乡村特色产业产值超十亿元镇 5 个，分别涉及罗非鱼、脆肉皖、杂交鳢、蚝和捕捞水产品；入选全国乡村特色产业产值超亿元村名单 4 个，分别是广东省珠海市斗门区白蕉镇昭信村（海鲈鱼）、广东省珠海市金湾区红旗镇大林社区（黄立鱼）、广东省佛山市顺德区勒流街道稔海村（鳗鱼）和广东省佛山市三水区西南街道青岐村（鱼苗）。2022 年，广东省新增省级专业村（社区）177 个，省级专业镇（街道）52 个，其中水产相关的专业村（社区）26 个（见表 5），专业镇（街道）6 个（见表 6），分别占总产量的 14.69% 和 11.54%②。

表 5　2022 年省级"一村一品、一镇一业"专业村名单（水产相关）

序号	专业镇（街道）	品类
1	广州市花都区炭步镇横岗村	叉尾鮰
2	广州市花都区狮岭镇军田村	水产养殖
3	广州市花都区花东镇大东村	水产种苗
4	广州市南沙区万顷沙镇新垦社区	南沙青蟹
5	珠海市斗门区白蕉镇昭信村	鲈鱼
6	珠海市斗门区白蕉镇大托村	鲈鱼
7	珠海市斗门区乾务镇虎山村	青蟹
8	珠海市斗门区白蕉镇南环村	鲈鱼
9	佛山市三水区大塘镇莘田村	水产养殖
10	佛山市南海区九江镇璜矶社区	水产种苗
11	佛山市高明区明城镇光明村	水产种苗
12	佛山市高明区更合镇歌乐村	水产种苗
13	惠州市博罗县杨侨镇石岗岭办事处	龟
14	中山市黄圃镇石军村	水产养殖
15	中山市港口镇下南村	水产养殖
16	中山市港口镇群众社区	水产养殖

① 资料来源：农业农村部关于公布第十二批全国"一村一品"示范村镇及 2022 年全国乡村特色产业产值超十亿元镇和超亿元村名单的通知（农产发〔2023〕2 号）。

② 资料来源：关于公布 2022 年省级"一村一品、一镇一业"专业村、专业镇名单的通知（粤农农函〔2022〕1056 号）。

续表

序号	专业镇（街道）	品类
17	中山市港口镇西街社区	水产养殖
18	中山市板芙镇广福村	水产养殖
19	中山市阜沙镇阜沙村	水产养殖
20	江门市新会区大鳌镇东卫村	南美白对虾
21	江门市新会区大鳌镇南沙村	南美白对虾
22	江门市新会区大鳌镇新一村	南美白对虾
23	阳江市阳西县上洋镇石门村	对虾种苗
24	茂名市滨海新区电城镇马槛村	对虾
25	云浮市新兴县稔村镇坝塘村	水产养殖
26	清远市清新区太平镇马塘村	鳜鱼

表6　2022年省级"一村一品、一镇一业"专业镇名单（水产相关）

序号	专业镇（街道）	品类
1	广州市南沙区万顷沙镇	水产养殖
2	珠海市鹤州新区桂山镇	水产养殖
3	惠州市博罗县杨侨镇	龟
4	中山市坦洲镇	水产养殖
5	中山市板芙镇	水产养殖
6	潮州市饶平县柘林镇	水产品加工

3. 水产产业集群加速构建

当前，广东省正加快推进现代化海洋牧场建设，着力培育万亿级现代化海洋牧场产业集群，提出以"工业化"思维打造一批产加销贯通、渔工贸一体、一二三产融合发展的现代化海洋牧场（海洋经济）产业园。2022年，在全省现代农业产业园中，涉及水产业的有66家，主要以对虾和鱼类的养殖、加工和育种为主，其中功能性产业园有4家，特色产业18家。按地区来看，珠三角地区产业园分布最多为40家，粤西地区有14家，粤东地区有9家，粤北地区有4家（见表7）。

表7 水产业相关的现代农业产业园

序号	地市	数量	名称	类型
1	广州市	12	广州市南沙区渔业产业园	珠三角自筹
2			广州市番禺区名优渔业产业园	珠三角自筹
3			广州市南沙区预制菜产业园	珠三角自筹
4			广州市花都区渔业产业园	珠三角自筹
5			广州市从化区农产品加工产业园	珠三角自筹
6			广州市从化区粤港澳大湾区优质农产品供应链产业园	珠三角自筹
7			广州市黄埔区现代农业装备与服务产业园	珠三角自筹
8			广州市花都区"互联网+农业"产业园	珠三角自筹
9			羊城晚报数字农业产业园	功能性
10			省现代农业装备所农业装备产业园	功能性
11			省农科院加工所加工服务产业园	功能性
12			广州空港花世界现代农业产业园	珠三角自筹
13	佛山市	8	佛山市顺德区优质加州鲈产业园	珠三角自筹
14			佛山市三水区渔业产业园	珠三角自筹
15			佛山市三水区粤港澳大湾区现代都市农业综合示范产业园	珠三角自筹
16			佛山市南海区九江鱼花产业园	珠三角自筹
17			佛山市顺德区优质草鲩产业园	—
18			佛山市三水区渔业产业园	—
19			佛山市南海区预制菜产业园	珠三角自筹
20			佛山市顺德区预制菜产业园	珠三角自筹
21	中山市	2	中山市三角镇生鱼产业园	珠三角自筹
22			中山市东升镇脆肉鲩产业园	珠三角自筹
23	东莞市	3	东莞市农产品冷链物流优势产区产业园(自筹资金建设)	优势产区
24			东莞市清溪镇生态农业产业园	珠三角自筹
25			东莞市滨海湾现代农业产业园	珠三角自筹
26	深圳市	2	广东省(深圳)数智农服产业园	珠三角自筹
27			深圳市现代生物育种产业园	珠三角自筹
28	汕头	3	汕头市南澳县水产产业园	特色产业
29			汕头市濠江区水产产业园	特色产业
30			汕头市金平区水产产业园	特色产业

序号	地市	数量	名称	类型
31	江门市	5	江门市水产产业园	—
32			江门市农产品冷链物流优势区产业园	优势产区
33			江门市新会区南美白对虾产业园	珠三角自筹
34			江门市蓬江区预制菜产业园	珠三角自筹
35			江门市台山市鳗鱼产业园	—
36	惠州市	2	惠州市粤港澳流动渔民深海网箱养殖产业园	—
37			惠州市博罗县预制菜产业园	特色产业
38	阳江市	4	广东省海洋渔业跨县集群产业园（阳江市）	跨县集群
39			阳江市阳东区对虾产业园	—
40			阳江市深海网箱养殖产业园	—
41			阳江市阳西县程村蚝产业园	—
42	茂名市	5	茂名市滨海新区海洋渔业产业园	特色产业
43			茂名市电白区对虾产业园	—
44			茂名市化州市水产产业园	特色产业
45			茂名市茂南区罗非鱼产业园	—
46			茂名市化州市预制菜产业园	特色产业
47	湛江市	5	广东省南美白对虾现代种业产业园（广东海洋大学）	功能性
48			湛江市深海网箱养殖优势产区产业园	优势产区
49			湛江市吴川市水禽产业园	特色产业
50			湛江市国联水产（吴川）对虾产业园	特色产业
51			湛江市吴川烤鱼预制菜产业园	特色产业
52	肇庆市	2	肇庆市鼎湖区水产产业园	特色产业
53			肇庆市粤港澳大湾区（高要）预制菜产业园	特色产业
54	珠海市	3	珠海市金湾区黄鳍鲷产业园	珠三角自筹
55			珠海市斗门区白蕉海鲈产业园	珠三角自筹
56			珠海市斗门区预制菜产业园	珠三角自筹
57	汕尾市	3	汕尾市陆丰市水产产业园	特色产业
58			汕尾市城区水产产业园	—
59			汕尾市城区晨洲蚝业产业园	特色产业
60	潮州市	2	潮州市饶平县水产产业园	—
61			潮州市饶平县预制菜产业园	特色产业
62	梅州市	1	梅州市梅江区水产产业园	特色产业

续表

序号	地市	数量	名称	类型
63	揭阳市	1	揭阳市惠来县鲍鱼产业园	特色产业
64	清远市	2	清远市连南瑶族自治县稻鱼茶产业园	—
65			海大集团（清新）桂花鱼产业园	—
66	韶关市	1	韶关市曲江区预制菜产业园	特色产业

（五）区域品牌建设卓有成效，水产品知名度逐步提升

1. 水产"粤字号"品牌建设成效显著

"农业品牌化"是地区提升农业竞争力的必然选择，也是促进乡村振兴、加快品牌强农的最有效途径。2023 年，广东省共有 18 个水产品牌入选"粤字号"农业品牌目录区域公用品牌名单①（见表 8），16 个水产基地入选"粤字号"农业品牌目录品牌示范基地名单（见表 9），300 多个水产相关产品品牌入选"粤字号"农业品牌目录产品品牌名单，分布数量位于全省前五的地市依次为湛江、广州、珠海、茂名和佛山，其中湛江市最多为 68 个，其余依次是广州 43 个、珠海 32 个、茂名 31 个、佛山 26 个。

表 8 2023 年广东省"粤字号"农业品牌目录区域公用品牌名单

序号	地市	品牌名称	申报单位	序号	地市	品牌名称	申报单位
1	汕头市	牛田洋青蟹	金平区农业农村和水务局	10	广州市	南沙青蟹	广州南沙渔业产业园有限公司
2	佛山市	顺德鳗鱼	佛山市顺德区水产商会	11	珠海市	白蕉海鲈	斗门区农业农村局
3	中山市	中山脆肉鲩	小榄镇农业农村局	12	汕头市	汕头本港鱿鱼	汕头市水产行业协会
4	江门市	台山蚝	台山市农业农村局	13	汕尾市	汕尾冻南鲳鱼	汕尾市城区农业农村和水利局
5	阳江市	程村蚝	阳西县农业农村局	14	中山市	三角生鱼	三角镇农业农村局
6	湛江市	湛江金鲳鱼	湛江农业农村局	15	江门市	台山鳗鱼	台山市农业农村局
7	清远市	清远桂花鱼	清远市农业农村局	16	江门市	台山青蟹	台山市农业农村局
8	湛江市	湛江对虾	湛江水产进出口企业协会	17	茂名市	电白南美白对虾	电白区农业农村局
9	茂名市	茂名罗非鱼	茂名市罗非鱼协会	18	肇庆市	高要罗氏虾	高要区农业农村局

① 广东省农业农村厅网站. 关于公布 2023 年度"粤字号"农业品牌目录名单的通知 [EB/OL]. 2024-02-26。

表 9 2023 年广东省"粤字号"农业品牌目录品牌示范基地名单

序号	地市	基地名称	申报单位
1	广州市	广东水产西福泉示范基地	广州市西福泉农业发展有限公司
2	广州市	广东水产诚一示范基地	广州市诚一水产养殖有限公司
3	珠海市	广东水产海川示范基地	珠海市海川农业有限公司
4	珠海市	广东水产大麟洋示范基地	广东大麟洋海洋生物有限公司
5	汕头市	广东水产大发示范基地	汕头市大发水产养殖有限公司
6	佛山市	广东水产均健示范基地	广东顺德均健现代农业科技有限公司
7	佛山市	广东水产何氏示范基地	广东何氏水产有限公司
8	梅州市	广东水产坪洋湖示范基地	兴宁市坪洋湖生态旅游开发有限公司
9	惠州市	广东水产财兴示范基地	惠州市财兴实业有限公司
10	湛江市	广东水产粤之宝示范基地	广东粤之宝水产有限公司
11	湛江市	广东水产南雁示范基地	广东南雁商贸有限公司
12	湛江市	广东水产恒兴示范基地	广东恒兴集团有限公司
13	湛江市	广东水产国联示范基地	湛江国联水产开发股份有限公司
14	茂名市	广东水产友联新示范基地	广东友联新农业发展有限公司
15	茂名市	广东水产惠众示范基地	茂名市惠众水产有限公司
16	揭阳市	广东水产粤新水产示范基地	惠来县粤新水产养殖有限公司

2. 水产国家级区域品牌数目稳步增加

截至 2023 年 12 月，广东省已获批筹建 5 个国家地理标志产品保护示范区（见表 10），其中 2023 年新增白蕉海鲈国家地理标志产品保护示范区，示范区筹建期为 3 年（2023 年 12 月至 2026 年 12 月），是广东省首个水产品国家地理标志产品保护示范区。同时，白蕉海鲈入选 2023 年农业品牌精品培育计划名单[①]。南海加州鲈、海丰罗氏虾、花都草鱼、南海乌鳢、南海鳗鱼、东海岛金鲳鱼和鼎湖牛蛙等 11 个县域名特优新水产品入选 2023 年全国名特优新农产品名录[②]。

---

① 农业农村部市场与信息化司. 2023 年农业品牌精品培育计划名单公示［EB/OL］. 2023-09-12。

② 资料来源：农业农村部农产品质量安全中心网站发布的 2023 年第一批和第二批全国名特优新农产品名录。

表 10　广东省国家地理标志产品保护示范区筹建名单

序号	年份	示范区名称	承担单位
1	2015	国家地理标志产品保护示范区（广东新会）	江门市新会区
2	2021	化橘红国家地理标志产品保护示范区	化州市人民政府
3	2022	英德红茶国家地理标志产品保护示范区	英德市人民政府
4	2023	凤凰单丛（枞）茶国家地理标志产品保护示范区	潮州市人民政府
5	2023	白蕉海鲈国家地理标志产品保护示范区	珠海市斗门区人民政府

（六）水产品加工以海产为主，冷链体系建设逐步完善

1. 水产加工以粗加工形式为主

广东省水产品加工行业发展情况总体较为稳定。2023 年，全省共有水产品加工企业 995 个（规模以上加工企业 167 个），水产品加工能力为每年 224.67 万吨（见图 5），同比减少 8.3%。在此情况下，全省用于加工的水产品量为 160.64 万吨，比上年增长 0.8%，主要品类为海水产品，占用于加工的水产品总量的 67.0%。水产加工品总量为 153.55 万吨，比上年增长 1.52 万吨，增长 1.0%，居全国第六位，其中淡水加工产品为 45.00 万吨，海水加工品为 108.55 万吨。其中，广东省水产加工品以水产冷冻品为主，包含冷冻品和冷冻加工品，占水产加工品总量的 70.3%，同比增长 1.3%；其次是鱼糜制品及干腌制品，占水产加工品总量的 13.4%；最后是其他水产加工品，包含助剂和添加剂以及珍珠等，占比为 6.9%。

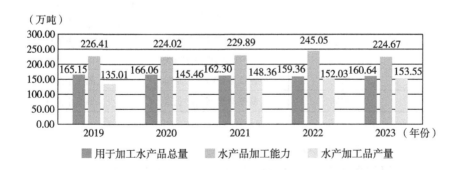

图 5　2019~2023 年广东省水产品加工变化情况

2. 水产预制菜产业多元发展

广东省水产品加工企业以前以出口外销为主，水产品加工发展已较为成熟，

具有较为完整的产业链，在水产品预制菜出口方面具有较好的前期基础优势。同时，广东省在水产品预制菜原料方面具有天然优势，佛山加州鲈、白蕉海鲈、中山脆肉鲩、阳西程村蚝、清新桂花鱼、南沙青蟹等各种地方名特优产品纷纷出圈，已在业内形成了一定规模的产业集群。其中，湛江、珠海、佛山顺德和肇庆高要等地分别以预制菜之名成立了中国水产预制菜之都、中国海鲈预制菜之都、中国水产预制菜之乡、中国罗氏沼虾预制菜产业之乡。截至 2023 年，广东省共计培育预制菜产业园 11 个，均涉及水产品预制菜的加工，分布在韶关曲江区、潮州饶平县、惠州博罗县、广州南沙区、佛山顺德区、佛山南海区、肇庆高要区、珠海斗门区、江门蓬江区、茂名化州市和湛江吴川市（见表 11）。在《2024 第二届中国国际（佛山）预制菜产业大会·胡润中国预制菜生产企业百强》中，广东省有 17 家企业入选榜单，数量占全国首位，其中涉及水产预制菜的相关企业有广州酒家、国联水产、广东恒兴、远宏水产、何氏水产等，占入选企业六成以上。

表 11 广东省预制菜产业园分布情况

序号	区域	产业园名称	所处地区
1	珠三角	南沙预制菜产业园	广州市南沙区
2		南海区预制菜产业园	佛山市南海区
3		顺德区预制菜产业园	佛山市顺德区
4		高要区预制菜产业园	肇庆市高要区
5		博罗县预制菜产业园	惠州市博罗县
6		斗门区预制菜产业园	珠海市斗门区
7		蓬江区预制菜产业园	江门市蓬江区
8	粤西	化州市预制菜产业园	茂名市化州市
9		吴川烤鱼预制菜产业园	湛江市吴川市
10	粤北	曲江区预制菜产业园	韶关市曲江区
11	粤东	饶平县预制菜产业园	潮州市饶平县

3. 水产品冷链建设逐步加快

广东省通过加强两端冷链物流设施建设，积极补齐"最先一公里"和"最后一公里"冷链物流设施短板。截至 2023 年 8 月，据广东省农业农村厅统计，全省有大小冷库超 2000 座，总库容超 700 万吨，冷藏车保有量约 1.4 万辆[①]。按

---

① 央广网，南海开渔国产海鲜大量上市 海鲜市场交易火爆 [EB/OL].2023-8-26。

照省政府要求，到 2025 年全省冷库库容规模和冷藏车保有量年均增长 10% 以上①。其中，水产品冷库 635 座，约占全省冷库数量的三成，日冻结能力约 3.52 万吨，日制冰能力约 4.53 万吨，冷藏能力约 41.79 万吨/次。此外，2023 年，广东省新增湛江国家骨干冷链物流基地②，对健全冷链物流网络体系、促进冷链物流与水产等产业联动发展等方面具有重要作用。

二、存在问题

（一）水产"种芯不强"

水产种业是保障水产可持续发展的关键。广东省现有水产良种场 69 家，其中国家级水产良种场 1 家。调研发现，许多良种场在经营能力、研发能力、产业带动等方面存在不小差距。例如，在阳西县，当地水产原种良种培育科研水平较为落后，水产种业企业存在小、散、弱等特点，同时，专业技术人员缺乏，科研经费缺乏，创新投入不足，产学研合作程度不高，在科研创新、良种培育、示范推广、产业融合等方面仍未形成体系，水产良种覆盖率较低，制约了水产种苗产业的健康发展。良种场功能定位不清。一些良种场依托的是大型水产企业，一些良种场依托的是中小型企业。由于大型企业资金规模较大，同时对科研较为重视，会投入较大的资金到育种创新研发环节，形成"创制良种—选择亲本—繁育苗种—养殖标粗—产品推广"的良好闭环。相比大型企业的实力，中小型企业资金规模较小，只能简单地购买幼体等进行育苗，没有能力完全发挥出良种场的功能。

（二）精深加工还需提升

调研发现，目前广东省水产品深加工水平不足，但在消费市场上，加工水产品很受欢迎，发展水产品精深加工具有较大的提升空间。例如，台山鳗鱼的加工产品目前依然较为单一，以烤鳗为主，在其他产品品类的开发上空间很大。台山鳗鱼在行业中加工类企业较少，此外，相关经营主体对鳗鱼加工的科技研发投入较少，产业现有的产品加工生产线较为单一，导致市场产品还是以烤鳗为主，不仅产品种类单一，且仅处于初加工水平，离精深加工还有较大差距，难以满足消费市场对鳗鱼产品多样化的需求。新型经营主体较少、精深加工能力不足，已成

---

① 资料来源：广东省人民政府办公厅关于印发广东省推进冷链物流高质量发展"十四五"实施方案的通知（粤府办〔2022〕28 号）。

② 中华人民共和国国家发展和改革委员会网站．国家发展改革委发布 2023 年国家骨干冷链物流基地建设名单［EB/OL］．2023-06-12．

为鳗鱼行业生产技术提升，产品多样化发展的主要阻碍性因素。

（三）发展方式亟待转型升级

水产养殖主要仍较多以追求产量为目的，对养殖效益的提升和对水域生态环境的保护重视程度仍需提升。同时，数字化等先进技术的应用程度不足，例如，数字渔业、工厂化养殖等养殖模式占比不高，数字渔业仍处于起步阶段，特色优势养殖发展迅猛，但能在全国范围内形成有影响力的品牌企业、品牌水产品等仍然较少。

（四）基础设施投入依然不足

目前，渔业基础设施建设较为不足，尤其在数字渔业、工厂化养殖等方面。虽然近年来渔业方面的建设支持力度较大，但由于渔业发展方面较多，如对数字渔业平台、工厂化养殖装备、深海网箱养殖设施等基础设施建设的力度相比仍然较少。同时，缺乏深远海的物资供给、服务保障、运输加工等海上配套设施，现有冷链仓储、加工、维修等陆上基础设施也无法满足深远海养殖模式需求，不具备完整的深海养殖产业链生产配套能力。

（五）渔港效能未能充分发挥

调研发现，广东省渔港数量与其他省份相比，数量偏少，等级较低。现有部分渔港基础设施落后，避风能力不足，功能设计偏向单一化，与现代化海洋渔业发展需求不符。同时，在渔港建设前期工作程序复杂，涉及海域使用论证、环境影响评价等多项流程，办理周期长；渔港建设资金缺口较大，投入远小于实际需求，拨付不及时等问题时有存在，对渔港建设进度影响较大。此外，针对已建好的渔港缺少持续性监管和有效营运，难以实现"依港养港"。

（六）抗风险能力不足

广东省受台风影响频度高，深水网箱易遭自然灾害破坏，投入更高、风险更大。养殖平台在恶劣海况下的安全性、养殖系统的智能化、运营模式的经济性等还有待进一步的研究，与之对应的保险以及风险保障机制还不完善。例如，阳西县是台风易发地区，较多深海养殖由于离海岸较远，面临着海况复杂、台风威胁、管理难度大等问题。同时，由于养殖企业许多规模实力有限，受养殖技术、设施设备、投入资金等原因限制，整体抗风险能力不足。调研发现，2022 年台风"暹芭"登陆叠加天文大潮，使得阳西海水养殖产业受到重创。双山岛、大树岛海域的 600 多口深海网箱几乎遭受毁灭性打击，造成经济损失达数亿元。

（七）品牌影响力较弱

调研发现，台山鳗鱼在广东省内各地远近闻名，但是出了广东省知名度就大大降低，并未获得与其产品特色相对应的市场知名度和影响力。由于台山鳗鱼主要依赖出口日本，其相对单一的销售模式，无形中降低了对其他鳗鱼市场的推广力度，导致台山鳗鱼在品牌建设推广上积极性较低。同时，台山鳗鱼产业在品牌推广过程中，仍然沿用线下推广方式为主，品牌推广效果有限。此外，台山市在台山鳗鱼品牌推广方面的支持力度仍显不足。

三、经验做法

（一）湖北省监利市——小龙虾产业

小龙虾产业是湖北省的农业优势产业和主导产业。目前，湖北省虾稻种养面积达 750 万亩，小龙虾产量突破 100 万吨，连续 15 年居全国第一位，全产业链综合产值超过 1000 亿元。2017 年 5 月，监利市获批"中国小龙虾第一县"称号，随后又获批"监利龙虾"地理标志证明商标。根据《监利市小龙虾和稻米产业发展报告（2023 年）》，2022 年监利市水稻面积为 218 万亩，年产量为 120 万吨；小龙虾养殖面积为 148 万亩，年产为 15.4 万吨，连续九年蝉联全国第一；小龙虾全产业链综合产值达 280 亿元，小龙虾质量安全抽检综合合格率达 99.5%。监利是小龙虾稻田野生寄养发源地之一。近年来，监利市实施以虾稻共作升级版为主要内容的"双水双绿"战略，把"双水双绿"产业作为乡村产业振兴的主抓手。目前，全市稻虾共作、虾蟹混养等小龙虾生态种养面积分别有 108 万亩和 40 万亩。监利小龙虾主要销往上海、广东、江苏、浙江等省份。确保量大质优的同时，监利不断壮大流通加工和服务业。监利有大中型小龙虾物流企业 6 家，产地收购卖场约 120 家，年交易量达 15 万吨以上；小龙虾加工企业 11 家，加工量约 10 万吨。2022 年，监利小龙虾第一产业产值达 50 亿元，加工产值达 30 亿元，流通、渔需物资、餐饮业等服务业产值突破 200 亿元。监利县"一条虾"产业拉动全县经济的发展经验，对广东省水产产业有以下三点可以借鉴：

1. 提质亮牌

作为"全国小龙虾第一县"，湖北"监利龙虾"入选了我国农产品百强标志性品牌，品牌价值达 286.3 亿元。全市共同养殖小龙虾，以"监利龙虾"的公共区域品牌的招牌去销售，打响本地名声，顺便带动当地旅游业发展。监利市通过举办小龙虾节、电商论坛等活动，展示小龙虾产业的发展成果，通过"吆喝"广而告之，吸引了众多消费者和采购商。同时，通过与互联网平台、物流公司、食品加工企业等合作，拓展销售渠道和市场空间，真正实现"监利龙虾红遍天下，监利大米香飘万家"。

2. 与专业高校进行深度合作

监利市与中国科学院水生所、中国水科院长江水产研究所、华中农业大学、长江大学、重庆大学、浙江大学、湖北省水产科学研究所、湖北省水产技术推广总站、武汉市农科院水产所等科研院所、大专院校进行了深度的合作，高校为养殖户和合作社提供了养殖的技术支持。

3. "双水双绿"的创新发展模式

所谓"双水双绿"模式，就是采用绿色品种和绿色新技术实施稻田种养，使"绿色水稻"和"绿色水产"协同发展，做强做大水稻水产"双水"产业，做优做特绿色稻米、绿色水产"双绿"产品，让生产过程水源洁净、环境优化，实现产业兴旺、农民富裕、乡村美丽的目标。"双水双绿"的核心做法是"三不一精准"，即不打农药、不施化肥、不用鱼药、精准投喂，解决了农药、化肥、鱼药超标使用问题，实现了环境友好、生态平衡、效益大增。

（二）福建省连江县——鲍鱼产业

福建连江县海岸线 238 千米，海域面积 3112 平方千米，是"中国鱼丸之乡""中国海带之乡""中国鲍鱼之乡"。2022 年渔业年产值为 298 亿元，稳居全国县级第一位，水产加工企业突破 100 家，年产值达 137 亿元。2022 年，连江县鲍鱼养殖面积达 2.2 万亩，产量达 5.42 万吨，约占全国总量的1/3，连续多年雄居全国县级榜首，已形成集"育苗—养殖—加工—销售—品牌—餐桌"的"一粒鲍"完整产业链，全产业链产值近百亿元，从业者达到数万人。连江一业"鲍"富的秘诀在于以下几点：

1. 擦亮"品牌"底色

连江地理条件优越，闽江、敖江穿城而过，江海交汇带来了适宜的温度、盐度、肥沃的水质以及丰富的饵料，这是连江鲍鱼体肥壳艳、鲍肉细嫩、味道鲜美独特的原因所在。过硬的品质，令连江鲍鱼久负盛名。但因缺乏品牌建设，过去一段时间内，连江鲍鱼尚未形成真正的影响力。连江县委、县政府高度重视并致力于打响"中国鲍鱼之乡"品牌，让"连江鲍"享誉全国。2021 年，连江鲍鱼品牌 IP"我要鲍鲍"正式对外发布，加速了连江鲍鱼品牌"鲍变"之路；2022年，"海连江"区域公共品牌发布，打出"连江鲍鱼"品牌新热度。一批批符合条件的企业被纳入"海连江"品牌管理，实现了水产品"从海区到餐桌"的全程可追溯，助力行业向规模化、集约化、标准化发展。不仅如此，随着"数智海渔"高峰论坛、"鲍走天下、鱼你共赢"鲍鱼产业大会等活动的成功举办，连江鲍鱼的话语权与影响力日益彰显。品牌强势崛起，也为"连江鲍鱼"打开了更

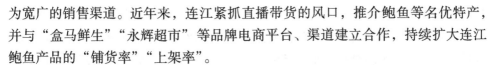

为宽广的销售渠道。近年来，连江紧抓直播带货的风口，推介鲍鱼等名优特产，并与"盒马鲜生""永辉超市"等品牌电商平台、渠道建立合作，持续扩大连江鲍鱼产品的"铺货率""上架率"。

2. 铸造硬核"芯片"

利用科技手段培育鲍鱼新"芯"，是连江鲍鱼产业的另一大亮点。在连江官坞海产开发有限公司养殖棚里，一枚枚鲍鱼幼苗正吸附在容器上。这些鲍鱼是有着鲍鱼界"绿巨人"之称的绿盘鲍。作为连江自主培育的鲍鱼品种，绿盘鲍不仅具有耐高温、成活率高、生长速度快、生长周期短等优势，出肉率也比传统鲍鱼高，极受市场欢迎。为了将水产种业"连江芯"紧抓在自己手中，连江积极推动渔业种业自主创新，推动源丰鲍业与官坞海产合作建设育苗实验室，进一步研发优化鲍鱼高优品种，着力改变过去"南鲍北养"的局面，进一步增强种苗产业主导权、话语权。绿盘鲍幼苗成长至1.8厘米左右即可投海养殖，成活率达70%以上，市场价每斤最高可达350元，是传统皱纹盘鲍的7倍之多。

3. 点燃"链式"反应

在鲍鱼养殖规模不断扩大后，逐渐向深加工发展，极大延长了鲍鱼产业链。鲍鱼加工的第一步是对鲍鱼进行剥肉操作。一粒完整的鲍鱼，肉可以用来做鲍鱼罐头；内脏可以用来提取鲍鱼肽；壳可以用来做雕刻工艺品，提取珍珠粉、石决明。如今，从冷冻鲍鱼到鲍鱼罐头，连江鲍鱼正以即食、品类丰富的加工产品迎百姓口味，年加工量为8000多吨，产值约为9亿元，约占鲍鱼养殖产量的15%，助推了鲍鱼的大众化之路。从鲍鱼粗加工到研发即食产品，鲍鱼的附加值比原来多了三倍。通过从海洋生物提取生物肽，鲍鱼的附加值比原来至少增加了五倍。

（三）山东省东营市河口区——对虾产业

2023年9月，东营市被中国水产流通与加工协会授予"中国对虾之都"荣誉称号，河口区新户镇是山东省东营市知名渔业生产大镇，全镇版图面积735.2平方千米，海岸线长47千米，全国面积最大的百万亩生态渔业区坐落于此，优厚的海洋资源具备发展滩涂养殖、浅海护养以及海洋捕捞等海洋经济的条件。河口区充分发挥独特的海洋经济优势，加大财政扶持力度，大力发展对虾产业，目前，新户镇已发展对虾外塘盐田虾养殖面积35万亩，对虾工厂化养殖规模20万立方水体，全年产各类优质对虾2.5万吨，全镇约有3000人从事对虾产业，人均收入可达10万元，盐田虾已成为当地群众增收致富的主导产业。新户镇"一条虾"产业拉动全县经济的发展经验，对广东省水产产业有以下三点可以借鉴：

1. 聚焦产业集约集群化，建立政企融合发展机制

一是高位推动强化政府推动力。东营市委、市政府高度重视对虾产业发展，

将对虾产业作为海洋渔业的重要战略产业部署发展。先后制定出台了《东营市生态渔业高质量发展规划》《东营市推进农业全产业链高质量发展三年行动方案》等纲领性文件，明确对虾产业全产业链发展目标、重点任务、实现路径，确定实施对虾全产业链发展六大工程，构建市级主抓、市县协作的政策推进体系。二是破题种业掌握核心竞争力。着力构建以企业为主体、基础公益研究为支撑的南美白对虾种业创新体系，借助海大集团、正大集团等具有对虾苗种自主繁育能力企业落户东营市的有利条件，大力推动对虾商业化育种联合攻关，加快南美白对虾苗种本地化繁育，"海兴农 3 号"通过农业农村部水产新品种认定，实现了对虾品种培育新突破。三是延链升级增强企业硬实力。抢抓产业升级、预制菜兴起的风口，通过招大引强、培优育新，加快产业链延展集聚。充分利用各方政策资金，支持海盛、景明等加工企业技改扩规，年新增加工能力达 5000 吨；同时重点培育以预制菜为主攻方向的对虾加工项目，开发了脆虾、单冻漂烫对虾等风味产品，项目实行订单化生产模式，产品畅销省内外。

2. 聚焦产业绿色智慧化，创新智慧生态养殖模式

一是创新智慧化养殖模式。发挥信息技术赋能作用，加大现代信息技术和智能装备在工厂化对虾养殖中的推广应用，提高工厂化养殖自动化、智能化水平。阔海公司自主研发视觉识别机器人，对 60 余万组对虾生长的图像和视频资料进行数字建模，实现自主识别对虾生长率、摄食率等情况，自主采集养殖水质，自动精准投饵，辅助技术人员做出生产安排，节省 50% 的传统人工。二是创新循环水养殖模式。大力发展循环水养殖模式，推广循环水和生物絮团等零换水技术在工厂化养殖上的应用，实现水体循环使用，低碳高效零排放、达标排放或资源化利用。通威公司投资 12 亿元开展循环水工厂化南美白对虾养殖，养殖技术达到国内一流水平，建成后养殖水体可达到 20 万立方米，将成为国内最大的单体循环水养殖基地。中朗公司建设独立的尾水处理车间和池塘，利用贝类养殖、藻类养殖等多营养层次的养殖系统处理养殖尾水，既达到净化水质的目的，又产生额外的经济效益。三是创新工厂化渔光互补模式。推进工厂化对虾养殖与光伏新能源结合，提升渔业产业价值。中城投投资 3 亿元，建成 7.6 万平方米东营零碳BIPV 渔业养殖循环产业园，是国内首家工厂化对虾养殖与屋顶光伏大规模融合发展的现代化零碳超级工厂，可年产南美白对虾 1600 吨，发电 1300 万度，实现低碳环保和集约利用土地双赢。

3. 聚焦产业特色品牌化，探索多元赋能发展路径

一是注重科技赋能。坚持科技融入产业理念，加快优质对虾品种自主培育步

伐。开展南美白对虾"135"高效养殖、虾蟹贝立体生态养殖试验、盐碱地地下水南美白对虾优质苗种培育及健康养殖技术研究项目等研究成果获山东省科技进步二等奖、国家海洋局海洋创新二等奖等15项奖励。二是注重平台赋能。借助山东省现代农业产业技术体系平台科研优势，开展南美白对虾高效环保生态养殖、水上大棚培育虾苗试验；与中科院海洋研究所、中国水产科学院黄海水产研究所、中国海洋大学等科研院校建立紧密合作关系，推动黄河三角洲公司实验室和东营沃海水产养殖绿色发展研究院建设。三是注重品牌赋能。实施品牌提升工程，注册了"黄三角""恒瑞丰""中朗海洋"等11个对虾企业品牌。开展"黄河口对虾"推介工作，先后到深圳、上海、香港等一线城市参加推介会、展销会，多渠道提升"黄河口对虾"品牌知名度和美誉度。支持对虾龙头企业与天猫、京东、顺丰、抖音等电商物流平台合作，推广抖音、淘宝电商直播等营销模式，提升黄河口名优水产品线上销售比例。

（四）福建省连江县——大黄鱼产业

大黄鱼又称黄瓜鱼，体色金黄、肉质细嫩、营养丰富，有着"国鱼"的美誉，是我国养殖规模最大的海水鱼。其中，福建省大黄鱼产量占到全国80%以上，并且在全世界销售，福州、宁德是重要养殖区。据统计，2022年，宁德市大黄鱼产量为19.47万吨，占全国养殖总产量的80%，其中，出口约2万吨，出口到韩国、新加坡、美国等60个国家和地区。连江县"一条鱼"产业拉动全县经济的发展经验，对广东省水产产业有以下三点可以借鉴：

1. 打造"连江芯"，做强产业链

种子是农业的"芯片"，苗种是水产养殖的"芯片"。作为全国海洋大县，种业是连江重点发展的新质生产力之一。近年来，连江积极发挥优势，持续推进水产种业振兴工程，加大种源关键核心技术攻关，研发推广了鲍鱼、海带、大黄鱼、海胆、三倍体牡蛎等高优品种，在解决苗种"卡脖子"问题的同时，形成了人工育苗、养殖、加工、销售和出口的完整产业链。

2. 布局"百台万吨"，做优生态链

作为"百台万吨"项目先行推动和践行企业，乾动海上粮仓在定海湾海域投用"乾动1号""乾动2号"深远海平台。"乾动系列"养殖水体达2万立方米，年产高品质类野生大黄鱼200吨，可抵御15~17级台风，并配备风光互补发电系统，实现自动监测海水水质，所有数据均可无线传输到岸，一部手机就能随时监测鱼类生长情况及平台运作状况。与木头渔排、塑胶渔排相比，"乾动1号"等深远海养殖平台，可以将大黄鱼养殖区域从200米的近岸向3千米的外海拓展,不仅解决了海上劳动力短缺问题,还有效摆脱了海洋垃圾污染困境。对于大黄鱼来说,木头渔排是第一代住宅,塑胶渔排是第二代住宅,都属近海养殖。直到第三代重力式深水大网箱和第四代深远海养殖平台的出现,养殖区域才从近岸向外海延伸,极大拓展了蓝色经济发展新空间。更可贵的是,这种模式既保护生态又涵养资源,用标准化赋能品牌,加速构建持续健康发展的海洋渔业模式。

3. 锚定渔文旅融合,延伸价值链

全国首台半潜式渔旅融合深海养殖装备"闽投 1 号",是蓝色粮仓,也是福建省海洋文旅新地标,渔文旅融合典范,目前游客接待量已超 5000 人。在"闽投 1 号"智慧渔业系统显示屏上,可以看到大黄鱼在水下活动的场景。水下装有声呐、视频监控、海流监测以及传输设备,可多维传输数据,根据水温、水质和鱼群情况智能化投放饵料,并通过自主研发算法,建立评价体系,指导生产及运营,实现"一屏在手、一目了然"的智慧管理模式。平台实现 5G 信号覆盖,方便游客接打电话、录制、编发视频;海上餐厅可同时供 116 人就餐,提供大黄鱼、鲍鱼、鱼丸、海带、牡蛎等"海连江"特色产品;精品客房有 25 间,游客可以尽情欣赏不同时段海上风光;会议室可容纳 50 人,满足团队办公等需求。

(五)江苏省兴化市——大闸蟹产业

全国每 8 只大闸蟹就有 1 只来自兴化,平均每年可以为全国每个家庭供应 2 只大闸蟹,兴化河蟹产量全国第一,被誉为"中国河蟹养殖第一市"。近年来,当地通过养殖基地标准化改造,形成具有兴化特色的河蟹生态养殖体系;依托千亿级产业集群,布局新兴赛道延伸河蟹产业链、价值链。在 2023 年 8 月公布的"国家地理标志大闸蟹品牌价值排行榜"上,兴化大闸蟹以品牌价值 313.46 亿元稳居第一。

1. 规范改造扩大规模

兴化市通过大闸蟹示范基地建设和引领,带动全市大闸蟹养殖走向规模化、规范化。通过不断优化调整,兴化完成了 6.1 万亩池塘标准化改造,探索出一套特色的河蟹生态养殖模式,混养面积扩大到 60 万亩以上。2022 年,兴化河蟹主养面积达 63 万亩,产量达 6.2 万吨,统计现价产值 41.4 亿元,河蟹产量、产值分别占全省的 1/5、1/7,全市半数乡镇河蟹养殖规模达 1 万亩以上。目前,兴化拥有安丰国蟹交易市场、永丰河蟹交易市场等 12 个集中交易市场和 1000 多个线下交易门店。"中国河蟹第一交易市场"作为兴化早前建成的国蟹市场,河蟹日交易量达 150 万斤以上,年交易总额达 90 多亿元。

2. 布局新赛道延链

兴化市约有 30 多万人从事大闸蟹相关行业,除去大量种养大户、家庭农场

和合作社，其中不乏河蟹加工类相关企业。近年来，兴化围绕农业作新兴产业文章，瞄准健康食品和预制菜，布局新兴产业赛道。结合当地千亿级健康食品产业集群发展，兴化重点打造了河蟹生产、加工、销售全产业链，推出蟹黄豆腐、香辣蟹、花雕蟹等一系列预制菜，形成蟹黄油、蟹黄粉、蟹黄酱等10多种深加工蟹产品，市内生产厂家达200多家、规模企业30家，年加工量4.5万吨，建成河蟹出口基地2家。同时，兴化坐拥粮食、果蔬两大省级加工集中区，着力打造国际调味品产业集聚区和以调味品为支撑的千亿级健康食品产业集群，目前入驻企业超300家。此外，兴化市深化校地联合、政产学研联动，尤其与南京农业大学共建产业链科技平台，组建智慧农作技术推广联盟，重点构建稻米、河蟹、特色蔬菜、淡水鱼、小龙虾"五大产业链"，产业链条不断延伸，聚集效能不断释放。

3. 农旅融合品牌跃升

兴化市每年整合1000万元专项资金用于兴化大闸蟹等区域公用品牌建设，通过会展、论坛，以及组织开捕节、开设品牌专营店等方式，提升兴化大闸蟹品牌知名度。借力电商直播，中秋、国庆等节庆经济，千垛景区等网红地标引流，推动大闸蟹产业与生态休闲、旅游观光融合发展，增强"兴化大闸蟹"品牌曝光度，是近年来兴化大闸蟹频频"出圈"的关键一招。全市线上线下大闸蟹年交易额突破180亿元，其中电子商务交易额超50亿元。"兴化大闸蟹"先后获评国家地理标志集体商标、江苏省十强农产品区域公用品牌、农业农村部2022年农业品牌创新发展典型案例。截至目前，兴化全市已培植10个在江苏省内外有影响的兴化大闸蟹知名品牌，其中"泓膏""亦鲜""板桥"大闸蟹获颁"中国十大名蟹"，"泓膏"大闸蟹获得中国驰名商标。

(六) 福建省霞浦县——海参产业

霞浦被誉为"千鲜之城""中国南方海参之乡"，以海参为代表的海洋与渔业资源得天独厚。2023年，全县海参产量5万吨，占据全国三成以上的市场份额，总产值达63亿元，带动5万多人就业，2024年产值预计突破100亿元，海参将成为该县首个单品规模超百亿元的养殖品种。

1. 北参南养，勇尝试

2003年，霞浦首次从山东长岛引进海参苗种，经反复养殖试验取得成功，一举打破了南方不能养殖海参的历史。此后，霞浦海参养殖户每年从辽宁、山东等地购进已在北方养殖三年左右的大规格海参苗，然后在霞浦海域进行吊笼养殖。这种南北接力养殖海参的模式，大大缩短了养殖周期，经济效益明显提高。

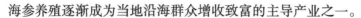

海参养殖逐渐成为当地沿海群众增收致富的主导产业之一。

2. 从"买"到"育"，补短板

近年来，霞浦把做强做优做大海参产业作为富民强县的重要抓手，开拓创新，补短板、延链条、强产业。调研发现，霞浦海参产量虽高，却"先天不足"，苗种全部要依赖北方引进。为补齐产业短板，依托福建省水产研究所海参创新团队等科研院所、高校力量，从 2022 年 4 月开始，霞浦开展海参苗种本土化试验。通过人工温度调控和专用饵料配方的改良优化，对仿刺参的性腺发育进行促熟培育。培育出 30~40 千克/头的优质海参苗种提供给养殖户，从而实现霞浦海参苗种的本土化。

3. 延链强链，深加工

霞浦海参产业链不但在养殖端向前延伸，也在精深加工环节不断突破。为解决浸泡、蒸煮，还需冷藏保存等繁琐条件，让海参方便食用、便捷携带。经过不断实验，科研人员研发出全国首个使用压片工艺的海参精加工产品"海参片"，采用零下 28℃低温细胞破壁和高浓度压片成型技术，真正实现了海参即食，为更多人所接受。紧随其后，福建御蓝记水产食品有限公司精深加工厂又推出第二款海参即食产品常温海参粥。通过精深加工延长产业链，霞浦海参发展之路可以走得更远。此外，2024 年 3 月底，霞浦召开海参产业高质量发展大会。12 家金融机构与该县海参协会现场签约，今年将针对海参产业投放贷款 72.1 亿元，为海参全产业链协同发展注入"金融活水"，赋能海参高质量发展。

四、政策建议

（一）加强水产种业振兴

一是建议开展广东省水产种质资源核查，查清主要养殖品种及其种质培育和保藏现状，开展广东海水渔业生物资源核查，查明渔业生物资源多样性特征，分析主要养殖种及其野生种群的空间分布、丰度、年级结构与性比等种群结构特征，摸清广东省水产种质资源家底，加强水产种质资源保护。二是建议深化水产种业基础性公益性研究，招引顶尖科研力量，加大关键核心技术攻关力度，扶持"育繁推一体化"水产种业联合体，支持标准化扩繁生产。瞄准金鲳鱼、石斑鱼、军曹鱼、花鲈、鲵鱼、硇洲族大黄鱼、金枪鱼、章红鱼、黄金鲹等适养品种，培育推广一批优质、高效的水产新品种，挖掘保护传统优势品种。三是建议广东省有关部门支持有条件的企业申报创建省级和国家级水产良种场，推进水产种业产业园建设，培育孵化一批良种示范基地，进一步完善广东省水产良种生产

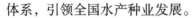

体系，引领全国水产种业发展。

（二）持续推进水产养殖转型升级

一是打造深海网箱养殖岭南优势产业带。扶持发展深水网箱、智能渔场养殖，加强对海洋牧场的规划，理清广东省"十四五"海洋牧场建设和深远海养殖产业发展基本思路。二是梳理提升水产养殖尾水处理技术。借鉴利用先进的水处理技术，推广应用微生物，促进尾水资源化利用、循环利用或达标排放。因地制宜推广生态健康养殖模式。大力推广池塘工程化循环水养殖、工厂化循环水养殖深远海养殖、稻渔综合种养和鱼塘种稻等。稳定水产品供给提升水产品质量，加快推动水产养殖业绿色健康发展。

（三）在基础设施建设等方面加大支持

一是招引优秀科研创新团队，围绕抗风浪网箱技术、水下机器人、无人船、无人牧场、渔业人工智能等国内空白的新型装备技术开展竞争前研究和产业化转化，加快推动新技术新设备研发和推广，加速推动海洋渔业信息化、智能化、现代化。二是建议借鉴江苏、浙江、山东的经验做法，推动大型企业等积极参与海洋牧场等基础设施建设，应对深海网箱养殖投入成本、养殖风险较大的问题。例如，直接投资建设重力式、桁架式深水网箱和养殖工船、渔旅养殖一体化平台等建设，探索租赁养殖生产设施等方式促进发展深海养殖业，促进装备水平高、综合效益好的现代化海洋牧场建设。三是加大资金支持力度，对企业科技研发、良种培育、深海养殖平台研发等投入给予资金支持，鼓励企业积极投入生产。

（四）进一步健全完善保险机制

广东省是台风灾害多发地区，一旦强台风登陆，深海网箱和近岸养殖都难以抵御，往往让投资者损失较大。而保险行业对高风险的渔业往往持观望态度，不愿意参与，金融行业支持的积极性也不够高。建议出台相关政策，促进相关保险建设力度，引导金融、保险行业深入养殖业，实现养殖户购买保险全覆盖，进一步提高养殖业抗风险能力，更好地激发企业和农民发展渔业经济的积极性。

（五）推动渔港发展机制建设

完善财政扶持政策，加大土地、资金、人才等要素聚集，针对渔港经济区的建设进度问题，定期开展调研指导，引进相关技术专家，开展相关管理工作培训，提高监管效能与运营水平。聚焦区域优势养殖水产品，重点引进和培育精深加工、海味休闲食品、预制菜产品，打造产品品牌。立足港区内渔业发展需求，建立标准化、智能化的运输服务体系，拓宽水产品销售半径，做大做强以涉渔产业为主的渔港经济，促进渔港资产保值增值，培育壮大龙头企业，吸引更多优质

企业入驻，带动各区域渔业协同发展，助力渔民减船转产，推进渔村振兴。

（六）延伸水产产业链条

要加大精深加工研发投入，延伸水产产业链条。形成养殖、切片加工、预制菜等深加工的完整产业链。推进生物制品等产品的研发，开发鱼油、鱼蛋白粉、钙片等产品，提升产品附加值，进一步延长水产加工产业链。以台山鳗鱼为例，要推进鳗鱼精深加工园区等基础设施建设，提升食品仓储、冷链物流、产品交易中心等精深加工配套设施建设，积极引进知名企业参与园区建设。同时，提升鳗鱼精深加工的生产、加工、仓储、流通等环节的全产业链集聚度。此外，要借助预制菜发展契机，加大对预制菜研发力度，探索小零食、药膳、火锅等不同多种预制菜品类，同时，加大对鱼油、鱼蛋白粉、钙片等产品的研发力度。通过推进鳗鱼预制菜建设，促进鳗鱼精深加工发展，延伸鳗鱼产业链条。

（七）加大品牌推广力度

做好水产品牌建设和推广规划布局，充分调研市场对不同水产品品类的市场需求，在保持现有市场销量的同时，通过品牌建设和推广等，提升品牌的知名度和影响力，以高品质为保障，争取打造一批安全、优质的水产品形象产品。同时，加大开展水产品牌推广工作，例如，通过水产菜式评选、水产美食节、水产电商节等活动，多方面展示广东省水产特色，同时，借助电商直播、新媒体、科普等平台，加大对广东省水产美食文化推广，将更多优质的水产产品推广起来，提升品牌知名度，让更多消费者了解产品。

（指导专家：何志超　高级工程师　广东省农业技术推广中心）

广东省生猪产业发展报告

田璞玉　蔡　勋　李伟锋

主要观点：近 10 年间，广东省生猪生产重心逐渐向粤西、粤北地区转移，并向生猪大县集中，规模化和企业化养殖趋势加快。2023 年，广东生猪出栏量约为 3700 万头，但实际产能远超过当前出栏量，这是养殖主体根据市场行情"以销定产"所做的生产调整。广东省生猪种业在全国处于领先地位，生态养殖和品牌建设加力提速。伴随生猪市场从缺猪转向全面过剩，生猪产业政策导向也从稳产保供转向产能调控。以企业集团为主和以中小养殖户为主养殖模式是广东省两种主要养殖模式。在宏观层面，价格波动剧烈仍是生猪产业高质量发展的关键影响因素；在中观层面，生猪大县（市）生产和屠宰加工融合度低、全产业链建设滞后，以中小规模养殖为主的县（市）转型升级难度大；在微观层面，联农带农门槛高、土地和资金等要素获取难度高。对照生猪高质量发展的稳产保供、绿色生态、数字智能、联农带农等特征，要进一步提升产业组织化程度、完善产业链一体化发展模式、加大调控力度，以应对行情波动；要创新废弃物资源化利用技术，推广种养结合循环生产模式，推动绿色生态养殖；要加强对种业和数字智能化技术发展的支持力度，推动生猪产业形成新质生产力；要推动中小规模户的转型升级，更新迭代合作经营模式，完善联农带农机制，保障中小规模主体发展权益；要完善土地、资金、人才、信息等关键要素支持机制，提高地方政府积极性及养殖主体生产经营效率。

"猪粮安天下"，生猪产业是中国居民肉类消费的主要来源，对保障国家食物安全、保持物价总水平稳定、改善居民膳食结构、促进农民增收等均具有重要意义。近年来，广东省生猪良种工程稳步推进，技术创新突飞猛进，生猪产业的综合生产能力、规模化和标准化生产已经达到较高水平。但生猪价格波动剧烈、养殖成本持续增加、土地要素紧缺以及环境保护问题依然制约生猪产业高质量发展目标的实现。结合全省生猪产业面上情况以及高州、化州和廉江三个生猪大县的实地调研，分析广东省县域生猪产业高质量发展中存在的问题并提出解决思路，为广东省构建生猪产业高质量发展新格局提供科学依据。

一、广东省生猪产业发展概况

（一）全省生猪产能保持稳定

2023 年末，广东省生猪年末存栏 2049.2 万头，同比下降 6.7%，占全国生猪存栏量的 4.72%，其中能繁母猪存栏 195.8 万头，同比下降 4.2%，占全国的 4.73%。全年生猪出栏 3794 万头，同比增长 8.5%，占全国的 5.22%，居全国第七位。猪肉产量为 279.81 万吨，占全国总产量的 5.14%①。

2018 年 12 月广东省非洲猪瘟疫情发生后，生猪产能经历快速下滑和恢复。如图 1 所示，受非洲猪瘟影响，2019 年生猪出栏量、存栏量分别同比下降 21.7% 和 34.1%。2021 年开始，生猪存栏量、出栏量以及能繁母猪保有量均稳步上升。2022 年年末生猪出栏数达到 2017 年正常水平的 94.20%，2023 年已超过 2017 年水平。非洲猪瘟疫情后，广东省猪肉自给率同样逐步上升，如图 2 所示，2021 年已上升至 70.1%，接近 2017 年非洲猪瘟前的自给率，2022 年猪肉自给率有所下降，为 64.6%，主要是 2022 年生猪消费量（34.2 千克/人/年）增加导致，相比 2021 年人均消费量增加 15.5%。

（二）生猪生产重心向粤西和粤北地区转移并向生猪大县集中

受生猪产业支持政策和环保政策双重作用，广东省生猪生产区域布局发生较大调整，并逐渐趋于稳定。分地区生猪存栏情况看，如图 3 和表 1 所示，2010~2021 年，全省生猪生产重心由珠三角地区向粤西和粤北地区转移，珠三角 9 市生猪存栏量占全省比重从 2010 年的 36.3% 减少至 2022 年的 23.2%，在 2019 年非洲猪瘟期间，珠三角生猪存栏量占比达到最低，为 16.0%。粤北地区生猪存栏量占全省比重由 2010 年的 25.1% 增加到 2022 年的 34.9%，粤西地区生猪存栏量占全省比重由 2010 年的 28.8% 增加到 2022 年的 34.9%，是全省生猪养殖规模最大的区域，但与粤北地区差距不大。粤东地区生猪存栏量波动不大，占全省比重从 2010 年的 9.8% 减少到 2022 年的 8.6%。可以看出，广东省生猪养殖区域主要是由珠三角地区向粤西和粤北地区转移。

---

① 资料来源：国家统计局广东调查总队. 2023 年广东畜禽生产情况［EB/OL］. https：//gdzd. stats. gov. cn/sjfb/sjjd/20230 1/t20230118_180595. html。

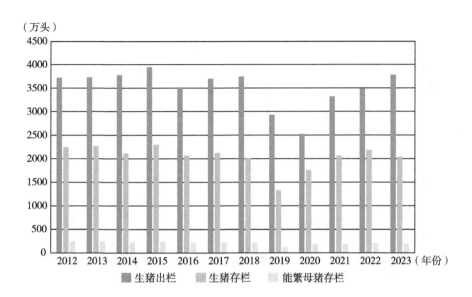

图1 2012~2023年广东省生猪生产情况

资料来源：《广东统计年鉴》（2014~2022年）。

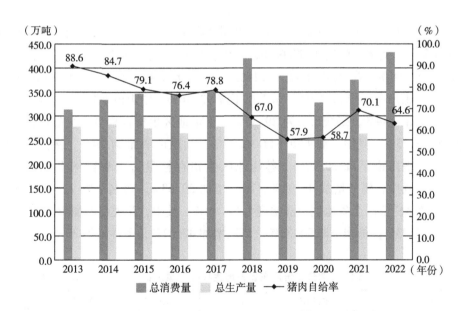

图2 2013~2021年广东省猪肉产量、消费量及自给率估算

资料来源：《广东统计年鉴》（2014~2023年）；猪肉总消费量=人均猪肉消费量×常住人口；猪肉自给率=总生产量/总消费量。

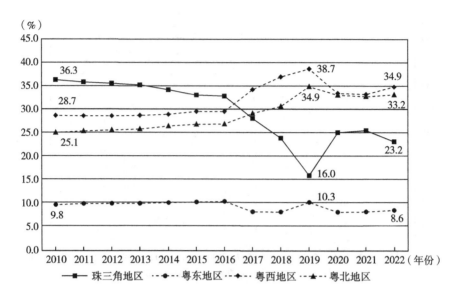

图 3　2010~2022 年广东省各地区生猪年末存栏量占比变化

资料来源:《广东统计年鉴》(2011~2023 年)。

如表 1 所示,2010~2022 年各城市生猪存栏量变化情况:珠三角地区生猪存栏量占全省比例下降幅度为 37.62%,其中,广州市生猪存栏量占全省比例下降幅度为 72.18%,深圳市下降 43.18%、珠海市下降 78.46%,佛山市下降 47.25%,惠州市下降 22.54%,东莞市下降 93.56%,中山市下降 96.51%,江门市略微增加 1.44%,肇庆市下降 29.35%。粤东地区生猪存栏量占全省比例下降幅度为 13.75%,其中,汕头市下降 36.27%,汕尾市增加 37.64%,潮州市下降 28.78%,揭阳市下降 20.22%。粤西地区生猪存栏量占全省比例上涨幅度为 18.29%,其中,湛江增加 44.93%,阳江增加 29.63%,茂名下降 2.77%。粤北地区生猪存栏量占全省比例上涨幅度为 28.69%,其中,韶关市增加 86.68%,河源增加 22.93%,梅州下降 22.31%,清远增加 42.41%,云浮增加 39.56%。

表 1　部分年份广东省各地生猪存栏量及占比情况　　单位:万头,%

	2010 年		2017 年		2019 年		2020 年		2022 年		2010~2022 年存栏比变化幅度
	存栏量	占全省存栏比重	存栏量	占全省存栏比重	存栏量	占全省存栏比重	存栏量	占全省存栏比重	存栏量	占全省存栏比重	
全省	2253.29	—	2132.82	—	1333.79	—	1767.27	—	2195.86	—	−2.55

续表

	2010 年		2017 年		2019 年		2020 年		2022 年		2010~2022 年存栏比变化幅度
	存栏量	占全省存栏比重	存栏量	占全省存栏比重	存栏量	占全省存栏比重	存栏量	占全省存栏比重	存栏量	占全省存栏比重	
广州	129.14	5.73	34.02	1.60	16.67	1.25	20.72	1.17	35.93	1.64	-72.18
深圳	6.93	0.31	3.71	0.17	4.07	0.31	2.53	0.14	3.94	0.18	-43.18
珠海	30.99	1.38	23.93	1.12	1.52	0.11	5.40	0.31	6.67	0.30	-78.46
汕头	44.31	1.97	37.95	1.78	21.88	1.64	21.42	1.21	28.24	1.29	-36.27
佛山	105.71	4.69	66.90	3.14	4.24	0.32	52.50	2.97	55.76	2.54	-47.25
韶关	103.70	4.60	138.84	6.51	117.59	8.82	174.87	9.90	193.59	8.82	86.68
河源	77.00	3.42	72.03	3.38	69.88	5.24	58.96	3.34	94.66	4.31	22.93
梅州	164.32	7.29	132.92	6.23	96.19	7.21	112.63	6.37	127.65	5.81	-22.31
惠州	119.86	5.32	78.79	3.69	60.21	4.51	94.35	5.34	92.85	4.23	-22.54
汕尾	42.15	1.87	28.64	1.34	30.44	2.28	47.30	2.68	58.02	2.64	37.64
东莞	17.49	0.78	1.80	0.08	0.93	0.07	0.83	0.05	1.13	0.05	-93.56
中山	27.43	1.22	12.80	0.60	2.39	0.18	2.95	0.17	0.96	0.04	-96.51
江门	143.45	6.37	135.51	6.35	56.29	4.22	126.20	7.14	145.53	6.63	1.44
阳江	134.98	5.99	155.71	7.30	148.65	11.14	112.33	6.36	174.98	7.97	29.63
湛江	194.19	8.62	218.27	10.23	174.01	13.05	210.48	11.91	281.45	12.82	44.93
茂名	318.37	14.13	357.56	16.76	193.69	14.52	268.85	15.21	309.54	14.10	-2.77
肇庆	238.03	10.56	243.21	11.40	67.23	5.04	139.18	7.88	168.16	7.66	-29.35
清远	140.09	6.22	202.15	9.48	124.87	9.36	130.09	7.41	199.50	9.09	42.41
潮州	35.58	1.58	35.59	1.67	14.16	1.06	21.09	1.19	25.34	1.15	-28.78
揭阳	98.09	4.35	75.19	3.53	71.35	5.35	56.03	3.17	78.26	3.56	-20.22
云浮	81.47	3.62	77.29	3.62	57.53	4.31	107.73	6.10	113.70	5.18	39.56
按区域划分											
珠三角	819.04	36.35	600.68	28.16	213.56	16.01	444.66	25.16	510.93	23.27	-37.62
粤东	220.13	9.77	177.38	8.32	137.82	10.33	145.84	8.25	189.85	8.65	-13.75
粤西	647.55	28.74	731.54	34.30	516.35	38.71	591.66	33.48	765.97	34.88	18.29
粤北	566.58	25.14	623.23	29.22	466.06	34.94	585.11	33.11	729.11	33.20	28.69

资料来源:《广东统计年鉴》(2018~2022 年)。

2010~2022 年生猪生产大势有所变化。2010~2017 年,茂名、肇庆、湛江分别为全省生猪存栏最多的三个城市。2018 年之后，这一格局发生变化。2010~2022 年，茂名一直是全省生猪存栏最多的地市，2010 年占全省存栏量比重为 14.13%，2017 年占比最高为 16.76%，到 2022 年略微下降到 14.10%。2010 年，肇庆市生猪存栏占比为 10.56%，是当前生猪存栏量第二大城市，2017 年肇庆市生猪存栏量位居全省第三，占比为 11.40%，2021 年降至 7.66%，下调幅度较大。湛江市 2010 年生猪存栏占比为 8.62%，后增加到 2017 年的 10.23%，2022 年为 12.82%，并一直保持 10% 以上，当前，湛江生猪存栏量仅次于茂名，是全省第二大养殖大市。2019 年，阳江市生猪存栏占全省比例上升到 11.14%，是全省第三大生猪养殖城市，但 2020 年阳江市生猪存栏下降到 6.36%，变化幅度较大，2020 年韶关市生猪存栏量占比增加到 9.9%，2022 年为 8.82%。清远市 2019 年生猪存栏占比为 9.36%，2022 年为 9.09%，居全省第三位。

从生猪养殖大县来看（见表 2），2010 年，生猪年末存栏数前 10 的县（市、区）占全省的 29.5%，其中，茂名市电白区是当年生猪存栏最多的县区，总数为 84 万头，占全省存栏的 3.73%，其次是茂名高州市（3.49%）、肇庆四会市（3.45%）、茂名化州市（3.42%）、湛江廉江市（3.37%）、阳江阳春市（3.36%）、惠州博罗县（2.39%）、茂名信宜市（2.21%）、肇庆怀集县（2.17%）和梅州五华县（1.91%）。此后，前十生猪养殖大县有所变化：一是生猪养殖大县存栏量增加。2017~2020 年，廉江市为全省生猪存栏规模最大的地区，占全省比例均达到 4% 以上，2019 年更是达到 5.67%，生猪存栏一直保持高位。二是湛江市生猪养殖大县数量增加。2010 年，前十生猪大县中，茂名有 4 个县市（电白、高州、化州、信宜）、肇庆有 2 个县市（四会、怀集），湛江（廉江）、阳江（阳春）、惠州（博罗）、梅州（五华）各 1 个县市；2022 年，茂名有 4 个县市（化州、高州、电白、信宜），湛江有 3 个县市（廉江、遂溪、雷州），清远（英德）、肇庆（怀集）、阳江（阳春）各 1 个县市。三是生猪养殖区域集中度增加。2010 年，前十生猪养殖大县存栏量占全省比例为 29.5%，2022 年这一比例为 33.73%，2019 年更是达到 36.37%；2010~2022 年，生猪存栏量占全省 1% 以上的县市由 36 个降低到 35 个，占比由 62.90% 增加到 69.26%，2019 年达到最高值为 72.08%。2017~2022 年生猪大县分布变化不大，廉江、化州、高州、阳春、电白、遂溪、怀集、信宜稳居生猪存栏前十，英德从 2018 年开始跃居前十。

表2 部分年份生猪存栏占全省比重大于1%的县区排名

单位：万头，%

年份序号	2010 城市排名	生猪存栏	占全省存栏比重	2017 城市排名	生猪存栏	占全省存栏比重	2019 城市排名	生猪存栏	占全省存栏比重	2020 城市排名	生猪存栏	占全省存栏比重	2022 城市排名	生猪存栏	占全省存栏比重
1	电白区	84.00	3.73	廉江市	101.70	4.77	廉江市	75.7	5.67	廉江市	80.60	4.56	阳春市	97.20	4.42
2	高州市	78.60	3.49	阳春市	91.00	4.27	阳春市	69.90	5.24	化州市	71.20	4.03	英德市	95.00	4.33
3	四会市	77.70	3.45	电白区	87.10	4.08	化州市	57.00	4.28	高州市	68.10	3.86	廉江市	89.30	4.07
4	化州市	77.20	3.42	高州市	86.60	4.06	高州市	48.70	3.65	电白区	61.30	3.47	化州市	88.10	4.01
5	廉江市	75.90	3.37	化州市	86.00	4.03	电白区	46.00	3.45	英德市	60.00	3.40	高州市	79.10	3.60
6	阳春市	75.80	3.36	四会市	72.80	3.41	遂溪县	42.40	3.18	阳春市	59.50	3.37	电白区	69.70	3.18
7	博罗县	53.90	2.39	信宜市	56.80	2.66	阳东区	39.70	2.98	遂溪县	55.70	3.15	遂溪县	68.30	3.11
8	信宜市	49.70	2.21	怀集县	54.20	2.54	英德市	36.70	2.75	怀集县	49.50	2.80	怀集县	57.40	2.61
9	怀集县	49.00	2.17	遂溪县	51.40	2.41	阳山县	35.90	2.69	信宜市	39.20	2.22	雷州市	50.80	2.31
10	五华县	43.10	1.91	高要区	44.70	2.10	惠东县	33.00	2.48	博罗县	34.80	1.97	信宜市	45.70	2.08
前十合计		664.90	29.50		732.20	34.33		485.10	36.37		580.00	32.83		740.60	33.73
11	新兴县	38.40	1.70	阳山县	42.90	2.01	五华县	30.10	2.26	南雄市	34.60	1.96	阳东区	44.30	2.02
12	鹤山市	38.20	1.69	英德市	42.60	2.00	信宜市	28.50	2.14	翁源县	34.60	1.96	恩平市	42.80	1.95
13	遂溪县	36.20	1.61	茂南区	41.20	1.93	南雄市	28.00	2.10	新兴县	34.50	1.95	翁源县	42.40	1.93
14	三水区	35.90	1.59	连州市	39.80	1.86	阳西县	24.90	1.87	台山市	33.10	1.88	新兴县	40.80	1.86
15	兴宁市	35.90	1.59	新兴市	38.20	1.79	怀集县	24.30	1.82	恩平市	32.10	1.81	徐闻县	36.10	1.64
16	连州市	33.30	1.48	五华县	37.80	1.77	新兴县	24.00	1.80	五华县	31.10	1.76	台山市	35.50	1.62
17	高要区	32.80	1.46	清新区	37.70	1.77	龙川县	23.40	1.75	罗定市	29.80	1.69	广宁市	35.50	1.61
18	揭西县	30.80	1.37	阳东区	36.50	1.71	乐昌市	22.70	1.70	惠东县	29.70	1.68	博罗县	33.10	1.51

续表

序号	2010 城市排名	2010 生猪存栏	2010 占全省存栏比重	2017 城市排名	2017 生猪存栏	2017 占全省存栏比重	2019 城市排名	2019 生猪存栏	2019 占全省存栏比重	2020 城市排名	2020 生猪存栏	2020 占全省存栏比重	2022 城市排名	2022 生猪存栏	2022 占全省存栏比重
19	英德市	30.80	1.37	鹤山市	36.40	1.71	揭西县	21.70	1.63	茂南区	29.00	1.64	开平市	32.50	1.48
20	阳东区	30.70	1.36	开平市	32.60	1.53	惠来县	21.30	1.60	雷州市	28.30	1.60	高要区	32.40	1.48
21	普宁市	30.60	1.36	鼎湖区	31.20	1.46	清新区	21.00	1.57	高要区	28.00	1.59	五华县	31.90	1.45
22	茂南区	28.90	1.28	博罗县	30.80	1.45	高要区	20.60	1.54	鹤山市	27.40	1.55	陆丰市	31.40	1.43
23	惠城区	28.80	1.28	三水区	30.10	1.41	雷州市	19.10	1.44	阳东区	26.90	1.52	罗定市	31.30	1.43
24	惠东县	28.00	1.24	南雄市	29.10	1.36	恩平市	18.40	1.38	陆丰市	26.40	1.50	惠东县	30.30	1.38
25	阳山县	27.70	1.23	兴宁市	27.80	1.30	梅县区	17.60	1.32	广宁县	25.80	1.46	兴宁市	30.30	1.38
26	雷州市	26.70	1.18	高明区	26.60	1.25	陆丰市	16.00	1.20	三水区	24.40	1.38	阳山县	30.00	1.37
27	高明区	25.60	1.13	龙川县	24.30	1.14	曲江区	15.70	1.18	开平市	24.10	1.36	曲江区	27.20	1.24
28	顺德区	25.00	1.11	惠东县	23.90	1.12	连州市	15.70	1.18	曲江区	23.50	1.33	三水区	27.00	1.23
29	鼎湖区	25.00	1.11	饶平县	23.80	1.12	连平县	14.40	1.08	乐昌市	23.50	1.33	茂南区	26.90	1.23
30	蓬江区	24.30	1.08	雷州市	22.50	1.06	吴川市	14.20	1.07	兴宁市	23.40	1.33	连州市	25.10	1.14
31	从化区	23.60	1.05	新会区	22.20	1.04	鹤山市	13.80	1.03	阳山县	21.00	1.19	南雄市	23.60	1.07
32	龙川县	23.50	1.04	曲江区	21.90	1.02	江城区	13.60	1.02	连江区	20.00	1.13	鹤山市	23.10	1.05
33	梅县区	23.40	1.04	惠来县	21.70	1.02	普宁市	13.50	1.02	惠城区	19.70	1.11	东源县	22.50	1.02
34	新会区	23.10	1.03				茂南区	13.40	1.01	梅县区	18.20	1.03	揭西县	22.30	1.02
35	清新区	23.10	1.02							揭西县	17.70	1.00	四会市	22.10	1.00
36	开平市	22.80	1.01												
全部合计		1417.80	62.9		1453.70	68.16		961.00	72.08		1247.00	70.57		1520.9038	69.26

资料来源:《广东农村统计年鉴》（2011～2023 年）。

另外，生猪大县产值均不及百亿。生猪养殖环节的市场规模占整个猪肉消费市场规模超过90%①，是极其重要的一环。经估算，2017 年、2020 年、2021 年和 2022 年，广东省生猪养殖产值分别为 670 亿元、1117 亿元、881 亿元和 781 亿元。分县区来看，出栏量最高的 10 个县区产值均未超过 100 亿元，2020 年生猪出栏价格最高，化州生猪养殖产值也仅为 55 亿元左右。2022 年受生猪价格下降影响，出栏量最高的化州产值估算也仅有 37.6 亿元（见表 3）。因此，单从养殖环节来看，广东省生猪大县距离打造百亿产业尚有一定距离。

表 3　2017 年、2020 年、2021 年和 2022 年出栏前十县区生猪养殖环节产值估算

单位：万头，亿元

年份	2017			2020			2021			2022		
序号	县区	出栏量	产值	县区	出栏量	产值	县区	出栏量	产值	县区	出栏量	产值
1	化州	169.0	30.5	化州	125.8	55.4	化州	167.1	44.1	化州	168.5	37.6
2	高州	166.6	30.1	高州	115.6	50.9	阳春	148.1	39.1	阳春	148.2	33.1
3	电白	161.3	29.1	电白	110.9	48.8	廉江	134.7	35.6	廉江	138.9	31.0
4	廉江	142.2	25.7	廉江	102.6	45.2	高州	131.8	34.8	高州	138.7	31.0
5	四会	131.6	23.8	阳春	98.2	43.2	电白	127.0	33.5	电白	126.7	28.3
6	阳春	1153	20.80	怀集	88.5	39.0	英德	104.1	27.5	英德	115.5	25.8
7	信宜	114.6	20.7	信宜	79.8	35.1	遂溪	94.2	24.9	遂溪	101.8	22.7
8	怀集	104.1	18.8	遂溪	68.9	30.4	怀集	92.9	24.5	怀集	95.7	21.4
9	遂溪	92.3	16.7	英德	60.4	26.6	信宜	91.3	24.1	信宜	91.7	20.5
10	高要	84.9	15.3	茂南	60.2	26.5	高要	78.8	20.8	高要	74.3	16.6
	全省	3712.0	670.0	全省	2537.0	1117.0	全省	3337.0	881.0	全省	3497.8	780.7

资料来源：《广东农村统计年鉴》（2018~2022 年）。生猪出栏按照 120 千克/头估算，2017 年、2018 年出栏均价按照全国均价计算，分别为 2017 年 15.04 元/千克，2020 年、2021 年按照省农业农村厅年度《广东省生猪产销形势分析》公布数据估算，分别为 2020 年 36.7 元/千克、2021 年 22.0 元/千克，2022 年为 18.6 元/千克。

---

① 兴业证券分析报告《创新楼房养猪模式，京基智农：养殖新秀，传统业务剥离，快速扩张》，2023.07.09. https://baijiahao.baidu.com/s? id = 1770935460743382028&wfr = spider&for = pc。该报告分析称：猪肉消费市场规模=生猪养殖市场规模+屠宰及其他环节市场规模，2022 年全国生猪出栏 7.0 亿头，出栏均重 100 千克，生猪均价按 18.7 元/千克进行测算，生猪养殖环节的市场规模达到 1.3 万亿元，占整个猪肉消费市场规模超过 90%，屠宰及其他市场规模 1000 亿元左右。

（三）产能向规模养殖场和龙头企业集中

首先，万头以上的规模养殖场出栏量超全省 1/5，规模化养殖进一步提升。近五年来，广东省通过《关于加快推进生猪家禽产业转型升级的意见》等一系列政策措施，提出加快推进生猪家禽产业"四个转型"，生猪规模化养殖水平显著提升，2022 年底全省生猪规模化率为 80%，比全国平均水平约高 15%（2022 年全国生猪养殖规模化率为 65.1%[①]），产能不断向规模化养殖场集中。

如表 4 所示，年出栏头数 500 头以上的规模养猪场达 12676 家，2012～2022 年，年出栏头数 100 头以下的养殖场（户）数从 92.06 万个减少至 8.99 万个，年出栏头数从 1193.50 万头减少至 310 万头；年出栏 100～499 头的养殖场（户）数从 4.03 万个减少至 2.12 万个，年出栏量从 808.02 万头减少至 477 万头；年出栏 500～999 头的养殖场（户）数从 8424 个减少至 5632 个，年出栏量从 550.93 万头减少至 434.49 万头；年出栏 1000～2999 头的养殖场（户）数从 3997 个增加至 5115 个，年出栏量从 601.94 万头增加至 965.35 万头；年出栏 3000～4999 头的养殖场（户）数从 934 个增加至 1147 个，年出栏量从 339.25 万头增加至 455.63 万头；年出栏 5000～9999 头的养殖场（户）数从 575 个减少至 483 个，年出栏量从 379.78 万头减少至 359.95 万头；年出栏 10000～49999 头的养殖场（户）数从 349 个减少至 264 个，年出栏量从 550.03 万头增加至 600.66 万头；年出栏 5 万以上养殖场（户）数从 26 个增加至 35 个，年出栏头数从 181.23 万头增加至 324.25 万头。虽然近年来生猪养殖规模化程度在不断提高，但散养户、中小规模养殖场经营比重仍然较高。2022 年，年出栏 100 头以下的散户占比依然高达 72.7%，100～1000 头的中小型养殖主体占比达 21.7%。

表 4 2012 年与 2022 年生猪规模养殖变化情况 单位：个，万头，%

年出栏数	2012 年				2022 年			
	场（户）数	场占比	年出栏数	出栏占比	场（户）数	场占比	年出栏数	出栏占比
1~49 头	865646	88.76	829.94	18.02	72531	58.62	184.37	4.69
50~99 头	54971	5.64	363.56	7.90	17367	14.04	125.64	3.20
100~499 头	40295	4.13	808.02	17.55	21157	17.10	477.02	12.15
500~999 头	8424	0.86	550.93	11.96	5632	4.55	434.49	11.06

---

① 我国生猪产业走向规模化、绿色化、智能化［N］. 农民日报，2023-07-25.

年出栏数	2012 年				2022 年			
	场（户）数	场占比	年出栏数	出栏占比	场（户）数	场占比	年出栏数	出栏占比
1000~2999 头	3997	0.41	601.94	13.07	5115	4.13	965.35	24.58
3000~4999 头	934	0.10	339.25	7.37	1147	0.93	455.63	11.60
5000~9999 头	575	0.06	379.78	8.25	483	0.39	359.95	9.17
10000~49999 头	349	0.04	550.03	11.95	264	0.21	600.66	15.29
50000 头以上	26	0.00	181.23	3.94	35	0.03	324.25	8.26
合计	975217	—	4604.68	—	123731	—	3927.34	—

资料来源:《广东农村统计年鉴》(2013 年、2023 年)。

其次,产能向龙头企业进一步集中,呈现企业化养殖态势,产能超过现有产量。如表 5 所示,2023 年,全省省级以上农业龙头企业数量 1508 家,国家级农业龙头企业 87 家。涉及生猪产业的省级以上农业龙头企业 87 家,占全省省级以上农业龙头企业数量的 5.77%,国家级农业龙头企业 9 家,占全省国家级农业龙头企业数量的 10.34%,其中,上市企业 5 家。生猪产业省级以上农业龙头企业以养殖企业为主,还包含饲料、销售、设备制造、屠宰、加工等企业。广州市有省级以上农业龙头企业 17 家,占全省的 19.54%,是分布最多的地市,但广州市企业大部分为龙头企业总部,并不在本地养殖。韶关、茂名、云浮等养殖大市省级以上农业龙头企业数量也较多。

表 5　2023 年生猪产业农业龙头企业

序号	所在地市	企业名称	农业龙头企业级别	上市
1	广州	广东海大集团股份有限公司	国家级	是
2		广东广垦畜牧集团股份有限公司	国家级	否
3		广州广良畜牧发展有限公司	省级	否
4		广州力智农业有限公司	省级	否
5		广东旺大集团股份有限公司(饲料)	省级	否
6		广州六和饲料有限公司(饲料)	省级	否
7		广州市天生卫康食品有限公司(销售)	省级	否
8		广州大北农农牧科技有限责任公司(饲料)	省级	否

序号	所在地市	企业名称	农业龙头企业级别	上市
9	广州	正大康地（广州番禺）有限公司（饲料）	省级	否
10		广州大台农饲料有限公司（饲料）	省级	否
11		广东科邦饲料科技有限公司（饲料）	省级	否
12		广州市福昌种畜场有限公司	省级	否
13		广东新牧源农牧科技有限公司（养殖设备）	省级	否
14		广州市大福养殖有限公司	省级	否
15		广州市牧兴畜牧设备有限公司（养殖设备）	省级	否
16		广州德盛现代农牧发展有限公司	省级	否
17		广州市三福禽畜养殖有限公司	省级	否
18	深圳	深圳市农牧实业有限公司	省级	否
19		深圳市京基智农时代股份有限公司	省级	是
20		深圳比利美英伟营养饲料有限公司（饲料）	省级	否
21		深圳农牧美益肉业有限公司	省级	否
22		广东双全农牧有限公司	省级	否
23		正大康地农牧集团有限公司（饲料）	省级	否
24	汕头	广东德兴食品股份有限公司	国家级	否
25		汕头市东江畜牧有限公司	省级	否
26		正大康地（澄海）有限公司（饲料）	省级	否
27		广东源信饲料实业有限公司（饲料）	省级	否
28		汕头市华达隆生猪定点屠宰厂有限公司（屠宰）	省级	否
佛山	29	佛山市新雨润食品有限公司（加工、预制菜）	省级	否
30	韶关	韶关市番灵饲料有限公司（饲料、养殖）	国家级	否
31		广东天合牧科实业股份有限公司	省级	是
32		乐昌市粤俊种猪有限公司	省级	否
33		韶关市龙凤胎饲料有限公司（饲料）	省级	否
34		韶关市龙凤胎畜牧有限公司	省级	否
35		天种（韶关市）畜牧科技有限公司	省级	否
36		韶关市曲江区温氏畜牧有限公司	省级	否
37		南雄市温氏生态养殖有限公司	省级	否
38	河源	东瑞食品集团股份有限公司	国家级	是
39		河源市三友农牧集团有限公司	省级	否

续表

序号	所在地市	企业名称	农业龙头企业级别	上市
40	河源	河源大丰畜牧有限公司	省级	否
41		河源兴泰农牧股份有限公司	省级	否
42		广东省紫金县宝金畜牧有限公司	省级	否
43		东源县创富养殖有限公司	省级	否
44		河源盛泰种养有限公司	省级	否
45	梅州	兴宁市运祥养殖有限公司	省级	否
46		梅州市顺泰畜牧发展有限公司	省级	否
47		正大康地核心种猪育种（梅州）有限公司	省级	否
48	惠州	惠州东进农牧股份有限公司	国家级	否
49		惠州市兴牧畜牧发展有限公司	省级	否
50		惠州京基智农畜牧有限公司	省级	否
51	汕尾	汕尾宝山猪场有限公司	省级	否
52		陆丰丰田畜产有限公司	省级	否
53		汕尾市金瑞丰生态农业有限公司	省级	否
54	东莞	广东京基智农科技有限公司（饲料）	省级	否
55		东莞市中心定点屠宰场股份有限公司（屠宰）	省级	否
56	中山	广东荣业食品有限公司（加工）	国家级	否
57		中山市得福肉食制品有限公司（加工）	省级	否
58		中山市黄圃镇今荣肉类制品厂（加工）	省级	无
59	江门	大广食品集团股份有限公司	国家级	否
60		开平市春浩良种猪养殖有限公司	省级	否
61	湛江	吴川市燕来农牧有限公司	省级	否
62		广东正大生态农业有限公司	省级	否
63	茂名	高州市三和牧业有限公司	省级	否
64		高州市宝江农牧发展有限公司	省级	否
65		茂名大北农农牧科技有限公司	省级	否
66		茂名扬翔饲料有限公司（饲料）	省级	否
67		茂名正邦饲料有限公司	省级	否
68		茂名六和饲料有限公司	省级	否
69		高州市顺达猪场有限公司	省级	否
70		广东新富民农牧有限责任公司（饲料）	省级	否

序号	所在地市	企业名称	农业龙头企业级别	上市
71	肇庆	肇庆市益信原种猪场有限公司	省级	否
72		肇庆大北农农牧食品有限公司	省级	否
73		广东广宁广三保畜牧有限公司	省级	否
74	清远	清远佳和农牧有限公司	省级	否
75		连州市东陂和香隆腊味食品有限责任公司（养殖、加工）	省级	否
76		佛冈县温氏畜牧有限公司	省级	否
77		清远双汇食品有限公司（加工）	省级	否
78		清远市清新区温氏畜牧有限公司	省级	否
79	潮州	广东嘉泰肉类联合加工有限公司（加工）	省级	否
80	揭阳	广东润佳肠衣有限公司（加工）	省级	否
81	云浮	温氏食品集团股份有限公司	国家级	是
82		广东华农温氏畜牧股份有限公司	省级	否
83		广东省新兴县食品企业集团有限公司（屠宰加工）	省级	否
84		云浮市增泰种猪饲养有限责任公司	省级	否
85		广东惠兴农牧发展有限公司	省级	否
86		罗定广东温氏畜牧有限公司	省级	否
87		新兴县恒业养殖有限公司	省级	否

据不完全统计，自 2019 年以来，广东省仅 40 家猪企的生猪产能项目规划（包含运营产能、在建产能和储备产能）已超过 6100 万头（见表 6），若按年人均半头猪来算，广东的生猪消费需求约为 6500 万头①。湛江、韶关、茂名等地尤受猪企青睐，如牧原在湛江雷州的 300 万头生猪全产业链项目，温氏股份在茂名的 240 万头标准化规模养猪场项目，海大在韶关的年出栏 300 万头生猪养殖、屠宰、加工项目。具体到企业来看，在广东生猪产能规划前三的企业分别是新希望、温氏股份和京基智农。其中，新希望规划产能达 830 万头，分布在肇庆、韶关、潮州、揭阳等地；温氏股份规划产能达 610 万头，分布在韶关、湛江、广州、茂名、梅州等地；京基智农规划产能达 456 万头，分布在茂名、湛江、梅州等地。截至 2023 年底，广东省共建设 15 个生猪现代农业产业园（见表 7），占

---

① 40 家猪企在粤产能规划超 6100 万头［N］．南方农村报，2024-01-06．

全部287个产业园数量的5.23%，其中，湛江市和云浮市各创建3个，茂名市、河源市、韶关市、汕头市、肇庆市、惠州市、开平市、广州市、中山市各创建1个。

表6 自2019年以来广东省部分猪企生猪项目情况 单位：万头

企业名称	地区	产能规划
牧原股份	湛江（雷州）	300.0
广垦牧原	湛江（雷州）	100.0
温氏股份	韶关（仁化、曲江）	85.0
	湛江（廉江）	120.0
	广州（从化）	36.4
	佛山（高明）	64.0
	茂名（高州、电白、化州、信宜）	240.0
	云浮（新兴）	15.0
	梅州	50.0
新希望集团	肇庆	60.0
	韶关	300.0
	清远	35.0
	湛江	35.0
	潮州	200.0
	揭阳	200.0
双胞胎集团	韶关	100.0
	梅州	100.0
德康集团	云浮（郁南、罗定）	200.0
	茂名（高州）	100.0
天邦食品	肇庆、湛江	60.0
正大集团	湛江（遂溪、雷州）	200.0
正大康地	梅州	50.0
扬翔集团	广州（南沙）	35.0
	佛山（三水）	30.0
正邦科技	云浮（郁南）	200.0
	潮州	200.0
新五丰	广州（从化）	6.5

续表

企业名称	地区	产能规划
海大集团	云浮	100.0
	清远	100.0
	韶关	300.0
唐人神	韶关	28.0
	茂名	128.0
	佛山	14.0
广垦畜牧	湛江（徐闻、遂溪、雷州等）	352.0
京基智农	茂名（高州、电白）	150.0
	阳江	36.0
	湛江（徐闻）	100.0
	梅州	60.0
	汕尾	60.0
	江门（开平、新会、台山）	50.0
金新农	广州	30.0
	韶关	60.0
	汕头	50.0
东瑞股份	河源、惠州等	200.0
越秀集团	广州（花都）	72.0
	肇庆（封开）	200.0
	茂名（种猪场）	8.0
	清远	100.0
大北农	肇庆（封开）	25.0
广东天农	佛山	40.0
	清远	100.0
壹号食品	湛江（遂溪）	30.0
	广州（从化）	10.0
广弘农牧	兴宁、惠州、海丰	100.0
广东万季农业	清远（连州）	10.0
广东正鸿农业	韶关（曲江）	20.0
肇庆鼎和农牧	肇庆	10.0
茂名正田种猪	茂名	9.5
广州北欧农场	广州（从化）	10.0

续表

企业名称	地区	产能规划
宏朗公司	广州（从化）	10.0
广州达南	广州（从化）	25.0
广新控股集团	梅州	50.0
广东国大投资	梅州	10.0
永盛集团	肇庆（广宁）	50.0
绿湖农庄	鹤山	60.0
力智农业	广州（从化）	6.0
民心公司	广州（从化）	2.0
粤港澳大湾区融投资等	广州（增城）	30.0
广东省食品进出口集团	河源、汕尾、肇庆、梅州、韶关等	100.0
大广食品等	江门（恩平产业园）	83.2
合计	6110.6	

资料来源：熊亚琴.40家猪企在粤产能规划超6100万头，未来广东会出现产能过剩吗？[EB/OL].
https：//www.163.com/dy/article/IPB0EQEE0514E1NL.html.

表7　广东省建设的生猪现代农业产业园（15个）

2018年	2019年	2020年	2021年	2022年	珠三角自筹
壹号食品（湛江）土猪现代农业产业园	1. 潮南区生猪现代农业产业园； 2. 河源市（东瑞）生猪现代农业产业园； 3. 吴川市生猪现代农业产业园； 4. 新兴县生猪现代农业产业园	1. 韶关市生猪优势产区； 2. 湛江市正大集团（遂溪）生猪现代农业产业园； 3. 肇庆市生猪现代农业产业园	1. 惠东县生猪现代农业产业园； 2. 恩平市生猪现代农业产业园； 3. 云安区生猪现代农业产业园	1. 广东省生猪跨县集群（茂名市）； 2. 罗定市生猪现代农业产业园	1. 从化区生猪现代农业产业园； 2. 中山市黄圃镇腊味现代农业产业园

资料来源：根据广东省农业农村厅公布名单统计。

（四）广东生猪种业在全国处于领先地位

世界养猪看中国，中国种猪看广东。广东生猪种业拥有像温氏股份、壹号食品等一批优秀的生猪育种企业，年产种猪200万头以上，约占全国的8%。广东有国家生猪核心育种场10家（广东温氏种猪科技有限公司、广东广三保养猪有限公司、中山市白石猪场有限公司、深圳市农牧实业有限公司、广东德兴食品股份有限公司、广东王将种猪有限公司、肇庆市益信原种猪场有限公司、惠州市广丰农牧有限公司、东瑞食品集团有限公司、湛江广垦沃而多原种猪有限公司)，国家级生猪保种场（区）2个，省级保种场（区）6个，生猪新品种（配套系）4个，形成了广东小耳花猪特色产业区产业带，种业创新能力全国领先（见图4)[①]。广东小耳花猪、蓝塘猪、大花白猪、粤东黑猪等多个地方畜禽品种被收录进《中国畜禽遗传资源志》。

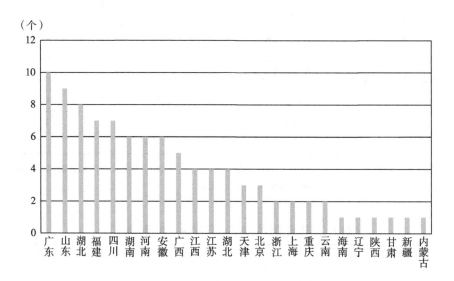

图4 国家生猪核心育种场数量

（五）绿色生态养殖、品牌建设加力提速

环保依然是当前养猪业重点关注的问题。广东在生态养殖建设上主动作为，持续推进畜禽养殖标准化示范场与现代化美丽牧场建设，逐渐成为行业的标杆。2018年，广东创造性地开展省级现代化美丽牧场示范创建工作，希望在全省范围内创建一批"布局合理、设施精良、技术先进、管理规范、生产高效、产出安全、循环利用、绿化美化、整洁环保"的现代化美丽牧场。当前全省已累计创建广东省现代化美丽牧场104家，其中生猪类美丽牧场达57家[②]，占比半数以上。例如，2016年，广东德兴食品股份有限公司第一家"北欧农场"模式在汕头落地，是最早一批入选广东省现代化美丽牧场的猪场之一，随后该模式逐步向

---

① 广东畜牧12221市场体系建设［N］．南方农村报，2023-01-02.
② 绿色猪业，广东领航［N］．南方农村报，2023-12-12.

广东广州、山西、吉林等不同地区推广。汕头德兴北欧农场采用全封闭建造，舍内采用先进的通风、控温、控湿技术，提高养殖效率，提升猪舍环境，实现节能减排。经过多年发展，起源于广东的"北欧农场"逐步完善，形成高温高湿、高温干燥、寒冷干燥三大模式为核心的猪场建设方案。德兴北欧农场因其在循环农业和美丽乡村建设上取得的成绩，成为"广东省现代化美丽牧场"的典范。

另外，广东力推种养循环，解决畜禽粪污资源化利用问题。2021 年，广东仁化、博罗和紫金等 13 个项目县便遴选出 194 个实施主体，探索建立了"规模养殖场+粪污处理中心（有机肥企业）集中处理+种植还田模式""中小分散型养猪场+粪污就地堆沤和无臭处理+种植还田模式""规模养猪场粪污全混合式处理与还田模式"等可持续的畜禽粪污资源化利用模式。温氏集团则将种养循环推广至更多地区。据介绍，"十三五"期间，温氏环保资金投入超 36 亿元，温氏集团在北方、华南、华东等区域因地制宜推行"猪—沼—粮""猪—沼—草""猪—沼—菜""猪—肥、水—粮"及"肥水就近就地还田利用"五类种养循环模式。

在品牌建设方面，广东生猪品牌建设加快。广东猪肉品牌化发展经历了漫长的过程。21 世纪 10 年代（2000~2010 年）是品牌肉发展初期，白石龙骏（创立于 2004 年）、壹号土猪（创立于 2006 年）、黑加宝黑土猪（创立于 2009 年）等品牌崭露头角。数据显示，2020 年，广州地区在超市选择购买有包装品牌的猪肉占比 56.61%，而高端猪肉产品的比例高达 28.10%[1]，如广东壹号食品股份有限公司的壹号土猪、广东广垦恒之康食品有限公司的黑加宝、广东蕃薯藤厨房食品有限公司的山下华系黑猪、广东省中雷箕星农业科技发展有限责任公司的正野雷香猪、佛山市三水区乐家庄养殖有限公司的"小尾花猪"等通过超市、专卖店、菜市场档口，以及线上等渠道走进消费者。其中，壹号土猪在品牌猪肉市场是国内规模名列前茅的高端连锁品牌，品牌连锁门店主要建于一二线城市，高峰期壹号土猪的连锁店有 2600 多家，市场覆盖率达到 35 个地级以上城市[2]。

---

① 开拓品牌肉市场，广东打什么牌？［N］. 南方农村报，2022-12-22.
② 壹号食品总裁黎小兵曾在 2021 年中国农牧业风云会上介绍，成功打造品牌主要有以下五点原因：一是创始人具有品牌创始的基因。从老伙计酒到天地壹号，到壹号土猪，再到肉联帮，这些耳熟能详的品牌都来自同一创始人——陈生。二是壹号食品旗下的另一品牌"天地壹号"是壹号土猪的"现金奶牛"，长期滋养着壹号土猪。三是天时地利人和。2007 年 1 月，壹号食品上市了壹号土猪，当时正是中国从贫穷向小康，进而向富裕社会转变的关键时刻，中高端猪肉需求大增，壹号土猪正好搭乘了东风。四是始终保证度过寒冬的现金。五是坚守正确的战略方向与经营管理持续改善。

从全国来看，2013～2024 年广东生猪产业中全国"名特优新"农产品有 6 个，乐昌粤牧梅花猪（2022 年第一批）、南雄土猪肉（2022 年第一批）、龙归生猪（2022 年第二批）、花都生猪（2023 年第二批）、顺德草香猪（2023 年第二批）、翁源生猪（2024 年第二批），品牌数量处于全国第三梯队（见图5），从分布年份来看，广东省全国"名特优新"农产品生猪类建设从 2022 年才开始，但数量增加较快。

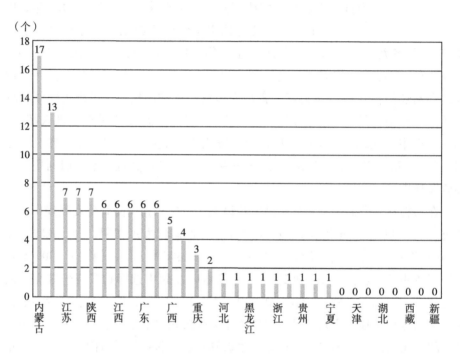

图 5　2013～2024 年各省全国"名特优新"农产品中生猪产品数量
资料来源：农业农村部农产品质量安全中心。

（六）生猪产业政策从稳产保供转向产能调控

自 2018 年非洲猪瘟疫情在我国首次暴发以来，生猪产业出现了很大的波动，产能和猪价的大起大落让生猪产业受到各级政府的高度重视，关于生猪产业的诸多政策也陆续出台，产业受到的关注度前所未有。近年来，每年中央一号文件均提及生猪产业，2019 年，提出"加大非洲猪瘟等动物疫情监测防控力度，严格落实防控举措，确保产业安全"；2020 年，提出"加快恢复生猪生产。生猪稳产保供是当前经济工作的一件大事，要采取综合性措施，确保 2020 年年底前生猪产能基本恢复到接近正常年份水平"；2021 年，提出"加快构建现代养殖体系，保护生猪基础产能，健全生猪产业平稳有序发展长效机制"；2022 年，提出"稳定生猪生产长效性支持政策，稳定基础产能，防止生产大起大落"；2023 年，提出"落实生猪稳产保供省负总责，强化以能繁母猪为主的生猪产能调控"；2024 年，提出"优化生猪产能调控机制"，如表 8 所示。

表 8　近年国家生猪产业发展政策

时间	部门	政策名称	重点内容
2024 年 2 月	中共中央、国务院	《关于学习运用"千村示范、万村整治"工程经验有力有效推进乡村全面振兴的意见》	优化生猪产能调控机制
2023 年 2 月	中共中央、国务院	《关于做好 2023 年全面推进乡村振兴重点工作的意见》	落实生猪稳产保供省负总责，强化以能繁母猪为主的生猪产能调控
2022 年 2 月	中共中央、国务院	《关于做好 2022 年全面推进乡村振兴重点工作的意见》	稳定生猪生产长效性支持政策、稳定基础产能，防止生产大起大落
2021 年 12 月	农业农村部	《"十四五"全国畜牧兽医行业发展规划》	落实生猪稳产保供省负总责和"菜篮子"市长负责制，确保猪肉自给率保持在 95% 左右，猪肉产能稳定在 5500 万吨左右，生猪养殖业产值达 1.5 万亿元以上，着力提升发展质量，加强产能调控，缓解"猪周期"波动，增强稳产保供能力
2021 年 11 月	国务院	《"十四五"推进农业农村现代化规划》	健全生猪产业平稳有序发展长效机制，推进标准化规模养殖，防止生产大起大落。继续开展生猪调出大县奖励，加大规模养猪场信贷支持
2021 年 8 月	农业农村部、国家发改委、财政部、生态环境部、商务部、银保监会	《关于促进生猪产业持续健康发展的意见》	用 5~10 年的时间，基本形成高效、产品安全、资源节约、环境友好、调控有效的生猪产业高质量发展新格局，产业竞争力大幅提升，疫病防控能力明显增强，政策保障体系基本完善，市场周期性波动得到有效缓解，猪肉供应安全保障能力持续增强，自给率保持在 95% 左右
2021 年 2 月	中共中央、国务院	《关于全面推进乡村振兴加快农业农村现代化的意见》	加快构建现代养殖体系，保护生猪基础产能，健全生猪产业平稳有序发展长效机制

时间	部门	政策名称	重点内容
2020 年 2 月	中共中央、国务院	《关于抓好"三农"领域重点工作确保如期实现全面小康的意见》	加快恢复生猪生产。生猪稳产保供是当前经济工作的一件大事,要采取综合性措施,确保 2020 年年底前生猪产能基本恢复到接近正常年份水平。落实"省负总责",压实"菜篮子"市长负责制,强化县级抓落实责任,保障猪肉供给。坚持补栏增养和疫病防控相结合,推动生猪标准化规模养殖,加强对中小散养户的防疫服务,做好饲料生产保障工作。严格落实扶持生猪生产的各项政策举措,抓紧打通环评、用地、信贷等瓶颈。纠正随意扩大限养禁养区和搞"无猪市""无猪县"问题。严格执行非洲猪瘟疫情报告制度和防控措施,加快疫苗研发进程。加强动物防疫体系建设,落实防疫人员和经费保障,在生猪大县实施乡镇动物防疫特聘计划。引导生猪屠宰加工向养殖集中区转移,逐步减少活猪长距离调运,推进"运猪"向"运肉"转变。加强市场监测和调控,做好猪肉保供稳价工作,打击扰乱市场行为,及时启动社会救助和保障标准与物价上涨挂钩联动机制
2019 年 2 月	中共中央、国务院	《坚持农业农村优先发展做好"三农"工作的若干意见》	加大非洲猪瘟等动物疫情监测防控力度,严格落实防控举措,确保产业安全
2018 年 1 月	中共中央、国务院	《关于实施乡村振兴战略的意见》	加强植物病虫害、动物疫病防控体系建设

可以看出,政策逻辑在发生变化,由"加大非洲猪瘟等动物疫情监测防控力度"(2019 年)到"加快恢复生猪生产"(2020 年),强调疫情防控和稳产保供,再到"健全生猪产业平稳有序发展长效机制"(2021 年)和"稳定生猪生产长效性支持政策"(2022 年),强调了生猪供给恢复情况下的稳定增长,2023 年产能和供应超过了需求,中央一号文件指出要"强化以能繁母猪为主的生猪产能调控",再到 2024 年中央一号文件提到"优化生猪产能调控机制",2023 年和 2024 年均强调产能调控。

广东省生猪产业政策基本延续国家产业政策走向,均伴随生猪市场从缺猪转向全面过剩,政策导向从稳产保供转向产能调控。2009 年,《广东省生猪生产发展总体规划和区域布局(2008-2020 年)》发布,2019 年,该文件出台第二版,即《广东省生猪生产发展总体规划和区域布局(2018-2020 年)》(见表 9)。两版规划文件都对出栏和自给率目标做了明确规定。2009 年版中,2012 年和 2020

年出栏目标分别为 4574 万头和 5245 万头；而 2019 年版中，2018～2020 年的出栏目标分别为 3500 万头、3400 万头和 3300 万头，逐年下调 100 万头。生猪自给率从此前规划的接近 100% 下调到 60%，可以看出新规划中 2020 年的出栏目标，比原规划减少了将近四成。这表明广东生猪产业政策不以完全自给为目标，相反还调低了自给率。2019 年受到非洲猪瘟影响，活猪和猪肉的长途调运受阻，广东省不得不加强自给率，减少对外部市场的依赖，2021 年年底，广东省农业农村厅发布《广东省生猪产能调控实施方案（暂行）》，规定"十四五"期间，全省能繁母猪保有量稳定在 190 万头左右，最低保有量不低于 171 万头，规模猪场（户）保有量不低于 4500 户，生猪自给率保持在 70% 以上。出栏目标未再提及，但从能繁母猪保有量推算，应不低于 3600 万头。

表 9 近年广东省生猪政策

时间	部门	政策名称	重点内容
2024 年 4 月	广东省农业农村厅	《广东省生猪产能调控实施方案（修订）（征求意见稿）》	更好发挥生猪产能调控政策的保障作用，稳固基础生产能力，有效防止生猪产能大幅波动；以能繁母猪存栏量变化率为核心调控指标，坚持预警为主、调控兜底、及时介入、精准施策的原则，细化"三抓两保"（抓产销大市、抓养殖大县、抓养殖大场，确保能繁母猪存栏量底线、保规模猪场（户）数量底线）任务，分级建立生猪产能调控基地，按照"长期调母猪，短期调肥猪"的调控策略，构建上下联动、响应及时的生猪生产逆周期调控机制，促进生猪产业持续健康发展，不断提升猪肉供应安全保障能力。全省能繁母猪保有量稳定在 190 万头左右，规模猪场（户）保有量不低于 5000 户，生猪自给率保持在 70% 以上
2022 年 5 月	广东省农业农村厅	《广东省现代畜牧业发展"十四五"规划（2021—2025 年）》	以"保供给、保安全、保生态、促发展"为目标，坚持推进"四个转型"（小散养殖向标准化规模养殖转型、粗放养殖向绿色科学养殖转型、小型屠宰厂（场）向现代化屠宰企业转型、调畜禽向调肉品转型）。划定的生猪"十四五"重点发展区域包括 15 个地级市、43 个县市区。汕头：潮南；韶关：乐昌、南雄、曲江、翁源；河源：龙川、紫金；梅州：梅县、五华、兴宁；惠州：博罗、惠城、惠东；汕尾：陆丰；江门：开平、恩平、鹤山、台山；阳江：阳春、阳东、阳西；湛江：廉江、遂溪、雷州、坡头、吴川；茂名：化州、电白、高州、信宜；肇庆：四会、怀集、高要、广宁；清远：阳山、连州、清新、英德；潮州：普宁、揭西；云浮：新兴、罗定

时间	部门	政策名称	重点内容
2022 年 2 月	广东省农业农村厅	《广东省生猪产能调控实施方案（暂行）》	"十四五"期间，广东能繁母猪保有量稳定在 190 万头左右，最低保有量不低于 171 万头，规模猪场（户）保有量不低于 4500 户，生猪自给率保持在 70%以上；以能繁母猪存栏量变化率为核心调控指标，坚持预警为主、调控兜底、及时介入、精准施策的原则，落实生猪稳产保供"菜篮子"市长负责制和乡村振兴实绩考核，细化"三抓两保"（抓产销大市、抓养殖大县、抓养殖大场，保能繁母猪存栏量底线、保规模猪场（户）数量底线）任务
2022 年 1 月	广东省农业农村厅	《广东省乡村产业发展规划（2021—2025 年）》	生猪产业集群：重点布局在近三年生猪存栏量 15 万头以上的生猪养殖大县，重点打造粤西、粤北、粤东三大养殖优势区
2021 年 8 月	广东省人民政府	《广东省推进农业农村现代化"十四五"规划》	推动生猪产业平稳有序发展。将最低生猪出栏量纳入"菜篮子"市长负责制考核。推动小散养殖向标准化机械化规模养殖转型、粗放养殖向绿色科学养殖转型、小型屠宰厂（场）向现代化屠宰企业转型、调活猪向调肉品转型。实施生猪标准化规模养殖提升行动，统筹实施养殖场（户）升级改造，确保规模养殖比例达到 80%以上，生猪产能恢复到正常水平，生猪年出栏 3300 万头以上，猪肉 245 万吨以上，自给率稳定在 70%以上。重构屠宰行业布局，加快屠宰厂（场）关停并转和绿色化标准化改造升级，完善"两证两章一报告"制度，推动屠宰加工和养殖生产配套布局，引导屠宰企业从销区向产区转移，合理控制全省屠宰厂（场）数量，规模企业屠宰量占比达 85%以上
2021 年 10 月	广东省农业农村厅	《关于切实稳定生猪产业健康发展扶持政策的通知》	深入贯彻落实《农业农村部　国家发展改革委　财政部　生态环境部　商务部　银保监会关于促进生猪产业持续健康发展的意见》（农牧发〔2021〕24 号），稳妥应对猪周期下行阶段，避免过度淘汰生猪基础产能，促进生猪产业持续健康发展
2020 年 1 月	广东省政府	关于加快推进生猪家禽产业转型升级的意见	"四个转型"目标任务：小散养殖向标准化规模养殖转型、粗放养殖向绿色科学养殖转型、小型屠宰厂（场）向现代化屠宰企业转型、调畜禽向调肉品转型；明确支持保障生猪、家禽产业发展的政策措施；严格责任制考核；建立生猪养殖生态补偿机制

续表

时间	部门	政策名称	重点内容
2019 年 4 月	广东省农业农村厅、广东省生态环境厅	广东省生猪生产发展总体规划和区域布局（2018~2020 年）	按照保供给保生态并重的原则，统筹合理利用土地资源，积极发展设施配套、技术先进、管理规范、生产高效、产出安全、循环利用、环境友好的生猪产业，积极调整优化生猪产业结构布局，推动生猪产业高质量发展，淘汰生猪产业落后产能，稳步推进畜禽养殖废弃物资源化利用，加快生猪产业转型升级和绿色发展，保障"菜篮子"有效供给

2021 年，广东生猪出栏 3499 万头，同比增长 36%，远超出此前 2019 年版本的规划目标。2023 年出栏总量 3794 万头，同比增加 6.9%，自 2021 年连续 3 年增长。由于产能增长过快，2024 年 4 月，广东省农业农村厅出台《广东省生猪产能调控实施方案（修订）（征求意见稿）》，新方案中的修改内容，除了按照全国调控方案的导向，还包括：一是调整省内各市的产能指标。广东全省能繁母猪保有量稳定在 190 万头左右（见表 10），但各市指标有增有减，总的原则是发达地区去产能，不发达地区适度增产能，在猪肉稳产保供和环保可持续发展之间寻求良性平衡。二是增加规模猪场（户）保有量指标，从此前的不低于 4500 户增加到 5000 户（见表 11）。实际上广东规模猪场的数量已经超过 6000 个，扶持规模养殖，同时适度控制规模，防止无序扩张的政策导向非常明确。

表 10 2021 年和 2024 年《广东省生猪产能调控实施方案》
中各地级以上市能繁母猪保有量及调整情况　　单位：万头，%

地区	2021 年版方案	2024 年版方案	调整情况	调整比例	2023 年末能繁母猪存栏
广东省	191.12	190.00	-1.12	-0.59	195.79
广州市	2.61	2.61	0.00	0.00	4.40
深圳市	0.45	0.03	-0.42	-1400.00	0.44
珠海市	0.52	0.52	0.00	0.00	0.79
汕头市	2.41	2.30	-0.11	-4.78	2.46
佛山市	4.96	3.05	-1.91	-62.62	4.98
韶关市	18.15	18.15	0.00	0.00	18.15
河源市	8.50	9.45	0.95	10.05	9.56

续表

地区	2021 年版方案	2024 年版方案	调整情况	调整比例	2023 年末 能繁母猪存栏
梅州市	11.50	11.80	0.30	2.54	11.52
惠州市	9.67	8.00	-1.67	-20.88	8.85
汕尾市	4.66	5.00	0.34	6.80	4.68
东莞市	0.07	0.07	0.00	0.00	0.10
中山市	0.10	0.07	-0.03	-42.86	0.10
江门市	13.36	9.30	-4.06	-43.66	12.87
阳江市	13.52	13.52	0.00	0.00	14.52
湛江市	21.88	29.82	7.94	26.63	25.23
茂名市	30.00	28.00	-2.00	-7.14	28.89
肇庆市	15.21	15.00	-0.21	-1.40	15.02
清远市	14.80	15.00	0.20	1.33	14.90
潮州市	2.42	2.12	-0.30	-14.15	2.43
云浮市	10.14	10.00	-0.14	-1.40	9.69

表 11　2021 年和 2024 年《广东省生猪产能调控实施方案》
中各地级以上市规模养猪场保有量及调整情况　　单位：个,%

地区	2021 年版方案	2024 年版方案	调整情况	调整比例	2023 年末 规模驻场
广东省	4500	5000	500	10.00	6208
广州市	22	22	0.00	0.00	27
深圳市	1	1	0	0.00	1
珠海市	5	4	-1	-25.00	6
汕头市	18	18	0	0.00	23
佛山市	77	40	-37	-92.50	78
韶关市	500	480	-20	-4.17	619
河源市	153	160	7	4.38	167
梅州市	220	230	10	4.35	283
惠州市	88	88	0	0.00	113
汕尾市	47	47	0	0.00	49
东莞市	1	1	0	0.00	1

续表

地区	2021 年版方案	2024 年版方案	调整情况	调整比例	2023 年末规模驻场
中山市	4	1	−3	−300.00	4
江门市	443	215	−228	−106.05	516
阳江市	560	850	290	34.12	1048
湛江市	490	518	28	5.41	621
茂名市	568	550	−18	−3.27	642
肇庆市	335	430	95	22.09	573
清远市	626	950	324	34.11	946
潮州市	50	45	−5	−11.11	64
云浮市	205	250	45	18.00	315

从上述的政策回顾，可以清晰地看到广东乃至全国生猪市场从缺猪转向全面过剩，政策导向从稳产保供转向市场均衡。非洲猪瘟疫情的扰动和资本市场推动的规模化进程强化了这种转型的波动程度。

二、广东省生猪产业高质量发展存在的问题

生猪高质量发展具有稳定生产、绿色生态、数字智能、联农带农等特征，从现状分析可以看出，广东省生猪生产规模逐步稳定、规模化率逐渐提升、养殖主体结构较为合理、种业技术创新全国领先、绿色生产和品牌建设加力提速、产业政策导向及时合理，生猪产业体系逐渐完善。但在以下方面距离高质量发展还有一定差距。

（一）宏观层面：价格波动剧烈仍是生猪产业高质量发展的关键影响因素

生猪市场价格波动剧烈、成本持续增加。非洲猪瘟导致生猪价格剧烈波动，如图 6 所示，2020 年 2 月生猪出栏价最高可达 41.9 元/千克，每头肉猪出栏平均盈利达 3100 元，到 2021 年 10 月，生猪出栏价跌至最低 13 元/千克，而成本却达到 19.4 元/千克（其中，饲料成本占 50%以上），每头肉猪出栏平均亏损 762元，波动幅度创历史之最。2023 年至今依然处于亏损状态。如高州市，疫情发生后，高州生猪年末存栏头数从 2018 年的 85.51 万头减少至 48.74 万头，降幅达 43.00%；能繁母猪从 7.07 万头锐减至 3.91 万头，降幅达 44.72%，重挫全市生猪产业。

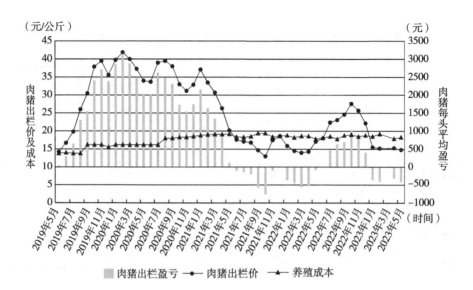

图 6 2019 年 5 月至 2023 年 5 月肉猪出栏价、养殖成本及头均盈亏

资料来源：广东省农业农村厅《广东省生猪产销形势分析》（2019 年 5 月至 2023 年 5 月）。

价格波动将传导到生产端，进一步导致生猪价格快涨速落、淡涨旺跌。例如，2023 年 7 月 28 日高州外三元标猪价平均约为 8.2 元，8 月 4 日价格则猛涨至 9.4 元，涨幅达 14.63%。对养殖户而言，以生猪平均成本 8.3 元/斤计算，一头出栏标猪（280 斤）便从亏损 28 元到盈利 308 元。生猪价格不稳定也进一步降低了养殖户补栏积极性，顺达公司目前年出栏量不到 6 万头，仅占其全部出栏能力的 30%。

从养殖户成本来看，如表 12 所示，饲料费是生猪养殖主要成本，占总成本的比重超过 50%，2022 年，受玉米、豆粕价格上涨的影响，饲料费占总成本比重上涨到 64.9%。而随着养殖规模增加和养殖技术的不断完善，仔畜费、医疗防疫费、工具材料、维修维护费出现下降趋势，2022 年这几项费用同比分别下降 2.2%、4.7%、20.4%。因此，饲料成本是决定生猪养殖成本的重要因素。据调查了解，大部分养殖主体"养一批亏一批"，靠借债维持生产，影响畜牧业的健康发展。另外，近年来"环保风暴""减抗行动""生物防控"等行动，间接加大了生猪养殖的成本投入，部分中小养殖户逐步退出生猪养殖，影响生猪产业的稳定发展。

表 12　2020~2022 年广东省规模基地商品肉猪养殖成本情况

单位：元/头，%

项目	2022 年全年	成本比重	2021 年全年	成本比重	2020 年全年	成本比重
总成本	2161.6	—	2477.6	—	2505.4	
饲料费	1403.6	64.93	1309.3	52.80	1268.6	50.60
仔畜费	362.5	16.77	370.7	15.00	318.2	12.70
人工成本	134.9	6.24	138.1	5.60	135.6	5.40
死亡损失费	—	—	255.4	10.30	341.3	13.60
医疗防疫费	130.6	6.04	137.0	5.10	136.6	5.50
水、燃料费	—	—	51.6	2.10	69.9	2.80
工具材料、修理维护费	40.5	1.87	50.9	2.10	48.9	1.90
间接费用	150.2	6.95	143.0	5.80	143.9	5.70
土地成本	—	—	31.5	1.30	42.0	1.70

资料来源：《广东省生猪产销形势分析》（2020~2022 年）。

（二）中观层面：生产和屠宰加工融合度低、中小规模养殖模式地区转型升级难度大

1. 生猪主要养殖市县的屠宰加工率较低，全产业链建设滞后

大部分养殖大县的生猪产业集中在养殖环节，在本地屠宰较少，屠宰环节的收益无法留在本地，肉制品加工产业发展均较为滞后。例如，茂名虽然是全省生猪产业第一大市，但第一产业大、第二产业弱、第三产业滞后，生猪产业"大而不强"，现代化加工企业不多，肉类加工量少，以初级加工产品腊肉等为主，产品质量不高，没有品牌效益，产品附加值低。饲料、销售、加工、科研等环节集中珠三角地区，目前并未向生产大县转移。

不少养殖大县在推进产业链延伸，但目前进展较缓慢。例如，高州市虽然引进的均是具备饲料、养殖、加工、屠宰产业链的养殖一体化企业，但是受市场行情影响，大部分企业的加工、屠宰链条尚未建设或者未正式投产。化州市生猪定点屠宰企业 8 家，年屠宰量约为 40 万头，占全市生猪出栏的 25% 左右，其余主要活猪调运珠三角地区。高州市较大的肉产品加工厂仅有高州市食品企业集团公司高城果乡食品厂肉品加工厂一家投产，2022 年肉品加工产量为 590 吨，销售额为 1783 万元。顺达（10 万吨）猪肉制品厂加工设备已调试完成，但因未达到年出栏 20 万头规模无法自建屠宰场，目前加工线处于闲置状态。此外，加工品种较为单一，主要为腊肠、腊肉等。而化州和廉江肉制品加工发展更为滞后，目前

加工企业数量和规模均比较小，未规划大型加工项目，且加工产品为传统的腊肠、粽子、扣肉等，消耗本地猪肉较少，加工业产值仅有 1000 多万元，相对较低。

2. 中小养殖规模为主的地区养殖主体结构相对固化，转型升级难度大

化州和廉江两地养殖主体结构固化，短期内依然是以中小养殖户为主。中小型养殖户优势是能够解决部分农民的生计，缺点是抗风险能力比较差。而大企业的优势在于资金充足、抗风险能力较强，能够在种猪培育、饲料生产、加工和销售等全产业链形成一体化发展模式。但两个地方政府引进企业集团养猪的意愿不强：一是因为环保压力大，随着乡村振兴工作的逐步推进，对畜牧养殖环保治理越来越严，畜禽粪污必须达标排放。同时新建猪场受环评门槛提高、治污设备投资大。二是地方政府财政负担大，养猪业是第一产业，对地方财政收入贡献不大，还要贴钱占地，承担环保责任、生猪防疫责任、食品安全责任，有些地方觉得不划算，财政收入少的农业大县对重点发展生猪产业积极性不高。三是因为建设用地不足，引入大型养殖企业一般需要配套较多的建设用地，然而两地"工业企业都拿不到地"，更加没有动力引进大型企业。

（三）微观层面：联农带农门槛高、要素获取难度大

调研高州、化州和廉江三个生猪产能调出大县发现，三地生猪出栏均过百万头，2021 年出栏量在全省各县区排名分别为第四位、第一位和第三位，具有一定的代表性。三地养殖主体结构不同，代表了县区生猪产业的典型两种模式，即企业大型养殖为主和中小型养殖为主的模式，面临的问题也不相同，普遍反映的问题有以下几方面。

1. 生猪产业门槛较高难以联农带农

虽然三地均有大型养殖企业运营了"公司+农户"模式但数量相对少，且合作户大部分是有经验的养殖大户，自有养殖场地和人员。例如，恒兴等大型养殖企业在化州和廉江运营了"公司+农户"模式，目前茂名市恒兴养殖有限公司已与化州市的 19 户养殖户开展了合作，存栏生猪 2 万头。但带动农户的数量相对较少，且合作户大部分是有养殖经验的大户，自有养殖场地和人员，在市场低迷时选择与企业合作获得保底收入，以此规避市场风险。正大集团在化州与地方企业（化州天天汇有机食品公司）以"保底收购+分成"的方式合作养殖，建设了6000 头规模的母猪养殖场，年出栏 15 万头仔猪，并计划建设年出栏 15 万头左右的育肥猪场，本地公司负责提供养殖场地和人员，正大集团负责销售并提供种猪和技术支持。这种模式对当地农民的带动作用更加有限，是大型养殖企业与本地

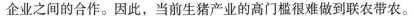

企业之间的合作。因此，当前生猪产业的高门槛很难做到联农带农。

2. 土地、资金、人才等关键要素获取途径尚需畅通

生猪养殖用地及屠宰加工建设用地缺乏。首先，各地均反映后备养殖土地资源不足。新增养殖用地审批难，生猪养殖主要使用林地，涉及多个部门，但各部门没有形成联合审批和协调机制，各自为政，出现各部门意见管理和执法不一致等情况，容易导致建设主体有意或者无意的建设违规。如在廉江的调研中，一个养殖场将原有通往养殖场的道路进行了硬底化，但被认定为违法，"差 2.8 亩就被抓起来了"，已建成的猪舍无法正常投产。肉制品加工和屠宰建设用地指标在各地优先级较低，无法满足需求。且用地政策宣传不到位，养殖户甚至不知道所用地块是什么性质。在非洲猪瘟发生前，禁养区养殖户被关闭清退，然而非洲猪瘟疫情后，部分禁养区转为限养区，失去的生猪产能已无法恢复。另外，用地方面宣传不到位，养殖户甚至不知道所用地块是什么性质。如顺达公司新建养殖场在完成建设审批后，因在原有林地自然形成的道路上硬底化，被认定违法。其次，养殖企业融资难，各类财政补贴手续繁琐。中小型养殖户没有抵押物，银行贷款困难。省农担可为农业企业提供融资担保，但最高额度只有 300 万元。"生猪贷"也限定 1000 头母猪只能贷款 100 万元，但能繁母猪价格相对较高，"能养得起 1000 头母猪的，100 万元贷款对他来说用途不大"。各类财政补贴呈现"规模养殖户不感兴趣，政府补贴无法下放"的状况，以能繁母猪补贴为例，100 头以上母猪规模才能拿到，但手续繁琐，且需要进场核查和"回头看"核查，面临较大的防疫风险，很多猪场宁愿不拿补贴，政府也"头疼"相关补贴无法下放。最后，基层动物防疫队伍弱化。2019 年机构改革后，高州和廉江乡镇畜牧兽医站合并至乡村振兴中心，兽医人员无法专职开展工作，影响了检疫、防疫等工作的开展。当前人员老化、青黄不接、人员地区分布不平衡，且下放到镇街后无法调配、同工不同酬和同酬不同工矛盾日益突出。

三、国内外生猪产业高质量发展经验借鉴

（一）国外经验

1. 养猪王国丹麦：政府扶持、科技创新、品牌和营销、合作社组织带动及产业链融合

丹麦人口不到 600 万，国土面积仅为 4.3 万平方千米，生猪养殖是其经济支柱产业之一。丹麦是全球最大的猪肉出口国之一，平均年出栏生猪约 3100 万头，屠宰加工生猪约 1700 万头，出口活猪约 1400 万头。丹麦有 3%的人口从事农业

生产工作，人均养猪5头。出栏的生猪90%用于出口，是世界第三大猪肉出口国。2010年以来，丹麦的生猪养殖数量逐年上升，生猪养殖场数量减少、规模逐渐增大。丹麦作为一个养殖大国，其成功经验可以概括为以下几方面：政府扶持政策、网络科技创新和现代化手段的运用，以及品牌和营销策略，这些方面共同为丹麦养猪业奠定了坚实的基础①。

（1）政府重视和扶持。

丹麦政府高度重视畜牧业发展，制定了相关法律和政策支持农牧业。政府在养殖场建设、技术创新、人员培训、产业推广等方面提供了大量经济和政策支持，同时还投入了巨额资金用于养殖基础设施的建设和现代化设备的引进，从而保障了这些养殖场和农户的利益和生计。例如，丹麦政府大力支持标准化养猪模式的发展。通过制定统一的养殖规范和推广标准化管理模式，使养猪业在整个过程中得以严格监管，保障了产品质量。这些标准包括养殖条件、饲料配方、疫苗接种、动物健康检查等，完全解决了饲料中添加"瘦肉精"等问题。

（2）重视科学技术和现代化管理手段。

丹麦养猪业的成功也离不开科学技术和现代化管理手段。丹麦的养猪科研机构和大学是全球最先进的，并且不断进行科技创新，以提升养猪效率和品质。通过对育种技术、饲养管理以及疾病防治方法的改进，增强了养殖场的生产效益和产品品质。例如，重视猪只的遗传优势，通过科学的育种方法选育出高产、优质、健康且肉质优良的猪种。在育种过程中，丹麦采用严格的繁殖选择和品种改良策略，不断优化猪只的基因组合，以提升猪肉产量和品质。丹麦历经数十年的不懈努力，成功培育出了世界上生长快、繁殖出色、肉质优良的猪品种——兰德瑞斯猪，又称长白猪。同时，丹麦还大力推行现代化的养殖管理手段，包括自动化技术、信息化技术和智能化控制等，提高了养猪效率和效益。

（3）重视品牌和营销策略。

丹麦的猪肉出口成绩离不开品牌和营销策略的创新。丹麦的猪肉品牌"丹麦肉"以优质、安全、健康而闻名全球。政府和企业联合制定标准，规范化养猪，确保产品品质达标。此外，还开展各种宣传活动，展示自己的品牌形象和优势。在国际市场，丹麦猪肉以其高品质和安全性出名。经营出口市场也有专业技术人员负责协调政策、分配资源和管理渠道等方面的工作。因此，丹麦的出口量和市

---

① 世界养猪王国丹麦的成功经验［EB/OL］. 2024 - 05 - 10，https：//mp. weixin. qq. com/s？＿＿biz＝MzA3MTA4NTgwNA＝＝&mid＝2653011331&idx＝1&sn＝fa21a296d6d9a8fb574b085949288322&chksm＝85e157e602f7cc609b3d10b4c2c905c322b3578ce8698e7df69a9e453a18fc9b8828e389ca70&scene＝27.

场占有率逐年增长。

（4）构建以合作社为核心的产业组织体系。

经过 50 多年发展，丹麦所有家庭牧场的养猪户都加入了不同的合作社，形成了以合作社为核心、以家庭农场为基础、以各类协会和联合会为依托、以咨询服务机构为支撑的产业组织体系架构，以及农民合作化、生产标准化、服务一体化的制度特征。一个年产 17000 头生猪的养猪场，只需 6 名员工就可正常运转。种猪、饲料、屠宰及加工等环节都由专业合作社提供服务，完全不用农户操心。而合作社内部也有一定的机制设计，防止压价和提价等行为。通过合作社机制，丹麦的养猪业实现了高效化商业运营，降低了产业链各环节的交易成本和恶意竞争，实现了全产业链的高效运营，养猪户也能分享产业链的利润。

（5）形成产业链上下游协作互利、抗风险机制。

丹麦的合作社经济模式和高度整合的产业链是生猪产业成功的主要原因。丹麦已形成产业链上下游合作利润互享，相互促进的局面。整个产业链分为饲料、种猪繁育、仔猪养殖、肥猪养殖和屠宰加工五个部分，既分工协作，又有统一的行业协会，每个农场主都是行业会员，也是丹麦最大的生猪屠宰和猪肉生产企业"丹麦皇冠"（DanishCrown）的股东，风险共担，利益共享，整个行业抗风险能力强，尤其对育种支持较大。

丹麦养猪业的成功不是一朝一夕，而是政府支持、科学技术、现代化管理和品牌营销等多方面因素的共同作用。我国养殖行业可以借鉴丹麦的成功经验，在政府重视、科技创新、品牌营造、强国战略的基础上，对硬件设施和经营管理方面做出改进，因地制宜，充分利用家庭牧场养猪户适度规模养猪，种养结合，发挥各自优势，精益求精，优化管理方法，增效降本提质，促进养猪业可持续高质量发展。

2. 日本：组织化及对价格波动的调控政策

日本根据本国资源条件、市场供需、生猪产业实际情况，通过立法管理生猪生产、屠宰、市场销售等，制定了一系列保护和调控本国生猪产业的价格干预、生产补贴、融资支持和贸易调控政策，猪肉价格波动小，生猪养殖保持较好收益，规模化水平不断提升，生猪生产平稳增长[①]。

（1）建立以中等规模户为重点的生猪产业竞争力改良政策。

日本政府出台的包括融资等政策主要扶持中小规模养殖户。我国与日本类

---

① 朱增勇，陈加齐，张学彪，等. 日本生猪产业发展与价格支持性政策启示 [J]. 价格理论与实践，2018（4）：68-72.

似，养殖主体以中小规模养殖户为主，适合发展适度规模的生猪养殖。日本政府建立有效的生猪产业保护机制，出台猪肉收储、储备肉投放、生猪保险、收入支持、猪肉进口调控等配套政策，由日本农畜产业振兴机构按照统一标准执行，政策效果显著。日本设立生猪补贴基金，1968 年及 1972 年陆续成立三个基金，执行"通常补贴制度"以稳定配合饲料价格；1975 年成立配合饲料安定机构，在配合饲料价格大幅上涨时，至"通常补贴"无力应对时实施"异常补贴"，两段机制相互应用来对生产者实施补贴，缓解配合饲料上涨对生猪产业的冲击。日本还出台了融资等其他生产支持政策，包括用于改良生产、提高竞争力的养猪振兴基本方针，用于改善饲料利用、降低生产成本，提高养猪生产和经营能力、优化良种猪等等。

（2）通过组织化水平的提高提升养殖户收益、降低风险。

日本的生猪产业链不同环节相关协会明确分工、有效合作，提供了完善的生产服务体系，有利于生猪生产水平的提高、效益的保障和生产的稳定。日本农业协同组合（农协）自建的饲料加工厂、物流体系为养殖户提供质量高、价格便宜的饲料原料，协助生猪运销、猪肉加工和存储，减少了养殖成本，提升了附加值。此外，养猪协会、国产纯种猪改良协会等提供种猪改良服务，日本食肉评级协会负责屠宰评级，日本食肉批发协会提供和发布参考价格，全国食肉事业协同组合联合会负责猪肉流通设施的改造。

（3）采取以产地屠宰加工为核心的供应链运营模式，保障猪肉食品安全。

日本以屠宰场为核心的供应链运营模式保障了物流快速、质量安全。日本的食肉中心和屠宰场主要布局于产区，屠宰后的猪肉全程冷链运送到产地的食肉中心和销售地的肉类批发（拍卖）市场分割、加工和包装，通过肉摊等终端销售渠道进入家庭的餐桌，减少了运输成本和疫病风险，保障了品质安全；集中于大型城市的肉类拍卖市场能够形成权威的猪肉价格标准，及时反映消费需求。

（4）采取"一揽子"政策支持生产、提高收入、稳定市场。

日本政府依据《畜产品价格稳定法（ACSPLP）》出台了多项政策来干预猪肉市场，调控政策逐渐科学化、合理化和系统化。日本生猪产业保护政策，既包括生产能力支持和收入补贴，还兼顾了政府对市场价格调控。首先，日本实行价格稳定制度。设定安定基准价格及安定上位价格，当猪肉批发价格低于安定基准价格时，由养猪团体，或农畜产业振兴机构实施收储；当猪肉批发价格高于安定上位价格时，则投放库存猪肉或减免关税、促进进口。其次，日本实行养猪经营稳定政策。该政策只针对中小企业，属于收入补贴。当屠体猪肉价格低于养猪成

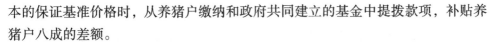

本的保证基准价格时，从养猪户缴纳和政府共同建立的基金中提拨款项，补贴养猪户八成的差额。

（二）国内经验

省外较多县区提出打造百亿生猪产业集群，南阳内乡县、白城通榆县、怀化会同县、衡水安平县、平顶山汝州市等均是由产业龙头企业带动全产业链发展，进而形成百亿产值的"生猪产业强县"，而像化州和廉江以中小型养殖为主，没有大型企业引领模式打造成为百亿产业的县区罕见。

1. 生产端：内乡县——依靠牧原集团"头部带动"打造"华夏生猪产业第一县"

河南省南阳市内乡县被誉为"华夏生猪产业第一县"，是全国行业头部企业牧原集团的发源地，其主要发展经验可归纳为"头部带动"，龙头企业与县域经济携手并进，即牧原集团带动了县域经济跨越式发展。主要做法和经验如下①：

（1）久久为功，实施农牧大县战略。

20 世纪 90 年代至今，内乡先后有八任县委书记接力实施"工业强县、农牧大县、文旅名县"的"三县战略"。时任内乡县县长与牧原董事长谋划实施内乡农牧装备孵化园建设，并把培植牧原的供应链项目作为全县招商引资的重点，开启了内乡与牧原互助发展、共生共荣的产城互动局面。内乡倾全县之力，不断强化政策、资金、土地等要素保障，助推牧原做大做强。为更好地服务牧原，最大限度地发挥其龙头带动作用，该县成立"支持牧原集团发展指挥部"，全程服务牧原项目建设。"服务牧原、发展内乡；发展牧原、成就内乡"。牧原与内乡深度融合、共进共赢，树起了高质量高效率发展的新标杆。

（2）"头部带动"全产业链发展。

牧原 2022 年出栏生猪 6120 万头，屠宰 730 多万头。基于本地企业牧原发展的优势，内乡县抢抓机遇，不但巩固建设生猪养殖规模 400 多万头，而且通过招引建设优势项目，规划建设屠宰产能 610 万头。并围绕生猪产业健全了产业链，建成装备制造、饲料加工、动物保健、食品加工、预制菜、冷链物流、电商服务等一系列项目。围绕生猪产业，内乡提出了"四个千亿"战略：围绕牧原上中下游产业链招商，打造千亿级的农牧装备产业园；围绕牧原猪场屋顶资源，加快布局全县玻璃制品、光伏组件、储能等产业链，打造千亿级的新能源产业园；围绕猪小肠、猪毛、猪胰脏等屠宰副产品，研发生产生命健康药品及产品，打造千

---

① 资料来源：根据内乡县人民政府发布的《政企融合打造全国现代猪产业第一县——访内乡县县长杨曙光》整理所得。

亿级的生命健康产业园区；以牧原生猪养殖饲料蛋白需求为起点，打造千亿级的合成生物产业园区。例如，2016 年，内乡先期建设了农牧装备孵化园，吸引十余家农牧装备制造类企业入驻。牧原公司对入驻企业进行订单扶持，入驻企业凭订单可到县农商银行申请贷款，政府依据亩均税收情况对入驻企业进行租金奖励。几年时间，已孵化出寅兴牧业和恒辉实业两个年产值超 10 亿元的农牧装备企业，并配套建设了寅兴装配式建筑新材料产业园等 3 个专项园区。为更好地服务大批供应链企业，内乡和牧原又全力建设"生猪产业链大数据管理平台"，形成稳健完整的生猪产业生态圈，进一步降低供应链企业成本，抵御市场风险，强化全县生猪产业的整体竞争力，为牧原不断发展壮大提供了强劲支撑。

（3）持续优化营商环境。

内乡把优化营商环境作为"一号服务"工程，坚持项目谋划、项目争取、项目建设和开放招商"四位一体"工作格局，"顶格推进"营造便捷高效的政务环境。组建七大招商专班，实行首问责任制、限时办结制等 12 项企业服务机制，打造政务服务品牌。强化先导性、支撑性基础设施和基础能力建设。围绕龙头企业发展、主导产业升级，累计投资 5 亿元，为牧原集团项目建设构建交通便利的城市路网。为降低企业运营成本，累计投资近 1 亿元建成了农牧装备孵化园一区、二区，并完善企业"拎包入住"的基础设施。

（4）重视绿色循环发展。

为推动生猪产业可持续发展的重要内容，内乡县和牧原集团高度重视绿色循环发展模式的建设。推动高标准建设数字化种养循环示范区项目，拟投入 20 亿元，规划建设 30 万亩高标准农田，发展高效节水农业，建成后粪污综合利用率达 98%以上，规模化养猪场粪污处理设施装备配套率达 100%。项目建成后将实现"六减三增三提"（六减：减水、减肥、减药、减人工、减物流、减碳排放，三增：增地、增产、增效，三提：提高抗灾能力、提升作物品质、提升耕地等级）目标，每亩地减投增收至少 200 元。种养一体按年出栏 400 万头计，每年可减少 1200 万吨污水排放，实现产业发展与环境保护的和谐统一。

（5）完善"5+"模式联农带农助农。

牧原"5+"模式，即采用"政府+金融机构+龙头企业+合作社+农户"五位一体运营机制，充分发挥牧原集团龙头企业带动优势，把农户变成股东，让有能力的合作社嵌入企业优势产业链，从而实现村集体稳定增收、农户增收。在脱贫攻坚时期，牧原集团与河南省内乡县政府、国家开发银行河南省分行等单位创新探索的"5+"资产收益扶贫模式，将贫困户融入生猪产业链，有效激发了贫困户内生发展动力，并取得显著成效。这一模式在内乡县全面铺开后，又被牧原集团子公司复制推广到 15 个省份 62 个县（市、区、旗），累计帮助 14.4 万户 39.34 万人脱贫。在巩固拓展脱贫攻坚成果同乡村振兴有效衔接阶段，牧原集团一方面接续加大资金、技术、人力等各方面投入，推动产业向粮食、饲料、屠宰加工等产业链上下游延伸，做强、做优、做大生猪产业；另一方面在"5+"模式的基础上进一步优化利益联结机制，让更多农户和脱贫群众分享产业增值收益，着力将生猪产业做成乡村振兴支柱产业。牧原集团在"5+"模式的基础上，实施"县—乡—村"三级农民合作社联营模式，引导薄弱村成立集体股份经济合作社，把集体未发包的土地、集体建设用地及其他村级经营资产注入合作社。在内乡县政府、金融机构等多方支持下，这一模式覆盖内乡县 168 个村，累计获得收益 5.5 亿元，缓解了村级集体经济"空壳化"问题。

2. 加工端：宣威市——建设优质火腿及肉制品加工基地

云南省宣威市围绕建设成为"优质火腿及肉制品加工基地"的发展定位，扎根"土"，彰显"特"，壮大"产"，把火腿及生猪产业确定为主导产业，鼓励扶持有实力的企业发展火腿加工产业。在这一过程中，政府和企业多点发力，聚焦生产端、加工端、销售端等环节，一体推进产业链延伸、价值链提升、利益链联结，推动宣威火腿百年"老品牌"焕发"新生机"。2022 年，全市生猪养殖户 21.8 万户，生产火腿 6.9 万吨，火腿产业综合产值达 105 亿元，成为乡村振兴的新引擎。

（1）园区化聚企延链。

建设火腿产业园，推动宣威火腿的产业形态由"小特产"向"大产业"转变，空间布局由"平台分散"向"园区聚集"转变，主体关系由"同质竞争"向"合作共赢"转变。入驻产业园的企业改变了过去传统技艺没有标准、凭借经验生产的不足，形成了标准化的加工模式。宣威火腿的标准化生产不仅体现在生产端，针对本地生猪屠宰加工短板，当地政府引进深圳望家欢集团年屠宰 50 万头生猪及冷链物流等肉联一体化项目，建立"集中屠宰、品牌经营、冷链运输、冷鲜上市"产销模式，推动宣威由"运活猪"向"调猪肉"转变，由卖原料产品向卖终端产品转变。另外，当地政府扶持行业领军企业延链补链，在品种改良、生猪养殖、火腿加工、产品研发、市场销售等肉食品产业链上下游发力，已建成火腿系列产品加工现代化生产线 5 条，2022 年总销售额达 2.6 亿元，提供就业岗位 600 余个。

（2）开发加工系列食品。

传统宣威火腿系列产品主要以块状生食、袋装熟食、火腿月饼三大产品体系为主。随着名气、产量的提升，需要创新更加多样的产品满足市场需求。为了让宣威火腿系列产品多样化，提升市场竞争力，创造更大的价值空间，近年来，宣威市大力推进传统技艺与现代科技融合，启动建设宣威火腿研究中心、产业技术研发中心、重点实验室等项目，搭建新产品、新工艺、新技术研发创新平台。宣威市实施奖补政策，企业每开发1个经相关机构认证的新产品，给予3万元奖励资金。自2021年以来，宣威新增火腿产品8个，累计研发生产火腿即食、熟食等系列产品达100余个，新开发的黄精燕窝火腿饼、刺梨火腿饼等产品畅销省内外。通过线上线下多渠道销售，宣威火腿销售区域已覆盖到北京、上海等20多个大中城市，部分产品远销中国香港、韩国、新加坡等国家和地区。目前，宣威火腿系列产品销售份额约占全国火腿市场的35%，在宣威火腿这一区域公用品牌的带动下，品牌溢价能力提升1倍以上。

（3）联农带农富农。

火腿收入是当地群众的一项重要收入，每个村都有养殖专业户，养殖规模30~200头。大部分乡（镇）都有上千头规模的养殖场。为了让农户从火腿产业得到更多收益，宣威市支持龙头企业采取"公司+合作社（家庭农场）+农户（脱贫户）""公司+基地+农户"等模式，与养殖户建立订单生产、股份合作、保护价收购等利益联结机制。截至目前，宣威市有2084个新型经营主体参与火腿产业发展，带动有发展条件的脱贫户4.3万户。

3. 销售端：梨树县——建基地、塑体系、创品牌打造"梨树白猪"

梨树县地处世界黄金玉米带，是全国粮食生产五强县、全国生猪调出大县、瘦肉型商品猪生产基地县。全县396万亩耕地产粮超50亿斤，年外销"梨树白猪"150万头，绿色食品认证品牌146个，畜牧经济占到农业经济发展的半壁江山。"梨树白猪"产区是吉林省首批认定的10个特色农产品优势区之一，"梨树白猪"凭借着屠宰率高、瘦肉率高、肉质鲜美、皮薄柔嫩、绿色无公害，远销北京、广东、福建、内蒙古等地，知名度逐步提升。

（1）建设"三个基地"，夯实发展基础。

梨树县把标准化生产基地建设作为原料供应基地，严格推行"梨树白猪"生产技术和监管标准，推进标准化绿色养殖。全县打造100万亩全国绿色食品原料（玉米）标准化生产基地，建设畜禽标准化养殖小区（场）126个。积极探索使用物联网远程监控和二维码等身份识别技术，力求实现梨树白猪生产过程和产品可追溯。

依托龙头企业建设精深加工基地。梨树县因地制宜发展"梨树白猪"产地初加工和精深加工，依托梨树经济开发区整合农产品加工产业集聚园区，依托红嘴农高公司年产 240 万头生猪屠宰项目，加速园区产业化、产业集聚化，最大限度挖掘特色农产品的增值潜力。围绕"梨树白猪"及其加工副产物循环利用开展招商合作，不断挖掘农产品加工潜力、提升增值空间。

建设仓储物流基地，提高"梨树白猪"流通效率。位于梨树县榆树台镇的浩丰生猪交易市场素有全国的"猪市名片"之称，是东北三省交易量最多的一家生猪交易大市场，生猪年交易量达 120 万头，年交易额达 21 亿元。梨树县在现有农产品流通体系的基础上，不断完善仓储物流设施，推进配套建设仓储、物流、冷链设施，发展具有跨区域配送能力的现代化配送中心。

（2）完善技术与质量控制体系，保障质量安全。

一是完善技术推广体系。梨树县把新品种培育和技术创新作为提升"梨树白猪"市场竞争力的战略措施，加大"梨树白猪"品种资源保护，完善良种繁育科技支撑体系。联合入区企业、农业高校、科研院所、新型经营主体，重点解决"梨树白猪"的饲养技术、疫病防控等关键问题。通过建立示范基地、下乡指导授课、手机软件网络诊断等方式，强化与农户的沟通反馈，向农户传授新技术、新技能。二是完善质量控制体系。通过引进质量追溯技术，确保特色农产品质量安全。农业部门严格按照绿色食品、有机食品的要求，制定形成从生产、加工，到仓储、物流等全系列标准，做到质量有标准、过程有规范、销售有标志、市场有监测。加强"梨树白猪"检测机构建设和人员培训，实现对特色农产品生产投入品、生产过程、流通过程进行全程追溯。

（3）搭建品牌与市场营销体系，扩大消费市场。

梨树县依托"梨树白猪"优势区创建，加强传统品牌的整合，建设叫得响、有影响的区域公用品牌。农业部门不断提升管理服务能力，培育和扩大消费市场，实现优势、优质、优价。同时建立特色品牌目录制度，优化品牌标识，"梨树白猪"品牌标识设计工作全面完成，重点进驻大型商超、餐饮企业和电商平台。

四、生猪产业高质量的政策建议

生猪养殖业呈现出养殖门槛在提高、产业格局在调整、生物安全要求在加强、生态养殖步伐在加快、智能化数字化在快速普及等新特征。在此情况下，对照生猪高质量发展的稳产保供、绿色生态、数字智能、联农带农等特征，提出以下建议：

（一）进一步提升产业组织化程度、完善产业链一体化发展模式、加强调控力度，应对行情波动

一是提升生猪产业组织化程度。虽然广东省生猪规模化水平已经大幅提升，但与发达国家相比，仍有较大提升空间。创新生猪养殖经营模式，将饲料供应、养殖、加工、消费等环节紧密衔接。鼓励龙头企业和规模化养殖场建立相互参股、利益共享、风险共担的紧密合作机制。充分发挥政府机构作用，依托高校、研究所等技术体系，形成产业化组织程度较高的"研发+公司+养殖户+客户"经济联结体，提高生猪产业竞争力。二是推动产业链一体化。鼓励养殖大市（县）养殖、屠宰、加工、配送、销售一体化发展。以产业园为引领，推进生猪主产区由养殖第一产业独大向一二三产业融合发展转变。打造若干"链主"龙头企业，延伸产业链、提升价值链、打造供应链，推动生猪屠宰、加工、销售等企业向产地集中。通过政府机构、行业协会等联合企业，打造地方生猪品牌。配套建设冷藏库、冷冻库、冷链运输车等基础设施，保障猪肉速冻产品安全快速运输。支持生猪主产市县逐步发展为猪产品深加工基地，把税收留在主产区，销区通过资源环境补偿、跨区合作建立猪肉供应基地等方式，形成销区补偿产区的长效机制。三是加快区域生猪生产和猪肉市场宏观调控。在生产端，落实"三抓两保"（抓产销大省、养殖大县、养殖大场，保能繁母猪存栏量底线，保规模养殖场数量底线）分级调控措施，重点加大生猪主产区的产能调控力度，稳定能繁母猪存栏量。在消费端，完善猪肉储备调节机制，适时启动猪肉收储工作，缓解生猪价格波动。

（二）创新废弃物资源化利用技术，推广应用种养结合循环生产模式，推动绿色生态养殖

一是坚持以种定养、以养促种。充分考虑各地自然资源禀赋条件和土地消纳能力，详细测算区域内耕地承载能力，配置合适的养殖规模，并严格控制限养区养殖场区的数量和规模，引导生猪养殖向适养区集中，实现"以种定养"。在粪污还田制度规范上，可以借鉴发达国家的有益经验，试点推广粪污养分管理和田间养分管理计划，根据各地区土壤条件确定粪肥还田时间和数量标准，以便充分消纳粪肥养分，防止粪肥还田后造成二次污染，实现"以养促种"。二是鼓励发展适度规模的种养结合模式。鼓励种植业规模经营主体兼营中小型生猪养殖，通过家庭经营内部的农牧互动实现生猪养殖粪便就地消纳。加强对种养结合型家庭

农场、养殖大户等的政策支持力度，重点推广建设农场粪污储存、处理、还田以及综合利用的设备设施，以"减量化""循环化"和"资源化"为生产方式，以"低能耗""低排放"和"低污染"为生产特征，带动周边其他类型养殖户利用农业废弃物制造有机肥和沼气，实现低碳养殖。三是建立资源化利用市场运营机制。通过支持第三方处理机构和社会化服务组织发挥专业、技术优势，建立有效的市场运行机制，促进资源化利用合作，建立可持续的资源化利用机制。

（三）加强对种业和数字化智能化技术发展的支持力度，推动生猪产业形成新质生产力

一是加大对育种、饲料种植等基础产业创新的支持力度。加大生猪养殖场主体种植大豆、玉米等饲料原料的支持力度，降低生猪饲养成本，促进种养循环的形成。推动地方种质资源保护与可持续发展，在政府主导型保护模式基础上，引导企业积极参与良种繁育体系建设，引入相应的市场化机制，促进社会资本、科研机构和市场等多方共同参与，构建"市场导向、政府扶持、企业参与"的商业化模式。二是推动智能化养猪技术发展。加快生猪数字化联合育种，建立高效的智能化种猪性能测定体系，加快全基因组选择等育种新技术的应用，推广牧原、温氏等养殖龙头企业建立的数字化管理中心，通过智能化设备、大数据、云计算等技术提升生猪养殖水平，制定统一的行业标准和规范，打造高标准"数字猪场"。

（四）推动中小规模户的转型升级，完善联农带农机制，保障中小规模主体发展权益

一是支持和推动中小规模户的转型升级。推动散户逐渐向以夫妻经营为主的25～200头存栏的家庭农场转型，提升适度规模养殖比例。鼓励散户和家庭农场成立专业合作社，提供统一采购、统一技术指导服务，降低养殖成本。二是扩大中小型养殖场与企业集团合作规模。将联农带农机制作为大型企业享受优惠政策的前提条件，形成联农多受益多、联农紧受益多、联农稳受益多的导向。建立完善"保底+分红"利益联结机制，着力构建"联得紧、带得稳、收益久"的长效机制，以大企业的资金和技术来降低疫情和市场风险。三是升级迭代合作经营模式。推动"公司+农户"升级为"公司+家庭农场""公司+现代养殖小区+农户""公司+现代产业园区+职业农民"等模式。积极探索推广温氏在云浮实施的"政银企村"或"政银企村户"等多种多方共建模式，助力村集体经济发展壮大。

（五）完善土地、资金、人才、信息等关键要素支持机制，提高地方政府积极性及养殖主体生产经营效率

一是构建职能部门沟通协调机制，畅通土地要素申用途径。各职能部门联合出台农业产业用地指引，明确地块性质和用地审批流程，避免出现投资建设完成后被拆除和整顿的现象；职能部门间要建立用地联合审批机制，可探索在"百千万工程"指挥部中建立地方特色优势产业专班，协调产业发展中的用地等各类重要问题。二是创新金融支持产品、完善生态补偿机制。支持对龙头企业、以"公司+农户"模式生产经营的生猪企业、挂牌国家级、省级生猪产能调控基地的生猪养殖企业予以信贷支持上的政策倾斜。加快推广土地经营权、养殖圈舍、大型养殖机械、生猪活体等抵押贷款，更好地满足养殖主体融资需求。推广生猪"保险+期货"试点，将生猪期货价格保险纳入政策性保险，根据生猪期货市场变化实行阶梯式保费补贴，平衡养殖风险和盈利水平。推动珠三角地区与生猪主产区通过资源环境补偿、跨区合作建立养殖基地等方式，建立稳定的产销区合作保供和利益补偿长效机制，补偿产区在疫病防控、污染治理、质量安全监管和生产补贴等方面的投入，调动主产区发展生猪生产积极性。优化各类补贴项目申报流程，减少养殖主体交易成本。探索采用现场视频等非现场核查和监督手段，避免疫病带入风险，提高符合条件的养殖户申报财政补贴的积极性。三是明确基层兽医队伍职责，构建社会化服务体系。持续抓好官方兽医队伍建设，积极向政府和有关部门争取人员、编制、资金支持，在春防秋防关键时期，确保兽医队伍专人专用。培育养殖技术社会化服务主体，推进先进生产技术、信息技术等同社会化服务深度融合，提升生产效率和效益水平。四是构建信息发布机制，推动信息及时共享。建立区域内养殖户信息共享平台①，鼓励政府推动当地成立生猪养殖业协会和养殖户沟通交流群，及时并直接地将相关信息通报给本地养殖户。扩大生猪养殖相关数据的统计和开放范围，提升数据的完整性、时效性和可用性，及时发布全国、全省和全市生猪养殖和市场信息，引导生猪养殖企业合理安排生产，顺势顺时出栏。

---

① 调研中发现，农业农村局关于生猪养殖信息只发送到各镇街，而不能及时通报养殖户。

广东省调味品产业发展报告

甘阳英　周灿芳

主要观点：广东是全国调味品主产省份之一，年产调味品 800 多万吨，约占全国产量的 36%。其中，酱油年产量为 500 万吨，约占全国产量的 50%；蚝油产量为 150 万吨，约占全国产量的 2/3。全省现有调味品相关企业 3.69 万家，数量居全国第二位。珠三角作为广东调味品传统主产区，拥有佛山海天味业（全国调味品龙头企业，年产调味品 400 多万吨）、中山中炬高新和珠江桥、广州致美斋、江门李锦记、味事达和东古酱油等知名调味品企业和品牌。粤西地区是近年来快速发展的调味品主产区，打造了阳西"中国调味品之都""中国香谷"，年产调味品 157.3 万吨。粤东地区是传统的调味酱和酱菜产区，粤北地区和肇庆北部是传统调味料（肉桂）产区。总体来看，广东调味品产业具有企业强、规模大、区位好、市场广等多项优势，但大部分产业对本地第一产业的带动十分微弱，与本地农户的利益联结还很不足，产业对广东省乡村振兴的带动还没有充分激发。分区域来看，珠三角地区调味品面临组织合力不足、外溢风险增加、产品迭代压力增大的困难，粤东地区调味品面临产业转型升级的压力，粤西地区调味品面临配套不足的障碍。建议加快补齐配套短板，推动产业转型升级和产品迭代更新，强化产业本地带动，建设产业公共平台，强化政府组织和产业联动，凝心聚力促进调味品产业健康、可持续发展。

一、发展概况

（一）从产量规模来看，广东调味品产量超全国 1/3，是国内调味品主要产区

近十年来，全国调味品产业快速发展，产量从 2013 年的 700 万吨上升到 2023 年的 2200 万吨，增长 2.14 倍；产值从 2013 年的 2025 亿元上升到 2023 年的 5923 亿元，增长 1.92 倍（见图 1）。

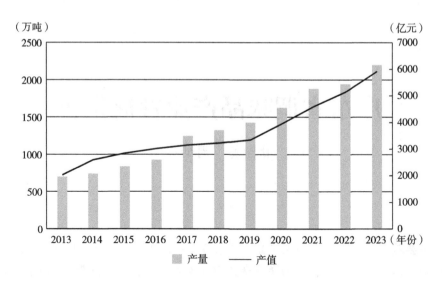

图 1　2013~2023 年中国调味品产量与产值

广东是全国调味品主产省份之一，根据行业调研估测数据，2023 年广东调味品产量超过 800 万吨，约占全国产量的 36%，产值超过 1000 亿元。2024 年 1 月企数查数据显示，全国现存调味品相关企业 54.14 万家，其中山东省 5.55 万家，河北省 4.99 万家，广东省 3.62 万家，排名全国第三（见图 2）。与其他省份项目相比，广东省调味品产业集聚度高，仅广州市就有 2.36 万家调味品企业，

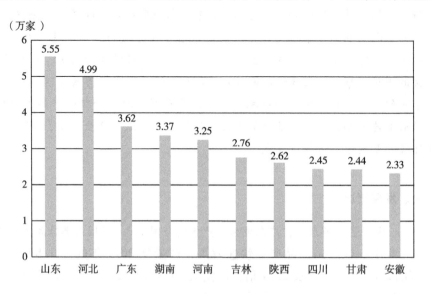

图 2　2023 年各省调味品相关企业数量

是全国调味品企业最多的城市。省内调味品优质企业众多，不仅拥有全国调味品龙头企业海天味业，还有厨邦、致美斋、珠江桥、东古、百味佳、凤球唛、味事达、美味鲜等大量知名品牌。其产业在全国具有重要影响力。

（二）从品种类别来看，调味品种类丰富多样，酱油、蚝油产量超全国半数

调味品是指能增加菜肴的色香味，促进食欲，有益于人体健康的辅助食品。根据《调味品分类》（GB/T20903-2007），调味品可分为食用盐、食糖、酱油、食醋、味精、酱类、香辛料和香辛料调味品、复合调味料等多个种类。广东省调味品种类丰富多样，其中酱油和蚝油产量全国第一，食糖产量全国第三，天然香辛料——肉桂产量全国第一。

1. 酱油产量占全国半壁江山

广东省作为全国最大的酱油产区，年产酱油超过 500 万吨，占全国的半壁江山。仅海天味业一家企业酱油产量就高达 265 万吨，约占全国份额的 26.5%。广东省也是全国酱油主要出口来源地，全国 80% 的酱油出口来自广东。

2. 广东省是蚝油的发祥地和最大产区

广东省作为蚝油发祥地，是国内蚝油的最大产区，年产蚝油达 150 万吨，占全国蚝油产业的 2/3，仅海天味业年产蚝油达 86 万吨，占全国总产量的 47.6%，产值超 45.3 亿元。

3. 广东省是全国第三大食糖产区

2022 年，广东省甘蔗种植面积 220.8 万亩，产量达 1292 万吨，面积和产量分别占全国的 11.4% 和 12.0%，均排名全国第四。当年食糖产量 55 万吨，仅次于广西、云南，居全国第三位。

4. 广东省是全国最大的调味料（肉桂）产区

广东省作为我国肉桂的传统主产区，也是全国最大产区。2023 年，广东省肉桂种植面积 485 万亩，占全国的 41.2%，桂皮产量约 15 万吨，居全国首位。此外，广东省还有料酒 20 余万吨、调味酱 40 多万吨，鸡精、鸡粉等 10 多万吨、酱菜类产品约 5 万吨、食盐 5 万吨，及其他小众调味品（见图 3）。

（三）从区域分布来看，调味品产业主要分布在珠三角和粤西地区

广东省各地都有调味品生产企业，但核心企业主要集中在位于珠三角的佛山、广州、中山、江门等地，主要生产酱油、蚝油、调味酱、鸡精鸡粉、复合调味料等，总产量超过 600 万吨。珠三角以外的调味品主产区集中在东西两翼。西翼以阳江市为核心，主要生产酱油、蚝油、豆豉、调味酱等，总产量 200 多吨；东翼以汕头为核心，主要生产橄榄菜、酱菜、泡菜类调味品，总产量约几万吨。

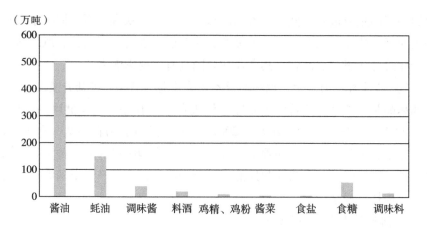

图 3　2023 年广东省调味品分类产量

此外，粤北—肇北山区以云浮的罗定市、郁南县和肇庆的德庆市、高要区为主生产肉桂等调味料，产量约为 15 万吨；梅州有少量地方特色的盐焗鸡粉等，产量较少，但近年来快速发展。可以说，广东省调味品产业基本形成了以珠三角为核心、东西两翼为辅助、山区为特色的区域发展格局。

1. 珠三角调味品主产区

珠三角是广东传统的调味品主产区，其中广州市拥有调味品老字号"致美斋"；佛山拥有全国调味品十强之首的"海天味业"；中山拥有全国第二大酱油生产企业"中炬高新"，打造出"中国调味品十大品牌"的"美味鲜"和"厨邦"品牌，以及"亚洲品牌 500 强"企业"珠江桥"；江门拥有李锦记（新会）生产基地、中炬高新开平厨邦酱油生产基地，以及多个地方品牌如东古酱油、味事达、广味达、兰花等。

（1）广州调味品产业。

广州是全国调味品企业数量最多的城市，现有调味品相关企业 2.36 万家，其中包括中华老字号"致美斋"、全国黄豆酱十大品牌"广味源"、全国鸡精十大品牌"佳隆"、食盐全国十大品牌"粤盐"、食糖全国十大品牌"红棉"等。

致美斋现为岭南集团下属全资国有企业。品牌始创于 1608 年，至今已有 410 多年。在清朝时期，致美斋酱园已是我国四大酱园之一。目前，调味品制作技艺已被评为省市非物质文化遗产，公司荣获"中华老字号""全球酱油十强企业""中国调味品著名品牌企业 20 强"等光荣称号共计 100 多项。致美斋旗下主要生产经营酱油、食醋、蚝油、南腐乳、调味酱、调味汁、调味粉、复合调味料八大类调味品，共 200 多个品种，其中天顶头抽、添丁甜醋、鲍鱼汁已经成为行业细分品类产品标杆，产品远销美国、日本等海外市场。公司设有广州和阳西两个基地，其中广州基地年产量约 2 万吨，阳西基地规划产能 30 万吨，预期产值达 25 亿元。

广州广味源食品有限公司，成立于 2002 年，生产酱油、蚝油、调味酱、调味油、调味粉、调味醋和调味汁七大系列，共 100 多个品种、200 多个规格，打造出"广味源"和"金厨"两大品牌，其中"广味源"黄豆酱被评为全国黄豆酱十大品牌，2006 年被评为中国厨师最喜爱的十佳调味品，2020 年获得"广东省农业龙头企业"称号。

（2）佛山调味品产业。

佛山拥有全国调味品龙头企业——海天味业，始创于 1955 年，是由当地 25 家古酱园合并重组而成。1994 年，海天成功转制，发展成全球大型调味品生产和营销企业，在中国食品制造业最大企业中排名第 23 位，在中国食品制造业最佳经济效益中排第 18 位。2004 年，海天被评为"中国食品工业百强企业"。2005 年，海天开始在高明区建设产量超 100 万吨的生产基地。2006 年，海天荣获中国商务部颁发的"中华老字号"荣誉。2009 年和 2010 年先后参与起草《蚝油》和《黄豆酱》等国家标准，2011 年获得中国调味品协会酱油专业委员会"主任单位"称号。2014 年 2 月，海天味业在上海证券交易所主板上市。同年投资 1000 万元在江苏宿迁设立分厂，并收购开平广中皇拓展腐乳行业。2017 年，海天收购了镇江丹和醋业有限公司 70% 的股权，加快进行食醋品类的布局；2019 年，海天购买了合肥燕庄食用油有限责任公司 67% 的股份，开始在芝麻油领域发展。2019 年，凯度消费者指数亚洲品牌足迹报告显示，海天以 5.2 亿消费者触及数、73.3% 的渗透率，排名中国快速消费品品牌第四位，在《财富》未来 50 强榜单中排名第 15 位，并入选中国品牌强国盛典榜样 100 品牌，品牌估值达 372 亿元。2020 年，《2020 胡润中国 10 强食品饮料企业》排名第一。2022 年，获"国家知识产权优势企业"、入榜福布斯全球 2000 强，获得"国家级智能制造标杆企业""中国制造业民营企业 500 强""中国轻工业百强""农业产业化国家重点龙头企业"等荣誉称号。

海天味业现有员工 7313 人，其中大专及以上学历 4608 人，占比为 63%。公司拥有一个 603 人的核心研发团队，开发的产品涵盖酱油、蚝油、酱、醋、料酒、调味汁、鸡精、鸡粉、腐乳、火锅底料、粮油、饮料等十多个系列、百余品种、800 多规格，销往海内外 80 多个国家和地区。2023 年海天调味品产量为 416.2 万吨，实现营业收入 245.6 亿元，出口产值超过 1 亿元。其中，酱油销售

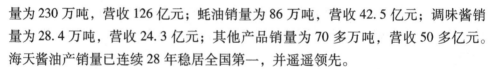

量为 230 万吨，营收 126 亿元；蚝油销量为 86 万吨，营收 42.5 亿元；调味酱销量为 28.4 万吨，营收 24.3 亿元；其他产品销量为 70 多万吨，营收 50 多亿元。海天酱油产销量已连续 28 年稳居全国第一，并遥遥领先。

（3）中山调味品产业。

中山拥有中炬高新和珠江桥两大调味品企业，打造了"美味鲜""厨邦"和"珠江桥"三大调味品知名品牌。

中炬高新技术实业（集团）股份有限公司于 1993 年在广东省中山市注册成立，1995 年在上海证券交易所上市（股票代码：600872），是中山市首家上市公司，也是国家级高新区中首家上市公司。公司核心业务为调味品，旗下拥有"美味鲜"和"厨邦"两大品牌，前者以生产酱油为主，后者以生产蚝油为主。先后被评为国家"高新技术企业""农业产业化国家重点龙头企业""中国调味品行业最具成长力企业""广东省优势传统产业龙头企业"和"广东省创新性企业"。其中美味鲜被授予"中华老字号"称号，厨邦品牌被评为"全国重点保护品牌"，2023 年荣获中国品牌力指数酱油品牌排行榜第二名、蚝油品牌排行榜第三名，位于中国快消品市场前 50 榜单，品牌价值达 175.32 亿元。2023 年，中炬高新的调味品销售收入为 49.32 亿元，占 2023 年度营业收入的 95.97%。子公司美味鲜主要从事 10 多个品类调味品的生产和销售，公司拥有中山及阳西两大生产基地，2023 年整体生产量约 69.47 万吨，其中，酱油的销售额占调味品收入的 62.23%，鸡精鸡粉占比为 13.89%，食用油占比为 9.17%，其他调味品占比为 14.71%，多品类发展格局正逐步形成。

珠江桥品牌始创于 1958 年，是广东省名牌。中山珠江桥食品有限公司成立于 2000 年，主要生产高盐稀态酱油、复合调味料、米酒等产品，产品畅销全球 100 多个国家与地区，出口量一直位居中国同类产品前列，被誉为"世界上有华人的地方就有炊烟，有炊烟的地方就有珠江桥牌酱油"。2023 年，珠江桥年产调味品约数万吨，并且正在神湾镇外沙村新建年产 10 万吨调味品的生产基地，预计未来几年产能可达 15 万吨以上。

（4）江门调味品产业。

江门也是珠三角主要的调味品生产区，拥有李锦记江门生产基地和本地始创味事达、东古调味食品有限公司等多家企业。

李锦记始创于 1888 年珠海南水镇，创始人李锦裳。后于 1902 年迁往澳门，1932 年总部迁往香港，发展至今已有 130 余年，是国际知名的中式酱料品牌，拥有蚝油、酱油、酱料等 200 余款产品，远销世界 100 多个国家和地区，成为国际知名的中式酱料品牌。李锦记（中国）销售有限公司成立于2005年，并于2007年将总部迁至上海，主要经营业务是在全国销售李锦记的酱料产品，先后推出"减盐不减鲜，美味更健康"的健康酱油系列、"醋类拔萃"的醇酿食醋、鸡鲜调味料、原酿本味鲜酱油（小鲜瓶）等系列产品。目前李锦记在中国内地一共有三个生产基地，分别为李锦记新会食品有限公司、李锦记广州食品有限公司、李锦记济宁食品有限公司。李锦记（新会）食品有限公司成立于1995年，港资企业，现有员工2700人。目前生产的产品有酱油、蚝油、虾酱、芝麻油、辣椒酱、XO酱及方便酱料包等。2023年，李锦记各种酱料产品总产量为60万~70万吨，产值超50亿元，出口占中国调味品半壁江山。

味事达品牌始创于1956年，前身为开平市酱料厂，其代表性产品味极鲜酱油始创于1983年。其产品涵盖味极鲜酱油、特鲜生抽、生抽王、草菇老抽、烧烤汁、鲜蚝、味精、腐乳、辣椒酱等。1996年，新加坡福达食品集团与广东开平味事达集团股份有限公司合资成立了开平味事达调味品有限公司，2004年转为外商独资公司，2010年被亨氏（中国）投资有限公司收购。公司先后获得"中华之最""全国食品工业优秀龙头食品企业奖""中国绿色食品""广东省著名商标""中国调味品行业酱油十强名牌产品""中国驰名商标""中国国际调味品及食品配料博览会"金奖等多项殊荣。近年来主要致力于薄盐系列和黑豆系列酱油产品的研发和生产，薄盐系列以薄盐生抽、零添加薄盐生抽和零添加初榨生抽等健康化产品为主。截至2023年7月，产品线中已有近九成产品实现配方不含防腐剂。公司年产调味品接近10万吨，产值约10亿元（估测值）。

东古调味食品有限公司位于鹤山市古劳镇麦水工业区3号，始创于1850年，迄今已有170多年历史，主要有酿造酱油、南腐乳、食醋、酱、调味料、果酱、酱腌菜七大品类。目前年产酱油18万吨、腐乳1.8万吨、食醋1.2万吨、酱品2万吨，年产值约25亿元。近年来，鹤山市政府正依托东古酱油打造湾区国家级调味品生产基地，2023年投资17.5亿元，用于扩建生产基地，建成后每年新增产酱油18万吨、酱品6万吨，企业总产能达50万吨。

（5）东莞调味品产业。

东莞拥有东莞永益食品有限公司、广东百利食品股份有限公司、东莞市东糖集团有限公司等多家调味品企业。打造了同时荣获全国鸡精、番茄酱、蚝油、烧烤酱十大品牌的"凤球唛"，果酱、沙拉酱十大品牌的"百利"，以及食糖十大品牌"白莲牌"。

东莞永益食品有限公司始创于1983年，旗下品牌"凤球唛"，主要生产番茄调味酱、鲍鱼汁、鸡粉、鸡精、蚝油、烧烤酱、胡椒粉等。其中鸡精、番茄酱、蚝油、烧烤酱均被评为品牌网十大品牌，"凤球唛"鲍鱼汁被评为广东省名牌产品，目前公司总产能超50万吨。

广东百利食品股份有限公司成立于2012，生产的调味果酱、沙拉酱获评品牌网十大品牌。

东莞市东糖集团有限公司始建于1935年，是国内一家知名的白砂糖品牌，隶属东糖集团。东糖集团开展了多个产业，但制糖业始终是集团的主要重点，公司参与制定了十多项制糖相关国家标准起草工作，拥有全国较大的原糖加工基地和省级糖工程技术研究开发中心，年产食糖超过80万吨，旗下生产企业均通过了ISO9000系列质量体系认证。

2. 粤西调味品主产区

粤西调味品核心区集中在阳江市和湛江市。阳江市是传统的调味品生产基地，其中阳江豆豉闻名中外。近年来借助产业转移的政策机会，广东省政府计划将阳西打造为"中国调味品之都""中国香谷"，主要生产酱油、蚝油、调味酱等产品。湛江市作为传统的食糖产区，每年产糖40多万吨，其中遂溪县每年产糖35万吨，号称"中国第一甜县"，连续18年居全国县级第一。

(1) 阳江阳西县"中国香谷"。

中国香谷（阳西）健康食品产业园是2005年广东省认定的首批三个省级产业转移园区之一，总规划面积约2.29万亩，目前已完成一期、二期、三期共计7500亩连片开发建设，正在开发四期7500亩，同步开发五期5300亩，远期规划六期2600亩。近年来，园区累计投入资金超23亿元，高标准建设道路、供水、供电、排水排污、通信、有线电视、互联网、燃气、蒸汽、废气处理、污水预处理等基础设施，高效率实现"十一通一平"。园区建有创新孵化中心、人才驿站、电子商务交易中心，配套12家大型社区、6所学校，以及医院、公园、商务酒店等生活设施，成为广东省产城融合发展标杆，产业集群效应明显。先后累计引进项目139个，其中工业项目115个、商业及配套企业24个，规模以上企业33家，食品企业28家，含调味品企业15家，集聚了新加坡丰益国际和美国卡夫亨氏两家世界500强企业，以及全国调味品十大品牌中的厨邦、味事达、致美斋及御膳厨、妙多等知名企业及上下游企业。2023年，园区调味品产能达157.3万吨，预计2028年调味品企业产能达413万吨，约占全球产能的15%，约占全国产能的22%，被誉为"中国调味品之都"和"中国香谷"。

（2）阳江豆豉产区。

阳江豆豉酿制技艺于 2012 年被列为广东省第四批省级非物质文化遗产名录，2013 年成为中国国家地理标志产品。目前阳江豆豉年产量约为 1 万多吨，主要生产企业有 2 家，其中广东阳江豆豉有限公司基地设在阳东区和江城区，年产豆豉约 3000 吨。广东阳帆食品有限公司位于广东阳江市阳东区，年产豆豉约 6000 吨，并打造有面积约 1100 平方米的豆豉非遗文化展示馆，该景区 2022 年被评为"广东省 2022 年度十大优秀非遗工坊建设案例"，2023 年被评为国家 AAA 级旅游景区。

（3）湛江遂溪食糖产区。

湛江市作为广东最大的糖产区，是我国四大蔗糖生产基地之一。2023 年全省糖产量为 53.61 万吨，其中湛江地区产糖 45.77 万吨，占比高达 85% 以上。全市制糖核心企业包括：广东恒福集团、广东金岭集团、广东农垦集团、中澳投资 4 个集团公司，在 2012 年共有 22 家糖厂和 1 家深加工糖厂，其中恒福集团公司 12 家，金岭集团公司 2 家糖厂和 1 家深加工糖厂，广东农垦集团 6 家，广东中澳投资集团公司 2 家，近几年经过结构调整，目前还有 17 家糖厂。遂溪县是全市及全省最大的制糖大县，糖蔗年产量为 300 万吨，有 8 大糖厂，年产糖量为 35 万吨，约占全省总量的 80%，并连续 18 年居全国县级第一，有"中国第一甜县"之称。

3. 粤东调味酱主产区

潮汕酱碟是潮汕饮食文化中的重要部分。潮汕地区酱料种类繁多，包括：沙茶酱、普宁豆酱、橄榄菜酱、鱼露、三渗酱、辣椒酱、梅膏酱、姜米陈醋、金橘油、南酱醋等。其核心产区主要集中在汕头市和普宁市。在汕头市龙湖区的外砂镇，集聚生产"潮汕风味小菜"的厂家有 200 多家，生产包括沙茶酱、橄榄菜、酱菜、咸菜各类产品，但大多是手工作坊或小规模加工厂，规模化程度低。普宁市洪阳镇是当地有名的酱菜产区，从清末民国时期发展至今，主要的酱油、黄豆酱、辣椒酱厂和企业汇集于此，如洪阳酱油厂、合香酱料厂、奇茂食品等。此外，潮州市也有部分小型企业，但规模比汕头市小，也更为分散。潮汕地区大部分调味品多为地方品牌，生产企业年产量在 1000 吨以下，估测区域总产量为 5 万~10 万吨。

（1）汕头沙茶酱。

沙茶酱是潮汕饮食中的重要酱料，核心的企业和品牌有汕头市金园区调味食品厂的"皇牌"和汕头市食品厂有限公司生产的"红星沙茶酱"，均列入沙茶酱品牌十强。其中汕头市金园区调味食品厂始建于 1988 年，位于汕头市区，目前年产量 2 万多吨（含子公司汕头市皇牌食品有限公司），产品以沙茶酱为主，也包括辣椒酱、鱼露、橄榄菜等；其主要品牌有"皇牌"和"金穗"，前者专注于 C 端沙茶酱、辣椒酱，后者专注于餐饮沙茶酱系列。汕头市食品厂有限公司，始创于 1952 年，以生产沙茶酱起家，产品涵盖沙茶酱、火锅酱、芝麻酱、花生酱、香辣酱等多个品类，品牌有"红星"和"迎春楼"，年产量在 3000 吨以上。

（2）普宁豆酱。

普宁市洪阳镇生产豆酱已经有 150 多年的历史，其知名品牌包括"源兴、财源、祥裕"，20 世纪 90 年代以出口为主，出口主要使用"天坛牌"商标，最高年份出口量达 18 万斤；内销主要用"培峰宝塔牌"商标。目前，普宁豆酱已被列为省级非物质文化遗产名录，核心厂家包括洪阳酱油厂、洪阳壮城酱油厂、顺记食品厂三家企业，年产豆酱为 120~150 吨。近两年随着销量上涨，均在着手扩建，预计产能实现翻倍。

（3）潮汕橄榄菜。

橄榄菜始于宋朝时期，至今已有几百年历史。据行业估测，2022 年中国橄榄菜市场规模为 12.16 亿元，到 2029 年预计增加到 20.38 亿元。2019 年，我国橄榄菜出口额为 2.61 亿美元，同比增长 16.6%。主要出口地为欧盟、中国香港和东盟地区。主要生产区集中在汕头市外砂镇蓬中村。该村 2020 年生产的以橄榄菜为主的酱腌菜产量超过 2 万吨，产值达 2 亿元以上。

广东蓬盛实业有限公司作为橄榄菜生产的龙头企业，创建于 1988 年，拥有"国家高新技术企业""广东省重点农业龙头企业"等荣誉称号，也是广东省食品安全地方标准《橄榄菜》的主要起草单位。该公司经营的产品主要涵盖油渍菜类、酱渍菜类、腌制菜类、水产鱼类、调味类五大系列，注册商标有"蓬盛"牌"香港橄榄菜"和"汕头咸菜皇"等。除供应本地市场外，还大量销往美国、法国和东南亚的新加坡、马来西亚、印度尼西亚、泰国以及国内的大中型城市。

4. 粤北—肇北调味料主产区

（1）调味料——肉桂。

在云浮罗定市、郁南县和肇庆西北部的高要区、德庆市一带，是广东省主要的肉桂生产区，其产量约占全国肉桂产量的一半。目前，肉桂产业已经成为促进这 4 个县域经济高质量发展的重要抓手。其中罗定市桂皮年产量达 3 万吨，桂油年产量达 1500 吨，年产值超过 13 亿元。罗定肉桂也先后获得了"中国地理标志保护产品""中国气候生态优品""中国道地药材"等国家级荣誉和"广东十件宝""广东名南药""广东省岭南中药材保护产品"等各项荣誉，产品出口亚洲、欧美等40多个国家；2023年，罗定市出口的肉桂达4000多吨，2024年1~3月出口量达5431.98吨，肉桂产品出口量连续多年占全国出口量的50%以上。郁南县南药加工企业15家，年产桂皮2.58万吨、桂油260吨，肉桂产品产值6.79亿元。肇庆高要区也是广东省肉桂的主要产区，现有肉桂加工厂10余家，年产桂皮10.73万吨，桂油1571吨，产值15.1亿元；肉桂产品大量出口，其中桂皮经加工包装以"帆船"牌商标出口欧美、中东、非洲、印度及东南亚等地区，桂油产品则主要供给欧美地区；高要区被评为"中国肉桂名县""中国名特优经济林肉桂之乡"，并被批准成为第一批广东省现代农业产业园之一。德庆市肉桂种植面积64万亩，年产值约21.52亿元，荣获"国家地理标志证明商标""全国名特优新农产品"等称号，德庆县也被评为"中国肉桂名县"。

（2）梅州鸡精、鸡粉。

近年来梅州市也充分利用产业转移园发展调味品生产，并取得了一定成效。除了生产本地酱油、酱料外，最为特色的是代表客家饮食风味的盐焗鸡粉。目前的盐焗鸡粉主要有梅州市鸿兴食品有限公司生产的"嘉文"牌盐焗调料和梅州市尚记食品有限公司生产的"尚记"牌盐焗调料。

（3）其他调味品产区。

韶关地区也有部分生产酱油和辣椒酱、豆酱的企业，整体规模相对较小。此外，广东是海盐的重要产地，在湛江、茂名、阳江、汕尾、汕头、惠州等沿海城市，有几十处盐场存在。在国家加大供给侧结构性改革、优化调整产业结构政策的大背景下，国内海盐市场占比大幅下降，仅占市场总量的10%左右。并且从海盐生产的先天条件来讲，广东海岸线曲折蜿蜒，少有大面积的泥质平缓海滩，大型盐场建设的地形地貌条件不佳。并且南方多雨潮湿的气候也相对不利，与北方沿海产区相比处于劣势。目前，广东省很多小规模且非常分散的小型盐场被关闭，在剩余的几个大型盐场中（雷州盐场、徐闻盐场、阳江盐场、电白盐场），每年产量也较低，青州盐场2023年产量仅为300吨，徐闻盐场产量为5600吨，电白盐场产量为2500吨，且目前所产海盐多数用于工业而非食用。据国家统计局统计，2023年广东原盐产量为1.44万吨。

（四）从平台主体来看，调味品产业以企业为主体，以工业园区、产业园、高新区、专业镇为主要平台

调味品产业的经营主体大多是生产企业。2024年1月企数查数据显示，广东省现有调味品相关企业3.62万家。调味品产业发展的平台主要包括工业园、开

发区、产业园、高新区、专业镇、专业村等。龙头企业大多依托工业园和开发区，例如，海天味业依托佛山高新技术开发区沧江工业园，中炬高新依托中山市火炬高技术产业开发区，珠江桥依托中山市小榄镇沙口工业开发区；粤东地区的小型食品加工厂大多依托当地工业区或工业园。阳西县绿色食品产业转移工业园是目前广东省唯一一个以打造调味品产业为主的产业转移工业园，同时还依托预制菜现代农业产业园进行发展，集聚了大量优质调味品企业，发展态势良好，获得了"中国调味品之都"和"中国香谷"的称号，目前在全国调味品行业都具有影响力。此外，调味料（肉桂）大多依托企业、专业合作社和种植大户为主体，以专业镇和"一村一品"为平台发展（见表1）。

表1 广东省调味品产业部分主体和依托平台

序号	地区	产业主体	依托平台
1	佛山高明	海天味业	佛山高新技术开发区沧江工业园
2	阳江阳西	阳西美味鲜、致美斋、厨邦、味事达、卡夫亨氏等数十家调味品企业	阳西县绿色食品产业转移工业园 阳西县预制菜现代农业产业园 中国调味品之都 中国香谷
3	中山市	中炬高新	中山市火炬高技术产业开发区
4	中山市	珠江桥	中山市小榄镇沙口工业开发区
5	江门新会	江门李锦记生产基地	新会区七堡大桥开发区
6	江门鹤山	东古酱油	古劳镇麦水工业区
7	阳江江城	广东阳帆食品有限公司	江城区银岭科技产业园 阳江市阳东区大㙟开发区
8	潮州潮安	广东潮盛食品实业有限公司	潮安区庵埠镇梅龙工业区
9	潮州饶平	广东双雄食品有限公司	饶平县高堂工业区
10	潮州潮安	广东佳宝集团有限公司	中山（潮州）产业转移工业园 潮州市凤泉湖高新区
11	汕头澄海	广东金盛食品有限公司	澄海区岭海工业区
12	汕头金平	汕头市天地和食品有限公司	汕头市金园工业区
13	汕头金平	汕头市熊记食品有限公司	汕头市鮀浦叠金工业区
14	汕头龙湖	广东蓬盛实业有限公司	汕头机场蓬盛工业区
15	汕头龙湖	汕头市玉蕾食品实业有限公司	汕头市龙湖区外砂镇南社工业区
16	汕头龙湖	汕头市荣兴食品有限公司	汕头市龙湖工业区

序号	地区	产业主体	依托平台
17	汕头龙湖	酱菜小型企业、家庭作坊	"一村一品":蓬中村潮汕咸菜
18	梅州兴宁	广东省兴宁市恒兴生物食品有限公司	广州(梅州)产业转移工业园 兴宁市新兴工业园
19	河源源城	广东百家鲜食品科技有限公司	河源高新区
20	肇庆德庆	企业、合作社、种植户	德庆凤村镇肉桂专业镇
21	高州信宜	企业、合作社、种植户	洪冠镇南药种植与加工专业镇
22	云浮郁南	企业、合作社、种植户	郁南县通门镇肉桂专业镇
23	云浮罗定	企业、合作社、种植户	罗定市替滨镇肉桂种植加工专业镇

（五）从品牌培育来看，拥有一批国内知名调味品品牌

多年来，广东省培育了一大批知名调味品品牌，尤其是企业品牌实力雄厚。根据品牌网发布的排名数据，广东调味品品牌名列调味品和各类单品全国十大品牌榜单的有20余个。全省拥有中华老字号的调味品品牌至少有6个，拥有中国驰名商标的至少有10项，另外还有阳江豆豉、潮汕贡菜、罗定肉桂等国家地理标志产品（见表2）。

表2　广东省调味品主要品牌

序号	品牌名称	品牌类型	品牌荣誉	地区
1	海天	企业品牌	调味品全国十强之首、中华老字号、中国驰名商标	佛山
2	李锦记	企业品牌	调味品全国十强第2、中国驰名商标	江门
3	厨邦	企业品牌	调味品全国十强第3、中华老字号、全国重点保护品牌、鸡精十大品牌第5、中国驰名商标	中山
4	味事达	企业品牌	调味品全国十强第8、酱油十大品牌第4、蚝油十大品牌第5、中国驰名商标	江门
5	致美斋	企业品牌	寿司醋、蚝油、黄豆酱十大品牌、中华老字号、中国驰名商标	广州
6	美味鲜	企业品牌	中华老字号、中国驰名商标、酱油十大品牌	中山
7	珠江桥	企业品牌	中华老字号、中国驰名商标、蚝油十大品牌	中山
8	东古牌	企业品牌	中华老字号、中国驰名商标,酱油、黄豆酱、蚝油、鱼露十大品牌	中山
9	广味源	企业品牌	黄豆酱十大品牌	广州
10	粤盐	企业品牌	食盐十大品牌	广州

序号	品牌名称	品牌类型	品牌荣誉	地区
11	白莲牌	企业品牌	食糖十大品牌	东莞
12	红棉	企业品牌	食糖十大品牌	广州
13	凤球唛	企业品牌	鸡精、番茄酱、蚝油、烧烤酱十大品牌、中国驰名商标	东莞
14	百利	企业品牌	果酱、沙拉酱十大品牌、中国驰名商标	东莞
15	妙多	企业品牌	沙拉酱十大品牌	广州
16	佳隆	企业品牌	鸡精十大品牌	广州
17	皇牌	企业品牌	沙茶酱十大品牌	汕头
18	蓬盛	企业品牌	橄榄菜十大品牌之首、沙茶酱十大品牌	汕头
19	潮盛	企业品牌	橄榄菜十大品牌	潮州
20	玉蕾	企业品牌	橄榄菜十大品牌	汕头
21	佳宝	企业品牌	橄榄菜十大品牌	潮州
22	双雄	企业品牌	橄榄菜十大品牌	潮州
23	潮汕佬	企业品牌	橄榄菜十大品牌	潮州
24	红星	企业品牌	沙茶酱知名品牌	汕头
25	阳帆豆豉	企业品牌	地方特色品牌	阳江
26	嘉文	企业品牌	地方特色品牌	梅州
27	尚记	企业品牌	地方特色品牌	梅州
28	阳江豆豉	区域品牌	中国地理标志产品	阳江
29	潮汕贡菜	区域品牌	中国地理标志产品	汕头
30	罗定肉桂	区域品牌	中国地理标志产品、中国气候生态优品、中国道地药材、广东名南药	云浮

（六）从产业链上下游来看，调味品关联产业繁多，带动力强

调味品产业本身属于工业领域，但与农业密切关联，对第一产业有显著的带动作用。例如，酱油生产对大豆种植的带动，蚝油产业对当地生蚝养殖产业的带动，食用糖对糖蔗种植的带动，调味料（桂皮）产业对肉桂种植、加工的带动，酱菜对当地橄榄、芥菜种植的带动等。除第一产业外，调味品产业的发展也能带动上游关联产业如能源、运输、印刷包装和食品添加剂生产企业，以及下游物流、电商、文旅、商超、餐饮和包括预制菜在内的其他食品加工业等。近年来，部分企业还依托调味品产业发展工业旅游并取得了显著成绩。总体来讲，以调味品产业为核心，可以构建一个良性的产业生态环境，对促进一二三产融合、城乡融合发展，带动县域经济高质量发展具有重要作用（见图4）。

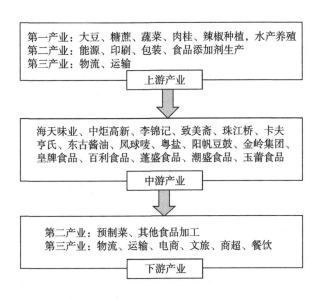

图4 调味品产业上中下游关联产业

1. 与调味品相关的农业产业

结合广东当前调味品产业发展情况，与调味品生产密切相关的农业产业主要包括：大豆、青橄榄、生姜、肉桂等原料作物的种植和水产等动物类原料的养殖。

（1）大豆。

大豆是生产酱油、酱料消耗最大的原材料。纵观全省的调味品产业，作为规模最大的酱油类产品，其原材料大多来自外地，其中大豆主要来自东北地区，小麦来自东北地区或安徽省。据统计，广东是大豆加工的大省，每年大豆消费量超过2000万吨，约占全国大豆消费总量的1/4，但省内大豆种植面积仅48.92万亩，大豆供需缺口巨大。而海天味业与省外大豆、小麦签约的原料订单基地面积高达310万亩，合同联结农户2万户。与外省相比，广东省粤西湛江、茂名地区四季适合种植大豆，大豆熟期比较灵活，一年可种植三季，所有熟期品种都能种植，在粤西发展大豆产业具有先天气候和土地资源优势，理论上来讲是可以满足市场的需求。目前，大豆在湛江、茂名、阳江一带种植，每年播种面积均有数万亩，整个粤西地区大豆种植面积为15万~18万亩。此外，粤北韶关、河源、清远三市也各有5万亩左右，整个粤北地区大豆种植面积有18万~20万亩，粤东地区约有5万亩，珠三角种植面积少量，但全省所种植的大豆多为菜用大豆，加工用的大豆产量严重不足。

（2）生蚝。

近年来，全国生蚝产业持续快速发展，2022 年养殖面积达 352.43 万亩，产量为 620 万吨。广东是全国生蚝传统养殖区，也是生蚝养殖大省。据统计，2022年生蚝养殖面积 45.46 万亩，排名全国第四，产量为 115.14 万吨，排名全国第三。广东地方生蚝品种丰富，主要包括湛江生蚝、阳江程村蚝、汕尾晨洲蚝、江门台山蚝、汕头南澳牡蛎等国家地理标志产品，以及汕尾高螺牡蛎、深圳保安沙井蚝、深圳南山牡蛎、珠海横琴蚝、茂名电白牡蛎等多个特色蚝种。湛江是广东生蚝产业的主要产区，生蚝养殖历史悠久，湛江生蚝以鲜、嫩、爽、脆、肥美享誉全国，备受消费者喜爱，居全国地理标志十大生蚝品牌的第二位，2021 年获评"全国名特优新农产品"，品牌价值超过 170 亿元。养殖面积约 10 万亩，产量为 40 万吨，分别占全省总面积的 22%和产量的 35%。阳江程村蚝目前的养殖面积约为 4.8 万亩，产量为 5.5 万吨，产值为 8 亿~10 亿元。台山作为中国最大的蚝苗种供应地之一，年产量约占广东总产量的 40%，养殖面积约有 9 万亩。

（3）甘蔗。

广东是传统的甘蔗主产区，尽管 21 世纪以来广东的甘蔗种植面积逐年下降，但目前仍是全国最大的三个甘蔗主产区之一。据统计，2022 年，全国甘蔗播种面积为 1934 万亩，产量为 1.081 亿吨，广西、云南、广东作为中国三大甘蔗主产区，产量合计占全国产量的 90%。其中广西甘蔗种植面积 1175 万亩，产量为 7116.54 万吨，位居全国第一。广东甘蔗总面积为 220.8 万亩，总产量为 1292万吨，面积和产量分别占全国的 11.4%和 12.0%。其中糖蔗面积为 189 万亩，产量为 1108 万吨，分别占全省甘蔗总面积和产量的 85.6%和 85.8%。湛江作为全省最大的产区，2022 年甘蔗播种面积为 173 万亩，产量为 1013 万吨，分别占全省甘蔗总面积和产量的 78.4%和 91.4%。甘蔗种植主要集中在遂溪县、雷州市、徐闻县三县，其中雷州市种植面积为 78 万亩，遂溪县种植面积为 63 万亩，徐闻县种植面积为 18.5 万亩。湛江甘蔗和糖业的从业人员超过 300 万人，在早期曾被誉为"甜蜜的事业"。

（4）肉桂。

肉桂作为我国华南地区重要的经济林树种，其主产品是桂皮和桂油，它们既是名贵中药材，也是广受欢迎的植物性调味料。目前世界上肉桂的种植面积约为 684 万亩，其中中国的肉桂种植面积为 485 万亩，而广东省肉桂种植面积约为 200 亩，云浮的罗定、郁南和肇庆的高要、德庆等地是全省最大的肉桂产区。其中云浮全市肉桂种植面积为 91 万亩，其中罗定肉桂种植面积为 50 多万亩，种桂农户十多万户，年产值为 13 亿元；郁南县肉桂种植面积为 38.7 万亩，年产桂皮 2.58 万吨、桂油 260 吨，全县有南药加工企业 15 家，肉桂产品产值 6.79 亿元；肇庆高要区肉桂种植面积约为 54 万亩，产量为 10.73 万吨，产值为 15 亿元，被评为"中国名特优经济林肉桂之乡"，并被批准为第一批广东省现代农业产业园，入选 2021 年第一批全国名特优新农产品名录；德庆市肉桂种植面积为 64 万亩，年产值约为 21.52 亿元，荣获国家地理标志证明商标、全国"名特优新"农产品等多项荣誉，德庆也因此获得了"中国肉桂名县"的殊荣。

（5）青橄榄。

青橄榄是岭南佳果之一，具有生津止渴及防治喉炎的功效。我国青橄榄的种植可以追溯到 2100 多年前，其中广东是青橄榄的主要产区，以潮汕地区最为特色。全省的本地橄榄品种有 80 多份，目前主要种植的有三棱榄、檀香橄榄、丁香、马岗、烈火、东山、小黄仔等 30 个品种。据统计，目前全省橄榄种植面积约有 20 多万亩，面积和产量均居全国第一。主要分布在揭阳、潮州、汕头、汕尾、茂名、广州等地。揭阳市作为全省乃至全国青橄榄种植面积最大的地区，种植面积超过 10 万亩；普宁的青橄榄种植面积约为 4.5 万亩，产量约为 4000 吨；揭西县种植面积为 4 万亩，产量约为 3 万吨；潮州市 2024 年通过打造橄榄省级现代农业产业园，种植规模也快速扩大，位于潮安区的产业园核心区种植面积达 5.62 万亩，辐射带动周边种植面积近 10 万亩，主导产业总产值估测超过 10 亿元。

（6）生姜。

生姜是重要的天然调味料。中国是世界第二大生姜生产国，年产量约占全球的 1/3。广东是南方生姜的主要种植区，常年种植面积稳定在 28 万亩左右。比较知名的本地特色姜有徐闻良姜和连山大肉姜，分别于 2006 年和 2018 年被批准为国家地理标志保护产品。徐闻良姜又叫高凉姜，被称为"广东十件宝"之一，和常见的食用姜不同，良姜具有药食同源属性，既能食用——广泛用于调味料和香料，又能入药——有温胃散寒、消食止痛之功效，是生物医药和日化产品原料，被医药界称为"药用黄金"。徐闻良姜种植历史超 800 年，全县良姜种植面积为 6 万亩，占全国的 90%，湿姜亩产量约为 7000 斤，可产干姜约为 2000 斤。本地核心经营主体有广东丰硒良姜有限公司和龙塘镇笼型农业专业合作社。连山大肉姜产于连山县，全县生姜种植面积约为 1.25 万亩，产量 2.25 万吨，产值约为 1.5 亿元，主产镇梅洞镇在 20 世纪 90 年代被誉为"生姜之乡"。

（7）大蒜和芥菜。

大蒜是最常用的天然调味料，广东省大蒜大多利用冬闲田种植，在 20 世

90年代种植面积达到数十万亩，仅河源连平县和开平市种植面积就均达4万~5万亩。连平县忠信地区的"河源火蒜"是当地特色农产品。但近20年，受外来大蒜的冲击，本地大蒜种植面积逐渐萎缩，目前，估测在10万亩以下，年产量约为6万吨。

芥菜是制作潮汕橄榄菜和腌泡菜的重要原料。芥菜在全省各地都有种植，广东省内有茂名电白水东芥菜、信宜大芥菜和潮州鸡心芥等。规模相对较大的如茂名电白区的水东芥菜，种植面积达6.3万亩，产量为14.5万吨；信宜大芥菜的全县种植面积超过8000亩，年产值超过1亿元；此外珠三角周边也有芥菜少量种植，如惠州龙门龙江镇芥菜的种植面积超过3000亩。

2. 与调味品相关的第二产业、第三产业

调味品产业的发展可以带动大量关联制造业和服务业。如与调味品相关的印刷包装、机械设备和食品添加剂、能源、货运物流、外观设计、电商、商超、餐饮和休闲旅游等。近年来，多家大型调味品企业还充分利用地方特色的调味品历史文化，积极发展工业旅游。

（1）印刷包装和设计。

包装业是调味品产业发展的紧密管理产业，并且带动能力十分显著。以清徐县为例，全县的醋产品年产值约为30亿元，相关瓶、壶、纸箱等配套的38家企业年产值约为35亿元，可以说是实现了翻倍的带动效果。随着调味品市场的不断细分，种类越来越丰富，各种类型的调味品在包装上也都不断创新。总体来讲，目前酱类黏稠物品包装主要采用瓶装和袋装。例如，小规格的调味酱、快餐店使用的番茄酱等，基本上采用的都是铝塑料复合包装，这些包装印刷精美，可以延长货架期，但仍没有解决二次封合的问题，消费者购买后如不能即时使用完毕，仍需自己换包装；另一类酱使用的塑料瓶也日益增多，其中广口PET瓶在果酱、芝麻酱、沙拉酱等产品包装上使用较多；酱油、醋仍以玻璃瓶为主，这种包装阻隔性好、价格低、便于回收利用。市场上也有使用塑料袋、PET瓶和PE桶的产品，一般小容量的液体调味品如芥末油、辣椒油和高档生食酱油以玻璃瓶包装为主，盐、糖包装逐步从单一的塑料袋包装转向纸盒式包装，而天然香辛料（花椒、辣椒、大料等）以塑料袋简单包装为主。目前，调味品包装呈现四种发展趋势：一是更人性化（方便储存、方便使用）；二是规格变小，如酱油开始从500毫升/瓶的规格逐步向200~300毫升/瓶转变；三是高颜值，在外观设计上更加时尚、美观，如欣欣和六月鲜独特的瓶装造型受到年轻人的喜欢；四是追求个性化与趣味化，如加加酱油在包装上设计了憨厚可爱的豆先生、涪陵榨菜使用了

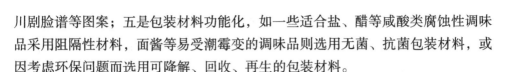

川剧脸谱等图案；五是包装材料功能化，如一些适合盐、醋等咸酸类腐蚀性调味品采用阻隔性材料，面酱等易受潮霉变的调味品则选用无菌、抗菌包装材料，或因考虑环保问题而选用可降解、回收、再生的包装材料。

（2）电子商务与工业旅游。

近年来，蓬勃发展的电商平台已经成为调味品销售的一个重要渠道。据统计，2022 年调味品全网销售额（含电商平台、新零售和社区团购）达 344 亿元，同比增长 15.1%。大型调味品企业中，海天味业开展电子商务较早，于 2012 年开始上线海天（天猫）官方旗舰店进行产品销售，其中在 2023 年，仅"6·18"期间线上核心渠道累计支付额就突破 1.1 亿元。

近年来，广东省一些老字号调味品企业开始结合企业文化和传统农业文化打造工业旅游项目，如海天味业于 2005 年打造"中国味文化馆"，2009 年又依托生产基地和自身文化资源开发休闲旅游项目——"娅米的阳光城堡"，年接待游客 4.4 万人次，被评为 AAA 级旅游景区；厨邦于 2014 年建成厨邦酱油文化博览馆；阳帆食品建设阳江豆豉非遗文化展览馆等。

二、存在问题

（一）本地带动作用有待提升

一是原料 90% 以上来自外地，对本地第一产业的带动非常弱，在休闲旅游、电商服务等新产业新业态方面尚处于起步阶段，一二三产业融合发展不足；二是虽然部分主产区（如高明区、阳西县）调味品产业对县域 GDP 的贡献较高，但还没有真正起到联镇带村的功能。在带动就业方面，仅靠第二产业带动能力潜力有限，且随着产业的升级和自动化程度的提高，企业的用工数量不断减少，对人才的质量要求不断提高，对本地就业的带动影响可能进一步减弱。例如，目前最大的调味品企业——海天味业的从业人员 7313 人，阳西县整个园区就业人数也只有 8000 人，而山西省清徐县通过全产业链发力带动 10 万人就业，山东省乐陵市以农户和中小企业为主，带动 2 万人就业。

（二）产业组织合力有待加强

广东是全国调味品生产大省，尤其是酱油产量占全国总产量的 63.4%，也有丰富的调味品文化，但由于一直是民营企业主导的市场化发展模式，企业之间竞争意识强，在产品研发和生产技术方面知识产权保护意识也较强，并且企业之间实力悬殊，不容易形成对等的共享合作。例如，海天味业一家独大，自我配套能力强，与政府和其他调味品企业之间的合作意愿相对较弱。阳西县虽然让调味品生产企业集中在一个园区并形成了产业集聚和配套合作，但在产品研发方面还缺乏公共的平台，各企业重复建设实验室和研发团队，带来一定的资源浪费，同时部分中小企业又因无力自建研发中心而缺乏科技支撑，进而发展受限。总体来讲，政府在调味品产业发展中的组织协调工作，以及调味品企业之间的共享合作还有待加强。

（三）产业外溢风险逐渐增高

当前，广东省调味品大型生产企业主要集中在珠三角地区一带。随着生产要素成本的逐年攀升，企业生产利润空间受到不断压缩，大部分企业会考虑将新的生产基地建立在生产要素成本相对较低的地区，例如，海天近年来相继在宿迁、南宁等地建设基地，调研中海天表示不会考虑在省内其他地方再新建生产基地；阳西县虽然通过大力度的政策优惠吸引了近 20 家优质调味品企业入驻园区，并形成了良好的产业集聚，但交通、物流等基础设施相对滞后，在一定程度上阻碍产业的快速发展。在未来几年，如果粤东、粤西、粤北地区的基础设施不能显著改善，那么在承接珠三角地区产业转移的竞争中，有可能落败于内地省份甚至东南亚地区，导致产业外溢，进而造成省内的乡村振兴缺乏产业依托。

（四）产业转型升级压力增大

近年来，随着政府和社会公众环境保护意识和食品质量安全意识的显著提升，潮汕地区小型调味品加工厂与企业所面临的形势日益严峻，部分企业甚至遭遇灭顶之灾。例如，汕头市一家橄榄菜核心生产企业近几年先后因生产环境和食品安全问题被罚将近 500 万元，尤其是被央视"3·15"晚会曝光后，已被列入严重违法失信名单。可以说，潮汕地区调味品产业的转型升级已经迫在眉睫。值得庆幸的是，近年来，部分潮汕地区的调味品，如橄榄菜、沙茶酱等品类在外省的市场接受度日益增加，给相关产业带来了巨大的生机，也为当地产业转型升级带来了良好的机遇和动力。此外，粤北地区肉桂调味料产区目前还是以种植和初加工为主，肉桂精深加工和第三产业的发展还很少，产业附加值相对较低，急需向高附加值的第二产业精深加工和第三产业转型升级。梅州的鸡精、鸡粉生产多为代加工，缺乏自主品牌，产品附加值较低，且发展空间受限。

（五）产品更新迭代压力增大

当前，调味品行业已经由高速发展转为中高速发展阶段。传统品类增速放缓，消费需求向健康化、多元化、便捷化发展。在健康化方面"低油、低盐、低糖"要求和"减油不减香、减盐不减咸、减糖不减甜"需求日益增加。在调味品品类、包装和销售渠道各方面都呈现多元化发展。电商直播、社区团购快速发展，一人份调味品、复合调味品异军突起。2017~2023年复合调味品平均年复合增速超过15%，市场规模从985亿元增长至2032亿元。调味品市场需求的快速变化，对产品更新迭代带来了更高的要求。但广东省调味品企业中，龙头企业和大型企业虽然具备实力雄厚的研发团队，但由于调味品市场上占有额度大，消费群体培育已经较为成熟，在产品更新或产品生产配方改动方面会非常谨慎，错失一些优质新产品的黄金推广时间窗。而小型调味品企业因缺乏研发团队，往往只依赖简单的调配开发新产品，很难在核心产品和技术上有所突破。此外，近年来预制菜的快速发展，对专用型调味品的市场需求日益迫切，但目前相关的研发还滞后于产业的发展。

（六）产业配套设施不足

中国香谷（阳西）健康食品产业园是近年来广东省打造的重要调味品产业发展平台，也是调味品产业转移促进县域经济和区域经济协调发展的重点举措，取得了良好的效果。但实地调研了解到，该产业园发展还面临产业配套设施不足的问题。目前，阳西港口基础设施水平较低，没有通用货运码头，最近的货运港距离园区50千米。同时，阳西高速公路网络密度偏低，分布不均衡，特别是纵向高速公路稀缺。交通设施的滞后导致园区内原料的输入和产品的输出均比珠三角地区要增加1~2天的时间，运输成本也相应增加。此外，由于交通基础设施不够完善，产业规模还不够大，尚未形成成熟的物流园和电商园，导致企业在物流配送上还存在一定的困难，个别企业需要从中山调货车过来运送。电商业务也尚在起步阶段，仅少数企业（美味源）开拓了有规模的电商市场，但服务企业来自外部。

三、经验做法

针对广东省调味品产业当前存在的问题，省外部分县市的做法值得借鉴。山东省乐陵市通过镇、企、村、户抱团发展，不断完善基础配套设施，疏解政策障碍，打通海外销售渠道，打造区域公用品牌，以"买全球、卖全球"的模式，打造"中国调味品产业城"，带动调味品企业360家，规模以上企业40家，加工农户2560户，从业人员2万多人，实现产业产值260多亿元。山西省清徐县通过实施"1816战略"和"十大行动"，做强核心企业、培育配套企业、完善配套设施、延伸产业链，以食醋为主导产业带动38家包装配套企业和3万余户高粱种植户，种植高粱6万多亩，实现年产值65亿元。

（一）山东省乐陵市——"买全球、卖全球"的外向发展

乐陵市调味品产业始于20世纪七八十年代，部分农民收购辣椒加工成辣椒

干、辣椒面，然后卖到东北，逐步形成以贸易为主的调味品产业。2005 年，当地成立了德州市调味品协会，2007 年乐陵市被中国调味品协会授予"中国调味品产业城"。2009 年，以杨安镇调味品种植加工基地为基础，建成了全国调味品加工基地。2012 年，全市调味品产业实现销售收入 92 亿元，出口创汇 2500 万美元。目前，全市共有调味品加工业户 2560 户，企业 360 家，规模以上企业 40家，从业人员 2 万多人；产品有 12 大系列 200 多个品种，年产量 40 多万吨，产品畅销全国各省份，出口日本、韩国、中国台湾、欧美等十多个国家和地区，成为康师傅、统一、华龙等 10 多家方便面加工企业香辛料、调料包的最大供应商。生产的复合香辛料占据全国市场份额 40% 以上，年快递发单量超 9500 万单。经过几十年的发展，乐陵市已逐步形成"买全球、卖全球"的国际味都，目前正规划用 5 年时间把调味品产业做到 600 亿元产值。通过调研了解，乐陵市调味品产业发展的典型做法主要有以下四个方面：

1. 抱团取暖，提高县域整体竞争力

乐陵市在早期发展调味品产业的时候，以家庭小规模分散经营为主，原材料短缺，标准化程度不高，也没有自主品牌。为了引导产业良性发展，当地政府主导成立了一个由国企注资、调味品企业入股、行业协会运营的调味品集团（乐陵市杨安镇调味品集团有限公司），重点为当地企业提供原料采购、科技支撑和品牌宣传推广等服务。尤其是在原料采购方面，近年来当地海外采购需求快速扩增，集团把 200 多家企业整合起来，整体打包去跟国外的供应商谈判，发挥了很大的优势。例如，从越南进口的黑胡椒，通过集团整体采购，每吨货价可以降低1500 元。此外，集团还投资了 4.5 亿元建成调味品产业园一期 10 万平方米的生产车间，引进了华百邻、虎哥、恋味等 9 家调味品及调味品包装配套企业，其中投资 3000 万元建起 5700 平方米的县级快递分拣中心，设置 19 处乡镇快递中心和 130 个村级快递驿站，显著提升了快递服务效率，配置的全自动智能分拣设备，可以使分拣效率提高 300%。通过政府的协助和企业的努力，全县目前已形成了集生产加工、冷链物流、运输包装、检验检测、产品辐照杀菌等多维模块的调味品全产业链，产品品类达 1200 种，远销 70 个国家和地区，年产值达 220亿元。

2. 跨境电商和预制菜，找准"出圈"新赛道

近两年，国内调味品市场进入成熟期，竞争也更加激烈，部分调味品大企业已经面临业绩下滑的压力。乐陵市通过大力发展国内和跨境电商，并布局预制菜产业，借助新的赛道实现了调味品产业的快速"出圈"。

国内很多知名调味品企业（如海天）都有系统成熟的经销网络，电商的发展反而相对迟滞。而乐陵市调味品产业则小而灵活，电商发展更为快速。据了解，仅乐陵市暖味倾城食品有限公司在电商平台上销售的烧烤料和卤料包就突破了1000万元。山东虎哥食品科技有限公司2018年专做电商，仅两三年时间就做成了每日上万单的惊人业绩，因老厂产能跟不上，于2021年创建了第二个工厂。近年来，乐陵市秉承以"小产品"打开"大市场"的理念，探索出网红带货、一件代发的销售新模式，不断扩宽调味品网销渠道。

此外，乐陵市还积极拓展国际市场，当地的飞达和庞大两家公司在2000年左右就开始做外贸订单。经过20多年的发展，培育出成熟的国际市场。例如，重点出口韩国的五香粉、包子饺子粉等，出口欧美的黑胡椒、芝士等。目前，庞大生产的烧烤料、火锅调味料等产品主推海外中高端市场，出口到日本、韩国、澳大利亚、美国、英国、西班牙等国家。乐陵市每年有1200多种调味产品出口到全球70多个国家和地区。目前，全市正在谋划协调各企业，携手扩大海外仓建设，建设一批智能化发展、多元化服务、本土化运营的海外仓，鼓励中小微企业"抱团出海"。

预制菜是当地调味品产业正在加紧布局的新赛道。为了发展预制菜，德州市政府专门出台了《关于加快推进预制菜产业发展的若干措施》，乐陵市委、市政府也提出打造食品名市示范区，并在杨安镇建立了预制菜产业园，推出预制菜和复合调味料的一系列新产品，开发生产梅菜扣肉、鱼香肉丝等预制菜产品，推出了黄焖鸡、黄焖羊肉等"小白式"组合调料。

3. 政企合作，及时疏解产业困难

一直以来，当地政府在调味品产业的发展过程中积极作为。在早期积极组织成立集团企业，让分散经营的小型企业抱团取暖；积极制定产业发展政策，如《关于加快推进预制菜产业发展的若干措施》，引导产业发展方向；协助打造预制菜产业园，并且不断投资完善物流、包装、电商的基础配套设施；协助引进调味品科技力量，帮助企业打造自主品牌等；在产业发展遇到困难时，及时协助，疏解困难。如企业早期需要进口小茴香，而小茴香是药食同源商品，必须向药品监督管理部门申领进口药品通关单，调味品企业无法直接进口，必须通过药企购买，程序繁琐、耗时较长、成本也大增。山东省在大力推进自贸试验区联动创新区建设期间，暨南自贸区与乐陵市"结对子"，政府了解到这个困难后，组织商务、海关、市场监管等部门与济南自贸区管委会工作人员联合调研协商，按照《中国（山东）自由贸易试验区药食同源商品进口通关便利化改革试点方案》，明确在自贸试验区济南片区和自贸联动创新区乐陵市，以"自贸制度创新赋能+联动创新区辐射带动"方式，实现药食同源商品进口通关便利化，食品生产企业试点单位可凭《药食同源商品进口用途证明》、进口提单等材料向属地海关办理药食同源商品进口通关手续，无须办理《进口药品通关单》，山东庞大调味食品有限公司、山东恋味食品有限公司、山东富洲食品有限公司三家成为首批试点企业。通过这项改革使企业原料采购流程大大缩减，节约了成本，也加速了当地企业开拓海外市场的进程。

4. 品质优先，打造自主品牌

乐陵市调味品种类繁多，与海天、王守义等主营产品少的企业相比，打造品牌的难度要大很多。早期部分小规模企业甚至因为模仿品牌而遭到重罚。为了打造自主品牌，政府和企业都在共同谋求出路，逐步形成"共打一张牌"的共识，政府和企业签订协议，共打"味都杨安"品牌，共唱"调味天下、味觉世界"的宣传口号。此外，为了提升产品品质，不断开发新的产品，当地企业还积极与国内外知名高校、科研院所搭建产学研合作公共服务平台，不断提升产品的品质和附加值。

（二）山西省清徐县——全产业链发展型

清徐县是全国四大名醋产地之一，也是山西陈醋的发源地。近两年，清徐县依托陈醋这一特色产业制定了"十四五"双百目标（产量超 100 万吨，产值超 100 亿元），并提出实施"1816 战略"和"十大行动"。主要的举措包括：

一是做强紫林、水塔、美锦等龙头企业，推动企业上市；

二是制定贷款贴息政策，推动醋企信息化改造；

三是延伸产业链，采用"春补基地、秋补企业"的原则，对高粱种植基地按照 150 元/亩标准奖补，对收购中部城市群区域内高粱的清徐醋企，给予 0.05 元/斤补助，打造 500 亩以上"特""优"高粱基地 100 个，建设专用酿造基地 6 万亩。

四是培育发展包装、会展、商贸、物流、营销、电商等配套企业 73 家。

五是大力开展宣传推介，提升品牌知名度、影响力。

六是实施市场版图拓展行动，按照"有增即奖"原则，对食醋销售增量实行线下一次性补贴和线上阶梯式奖励，推动食醋产量占比达到全省 90%、全国突破 25%。

七是深化乡村 e 镇建设，打造电商公共服务中心，结合"快递进村"和"店仓配"模式，促进电商业务翻倍，年销量 1.1 亿多元。

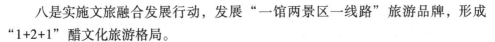

八是实施文旅融合发展行动，发展"一馆两景区一线路"旅游品牌，形成"1+2+1"醋文化旅游格局。

九是实施质量提档升级行动。推动百分之百食醋企业完成食品安全责任保险，80%以上企业产品完成 FA 认证。

十是实施科技创新赋能行动。深化校企合作，引进建立人才（院士）工作站，打造食醋科研创新高地。

目前，清徐县已形成了以紫林、水塔、美锦三大龙头为引领的食醋产业集群，拥有 81 家食醋相关企业，4 个省级食醋技术研究专业中心，3 个国家 AAAA级醋文化旅游景区，2 个"中华老字号"品牌。研发了风味醋、保健醋等六大系列 200 余个品种，年产量近 80 万吨，占全省产量的 80%、全国产量的 20%，是全国规模领先的醋生产基地。全县醋产品年产值达 30 亿元，相关瓶、壶、纸箱等配套企业 38 家，年产值约为 35 亿元，带动高粱种植 6 万余亩，农民 3 万余户。实现全产业链年产值 65 亿元，占全省 GDP 值的 17.8%，从业人员 10 万人以上。

四、政策建议

（一）加快补齐基础设施短板

可以学习浙江省 2003 年推行的"五个百亿工程"（百亿基础设施建设、百亿信息化建设、百亿科教文卫体建设、百亿生态环境建设、百亿帮扶致富建设），下大力气改善欠发达县市的基础设施和基本公共服务水平，重点解决与产业密切相关的高速、铁路、港口等交通基础设施，物流配套设施，以及人才发展密切相关的教育、医疗、商住等基础设施，为本地产业发展奠定良好基础，进而提高粤东、粤西、粤北地区承接珠三角产业转移的能力。

（二）强化产业本地带动作用

建议充分发挥政府的组织、协调作用，引导推动调味品企业与本地农业产业的双向奔赴，不断提升调味品产业的本地带动作用：

在调味品企业方面。一是拓展调味品种类。鼓励企业依托当地特色农业资源，多样化发展调味产品。例如，依托阳西县的几万亩辣椒开发辣椒酱，依托开明的合水生姜发展一些生姜类的调味品。二是扩大复合调味品生产，让更多的本地原料可以进入复合调味品料包中。三是大力发展预制菜产业，推广阳西县"AB 包"的模式，让一些不能直接做调味原料的特色农产品，换赛道做预制菜原材料，与调味品进行搭配形成预制菜产品。四是实施工农文旅融合发展，开发工业旅游项目，带动周边农户以提供服务的形式分享产业红利。

在本地农业方面。引导本地农业产业向着调味品及关联产业契合的方向进行发展：一是在结构上进行适当调整，发展一些可以加工成调味品的农业产业。二是在品种上进行适当调整，如发展一些加工型的生蚝养殖，满足园区蚝油生产的原料需求。三是在技术上进行调整，如解决合水粉葛坡地种植的技术难题，促进粉葛规模化发展，满足粉葛预制菜加工的原料需求。

（三）加强产业公共平台建设

加强政府的组织协调作用，凝聚全省调味品企业，促进企业之间的协作共进，形成一股合力。一是打造一个公共科研平台，联合省内调味品企业、各高校和科研院所的食品研发团队，成立广东调味品产业研究院，并在地方主产区设立分院，共同开展调味品产业技术研究，集中力量攻克一些产业关键核心技术问题，如面向预制菜产业发展的专用型调味品、复合型调味品的产品开发和技术攻关。二是打造一个公共宣传平台，包括利用政府主流媒体对广东调味品产业进行集中宣传，注册具有公共属性的公众号、视频号，并定期开展宣传活动。三是积极争取主办中国调味品展销会、博览会、行业峰会等各类会展活动，提高广东调味品品牌知名度。

（四）推动传统产业转型升级

充分发挥潮汕地区传统调味品产业基础，重点结合广东省预制菜和潮州"中国食品名城"的发展契机，强化政、研、企、银、村各方主体的协同合作，引进现代化生产技术设备和组织管理模式，完善调味品生产技术标准和产品标准体系，打造区域公用品牌。同时，结合新时代消费需求，持续开发新产品，加快产品更新迭代，丰富产品种类。结合（跨境）电商、新媒体等多种途径，下大力气拓展海内外市场，推动实现粤东潮汕地区传统调味品产业转型升级。

（五）强化政府组织和产业联动

强化政府在调味品产业发展中的组织协调作用，加大政府在调味品产业园区、公共科研平台、宣传平台的投资，增加调味品科研立项。着力宣传和打造广东调味品文化元素，提升广东调味品的区域品牌和整体影响力。促进调味品相关产业的联动作用，大力扶持预制菜产业，以预制菜产业带动调味品产业，以调味品产业带动相关的第一产业、第二产业和第三产业，实现一二三产业融合发展，推动各地实现乡村振兴。

（指导专家：穆利霞　副研究员　广东省农业科学院蚕业与农产品加工研究所）

广东省预制菜产业发展报告

张 磊 周 斐 周灿芳

主要观点： 为推进我国预制菜产业高质量发展，从供给和需求两方面对国内预制菜产业发展现状、制约瓶颈及主要头部企业的优劣势、客群特点、经营模式进行分析，重点对广东省预制菜产业发展现状及特点进行分析，并剖析国外预制菜产业发达国家的发展经验。研究发现，我国目前预制菜产业尚未形成完全竞争市场，产品壁垒低、缺乏国家标准、行业格局高度分散，预制菜龙头及标杆企业严重缺乏，市场参与主体"小、散、弱"问题普遍。广东省预制菜发展处于全国前列，在产业化集群、预制菜保鲜、产品出口、"政研企"全产业链融合等方面发展优势突出。根据美国、日本等国先发经验，促进我国预制菜行业集中度及全产业链协同能力势在必行；预计此后3~5年我国预制菜行业将出现竞合并购，尤其龙头企业上下游业态整合、大单品打磨、精细化、绿色化生产将是预制菜高质量长效发展的主要路径。政策方面，建议从"三产融合""三链耦合"层面对预制菜全产业链发展进行机制设计，在推动企业做大做强的同时，还应关注利益相关者激励相容机制的完善，不断消除预制菜产业发展中存在的食品安全风险、产品壁垒、产品同质化等不确定性问题。

近年来，随着消费结构升级、生活节奏加快与冷链物流的不断发展。从"菜篮子"里端出"菜盘子"，预制菜产业一头连着田间地头，另一头连着百姓餐桌；一端连着乡村振兴，另一端连着消费变革[1]。预制菜不仅引领现代食品工业与乡村振兴融合高质量发展，同时助力减少食物浪费、响应"双碳"战略，也是顺应当前快节奏新消费需求，是中国餐饮文化与现代电商冷链物流发展的高度契合，具有较大的市场空间和发展潜力。2021年中国预制菜行业规模为3459亿元，同比增长19.8%，2022年预制菜市场规模为5992.2亿元，预计到2026年我国预制菜市场规模将突破万亿元，行业规模将高达 1.07 万亿元[2]。从预制菜产业地理分布来看，东部地区百强企业全国占比为 64%，尤其广东、上海、山东排名前三，依次为 17 家、12 家和 11 家；从预制菜加工和食用方式来看，即烹类型企业占比最高，达 31 家[3]。

目前在全国范围内，已有广东、山东、浙江、河南、四川、福建等省份从省级层面到企业层面均在全力布局预制菜产业；尤其是广东省，2022 年 3 月 25 日，广东省人民政府全国首发预制菜产业扶持举措，发布了《加快推进广东预制菜产业高质量发展十条措施》，宣布部署并加快建设广东省成为有影响力的预制菜产业高地[4]。但不可否认的是，预制菜作为区域经济发展的产业层面规划在全国乃至世界均无先例可循，我国预制菜产业刚处于起步阶段，各地政府和民间资本对预制菜产业寄予厚望。本文立足厘清当前我国预制菜产业发展中存在的各类显性、隐形问题，探究总结国外发达国家预制菜产业的演化历程、发展经验，并进一步思考中国预制菜产业如何在高速扩张的同时，通过全产业链思路带动现代种养业发展及富民兴村，这对我国下一步预制菜产业高质量发展有着重要的理论与现实意义。

一、国内外预制菜产业发展现状

（一）预制菜的基本界定与分类

预制菜是指以农、畜、禽、水产品等为基础原料，经现代工业化中央厨房集中高效标准化生产，配以各种辅料经分切、搅拌、腌制、滚揉、成型、调味等工艺加工，在简单烹制后可直接食用的半成品或成品菜品[5]。2024 年 3 月，由国家市场监管总局等六部委联合印发《关于加强预制菜食品安全监管　促进产业高质量发展的通知》（国市监食生发〔2024〕27 号），从国家层面进一步对预制菜规范化发展做了更详尽的科学擘画，其中对预制菜定义也做了权威释义，即预制菜也称预制菜肴，是以一种或多种食用农产品及其制品为原料，使用或不使用调味料等辅料，不添加防腐剂，经工业化预加工（如搅拌、腌制、滚揉、成型、炒、炸、烤、煮、蒸等）制成，配以或不配以调味料包，符合产品标签标明的贮存、运输及销售条件，加热或熟制后方可食用的预包装菜肴，不包括主食类食品，如速冻面米食品、方便食品、盒饭、盖浇饭、馒头、糕点、肉夹馍、面包、汉堡、三明治、披萨等①。相较于传统烹制菜肴，预制菜一般需冷链储存与运输，但因居家烹饪简单、高效便捷的突出特点，在生活节奏不断加快的社会背景

---

① 资料来源：《关于加强预制菜食品安全监管　促进产业高质量发展的通知》（国市监食生发〔2024〕27 号）。

下，预制菜市场规模和消费群体正逐渐扩大。

按照国际上预制菜生产工序和分类标准，可划分为净菜、半成品和成品菜三类；按照加工程度，由深至浅为即食、即热、即烹和即配四类预制食品[6]（见表1）。即食食品开袋即食，最常见的是牛肉干、鸡鸭爪、果脯及罐头等；即热食品指经加工和组配后只需加热食用，如自热火锅、自热米饭套餐等；即烹食品指需经煎、炒、炸等方式烹饪，如酥肉、牛排等；即配食品多指按比例配置好的净菜，主要包括一些炒菜组合、煲汤组合等；目前，大众消费者对预制菜概念的认知偏狭义，多理解为预制菜是即烹食品或即热食品[7]。

表1 预制菜分类及相关特点

	即食菜	即热菜	即烹菜	即配菜
主要特点	开袋即食，全熟或鲜食食品	微波加热或简单蒸煮即可	已调味且按份配比预装，简易烹制即可	按份分装经去皮、洗涤和分切后的生料，自行烹制后使用
细分产品	酱菜、罐头、肉脯等	速冻面点、自热小火锅等	酸菜鱼、猪肚鸡等	混合净菜
加工深度	深加工	次深加工	半成品加工	初加工
保质期限	鲜食类7天以内	冷藏类多为10天左右，冷冻类10个月左右	冷藏品8天内冷冻品10个月左右	7天以内
主要客群	以C端为重点	以C端和B端餐饮企业为主	以B端为主，C端开始发力	以C端餐饮连锁企业为主

（二）国外预制菜产业发展历程及现状

关于国外预制菜产业发展方面，最具典型代表的是美国和日本[8]。预制菜最早可追溯至1940年的美国，随着"二战"对军用食品技术的积累和战后食品工业保鲜与供应链技术的完善，以"3R"（即烹、即热、即用）为典型代表的工业食品风靡全美，并很快影响到日本和欧洲等地，方便面、速冻食品等均是"3R"概念下的产物。从整体来看，美国预制菜产业走的是"以量取胜、销量为王"的道路，通过并购来扩大产能和销售渠道，其预制菜的工艺流程以浅加工为主[9]。同样，日本也是一个预制菜消费大国，20世纪80年代，净菜加工配送在日本兴起，随着人口老龄化和单身人口数量增加以及家庭烹饪习惯的改变，日本人对预制菜需求急速增加（见图1）。2020年，日本预制菜市场规模已经高达238.5亿美元，行业渗透率达60%以上；其中冷冻调理食品占比为85%，净菜占比为15%[10]。

梳理美国、日本预制菜产业发展历程可以看出，美国预制菜的发展经过了四个阶段，分别是萌芽期、成长期、调整期以及成熟期。在萌芽阶段，即 20 世纪 50 年代前后，美国工业化发展促进速冻技术提升，进而刺激冷冻食品销量增长，增速达 35% 以上；美国预制菜成长期在"二战"后，"婴儿潮"一代走向成年，拉动餐饮行业的大发展。同时，美式快餐巨头纷纷成立，倒逼食材标准化、多样化和便捷化，为预制菜提供了发展契机，其间销量复合增速高达 10% 以上[11]。20 世纪 70~90 年代，预制菜迎来了成长期，整个产业增速趋缓，复合增速稳定在 1.5% 左右。日本预制菜发展过程相较美国多了一个调整期，在 20 世纪末到 21 世纪初，即日本经济泡沫破裂后，多个行业受到明显冲击，居民收入和消费受到较大影响，外出就餐减少导致餐饮行业不景气，市场对预制菜需求相应减少。尤其是速冻食品的 B 端需求增长停滞，在 2000~2010 年，日本预制菜的人均消费量从 9.73 千克下降至 9.23 千克。调整期过后，日本预制菜迎来了成熟期，随着日本老龄化程度不断加深，对低难度烹饪食物需求持续增加，使得预制菜 C 端需求大幅增长，2020 年人均预制菜消费量突破 11 千克[12]，如图 1 所示。

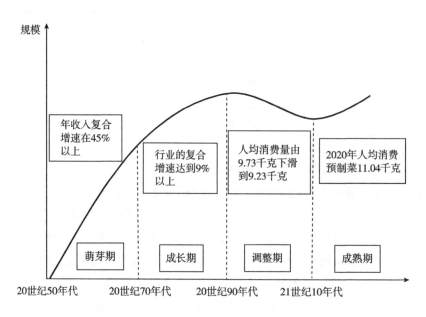

图 1　日本预制菜发展历程情况

（三）国内预制菜的市场规模及主要头部企业

预制菜对我国来讲是"新概念"但非新事物。我国预制菜雏形出现在 2000

年，以"半成品菜"为主要开端，鉴于当时居民经济收入水平较低及冷链物流滞后，"半成品菜"在市场上并没掀起大波澜。直至2014年，随着天猫、京东、顺丰等电商物流企业崛起，以及"双11""6·18"等消费节引导，以区域性、强地标特色的"预制菜品"开始进入活跃期。进入2020年，C端对预制菜食品需求迎来爆发式增长，工商登记数据显示，仅2020年，全国预制菜企业注册量就达到了12983家，截至2022年底，全部范围内预制菜企业已达7.63万家。根据Statista Market Insights、Wind数据库及中国消费者报数据整理，我国预制菜行业市场规模从2017年的1183亿元快速增长至2021年的3459亿元①，具体情况如图2所示。

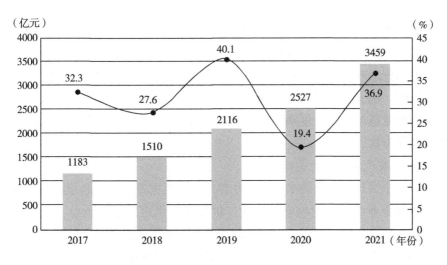

图2　2017~2021年中国预制菜产业市场规模统计

1. 从需求端来看

一是餐饮企业降本增效对预制菜需求不断上升，尤其自2020年以来，外卖市场的爆发使预制菜成为刚需，《中国互联网络发展状况统计报告》数据显示[13]，截至2021年12月，全国网上外卖用户规模达5.44亿，较2020年12月增长1.25亿，占网民整体的52.7%。随着外卖需求的急速增长，外卖对整体餐饮行业的渗透率已达14%，且呈现持续上升趋势。鉴于外卖平台抽成、平台促销费用及人工、房租的高成本压力及出餐速度要求，越来越多的外卖商家选择预制

①　2017~2021年我国预制菜行业市场规模主要来源于《中国消费者报》、全球综合性商业数据平台数据库Statista Market Insights、Wind数据库。

菜来缩短制餐时间[14]。以外卖高点击率的螺蛳粉为例，一份售价约 15 元的螺蛳粉外卖，食材包括 120 克米粉、20 克酸笋、20 克木耳、50 克炸腐竹以及 10 克花生米。如商家选择自己购买食材烹饪则成本在 7 元左右，而从淘宝平台购买一包螺蛳粉预制菜食材成本约为 9 元。虽然食材成本比从 47% 提升到了 60%，但大幅降低的人工成本和飞速提升的出餐效率足以覆盖食材上涨的成本，商家的利润率还有一定程度的提升。二是都市单身独居人群及家庭小型化增加对预制菜需求提升。民政部统计数据显示，我国家庭小型化趋势更加明显，户均人数已由 2010 年的 3.1 人降至 2020 年的 2.6 人。2018 年我国有超过 7700 万成人独居者，其中约 20% 分布在北上广深等一线城市。

2. 从供给端分析

电子商务的兴起和冷链物流技术的进步极大地拓宽了预制菜销售范围。速冻技术、低温保鲜、智能物流及仓储技术等创新发展拓宽了预制菜的销路，半成品和成品菜的配送时间与配送半径得到了明显延长，在提升食品质量的同时扩大了市场。同时，农业现代化的发展推动了农产品综合成本降低和食品原材料质量的提升，而农业机械化、适度规模化的发展降低了整个预制菜原料的成本，尤其是现代种养业方面。

3. 预制菜产业的主要头部企业

从目前全国预制菜企业来看，行业参与者类型主要包括专业预制菜企业、上游农林牧渔企业、传统速冻食品企业、食品食材供应链服务企业、连锁餐饮企业、生鲜电商及连锁商超等。专业预制菜企业的典型代表企业包括味知香、聪厨等，其主要客群以零售端消费者为主，优势以创新性的自研特色菜品为主，但区域特点明显一定程度上也使得产业链扩张存在局限。农林牧渔企业推进的预制菜典型企业包括正大集团、国联水产及新希望等，此类企业在畜禽水产等养殖方面占据行业主要地位，其预制菜发展具有明显的原料低价和稳定供应链优势，主要客群多集中在 C 端的餐饮企业，缺乏直接面对一线消费者的经验。传统速冻食品企业是与大众消费者接触频繁的预制菜企业，以三全、湾仔码头等速冻面点企业代表，然而其产品标准化优势同样也凸显同质化、单一性的竞争劣势。食材供应链服务企业主要是面向 B 端，其特色以对连锁餐饮门店提供半成品的食材配送为主，其优势主要体现在高效快捷的细分及配送网络，但其对食材原料的价格敏感度较高。连锁餐饮企业主要以城市餐饮门店为基点，通过标准化招牌菜、特色菜作为特色优势赢得 C 端消费黏性，典型代表企业包括海底捞、真功夫及全聚德等老字号餐饮企业（见表 2）。新零售领域的生鲜电商及连锁商超则主打"即热即食"类预制菜为主，利用其快捷通达的商超门店及"即点即配"优势，赢得了年轻消费者的欢迎；其典型企业包括盒马鲜生、美团优选等。从注册资本来看，目前我国预制菜企业普遍规模偏小，企查查及 Wind 数据显示 2016~2022 年新注册预制菜企业中有 52% 的注册资本小于 100 万元；就企业营收情况来讲，2022 年百亿元以上预制菜企业数量仅 5 家①。依然存在规模小而散、多而不强的局面，换句话说，预制菜龙头企业的竞争优势依然存在较大提升空间。

表2　我国预制菜行业主要参与者类型及代表企业

类型	代表企业	主要客群	特色模式	优势	不足
专业预制菜企业	味知香、聪厨、蒸烩煮等	由主要面向企业转向一线消费者	主打特色菜和明星菜品	行业经验丰富、自研产品技术强	区域性强、规模与产业链不强
上游农林牧渔企业	正大集团、国联水产、新希望、圣农	重点面向 C 端企业	兼容上下游	原料优势，供应稳定	缺乏消费者感知经验
传统速冻食品企业	三全、思念、安井、湾仔码头、千味央厨等	以消费者为主，兼顾部分企业端	以速冻面点为主，产品标准化程度高	产品标准化程度高	产品品类单一
食材供应链服务企业	蜀海、望家欢、乐禾食品	主要面向企业端	与餐饮门店及半成品配加为主	自建产品初加工中心，采购配送渠道强	对上下游企业价格敏感度高
连锁餐饮企业	海底捞、广州酒家、全聚德、贾国龙功夫菜	重点以一线消费者为主	标准化、高度复制"招牌菜""地方特色菜"	门店广，消费者基础强，熟悉 C 端偏好	品牌复刻度难道高
生鲜电商及连锁商超	京东生鲜、盒马、叮咚买菜、美团、永辉彩食鲜	重点以一线消费者为主	即时即热类果蔬肉菜为主	物流配送能力强	销售渠道单一

---

① 资料来源：Wind 数据库，https://www.wind.com.cn/portal/en/WDS/index.html。

二、广东省预制菜产业发展现状与特点

（一）广东预制菜产业发展现状

广东预制菜产业依托其深厚的出口基础和雄厚的工业实力，展现出强劲的增长势头。2023 年，广东预制菜产值突破 700 亿元，增长率超过 25%，连续三年在全国预制菜产业发展指数稳居第一。2023 年上半年，广东口岸出口预制菜160.5 亿元，增长 10.3%。据初步统计，广东预制菜产品已广泛分布于全球六大洲（除南极洲外），主要市场覆盖北美、RCEP 成员国、欧盟等国家，产品线日益多元，国际市场份额持续扩大①。企查查等数据显示，目前广东省共有各类上下游预制菜企业高达 6000 多家，已稳居全国预制菜产业第一大省。作为改革开放前沿阵地的广东省，在支持发展预制菜深加工产业上稳中求进。广东省是第一个把预制菜写进省党代会和省政府工作报告、率先出台"预制菜十条"措施、第一个建立省级联席会议制度、首个规划建设省级预制菜产业园、制定全国第一套预制菜标准体系②。2023 年，《胡润中国预制菜生产企业百强榜》显示，中国预制菜知名企业中，总部位于广东的企业最多，达到 20 家，其中，广州、佛山各有 6 家企业，湛江有 3 家企业，台山有 2 家企业，潮州、惠州、云浮各有 1 家企业（见表 3）。

表 3　2023 年中国预制菜企业广东知名企业

序号	品牌/企业名称	主营行业	预制菜核心领域	主要预制菜产品	总部所在
1	国联水产	农林牧渔	即配	生鲜半成品、鱼虾	广东湛江
2	广州酒家	餐饮	即烹	速冻食品、预制茶点	广东广州
3	温氏	农林牧渔	即配	生鲜、熟肉、畜禽	广东云浮
4	得宝食品	农林牧渔	即配	生鲜、预制菜肴	广东台山
5	东龙烤鳗	农林牧渔	即烹	鱼类预制菜	广东佛山
6	甘竹罐头	食品加工	即食	熟肉制品	广东佛山
7	广东恒兴	农林牧渔	即烹	鱼类预制菜	广东湛江

①　资料来源：南方都市报，https：//baijiahao. baidu. com/s？ id＝1804728770380136373&wfr＝spider&for＝pc。2024-07-16。

②　资料来源：南方都市报，https：//baijiahao. baidu. com/s？ id＝1788138548344882970&wfr＝spider&for＝pc，2024-01-15。

续表

序号	品牌/企业名称	主营行业	预制菜核心领域	主要预制菜产品	总部所在
8	广弘控股	其他	即配	预制菜肴	广东广州
9	何氏水产	农林牧渔	即配	酸菜鱼预制菜	广东佛山
10	江丰实业	农林牧渔	即热	预制菜肴	广东广州
11	九毛九	餐饮	即烹	预制菜肴	广东广州
12	岭南控股	其他	即烹	预制菜肴	广东广州
13	庆丰包子铺	餐饮	即热	速冻主食、预制茶点	广东佛山
14	尚好菜	食品加工	即烹	预制菜肴	广东广州
15	唐顺兴	农林牧渔	即配	生鲜、熟肉制品	广东惠州
16	无穷	食品加工	即食	熟肉制品	广东潮州
17	新玉润	食品加工	即烹	熟肉制品、速冻食品	广东佛山
18	壹号土猪	农林牧渔	即配	畜禽半成品、速冻主食	广东湛江
19	鱼兴港	农林牧渔	即配	生鲜、鱼类预制菜	广东佛山
20	远宏水产	农林牧渔	即配	生鲜、鱼类预制菜	广东台山

（二）广东预制菜产业发展主要特点

1. 广东水产类预制菜企业数量与营收居全国前列

水产预制菜主要分为鱼类预制菜、虾类预制菜、鲍鱼海参类预制菜、贝壳小海鲜类预制菜、蛙类预制菜等为主。广东省水产预制菜企业规模、产品丰富程度均居全国前列。以国联水产为例，2022 年其预制菜营收为 11.31 亿元，同比增长34.48%，占总营收的比重为 22.12%，2024 年推出的拳头强调产品突出强调"0添加"，上半年期内实现营业总收入 20.22 亿元，其中水产预制菜实现销售 6.05亿元，在水产类预制菜市场影响力不断增强。

除表 4 中所述企业外，广东省还有不少预制菜加工或单品加工的"行业影响力企业"，如配送净菜净肉等食材的广东乐禾食品公司和粤旺集团，加工鲮鱼罐头的鹰金钱公司和甘竹公司，加工鱼虾类罐头的广东冠利达海洋食品公司，加工预包装菜肴的广州蒸烩煮食品有限公司、佛山品珍国际、广州海利来食品等公司，以及从事团餐配送的广州和兴隆、深圳鼎和盛等公司[①]。

<hr />

① 广东预制菜产业高质量发展工作联席会议办公室等. 万亿预制菜 [M]. 广州：南方日报出版社，2024.

表 4　广东省水产类预制菜全国头部企业情况

	企业名称	所在地	特色拳头产品
1	国联水产	湛江市	系列风味烤鱼、系列风味酸菜鱼、系列风味小龙虾，泡椒牛蛙等
2	恒兴集团	湛江市	日光番茄鱼、金汤酸菜鱼、霸王烤鱼、清江鱼烤鱼，鲜虾滑、嫩滑牛蛙块
3	明基水产	云浮市	金鲷烤鱼、叉尾鲴烤鱼（自加热）、金汤酸菜鱼
4	广州酒家	广州市	金汤鲍鱼花胶鸡、鲍鱼糯米鸡、鲍鱼佛跳墙
5	德叔鲍鱼	阳江市	即食鲍鱼、即食海参、鲍鱼盆菜、鲍鱼猪肚鸡、鲍鱼粽子

2. 省级统筹高位推动，产业集群化发展显著

2022 年，广东省在全国从省级政府层面首发了预制菜产业发展纲领性文件，即《关于加快推进广东预制菜产业高质量发展十条措施》，并于当年 5 月份建立了预制菜产业高质量发展联席会议制度，其中包括农业、商务、市场监管、科技、财政、卫健委、自然资源、海关、银行、供销社及高校科研机构在内的 30 个部门联合推动预制菜发展。2022 年首批立项了 11 个预制菜产业园，加快建设在全国乃至全球有影响力的预制菜产业高地，推动广东预制菜产业高质量发展走在全国前列（见表 5）。

表 5　广东省预制菜省级现代农业产业园情况

序号	产业园名称	主要发展方向
1	粤港澳大湾区（肇庆高要）预制菜产业园	肉类、水产深加工
2	广州市南沙区预制菜产业园	生猪养殖与屠宰加工、现代渔业、预制菜产品出口与贸易
3	珠海市斗门区预制菜产业园	白蕉海鲈等水产养殖及加工
4	佛山市南海区预制菜产业园	水产养殖及加工
5	佛山市顺德区预制菜产业园	顺德美食及鱼鲜类加工
6	江门市蓬江区预制菜产业园	侨乡美食加工
7	惠州市博罗县预制菜产业园	熟制禽肉预制菜加工
8	潮州市饶平县预制菜产业园	盐焗鸡、水产预制菜
9	湛江市吴川市烤鱼预制菜产业园	烤鱼类预制菜
10	茂名市化州市预制菜产业园	"富硒富锗"高端预制菜
11	韶关市曲江区预制菜产业园	菌菇类、客家风味预制菜

3. 科技支撑能力强，"政科企"全产业链融合优势突出

粤菜作为中国八大菜系之一，在海内外有广泛的知名度和美誉度，粤菜讲究"鲜""靓"，对色香味有极高的要求。目前，广东预制菜产业已初步形成了从种养殖、加工、储备、流通全产业链的完备度高、科技赋能优势明显的科技支撑体系，尤其是广东省农业科学院、华南农业大学等科研单位，及国联水产、恒兴、温氏、广州酒家等生产加工企业，形成了学科链、科技链、创新链与预制菜产业链、服务链的紧密对接，也极大地促进了产学研用协同创新与科技成果转化。此外，广东预制菜结合粤菜特点，更重视食品安全问题，如食品添加剂、亚硝酸盐、微生物、包装材料迁移物等的控制；针对消费者对食品添加剂的恐惧和排斥，广东预制菜尤其是注重借鉴传统防腐方法，也包括通过新质生产力手段引入液氮技术速冻锁鲜预制菜。此外，广东预制菜开全国之先河，首创了多个全国行业标准，包括广东省市场监管局在全国率先立项制定《预制菜术语及分类要求》《粤菜预制菜包装标识通用要求》《预制菜冷链配送规范》《预制菜感官评价规范》《预制菜产业园建设指南》《预制菜汤类罐头食品》等多项预制菜地方标准，体现粤菜菜系特色，形成差异化地域优势。

4. 大湾区消费市场庞大，国际化出口优势明显

得益于粤港澳大湾区战略的深入实施，近年来大湾区在食品消费、"菜篮子"保障等方面合作密切，从半成品和熟食预制菜，经深港陆路口岸，车程三小时，直抵香港，广东预制菜与香港、澳门居民消费市场已实现了高度的耦合。在出口海外国家方面，作为预制菜产业发展策源地，广东积极发展预制菜走向海外市场。相关数据显示，2023 年，广东省预制菜产值同比增长超过 25%，广东全口岸预制菜出口额为 317 亿元，占全国的 18.3%。目前，在全球化布局中，广东预制菜出口已覆盖除南极洲外的全球六大洲，主要市场覆盖北美、RCEP 成员国、欧盟等国家，产品线日益多元，国际市场份额持续扩大①。广州市南沙区预制菜产业出口导向优势明显，目前南沙预制菜产业园总体形成"一带两核三心"（"一带"即预制菜特色产业示范带；"两核"即预制菜国际贸易加工核、预制菜国内贸易加工核；"三心"即全球预制菜产业科技研发中心、全球预制菜产业数字品牌中心、全球预制菜产业贸易投资中心）的空间功能布局框架，推进建设"一园一基地"（"一园"即全国预制菜产业标杆园；"一基地"即全国预制菜高质量发展示范基地）；目前，南沙区共有一定规模的预制菜及关联企业 18 家，其

---

① 资料来源：21 世纪经济报道，https://m.21jingji.com/article/20240825/herald/a56fb6f4376085d6a5c961066e8e4e16.html。

中年产值超亿元企业2家、超千万元企业9家。①

三、预制菜产业"三产融合"与"三链耦合"的作用机制

（一）预制菜全产业链流程分析

从预制菜产业链流程来看（见图3），预制菜企业链接了上游的种养殖业、中游加工业、下游消费者，通过对传统特色菜肴的反向技术"解码"，以肉蛋禽奶作为原料，按照消费场景、消费终端的差异进行加工与科学配比。按照加工程度形成净菜、半成品、成品三大类，一般情况下净菜、半成品主要供给生鲜电商、餐饮门店等，成品主要面向C端居家消费群体。从产业链角度来讲，预制菜产业通过技术创新激发了消费需求、扩展了消费场景；从联结产业主体来讲，预制菜通过延长产业链、拓宽价值链、构建激励相容的利益链，实现产业主体间的激励相容和价值共享，其中最大的亮点在于"增值"和价值链拓宽，并非将固定价值的简单分配[15]。预制菜产业不仅能对上游的种植、养殖业的绿色、安全生产起到反向制约的供给侧要求，还对食品深加工技术创新、食品机械制造、食物营养与健康、休闲与娱乐等二三产业产生技术推动，形成产业交互融合。预制菜产业在创造价值和共享价值过程中，并非对原材料简单加工后的利润剥取，而是通过预制菜产业反向拉动现代种植、养殖、加工、物流、电商、农旅及文化等一二三产业的协同发展，共享增加的总价值收益。

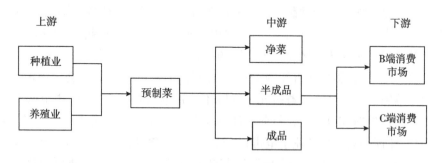

图3 预制菜全产业链流程

（二）预制菜产业"三链耦合"作用机制

学术界关于三产融合研究的主流观点认为，通过技术变革能够促进产业间跨领域的创新与融合发展[16]，Antonio等指出产业融合是技术创新打破产业边界，

引致产业边界收缩或消失的发展形态[17]。预制菜产业是以现代种养业为基础，以食品加工龙头企业为引领，以利益联结机制为纽带，通过技术渗透及组织制度创新对农产品种养、食品加工、流通等形成产业链延伸和功能拓展，形成预制菜产业的跨界资本配置、技术和资源等要素集聚。与此同时，预制菜产业在客观上促进了农产品绿色生产、加工增值、电商物流扩大市场半径、农旅休闲等服务业有机融合。预制菜产业通过对农业产业链的延伸、价值链增长、供应链拓展，实现对传统农产品按照营养成分、功能特性进行精深加工和产品增值，并通过价格信号反向促进绿色优质农副产品的生产，促进农户与加工企业间的利益联结和产业链的价值整合与增值[18]。

　　预制菜的发展是通过一二三产业融合来实现产业链的延伸、价值链的提升以及利益链的完善。产业链是指在原材料采购、中间产品加工与最终产品配送等全过程所构成的链条，链条中各环节都是产品增值、价值创造的过程，一系列价值增值的过程形成完整的价值链[19]。同时，价值增值中各主体之间通过合意的分配机制形成富有活力的利益联结，即利益链。以预制菜大产业整个发展过程来看，如图4所示，预制菜产业从上游种养殖业到中游加工产业再到下游运输销售等产业形成了预制菜的全产业链，每一个环节都会产生对应的价值，并且为各个环节带来价值增值。在预制菜生产过程中，无论是农业、加工业或者是服务业都是预制菜产业链中的一环，各个环节主体的目标都是优化利益链，因此在共同利益的驱动下产生了利益联结，形成了利益链[20]。可以说，在产业链的基础上形成了价值链，然后才有利益链，三链之间相互渗透，不可分割。发展预制菜的终极目标是延伸产业链、提升价值链以及优化利益链，促进"三链耦合"并提升耦合效率，提高预制菜产品竞争力，实现产业增收。

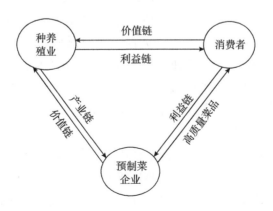

图4　预制菜产业链、价值链和利益链的耦合逻辑关系

四、我国预制菜产业存在的主要问题

目前，我国预制菜的发展总体向好，但是发展过程中存在着一些问题，主要体现在食品安全风险、C端市场成熟度低、产品同质化严重、品类推广具有跨区域风险以及市场集中度等方面。

（一）食品安全风险

预制菜在中国发展存在一个重要的痛点：缺乏全国统一的国家标准，消费者对食品添加等潜在的食品安全隐患普遍较为警惕。就我国预制菜现实情况来看，预制菜小企业数量多，但品质参差不齐，不少企业对食材处理停留在初加工阶段，生产环境差、技术滞后、产品全程无菌等问题依然难以完全保证。由于对预制菜食材来源和加工工序信息不对称，消费者往往会对预制菜保持观望态度。如果在采购、加工、运输等任何一个环节出现疏忽，比如发生采购的原材料失鲜、冷链故障、残次产品率高或识别不够等问题，就会大大降低消费者信心，甚至对整个产业造成毁灭性的负面影响[21]。除此之外，食品安全问题还反映在一些预制菜信息缺少"对标"，配料成分表、添加剂使用量、储存条件、生产日期、最佳食用期等信息"不醒目"，如此一来消费者对预制菜的消费信心不足，后续产品销售会受到波及。

（二）C端市场成熟度低

我国预制菜产业目前主要消费端分为B端和C端。从B端来看，预制菜可有效降低餐饮门店的房租和人工成本，提高运营效率；从C端来看，为消费者带来便利的同时还能降低生活成本。但是目前我国预制菜市场发育严重不平衡，B端与C端市场的比例接近8：2。B端量大需求强，是目前主流消费端口；然而对于C端消费者而言，一方面，存在菜品固定、价格高、添加剂隐忧等，预制菜C端市场销售目前依然不及预期；另一方面，部分预制菜需要进一步加工才可食用，会大大减少C端消费者出于便利、快捷对预制菜的要求。因此，中国预制菜需要再做实做大B端市场，形成品牌效应后更加稳健迈向C端。初始期只有通过技术积累、打造品牌、形成良好美誉度后才能在C端大放异彩。

（三）产品同质化严重、口味单一

目前市场上即使不同品牌的预制菜企业，也存在较为严重的品种与口味相近的同质化问题。其原因在于预制菜需要长期运输和存储，厂商过于依靠食品添加剂来延长保质期，导致食物的口感单一且缺乏鲜美，甚至引发消费者对预制食品产生不信任危机[22]。食物烹饪的口感与食材的质量、新鲜程度以及烹饪方法密

切相关，口味好的食物对食材的新鲜度要求更高。相较于对食材新鲜度要求高的清淡菜，重口味菜品则是当前预制菜的主流[23]。所以市场上预制菜往往出现较多重油盐、重麻辣、重腌制等类型预制菜肉品，存在预制菜产业存在口感整体上限不高，上限和下限区别较小的行业痛点。

（四）品类推广具有跨区域风险

预制菜受各地区资源禀赋条件、居民饮食习惯差异等影响，具有很鲜明的地域性，快捷的跨区域配送和良好的冷链运输能力缺一不可，但目前预制菜跨区域风险主要存在以下两方面：一方面，物流成本高，预制菜企业进入新的地区难以形成一套成熟的物流配送体系，也难以形成规模效应的竞争优势，进而在成本上处于劣势地位。另一方面，运输时间长会导致产品新鲜度大打折扣，如果运输途中出现冷链温度不够低、快递转场过久等问题都会造成预制菜品质降低。除此之外，外地预制菜企业与本地市场及消费者需要共同花费较大的时间成本、机会成本探索，以上种种跨区域风险的制约给预制菜产品的"出圈"造成了无形壁垒，也反过来使预制菜企业更倾向于在自己的"舒适圈"发展。以国内预制菜先行标杆企业味知香为例，近三年其在华东地区营收占比分别为 97.60%、96.81%、96.80%，然而其在华南、华北、西南地区营收占比不足 4%。生产规模、异地复制、物流运输等问题成为预制菜企业扩张掣肘[24]。

（五）集中度低，规模化企业少

当前我国预制菜产业进入门槛相对较低，全国预制菜厂商多但质量参差不齐，尤其是行业引领作用的龙头企业少，完全竞争市场格局远未形成。受不稳定因素催发影响和餐饮企业降成本的需求，预制菜市场处在持续扩容的快速成长阶段，整个产业存在着"小""散""弱"的短板约束。目前现存的逾 7 万家预制菜企业中，超过一半成立于近 5 年内，而且 70% 以上预制菜加工企业以"作坊式"生产为主，企业规模小、竞争格局分散[25]。主要原因是缺乏相应的自动化设备和食品相关专业的高技术人才，无法实现标准化、规模化生产，有些"家庭式作坊"甚至会存在食品安全问题。

五、结论与建议

（一）结论与发展趋势

1. 结论

一是我国预制菜在 B、C 两端双加持影响下步入发展井喷期。外卖需求、人口老龄化、实体餐饮店的利润挤压引致 B 端对分切、简装等预制菜需求强烈。二是从加工程度来看，我国预制菜目前仍以即热类、即烹类产品为主，从消费集中度来讲，C端预制菜将重点涌向一二线城市尤其是京津冀、长三角、珠三角地区三大城市群。三是当前我国预制菜产业尚未形成完全竞争市场，产品壁垒低、缺乏国家标准、行业格局高度分散，预制菜龙头及标杆企业严重缺乏，市场参与主体"小、散、弱"较为普遍，从企业类型来讲，包括专业预制菜企业、上游农林牧渔企业、传统速冻食品企业、调味品企业及连锁餐饮企业等等，但各类主体存在产品模式、生产方式、市场定位存在不清晰、不准确问题。

2. 发展趋势

基于当前我国预制菜产业发展特点及美国、日本等预制菜先发国家经验来讲，未来我国预制菜产业将呈以下发展趋势：一是由当前的分散走向集中，行业集中度及全产业链协同能力提升将是大势所趋，预计此后3~5年我国预制菜行业将出现竞合并购、市场退出等情况，头部龙头企业的上下游业态整合趋向明显。二是预制菜产业规范化程度将进一步增强，针对添加剂及消费者知情选择权等将进一步强化规范，将从国家层面建立"统一的标准体系、认证体系、追溯体系"等有效监管机制。三是预制菜企业利润将整体由慢到快、趋向集中化趋势。未来预制菜企业要提升盈利能力，必须在结合自身禀赋优势基础上，契合细分客户结构、需求特点及在此基础上进行大单品打磨，并聚焦提升供应链效率。

（二）对策建议

1. 加强顶层设计与政策精准供给

预制菜从本质上讲也是"粮头食尾、农头工尾"的"大文章"，中国预制菜的高质量发展需要愈加趋向更加安全化、规范化以及创新化方向[26]。值得注意的是，我国预制菜产业从当前的初始期到成长、成熟阶段，势必会经历一轮或多轮次的倒闭、合并等竞合浪潮，建议地方政府和相关企业应理性、谨慎为之，不能"一哄而上、一哄而散"。下一步，建议其他省份地方政府在培育预制菜产业的同时，应依托当地农业资源禀赋和优势特色产业，通过全产业链把本地区"土特产"中的种养业、特色食品加工等融合发展，带动农民绿色高质量种养、富民兴村，把预制菜的初加工及合理利润留在农村、分享给农民。同时，构建预制菜质量安全监管体系，完善从"菜篮子"到"菜盘子"的食物监管标准[27]。引入互联网大数据对食品溯源，系统记录食品生产、加工、储运和销售各个环节的详细信息，让消费者买得放心、吃得安心。

2. 构建预制菜质量安全监管规范体系

食品安全是预制菜的核心问题，着眼高标准引领高品质预制菜发展，需要构建一个预制菜质量安全监管体系，可借鉴日本预制菜从田园到餐桌的标准管理体系[28]。还需建立覆盖预制菜制作、保鲜冷藏和冷链运输全过程的国家标准，同时鼓励有条件的地区针对特色预制菜先行建立地方标准，诸如酸菜鱼、麻辣小龙虾、宫保鸡丁、梅菜扣肉等特色畅销菜品；试点在全国建立一批中央厨房标准化示范基地，示范中央厨房标准化生产管理[29]。以统一的预制菜质量标准推动预制菜产业在全国的发展，形成具有各地特色的预制菜竞争格局。在构建自律有序发展的同时，引入他律进行监督，让社会各界参与到监督体系中，建立完善守信联合激励和失信联合惩戒制度，严厉打击"黑作坊"，维护消费者权益，确保预制菜的食品安全。打造一个全国预制菜数字平台，定期检查并更新各区域预制菜相关信息，探索建立预制菜产业链供应链常态化质量安全评估体系，保障消费者对预制菜的需求信心。

3. 培育预制菜龙头企业

我国预制菜产业中示范性、标杆性企业较少[30]，这也导致目前全国预制菜市场"散而失序"，从产业发展规律和全产业链驱动逻辑来看，亟需培育一批涵盖生产、加工、冷链运输、仓储、销售以及装备生产等环节的示范企业，充分发挥龙头企业在产业链中的示范作用，引领全产业链上中下游进入规范化、共享化、规模化发展。政府在培育预制菜龙头企业政策引导上，要突出前瞻性、专业性和准公共性原则，即要结合本地区资源禀赋条件，不亦步亦趋重复其他成熟且不占优势预制菜品的制作，瞄准及探索消费者消费偏好，强化企业与科研院所在预制菜保险、食品安全等技术攻关与积累，更加注重预制菜安全标准的监督和执行，包括从绿色优质种养原料生产、预制菜无菌生产线、原辅料核心生产基地建设等，以农产品预加工为核心，纵向牵引产业链上游农产品原材料生产以及下游农产品销售和餐饮等行业的发展，不断推进一二三产业融合的预制菜企业走向优质化、规模化，发挥促消费、提质量的重要作用。

4. 拓宽预制菜品牌营销渠道

预制菜的品牌营销关键依然建立在消费者对品质及安全认同之上，要学习美国、日本预制菜"分级、分类、专标"等经验，严格管理预制菜食品添加剂使用标注及使用时效，按照食品类别及保鲜时长印制专用标识。鼓励电商平台同步进行线上、线下销售活动，通过直播、预售等形式给大家介绍预制菜的加工制作过程以及各种预制菜的品牌与口味，让更多人深入了解预制菜、享用预制菜。有条件地区还可以试点预制菜等知名企业利用中央厨房配切菜、烹制等优势，在严把食品添加、食品安全关后双向选择进社区、高校、公司等食堂。同时可以通过召开农博会、展览会和农产品推介会等相类似的展会，对预制菜品牌进行推广，趁势打造一批驰名国内外的预制菜品牌。加强仓储冷链物流的建设能够拓宽预制菜销售的辐射范围，实现产业链的优化和延伸[31]。

参考文献

［1］合力"炒香"预制菜［N］．人民日报，2023-3-17. https：//baijiahao. baidu. com/s？id=1760566939370411621&wfr=spider&for=pc.

［2］中国经济网，赛迪顾问消费经济研究中心．《2023 中国预制菜企业竞争力百强研究》［EB/OL］. https：//baijiahao. baidu. com/s？id=1765371321765634805&wfr=spider&for=pc.

［3］艾媒咨询．2022-2023 年中国预制菜产业发展趋势及商业布局分析报告［EB/OL］.（2022-06-06）［2022-10-04］. https：//www. iimedia. cn/c400/85944. html. IiMediaResearch.

［4］广东省人民政府．广东省人民政府办公厅关于印发《加快推进广东预制菜产业高质量发展十条措施》的通知（粤府办〔2022〕10 号）［EB/OL］.（2022-03-25）［2022-09-28］. http：//www. gd. gov. cn/zwgk/wjk/qbwj/yfb/content/post_ 3893116. html.

［5］中国烹饪协会．《预制菜产品规范》（中烹协〔2022〕22 号）［EB/OL］. http：//www. ccas. com. cn/site/content/206009. html.

［6］中国烹饪协会．预制菜：T/CCA024-2022［S］．北京：中国烹饪协会，2022.

［7］餐宝典研究院．2021-2022 中国预制菜行业发展报告［EB/OL］.（2021-12-27）［2022-10-04］. https：//mp. weixin. qq. com/s/3VwWvi0c7jgpqSXfUxtrCg.

［8］ResearchAndMarkets. com Releases Report：Opportunities in the Americas Prepared Meals Sector［R］. Manufacturing Close Up，2019-11-30.

［9］Ready Meals（Prepared Meals）Market 2018 Global Trends，Market Share，Industry Size，Growth，Opportunities and Forecast to 2023［R］. M2 Presswire. Volume，Issue，2018.

［10］Carlos A. Monteiro，Geoffrey Cannon，Jean-Claude Moubarac，Renata B. Levy，Maria Laura C. Louzada，Patricia C. Jaime. Freshly Prepared Meals and Not Ultra-Processed Foods［J］. Cell Metabolism，2019，30（1）：5-6.

［11］AcevesMartins Magaly, Denton Philippa, de Roos Baukje. Ready Meals, Especially Those That Are Animal-based and Cooked in an Oven, Have Lower Nutritional Quality and Higher Greenhouse Gas Emissions and Are More Expensive than Equivalent Home-cooked Meals. ［J］Public Health Nutrition, 2023, 26（3）: 1-9.

［12］農林水産省. 食品製造業におけるHACCPに沿った衛生管理の導入状況実態調査結果について ［EB/OL］. 令和3年10月1日. https: // www. maff. go. jp/j/shokusan/koudou/what_ haccp/h_ toukei. html.

［13］中国互联网信息中心.《第49次中国互联网络发展状况统计报告》［EB/OL］. http: //www. cnnic. net. cn/NMediaFile/old_ attach/P020220721404263787858. pdf.

［14］强郁文, 施钰, 郑智文. 预制菜产业加速迈向规范化 ［N］. 人民日报, 2023-08-25（007）.

［15］Qiang Y W, Shi Y, Zheng Z W. The Prepared Dishes Industry Is Accelerating Its Normallzation ［N］. People's Daily, 2023-08-25（007）.

［16］Cirone F., Masotti M., Prosperi P., Bosi S., Dinelli G., Vittuari M. Business Strategy Pathways for Short Food Supply Chains: Sharing Value between Consumers and Producers ［J］Sustainable Production and Consumption, 2023（40）: 458-470.

［17］Sahal D. Technological Guideposts and Innovation Avenues ［J］. Research policy, 1985, 14（2）: 61-82.

［18］Antonio P Z, Maciel F R, Denise B, et al. The Dynamic Chain of Innovation: Bounded Capabilities and Complementarity in Agribusiness ［J］. Journal of Agribusiness in Developing and Emerging Economies, 2023, 13（5）: 115-130.

［19］Scaraboto Daiane, Figueiredo Bernardo. How Consumer Orchestration Work Creates Value in the Sharing Economy ［J］Journal of Marketing, 2022, 86（2）: 29-47.

［20］陆雄文. 管理学大辞典 ［M］. 上海: 上海辞书出版社, 2013.

［21］齐志明, 王沛. 预制菜产业发展前景广阔 ［N］. 人民日报, 2023-08-24（010）.

［22］安俊文, 方梓銎, 等. 我国预制菜产业的发展现状、影响因素及发展趋势 ［J/OL］. 食品与发酵工业. https: //doi. org/10. 13995/j. cnki. 11-1802/ts. 034935.

［23］王卫, 张锐, 张佳敏, 等. 预制菜及其研究现状、存在问题和发展展望 ［J］. 肉类研究, 2022, 36（9）: 37-42.

［24］张宇昊，陈海．川渝预制菜产业现状与发展路径分析［J］.中国食品学报，2022，22（10）：9-19.

［25］姚敏，刘岩，王丹．浅析我国预制菜产业及贸易发展若干问题［J］.世界农业，2023，530（6）：138-140.

［26］赵超凡，陈树俊，李文兵，等．预制菜产业发展问题分析［J］.现代食品科技，2023，39（2）：104-109.

［27］徐玉娟，张业辉，周芳，等．广东预制菜发展模式与现状分析［J］.中国食品学报，2022，22（10）：27-38.

［28］湖南省人民政府办公厅关于加快推进预制菜产业高质量发展的意见（湘政办发〔2023〕23 号）［EB/OL］. 2023-06-25. http：//www. hunan. gov. cn/hnszf/xxgk/wjk/szfbgt/202307/t20230704_ 29391629. html.

［29］農林水産省が優先的にリスク管理を行う対象に位置付けている危害要因についての情報（有害化学物質）［EB/OL］.農林水産省，令和 5 年 5 月 1 日．

［30］张德权，刘欢，孙祥祥，等．预制菜肴工业化加工技术现状与趋势分析［J］.中国食品学报，2022，22（10）：39-47.

［31］王建辉，刘妙，陈彦荣，等．预制湘菜产业现状及发展路径分析［J］.中国食品学报，2022，22（10）：20-26.

［32］周珊珊．推动预制菜产业健康发展［N］.人民日报，2022-06-27（005）.

广东省饲料产业发展报告

蔡　勋　梁俊芬　周灿芳

主要观点：广东是饲料大省，饲料产量和产值均位居全国第二，其中猪饲料和水产饲料产量位居全国第一。广东饲料技术创新处于行业领先水平，饲料上市企业数量位居全国前列，行业集中度不断提升的同时逐渐向粤东、粤西、粤北地区布局。近年来，我国饲料产业链政策逐步完善，饲料绿色高效发展趋势明显；加之养殖企业南移，养殖量剧增对饲料需求增加，为广东省饲料产业持续做大做强提供新机遇。与此同时，也要清醒地认识到，广东省饲料产业也面临饲料原料尤其是饲料粮短缺、饲料利用效率不高导致的生态环境压力较大以及重金属超标、滥用药物等问题。建议广东省深挖资源潜力，加快推动广东省地源性饲料资源开发利用；开展饲料高效利用技术攻关，提升饲料安全水平；强化行业监管，打通饲料高质量发展的政策堵点。

习近平总书记指出，要树立大食物观，从更好满足人民美好生活需要出发，掌握人民群众食物结构变化趋势，在确保粮食供给的同时，保障肉类、蔬菜、水果、水产品等各类食物有效供给，缺了哪样也不行。饲料安全稳定供给是确保食物供应稳定和质量安全的重要保障。近年来，广东省始终坚持实体经济为本、制造业当家，坚定不移推进制造强省建设，将饲料纳入现代农业与食品战略性支柱产业集群行动计划，饲料产业集群已成为全省 10 个千亿级产业集群之一①。推动广东省饲料产业高质量发展，是广东省高质量建设制造强省的应有之义。

---

① 截至 2023 年 6 月，广东已形成 8 个超万亿元级，3 个 5000 亿至万亿元级，7 个 1000 亿~5000 亿元级，2 个百亿元级的"8372"战略性产业集群发展格局。

一、广东省饲料产业基本情况

（一）从总产量来看，广东省饲料产业保持稳定增长，产量和产值均位居全国第二

自 2021 年以来，广东省饲料产量一直保持在 3000 万吨以上，2023 年达 3610.7 万吨，约占全国产量的 11.2%（见图 1），仅次于山东省（4716.3 万吨）。

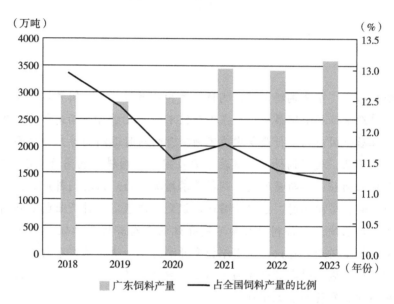

图 1　2018～2023 年广东省饲料产量及占全国饲料总产量的比例

资料来源：中国饲料工业协会网，http://www.chinafeed.org.cn/hyfx/hyfx_erji/202402/t20240206_437711.htm。

2023 年广东省饲料工业总产值 1660.9 亿元，占全国总产值的 11.8%（见表 1），仅次于山东省（2058.3 亿元）（见图 2）。其中，饲料产品产值为 1603.2 亿元，占全国产值的 12.6%，居全国第二位；饲料添加剂产品产值为 57.7 亿元，占全国产值的 4.7%，居全国第八位。

表 1　广东省饲料工业总产值情况　　　　　　　　单位：亿元,%

	总产值	全国占比	全国排名
饲料工业总产值	1660.9	11.8	2
饲料产品	1603.2	12.6	2

	总产值	全国占比	全国排名
饲料添加剂	57.7	4.7	8
饲料机械	—	—	—

资料来源：中国饲料工业协会网，http：//www.chinafeed.org.cn/hyfx/hyfx_erji/202402/t20240206_437711.htm。

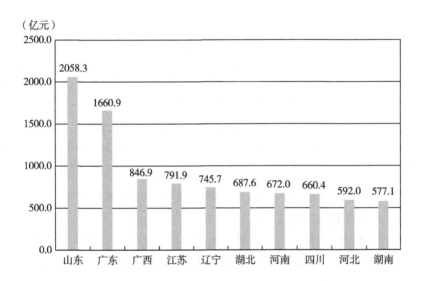

图2 2023年全国饲料总产值TOP10

资料来源：中国饲料工业协会网，http：//www.chinafeed.org.cn/hyfx/hyfx_erji/202402/t20240206_437711.htm。

（二）从饲料类型看，广东省饲料产品以配合饲料为主，配合饲料和添加剂预混合饲料产量处于全国前列

从全省占比来看，广东省饲料产品以配合饲料为主，占饲料总产量的97%，添加剂预混料占饲料总产量的2%，浓缩饲料占饲料总产量的1%（见图3）。2023年，广东省配合饲料产量为3517.8万吨，增长率为2.4%，仅次于山东省（4470.6万吨）；添加剂预混合饲料产量为64.9万吨，增长率为4.7%，仅次于山东省（99.3万吨）、河南省（65.6万吨），居全国第三位；浓缩饲料为25.5万吨，下降8.1%，居全国第18位。

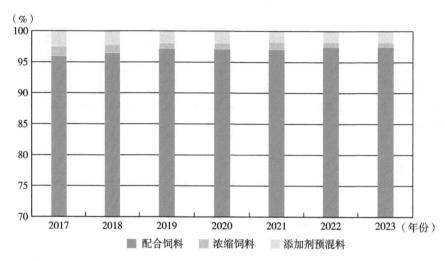

图 3 2017~2023 年广东省饲料类型结构变化情况

资料来源：中国饲料工业协会网，http：//www.chinafeed.org.cn/hyfx/hyfx_ erji/202402/t20240206_ 437711.htm。

（三）从饲料品种来看，广东省饲料以猪饲料、肉禽饲料和水产料产量为主，猪饲料和水产饲料产量全国第一

广东省饲料以猪饲料、肉禽饲料和水产料产量为主，三者产量占全省总产量的 93%（见图 4）。其中猪饲料产量占比为 41.68%、肉禽饲料占比为 30.82%、水产饲料占比为 20.5%。

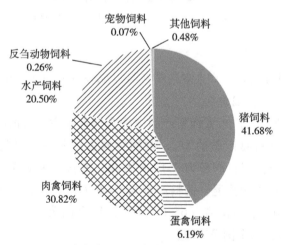

图 4 广东省不同品类饲料产量占比情况

资料来源：中国饲料工业协会网，http：//www.chinafeed.org.cn/hyfx/hyfx_ erji/202402/t20240206_ 437711.htm。

广东省猪饲料和水产饲料产量居全国第一，肉禽饲料、蛋禽饲料产量居全国前列。广东省猪饲料产量为 1505 万吨，略高于广西（1480.7 万吨）。肉禽饲料产量为 1112.9 万吨，居全国第二位；蛋禽饲料产量为 223.6 万吨，居全国第四位；水产饲料产量为 740 万吨，居全国首位；反刍动物饲料产量为 9.3 万吨，居全国第 24 位（见图 5）。宠物饲料产量为 2.4 万吨，居全国第七位；其他饲料产量为 17.4 万吨，居全国第四位。

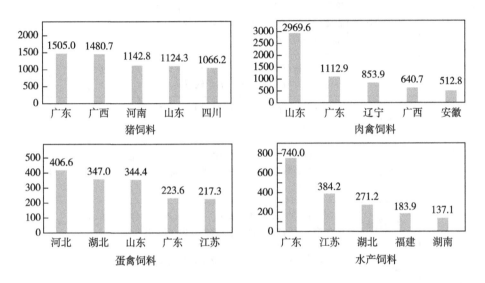

图 5　各类饲料产量排名前五的省份

资料来源：中国饲料工业协会网，http：//www.chinafeed.org.cn/hyfx/hyfx_ erji/202402/t20240206_ 437711.htm。

（四）从企业主体来看，广东省饲料上市企业数量居全国前列，行业集中度不断提升的同时逐渐向粤东、粤西、粤北地区布局

全省共有饲料和饲料添加剂企业 960 家，其中 205 家饲料企业隶属大型集团企业，饲料产量占全省总产量的 70%[①]。广东省饲料行业上市公司数量位于全国前列。其中本地上市公司有海大集团、粤海饲料、金新农、京基智农、溢多利等 9 家企业，涵盖上游、中游、下游饲料全产业链。

---

① 资料来源：2023 年广东省饲料行业年会，https：//mp.weixin.qq.com/s/Qoc85dH4cczUdSZZEdKM_Q。

表 2　2023 年广东饲料行业上市公司基本情况　　　单位：亿元

产业链环节	公司简称	主营业务	2023 年营业收入
上游（添加剂）	溢多利	亚洲最大生物酶制剂制造和服务企业，主打产品博落回散填补了国内天然植物药源药物饲料添加剂的空白	7.96
	星湖科技	利用生物发酵技术生产赖氨酸、苏氨酸、核苷酸、味精等产品。主要产品产能规模均位居全球前列	173.74
	播恩集团	聚焦幼小动物营养，作为多年深耕幼小动物营养产品的企业，公司建立起以教槽料与乳猪料类幼小动物营养产品为核心的产品格局	14.36
中下游（饲料生产、动物养殖）	海大集团	以饲料、种苗、动保为主业。2023 年饲料产量 2427.65 万吨。已完成 4000 万吨饲料产能布局	1161.17
	粤海饲料	从事水产饲料的研发、生产及销售，深耕特种水产饲料领域。2023 年产量 88.83 万吨	68.72
	金新农	以猪饲料生产及生猪养殖为核心业务，专注猪前期料营养，具有饲料教槽料细分领域的领先优势。2023 年产量 90.07 万吨	40.40
	京基智农	主营业务为生猪养殖与销售；饲料生产与销售；种鸡、肉鸡养殖与销售。其中饲料自产自供，年产量 108 万吨	124.17
中下游（饲料生产、动物养殖）	温氏股份	饲料自产自供。同行上市企业中，肉鸡出栏第一，肉猪出栏第二	899
	国联水产	饲料年产能 11 万吨。主要专注于水产食品加工、研发和销售	49.09

资料来源：各上市公司年报。

　　从企业规模来看，行业集中度不断提高。2023 年，广东省饲料产量超 1000 万吨的企业有 2 家，其中海大集团产量达 2427.65 万吨，占全国饲料总产量的 7.5%，是国内第二大饲料生产企业；温氏集团达 1780 万吨，占全国饲料总产量的 5.5%（见图 6）。

　　从区域分布来看，饲料企业从珠三角向粤北、粤东、粤西地区转移。粤北地区主要是猪饲料，饲料生产企业超过 77 家。粤东地区以水产和牛蛙等特种料为主。粤西地区以生猪、水产和肉禽饲料为主，饲料生产企业超过 200 家。

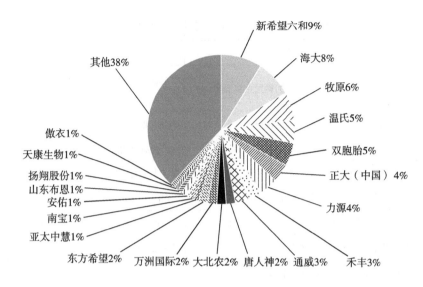

图6　2023年国内Top20饲料企业产销量占全国饲料总产量比重

资料来源：农财宝典新牧网，https：//xinm123.nfncb.cn/hangyezixun/121499.html。

（五）从技术水平来看，广东省饲料技术创新处于行业领先水平

广东省饲料产业科研平台众多，具备较强的科研与技术研发能力，形成了一批创新性的科研成果，并在生产中得到大规模的推广应用。现有饲料产业农业农村部重点实验室7家（见表3），主要依托华南农业大学、广东省农业科学院、温氏集团、海大集团等科研院所和企业。如华南农业大学建成全球资源量最大的饲料树种种质资源库，选育出一批产量、营养价值双高的优良树种和种质；建立全球数据量最多的木本植物营养数据库，实现木本饲料功能化利用。广东省农业科学院"猪优质高效饲料产业化关键技术研究与推广""仔猪肠道健康调控关键技术及其在饲料产业化中的应用""瘦肉型猪营养需要与新型饲料添加剂开发应用技术研究"等多项成果获国家科技进步奖二等奖。温氏集团和海大集团入选豆粕减量替代技术应用典型案例，其中温氏集团豆粕平均用量占比为7.4%，比行业最高水平的牧原低0.5个百分点，比养殖业消耗饲料中豆粕平均含量低7.9个百分点；海大集团豆粕平均用量占比为12.0%，比养殖业消耗饲料中豆粕平均含量低3.3个百分点，部分育肥猪配方实现无豆粕配方。

表 3 广东省饲料产业农业农村部重点实验室

序号	重点实验室名称	依托单位
1	农业农村部华南动物营养与饲料重点实验室	广东省农业科学院动物科学研究所（水产研究所）
2	农业农村部华南动物营养与饲料科学观测实验站	华南农业大学
3	农业农村部动物营养与健康养殖重点实验室	温氏食品集团股份有限公司
4	农业农村部兽用生物制品工艺技术重点实验室	肇庆大华农生物药品有限公司
5	农业农村部微生态资源养殖利用重点实验室	广东海大集团股份有限公司
6	农业农村部华南水产与畜禽饲料重点实验室	广东恒兴饲料实业股份有限公司
7	农业农村部饲料合成生物技术重点实验室	播恩集团股份有限公司

资料来源：根据农业农村部资料汇总。

二、广东省饲料产业发展机遇

（一）饲料产业链政策逐步完善，饲料停抗、养殖减抗等要求为饲料绿色高效发展提供政策指引

饲料是支撑现代养殖业发展的物质基础，为进一步推动养殖业高质量发展，近年来，国家层面相继出台了《国务院办公厅关于促进畜牧业高质量发展的意见》《关于实施水产绿色健康养殖技术推广"五大行动"的通知》《"十四五"全国饲草产业发展规划》《饲用豆粕减量替代三年行动方案》，推动提升饲料精准配置技术，促进玉米、豆粕减量替代，引导饲料配方多元化发展，饲料产业高质量发展迎来全新机遇，为畜牧强国建设提供重要支撑（见表4）。

表 4 饲料相关政策及主要内容

政策名称	主要内容
全国	
《农业农村部办公厅关于印发〈饲用豆粕减量替代三年行动方案〉的通知》（农办牧〔2023〕9号）	实施饲用豆粕减量替代行动，基本构建适合我国国情和资源特点的饲料配方结构，初步形成可利用饲料资源数据库体系、低蛋白高品质饲料标准体系、高效饲料加工应用技术体系、饲料节粮政策支持体系，畜禽养殖饲料转化效率明显提高，养殖业节粮降耗取得显著成效，实现"一降两增"

政策名称	主要内容
全国	
《农业农村部办公厅关于印发〈植物提取物类饲料添加剂申报指南〉的通知》（农办牧〔2023〕2号）	鼓励引导有关单位加快植物提取物类饲料添加剂产品研发创制
《国务院办公厅关于促进畜牧业高质量发展的意见》（国办发〔2020〕31号）	健全饲草料供应体系。因地制宜推行粮改饲，增加青贮玉米种植，提高苜蓿、燕麦草等紧缺饲草自给率，开发利用杂交构树、饲料桑等新饲草资源。推进饲草料专业化生产，加强饲草料加工、流通、配送体系建设。促进秸秆等非粮饲料资源高效利用。建立健全饲料原料营养价值数据库，全面推广饲料精准配方和精细加工技术。加快生物饲料开发应用，研发推广新型安全高效饲料添加剂。调整优化饲料配方结构，促进玉米、豆粕减量替代
《农业农村部办公厅关于实施水产绿色健康养殖技术推广"五大行动"的通知》（农办渔〔2021〕6号）	开展配合饲料替代幼杂鱼行动。突出重点，因品施策，聚焦大黄鱼、花鲈、鲆鲽类、大口黑鲈、乌鳢和青蟹等幼杂鱼使用量较高的重点品种，组织实施配合饲料养殖示范推广，提高配合饲料替代率。开展配合饲料替代幼杂鱼养殖试验，进行综合效益分析，研究制定不同品种成熟的饲料配方及可行替代方案。积极引导地方财政资金给予替代企业补助，降低配合饲料使用成本，提升企业参与积极性
猪鸡饲料玉米豆粕减量替代技术方案	从日粮配制、替代原料的营养特性、配套加工措施、具体技术方案示例等方面制定猪鸡饲料玉米豆粕减量替代技术方案
《关于支持民营企业发展生猪生产及相关产业的实施意见》（发改农经〔2020〕350号）	健全饲料供应体系。鼓励高校、企业、科研机构开展饲料营养价值评定和动物营养需要量研究，加大本土可利用饲料资源和非粮饲料原料开发力度，全面推广饲料精准配方和精细加工技术。强化对饲料原料、饲料和饲料添加剂的质量安全监管，加强饲料存储、运输和使用等环节生物安全管理。引导企业加大动物营养学、饲料配方研发、精准饲喂养等研发投入，加快生物饲料开发应用，调整优化饲料配方结构。引导饲料企业参与上下游产业发展，提高风险抵抗力
广东省	
《关于2023年开展"粤食越好粤品世界"推动食品工业提质升级专项行动方案》	推动饲料产业子集群17个续建项目加快建设，2个新建项目加快落地开工，支持饲料生产企业智能化、数字化转型，争取子集群增速达到10%，到2023年底营业收入突破2000亿元大关
《2023年广东省畜禽养殖标准化示范创建活动工作方案》	严格遵守饲料、饲料添加剂和兽药等投入品使用有关规定，严格执行兽用处方药制度和休药期制度，坚决杜绝使用违禁药物，产品质量安全、可追溯

政策名称	主要内容
	广东省
《关于印发〈广东省现代畜牧业发展"十四五"规划（2021—2025年）〉的通知》（粤农农〔2022〕127号）	1. 优化饲料产业布局，提高饲料原料保障能力，促进饲料加工提质增效，推广安全环保饲料产品。 2. 饲料高质量发展行动。强化饲料质量安全监管，加强监督抽查、风险预警、日常巡查、专项检查等。推进饲料业转型升级，调整产品结构和产业链布局，加强与农业生产企业、养殖企业的优势互补和上下游资源整合。结合贯彻落实国家粮食安全战略，大力推进玉米豆粕减量替代，推广低蛋白日粮，推广精准饲料配方，扩大多元化配方结构，促进饲料粮供需平衡。加快生物饲料产业发展，支持"替抗"产品和技术研发应用，发展绿色安全高效饲料。 3. 加强对畜牧业发展的财政支持，支持畜禽养殖场升级改造，配套完善设施装备，落实农机购置补贴政策，对符合补贴范围和条件的饲料加工机械设备、自动喂料系统、病死畜禽无害化处理设备、畜禽养殖废弃物资源化利用装备等实行敞开补贴
《广东省发展现代农业与食品战略性支柱产业集群行动计划（2021—2025年）》（粤农农〔2020〕297号印发）	1. 力争全省形成粮食、蔬菜、岭南水果、畜禽、水产、精制食用植物油、岭南特色食品及功能性食品、调味品、饮料、饲料10个千亿级子集群。 2. 鼓励企业通过联合、兼并、重组等方式，提升规模化水平；鼓励企业加快科技创新，提升专业化水平。支持研发推广精准配方技术，加快发展新兴生物饲料等绿色高效饲料产品。支持企业优化产业布局，延伸拓展产业链

资料来源：根据相关文件汇总。

作为饲料生产大省，广东省重视饲料行业发展，将饲料行业纳入战略性支柱产业集群，着力打造千亿级饲料产业集群，鼓励企业兼并重组，提升企业发展竞争力，推动行业规范化发展，提升新产品研发能力，促进饲料新技术、新产品、新工艺取得新突破。

（二）养殖企业南移，养殖量剧增对饲料需求增加

当前，"南猪北养"格局转变为"北猪南移"，广东省生猪养殖量明显增加。随着2018年非洲猪瘟疫情率先在东北地区爆发，因北方缺少山地丘陵等天然屏障，防控压力导致生猪养殖成本增加，据部分养殖企业测算，东北生猪养殖成本与南方地区相差2~3元/千克，按出栏肥猪120千克计算，成本相差240~360元/头[①]。

非洲猪瘟疫情后，广东省生猪养殖规模和集约化程度进一步加强。从规模来看，全国出栏量Top20猪企中，如温氏、双胞胎、新希望、正邦、海大、牧原、

---

① 资料来源：https：//www.sohu.com/a/789399242_ 121123884。

正大、德康、扬翔等 15 家在广东布局。2023 年生猪出栏数 3794.01 万头，比 2020 年增加 49.5%。从集约化程度来看，全省排名前 30 的规模养殖场拥有全省近一半的能繁母猪。

表 5 2017~2023 年广东省生猪和家禽出栏情况 单位：万头，亿只

项目 \ 年份	2017	2018	2019	2020	2021	2022	2023
肉猪出栏数	3712.00	3757.40	2940.17	2537.36	3336.63	3496.79	3794.01
家禽出栏数	10.87	10.92	12.12	13.74	12.80	13.37	13.74

资料来源：根据历年《广东农村统计年鉴》整理。

（三）技术的不断突破和创新推动饲料产业加快转型升级

随着人工智能、大数据、物联网等智能化技术以及基因工程、酶工程等生物技术的快速发展，饲料行业创新加快推进，转型升级成效明显。尤其是兽用抗菌药使用减量化行动推动了饲料添加剂向绿色、高效、多功能方向发展。利用基因工程、蛋白质工程和代谢工程等现代生物技术研制的酶制剂、酸化剂、微生态制剂、植物提取物等新型安全添加剂已成为当前饲料添加剂技术发展的主要趋势。如广东省溢多利公司生产的博落回散是我国首个二类新中兽药以及我国首个中兽药类药物饲料添加剂，对动物"整肠、抗炎、促生长"具有明显作用，可长期添加使用，且无休药期。2024 年，华南农业大学、福建优佰福生物科技有限公司、广东温氏大华农生物科技有限公司联合申请的吡咯并喹啉醌二钠（产自脱氮生丝微菌 FJNU-R8）被批准成为新饲料添加剂品种，对提高肉仔鸡抗氧化能力具有明显作用。

三、广东省饲料产业存在的主要问题

（一）饲料原料尤其是饲料粮短缺

我国是畜牧生产大国，同时也是饲料生产和消费大国。目前，我国饲料过于依赖饲料粮，且饲料原料尤其是大豆高度依赖进口。我国近一半的饲料蛋白质和高达 2/3 的蛋白质饲料依靠进口，豆粕百分之百依靠进口大豆生产（谯仕彦，2023）。2023 年，我国进口粮食 1.62 亿吨，相当于全国粮食总产量的 23.3%，其中主要用于饲料加工的大豆进口 9940.9 万吨，玉米进口 2713 万吨，饲料粮短缺问题成为粮食安全面临的主要挑战（樊胜根等，2024）。随着居民消费结构的进一步调整，预计 2023~2032 年饲料粮消费将增长 13.4%，大豆食用消费将增

长 34.8%（农业农村部市场预警专家委员会，2023），2030 年饲料粮缺口将达 23000 万~26000 万吨（张琛和周振，2022），玉米、大豆缺口将分别达 3133 万吨、9619 万吨（励汀郁等，2023）。

（二）饲料利用效率不高导致生态环境压力较大

目前，我国饲料转化率比发达国家低 10%以上，饲料中平均蛋白质水平在 18%左右，但实际利用效率只有 50%左右（张吉鹋等，2007）。如肉猪饲料转化率为 2.8：1.0，高于国际水平 2.6：1.0。饲料利用率低不仅推高养殖成本，而且过量的蛋白质形成氨、氮随粪便排出造成环境污染。此外，饲料中适量添加的铜、锌等重金属和饲料原料中所含有的重金属被动物吸收的比例不到 30%，绝大部分在畜禽粪污中富集并随粪便排出，粪肥长期施用容易导致土壤重金属污染。

（三）重金属超标、滥用药物等饲料安全问题突出

饲料中适量添加部分铜、锌等微量元素有利于提高饲料利用率、增加畜禽机体免疫力以及促进生长。但是过量食用容易产生饲料安全问题。2020～2023 年，以广东省饲料质量安全监督抽检结果来看，主要表现为重金属含量超标以及药物滥用等问题。如 2021 年广东省饲料质量安全监督抽检结果显示，在抽检的 505 批次饲料产品中，有 6 批次产品不合格，全部是铜、铅、锌等重金属超量添加。2022 年广东省饲料质量安全监督抽检结果显示，在抽检的 650 批次饲料产品中，违规添加药物 3 个批次、添加剂超量添加 5 个批次及卫生指标超标 2 个批次。

四、促进广东省饲料产业高质量发展的政策建议

（一）深挖资源潜力，加快推动广东省地源性饲料资源开发利用

广东省农作物资源丰富，农副产品加工产业链成熟，具有丰富的粮食生产加工副产物（秸秆类、糠麸类、糟渣类等）、经济作物加工副产物（甘蔗渣、花生粕等）、蔬果类加工副产物（果皮、果渣、茎叶等），为大宗地源性饲料产业化开发奠定了良好的物质基础。建议广东省深入开展可利用非常规饲料资源调查，评估建立健全资源存量及可开发量、营养成分、抗营养因子及有毒有害风险物质等信息数据库。针对不同地域、品种、种植气候条件和加工方式的原料种类和样品，全面评估潜在的替代饲料原料的化学和营养特性，系统开展其营养价值参数评估，尤其是净能、可消化氨基酸等有效养分含量评价，为饲料配方精准设计提供依据。同时，重点针对蛋白饲料原料短缺问题，大力鼓励发展细胞蛋白饲料技术，开展底盘微生物细胞研究，推广菌体蛋白饲料。同时，结合生态养殖技术，利用畜禽粪便、餐厨残余饲养昆虫及蚯蚓作为优质蛋白质来源，多来源多渠道拓

展资源。

（二）开展饲料高效利用技术攻关，提升饲料安全水平

根据农业农村部印发的《农业绿色发展技术导则（2018-2030 年）》要求，一是重点研发酵饲料应用技术、促生长药物饲料添加剂替代技术、饲料原料多元化综合利用技术、非常规饲料原料提质增效技术等。结合广东省饲料产业现状，挖掘具有革命性饲料增值潜力的新型酶和微生物以及菌酶协同发酵工艺，研制动物精准营养供给与饲喂技术，推广玉米、豆粕减量替代和全程无抗饲养技术方案，促进动物肠道健康，节约饲料粮用量，减少饲料原料生产、饲料加工、运输和消费过程中的能源消耗，提高饲料转化效率，缓解"人畜争粮"矛盾，保障畜产品供给的可持续性。二是开展饲料毒素降解、抗营养因子去除、替抗技术研究。降低原料中有毒、有害物质含量，提高有效养分含量和利用率，加快形成广东省资源特色的饲料配方技术体系。三是尽快建立非常规饲料资源发酵生产工艺流程的规范性要求，研发与发酵饲料相配套的饲料加工设备和饲喂设备。

（三）强化行业监管，打通饲料高质量发展的政策堵点

目前最新的《饲料和饲料添加剂生产许可管理办法》于 2022 年修订，但随着饲料产业新业态新模式发展，如发酵饲料、混合饲料原料、合同加工饲料等新业态尚不在监管范围之内。广东省作为饲料产业大省，建议参考山东省的做法，出台适应广东省饲料产业管理的《广东省加强监管执法促进饲料行业高质量发展的意见》《广东省饲料和饲料添加剂管理办法》，强化广东省饲料行业监管，严格发证准入，将新业态新模式纳入监管范围，促进饲料资源开发利用。优化审批流程、健全审管联动机制，推动饲料产品加快上市、激发企业创新活力、保障饲料产品质量安全。

参考文献

[1] 农业农村部市场预警专家委员会. 中国农业展望报告（2023-2032）[M]. 北京：中国农业科学技术出版社，2023.

[2] 张琛，周振. 人口结构转型视角下中长期中国粮食产需形势分析与政策建议 [J]. 宏观经济研究，2022（12）：126-139+167.

[3] 樊胜根，田旭，龙文进. 大食物观下我国食物供求均衡的挑战与对策 [J]. 华中农业大学学报（社会科学版），2024（02）：1-9.

[4] 励汀郁，普蓂喆，钟钰. 食物安全还是资源安全："大食物观"下对中国食物缺口的考察 [J]. 经济学家，2023（05）：109-117.

［5］谯仕彦.饲料营养与饲养科技创新是实施饲用豆粕减量行动的主要抓手［J］.中国饲料，2023（22）：8-14.

［6］张吉鹍，谢金防，黄光明，等.立草为业发展草食家畜实现农业可持续发展［J］.江西农业学报，2007（03）：82-85.

（指导专家：郑春田　研究员　广东省农业科学院动物科学研究所）

广东省乡村休闲产业发展报告

杨 琴

主要观点： 党的二十届三中全会提出"城乡融合发展是中国式现代化的必然要求"，乡村休闲产业是实现城乡融合的重要途径。"十四五"以来，广东乡村休闲产业实现稳步推进，2023 年，广东省休闲农业经营主体 9688 个，接待人数1.67 亿人次，营业收入 203 亿元。在品牌建设方面，稳步推进乡村休闲"点""线""面"建设，广东省共有中国美丽休闲乡村 62 个，向全国推介 42 条乡村休闲精品线路，涉及 139 个精品休闲点。认定全国休闲农业与乡村旅游示范县（区）14 个，指导全省资源禀赋、发展基础、市场潜力较好的县域，以整县推动农文旅融合发展。初步形成粤港澳大湾区以广州都市圈、深圳都市圈、珠江口西都市圈强辐射带动周边乡村休闲创新品牌建设，惠州市惠东地区以"乡村休闲+滑翔伞"等新型业态成为美团全国 2024 年度县域休闲十强。粤东地区以汕潮揭都市圈带动地方特色饮食文化与海岛休闲线路。粤西地区休闲线路较为出圈的是茂名高州荔枝文化休闲线路。当前存在的问题有：乡村休闲产业产值相对偏低，政策统筹不足，品牌方面农文旅融合国家级示范精品偏少，集聚程度偏低，地域特色不明显。休闲配套服务设施不足，服务理念不足。运营乡村休闲线路和示范带建设带来的乡村休闲运营人才紧缺，管理水平有待提升等问题。需要进一步创新用地政策，盘活闲散用地，加强乡村民宿（酒店）等建设，支持过夜经济，建立品牌资源库，推动乡村休闲共建共享共赢。

一、总体评价

党的二十大报告提出"加快建设农业强国"重大部署，广东省委十三届二次全会决定实施"百县千镇万村"高质量发展工程，全面推动党的二十大精神在广东大地落地生根、开花结果。当前，广东省各地围绕地方自然及特色农业资源，拓宽加深农业多种功能开发，乡村休闲产业"美丽"基础坚实、业态类型丰富、品牌效应凸显，呈现蓬勃发展的态势，对促进农村一二三产融合增加农民收入、改善生产生活生态助力"绿色"发展、丰富城镇居民休闲方式发挥显著作用，成为富裕农民、提升农业、美化乡村，发展"美丽经济"的重要途径。夯实美丽基础。持续推进省级新农村连片示范工程、"千村示范、万村整治"、美丽乡村风貌带、乡村振兴示范带、典型镇（村）等，农村面貌焕然一新，基础设施和公共服务逐步提升，为乡村休闲产业发展打下了坚实基础。各地大力打造乡村振兴示范带，推动典型镇、典型村建设。全力构建现代乡村产业体系，推动"跨县集群、一县一园、一镇一业、一村一品"现代农业产业体系建立。持续丰富业态类型。乡村休闲产业多样化、多元化发展趋势明显，涌现出农业公园、田园综合体、特色小镇及其他休闲农业园区模式。广东省出台了《广东农业公园建设标准及评价指标体系》，推动省级农业公园规范建设，各地市支持创建市级农业公园。茂名市茂南区"好心湖畔"田园综合体项目作为广东省首个国家级试点项目，打造"农业+艺术"模式，创建为国家 AAA 级旅游景区。全省建设 20 多个以农为主的特色小镇，辐射带动农村共享发展。其他农业企业、家庭农场、返乡入乡创新创业实体等乡村休闲产业经营主体，发展休闲观光、研学教育、美食康养、精品民宿等业态。2023 年，全省休闲农业经营主体 9688 个，接待人数 1.67 亿人次，营业收入 203 亿元（见表 1）。品牌效应凸显。在部级层面，广东省共有全国休闲农业与乡村旅游示范县（区）14 个，中国美丽休闲乡村 62 个，中国重要农业文化遗产 6 项，向全国推介 42 条乡村休闲精品线路。省级层面，持续开展省级休闲农业与乡村旅游示范镇示范点创建活动，全省共创建休闲农业与乡村旅游示范镇 167 个、示范点 438 个，认定 50 家广东农业公园（见表 2）。引导乡村休闲产业经营主体上云，展示推介乡村休闲精品线路，拓宽营销渠道。广东省连续举办"广东十大美丽乡村""广东省美丽乡村精品线路""广东特色名村"系列评选发布活动，全面、深度宣传美丽乡村。

二、发展基础与成效

"十四五"以来，广东省乡村休闲产业在《广东省乡村休闲产业"十四五"规划》（以下简称《规划》）的指引下，明确了总体要求、构建布局、时令产品体系、主要任务和保障措施。围绕推进《规划》实施，在空间上推进"4321"（4 即四边：城边、景边、海边、村边；3 即三道：主干道、绿道碧道、南粤古驿道；2即两特：少数民族特色集聚区、古镇古村特色村落；1即一园：农产品加工观光工厂。）乡村休闲产业区（带）建设，在时间维度上优化"春夏秋冬""农业生产季""农闲季"乡村休闲时令产品体系建设，提出四季主题乡村休闲产品开发指引，农业生产时段和农闲时段乡村休闲产品开发指引，还有贯穿全年的乡村美食产品开发指引。在智力供给上，推动成立广东省乡村休闲产业协会作为行业指导，遴选广东省乡村休闲产业发展智库专家及咨询机构作为技术支撑，聚力推介一批乡村休闲点和休闲线路，开展"广东乡村休闲体验季"消费券发放活动，提出乡村休闲产业全产业链发展理念，形成了做大产业、做优品牌、壮大"美丽经济"多方合力。在品牌宣传上，每年省级层面组织不少于4次乡村休闲精品推荐会，连续组织梅州大浦、广州从化、茂名高州、江门、珠海莲州镇等地参加农业农村部组织的春夏秋冬推荐，推动全省"互联网+乡村休闲旅游"深度融合，启动"留住乡念　广东美丽休闲乡村短视频"征集活动，激活广东美丽休闲乡村消费市场，创响休闲农旅品牌。

截至2023年底，广东省累计创建全国休闲农业示范（重点）县（区）5个，中国美丽休闲乡村62个，评定省级休闲农业与乡村旅游示范镇（点）702个。

表1　"十四五"期间广东省乡村休闲主要数据

单位：亿元，亿人次，个

相关数据　　年份	2020	2021	2022	2023
休闲农业年营业收入	143.7	158	155	203
年接待游客人次	1.24	1.36	1.31	1.67
经营主体个数	8013	8915	8834	9688

表2　"十四五"期间全省乡村产业发展主要指标进展情况

序号	指标名称	单位	2020年	2022年完成值	2023年完成值	2025年目标值	指标属性	趋势判断
1	休闲农业重点县	个	10	17	22	30	预期性	低风险
2	休闲农业与乡村旅游示范镇	个	147	167	194	200	预期性	低风险
3	中国美丽休闲乡村	个	32	52	62	80	预期性	低风险

续表

序号	指标名称	单位	2020年	2022年完成值	2023年完成值	2025年目标值	指标属性	趋势判断
4	广东省农业公园（田园综合体）	个	52	50（省级）	50（省级）	80	预期性	低风险
5	休闲农业与乡村旅游示范点	个	407	438	508	600	预期性	低风险
6	农产品加工业观光工厂	个	22	36	—	100	预期性	低风险
7	乡村休闲旅游精品线路	条	24	100	100	100	预期性	低风险
8	年接待乡村休闲旅游客数量	亿人次	1.2	1.3	1.67	1.8	预期性	低风险

三、主要工作进展及亮点

（一）引领示范创建，"4321"乡村休闲示范带（区）初步形成

围绕"4321"乡村休闲产业体系构建，以广东省五大都市文化圈为依托，融合五大现代化都市圈、省内自然风景名胜区周边、五大海岛群、"一村一品、一镇一业"优势特色产业、沿交通干道周边、沿碧（绿）道、19条重点南粤古驿道沿线、少数民族特色村落、中国历史文化名镇（村）、农产品加工观光工厂等资源建设乡村休闲产业带。"十四五"以来，广东省各市围绕各自乡村资源特点，做亮精品"点"，做优基本"面"，推动"农文旅教体养"多业态融合发展，加强乡村休闲品牌建设，初步形成区域示范。

在"点"上，建设中国美丽休闲乡村，展示民俗文化、保护传统民居、建设美丽田园、发掘乡村价值、丰富乡村经济业态的重要途径，是促进农村一二三产业融合发展的重要举措。广东省以建设中国美丽休闲乡村为抓手，努力拓展农业的食品保障、生态涵养、休闲体验、文化传承等多种功能，加强配套设施建设，不断丰富业态类型，打造乡村休闲旅游精品景点，促进乡村宜居宜业和农民富裕富足。截至2023年底，广东省共建设中国美丽休闲乡村62个，发布广东乡村休闲热门场景Top100年度打卡榜单。

在"线"上，积极推动乡村休闲旅游成片连带发展，大力开发乡宿、乡游、乡食、乡购、乡娱等休闲体验产品，串点成线，系统化打造一批乡村休闲旅游精品和城乡居民休闲旅游"打卡地"。2018~2023年全省共有42条线路入选全国休闲农业与乡村旅游精品线路，涉及乡村休闲精品点139个（见图1）。

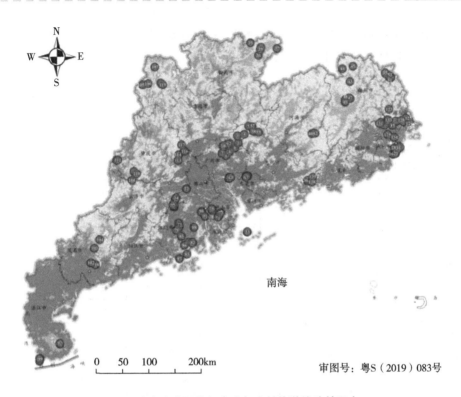

南海

0　50　100　　200km

审图号：粤S（2019）083号

图1　广东省全国休闲农业与乡村旅游线路精品点

在"面"上，开展全国休闲农业与乡村旅游示范（重点）县创建工作，推动县域内乡村休闲资源集聚化、规模化、品牌化发展，促进全省休闲农业高质量发展。截至2023年，共创建14个全国休闲农业与乡村旅游示范（重点）县。

（二）串点成线，推进乡村振兴示范带建设行动

推动乡村产业发展和乡村建设有机融合，以中心村为节点、圩镇为枢纽，串点成线，连线成片，集片成带，打造"内在美"和"外在美"相统一的乡村振兴示范带。截至2023年6月，广东省累计创建美丽宜居村12214个、特色精品村1316个，建成5条省际廊道、91条美丽乡村风貌带和60多条美丽乡村精品带（见表3）。广东省累计建成肇庆封开等5条省际廊道，打造了广州"花漾年华"、佛山"百里芳华"、茂名"精彩100里"、汕尾"蚝情万丈"和陆丰"滨海走廊"等200多条美丽乡村风貌带、570多条美丽乡村精品线路。佛山"百里芳华"示范带涉及5区21个镇（街）116个村居，覆盖佛山市约25%的乡村地区，实现了乡村产业大发展、乡村面貌大变样和乡村治理大提升；茂名"精彩100"承载着脱贫攻坚与乡村振兴的有效衔接，引领茂名全市乡村振兴的重要任务，通过建

设乡村振兴示范带整合优势资源发挥集聚规模效应，促进了高州市和茂南区示范带沿线乡村发展、乡村建设和乡村治理。

表3 广东省"三带"建设情况统计　　　单位：千米，条

地市	美丽乡村风貌带				美丽乡村精品带				乡村振兴示范带	
	已建成数量	已建成长度	在建数量	规划数量	已建成数量	已建成长度	在建数量	规划数量	在建数量	规划数量
广州	2	28.5	12	12	3	56.5	13	4	21	21
深圳	0	0.0	0	5	0	0.0	0	0	0	0
珠海	1	10.0	4	1	0	0.0	0	1	0	2
汕头	1	10.2	6	2	1	15.0	0	0	2	0
佛山	3	68.0	3	6	1	15.0	0	0	2	1
韶关	14	199.8	11	12	7	42.4	1	0	3	0
河源	0	0.0	35	49	2	30.0	3	8	12	3
梅州	8	117.3	13	10	2	58.8	12	5	15	6
惠州	2	71.1	3	4	3	83.0	0	0	11	4
汕尾	9	231.6	7	0	2	34.8	2	2	24	9
东莞	6	21.0	14	5	7	10.3	2	2	5	5
中山	5	20.0	11	4	1	10.0	0	0	0	0
江门	1	12.0	4	2	10	15.5	0	0	5	0
阳江	6	29.8	4	4	0	0.0	0	4	6	6
湛江	9	154.0	2	1	3	20.8	0	0	0	2
茂名	8	123.4	6	4	2	37.8	0	2	2	1
肇庆	6	134.8	1	2	5	118.0	0	0	2	3
清远	0	0.0	17	6	0	0.0	0	0	17	6
潮州	3	64.2	3	3	0	0.0	0	0	1	0
揭阳	2	20.27	5	7	0	0.0	2	4	0	1
云浮	5	90.0	2	1	6	142.0	6	0	4	2
合计	91	1405.9	163	137	60	689.9	41	32	132	72

资料来源：广东省农业农村厅，数据截至2023年4月。

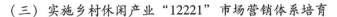

（三）实施乡村休闲产业"12221"市场营销体系培育

"1"张图，广东省以构建乡村休闲产业体系和优化乡村休闲产品体系为抓手，聚焦广东乡村休闲"1"张图编制工作。完成"农旅体验+野趣露营"都市田园休闲、"醉美茶乡+诗意峰林"生态康养、"渔村戏水+海丝寻梦"滨海休闲、"侨乡风情+茶禅一味"乡韵休闲、"乡村自驾+畅赏农趣"、"探寻古道+乡村驿道"研学、"壮风瑶韵，魅力非遗"民俗风情、古镇古村特色村落、"邂逅水乡+渔耕粤韵"岭南村落及农产品加工"田园到餐桌"智造观光休闲共 10 条乡村休闲产业体系线路编制。依托广东省 21 个城市各乡村生态禀赋、休闲民俗、美食文化等图文素材资源，对广东省乡村休闲产品进行优化，形成全省生产季和休闲季乡村休闲产品名录和开发指南，绘制"广东省四季乡村休闲时令产品地图"。

"2"支队伍，指的是建立乡村产业发展智库专家咨询机构和乡村休闲产业营销团队。2022 年 5 月启动智库建设，先后认定 232 位专家和 70 个单位为广东省乡村休闲产业发展智库专家和咨询机构。智库以促进政校研企多方对接和乡村休闲领域科研成果深度转化为目标，制定管理办法、搭建协作平台，由广东省乡村休闲产业协会协助管理。组织智库专家团队与驻镇帮镇扶村工作队组队共建，第一批完成 27 对结对帮扶组团，为广东省各地乡村休闲产业发展提供招商引资、协调项目落地、专题调研、产业发展规划等方面服务。在乡村休闲产业营销团队建设方面，面向广东省乡村休闲经营主体开展乡村休闲产业营销培训，2022～2024 年连续三年在春节期间开展"留住乡念广东美丽休闲乡村"主题短视频征集活动，同时认定广东乡村休闲推荐官近 100 名，不定期组织推荐官开展乡村调研及视频拍摄等活动，融合线下推荐会和新闻媒体和网络达人的多重影响渠道，做好宣传工作，扩大乡村休闲精品影响力。

"2"个体系和"2"个市场，广东省有序推进乡村休闲产业品牌创建和乡村休闲产业标准化，当前乡村休闲产业行业标准、地方标准不完善。休闲农业与乡村旅游园区低层次多点开发导致主题不鲜明，重硬件打造轻软件提升，"专精特新"休闲产品开发不足。倡导行业自律，营造公平竞争的市场环境，统筹本地游客市场和外地游客市场。

"1"场大会，2023 年成功召开首次"广东省乡村休闲产业大会"，广东省各地农业农村部门、农村创业优秀带头人、乡村休闲领域头部企业、高校专家、农文旅投融资企业、乡村休闲经营主体等单位代表集智聚力，探讨品牌培育、业态融合和产业贯通。

（四）促进乡村休闲全产业链发展行动

在全国，首次提出乡村休闲产业及全产业链的概念，提出产业链前端、终端和末端的具体内容，引导梳理广东省乡村休闲及相关产业分类指引，全面反映乡村休闲产业在农林牧渔业生产、加工、制造、流通、服务中的全产业链价值。厘清乡村休闲产业链条及链主单位，培育乡村休闲产品供应商，整合乡村休闲产业规划营销、农文旅设施装备、康养旅居、活动赛事、融媒体营销等支撑机构，推动产业全产业链发展。省级层面组建广东省乡村休闲产业协会作为行业监督和引导。规范行业标准，发挥协会、社会组织监督、管理、约束作用，推进乡村休闲产业有序发展。

（五）推动乡村休闲产业运营人才支撑

长期以来，由于乡村休闲产业发展理论政策供给不足，院校培训机构智力支撑不够，乡村休闲产业专业人才难以满足需要，缺少懂农业、懂创意、善经营的复合型人才。2020 年，开展休闲农业云端集训，吸引广东省休闲农业从业主体42647 人次在线学习园区规划设计、短视频网红打造等行业复苏转型技能。2021年，广东省人力资源社会保障厅会同省农业农村厅等部门，出台《广东省农业农村专业人才职称评价改革实施方案》，搭建 1 个改革实施方案和农业技术人才、农业工程技术人才、乡村工匠专业人才 3 个评价标准条件的"1+3"政策体系，在全国率先开展乡村工匠专业人才职称评价。2023 年成立广东省乡村休闲产业学院，为首个政府、高校、行业、企业多方共建的产业技术创新平台，聚焦推进乡村休闲优质人才专项培训。2021～2023 年连续组织多场全省休闲农业管理人员、乡村休闲经营主体、自媒体营销平台运营负责人培训班。建设"珠江农创"直播间，以广东省农村创业大赛为契机，成立农业农村创业学院，挖掘优秀乡村休闲产业项目，培育乡村休闲经营与电商人才。

（六）创新金融支持乡村休闲产业行动

加大金融对乡村休闲产业的支持力度，为乡村休闲从业者提供信贷金融服务和保险保障。中国农业银行广东分行，先后制定《中国农业银行休闲旅游重点村贷款操作规程》《中国农业银行广东省分行"惠农 e 贷·乡旅贷"金融服务方案》等政策，推出乡村旅游重点村贷、乡旅贷等适合乡村休闲经营组织和个人的金融产品。通过"乡村旅游重点村贷产品"为"河源春沐源岭南生态小镇旅游度假区项目"提供 2.43 亿元资金用于生态旅游和休闲观光项目开发。通过"乡旅贷"产品为惠东县热汤村 53 户从事乡村温泉休闲民宿及农家乐经营的村民，提供小额贷款 6854 万元，每户最高可达 200 万元。

以财政资金撬动乡村消费，2022 年引导财政资金发行 5000 万元的乡村休闲产业消费券，撬动乡村休闲消费 2184 万元，核销率 42.98%。成立广东农业农村

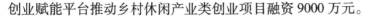

创业赋能平台推动乡村休闲产业类创业项目融资9000万元。

创新投入方式，成立乡村产业联盟，引导社会资本有序、多元投资乡村产业、乡村休闲产业，支持各地探索乡村经营模式创新。云浮市探索"政银企村（户）"共建模式，采取党委政府引导、银行融资、龙头企业牵头、村集体投资、农场主出资经营的方式，统筹安排财政的奖补资金，选取520个自然村试点开展"政银企村户"共建家庭农场、美丽牧场等；中山市民众街道运用EOD模式，联动政府、社会资本、村集体资源三方力量，将生态价值与农业产业、文旅商贸、科创等相关联，投资开发"一村一品"养殖基地、农产品采后处理生产示范基地、冷链物流中心、现代农业展示中心、岭南水岸风情街、种子郊野农场及粤美乡村示范村等农文旅融合项目，探索一二三产业融合发展。

（七）"农业+""乡村+"模式融合创新培育

1."农业+"模式

农业是乡村休闲的基础，拓展农业多种功能，探索发展农业观光、农业体验、农庄度假、田园康养、农业科普、农业文博、农业文创，农业科技、农业遗产等多元化休闲农业形态。农业公园以地方传统农业及文化保护传承、国家现代农业园等为基础，综合形成农业观光休闲、主题采摘游乐的农业主题公园。广东省现有国家级农业公园2家，省级农业公园AAAA级、AAA级共50家。引导农产品加工园区申报广东省工业旅游培育资源库。

农业向乡村休闲产业延伸发展方向主要表现为：

第一，"农业产业园区+游览观光"、休闲体验、娱乐创意→农业（主题）公园，增城的荔博园。

第二，"农业（主题）公园+住宿餐饮"→农业度假庄园，"农业（主题）公园+科普文博"、劳技体验→研学基地营地，"农业（主题）公园+节事会展"→农商文旅综合体，博罗农业科技示范场，以农业为基础加太空育种，引入科技航空元素。

第三，农业度假庄园、研学基地营地、"农商文旅综合体+特色村镇（民宿客栈）"→田园综合体或旅游度假区。

第四，"田园综合体或旅游度假区+康养"→田园康养旅居区。

第五，"农业产业园区+农业（主题）公园+旅游景区+旅游度假区或康养旅居区+特色村镇"→一二三产融合发展示范区或农文旅康融合发展示范区。

第六，"农产品加工园区+农业（主题）观光园+休闲食品（绿色食品）体验"→农产品加工和企业文化观光园区。

2. "乡村+"模式

以乡村为载体，发掘乡村多元价值，丰富乡村休闲业态，引导发展"乡村+民宿"、"乡村+酒店"、"乡村+康养"、"乡村+体育"、"乡村+艺术"、乡村会客厅等乡村休闲品牌建设，与广东美术学院共同"艺道游学·乡村休闲第六届少儿绘画大赛"等系列品牌推广，鼓励乡村休闲区域品牌建设。一是创新"乡村+艺术"模式。佛山南海九江以"乡村+艺术"双向奔赴的方式，启动了"艺术村长"招募，广泛邀请本地艺术人才共同参与乡村建设。提出以美学设计优化城乡建设规划，带动全域文旅升级。此外，九江乡村美学研习社探索乡村影像美学，广泛吸纳在地摄影人才，探索摄影艺术引领乡村振兴的创新实践，发展摄影旅游业，丰富摄影旅游产业链，并辐射带动相关产业。二是探索"乡村+体育"模式。惠州市惠城区汝湖镇围仔村以"徒步美丽乡村+公益捡跑"的方式，促进"体育+旅游"深度融合发展，携手各协会共同开展文体旅游特色活动以辐射带动镇域旅游发展，吸引更多游客来汝湖参观、游玩。三是创新"数字乡村+智慧旅游"模式，如"数字+低空经济"。东莞麻涌以推动数字乡村试点建设的方式，借力科技手段打造智慧旅游系统，解决"景点孤岛""旅游产业链孤岛"等问题。以"一个平台+六大应用"，解决全域旅游"线上+线下"体验的一致性及资源优化整合难题。游客可以使用旅游智能导览，提升智慧旅游体验感。四是探索"乡村+咖啡"模式。中山市翠亨新区（南朗街道）以乡村独有的自然生态和人文历史文化等诸多元素，吸引年轻人回乡创业，让乡村文旅融合有了新思路，打造一家家"村咖"带动周边业态不断延伸。

（八）创新乡村休闲产业土地制度改革

2020 年，广东省通过立足现有基础改造提升，盘活闲置土地、旧仓库等存量资源建设，引入社会资源合作建设等模式，建成并运营县域助农服务综合平台126 个、镇村助农服务中心 1106 个，有效促进了乡村新型服务业加快发展。2021年，广东省强化农村用地供给保障。贯彻落实《关于印发贯彻落实省委省政府工作部署实施乡村振兴战略若干用地政策措施的通知（试行）》等文件精神，开展农村一二三产业融合发展项目建设用地需求调研。2023 年，根据广东省自然资源厅、发展改革委、农业农村厅、林业局《关于保障农村一二三产业融合发展用地促进乡村振兴指导意见》，广东省建立农村一二三融合发展重点项目库，支持农业加工型、农旅融合型、接二连三型、全产业链型等入库项目优先在规划用地计划方面享受政策支持。同年共有 120 个项目入库。探索建立完善农业农村发展用地保障机制。"十四五"期间，广东省在控制农村建设用地总量、不占用永久基本农田前提下，允许通过村庄整治、宅基地整理等节约的建设用地采取入股、联营等方式，重点支持乡村休闲旅游养老等农村三产融合发展，有效破解新产业新业态落"地"难问题。探索点状用地供给服务乡村休闲产业新模式。从化区西和万花风情小镇文旅项目采取"只转不征"模式，预支留用地指标以集体建设用地返拨的方式完成 21.3 亩建设用地使用权。鹤山市共和镇来苏人家"点状供地"项目采取"征转合一"方式，按照"建多少、转多少、征多少"的原则，完成建设用地面积 26.36 亩。鹤山市古劳水乡核心景区采取"不征不转"方式，由华侨城公司与当地 19 个经济合作社签订土地使用合同，以"3500 元/亩/年+10%五年递增"租金价格租赁 643 亩鱼塘作为鱼耕农旅项目开发。

（九）探索乡村休闲产业平台建设

前期打造"粤休闲农业"微信小程序，内设精品路线、休闲景点、农业公园、特色产品、美丽乡村五大模块，目前已停止更新。近年来，由广东省农业农村厅推动，广东省乡村休闲产业协会落实，探索乡村休闲产业协作平台建设，建立连接供给侧（乡村休闲产品）和需求侧（营销渠道、消费者）的桥梁。探索建立"政府—协会—企业"多层次市场治理机制搭建协作平台。

四、存在问题及原因

（一）产值：休闲产业产值偏低，综合带动能力有待提升

乡村休闲产业链亟待梳理。2023 年广东省休闲农业经营主体 9688 个，乡村休闲接待人数 1.67 亿人次，营业收入 203 亿元。省内横向比较，广东省文化旅游厅统计数据显示，全省乡村旅游接待人次 4.1 亿次，旅游总收入为 2800 亿元，两者之间数据差额较大，这是统计口径问题造成的，也是行业范围不清晰，需要对乡村休闲产业的内涵进行深化，明确乡村休闲产业链价值，对乡村休闲产业监测内容进行全面摸底与梳理，完善统计数据的准确性与科学性。从省外对比来看，江苏省具有一定规模的休闲农业园区景点（包括农家乐）超过 1.2 万个，乡村旅游接待人数达 4.1 亿人次，年综合经营收入超过 1077.8 亿元；浙江省有农家乐 2.15 万户、休闲渔业经营主体 2413 家，休闲农业和乡村旅游接待游客 3.6 亿人次，产值 471 亿元。相比之下，广东省休闲农业和乡村旅游发育还不够成熟，从规模来看，广东省农业和乡村旅游资源开发还不充分，农业第一产业、第二产业向第三产业延伸规模、成效还不够显著，经营主体和产品供给仍有较大提升空间；从效益来看，不少休闲农业和乡村旅游点仍处于简单"走一走""看一看"的层面，餐饮、购物、住宿、游乐等要素发展水平不高，产业效益还相对较

低，与广东作为休闲旅游大省、经济大省、人口大省的地位还不相匹配。

（二）政策：智力支持统筹不足，体制机制有待健全

乡村休闲产业的发展涉及部门多，行业覆盖面广，需要整合农业农村、文旅、住建、交通、发改、水利、自然资源等多部门力量推进，更要协调好政府、农户、投资者等利益主体间的关系，从更高层面进行全局谋划，实现跨行业、跨地域、跨部门协调。广东省在休闲农业和乡村旅游方面的政策启动较晚，2020～2024 年，广东省政府、广东省农业农村厅、广东省文化和旅游厅等相关部门共出台 60 多份指导文件，专门乡村休闲产业联合出台的政策文件及实施方案不多。地方尤其是乡村地区对乡村休闲产业发展的认识不到位，部分地区休闲农业与乡村旅游盲目跟风，忽视了乡村休闲的支撑环境建设，缺乏系统长远的规划设计，出现发展粗放、同质化、后劲不足的现象。有必要从省级层面研究出台促进乡村休闲产业发展的相关工作方案、指导意见、发展规划等多种类型政策指导文件。相比之下，浙江、江苏、吉林、江西、山东、甘肃、河南、四川等省份均在省级层面专门出台了推进乡村休闲旅游发展的政策文件，吉林省以休闲旅游大会为抓手，每年举办一次全省乡村旅游发展大会，整合全省资金、项目、政策等力量支持申办地区的两个乡村基础较好的县（市）发展乡村休闲旅游，充分调动县域党委、政府积极性和创新性。

（三）品牌：农文旅融合示范精品项目少，地域文化特色有待挖掘

广东省打造乡村休闲旅游提质升级优秀案例、乡村休闲旅游精品线路、中国美丽休闲乡村、文化和旅游特色村、乡村振兴示范带连片示范区等一批乡村休闲旅游项目。截至 2023 年底，广东省有全国休闲农业和乡村旅游示范县 14 个，比浙江省少 8 个、比江苏省少 9 个；有全国休闲农业和乡村旅游示范点 19 个，比江苏省少 5 个、比浙江省少 4 个；有中国美丽休闲乡村 62 个，比江苏省少 6 个、比浙江省少 8 个；浙江省紧抓共同富裕示范区建设机遇，以红色乡情、田园村韵、绿色康养、教育研学、农事体验、乡村夜游等为特色主题，打造富有江南文化韵味的"浙里田园"品牌，推进乡村向数字化、国际化迈进，安吉余村被联合国世界旅游组织认定为全球 44 个"世界最佳旅游乡村"之一，乌镇、莫干山、拈花湾已打造成为国际知名的乡村旅游目的地。广东省休闲农业和乡村旅游在示范创建和品牌打造方面稍显落后。根据图 2 显示的全省各都市圈具有国家级精品线路的核密度呈现情况，广东省乡村产业带主要聚集在广州都市圈和汕潮揭都市圈，珠江口西岸涉及的珠海、江门、中山和深圳都市圈所辐射的惠州、东莞等市休闲农业资源丰富，是未来乡村休闲产业增长第一梯队。

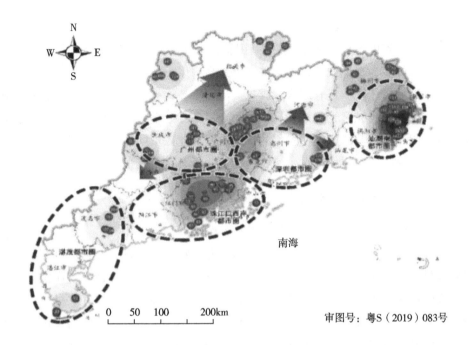

审图号: 粤S (2019) 083号

图2 乡村休闲精品核密度分析

（四）服务：基础设施不足，配套服务能力有待加强

良好的景观风貌和完善的基础服务设施是休闲农业和乡村旅游发展的重要支撑。2003年以来，浙江省全面开展"千村示范、万村整治"工程，乡村整体人居环境得到显著改善，乡村景观风貌品质得到显著提升，已跨越人居环境整治阶段，重心转向乡村产业发展，为推动浙江省休闲农业和乡村旅游发展走在全国前列创造了条件；2017年启动"万村景区化"工作，近5年累计建成A级景区村庄11531个，其中AAA级景区村1597个，全省村庄景区化覆盖率达56.5%，乡村旅游停车场、厕所、标识标牌、环卫设施等基础配套较为完善；建成"四证"齐全的乡村民宿2万多家。相比之下，广东省乡村环境和基础服务设施建设仍有一定差距，如农村集中供水保障、生活污水处理、垃圾处理、农村公厕、农村公路、乡村建筑风貌等仍有较大的改善空间，乡村休闲问询、展示、导览、医务等公共服务配套也较为薄弱。休闲农业发展的关键环节在于游客能"进得来""留得下""出得去""想再来"，基础设施的优劣对游客的旅游体验影响巨大，尤其是在注重口碑的网络时代，乡村道路路况、酒店民宿供应、食住卫生条件等都是潜在游客选择乡村休闲目的地的决定性要素。

（五）运营：乡村运营人才紧缺，管理水平有待提升

目前广东省内乡村休闲运营项目中除了少数负责人和骨干人才是本科学历外，工作人员多为当地农民，文化程度都是高中以下，且缺乏系统专业的岗前培训。一方面乡村休闲项目管理人才难找，流失率高；另一方面农户自主经营和管理项目，缺乏现代经营管理意识，惯于固守一亩三分地，缺乏试错的创新意识和风险承受能力。培养适应产业发展的休闲农业从业人员同时联合科研院所、社会团体长期跟踪服务乡村休闲运营，打造专业队伍、宣传阵地也势在必行。

五、推进广东省乡村休闲产业发展建议

（一）创新用地政策，支持乡村过夜旅游发展

结合"生态宜居美丽乡村""千村示范万村整治"行动，在村庄规划中合理保障乡村休闲产业项目落地的空间需求；按照国家统一部署，稳妥有序推进全省集体经营性建设用地入市；继续推进农村建设用地拆旧复垦，用好农村一二三产业融合发展用地相关政策，进一步完善相关制度，盘活闲散用地，引导依托当地特色资源开发乡村夜间休闲体验产品。引导利用农民闲置宅基地或农房发展民宿，激活过夜经济。完善利益联结机制，充分调动农民积极性、主动性，拓宽农民通过入股、就地就近就业、卖农产品和集体分红等增收渠道，实现企业、村集体、农户多方共赢。

（二）创新品牌培育，推动乡村休闲共建共享共赢

聚焦区域化品牌培育，围绕广东省农文旅示范区打造的重要节点，推进乡村品牌建设。发掘乡村休闲产品供给、文化体验、生态涵养、休闲旅游、健康养生、文创研学等功能，开发形式多样、独具特色、个性突出的业态产品，推动乡村新业态创建。举办形式多样的乡村休闲精品推介活动，创响乡村精品品牌。继续加强乡村休闲形象大使、发言人、网红、农产品销售等乡村休闲推荐官队伍打造，同时结合抖音、小红书等流量平台形成乡村休闲线上宣传营销联盟。

（三）创新联动机制，跨部门实施乡村共建行动

完善乡村水、电、路、气、邮政通信、广播电视、物流等基础设施，推动城乡公共基础设施向乡村旅游景区延伸、覆盖，完善游客接待中心、公共厕所、停车场等配套设施，打牢底板底色。统筹用好各项涉农资金，引导社会力量投入，进一步加强对农村公路建设、养护和管理的投入，在农村公路覆盖的旅游、经济等节点处增设照明路灯、LED 发光标志、自发光标线等，加快推进农村公路与旅游融合发展。引导社会资本、助农人士、文旅行业共建乡村休闲大平台，实现资

源共享和乡村运营共赢。

（四）强化要素保障，加速休闲产业集聚化发展

结合"万企兴万村"行动、"6·30"活动资源和平台，广泛发动企业和社会资本参与乡村风貌提升行动，引导整县整镇整村提升乡村风貌；结合现代农业产业园、"四好农村路"、南粤古驿道、万里碧道等建设，系统推进山水林田湖草一体整治提升。依托乡村振兴示范带、乡村休闲示范区、农文旅休闲示范样本开发乡村休闲精品线路，引导更多城乡居民到乡村休闲消费。

推动乡村休闲产业集群品牌创建，遴选出一批田园观光、水上（海洋牧场）观光、建筑观光、遗址观光、农业生产体验、设施农业体验、农事体验、乡村博物馆、手工企业体验、度假康养型、研学型、民间艺术工坊等集聚化发展程度高的集群，培育高品质的农文旅融和乡村休闲旅游项目。围绕当前广东省重点推动环南昆山—罗浮山县镇村高质量发展示范区、梅州市蕉岭县推进农文旅融合示范建设、兴宁市黄槐镇四望嶂特色文旅研学基地等全省重大农文旅项目打造的契机，集聚化推动乡村休闲度假型、体验型、健康疗养型等"深度游"休闲产品集聚开发整合。

Ⅱ　专题研究篇

农村土地综合整治与乡村产业发展

杨　浩　翟少轩　苏柱华　杜园园

主要观点：观点一：国内外在土地整治促进产业发展方面的诸多举措和经验做法值得借鉴和参考。本文通过梳理美国、日本和荷兰的土地整治经验，发现土地整治是推动农业发展的重要举措，相关法律法规的制定落实是根本保障。综合我国土地整治政策的演变历程以及全国第一批、第二批全域土地综合整治试点典型案例，总结国内可复制可推广的经验做法和高效实施全域土地综合整治的实现路径。

观点二：基于国外经验、国内土地整治政策演变历程和国内重点案例研究，本文构建了土地整治的总体分析框架，然后基于该框架，重点分析了全域土地综合整治促进乡村产业发展的问题、措施做法、影响路径与功能效应。

观点三：近年来，广东省通过不断健全农村承包地"三权分置"制度体系、探索农村土地整治和农用地经营权"活化"利用路径，有效促进了各地土地资源的优化配置进程，提高了农用地和宅基地等使用效率。典型做法可归纳为：撂荒耕地的整治与集中经营、村级留用地的盘活与招商引资、以强村公司推动全域土地流转与捆绑运营、借助多主体协同发展模式促进村集体土地收益提升等。

观点四：广东省充分发挥全域土地综合整治的平台作用，需要以推动空间格局优化，推进耕地集中连片整治，推进宅基地与建设用地整治，以生态保护修复推进生态产业化和产业生态化，健全社会化服务体系，创新联农带农机制等方面为主要抓手，破解现代农业发展和农文旅产业融合发展的瓶颈问题，助推广东省乡村产业高质量发展。

一、国内外土地整治的经验借鉴

（一）国外土地整治与农业发展

国外在土地整治支撑农业产业发展方面的诸多举措和经验做法值得借鉴和参考，本文通过梳理美国、日本和荷兰等地区关于土地整治调整农业种植结构、扩大生产规模的经验，发现土地整治是推动农业规模化发展、生态农业发展和乡村产业融合的重要举措，以法律法规形式规范土地整治工作是根本保障。

1. 美国土地利用整治与农业专业化

美国的农田整治与开发具有较早的历史。从结果来看，美国的农作物生产主要集中在部分地区，其中大农场越来越大，而小农场的数量在减少，作物多样性在下降。近几十年来，美国农田的数量和作物类型都发生了变化。1945~2012年，耕地占土地利用总量的比例下降；同时城市利用面积显著增加。自 20 世纪 70 年代以来，耕地占国家土地的比例下降了 3%。在农业专业化方面，1925 年，美国玉米和小麦的种植面积差异相对较小。从 20 世纪 20 年代中期到 70 年代，棉花、燕麦、大麦和花生的种植面积逐渐减少；与此同时，大豆的种植面积迅速增加，但小麦和玉米的种植面积始终占主导地位。自 20 世纪 70 年代以来，美国各地的农作物种植已经变得越来越专业化。从 20 世纪 70 年代到 2019 年，玉米、大豆和小麦的种植面积持续增加，同时其他主要商品则不断减少。到 2019 年，种植的主要作物为玉米、大豆和小麦。当前，美国农业生产的主要特点是，大部分农作物均呈现愈发明显的专业化发展趋势。

与农业专业化相对应的是美国的农业用地储备计划。从 20 世纪 50 年代末到 1990 年，联邦政府向农民付款，将生产性耕地作为一种控制供应的手段。对于不合理的耕地开发，必须转化为草地、树木或其他非作物用途。1956 年，美国出台了《农业法案》，建立土壤库计划，拨出 1200 万公顷土地用于野生动物栖息地，以此维护生态多样性。通过土地储备计划减少生产力较高的土地在市场上的竞争，有助于高质量耕地的长期保护和合理开发。2014 年，美联储削减了直接支付补贴，取而代之的是几个风险管理项目，但这些政策变化并没有消除历史上对土地利用专业化的激励措施。此后，联邦政府通过制定补贴农民收入的政策，继续维持了农业专业化的发展和增长。目前，美国农业系统已逐步走向受监管的专业化发展趋势。越来越少的农场拥有越来越多的土地，这些大型农场在高度机械化的加持下，持续产出少数高附加值的农作物。

2. 日本的土地整合与生态农业发展

日本的土地整合可追溯到 1947 年的战后土地改革和 1949 年的土地改善法案

（LIA）。该法案是以实施土地巩固项目为目标，同时确保农民的权利和福祉的土地整治法案。LIA 在 1964 年进行了修订，引入了一种名为"农田整合项目"的新型土地改良项目，这是一种改进农场结构和工程实践的，以提高劳动生产率的创新项目。该项目通过将土地整合与设施建设相结合，扩大水田面积，改善其灌溉排水渠道和农场道路的使用权。

由于最初土地整合的主要做法是重新安排农田之间的土地产权，以巩固分散的农田，但该做法忽略了土地改良项目中非农业用地的位置。随着城市化不断发展，非农业空间的扩张阻碍了土地改良项目的顺利实施。为解决该问题，LIA 在 1972 年再次被修订，以协调土地改善项目和农田合并项目。新修订后的 LIA 允许重新安排非农业土地的产权，以满足住宅开发的需求。20 世纪 70 年代中期至 80 年代末，日本的主要工作是解决耕地撂荒问题，改善农村环境，缩小城乡差距。20 世纪 90 年代以后，经过长期的土地整治工作，实现了区域核心城市的用地保障，可持续的生态农业也得到大力发展。

3. 荷兰土地整理与农村发展计划

重视土地利用效率是荷兰农业发展的一大特色。为了促进农业发展，20 世纪初荷兰进行了大规模的"土地整理"。1924 年，荷兰颁布了《土地整理法》（第一版），提出通过土地置换将分散的土地集中，促进机械化耕种和农业规模化生产，减少农地碎片化导致的问题。同时，采取措施改善土质，完善农村基础设施，使农业生产效率得到了提升。但是，在农业得到快速发展的同时，荷兰乡村的生态环境遭到了破坏。自 20 世纪 40 年代起，原本以促进农业发展为主要目标的土地整理，逐渐转变为农业发展与农村建设、生态保护相结合的更具综合性的土地治理，以此同步发展推动农业和农村建设。1954 年颁布的《土地整理法》（第三版），除了继续推动农业发展外，在园艺、林业和养殖业的发展上也投入了更多的关注，其旨在使农村地区的产业业态更加多元化。此后陆续出台的《乡村发展的布局安排》《自然和景观保护法》《户外娱乐法》《土地开发法》等，在产业发展、生态和景观保护、设施建设等方面综合施策，构成了荷兰土地管理与农业农村发展的主要法律体系。

通过土地整理，荷兰不仅促进了农村地区的经济发展，还改善了生态环境，带动了旅游业的发展。例如，位于荷兰东北部地区羊角村的土地整理开发综合了农业生产、自然景观保护、旅游休闲等多个方面；由于规划理念与规划方法合理，使该村成为荷兰乡村地区规划的经典案例，并促使其成功转型为知名旅游景点，当地至今仍保持着良好的生态条件和美丽的自然风光，形成公园化的田园社区。

（二）国内土地整治政策演变

改革开放后，我国土地整治相关政策经历了粗放式土地开发利用阶段、土地开发与以保护耕地为核心的土地整治并存阶段、依法开发利用土地和严格保护耕地的土地整治阶段以及全域土地综合整治阶段。改革开放后的一系列土地开发举措是我国土地整治的前因。1983 年中央一号文件《当前农村经济政策的若干问题》明确指出，"联产承包责任制采取了统一经营与分散经营相结合的原则"，不仅肯定了联产承包责任制的作用，而且强调了需要稳定和完善农业生产责任制。1984 年中央一号文件《关于一九八四年农村工作的通知》提出要把土地承包制延长至 15 年以上。1986 年《中华人民共和国土地管理法》在全国人大常委会通过，以法律形式确立了家庭联产承包责任制和农村土地承包关系。改革开放初期的土地政策强调以土地资源作为经济发展的关键要素，以开发利用为主要目标。然而，随着城镇化和工业化进程的不断深入，城乡非农建设乱占滥用、土地管理混乱、土地开发利用失管失控问题突出，特别是乱占耕地、问题等问题十分严重，土地整治措施应运而生。

19 世纪 80 年代，基于土地无序开发利用问题，一系列土地整治措施政策得以出台和实施。在初期，土地整治主要由地方主导，呈现零星、分散、无序等特征。随着城乡征地、建设用地和耕地之间的矛盾不断显现，1981 年 4 月，国务院颁布《关于制止农村建房侵占耕地的紧急通知》，规定农村建房用地必须统一规划、合理布局、节约用地。同年，国民经济与社会发展"六五"计划包括加强国土保护和治理、重点地区国土考察、国土立法、搞好测绘工作等，明确提出编制针对部分地区的国土开发整治规划。1982 年 2 月，国务院颁布的《国家就按设征用土地条例》，强调村镇内个人建房或社队企业、事业单位建设用地需具备申请、审查、批准等手续，严格规定村镇建房用地限额和三级具体审批权限等。同年，国务院颁布《国家建设征用土地条例》强调了对农村土地征用的统一管理与规划。以上政策举措体现了政府整治土地开发利用失管失控问题，但是耕地乱占等核心问题没有根本上解决。1986 年 3 月，中共中央、国务院发布了《关于加强土地管理，制止乱占耕地的通知》，要求强化土地管理，制止建设用地侵占滥用耕地等各类问题。同年，《中华人民共和国土地管理法》对土地利用与保护、乡（镇）村建设用地作出了明确规定，为土地整治和统一管理、规划提供了制度保障。1989 年，国务院颁布了《土地复垦规定》，规范了荒山荒地滩涂开发和废弃土地复垦，为相关工作提供了法律依据。这一时期是土地整治的起步和探索阶段，一方面，地方根据自身问题自发出台土地整治措施，具有无序性特征；另一方面，国家针对土地开发利用失管失控问题而出台实施土地整治相关法律法规与政策，在一定程度上为地方土地整治提供了法律依据和缓解土地无序开发问题，但存在"治标难治本"的缺陷。

自 1986 年《中华人民共和国土地管理法》出台后，土地整治的政策力度不断加大，特别是农村耕地保护被提到了新的战略高度。1992 年，国务院颁布的《关于严格制止乱占滥用耕地的积极通知》提出了针对耕地浪费滥用问题的一系列措施。1993 年，国家土地管理局颁布的《土地利用总体规划编制审批暂行办法》进一步明确了土地利用总体规划在农地保护中的地位。1994 年，国务院施行的《基本农田保护条例》规定了建设占用基本农田的审批权限，有效形成了耕地保护机制。随后，国务院、农业部、土地管理局等先后颁布了《关于立即制止乱占耕地的通知》《关于进一步加强土地管理切实保护耕地的通知》《冻结非农业建设项目占用耕地的通知》《关于继续冻结非农业建设项目占用耕地的通知》等政策，这些系列措施试图控制耕地减少、建设用地无序扩增的局面，呈现出一定的效果与威慑作用。1998 年 4 月，《中华人民共和国土地管理法》修改后颁布实施，强调"以保护耕地为主"，明确提出了国家编制土地利用总体规划，按照用途将全国土地分为农用地、建设用地和未利用地三类，严格限制农用地转为建设用地，控制建设用地总量，对耕地实行特殊保护。1998 年修订的《土地管理法》从法律形式上保障了耕地保护，关闭了集体转用通道，是我国土地整治政策演变过程中的关键一环，标志着我国土地整治工作进入了新阶段。

1998 年修订的《土地管理法》出台后，土地整治工作得到进一步强化。1998 年颁布的《中华人民共和国土地管理法实施条例》和 1999 年颁布的《关于土地开发整理工作有关问题的通知》等法规政策进一步规范了土地开发整理的基本工作要求及程序。2004 年颁布的《国务院关于深化改革严格土地管理的决定》提出鼓励农村建设用地整理，实施城乡建设用地增减挂钩。2008 年发布的《中共中央关于推进农村改革发展若干重大问题的决定》提出大规模实施土地整治，土地整治的概念进一步明确，土地整治工作正式纳入国家层面的战略部署。2010 年国务院颁布的《关于严格规范城乡建设用地增减挂钩试点切实做好农村土地整治工作的通知》强调了农村土地整治与基本农田建设和城乡建设用地增减挂钩的有机结合，同时标志着土地整治的目标更加多元化。习近平总书记在党的十八届三中全会作关于《中共中央关于全面深化改革若干重大问题的决定》的说明时提出"山水林田湖是一个生命共同体"，这一治国理政方针理论引领土地整治向综合性、系统性治理发展。《高标准基本农田建设规范（试行）》《土地开发整理项目预算定额标准》等为土地整治项目管理提供了重要的工作依据，标志着技术标准体系越发完善。在这一时期，土地整治政策围绕城乡建设用地增减挂钩、高标准基本农田建设等内容，建立健全以土地整治规划和项目管理制度为核心的制度体系，土地整治内容从原来的土地开发整理转向综合性系统性的土地整治，标志着进入了土地综合整治的新时期。

2018 年后，农村土地整治工作转入全域土地综合整治时期。2018 年《乡村振兴战略规划（2018—2022 年）》提出实施农村土地综合整治重大行动。2019 年 12 月，自然资源部颁布了《关于开展全域土地综合整治试点工作的通知》，组织开展全域土地综合整治试点工作，提出"以乡镇为基本实施单元，整体推进农用地整理、建设用地整理和乡村生态保护修复，优化生产、生活、生态空间格局"，由此全国各级政府实施全域土地综合整治试点工作。截至 2023 年底，全国 1304 个试点累计投入资金 4488 亿元，完成综合整治规模 378 万亩，实现新增耕地 47 万亩，减少建设用地 12 万亩。但是，在试点过程中存在因实施不当出现突破底线、侵害群众权益等问题，2023 年 4 月，自然资源部颁布了《关于严守底线规范开展全域土地综合整治试点工作有关要求的通知》进一步规范全域土地综合整治试点工作。为了落实深化土地制度改革的决策部署、全面推广全域土地综合整治的经验措施，自然资源部于 2024 年 8 月颁布了《关于学习运用"千万工程"经验深入推进全域土地综合整治工作的意见》，提出了优化农村地区空间布局、推动农用地集中连片整治、实施建设用地整理、保护修复自然生态本底、充分发挥平台作用、充分发挥群众主体作用等实施内容，进一步明确了全域土地综合整治的主攻方向。在这一阶段，土地整治政策强调全域全要素，在总结试点经验的同时，进一步明确和强调了全域土地综合整治的具体实施内容。

（三）国内全域土地综合整治的经验做法与典型案例

根据《关于学习运用"千万工程"经验深入推进全域土地综合整治工作的意见》提出的"优化农村地区空间布局""推动农用地集中连片整治"等实施内容，综合第一批和第二批全域土地综合整治试点典型案例，总结国内可复制可推广的经验做法和高效实施全域土地综合整治的实现路径。

1. 优化农村空间布局，保持"三区三线"总体稳定

浙江省宁波市提出以全域整治推动资源重组、功能重塑、空间重构、产业重整、环境重生，构建更加合理的"三生空间"，截至 2023 年 10 月，集中连片整治永久基本农田达 2.68 万亩，建设和改造高标准农田达 0.98 万亩，垦造耕地达 276.34 亩，建设用地复垦达 492.90 亩，低效建设用地整治盘活共 1.27 万亩。江

苏省昆山市通过统筹整理农用地及建设用地、推动生态保护修复、治理公共空间、保护乡村历史文化等，重点关注和解决"小集中、大分散"空间破碎问题，推动经济生态协调发展。

2. 推动农用地集中连片整治，规范耕地和永久基本农田调整

河南省民权县通过打造 3 个千亩方集中大田，实施 15 千米河道治理和 4 千米生态廊道修复，既保障了粮食供应，也实现了联农带农和改善乡村生态环境。浙江省嘉兴市重点推动碎田变整田，截至 2024 年 9 月，全市累计新增 380 块百亩以上集中连片耕地块数，减少 3759 个五亩以下耕地图斑数，永久基本农田保护区内部零星非耕地面积下降率达 30%。湖南省浏阳市客土开展了"耕作层剥离再利用"项目，将 1700 亩非粮化耕地、贫瘠耕地改造治理成优质良田。上海市金山区创新组合供地模式，打造多模块多功能一体化的农业标准地；湖北省应城市通过探索林耕空间置换，实施小田变大田工程，建成"万亩方"1.5 万亩、"千亩方"5000 亩，促进耕地林地集中连片。吉林省大安市先行先试在盐碱地资源综合开发利用方面探索形成"五位一体"大安模式。

3. 实施建设用地整理，有序盘活闲置低效建设用地

上海市松江区有效清退低效能企业，推动将低效工业厂房升级改造为科技园，推动存量工业用地实施产村融合转型升级。江苏省苏州市有序盘活闲置低效建设用地，推动将 6000 亩零散工业用地整合为 3500 亩产业社区，打造"垂直产业园"，实现"工业上楼"。天津市宝坻区以提升产出效益为导向，推进盘活低效工业用地、低效商业办公用地、农村零散低效用地、历史遗留用地和空闲地。浙江省温岭市坚持"全域整、全域富、全域新"理念，统筹实施城中村改造、产业园区建设，着力盘活闲置建设用地和农村老旧宅基地，建立了城郊融合型全域土地整治模式。

4. 保护修复自然生态本底，严守生态保护红线

江西省瑞昌市重点打造"一条示范道路、十里生态河流、百处秀美村庄、千亩特色产业、万亩高标农田"，着力推进生态保护修复和农村人居环境改善。陕西白河县以"减量、集聚、整合、提升"的理念分类推进实用性村庄整治改造，改善乡村人居环境，补齐农村基础设施短板。湖北省孝感市孝南区加强全过程保护修复和适宜利用朱湖国家湿地公园，建成高质量现代农业发展区。广州市从化区推进流溪河流域协同治理，从城乡融合、园区开发、园区开发、城市功能提升四个方面，探索形成"1+4"差异化整治模式。广东省蕉岭县深入实施"全域土整+山水修复"工作，因地制宜推进水系修复、城乡人居环境整治等，实现耕地

保护、建设用地优化和生态修复的协同发展。

5. 充分发挥平台作用，结合实际丰富整治内容

江西省铜鼓县结合本地特色农业优势，重点建设有机白茶、中药材、有机水稻基地，不断深化农文旅融合，深入发展康养旅游等新业态。江苏省宿迁市宿豫区以陕西袁家村入驻带动第三产业为契机，构建"一心两轴四点多园"的功能分区，推动生态环境优化、历史文化保护和城乡融合发展的有机统一。安徽省无为市、湖北省宣恩县探索建立"财政投入引领、项目资金整合、社会资本参与、支持政策激励"的筹融资机制，着力解决融资难题，探索建立健全多元化融资模式。重庆市涪陵区、陕西省绥德县依托红色文化资源，大力发展农旅文化产业。

6. 充分发挥群众主体作用，切实维护群众合法权益

江西省鹰潭市余江区坚持"一改促六化"的理念，引导传统产业下沉，带动 140 余人就业增收致富。重庆市九龙坡区通过优化近 3000 亩农业生产及其他产业用地，吸引年轻劳动力返乡创业，打造特色柑橘产业、红色文化与乡村研学，带动乡村集体经济增收逾 140 万元。浙江省杭州市余杭区实行"众人的事情由众人商量"基层民主自治机制，充分吸收群众智慧因地制宜编制村庄规划，形成"土地综合整治+基层治理"的整治模式。

二、土地整治的分析框架

基于国外经验、国内土地整治政策演变历程和国内重点案例研究，本文构建了土地整治的总体分析框架，然后基于该框架，重点分析了全域土地综合整治促进乡村产业发展的问题、措施做法、影响路径和功能效应。

（一）土地整治的总体分析框架

整体而言，土地整治是一个复杂的系统，包含了结构调整、要素投入和功能实现。首先，土地综合整治的具体措施涉及结构调整和要素投入。结构调整包括农村用地结构、劳动力投入结构、制度等方面的调整；要素投入包括土地、人员、资金、技术等要素投入。其次，土地整治通过具体措施，影响要素投入和结构调整，其最终目标是实现具体功能，这些功能包括生产功能、生态功能、生活功能和文化功能。最后，具体措施、要素投入、结构调整和功能实现并非单向的线性关系，而是具有相互反馈和响应机制的复杂系统。土地整治措施的制定与实施是为了实现具体功能，而且也会根据功能实现的目标与效果进行调整。要素投入与结构调整之间存在相互关联机制，例如，耕地连片化整治、低效建设用地清理等农村用地结构的调整会吸引劳动力和资金等要素投入，整治资金和技术等要

素投入也会影响用地结构调整。因此，土地综合整理是集成了具体措施、要素投入、结构调整和功能实现的复杂系统（见图1）。

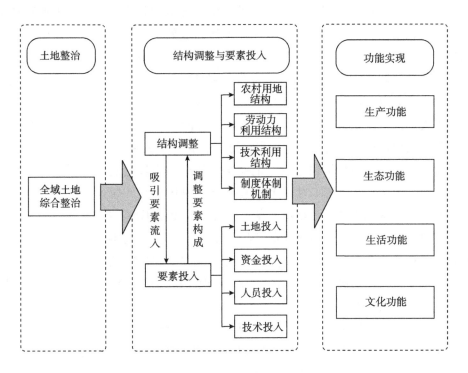

图1　土地整治的总体分析框架

具体而言，第一，结构调整是土地整治的核心要旨。结构调整包括农村用地结构、劳动力投入结构、制度等方面的调整。其中，以农村土地要素为核心的结构调整是最为关键的一环。全域土地综合整治相关举措明确要求，保持空间布局总体稳定，确保耕地数量不减少、质量有提升、生态有改善，整治区域内建设用地面积不增加，城镇开发边界基本稳定，生态保护红线保护目标不降低的前提下，可结合国土空间规划对土地开发利用方式进行局部微调、统筹优化，但不得打破国土空间规划确定的总体格局。通过农村用地的结构性调整，改变土地利用方式，提升土地利用效率，引入资本、劳动力、技术等生产要素赋能农业生产、工业建设和农村一二三产业融合。另外，农业农村经济发展主体有所调整优化，进一步突出新型经营主体和社会化服务平台的地位，发挥引进先进技术、延长农业生产经营链、开拓乡村产业新业态新模式、提供社会化服务和提升农业现代化水平的作用。结构调整是土地整治的核心内容，通过土地等生产要素的结构性调整和制度体制机制调整，能够影响要素投入过程，并最终实现土地整治功能。

第二，要素投入是土地整治的重要内容。要素投入包括土地、劳动力、资金、技术等，在结构调整的各环节都需要生产要素的投入参与。在土地整理环节，农村利用方式调整、耕地集中连片整治和低效建设用地盘活均需引入劳动力、资金和相应技术支撑，为激发农村新产业新业态新模式创设条件。全域土地综合整治通过调整土地利用结构、完善体制机制和调节其他生产要素的投入结构，进一步吸引人口、技术、资本流入，有效促进城乡间的生产要素高效流动和合理配置，推动产业结构优化调整，完善产业配套，最终实现要素利用率提升和多元价值实现，拓展农村发展潜力和空间，丰富土地整治的多元化功能创造。

第三，功能实现是指通过以土地要素空间重构为核心的结构调整和要素投入，进而实现生产、生态、生活和文化功能。具体而言，通过全域土地综合整治，有效引导耕地集中连片整治、盘活低效无效建设用地、保护自然生态资源、引入建设土地整治平台、构建联农带农体制机制，从而推动现代农业发展，提升农村工业和服务业效率，促进农村一二三产业融合，推进产业生态化和生态产业化，赋能乡村文化建设，提高农民收入，实现土地整治的生产功能、生态功能、生活功能和文化功能。

（二）全域土地综合整治促进乡村产业发展的分析框架

全域土地综合整治促进乡村产业发展的分析框架如图 2 所示。

1. 土地开发问题与土地整治必要性

第一，耕地细碎化、分散化问题阻碍农业适度规模经营，不利于促进传统农业向现代农业转型升级。一方面，耕地细碎化、分散化是全域土地综合整治首要解决的问题，这一问题源于地质结构、耕地质量、自然灾害等自然因素，城镇化、工业化用地侵占耕地等经济因素，家庭联产承包责任制下耕地分配和土地交易机制不完善等制度因素，以及传统习俗下耕地均分继承等社会文化因素。另一方面，发展农业适度规模经营和现代农业亟需解决农业耕地细碎化、分散化问题，农业适度规模经营往往需要优质良好的连片化耕地，从而有利于新型机械、信息技术的应用和普及，推动现代农业发展。

第二，大量低效利用的农村建设用地不利于农村土地资源利用效率，不利于发展。一方面，在城镇化、工业化快速发展的背景下，大量农村土地被征收、征用，集体经营性建设用地入市，导致农村可用的建设用地存量愈发减少。另一方面，现有大量农村建设用地处于低效运作状态，无法赋能乡村产业发展。乡村可用的建设用地存量和增量指标均较少，无法满足乡村产业发展和社会发展的用地

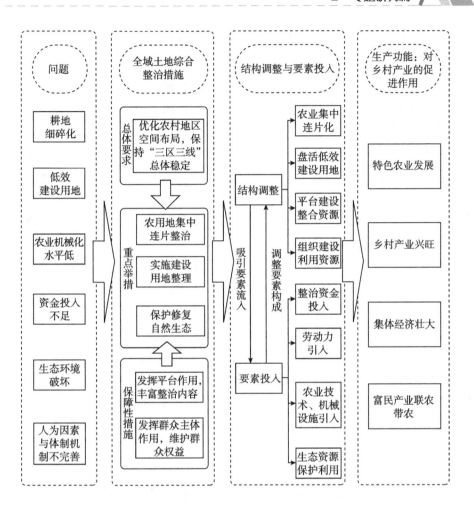

图2 全域土地综合整治促进乡村产业发展的分析框架

需求，农村建设用地供需存在着明显的不适应、不匹配。

第三，农业机械化水平不高、现代设施农业、智慧农业技术研发、应用、推广水平有待提高。一方面，农机科技创新能力不强、农机装备有效供给结构性失衡、农机作业基础设施建设滞后等因素导致农业机械化整体水平不高。另一方面，农业技术创新水平亟需提高，而且农业技术往往需要应用于大规模连片耕地才符合规模效益，这些问题都亟需以土地综合整治为抓手破解。

第四，资金等条件投入不足限制土地整治，农业社会化服务供给水平不高限制现代农业和乡村产业发展。当前整治资金主要来源是政府投资，主要通过城乡建设用地增减挂钩指标和耕地占补平衡指标交易补充资金投入。对建设用地复垦成本高、耕地资源不足的地区而言，面临资金平衡压力较大、缺乏资金来源的问题。而且，社会资本缺乏参与动力，指标交易资金和政府专项资金难以满足生态修复和历史文化保护等各类资金需求。农业社会化服务供给水平较低，无法通过现代农业设施和技术赋能农业生产，导致农业现代化水平较低。

第五，不合理的土地使用造成生态环境和农村人居环境破坏。不合理的农业土地使用造成地表植被遭受破坏、水资源污染严重、水土流失加剧，影响现代农业发展和土地利用效率提高。全域土地综合整治遵循可持续发展理念，着力将土地整治工作从数量管理逐渐转变为质量管理，重点促进土地整治朝着环保化和生态化发展，发挥土地整治生态价值，从根本上提升土地资源利用效率，实现人与自然和谐统一，保护生态环境。

第六，各自为政的个人行为造成土地资源浪费和破坏，系统化整治路径难以实现，亟需构建利益分享与村民议事决策机制，设立专门组织通过多部门多主体协同推进土地整治工作。一方面，人为因素造成的土地破坏、资源浪费、水土流失问题严重，亟需通过全域土地综合整治破解各类土地资源破坏和浪费问题。另一方面，土地整治工作牵涉农村人民群众的利益，全域土地综合整治的具体工作开展不仅需要顾全全体农民利益，建立健全联农带农和利益分享机制，保障人民群众支持政策措施落地落实，而且需要解决"为何整治、谁来整治、治理对象、如何整治、整治效益"的问题，完善多主体多部门协调机制，协同推进全域土地综合整治工作。

2. 全域土地综合整治促进产业要素投入与结构调整

第一，优化农村地区空间布局，能够统筹调整优化土地利用空间结构，通过功能分工和要素集聚，实现生产功能、生活功能、生态功能。通过农村用地结构性调整，提高耕地质量和连片化面积，盘活低效建设用地，因而吸引资本、劳动力、技术等生产要素流入，提高农村土地利用效率。

第二，推动农用地集中连片整治，能够推动规范耕地和永久基本农田调整，提高耕地利用效率。农用地的结构化、区域性、功能性调整，土地要素的集中连片化管理有效破解了土地碎片化的难题，促进了农业规模化、机械化生产，吸引社会资本和创业人才下乡，推动城乡要素流向农业农村。

第三，实施建设用地整理，能够有序盘活闲置低效建设用地，腾挪无效建设用地，为乡村产业发展创造发展空间。农村建设用地整治是全域土地综合整治的重点内容，探索新方式促进农村建设用地布局的优化，统筹配置城乡基础设施，通过农村建设用地的结构性调整，发展乡村产业，吸引投资资本和劳动力投入，补齐农村基础设施和公共服务设施短板，使农村发展在空间区位上得到优化和提升，在空间承载力上可以为产业振兴提供有力支撑。

第四，保护修复自然生态本底，严守生态保护红线，能够保留、保护农村独特的自然资源，发挥农村自然的最大效益，驱动生态产业化、产业生态化和农村一二三产业融合。全域土地综合整治要求加强保护和修复自然生态，通过优化农村土地功能布局和空间格局，健全山水林田湖草沙一体化保护和系统治理机制，在严格落实耕地和永久基本农田、生态保护红线、城镇开发边界等国土空间开发保护底线基础上，引导立足地区比较优势有序发展乡村产业。在此基础上，实现生态产业化和产业生态化，吸引各类要素下乡，促进产业振兴和生态保护协同发展。

第五，充分发挥平台作用，能够丰富土地综合整治内容，实现规模效益和各类生产要素的充分合理使用。土地综合治理具体工作需要政府服务公共平台、基层治理组织、农民合作社、农业产业化联合体等提供社会化服务、统筹协同引导工作，利用功能分工和规模效应，充分结合地方自然资源条件、本地民俗文化、地区特色优势产业，丰富土地整治内容和具体实现形式，构建开放协作、跨界融合的"土地整治+"平台，进而推动要素的流入和结构化调整，创造要素资源的最大价值。

第六，充分发挥群众主体作用，能够完善联农带农机制，切实维护群众的合法权益，保障土地综合整治的平稳运行，激励群众通过要素投入等方式参与土地综合整治的具体工作。让农民群众成为最大获益者，是推进全域土地综合整治工作的根本落脚点，通过保障人民群众的知情权、决策权、参与权、监督权以及土地及供应效应共享权，完善合作治理机制、联农带农机制和利益分享机制，不仅能够保障全域土地综合整治工作的落实，而且能够激励农民通过土地、资金等要素投入，实现土地综合整治、农村产业导入与农民利益创造的有效衔接。

3. 全域土地综合整治对乡村产业发展的促进作用

第一，全域土地综合整治促进特色农业发展。实施全域土地综合整治，要求对区域范围内所有的农用地整治、农村建设用地整治、土地复垦和未利用地开发等各类土地资源要素的综合开发利用，以及全面实施对高标准农田建设、耕地质量提升、"旱改水"、表土剥离、农田水利建设、生态环境整治。通过对农村用地的结构化调整，特别是农业用地整治，实现耕地的连片化规模化整合和治理，提升农业用地质量和开发利用水平，运用"山水林田湖草是一个生命共同体"

的系统思想和"绿水青山就是金山银山"的理念，推动生态产业化和产业生态化，结合本地自然资源禀赋，促进特色农业发展。

第二，全域土地综合整治促进乡村产业振兴。乡村产业振兴是乡村振兴的经济基础和主要抓手，乡村产业高质量发展需要建立在健全现代农业产业体系的基础上，促进农村一二三产业融合。土地整治项目设计可作为新时期农业供给侧结构性改革的抓手，在优化土地利用结构和整治农村工业用地的基础上发挥平台作用。依托目前的农村土地制度改革，土地整治有助于解决农业生产效率低下、耕地碎片化、建设用地闲置浪费等问题，并有利于促进农村土地利用结构调整，盘活现有土地，提高耕地规模化经营程度和低效用地利用效率，加速资本、劳动力等生产要素下乡，为乡村产业发展提供土地供应保障和空间载体，有助于促进乡村旅游发展和乡村工业振兴。

第三，全域土地综合整治促进农村集体经济发展。发展壮大农村集体经济是实现产业振兴的有效途径，是推动乡村产业发展和促进城乡共同富裕的重要手段。农村土地资源是集体经济的首要资源，通过土地综合整治，同步开展农村集体土地专项整治工作，清查、核实农村集体土地和其他集体资产资源。积极探索农村新型集体经济发展形式，农村集体经济组织可将土地作为股权入股国有资产，进而获得土地增值收益。发挥集体组织的农机装备优势条件，开展农业社会化服务，提高农民的经营性收入，做活土地文章，盘活集体资产资源，发展乡村特色产业。

第四，全域土地综合整治推动富民产业发展，强化联农带农。全域土地综合整治需要站稳人民立场，尊重群众意愿，维护群众权益，运用好村民议事决策机制，把握好土地经营权流转集中、适度规模经营的度。通过优化土地空间配置，提升土地利用效率，发展富民产业。以全域土地综合整治为基本动力，协同推进农村富民产业发展、农村人居环境整治和农村生态环境保护，着力构建"联得紧、带得稳、收益久"的长效机制，坚持强化带动效益与提升带动能力相结合，科学合理确定带动方式和受益程度，积极构建关系稳定、联结紧密、权责一致、利益共享、风险可控的联农带农机制，让农民分享产业链增值收益，为推进乡村全面振兴和实现共同富裕提供机制保障。

三、全域土地综合整治助力农业农村高质量发展的广东实践

广东省通过不断健全农村承包地"三权分置"制度体系，多举措谋划解决承包地细碎化问题。近年来，广东省委、省政府相继出台引导农村土地经营权有

序流转发展农业适度规模经营、加快推进农村产权流转管理服务平台建设、完善农村土地"三权分置"办法等政策性文件。支持各地结合实际积极探索开展以土地经营权入股发展农业产业化经营的模式，鼓励和引导农民自愿以土地、资金入股。广东省通过对农村土地整治和农用地经营权"活化"利用路径进行卓有成效的探索，有效促进了各地土地资源的优化配置进程，提高了农用地和宅基地等使用效率。典型做法可归纳为：以全域土地综合整治助力乡村产业高质量发展、撂荒耕地的整治与集中经营、村级留用地的盘活与招商引资，以强村公司推动全域土地流转与捆绑运营，借助多主体协同发展模式促进村集体土地收益提升等。具体可归纳为以下若干路径。

（一）土地整治开发+乡村产业兴旺

①广州市坚持因地制宜，推动矿区旅游产业发展。森林海集团利用修复后矿坑的独特性打造了一系列特色旅游产品，形成了集高端温泉酒店、七星级房车营地、嬉水乐园、冒险乐园、国际会展中心、农趣园、演艺中心、户外运动公园等多种休闲业态于一体的旅游度假区。带动了周边景区、民宿、农家乐、农场等吃住行游购娱产业链的深度融合，有效促进乡村产业兴旺。②佛山市串珠成链打造乡村振兴综合示范片区。在原有示范带建设基础上，推动辖区各县区遴选组织坚强有力、要素禀赋鲜明、基础设施完善、产业优势明显的行政村"抱团联建、片区打造"，各建设 1 个约 15 平方千米的乡村振兴综合示范片，构建乡村集群发展新模式。③韶关市"以地为媒"聚乡贤，借助资本下乡助力产业振兴。武江区重阳镇大夫前村以打造小手工业强村为目标，以强镇富村公司为主导，积极盘活利用闲置宅基地、厂棚仓库等集体资源，有效探索"党组织+富镇强村公司+车间+农户"产业发展模式，推动乡贤返乡创业，成功建设具有本地特色的乡村振兴车间。④潮州市推动种植基地建设，促进乡村产业振兴。通过"公司+基地+农户"发展模式，统一肥水管理、技术培训和病虫害防治，建立和完善原料栽培技术体系，推进种植基地规范建设，优化种植结构，强化生产操作技术规程、良种良法、病虫害绿色防治等功能示范，带动周边农户进行广式凉果标准化种植。⑤河源市以小镇土地资源开发，提升乡村新业态发展。源城区春沐源小镇项目通过撬动各类资金投入于村内道路、文化场地等基础设施的提档升级建设，成功打造 31 个"四小园"，改造 44 个"美丽庭院"，间接性带动周边村民自发开创农家乐、民宿、特产店等新业态，激发各村集体产业不断围绕农旅融合方向发展。⑥江门市借助政府力量和社会资本，激活村级留用地开发。江海区外海街道七西村满山红项目，采取"政府储备地+村集体用地"模式，连片开发七西村 18 亩

留用地，建设约 3 万平方米高标准厂房，打开了政企村合力推动留用地开发建设的新模式。⑦清远市精耕"三地"整合，推动乡村产业融合。连山壮族瑶族自治县坚持以党建为引领，县、镇、村三级书记一起抓好"三地活化"。由镇、村、企业或专业经营机构共同组建平台，把农村承包地、宅基地和农村集体经营建设用地流转到村经济合作社，再统一交由专业机构开发运营，积极推动农文旅融合。如永和镇石坪村经济合作社从农户手中有偿整合土地资源，然后统一交由专业运营公司采用"ECPO"（工程施工设计+采购+施工+维护）模式，对农村"三块地"进行开发运营，打造集文化部落、民宿乡宿、壮瑶医药等功能于一体的乡村旅游项目，实现乡村旅游与文创的共生共荣。⑧清远市深化土地制度改革，保障社会资金下乡需求。清新区深入开展农村集体"三资"清理行动，结合农村集体产权制度改革等工作，推进农村承包地"三权分置"，引导农户采取转包、出租、转让等方式流转承包地给企业。如三坑镇三和村通过盘活村中池塘、空地和农房等资源，整合成包含约 30 亩闲置用地和 30 户旧农房的"资源包"；经三坑镇经济总公司承租包装，以"整体打包流转"方式，引入清远市稻里酒店管理有限公司，进行民宿投资建设"三禾·稻里"民宿项目，解决了古村落衰变成"空心村"的问题。

（二）土地价值提升+集体经济壮大

①广州市推广整村土地改造模式，有效夯实村集体经济发展基础。如星河湾集团投入超亿元对从化区狮象村进行整村改造，彻底改善该村整体居住环境，提升公共文化水平，集约 500 亩土地资源用于复耕或其他产业发展，夯实了村集体经济发展基础，为乡村振兴注入强大动力。②江门市盘活村级留用地，实现激光产业与集体经济双赢。蓬江区棠下镇通过"资源变资本、资本变股本"方式，深挖土地资源潜力，探索"物业代建+返租"模式，成功促成莲塘村与海目星（江门）激光智能装备有限公司（以下简称海目星）上下游企业留用地合作开发项目，实现村集体经济与产业发展互促双赢。③韶关市以土地租赁、合资、合作等模式，探索多村共进发展路径。在土地租赁方面：南雄市积极推动企业与村集体签订土地租赁合同，通过流转土地经营权，把土地集中起来，进行集约化、规模化、机械化、专业化的规模经营。在合资合作方面：如南雄市雄州街道以"公司+基地+集体经济组织"的经营模式，探索实践工厂化循环水养殖产业模式，养殖高附加值鱼类。12 个村集体经济组织分别持股 5%；广东澳益公司持股25%；南雄雄鹏农业公司持股 15%，合作期限 20 年，项目前期实行收益兜底保障，改变各村"单打独斗"和仅依靠上级扶持村集体专项资金发展农业的模式。

④河源市围绕农文旅融合发展目标，盘活村集体闲置土地资源。如大坝镇水背村通过引进广东古树缘生态农林旅游开发有限公司，实施"龙头企业+基地+农户"的产业合作模式，形成以百香果种植基地为主导，融合农业生产、特色餐饮、休闲观光、亲子游乐等多种经营业态；通过稳步打造三产融合发展示范区，实现村集体经济收入增长。⑤阳江市用好城郊区位优势，谋划高端性投资项目，以此壮大集体经济。如阳东区东城镇报平村充分发挥临近市区、商业较为发达等优势，结合绿色发展思路和新能源汽车发展趋势，积极引进相关企业投资，推动2.6万平方米留用地建设新能源汽车城项目落地，每年为报平村集体带来约250万元收入。⑥肇庆市以工业化经营思维，推动镇域渔业高质量发展。如四会市大沙镇乡村振兴帮扶工作队联合镇政府，通过引导村小组以鱼塘转包、出租、互换、转让、入股等方式，积极鼓励村小组以鱼塘经营权入股，将鱼塘面积转化为股份，由村委会一级管理，探索推动鱼塘集约经营。其中，仁马村鱼塘平均租金由1200元/亩提升至2200元/亩，每年带动村小组集体经济收入增加120万元、村委会收入增加12万元、国资每年回收成本130万元，实现集体经济组织、经营主体、国资三方共赢。⑦肇庆市探索和创新土地过渡性开发新路径。端州区探索过渡性开发模式，通过租赁农村集体组织自留用地的方式，推动在不改变用地主体和规划条件的前提下引入项目。如2023年初成功引入了浩邦新型材料生产基地项目，实现大龙社区218.87亩闲置自留用地的盘活。该项目属于肇庆市首例农村集体土地过渡性开发成功落地的项目，入选省委改革办新型农村集体经济典型案例。⑧珠海市将旧村更新与产业发展融合推进，以此壮大农村集体经济。高新区东岸留诗山片区原为村民住宅、村集体工业厂房聚集区，用地类型杂乱，各项配套缺失；为尽快改变现状化解矛盾，高新区启动东岸留诗山旧村更新项目，以"以产兴城、以城带产、产城融合"为理念，由珠海仁远投资有限公司作为前期合作企业，协助东岸社区集体经济组织，推动东岸留诗山片区向现代化村庄建设迭代升级。

（三）土地规模经营+特色农业发展

①惠州市立足镇域农用地资源禀赋，助力实现特色化发展。邀请企业作为参与实施主体，投资建设博罗县柏塘镇罗塘村一二三产融合茶叶产业园项目。以"万亩茶园"建设为基础，打造"茶叶加工中心+茶文化体验中心+产业推广中心+工业遗产改造"利用的"茶产业"和"茶文旅"的茶文旅综合体，带动博罗乃至惠州茶产业和文旅产业发展，助推县域经济高质量发展。②佛山市统筹集约零散养殖池塘，增强渔业发展规模效应。发挥全域养殖池塘改造提升促进土地集

约作用，着力引进水产龙头企业，探索"科技兴渔"新路子，促进水产养殖实现生产自动化、技术创新化、设施现代化。③潮州市推广农用地生态种植模式，推动特色农产品发展。借力"广东饶平单丛茶文化系统"被认定为中国重要农业文化遗产的契机，引导饶平县茶企开展茶山"山顶戴帽""坡穿袈裟"生态种植模式，走市场茶、大众茶、拼配茶发展之路；同时拓展智能茶具产业，助推凤凰单丛茶走进千家万户。④梅州市以"企业+基地+农户"的模式，实现土地规模特色经营。兴宁市龙田镇坪见村与广东省重点农业龙头企业——兴宁市粤和兴农业发展有限公司签订了土地流转合同，发展沃柑种植及特色农产品产业链。坪见村流转承包土地 800 余亩，流转期限 15 年。公司基地总规划面积 5000 亩，首期基地种植 1060 多亩，投资约 5000 万元，整体项目计划总投资达 1.1 亿元。通过土地流转给专业农业企业，发展连片规模经营获得的收益，带动了坪见村种植效益，推动了坪见村道路硬底化、水利"三面光"、路灯等基础设施建设。⑤云浮市引进特色农业龙头企业，有效盘活土地收益。如位于云城区前锋镇的银田南药产业园内岭南中药材种子种苗繁育基地，由广东银田农业科技有限公司和华润三九医药股份有限公司共同承担建设。该基地采取"药企+公司+村集体+农户"模式，大力发展订单式南药种植，种植面积达 21000 亩（其中前锋万亩南药基地核心区 11000 亩）。现有育苗大棚 82000 平方米，年产优质南药种苗 2000 万株以上，吸引周边务工人员 130 人，年支付工资达 300 万元，盘活土地收益 120 万元，带动村集体每年增收 8 万元。⑥阳江市通过精准对接帮扶，以闲置用地助推特色优势产业延伸发展。抓住"千企帮千镇、万企兴万村"有利契机，组织引导企业深入挖掘重点帮扶镇土地、环境、人力、产业、市场、文化等资源的多元价值和多重功效，开展农产品精深加工，推动一二三产业融合发展。如阳春市引进广新集团落地建设蚕桑产业振兴示范基地、蚕桑香云纱产业生态示范园项目，将闲置的山地、撂荒地流转并集中租用，作为蚕桑、茧丝绸产业项目用地，投资建设厂房设备形成村集体固定资产，按不低于 5% 的投资回报要求，引入下游运营方签订长期合约运营。⑦肇庆市集中连片流转碎片化土地，壮大本地特色农业产业规模。如肇庆市封开县吸引肇庆市永峰农业科技有限公司在渔涝镇建设超千亩水稻辣椒轮作基地，连片流转碎片化土地 2036 亩，带动 150 多名村民就业，带动 7 个村集体收入超 10 万元。

（四）土地流转租赁+联农带农增收创收

①韶关市强村公司做好"中间人"，协商流转土地。如乐昌市三溪镇在开展石村村委会的土地流转工作时，通过村委会或镇强镇富村公司与村民达成统筹流

转、连片经营的"预流转"协议，提前将撂荒的土地收储起来，将连片"预流转"规模化土地进行项目包装规划和招商引资，项目经营者直接对接强镇富村公司承包连片土地，可以让项目落地更加顺畅。"预流转"模式的推广应用，对农户而言可以获得租金和劳酬、企业可以获得利润、村集体可以提高集体经济收入，实现了多方共赢。②江门市打破村域界限，以共富公司推动耕地资源盘活利用。恩平市乡村振兴面临的现实困境是资源零散、力量分散、土地闲置，于是通过建立"共富公司"打破村域界限，集聚各村"地、钱、人"等要素保障，以专业生产经营主体带动村（居）抱团发展，让分散的资源聚起来，闲置的资源活起来。比如，良西镇9个村（居）投资成立的福稻农垦公司，通过整合周边撂荒地、盘活低效耕地、垦造水田等碎片化土地资源，全力打造5000亩的水稻种植基地，已形成5大水稻产区。③揭阳市以"龙头企业＋农户"的模式，带动水稻产业规模化发展。普宁市南溪镇通过加快推动土地流转，加速水稻种植基地成片成型，有力促进农民增收，推动普宁稻蔬产业园（南溪片区）入选2022年省级现代农业产业园名单。④梅州市通过"土地流转＋土地入股"等结合，多举措联农带农。蕉岭县蕉城镇锚定建成省内最具特色的富硒丝苗米产业园的目标，以"产业村长"推进"产业园＋公司＋基地＋社会化服务＋农户"的农业生产模式为牵引，通过土地流转、土地入股等多种模式集约1000多亩农田用于绿色有机种植，并采取保价收购、资金入股、雇佣打工、社会化服务、产业培训、赠送农业生产物资等方式，辐射带动3000多家农户参与建设丝苗米产业园。在农业技术加持下，使一亩地一年至少增收500元，每户年均增收2000元至3000元，实现增收致富。⑤梅州市推动"小块田变大块田"改革，带动村民增收。梅县区畲江镇全力建设"广东畲穗丝苗米产业园"，积极构建撂荒复耕三产融合长效机制。以太湖村为试点，组织专业农业龙头企业对原有的670块小田进行整并改造后变为48块大田，通过"小块变大块"改造面积1000多亩，消除原有的田坎和水沟，实现规模化经营与管理，提高了农田产出效益，带动村集体收入14万元以上，带动村民就业约80人，镇就业人口500多人。⑥清远市通过盘活村集体闲置学校，推行就业新模式。连山太保镇莲塘村具有丰富的毛竹资源和深厚的狮舞文化底蕴。通过盘活总建筑面积2147平方米的旧莲塘小学闲置资源，利用原莲塘教学点作为生产场地，把"非遗"传承和产业发展相结合，设手扎工艺、彩绘、缝纫等车间，采取"乡村振兴车间＋公司＋合作社＋农户"的运营模式，邀请非遗传承人和彩扎技艺人在不定期到生产车间授课，免费对有兴趣从事彩扎、彩绘、缝纫等加工的村民进行岗位培训，发展壮大村集体经济，实现村民"家门口"就业。2023 年来，已带动 120 余名当地村民实现灵活就业，培训村民 200 余人，预计每年可带动村集体增收 30 万元。⑦阳江市推进整县全域土地综合整治，解决发展中的"人钱地"问题。阳西县通过政府引导社会投资，高标准建设程村蚝、荔枝 2 个省级现代农业产业园和南药、丝苗米、海水鱼苗 3 个市级现代农业产业园。发展荔枝、程村蚝、富硒农产品、金鲳鱼、金枪鱼等特色农业，培育国家农业龙头企业 5 家、省级农业龙头企业 4 家、"三品一标" 38 个，建立联农带农合作社 503 个。通过"合作社+基地+科研单位+农户"等多元化产业方式，吸引社会资本，带动近 20 万农民增收致富。

四、广东省推行全域土地整治和规模化经营的现实困境

（一）农业机械化程度仍有待加强

全域土地综合整治的本质是土地的规模化开发与经营，目前各地虽然有较好的整治路径和经验，但仍需要进一步加强农业机械化基础作为支撑。广东省水稻机械化发展总体较为缓慢，与全国先进地区仍有一定差距。2010 年，全省水稻生产耕种收综合机械化水平便提高到 53.7%；2011~2020 年，全省水稻耕种收综合机械化发展速度呈现一定的下滑趋势。通过比对广东省与全国及兄弟省份的机械化指标数据可知，2011~2020 年全省水稻耕种收综合机械化水平与全国水平的差距从 7.29 个百分点扩大到 10.45 个百分点，差距逐年扩大。2021 年，广东农业机械总动力 1.67 千瓦/公顷，主要农作物耕种综合机械化率 65.7%，水稻耕种收综合机械化率 75.3%，畜牧养殖机械化率 38.3%，水产养殖机械化率 30.6%，农产品初加工机械化率 24.2%。2022 年，广东省单位播种面积的农业机械动力值达 5.97 千瓦/公顷（见表 1 和图 3）。

表 1　2018~2022 年广东省单位播种面积的农业机械动力值变化情况

单位：万千瓦，千公顷，千瓦/公顷

年份	农业机械总动力	农作物播种面积	单位播种面积的农业机械动力值
2018	2429.94	4279.36	5.68
2019	2455.7896	4357.38	5.74
2020	2495.43	4451.81	5.83
2021	2524.48	4498.36	5.90
2022	2556.30	4553.47	5.97

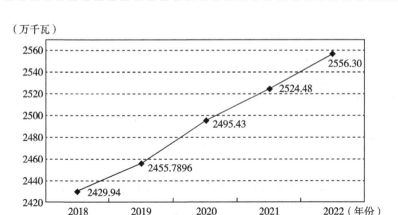

图3 2018~2022年广东省历年农业机械化总动力合计值变化情况

同兄弟省份的主要参数对比情况：2020年，广东省水稻耕种收综合机械化水平相比广西从领先4.5个百分点变成了落后6.53个百分点；与先进省份江苏省相比则有近20个百分点的差距。与浙江省相比：2021年，广东省主要农作物耕种综合机械化率比浙江省低6个百分点；广东省单位农用地的农业机械总动力低于浙江省的2.11千瓦/公顷；水稻耕种收综合机械化率比浙江省低10.2个百分点，畜牧养殖机械化率比浙江省低5个百分点；水产养殖机械化率比浙江省低17个百分点；农产品初加工机械化率比浙江省低22个百分点。

通过分析2018~2022年广东省农作物机械化主要参数，近年来主要粮食作物和经济作物的机耕面积和机收面积总体均呈现增长态势。2022年，全省水稻机耕面积达到1816.83千公顷，水稻机收面积1764.30，水稻机械种植面积达665.98千公顷；玉米机耕面积98.41千公顷，大豆机耕面积25.03千公顷，花生机耕面积281.96千公顷。具体各粮食作物和经济作物的机耕化面积指标如表2所示。

表2 2018~2022年广东省主要年份农作物机械化耕作面积

单位：千公顷

年份	水稻机耕面积	水稻机收面积	水稻机械种植面积	玉米机耕面积	大豆机耕面积	花生机耕面积
2018	1745.89	1609.84	336.79	95.64	24.61	248.13
2019	1763.45	1651.77	382.55	94.47	23.15	255.71
2020	1802.51	1717.74	480.30	95.98	23.64	266.01
2021	1807.01	1742.60	570.86	97.22	24.22	273.42
2022	1816.83	1764.30	665.98	98.41	25.03	281.96

将各机械化面积指标除以对应的作物播种面积得到农业机械化面积占比情况（见表3和图4）。其中，2018~2022年广东省水稻的机耕化率和机收率均超过90%，至2022年两项指标分别达98.96%和96.10%。水稻机械种植面积占比总体仍较低，但近五年的发展速度较快，从18.84%增长到36.28%，几乎翻了一番（见图4）。大豆和花生的机耕面积占比值也相对处于较高水平，至2022年，两种作物的机耕化水平分别达72.13%和81.31%（见图5）。

表3　2018~2022年广东省农业机械化面积占比情况　　　　单位:%

年份	水稻机耕面积占比	水稻机收面积占比	水稻机械种植面积占比	大豆机耕面积占比	花生机耕面积占比
2018	97.68	90.07	18.84	77.41	74.63
2019	98.32	92.09	21.33	71.08	75.09
2020	98.26	93.64	26.18	72.49	76.53
2021	98.88	95.36	31.24	74.23	78.19
2022	98.96	96.10	36.28	72.13	81.31

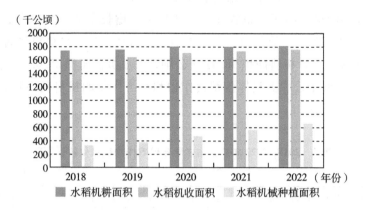

图4　2018~2022年广东省水稻种植机械化主要指标历年变化情况

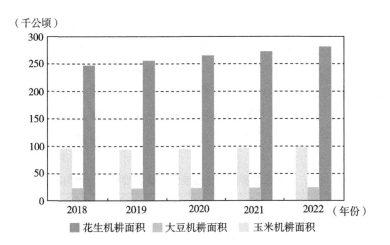

图 5 2018~2022 年广东省其他农作物种植机耕面积的变化情况

（二）土地细碎化经营困局未根本改变

乡村产业的结构性转型离不开土地规模化的经营与开发，分散的土地斑块仍是制约广东乡村产业发展的主要障碍，仍需正视土地细碎化的现实困境。一是广东省土地零散细碎问题突出。广东省人多地少、土地分散，人均耕地面积仅0.23亩，远低于全国平均水平，且粤东、粤西、粤北主要农业区多为丘陵和山地，机械化综合水平仍较低，土地条件不一致，缺乏连片规模种植单一作物的自然条件，推广专业化、规模化、集约化农业生产难度大。根据调查，广东户均承包地面积（3.17亩）不到全国平均水平（7.13亩）一半，全省承包地流转流向一般农户面积占流转面积的55.9%；连片流转规模50亩以上的795.5万亩，占比为40.1%；流向农民合作社、家庭农场、农业企业等规模经营主体面积占比为38.9%（见表4），低于全国平均水平（44.71%）。截至2022年，全省农村的承包地流转面积达1982.9万亩（其中流转入农户的面积1080万亩，流转入合作社的面积279万亩，流转入企业的面积265万亩）。然而，流转后仍然存在碎片化、松散化经营状况，土地细碎化经营的整体现状未根本改变，目前难以构建规模经营的大格局。二是农地的适度规模经营有待进一步发展。在土地流转加快的背景下，广东省一批经营土地规模达到几十亩、几百亩，甚至几千亩的种粮大户也不断涌现。根据广东省农业科学院水稻研究所的调查：广东种粮大户类型以家庭经营为主，占比为87.10%；种粮大户户均农业劳动力为2.87人；农业生产者平均受教育年限8.46年；户均经营水田面积258.69亩，块均水田面积1.38亩。在大户耕地规模调查中，水稻种植大户的水田面积在20亩以下的占比为7.53%；

水田面积在大于等于 20 亩至小于 50 亩的最多，占比为 37.63%；水田面积为大于等于 100 亩至小于 300 亩的占比为 25.81%，大于等于 300 至小于 500 亩的占比为 4.30%，500 亩及以上的占比为 5.91%。100 亩以下的占比为 63.98%。经统计，广东省农业经营户约 900 万户，其中规模农业经营户不足 16 万户，适度规模经营水平不高，占比不足 2%。家庭承包地碎片化现象尤为严重，农业经营仍以分散经营为主，这反映出广东全省农地总体呈小规模经营的特点。

表 4　广东省主要产业新型经营主体及规模化发展情况

产业	新型经营主体培育情况	规模化情况	
		标准	比例
水稻	以专业大户、合作社为主，家庭农场快速发展，龙头企业主要负责加工、品牌和市场	大于 50 亩	30%左右
蔬菜	专业大户、合作社为主，龙头企业均衡发展	大于 20 亩	30%左右
水果	以专业大户、合作社为主，龙头企业较少	大于 50 亩	20%左右
生猪	以龙头企业和合作社为主	年出栏 500 头以上	70%左右
禽类	以龙头企业和合作社为主	年出栏 5000 只以上	80%以上
水产	以养殖大户和合作社为主，龙头企业主要负责加工、品牌和市场	大于 10 亩	80%左右

（三）农业领域金融服务和融资信贷较为滞后

全域土地综合整治的大范围推广与实施，需要持续稳定的资金支持和融资服务供给，但目前在农业农村领域的项目融资渠道较少、融资成本较高且回报周期较少，这导致产业的结构性转型面临不少障碍。具体而言，一是房贷放款与农时不相匹配。经营主体向金融机构申请贷款审批时间较长、贷款期限偏短，而农业生产季节性强，经常出现放款周期与农时不匹配问题。金融产品单一，新型、多元的信贷服务不足，授信覆盖面窄、额度低，信贷风险分担补偿机制不健全。与是农业保险投入和政府补贴相对不足。受限于各地区财政资金紧张，仅在小范围内开展保险补贴试点，目前受众小、需求多样性不足的问题较为突出。二是农业保险种类单一、要求高、赔偿低，不能有效满足主体需求。此外，个别主体受年龄、文化程度、种粮经验等因素限制，承保意愿不强。三是农业经营主体群体大多融资较难。受新型经营主体自身条件限制，市场对其总体认可度低、信心不足。加之农机设备、农地经营权等相应的产权评估、登记机构和交易流转市场不完善，增加了农村信贷的风控难度。贷款利率低的条件严、放款慢，利率高的又

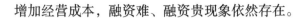

增加经营成本，融资难、融资贵现象依然存在。

五、完善全域土地综合整治政策助力乡村产业发展的建议

贯彻落实党的二十届三中全会关于完善城乡融合发展体制机制、深化土地制度改革的决策部署，充分发挥全域土地综合整治的平台作用，以县域为统筹单元、以乡镇为基本实施单元，完善农村土地整治政策工具，综合运用相关政策工具，盘活利用农村"三块地"等要素资源，促进城乡要素平等交换、双向流动，优化农村地区国土空间布局，改善农村生态环境和农民生产生活条件，破解制约广东省发展现代农业产业和农文旅产业融合发展的瓶颈问题，助推农村一二三产业融合发展和城乡融合发展，促进乡村产业高质量发展和实现农业农村现代化。广东需要从推动生产、生活、生态、文化空间格局优化，统筹推进耕地集中连片整治，推进宅基地与建设用地整治，以生态保护和修复协同推进生态产业化和产业生态化，健全社会化服务体系，创新联农带农和利益分享机制等方面为主要抓手，以全域土地综合整治政策助力乡村产业发展。

（一）推动生产、生活、生态、文化空间格局优化

推进乡村产业高质量发展和农业农村现代化需要优化生产、生活和生态空间格局优化，系统推进农用地集中连片整理、低效建设用地整理、生态保护修复、自然资源恢复，腾出优质连片发展空间，优化生产、生活、生态、文化空间格局。在对土地开发利用方式进行统筹优化的同时，推进全域土地整治的具体节奏需要保持空间布局总体稳定，明确整治目标、任务、支持政策和底线要求，地方主管部门需要对整治工作中"三区三线"优化微调、城乡建设用地增减挂钩、农村集体经营性建设用地入市等政策运用做出详细规定。

（二）统筹推进耕地集中连片整治，促进现代农业发展

聚焦农业现代化发展需要，统筹实施农用地相对集中连片整治、质量提升和生态化改造，推动实现布局优化，规范耕地和永久基本农田调整。党的二十届三中全会报告指出，要坚持完善统分结合的农村基本经营制度。"统"就是要充分发挥政府部门、镇村基层统筹组织农户、合作社发展现代农业产业，其中关键在于如何统筹村集体和农户相对零散或碎片化的土地，通过"两统筹两整合""互换整合""平整连片后再整理""小田变大田"等多种方式，连片流转或规模化流转，为实现整村、跨村发展现代农业产业提供要素基础；"分"就是让家庭农场、合作社、农业企业在连片土地整治的基础上，适度规模化经营现代农业产业。清远、韶关等市开展的全域土地整治经验，为广东省山区发展现代农业产业

提供了可行可复制的路径。

（三）推进宅基地与建设用地整治，发展农村新产业新业态

通过宅基地相关工作引进企业生产经营，把村集体经营性厂房建起来，因地制宜开展民宿、乡村旅游等，提高村集体经济收入等。鼓励对农村宅基地、低效利用地、工矿废弃地等存量建设用地进行复垦，充分利用收储、盘活的农村闲置建设用地发展农村新产业新业态。在建设用地增减挂钩方面，在符合国土空间规划的前提下，允许将生态保护红线内农村建设用地复垦为林地等生态用地，并盘活等量新增建设用地规划和计划指标。以自然村为单位，通过小块农田并田、承包地互换整合、区域土地整治等措施，通过村集体改造再利用，由上级政府部门在村经营性建设用地方面给予一定面积或比例的奖励。根据乡村建设用地情况、项目工程等级等，鼓励按建设用地复垦面积一定比例给予新增建设用地计划指标，由县级政府统筹，优先保障农村建设用地和产业发展用地，从而实现整村发展农文旅产业、田园综合体产业、现代农业产业示范区等新业态，提供土地要素支撑。

（四）优化生态保护和修复，协同推进生态产业化和产业生态化

在全域土地综合整治的全过程中，需要严禁各乡镇以全域土地综合整治的名义冲击生态保护红线，统筹推进重点地区开展生态修复，支持生态保护红线内零星耕地、永久基本农田、建设用地逐步退出并恢复为生态功能用地。开展山水林田湖草沙一体化保护和修复，通过全域土地综合整治协同开展生态修复、景观休闲、文化传承等综合功能，提升乡村风貌，一体推进生态宜居美丽乡村建设。贯彻"两山"理念，兼顾乡村产业发展和生态环境保护，建立健全以产业生态化和生态产业化为主体的生态经济体系，将绿水青山蕴含的生态产品价值通过产业化的方式转化为"金山银山"，优化延伸乡村生态产业链条。

（五）健全社会化服务体系，发挥平台作用推进乡村产业发展

政府和经营主体（企业、合作社）是构建社会化服务化体系的关键主体。如粤东、粤西、粤北地区可借鉴云浮发展现代农业"政银企村"模式，政府通过提供信用，发挥金融信用机构作用，引导企业资本下乡连片规模化流转土地，联动村集体经济组织和村集体组建的合作社，共同发展特色产业和农业主导产业，促进村集体经济和农户增收。在推进全域土地综合整治工作的同时，应注重结合当地农耕文化和乡村民俗民居特色等优势资源禀赋，强化乡村产业建设导入，推动乡村产业提质升级，促进乡村产业振兴。

（六）创新联农带农和利益分享机制

党的二十届三中全会提出要加快完善城乡融合体制机制，促进区域协调发

展。广东省各地农民收入差距较大体现区域发展不协调、不平衡的典型特征。借鉴佛山、茂名等地经验，根据土地等发展产业的资源禀赋的差异，注重分类施策，为区域内农户制定不同的扶持政策。如以村经济社为单位，统筹集约流转一定规模的土地，引导中等规模农户通过"三资平台"承租，实现"小田变大田"的规模土地经营。专业技能相对较弱、市场资源欠缺的农户，可引导给予保障兜底或加大补贴的政策扶持，企业、合作社通过政策引导为该类农户发展农业产业或二三产业提供社会化服务。在推进全域土地综合整治的同时，注意尊重土地权属，充分听取和尊重群众意愿，切实维护群众合法权益，深化村民自治实践，激活乡村治理内生活力。

1992~2022年广东省蔬菜生产时空变化特征

冯珊珊　梁俊芬　周灿芳

主要观点： 以1992~2022年广东省蔬菜生产数据为基础，利用时序统计、生产规模指数、生产集中度指数、变化检测等方法，分别从省、市和县域尺度分析广东蔬菜生产的时序变化、空间差异、分布格局与时空变化。研究结果如下：在省域尺度上，1992~2022年广东省蔬菜播种面积、产量与单产呈"波动上升"趋势，播种面积共计增加79.71万公顷，产量共计增加2795.57万吨，单产由19.07吨/公顷增至27.99吨/公顷；在市域尺度上，蔬菜种植与产量强市是广州、湛江和茂名，汕头和揭阳的蔬菜单产相对更高；在县域尺度上，蔬菜播种面积超过2万公顷、产量超过50万吨的县域呈现明显上升趋势，分布格局从零星分散向聚集连片发展，蔬菜单产超过30吨/公顷的县域分布格局由粤东地区零星分布向全省多地聚集连片发展。广东蔬菜生产存在显著的时空分异特征，建议广东蔬菜生产要充分发挥区位优势，在确保蔬菜稳产保供基础上，促进各地市及县域蔬菜生产的高效化、优质化与专业化。

　　农作物生产的时空分布及其变化信息是农业产业可持续发展的重要研究内容[1-3]。蔬菜是满足人们日常饮食和营养均衡的功能性食品，与人体健康息息相关[4-8]。当前，蔬菜产业已经成为我国种植业的第一大产业，在我国农业生产乃至国民经济中占据举足轻重的地位[9-10]。蔬菜生产受自然条件、生产条件、技术水平、种植制度、产业政策、交通运输和市场条件等多种因素影响，不同区域的蔬菜生产具有鲜明的地域差异性，且年际间也会表现出不同的时空变化过程[11-15]。因此，探究蔬菜生产时空变化过程，厘清在长时间序列下蔬菜生产的时空演变规律，对蔬菜生产的空间布局优化与蔬菜产业科学发展具有重要指导意义。

学者围绕蔬菜生产变化过程开展了大量研究，主要集中在蔬菜生产历史演变、时空分布、空间聚集效应等方面，已经形成了较为成熟的研究理论与方法。Wang 等利用 GIS 空间自相关分析方法，分析了我国蔬菜生产影响因素及其时空变化特征[16]。刘雪等对我国蔬菜产地格局变化进行研究，基于生产集中度与规模比较优势指数探究我国蔬菜产地格局变化规律[17]。李岳云等利用综合优势指数和聚类分析研究我国 31 个省份蔬菜生产区域化的演化过程与机制，并在此基础上提出我国四大蔬菜产业带的优化建议[18]。吴建寨等基于集中度指数和基尼系数等方法研究我国 1995～2021 年蔬菜生产的空间聚集演变、机制及效应，揭示了我国省域单元蔬菜生产聚集变化特征及其对产业发展的影响效应[19]。李艳梅等利用洛伦兹曲线和基尼系数，采用 GIS 分析方法从地区和县域两个尺度研究了京津冀地区蔬菜生产格局的时空分异特征，并在县域单元下利用双重自组织模型对京津冀地区蔬菜生产进行特征分区[20]。朱大威等采用生产规模优势指数、生产效率优势指数和综合比较优势指数研究江苏省蔬菜生产比较优势，并利用 GIS 方法对蔬菜生产比较优势进行时空变化研究，在县域尺度下揭示了蔬菜生产比较优势的空间异质性规律[21]。苗晓颖等通过探析山东省蔬菜生产重心迁移、生产集中度与生产布局空间相关性，对山东省蔬菜生产格局演变与空间聚集效应进行分析，为山东蔬菜生产布局优化提供参考依据[22]。从上述研究可以看出，目前学者针对蔬菜生产时空变化的研究主要从国家及省域尺度开展研究，缺少从省、市、县尺度的系统性蔬菜生产时空变化特征分析与探索。

广东省地处中国大陆最南部，属于东亚季风区，包含热带和亚热带两个季风气候带，是全国光、热和水资源较丰富的地区，且雨热同期，气候条件非常适宜农作物生长。近年来，广东省蔬菜播种面积和总产量稳居全国前十，2022 年蔬菜播种面积 142.84 万公顷、占全省农作物播种面积的 31.37%，是广东省最大宗的经济作物和特色产业。本文从省、市和县域 3 个尺度开展广东蔬菜生产的时空变化特征研究，分析 1992～2022 年广东省蔬菜生产的时序变化过程，探究不同地市蔬菜生产空间差异特征，厘清县域尺度下蔬菜生产时空分布格局与时空演变规律，为广东省蔬菜生产空间布局优化与农业结构调整提供决策依据。

一、数据来源

本文所用的研究数据包括：①广东省蔬菜生产统计数据。1992～2022 年全省及市、县域蔬菜播种面积和产量等数据，来源于广东统计信息网的《广东省农村统计年鉴》。②广东省行政边界矢量数据。通过广东省标准地图服务网站下载标准地图（审图号：粤 S（2020）102 号）制作，底图无修改；鉴于 1992~2022 年广东省县级行政区划存在较大调整，根据图属一致的原则，按照民政部最新的行政区划调整边界范围，利用 ArcGIS 进行底图编制，使历年的蔬菜数据与行政区划范围在时空上相匹配。

二、研究方法

1. 数据采集与整理

对广东省及市、县域蔬菜生产统计数据进行采集与整理，分别获得 1992~2022 年广东省及市、县域逐年的蔬菜播种面积、产量与单产数据。

2. 数据库构建与空间可视化

借助 ArcGIS 工具，将 1992~2022 年蔬菜生产统计数据连接至对应的省、市与县域空间单元，形成省、市与县域蔬菜生产的地理空间数据库，以实现 1992~2022 年广东省及市、县域蔬菜生产数据的时空可视化展示、查询与分析。

3. 省域蔬菜生产总体时序特征分析

对 1992~2022 年广东省蔬菜生产数据进行统计分析，获得时间连续的蔬菜播种面积、产量与单产变化特征。

4. 市域蔬菜生产空间差异特征分析

对广东省各个地市 1992~2022 年蔬菜播种面积、产量与单产的平均结果进行统计，分析各个地市蔬菜生产空间差异特征；计算各地市的生产规模指数与生产集中度指数，完成各个地市蔬菜生产特征的类型划分。

5. 县域蔬菜生产时空变化规律分析

基于县域空间单元，利用 GIS 时空分析方法，获取 1992~2022 年县域蔬菜生产时空变化过程；通过选取关键时间节点研究县域尺度下蔬菜生产时空分布格局，探究蔬菜生产时空演变规律。

其中，生产规模指数、生产集中度指数的原理如下：

（1）生产规模指数。

生产规模指数（Production Scale Index，PSI）指某地区某种农产品的播种面积占全域该农产品播种面积的比重，该指标可以直观显示各地区对某种农产品播种面积贡献的变化趋势[23]，其计算公式是：

$$PSI_{ij} = \frac{GS_{ij}}{\sum GS_{ij}} \tag{1}$$

其中，GS_{ij} 表示 i 市农产品 j 在给定年份的播种面积，$\sum GS_{ij}$ 表示全省农产品 j 在给定年份的总播种面积，j 表示蔬菜。任何时间剖面上，某市的蔬菜播种面积与全省蔬菜播种面积的比值上升时，该市的蔬菜生产规模指数 PSI_{ij} 上升。

（2）生产集中度指数。

生产集中度指数（Production Concentration Index，PCI）指某地区某种农产品的产量占全域该农产品总产量的比重，可以直观显示各地区对某种农产品总产量贡献的变化趋势[22]，其计算公式是：

$$PCI_{ij} = \frac{Y_{ij}}{\sum Y_{ij}} \tag{2}$$

其中，Y_{ij} 表示 i 市农产品 j 在给定年份的产量，$\sum Y_{ij}$ 表示全省农产品 j 在给定年份的总产量，j 表示蔬菜。任何时间剖面上，某市的蔬菜产量与全省蔬菜产量的比值上升时，该市的蔬菜生产集中度指数 PCI_{ij} 上升。

三、结果与分析

1. 省域蔬菜生产总体时序特征

根据 1992~2022 年蔬菜播种面积、产量与单产变化统计结果（见图 1），广东省蔬菜播种面积呈现"波动上升"的变化趋势，由 1992 年的 63.13 万公顷上升到 2022 年的 142.84 万公顷，共增加 79.71 万公顷，总体增长速率为 2.57 万公顷/年；蔬菜总产量也呈现"波动上升"的变化趋势，由 1992 年的 1203.54 万吨上升到 2022 年的 3999.11 万吨，共增加 2795.57 万吨，总体增长速率为 90.17

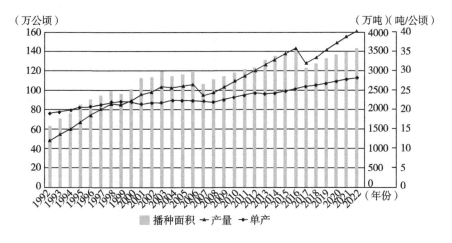

图 1　1992~2022 年广东省蔬菜播种面积、产量与单产变化情况

万吨/年。从结果可以看出，1992~2022 年，广东蔬菜总产量与播种面积的变化趋势基本表现一致，并在 1992~1998 年、2007~2016 年、2017~2022 年呈现出稳定增长趋势；从蔬菜单产情况来看，广东蔬菜单产总体呈上升趋势，由 1992 年的 19.07 吨/公顷增加至 2022 年的 27.99 吨/公顷，增幅为 46.78%。

2. 市域蔬菜生产空间差异特征

在市域尺度上，1992~2022 年，蔬菜平均播种面积最大的三个城市依次为广州、湛江、清远；平均产量最高的三个城市依次为广州、湛江、茂名；平均单产最高的三个城市依次为汕头、揭阳、潮州。从地区差异来看，粤西地区的蔬菜平均播种面积最大且平均产量最高；粤东地区的蔬菜平均单产最高（见表1）。

表1　1992~2022 年广东省四大区域蔬菜平均播种面积、产量与单产统计结果

单位：万公顷，万吨，吨/公顷

地区	城市	播种面积	产量	单产
珠三角	广州	13.24	318.11	24.03
	深圳	0.85	14.88	17.51
	佛山	5.41	138.75	25.65
	东莞	2.24	48.93	21.84
	珠海	0.68	14.09	20.72
	中山	2.15	46.63	21.69
	江门	6.18	128.19	20.74
	惠州	8.37	194.94	23.29
	肇庆	7.35	202.17	27.51
	平均	5.16	122.97	23.83
粤东	汕头	4.14	148.35	35.83
	汕尾	3.78	78.90	20.87
	潮州	1.54	48.13	31.25
	揭阳	5.15	170.51	33.11
	平均	3.65	111.47	30.54
粤西	阳江	5.19	78.44	15.11
	湛江	11.53	247.38	21.46
	茂名	9.43	228.73	24.26
	平均	8.72	184.85	21.20

续表

地区	城市	播种面积	产量	单产
粤北	韶关	7.28	153.48	21.08
	梅州	5.98	153.63	25.69
	清远	9.79	202.19	20.65
	云浮	2.77	54.79	19.78
	河源	3.27	57.67	17.64
	平均	5.82	124.35	21.37

为进一步探究市域尺度上蔬菜生产空间差异情况，本文对 1992~2022 年广东省 21 个地市蔬菜的生产规模指数、生产集中度指数进行统计分析。根据 1992~2022 年广东省 21 个地市蔬菜生产规模指数（PSI）、生产集中度指数（PCI）的平均值，将 PSI 作为横轴，PCI 作为纵轴，并以 1992~2022 年 21 个地市蔬菜生产的 PSI 和 PCI 的平均值（5%）为划分基准，将各个地市的蔬菜生产差异划分为四种类型（图 2），具体如下：

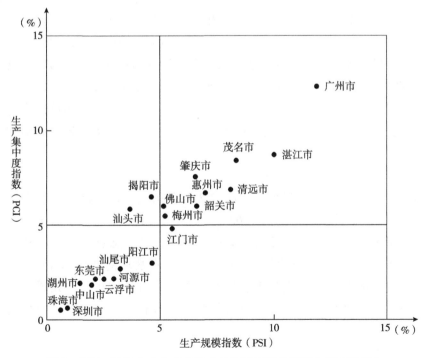

图 2　1992~2022 年广东省各地市生产规模与生产集中度区间划分

第一，高规模—高集中度（PSI>5%、PCI>5%），包含广州、湛江、茂名、清远、肇庆、惠州、韶关、佛山、梅州9市。处于该区间内的地市蔬菜播种面积与产量均具有较高的优势，高于全省平均水平，属于蔬菜种植规模与产量集中"双优"地市。

第二，高规模—低集中度（PSI>5%、PCI<5%），包含江门1个市。处于该区间内的地市蔬菜播种面积具有较高的优势，种植规模高于全省平均水平，而产量集中度低于全省平均水平，属于蔬菜"种植规模优势"地市。

第三，低规模—高集中度（PSI<5%、PCI>5%），包含汕头、揭阳2个地市。处于该区间内的地市蔬菜产量具有较高的优势，产量集中度高于全省平均水平，而种植规模低于全省平均水平，属于蔬菜"产量集中优势"地市。

第四，低规模—低集中度（PSI<5%、PCI<5%），包含阳江、汕尾、河源、东莞、云浮、中山、潮州、深圳、珠海9市。处于该区间内的地市蔬菜播种面积与产量均不具有优势，低于全省平均水平，属于蔬菜种植规模与产量集中"双低"地市。

3. 县域蔬菜生产时空变化规律

本文基于县域空间单元，通过选取关键时间节点进行时空分布研究，以期探求其时空演变规律。根据广东省蔬菜生产总体时序特征，广东省蔬菜播种面积和产量在1992~1998年、1999~2006年、2007~2016年、2017~2022年形成了4个时段的变化过程，蔬菜播种面积和产量分别在这4个时段内表现为波动上升的趋势。鉴于此，本文选取1992年、1998年、2006年、2016年和2022年作为研究时间节点，对广东县域蔬菜播种面积、产量和单产进行时空可视化与变化统计（见图3），并对1992~2022年县域蔬菜生产进行时空变化监测（见图4）。

（1）蔬菜播种面积时空变化。

1992~2022年，蔬菜播种面积超过2万公顷的县域不断增加，由2个增至25个，占全省县域的比例由1.65%上升至20.16%；播种面积超过2万公顷的县域分布格局从零星分散向聚集连片发展。蔬菜播种面积小于0.3万公顷的县域不断减少，由56个减至29个，占全省县域的比例由45.16%下降至23.39%（见表2）。从时空变化监测来看，湛江雷州市、广州增城区、清远阳山县、惠州博罗县等蔬菜播种面积增加趋势相对更加显著，面积增加超过3万公顷。

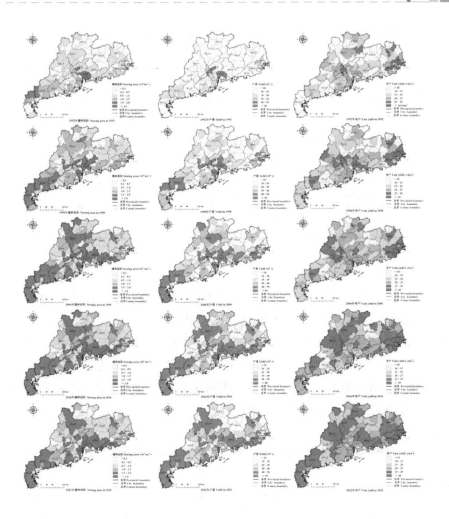

图 3　1992 年、1998 年、2006 年、2016 年和 2022 年广东省县域蔬菜播种面积、产量与单产时空分布

图 4　1992~2022 年广东省县域蔬菜播种面积、产量与单产时空变化

表 2　1992 年、1998 年、2006 年、2016 年和 2022 年广东省县域蔬菜播种面积统计

单位：万公顷，个,%

播种面积	1992 年		1998 年		2006 年		2016 年		2022 年	
	个数	占比	个数	占比	个数	占比	个数	占比	个数	占比
≥2	2	1.61	10	8.06	19	15.32	21	16.94	25	20.16
1.5~2	4	3.23	7	5.65	16	12.90	15	12.10	7	5.65
1.0~1.5	9	7.26	25	20.16	15	12.10	14	11.29	21	16.94
0.5~1.0	39	31.45	28	22.58	32	25.81	33	26.61	29	23.39
0.3~0.5	14	11.29	16	12.90	13	10.48	13	10.48	13	10.48
<0.3	56	45.16	38	30.65	29	23.39	28	22.58	29	23.39

（2）蔬菜产量时空变化。

1992~2022 年，蔬菜产量超过 50 万吨的县域不断增加，由 2 个增至 30 个，占全省县域的比例由 1.61%上升至 24.19%；蔬菜产量超过 50 万吨的县域分布格局从零星分散向聚集连片发展。蔬菜产量低于 10 万吨的县域不断减少，由 83 个减至 38 个，占全省县域的比例由 66.94%下降至 30.65%（见表 3）。从时空变化监测来看，广州增城区、湛江雷州市、惠州博罗县、肇庆高要区等蔬菜产量增加趋势相对更加显著，产量增加超过 80 万吨。

表 3　1992 年、1998 年、2006 年、2016 年和 2022 年广东省县域蔬菜产量统计

单位：万吨，个,%

产量	1992 年		1998 年		2006 年		2016 年		2022 年	
	个数	占比	个数	占比	个数	占比	个数	占比	个数	占比
≥50	2	1.61	9	7.26	15	12.10	27	21.77	30	24.19
40~50	2	1.61	5	4.03	8	6.45	6	4.84	6	4.84
30~40	1	0.81	9	7.26	15	12.10	13	10.48	13	10.48
20~30	11	8.87	20	16.13	20	16.13	18	14.52	15	12.10
10~20	25	20.16	22	17.74	22	17.74	18	14.52	22	17.74
<10	83	66.94	59	47.58	44	35.48	42	33.87	38	30.65

（3）蔬菜单产时空变化。

1992~2022 年，蔬菜单产超过 30 吨/公顷的县域不断增加，由 6 个增至 38 个，占全省县域的比例由 4.84%上升至 30.65%；蔬菜单产超过 30 吨/公顷的县域分布格局从粤东地区零星分布向多地聚集连片发展。蔬菜单产低于 10 吨/公顷的县域不断减少，由 33 个减至 7 个，占全省县域的比例由 26.61% 下降至 5.65%（见表4）。从时空变化监测来看，汕头龙湖区、湖南区、濠江区和金平区，韶关浈江区、武江区和曲江区、揭阳榕城区，广州南沙区等蔬菜单产提升趋势相对更加显著，单产提升量超过 30 吨/公顷。

表4 1992 年、1998 年、2006 年、2016 年和 2022 年广东省县域蔬菜单产统计

单位：吨/公顷，个，%

单产	1992 年		1998 年		2006 年		2016 年		2022 年	
	个数	占比	个数	占比	个数	占比	个数	占比	个数	占比
≥30	6	4.84	12	9.68	12	9.68	27	21.77	38	30.65
25~30	7	5.65	14	11.29	25	20.16	25	20.16	22	17.74
20~25	21	16.94	25	20.16	34	27.42	31	25.00	33	26.61
15~20	29	23.39	35	28.23	34	27.42	28	22.58	16	16.13
10~15	28	22.58	23	18.55	13	10.48	6	4.84	4	3.23
<10	33	26.61	15	12.10	6	4.84	7	5.65	7	5.65

总体而言，1992~2022 年，广东省蔬菜播种面积与产量增加的县域呈明显上升趋势，各地蔬菜播种面积与产量的时空分布格局基本相似；广东县域的蔬菜单产以上升趋势为主，其中，粤东地区县域的蔬菜单产优势区最为明显，蔬菜单产一直保持着较高水平。

四、结论与政策启示

1. 讨论

本文以 1992~2022 年广东省蔬菜生产的省、市和县域统计数据为基础，借助 GIS 空间分析与统计方法，分别从省域尺度分析了蔬菜生产总体时序特征，从市域尺度探究蔬菜生产的空间差异，从县域尺度研究蔬菜生产时空变化规律，拓展了农作物时空变化研究的深度和广度。本文结果可以全面、有效地反映广东省蔬菜的生产变化过程和时空演变规律，对指导广东省蔬菜产业发展和农业结构优化调整具有重要的参考价值。

从 1992~2022 年广东省蔬菜生产总体时序特征来看，广东省蔬菜播种面积与总产量的变化趋势基本表现一致，均表现为"波动上升"的时序变化特征。从县域尺度的蔬菜生产时空变化来看，县域尺度上蔬菜播种面积、产量和单产以

上升为主、播种面积较大、产量和单产较高的县域分布格局从零星分散向聚集连片发展。广东省光热资源丰富，毗邻港澳和东南亚，区位优势明显，为蔬菜产业发展奠定了重要的自然和社会基础。近年来，随着广东省蔬菜种植技术的进步、省级蔬菜现代农业产业园和蔬菜生产重点县/专业村等平台建设工作的推进，广东省种植能力和经营水平不断提高，其蔬菜播种面积、产量和单产呈现出显著的增长趋势，已经发展成为我国蔬菜大省、蔬菜强省之一。

从 1992～2022 年广东省蔬菜生产的空间差异与时空变化规律来看，广东省蔬菜生产形成了鲜明的时空分异特征。各地自然条件、生产条件、技术水平、种植制度、产业政策、交通运输和市场条件等因素均影响蔬菜生产的时空分布格局。从蔬菜播种面积和产量来看，广东省蔬菜播种面积与产量优势区主要分布在粤西地区的湛江和茂名、珠三角地区的广州市。粤西地区地处热带和亚热带气候区，水热资源丰富，光照充足，夏长冬短，该地区的蔬菜生产以大规模露地种植为主，形成了多个大型专业化蔬菜生产基地，蔬菜种植规模较大、产量优势明显，已经成为广东省重要的蔬菜产区，也是我国重要的北运菜生产基地。广州是珠三角建设"都市农业现代化先行区"的重点城市，设施农业发达，蔬菜种植科学技术推广力度较强，蔬菜生产形成了"规模化种植、产业化经营"的发展模式。从蔬菜单产水平来看，广东省蔬菜单产优势区主要分布在粤东地区的汕头、揭阳和潮州。粤东地区位于潮汕平原精细农业功能区，具有精细化耕作与轮作的蔬菜生产习惯，致力于集成推广精细化设施装备与技术模式，是广东省蔬菜高产高效发展示范区。

2. 研究结论

本文基于 1992～2022 年广东省蔬菜生产的省、市和县域统计数据，分别从省、市和县域尺度开展了广东省蔬菜生产时空变化特征研究，主要结论如下：

第一，1992～2022 年，广东省蔬菜播种面积与产量呈现"波动上升"的变化趋势，播种面积共增加 79.71 万公顷，产量共增加 2795.57 万吨；蔬菜单产总体呈上升的趋势，由 1992 年的 19.07 吨/公顷增加至 2022 年的 27.99 吨/公顷。

第二，在市域尺度上，蔬菜播种面积与产量强市主要分布在珠三角的广州、粤西地区的湛江和茂名，蔬菜单产较高的地市主要分布在粤东地区的汕头、揭阳和潮州。

第三，县域的蔬菜播种面积与产量呈现明显的上升趋势，蔬菜播种面积超过 2 万公顷、产量超过 50 万吨的县域呈明显上升趋势，分布格局从零星分散向聚集连片发展；其中，湛江、广州、惠州等市的县域蔬菜播种面积与产量增加趋势

相对更加显著。县域的蔬菜单产以上升趋势为主，蔬菜单产超过 30 吨/公顷的县域分布格局由粤东地区零星分布向全省多地聚集连片发展；其中，粤东地区县域的蔬菜单产优势显著，蔬菜单产一直保持较高水平。

3. 政策启示

根据 1992～2022 年广东省蔬菜生产时空变化特征，建议广东省合理调整蔬菜的生产空间布局，充分发挥不同区域的蔬菜生产的区位优势，构建针对性的蔬菜生产指导与扶持机制，在保证蔬菜稳产保供的基础上，促进广东省各地市及县区蔬菜生产的优质化与专业化。具体如下：

第一，蔬菜种植规模与产量集中"双优"地市注重蔬菜生产规模化、高效化。广州、湛江、茂名、清远、肇庆、惠州、韶关、佛山、梅州 9 市的蔬菜播种面积与产量均具有较高的优势，高于全省平均水平。建议这些地市的蔬菜生产要更加注重规模化，发挥蔬菜生产规模优势，以保障全省蔬菜稳产保供为目标，维持全省蔬菜产业稳定运行；同时，建议进一步提升这些地市蔬菜生产效率，提高蔬菜种植的技术水平，在既有规模上发挥更高的效率，在全省形成一批规模化、高效化蔬菜产区。

第二，蔬菜种植规模与产量集中"双低"地市注重蔬菜生产特色化。阳江、汕尾、河源、东莞、云浮、中山、潮州、深圳、珠海 9 市的蔬菜播种面积与产量处于劣势，低于全省平均水平。建议这些地市立足自身的地方特色蔬菜品种和区位特点，形成特色化蔬菜产区。例如，汕尾的地方特色蔬菜品种丰富，可以重点发展根菜类、茎菜类和叶菜类等地方特色蔬菜品种，打造地方蔬菜特色品牌。

第三，粤东地区蔬菜生产侧重精细化。粤东地区蔬菜单产优势显著，特别是汕头市和揭阳市蔬菜单产一直保持着较高的水平。建议该地区蔬菜生产走精细化发展路线，以绿色、优质、精品为核心，推广精细化设施装备与技术模式，形成广东省蔬菜生产优质化、专业化示范区。

第四，珠三角地区侧重现代都市型蔬菜生产。建议珠三角地区在保障蔬菜有效供给的基础上，聚焦现代都市型蔬菜生产示范园区建设，依托珠三角广阔的市场需求，发挥地区资源禀赋和交通优势，重点布局广州、肇庆、惠州、佛山、江门等都市型蔬菜生产基地，形成空间布局有特色、"菜篮子"供应有保障、产业发展有效益的现代都市型蔬菜生产格局。

参考文献

[1] 唐华俊，吴文斌，杨鹏，周清波，陈仲新．农作物空间格局遥感监测研

究进展 [J]. 中国农业科学, 2010, 43 (14): 2879-2888.

[2] 郭相平, 高爽, 吴梦洋, 余涛, 操信春. 中国农作物水足迹时空分布与影响因素分析 [J]. 农业机械学报, 2018, 49 (5): 295-302.

[3] 贾正雷, 程家昌, 李艳梅, 刘玉. 1978~2014 年中国玉米生产的时空特征变化研究 [J]. 中国农业资源与区划, 2018, 39 (2): 50-57.

[4] 杜姗姗, 蔡建明, 郭华, 范子文. 食品安全导向下的都市农业发展模式——以北京蔬菜生产为例 [J]. 地理科学进展, 2012, 31 (6): 783-791.

[5] 李欢欢, 罗慧君, 孙明华, 黎小建, 林伟君. 2016 年上半年广东蔬菜产业发展形势与对策建议 [J]. 广东农业科学, 2016, 43 (10): 5-9.

[6] Sharma R. K., Agrawal M., Marshall F. M. Heavy Metals in Vegetables Collected from Production and Market Sites of a Tropical Urban Area of India [J]. *Food and Chemical Toxicology*, 2009, 47 (3): 583-591.

[7] Suruchi, Khanna P. Assessment of Heavy Metal Contamination in Different Vegetables Grown in and around Urban [J]. *Research Journal of Environmental Toxicology*, 2011, 5 (3): 162-179.

[8] 薛舒丹, 谢大森, 万小童, 陆森, 刘展舒, 钟玉娟. 近红外光谱分析技术在蔬菜品质检测中的应用研究进展 [J]. 广东农业科学, 2021, 48 (9): 142-150.

[9] 王静, 曾玉珍. 天津设施蔬菜种植户的生产决策行为及其影响因素分析 [J]. 中国农业资源与区划, 2017, 38 (8): 183-187.

[10] 王亚坤, 王慧军, 徐俊杰. 我国蔬菜生产技术效率分析 [J]. 广东农业科学, 2014, 41 (23): 174-179.

[11] 吕超. 我国蔬菜主产地形成及其经济效应研究 [D]. 南京: 南京农业大学, 2011.

[12] 李二玲, 朱纪广, 李小建. 2008 年中国种植业地理集聚与专业化格局 [J]. 地理科学进展, 2012, 31 (8): 1063-1070.

[13] 周应恒, 吕超, 周德. 我国蔬菜主产地形成的影响因素——以山东寿光为例 [J]. 地理研究, 2012, 31 (4): 687-700.

[14] 朱大威, 朱方林. 基于 GIS 的江苏省蔬菜种植土地适宜性评价及其空间异质性分析 [J]. 南方农业学报, 2019, 50 (8): 1878-1884.

[15] 余超然, 李嘉炜, 宋钊, 陈潇, 张白鸽, 曹健, 何裕志, 陈俊秋, 尹艳. 基于县域尺度的茂名蔬菜产地专业化及集聚化程度分析 [J]. 广东农业科

学，2021，48（9）：157-164.

［16］Wang J Q，Fu Z T，Zhang B，Yang F，Zhang L X，Shi B. Decomposition of Influencing Factors and Its Spatial-temporal Characteristics of Vegetable Production: A Case Study of China ［J］. *Information Processing in Agriculture*，2018，5（4）：477-489.

［17］刘雪，傅泽田，常山. 我国蔬菜产地整体格局的变化分析 ［J］. 农业现代化研究，2002（1）：9-12.

［18］李岳云，卢中华，凌振春. 中国蔬菜生产区域化的演化与优化——基于31个省区的实证分析 ［J］. 经济地理，2007（2）：191-195.

［19］吴建寨，沈辰，王盛威，张建华，孔繁涛. 中国蔬菜生产空间集聚演变、机制、效应及政策应对 ［J］. 中国农业科学，2015，48（8）：1641-1649.

［20］李艳梅，孙焱鑫，刘玉，廖上强. 京津冀地区蔬菜生产的时空分异及分区研究 ［J］. 经济地理，2015，35（1）：89-95.

［21］朱大威，葛灿茹，朱方林. 江苏省蔬菜生产比较优势的时空变化分析 ［J］. 中国农业资源与区划，2020，41（10）：101-108.

［22］苗晓颖，胡继连，王秀鹃. 山东蔬菜生产格局演变及空间集聚效应分析 ［J］. 山东农业科学，2021，53（9）：148-156.

［23］伍山林. 中国粮食生产区域特征与成因研究——市场化改革以来的实证分析 ［J］. 经济研究，2000（10）：38-45+79.

克服荔枝中晚熟品种"大小年"
技术经济评价报告

王玉梅　方　伟　凡　超　李伟敏

主要观点：从经济效益、生态效益、社会效益三个方面构建评价指标体系，对克服荔枝中晚熟品种"大小年"关键技术进行经济评价。结果表明，2020 年、2021 年、2022 年示范果园的单产分别为 7965.00 千克/公顷、11550.00 千克/公顷、9330.00 千克/公顷，且年际亩均产量差值波动幅度均值为 25.13%，符合《克服荔枝中晚熟品种"大小年"产业技术方案》中"平均产量 7500 千克/公顷以上，年际产量波动幅度在 30% 以内"的目标值，且能够给当地带来较高的经济效益、生态效益和社会效益，适合在全省中晚熟荔枝种植区大面积推广。

前言

目前，广东省现有荔枝种植面积 26 万公顷，年均产量 120 万~150 万吨，种植面积和产量分别占全国的 46% 和 60% 以上，全省除粤北山区韶关、清远等地因有冻害不能种植荔枝外，其余地区均有荔枝种植，荔枝产业已成为广东乡村振兴的重要抓手[1-2]。然而，荔枝中晚熟品种普遍存在"大小年"结果现象[3-7]，例如，2018 年我国荔枝大丰收导致滞销，但次年深圳等地的桂味糯米糍等荔枝品种则严重减产，几近绝收[7]。荔枝年度产量的剧烈波动，导致鲜果销售价格的剧烈变化，"果贱伤农"现象屡屡发生，成为影响荔枝产业稳定发展的关键问题。为了克服荔枝生产中存在的"大小年"结果现象，罗森波、付汝强、尹金华、侯显达等从气象条件影响荔枝"大小年"结果方面进行了研究，认为荔枝"大小年"结果现象是多种因素综合作用的结果，其中气候因素是较为重要的因素[8-11]。在荔枝成花关键期，冬季低温、干旱是诱导成花的重要因素，阴雨天数、日照时数则是影响花质优劣，导致"大小年"结果的重要因素。在荔枝果实发育的关键期，要求充足的光照和一定的温度日较差，才有利于果实发育和产量的形成，保障当年产量。而雷嗣奇和莫兴奇、潘品利、陈厚彬等、鲁勇等从品种因素、栽培管理措施等方面对影响荔枝"大小年"结果的因素进行了研究，并从优化品种结构和多元发展、加强管理强树势、控梢促花、保花保果等方面提出了具有不同侧重点的克服"大小年"结果的技术方案，对荔枝从业者具有很好的借鉴意义[3-4][12-13]。在综合前人研究基础上，广东省农科院荔枝科技专家、国家荔枝产业技术体系团队专家、荔枝行业从业者[14-15]，经过多年的生产实践，2021 年形成《克服荔枝中晚熟品种"大小年"产业技术方案》[16]，果园可通过克服"大小年"技术方案的应用，实现优质荔枝品种单产 7500 千克/公顷以上，年际产量波动幅度在 30%以内。

为了解克服荔枝生产"大小年"关键技术在广东省各主产区的实施效果，本课题组在广泛调研的基础上，通过建立技术经济效果衡量指标体系对克服荔枝中晚熟品种"大小年"技术进行经济评价，以期为荔枝生产、科技推广提供理论依据。

一、数据来源与评价指标体系构建

（一）数据来源

本次调研数据由课题组发放调查问卷、电话访谈、实地走访获得。示范园（克服荔枝中晚熟品种"大小年"关键技术组）的样本数据来自茂名市 2 个示范果园（示范园 1、示范园 2）、广州市增城区 3 个示范果园（示范园 3、示范园 4、示范园 5）共 5 个荔枝示范果园，有效样本数 5 份，其中企业 3 户、种植大户（3.33 公顷以上）2 户；非示范果园（传统栽培管理技术组）的样本数据来自茂名市 3 个非示范果园（非示范园 1、非示范园 2、非示范园 3）和广州市增城区 2 个非示范园（非示范园 4、非示范园 5）共 5 个荔枝果园，有效样本数 5 份。其中企业 3 户、种植大户（3.33 公顷以上）1 户、家庭农场（3.33 公顷以下）1 户。

（二）研究方法

1. 专家访谈法

项目组成员与国家荔枝龙眼产业技术体系专家、广东省农业科学院荔枝产业技术专家等进行交流，对克服荔枝中晚熟品种"大小年"关键技术的实施流程、技术难易程度、推广途径和推广现状进行探讨，并对技术的推广效益和存在问题进行分析。

2. 典型调查法

对非示范园及示范园相关的企业、种植大户、家庭农场进行问卷调查和访谈，获取克服荔枝中晚熟品种"大小年"关键技术的成本支出、产量收益、化肥农药使用量等相关基础数据。

3. 平行比较法

对非示范园及示范园的人工成本投入、物质与服务费用投入、土地成本投入、单产、产值等分析其差异性；同时，对不同年份同一种技术下的投入产出情况进行比较，分析年度间的变化和原因。

（三）评价指标体系构建[17]

1. 经济效益指标

结合克服荔枝中晚熟品种"大小年"关键技术的技术要点分析以及问卷调查情况，对非示范园及示范园的人工成本（包括整形修剪、环割等人工；病虫害防治人工；果园管理人工；采收人工及其他等环节）、物质与服务费用（包括农药施用成本、化肥施用成本、农家肥施用成本、用水成本、用电成本及其他等要素投入成本）和土地成本（包括土地租金及其他等）进行比较，分析不同组别的成本投入结构及收益情况[18]，计算公式如下：

生产成本＝人工成本+物质与服务费用+土地成本

纯收益＝总产值−总成本

产值＝产量×单位价格

成本纯收益率＝（纯收益/总成本）×100%

2. 生态效益指标

生态效益主要评价在创造经济价值时，资源的消耗对生态环境的冲击及影响，主要包括土壤及环境资源保护等方面。可通过对非示范园及示范园的化肥、农药使用量进行统计测算，比较两种技术下化肥、农药等的减施率。

3. 社会效益指标

社会效益提高包括农民收入提高、生活水平提高、环境改善等方面。对克服荔枝中晚熟品种"大小年"关键技术是否减少了农村污染、提高了农产品质量安全，是否符合绿色生产理念和农业高质量发展趋势进行评价。

二、结果与分析

（一）产量"大小年"分析

依据《克服荔枝中晚熟品种"大小年"产业技术方案》中关于荔枝产量

"大小年"的定义，并结合表 1 中非示范园各年份荔枝单产可以看出，2021 年是广东省荔枝产量的传统"大年"，2020 年和 2022 年是荔枝产量的传统"小年"。2020 年、2021 年、2022 年示范园与非示范园的单产差值分别为 270.00 千克/公顷、750.00 千克/公顷、2805.00 千克/公顷，2020 年示范园单产是非示范园的1.04 倍，2022 年示范园单产是非示范园的 1.43 倍。从表 2 和表 3 中可以看出，非示范园年际单产差值分别为 3105.00 千克/公顷、4275.00 千克/公顷，年际单产差值波动幅度更是达到了 28.75%、39.58%，波动幅度均值为 34.17%；而示范园年际单产差值分别为 3585.00 千克/公顷、2220.00 千克/公顷，年际单产差值波动幅度为 31.04%、19.22%，波动幅度均值为 25.13%。2022 年即荔枝生产传统的"小年"，克服荔枝生产"大小年"技术对于平滑年际荔枝产量波动效果明显，而同样是生产"小年"的 2020 年则表现一般，考虑到可能是由于一项新技术的推广和普及应用需要一个过程，2020 年为该技术实施应用的第一年，技术操作人员技术熟练程度不够造成的。

表 1 2020~2022 年广东省克服荔枝中晚熟品种"大小年"技术不同组别单产对比

单位：千克/公顷，%

年份	组别	单产	差值	差值占非示范园比	示范园/非示范园
2020	示范园	7965.00	270.00	3.50	1.04
	非示范园	7695.00			
2021	示范园	11550.00	750.00	6.94	1.07
	非示范园	10800.00			
2022	示范园	9330.00	2805.00	42.99	1.43
	非示范园	6525.00			

表 2 2020~2022 年广东省非示范园年际单产波动情况

单位：千克/公顷，%

年份	单产	年际单产差值绝对值	年际单产差值波动幅度	波动幅度均值
2020	7695.00	3105.00	28.75	34.17
2021	10800.00	4275.00	39.58	
2022	6525.00	—	—	

表3　2020~2022 年广东省示范园年际单产波动情况

单位：千克/公顷,%

年份	单产	年际单产差值绝对值	年际单产差值波动幅度	波动幅度均值
2020	7965.00	3585.00	31.04	25.13
2021	11550.00	2220.00	19.22	
2022	9330.00	—	—	

在本文中，2020 年、2021 年、2022 年示范果园的单产分别为 7965 千克/公顷、11550 千克/公顷、9330 千克/公顷（见表3），且年际单产波动幅度均值为 25.13%，符合《克服荔枝中晚熟品种"大小年"产业技术方案》中"平均单产 7500 千克/公顷以上，年际产量波动幅度在 30% 以内"的目标值。

从广州增城 5 个调研点（3 个示范园、2 个非示范园）数据（见表4）可以看出，2020 年、2021 年、2022 年示范园与非示范园的单产差值分别为 2449.95 千克/公顷、4500.00 千克/公顷、5187.45 千克/公顷，单产比值分别为 1.39、1.67、1.71。随着示范园应用克服荔枝中晚熟品种"大小年"技术的熟练程度不断增加，单产在不断增加，克服荔枝中晚熟品种"大小年"技术优势逐年凸显。

表4　2020~2022 年增城克服荔枝中晚熟品种"大小年"技术不同年份单产对比

单位：千克/公顷

年份	组别	单产	差值	示范园/非示范园
2020	非示范园	6300.00	2449.95	1.39
	示范园	8749.95		
2021	非示范园	6750.00	4500.00	1.67
	示范园	11250.00		
2022	非示范园	7312.50	5187.45	1.71
	示范园	12499.95		

在本文中，增城应用克服荔枝生产"大小年"技术的示范果园效果比茂名示范园效果突出，一是因为增城地处珠三角地区，经济发达，土地租金高，果

园经营者采用本技术对果树实施精细化管理意愿强。二是增城区多种植桂味、糯米糍、仙进奉等高品质、高效益的中晚熟荔枝品种，果园产量提高带来的果园总收益更高，果园经营者也更愿意采用本技术。而茂名地处粤西，由于气候、地理位置的差异，种植妃子笑、白糖罂等早熟品种比例大，而本技术最适合中晚熟品种。三是茂名是广东省荔枝的主产区，荔枝种植面积达 9.03 万公顷，荔枝种植面积大、土地租金相对于增城地区低，果园管理精细化程度也不如增城高。

（二）经济效果分析

1. 投入要素成本分析

（1）人工成本。

2020 年、2021 年、2022 年示范园各项人工成本比非示范果园都要高，2022 年示范园的人工总成本是非示范园人工成本的 2.00 倍（见表 5），这是因为示范园严格按照克服荔枝生产"大小年"技术的技术方案管理果园，需要投入高的人工成本。两组人工成本中差别最大的是果园管理人工成本，病虫害防治人工成本差别也是逐年增加，两组人工成本项目中差别最小的是人工采收成本。

从表 6 可以看出，示范园人工成本构成中果园管理人工占比最高，从高到低依次是果园管理人工、采收人工、病虫害防治人工、整形修剪人工、其他人工。而非示范园人工成本构成中采收人工成本占比最高，3 年均达到 50% 以上，成本构成占比从高到低顺序依次是采收人工、整形修剪人工、果园管理人工、病虫害防治人工等。从人工成本构成比例看出，示范园达到了精细化管理，而非示范园管理相对较粗放。

（2）物质与服务成本。

从表 7 和表 8 可以看出，示范园和非示范园物质和服务成本的投入基本相当，2020 年、2021 年、2022 年示范园物质和服务成本分别是非示范园的 0.97 倍、1.00 倍、1.15 倍。示范园的农药成本和水电成本相对较高，而非示范园的肥料成本相对较高。分析其原因，一是示范园严格根据本技术的指导方案管理果园，定期喷水、喷洒农药防治荔枝病虫害，以预防为主，农药相对非示范园用量较多；二是示范果园为了追求果品的品质，减少化肥农药的残留对果品品质的影响，对投入物质的要求高，有些示范园采用进口的农药，进口农药价格相对较高，导致物质与服务成本较高。

表5　2020~2022年广东省克服荔枝中晚熟品种"大小年"技术不同组别人工成本对比　　　单位：元/公顷

年份	组别	整形修剪人工	示范园/非示范园	病虫害防治人工	示范园/非示范园	果园管理人工	示范园/非示范园	采收人工	示范园/非示范园	其他人工	示范园/非示范园	人工成本合计	示范园/非示范园
2020	示范园	12840.00	1.58	14550.30	2.79	20295.30	3.24	17100.30	0.79	2901.00	2.84	67812.75	1.60
	非示范园	8130.00		5219.70		6270.00		21750.00		1019.70		42389.40	
2021	示范园	13650.00	1.67	15539.70	2.86	21120.30	3.54	20100.00	0.70	3149.70	2.69	73691.25	1.49
	非示范园	8159.70		5430.30		5970.30		28650.00		1169.70		49380.00	
2022	示范园	15779.70	1.89	17160.00	3.62	23790.30	6.05	21150.00	0.95	2850.30	2.32	80917.95	2.00
	非示范园	8340.30		4740.00		3930.30		22289.70		1230.00		40530.30	

表6　2020~2022年广东省克服荔枝中晚熟品种"大小年"技术不同组别人工成本分析　　　单位：元/公顷，%

年份	组别	整形修剪人工	占比	病虫害防治人工	占比	果园管理人工	占比	采收人工	占比	其他人工	占比	人工成本合计
2020	示范园	12840.00	18.97	14550.30	21.50	20295.30	29.98	17100.30	25.26	2901.00	4.29	67686.90
	非示范园	8130.00	19.18	5219.70	12.31	6270.00	14.79	21750.00	51.31	1019.70	2.41	42389.40
2021	示范园	13650.00	18.56	15539.70	21.13	21120.30	28.71	20100.00	27.32	3149.70	4.28	73559.70
	非示范园	8159.70	16.52	5430.30	11.00	5970.30	12.09	28650.00	58.02	1169.70	2.37	49380.00
2022	示范园	15779.70	19.55	17160.00	21.26	23790.30	29.47	21150.00	26.20	2850.30	3.53	80730.30
	非示范园	8340.30	20.58	4740.00	11.69	3930.30	9.70	22289.70	55.00	1230.00	3.03	40530.30

表 7 2020～2022 年广东省克服荔枝中晚熟品种"大小年"技术不同组别物质与服务成本对比

单位：元/公顷

年份	组别	农药成本	示范园/非示范园	化肥成本	示范园/非示范园	农家肥成本	示范园/非示范园	用水成本	示范园/非示范园	用电成本	示范园/非示范园	其他物质成本	示范园/非示范园	物质和服务成本合计	示范园/非示范园
2020	示范园	13800.00	1.50	8550.00	0.87	11400.00	0.70	1110.00	1.01	1605.00	1.31	780.00	1.37	37245.00	0.97
	非示范园	9180.00		9869.70		16290.30		1095.00		1229.70		570.00		38234.70	
2021	示范园	15210.00	1.31	9150.00	0.78	12000.00	0.90	1140.00	1.04	1650.00	1.22	1080.00	1.20	40230.00	1.00
	非示范园	11640.30		11759.70		13379.70		1095.00		1356.30		900.00		40131.00	
2022	示范园	15270.00	1.63	9600.00	0.95	12600.00	0.93	1140.00	1.04	1695.00	1.34	1380.00	1.77	41685.00	1.15
	非示范园	9390.00		10080.00		13590.00		1095.00		1266.30		780.00		36201.30	

表 8 2020～2022 年广东省克服荔枝中晚熟品种"大小年"技术不同组别物质与服务成本分析

单位：元/公顷，%

年份	组别	农药成本	占比	化肥成本	占比	农家肥成本	占比	用水成本	占比	用电成本	占比	其他物质成本	占比	物质和服务成本合计
2020	示范园	13800.00	34.55	8550.00	21.40	11400.00	28.54	1110.00	8.79	1605.00	4.77	780.00	1.95	37245.00
	非示范园	9180.00	24.01	9869.70	25.81	16290.30	42.61	1095.00	2.86	1229.70	3.22	570.00	1.49	38234.70
2021	示范园	15210.00	34.94	9150.00	21.02	12000.00	27.57	1140.00	8.82	1650.00	5.17	1080.00	2.48	40230.00
	非示范园	11640.30	29.01	11759.70	29.30	13379.70	33.34	1095.00	2.73	1356.30	3.38	900.00	2.24	40131.00
2022	示范园	15270.00	33.50	9600.00	21.06	12600.00	27.64	1140.00	9.08	1695.00	5.69	1380.00	3.03	41685.00
	非示范园	9390.00	25.94	10080.00	27.84	13590.00	37.54	1095.00	3.02	1266.30	3.50	780.00	2.15	36201.30

（3）土地成本。

从表9可以看出，示范园的土地成本相对较高，2020年、2021年、2022年分别是非示范园土地成本的3.25、3.31、3.37倍。分析其原因可能是本研究中的增城调研点地处珠三角，土地租金普遍较地处粤西的茂名市土地租金高，再加上近年来广东省政府对荔枝生产的重视和大力宣传，果农种植荔枝获利颇丰，也在一定程度上助推了荔枝果园土地租金的价格。

表9 2020~2022年广东省克服荔枝生产"大小年"技术不同组别土地成本分析

单位：元/公顷

年份	组别	土地租金	其他土地成本	土地成本合计	差值	示范园/非示范园
2020	示范园	18289.95	690.00	18979.95	13138.95	3.25
	非示范园	5661.00	180.00	5841.00		
2021	示范园	18590.10	720.00	19310.10	13469.10	3.31
	非示范园	5661.00	180.00	5841.00		
2022	示范园	18889.95	780.00	19669.95	13828.95	3.37
	非示范园	5661.00	180.00	5841.00		

（4）生产成本。

从表10可以看出，2020年、2021年、2022年示范园生产成本分别是非示范园的1.43、1.40、1.72倍，说明克服荔枝中晚熟品种"大小年"技术需要高的生产成本投入。示范园与非示范园生产成本的差别主要因为土地成本、人工成本的不同所致。从表11可以看出，首先，无论是示范园还是非示范园生产成本中人工成本占比都达到50%左右，占生产成本的一半。其次，在示范园生产成本中土地成本占比较高、非示范园生产成本中物质与服务成本占比较高。

表10 2020~2022年广东省克服荔枝中晚熟品种"大小年"技术不同组别生产成本对比

单位：元/公顷

年份	组别	人工成本	示范园/非示范园	物质与服务成本	示范园/非示范园	土地成本	示范园/非示范园	成本合计	示范园/非示范园
2020	示范园	67686.90	1.60	37245.00	0.97	18979.95	3.25	123911.85	1.43
	非示范园	42389.40		38234.70		5841.00		86465.10	
2021	示范园	73559.70	1.49	40230.00	1.00	19310.10	3.31	133099.80	1.40
	非示范园	49380.00		40131.00		5841.00		95352.00	

续表

年份	组别	人工成本	示范园/非示范园	物质与服务成本	示范园/非示范园	土地成本	示范园/非示范园	成本合计	示范园/非示范园
2022	示范园	80730.30	2.00	41685.00	1.15	19669.95	3.37	142085.25	1.72
	非示范园	40530.30		36201.30		5841.00		82572.60	

表 11　2020~2022 年广东省克服荔枝中晚熟品种"大小年"技术不同组别生产成本分析

单位：元/公顷，%

年份	组别	人工成本	占比	物质与服务成本	占比	土地成本	占比	成本合计
2020	示范园	67686.90	54.63	37245.00	32.24	18979.95	15.32	123911.85
	非示范园	42389.40	49.02	38234.70	44.22	5841.00	6.76	86465.10
2021	示范园	73559.70	55.27	40230.00	32.70	19310.10	14.51	133099.80
	非示范园	49380.00	51.79	40131.00	42.09	5841.00	6.13	95352.00
2022	示范园	80730.30	56.82	41685.00	32.08	19669.95	13.84	142085.25
	非示范园	40530.30	49.08	36201.30	43.84	5841.00	7.07	82572.60

2. 产出效益

从表 12 可以看出，2020 年、2021 年、2022 年示范园的荔枝平均价格、产量、产值均高于非示范园，3 年平均产值的差值分别是 50376.60 元/公顷、43806.00 元/公顷、202541.40 元/公顷，差值占非示范园平均产值分别为 17.83%、12.71%、81.09%，差值在荔枝生产的"大年"最小、"小年"最大，说明越是荔枝生产的"小年"，果园采用克服荔枝中晚熟品种"大小年"技术应用的效果越明显。从表 13 可以看出，2020 年、2021 年、2022 年示范园的纯收益是非示范园的 1.07、1.02、1.86 倍，投入产出比和成本纯收益率也在逐年增加，2022 年达到最高，表明随着克服荔枝中晚熟品种"大小年"技术在生产上的应用越来越熟练，果园应用克服荔枝中晚熟品种"大小年"技术的优越性也在逐年显现。

表 12　2020~2022 年广东省克服荔枝中晚熟品种"大小年"技术不同组别产值对比

单位：元/千克，千克/公顷，元/公顷，%

年份	组别	平均价格	平均产量	平均产值	差值	差值与非示范园比值	示范园/非示范园
2020	示范园	41.80	7965.00	332937.00	50376.60	17.83	1.18
	非示范园	36.72	7695.00	282560.40			

续表

年份	组别	平均价格	平均产量	平均产值	差值	差值与非示范园比值	示范园/非示范园
2021	示范园	33.64	11550.00	388542.00	43806.00	12.71	1.13
	非示范园	31.92	10800.00	344736.00			
2022	示范园	48.48	9330.00	452318.40	202541.40	81.09	1.81
	非示范园	38.28	6525.00	249777.00			

表13 2020~2022年广东省克服荔枝中晚熟品种"大小年"技术不同组别产出效益分析

单位：千克/公顷，元/公顷，%

年份	组别	产量	产值	成本	纯收益	示范园/非示范园	投入产出比	成本纯收益率
2020	示范园	7965.00	332937.00	123911.85	209025.15	1.07	2.69	168.69
	非示范园	7695.00	282560.40	86465.10	196095.30		3.27	226.79
2021	示范园	11550.00	388542.00	133099.80	255442.20	1.02	2.92	191.92
	非示范园	10800.00	344736.00	95352.00	249384.00		3.62	261.54
2022	示范园	9330.00	452318.40	142085.25	310233.15	1.86	3.18	218.34
	非示范园	6525.00	249777.00	82572.60	167204.40		3.02	202.49

（三）生态效益

从表14可以看出，2020年、2021年、2022年示范园化肥成本低于非示范园化肥成本分别为13.37%、22.19%、4.76%，3年平均减少13.44%，表明本技术有益于保护生态环境，符合"既要金山银山，又要绿水青山"的生态绿色发展理念。

表14 2020~2022年广东省克服荔枝中晚熟品种"大小年"
技术不同组别每公顷肥料、农药成本分析　　　单位：元/公顷

年份	组别	化肥成本	示范园与非示范园差值	农家肥成本	示范园与非示范园差值	合计	示范园/非示范园
2020	示范园	8550.00	-1319.70	11400.00	-4890.30	33750.00	0.96
	非示范园	9869.70		16290.30		35340.00	
2021	示范园	9150.00	-2609.70	12000.00	-1379.70	36360.00	0.99
	非示范园	11759.70		13379.70		36779.70	

续表

年份	组别	化肥成本	示范园与非示范园差值	农家肥成本	示范园与非示范园差值	合计	示范园/非示范园
2022	示范园	9600.00	−480.00	12600.00	−990.00	37470.00	1.13
	非示范园	10080.00		13590.00		33060.00	

（四）社会效益分析

1. 高效农业的重要抓手，有效提升农民收入

由于示范园荔枝管理技术规范，防治病虫害及时，生产的荔枝果品品相好，价格相对较高。从表12可以看出，2020年、2021年、2022年示范园的荔枝平均价格分别为41.80元/千克、33.64元/千克、48.48元/千克，比非示范园荔枝平均价格高13.83%、5.39%、26.65%。示范园每公顷产值分别是非示范园每公顷产值的1.18、1.13、1.81倍，每公顷纯收益是非示范园的1.07、1.02、1.86倍（见表13），越是在荔枝生产的"小年"，应用克服荔枝中晚熟品种"大小年"技术越能保证果农收入，有效规避荔枝生产年际产量波动给农民造成的利益波动风险，是重要的高效农业，乡村振兴的重要抓手。

2. 改善了农村环境，促进了荔枝采摘文旅业的发展

荔枝生产示范园生产成本中果园管理人工占比最高，约占果园人工投入成本的1/3，良好的果园管理在一定程度上美化了当地的环境。本试验选取的果园，有些是当地的失管果园，园内杂草丛生，果树常年无人修剪，经过克服荔枝中晚熟品种"大小年"技术在示范果园内的实施，果园环境变美了，特别是在荔枝开花季节、荔枝采摘季节，果园都会吸引大批旅游观光游客，间接带动了当地物流、包装、运输、餐饮等相关产业效益增值，还能够提供新的就业岗位，缓解社会就业压力，有利于社会的和谐与稳定。除此之外，部分地区以荔枝为主题的节庆日、产业大会遍地开花，在促进终端消费和当地经济发展中发挥了重要作用。

3. 高品质荔枝果品的生产，满足了消费者日益增长的美好生活需要

荔枝是著名的岭南佳果，营养丰富、美味可口，是深受人们喜爱的夏日时令水果，应用了克服"大小年"技术的示范园生产的荔枝果实大小匀称，颜色鲜艳，商品率高。由于果品品相好，价格相对较高，特别是增城示范园内出产的仙进奉荔枝，更是荔枝中的精品，荔枝出口到日本、新加坡等东南亚国家，价格高达50元/千克以上，但仍是供不应求。克服荔枝生产"大小年"技术的推广与实

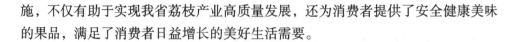

施，不仅有助于实现我省荔枝产业高质量发展，还为消费者提供了安全健康美味的果品，满足了消费者日益增长的美好生活需要。

三、结论与建议

（一）结论

1. 产量符合本技术方案设定的目标值

在本文中，2020 年、2021 年、2022 年示范果园的单产分别为 7965.00 千克/公顷、11550.00 千克/公顷、9330.00 千克/公顷，且年际单产差值波动幅度均值为 25.13%，符合《克服荔枝中晚熟品种"大小年"产业技术方案》中"产量 7500 千克/公顷以上，年际产量波动幅度在 30% 以内"的目标值。

2. 具有较高的综合效益

克服荔枝中晚熟品种"大小年"技术在示范果园应用后，既有较高的经济效益又能给当地带来较高的生态效益和社会效益，因此本技术具有较高的综合效益，适合在全省中晚熟荔枝种植区大面积推广。

3. 企业采用本技术效果好于农户

在本次调研中管理规范的荔枝生产企业应用效果好于种植大户和家庭农场。原因可能是企业果园生产管理规范，并聘用专业的技术人员，生产中能严格按照技术方案执行，果园荔枝产量"大小年"波动幅度小，年际荔枝果园收入稳定。

4. 在珠三角地区采用本技术效果好于粤西地区

原因是粤中珠三角地区土地租金较高，果园里多种植价格较高的仙进奉、桂味、糯米糍等荔枝品种，相应带来的经济效益也高，当地果农更趋向于精细化、科学化管理果园，克服荔枝中晚熟品种"大小年"技术的实施效果越好。

5. 珠三角地区果园经营者品牌意识强，果品质量高、收益好

地处珠三角地区的增城果园，果品品质好，果农品牌意识强，销售渠道广，果园收入高。另外，由于果园管理好，荔枝园景色宜人，适合发展农旅观光、采摘活动，既宣传了品牌，又增加了果园收入。

6. 荔枝果园生产机械化程度低

从表 11 可以看出，无论是技术示范园还是非示范园生产成本中人工成本占比都达到 50% 左右。为了降低果园生产成本，可以对果园进行宜机化改造，用机械来代替整形修剪人工、病虫害防治人工、果园管理人工、采摘人工等，可以大大降低荔枝生产成本，增加果园收益。

（二）建议

1. 提倡进行"轻简型"或"劳动节约型"技术升级

在成本投入方面，本技术的人工投入过高，对此提倡推广"轻简型"或"劳动节约型"技术显得尤为重要，如采用"水肥一体化"技术来减少施肥和病虫害防治中的用工投入，同时还可以有效减少化肥和农药的投入，这样能够降低生产成本，提高总收益。

2. 提倡果园进行宜机化改造

建议地方政府加大资金投入力度，推动果园宜机化改造与基础设施条件建设。建议从农机购置补贴以及农机作业补贴入手，多方式减少农机推广阻力，引导主产区的果园从传统的人力生产管理模式向现代生产管理模式转变。

3. 加强标准化技术示范推广

调研中发现，非示范果园大多采取粗放式管理，完全凭果农/工人自身生产经验来管理，有些果农/工人虽然听说过《克服荔枝中晚熟品种"大小年"产业技术方案》，但并未严格按照技术方案来实施，导致果园"大小年"结果改善效果不明显。应加强宣传和培训，提高果农/工人的思想认识和技术水平，通过试验、示范基地建设引导果农进行标准化管理、精细化管理果园，降低不必要的损失，促使荔枝果园丰收、效益提升。

参考文献

［1］郭栋梁，黄石连，向旭 . 2022 年广东荔枝生产形势分析［J］. 广东农业科学，2022，49（06）：130-137.

［2］陈厚彬，苏钻贤，杨胜男 . 2023 年全国荔枝生产调查与形势分析［J］. 中国热带农业，2023（03）：13-22.

［3］雷嗣奇，莫兴奇 . 荔枝克服大小年高产稳产栽培技术［J］. 乡村科技，2017（18）：33-34.

［4］潘品利 . 控制冬梢对克服荔枝大小年结果的效应［J］. 农家参谋，2020（03）：67.

［5］黄进，邵一弘，邹文平 . 荔枝"大小年"之困已解？［N］. 南方日报，2023-06-05（A06）.

［6］叶青，龙跃梅 . 科技助"荔"，谱写乡村振兴之歌［N］. 科技日报，2023-04-14（001）.

［7］秦自民 . 蜂舞荔枝丰，歇枝大小年——荔枝的故事之四［J］. 百科知

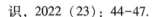

识，2022（23）：44-47.

[8] 罗森波. 荔枝大小年的气象条件分析 [J]. 农业气象，1987（03）：25-28.

[9] 傅汝强. 冬季气候变化对荔枝大小年的影响 [J]. 广西农业科学，1982（09）：23-25.

[10] 尹金华，罗诗，赖永超，等. 冬季温度和降雨对荔枝大小年的影响 [J]. 中国南方果树，2002（01）：28-29.

[11] 侯显达，侯彦林，王铄今等. 荔枝产量大小年年型等级与气象条件关系研究 [J/OL]. 吉林农业大报：1-14 [2023-12-20].

[12] 陈厚彬，苏钻贤，陈浩磊. 荔枝"大小年"结果现象及秋冬季关键技术对策建议 [J]. 中国热带农业，2020（05）：10-16.

[13] 鲁勇，王春会，武竞超. 荔枝大小年现象原因探析 [J]. 世界热带农业信息，2019（08）：21-22.

[14] 苏钻贤，杨胜男，黄悦，等. 荔枝成花、坐果与现"白点"期和末次秋梢期成熟期的关系研究 [J]. 果树学报. 2023，40（08）：1628-1639.

[15] 向旭. 广东荔枝产业发展主要瓶颈问题与产业技术研发进展 [J]. 广东农业科学，2020，47（12）：32-41.

[16] 广东农业科学编辑部. 克服荔枝中晚熟品种"大小年"产业技术方案发布 [J]. 广东农业科学，2021，48（06）：157.

[17] 吴曼，王俊芹，宗义湘，等. 莲藕—小龙虾高效生态种养技术经济评价 [J]. 中国蔬菜，2022（06）：89-95.

[18] 齐文娥，陈美先，陈厚彬. 广东省荔枝生产对农民收入及当地经济发展的贡献研究 [J]. 中国热带农业，2020（04）：4-9.

2000~2022 年广东省海水养殖的
时空变化特征分析

王思盼　冯珊珊　曹　阳　王靖杰

主要观点：以 2000~2022 年广东省海水养殖数据为基础，通过时序统计、行业集中度指数、区位熵指数等方法，分析了广东省 23 年来海水养殖产业数据的时序变化、空间差异和分布格局，揭示了广东省海水养殖时空变化特征。结果表明：23 年来，广东省海水养殖产业存在明显的时空分布变化特征，养殖区域总体呈现先分散、后连片、再逐渐向西部集中的变化趋势；海水养殖总面积阶段性下降的同时，养殖总产量波动增长，单产水平也随之增长，但粤西地区部分地市仍存在单产较低的现象，因此广东省在充分利用区位优势调控海水产养殖产业分布格局的同时，应提高养殖主产区的养殖效率，进而带动全省渔业产业高质量发展，为广东省海水养殖产业结构调整和布局优化提供参考依据。

前　言

　　在全球渔业资源枯竭的背景下，海水养殖是开发海洋资源的重要途径[1]。近40 年来，中国以海水养殖为重点的海洋渔业迅猛发展，掀起了海藻、海洋虾类、海洋贝类、海洋鱼类、海珍品养殖的五次产业浪潮，养殖总产量自 1990 年以来一直稳居世界首位[2-3]。2022 年，广东省渔业经济总产值以 4226.02 亿元居全国第二位，其中海水养殖总产值为 842.74 亿元，约占渔业总产值的 45.28%[4]，是中国渔业经济的重要组成部分。目前，对广东省海水养殖业的相关研究主要集中在省际层面的时序变化、发展水平测算、生态环境评估和未来发展预测等方面[5-7]。刘建村和王桦、邵京京从不同养殖产业出发，分别对金鲳和对虾养殖业的发展现状进行了研究，为单一产业方向的高质量发展提供了参考[8-9]。田鹏等通过对中国沿海省份海洋渔业碳排放时空分布变化特征的分析发现，碳汇、碳排放系数、能源强度和产业结构的驱动效应降低了海洋渔业碳排放总量，而产业规模和从业人口效应加剧了海洋渔业碳排放量的增长[10]。对广东省海水养殖的产业变化而言，除省际水平的时间维度变化外，还存在市域空间维度的阶段性变化。

朱梓豪研究表明，相较于福建、广西、海南和山东 4 省（自治区）而言，广东省海水养殖效率处于劣势[11]；仇荣山等研究认为，在海水养殖业绿色发展水平测度上，广东省海水养殖产业存在明显的空间障碍[5]；徐敬俊和覃恬恬研究发现，广东省海水养殖技术进步率虽超过全国平均水平，但仍低于沿海地区[12]。因此，厘清广东省海水养殖的变化情况与发展特征，调整海水养殖产业结构和布局对我国海水养殖产业发展至关重要。

樊晶艳等通过对广东省淡水养殖进行了时空变化分析发现，在珠三角地区的淡水养殖业中广东省最具优势[13]。因此，本文以 23 年来广东省海水养殖产业相关数据为基础，从时间、空间两个维度对广东省海水养殖进行时空变化特征分析，以期为海水养殖空间布局的优化、渔业产业结构的调整及渔业高质量发展提供参考。

一、研究区概况与研究方法

（一）研究区域

本文以广东省 14 个沿海城市为主要研究区域，包括广州、深圳、珠海、汕头、惠州、茂名、江门、阳江、湛江、中山、东莞、汕尾、潮州和揭阳市，截至2022 年 12 月，这些沿海城市海水养殖总产量约为 339.67 万吨，养殖面积约为16.54 万公顷。

（二）数据来源

渔业数据主要来源于《中国渔业统计年鉴》（2001～2023 年）、《广东农村统计年鉴》（2001～2023 年），其中东莞和中山市分别缺少 2019～2022 年和 2020～2022 年海水养殖相关数据，全省各地市缺少 2000～2002 年海水养殖总产值和渔业经济总产值数据，因此这些年份数据未纳入本研究[4][14]。

（三）研究方法

生产集中度指数计算公式为[15-16]：

$$\text{PCI}_{it} = M_{it} \Big/ \sum_{i=1}^{n} M_{it} \tag{1}$$

其中，PCI_{it} 表示广东省 i 市 t 年的海水养殖生产集中度指数；M_{it} 表示 i 市 t 年的海水养殖产量（吨）；n 表示广东省城市数量，即 PCI 值越大则该市海水养殖产量在全省海水养殖产量中的占比越大[16]。

生产规模指数计算公式为[16-17]：

$$PSI_{it} = D_{it} \Big/ \sum_{i=1}^{n} D_{it} \qquad (2)$$

其中，PSI_{it} 表示广东省 i 市 t 年的海水养殖生产规模指数；D_{it} 表示 i 市 t 年的海水养殖面积（平方千米）；n 表示广东省城市数量，即 PSI 值越大则该市海水养殖面积在全省海水养殖面积中的占比越大[16]。

行业集中度计算公式为[13][18]：

$$CR_n = \sum_{i=1}^{n} S_i \times 100\% \qquad (3)$$

其中，n 表示排名前 4 位的省份数；S_i 表示第 i 市海水养殖产量占全省海水养殖总产量，即海水养殖产量排名前四位的地市占全省海水养殖总产量的比例。

区位熵计算公式为[13]：

$$LQ_{it} = \frac{L_{it}}{Q_{it}} \Bigg/ \frac{\sum_{i=1}^{n} L_{it}}{\sum_{i=1}^{n} Q_{it}} \qquad (4)$$

其中，LQ_{it} 表示第 t 年 i 市海水养殖业区位熵；L_{it} 表示第 t 年 i 市海水养殖产值；Q_{it} 表示第 t 年 i 市的渔业经济总产值，即区位熵越大则该地市海水养殖区域专业化水平越高[13]。

二、结果与分析

（一）广东省海水养殖总体变化特征分析

1. 广东省海水养殖年际演变趋势

根据 2000~2022 年海水养殖面积、产量和单产的时序变化统计结果（见图1）可知，22 年来，广东省海水养殖总产量呈现出波动上升变化趋势，从 2000 年的 168.98 万吨增加到 2022 年的 339.67 万吨，整体增长了 101.01%；同时，海水养殖面积从 2000 年的 19.49 万公顷减少到 2022 年的 16.54 万公顷，总体呈现出三个发展阶段，分别为 2000~2005 年的持续增长阶段、2006~2015 年的先增高后降低阶段、2016~2022 年的稳定发展阶段。此外，广东省海水养殖的单产也从 2000 年的 8.67 吨/公顷增长到 2021 年的 20.39 吨/公顷，整体增幅达 135.18%。

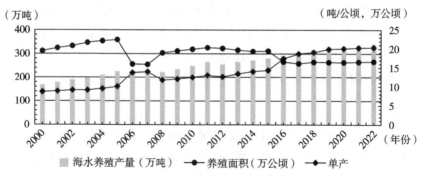

图 1　2000~2022 年广东省海水养殖面积、养殖产量和单产的时序变化

2. 各市海水养殖总体特征

2000~2022 年，全省海水养殖平均面积为 19.23 万公顷，平均产量为 262.56 万吨，平均单产为 14.02 吨/公顷。从市域尺度来看，海水养殖平均占有面积最大的 3 个城市依次为湛江、江门和阳江市，分别占全省海水养殖平均面积的 29.07%、12.53% 和 12.22%。海水养殖平均产量最高的 3 个城市依次为湛江、阳江和茂名市，分别占全省海水养殖平均产量的 23.69%、22.04% 和 15.74%。广东省海水养殖平均单产最高的是茂名市，为 27.82 吨/公顷，平均单产最低的是珠海市，为 3.51 吨/公顷（见表 1）。

表 1　2000~2021 年广东省三大区域平均海水养殖面积、产量和单产统计结果

单位：万公顷，万吨，吨/公顷

地区	地市	平均养殖面积	平均产量	平均单产
全省		19.23	262.56	14.02
珠三角	广州市	0.53	5.71	13.67
	深圳市	0.20	1.48	11.42
	珠海市	1.41	4.72	3.51
	中山市	0.25	1.52	6.51
	江门市	2.41	24.44	10.28
	惠州市	0.57	5.21	13.07
	东莞市	0.10	0.54	6.11
	平均	0.78	6.23	9.22
粤西	阳江市	2.35	57.87	25.08
	湛江市	5.59	62.20	10.96
	茂名市	1.70	41.32	27.82
	平均	3.21	53.80	21.28

续表

地区	地市	平均养殖面积	平均产量	平均单产
粤东	汕尾市	1.97	27.53	15.01
	潮州市	0.62	10.49	17.15
	揭阳市	0.20	1.77	8.92
	汕头市	1.16	17.18	15.32
	平均	0.99	14.24	14.10

（二）广东省海水养殖生产空间演变分析

1. 基于 PSI 和 PCI 对广东省各地市进行生产差异划分

将 2000~2022 年广东省海水养殖的生产集中度指数和生产规模指数进行统计分析后，根据各地市 23 年间的指数平均值绘制得到图 2。根据其分布程度以 PSI 和 PCI 的平均值 10% 为划分界限将其分为四种类型：高规模—高集中度（A）（PSI > 10%；PCI > 10%）、高规模—低集中度（B）（PSI > 10%；PCI < 10%）、低规模—高集中度（C）（PSI < 10%；PCI > 10%）和低规模低集中度（D）（PSI < 10%；PCI < 10%）。四种类型由 A 到 D 分别包含 3 个、1 个、1 个和 9 个地市。其中处于高规模—高集中度的 3 个城市分别为湛江市、阳江市和汕尾市，处于高规模—低集中度和低规模—高集中度的分别是江门市和茂名市。

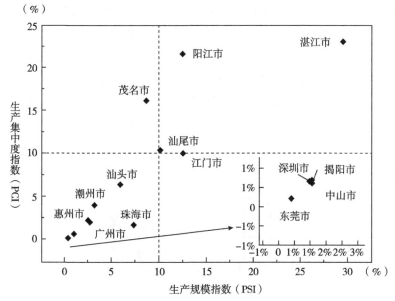

图 2　广东省各地市生产规模与生产集中度区间划分

2. 广东省海水养殖行业集中度分析

由图3可知，2000~2022年，广东省海水养殖的行业集中度指数（CR_4）整体呈现出先上升后下降的变化趋势。按照其演变趋势，可发现2003年、2008年、2014年和2019年是广东省海水养殖业行业集中度指数下降最为明显的4个时间段，且2019年后呈现出持续下降的趋势。从海水养殖产量的优势区变化情况来看，全省海水养殖产量排名前四位的地市，2000~2007年分别为阳江市、茂名市、湛江市和江门市；2008~2022年为湛江市、阳江市、茂名市和汕尾市。由此可见，粤西地区一直保持着海水养殖优势区的地位。

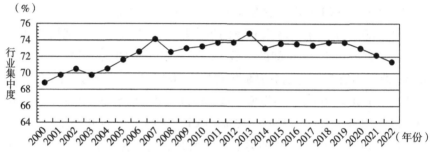

图3 2000~2022年广东省海水养殖行业集中度变化趋势

3. 广东省各地市海水养殖区位熵指数变化分析

根据广东省海水养殖总体变化特征，将各地市区位熵指数按照时间划分为三个阶段，分别为2003~2005年、2006~2015年和2016~2022年。由图4可知，在广东省海水养殖的14个地市中，23年来，区位熵始终大于1的地市有2个，占海水养殖全部地市的14.29%，分别是汕尾市和湛江市；区位熵平均值大于1的地市有7个，占海水养殖全部地市的50%，分别是汕头市、惠州市、汕尾市、阳江市、湛江市、茂名市和潮州市。

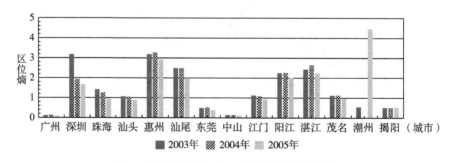

图4 广东省各地市海水养殖区位熵指数变化

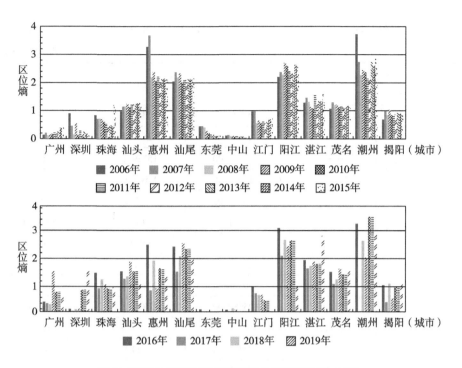

图4 广东省各地市海水养殖区位熵指数变化（续）

（三）广东省海水养殖行业空间布局分析

据统计，广东省海水养殖业的空间布局存在明显的区域划分。从养殖面积的时空变化来看，23年来广东省海水养殖区域总体变化呈现先分散、后连片、再集中的变化趋势，主要表现为广东省海水养殖的主产区从湛江、茂名、阳江和江门4个地市逐渐集中在湛江市（见表2）；从养殖产量占比的时空变化来看，粤西地区是广东省海水养殖的主产区，其中湛江市海水养殖产量占比从2000年的16.67%增长到2006年的22.12%，2006年后湛江市水产养殖产量在全省水产养殖总产量中的占比进一步加大，2016年后稳居全省首位（见表3）。从海水养殖单产的时空变化趋势来看，2021年广东省海水养殖单产超过24吨每公顷的地市与2016年相比增加了4个，即广东省沿海各地市海水养殖单产总体呈现增加趋势。2022年，单产处于高水平的地市有惠州市和阳江市，分别为34.45吨/公顷和34.07吨/公顷；单产处于较低水平的地市有湛江市、江门市、珠海市和揭阳市，分别为15.03吨/公顷、12.97吨/公顷、8.62吨/公顷和14.17吨/公顷。其中单产增量最大的市为惠州市，比2000年的单产提高了703.03%；增量最小的是江门市，比2000年的单产提高了37.9%（见表4）。

表2　广东省 2000 年、2006 年、2016 年和 2022 年各地市海水养殖面积时空分布

单位：公顷

地市 \ 年份	2000	2006	2016	2022
广州	10133.00	6020.00	3382.00	4711.59
深圳	5666.00	3907.00	265.00	903.97
珠海	10788.00	14192.00	15329.10	12861.68
汕头	12331.00	14024.00	11601.00	10195.29
惠州	7715.00	12059.00	4012.00	1518.00
汕尾	22273.00	24561.00	19908.40	15092.60
东莞	1712.00	1369.00	258.00	—
中山	2559.00	3867.00	1620.00	—
江门	27017.00	29308.00	22876.00	18817.00
阳江	21180.00	25980.00	24822.80	23047.00
湛江	43536.00	61028.00	64559.00	54887.40
茂名	18256.00	25596.00	15250.00	14303.00
潮州	3881.00	5585.00	8091.80	8524.00
揭阳	1613.00	2639.00	2388.00	1734.60

表3　广东省 2000 年、2006 年、2016 年和 2022 年各地市海水养殖产量占比时空分布

单位:%

地市 \ 年份	2000	2006	2016	2022
广州	2.36	1.77	1.87	3.55
深圳	1.98	0.96	0.07	0.54
珠海	1.91	0.99	2.58	3.26
汕头	5.03	5.54	6.69	7.61
惠州	1.96	2.44	1.96	1.54
汕尾	11.45	10.64	10.67	10.74
东莞	0.54	0.29	0.04	—
中山	0.82	0.83	0.37	—
江门	15.03	13.05	6.93	7.19
阳江	20.00	19.84	23.48	23.12

年份 地市	2000	2006	2016	2022
湛江	16.67	22.12	25.54	24.28
茂名	17.14	17.61	13.87	13.25
潮州	4.37	3.09	4.07	4.20
揭阳	0.58	0.58	0.72	0.72

表4 广东省2000年、2006年、2016年和2022年各地市海水养殖单产时空分布

单位：吨/公顷

年份 地市	2000	2006	2016	2022
广州	3.93	7.13	17.39	25.61
深圳	5.91	5.96	7.91	20.41
珠海	3.00	1.69	5.28	8.62
汕头	6.89	9.56	18.10	25.35
惠州	4.29	4.89	15.31	34.45
汕尾	8.69	10.48	16.82	24.18
东莞	5.36	5.18	5.41	—
中山	5.43	5.16	7.18	—
江门	9.40	10.78	9.51	12.97
阳江	15.96	18.48	29.68	34.07
湛江	6.47	8.77	12.42	15.03
茂名	15.86	16.64	28.54	31.46
潮州	19.03	13.39	15.80	16.73
揭阳	6.03	5.31	9.47	14.17

三、结论与建议

(一) 结论

1. 广东省海水养殖单产年均变化量有所减缓

从时序来看，广东省海水养殖面积随着时间的变化呈现阶段性下降的趋势，海水养殖总产量和养殖单产基本保持上升趋势。23年间，海水养殖总面积总体

减少了 14.2%，海水养殖产量共计增长了 101.02%，海水养殖单产整体增长了 135.18%，但 2019~2022 年，广东省海水养殖单产年均变化量有所减缓，不足全国水平的四成。

2. 广东省海水养殖产业存在明显的时空分布变化特征

从空间来看，广东省海水养殖区域总体呈现先分散、后连片、再逐渐向西部集中的变化趋势。23 年间，湛江市海水养殖面积稳居全省首位；广州、惠州和深圳市等珠三角城市的海水养殖产值在渔业经济总产值中占比下降。

3. 部分养殖集中地市单产水平不高

从养殖单产来看，广东省海水养殖单产处于最高水平的地市为阳江和茂名市；广州、惠州和深圳市等珠三角城市，海水养殖单产水平总体呈现上升趋势；湛江和江门市这两个地市单产水平处于全省落后地位，是影响广东省海水养殖产业发展的重要原因。

（二）建议

1. 持续推进水产养殖转型升级

一是打造深海网箱养殖岭南优势产业带。扶持发展深水网箱、智能渔场养殖，加强对海洋牧场的规划，厘清广东省"十四五"海洋牧场建设和深远海养殖产业发展基本思路。二是梳理提升水产养殖尾水处理技术。借鉴利用先进的水处理技术，推广应用微生物，促进尾水资源化利用、循环利用或达标排放。因地制宜推广生态健康养殖模式。大力推广池塘工程化循环水养殖、工厂化循环水养殖深远海养殖、稻渔综合种养和鱼塘种稻等。稳定水产品供给提升水产品质量，加快推动水产养殖业绿色健康发展。

2. 持续推进水产种业振兴

一是建议开展广东省水产种质资源核查，查清主要养殖品种及其种质培育和保藏现状，开展广东海水渔业生物资源核查，查明渔业生物资源多样性特征，分析主要养殖种及其野生种群的空间分布、丰度、年级结构与性比等种群结构特征，摸清广东省水产种质资源家底，加强水产种质资源保护。二是建议深化水产种业基础性公益性研究，招引顶尖科研力量，加大关键核心技术攻关力度，扶持育繁推一体化水产种业联合体，支持标准化扩繁生产。瞄准金鲳鱼、石斑鱼、军曹鱼、花鲈、鮸鱼、硇洲族大黄鱼、金枪鱼、章红鱼、黄金鲹等适养品种，培育推广一批优质、高效的水产新品种，挖掘保护传统优势品种。

3. 持续推进水产养殖乡土专家培育工作

一是支持村干部、新型农业经营主体带头人等，采取在校学习、弹性学制、

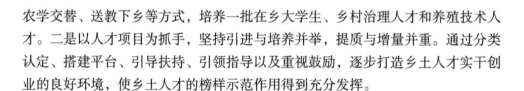

农学交替、送教下乡等方式，培养一批在乡大学生、乡村治理人才和养殖技术人才。二是以人才项目为抓手，坚持引进与培养并举，提质与增量并重。通过分类认定、搭建平台、引导扶持、引领指导以及重视鼓励，逐步打造乡土人才实干创业的良好环境，使乡土人才的榜样示范作用得到充分发挥。

参考文献

［1］Xu J, Han L, Yin W. Research on the Ecologicalization Efficiency of Mariculture Industry in China and Its Influencing Factors ［J］. Marine Policy, 2022 (137)：104935.

［2］杨红生. 我国海洋牧场建设回顾与展望［J］. 水产学报, 2016, 40 (07)：1133-1140.

［3］Agriculture Organization of the United Nations. The State of World Fisheries and Aquaculture ［R］. Food & Agriculture Org., 2022.

［4］农业农村部渔业渔政管理局. 中国渔业统计年鉴［M］. 北京：中国农业出版社, 2001—2023.

［5］仇荣山, 韩立民, 殷伟. 中国海水养殖业绿色发展评价与时空演化特征［J］. 地理科学, 2023, 43 (10)：1793-1802.

［6］张燕, 于永海, 袁道伟, 等. 中国海水养殖变化态势和空间需求预测［J］. 大连海洋大学学报, 2018, 33 (05)：633-638.

［7］杜海龙, 陈训刚, 谭珂. 碳中和目标下广东省海水养殖碳汇能力评估及其影响效应分析［J］. 海峡科学, 2023 (03)：67-72, 84.

［8］刘建村, 王桦. 广东省金鲳鱼产业发展及对策探究［J］. 广东蚕业, 2023, 57 (07)：107-110.

［9］邵京京. 我国对虾海水养殖业的时空演变与影响因素［J］. 中国渔业经济, 2023, 41 (03)：63-70.

［10］田鹏, 汪浩瀚, 李加林, 等. 中国海洋渔业碳排放时空变化特征及系统动态模拟［J］. 资源科学, 2023, 45 (05)：1074-1090.

［11］朱梓豪. 中国海水养殖效率分析［J］. 安徽农业科学, 2021, 49 (24)：213-216.

［12］徐敬俊, 覃恬恬. 基于Malmquist指数的广东省海水养殖生产效率的实证分析［J］. 海洋开发与管理, 2018, 35 (11)：98-103.

［13］樊晶艳, 谢雁芸, 伍艳莲, 等. 广东省淡水养殖时空格局演变及影响

因素分析 [J]. 农业与技术，2023，43（14）：130-134.

[14] 广东农村统计年鉴编辑委员会. 广东农村统计年鉴 [M]. 北京：中国统计出版社，2001—2022.

广东省乡村文化需求与
供给情况实证研究[①]

杨　琴　杨伟恒　方晨宇

主要观点： 乡村是中华文化的根基，是扎实推进农业强国建设，实现乡村物质文明与精神文明相协调，推动乡村社会和谐发展的重要基础。岭南文化是中华文化的重要组成部分，主要分布在广东省，因地域聚居的人群、习俗等差异而形成了广府、客家、潮汕、雷州等文化差异。为深入了解广东省乡村文化设施建设、乡村传统文化留存与文化活动开展、乡村文化产业发展、乡村文化人才等方面的情况，课题组从广府文化、潮汕文化、客家文化、雷州文化、高凉文化、侨乡文化6个文化圈所分布不同区域中选取了广州、汕头、韶关、河源、梅州、东莞、江门、湛江、茂名、潮州、揭阳11个代表地市中2个县（市、区）6个行政村开展问卷调查，采集有效数据4113份。调研发现当前各文化圈乡村文化基础设施较完善但使用频率低，相关要素支撑不足导致文化人才队伍参差不齐，地方文化挖掘与开发能力薄弱，群众主体意识不强等靠要思想严重，现有的文化活动单一、质量偏低、覆盖面不广无法激活群众参与热情。随着现代社会节奏加快、数字休闲文化产品普及，许多群众沉迷于手机、电视甚至是麻将，精神文化生活相对空虚。进一步推动全省乡村文化建设，需要挖掘梳理各文化圈优秀文化元素，打造地域特色文化品牌，探索县域内"政企、校企、村企、村村"之间的联动，推进跨学科、跨省份、跨民族的文化活动联动与文化品牌推广，满足人民群众多样化、多层次、多方面的精神文化需求。

---

① 本文所涉及数据为2022年广东省农业农村厅"关于广东乡村文化产业赋能乡村振兴政策"课题研究成果。

·331·

前　言

乡村是中华文化的根基，是扎实推进农业强国建设，实现乡村物质文明与精神文明相协调，推动乡村社会和谐发展的重要基础。为了解广东省乡村传统文化发展和利用情况，本文采用实证研究，从广府文化、潮汕文化、客家文化、雷州文化、高凉文化、侨乡文化 6 个文化圈中抽取了广州、汕头、韶关、河源、梅州、东莞、江门、湛江、茂名、潮州、揭阳 11 个代表地市开展问卷调查与实地调查，深入了解广东省乡村文化设施建设、乡村传统文化留存与文化活动开展、乡村文化产业发展、乡村文化人才等方面的情况。

党的二十大提出加快建设农业强国，扎实推进乡村产业、人才、文化、生态、组织振兴，为中国式现代化进程中乡村"何去何从"问题做了进一步阐释。乡村社会不仅承载着农业生产和农民生活，是中华优秀传统文化"根"与"魂"传承的沃土，也是传统与现代交织中孕育乡村精神、培育乡村产业、传承乡村文化的空间，兼具内源性与传承性；是凝聚民族情感，加强文化认同，实现文化传承的重要方式[①]。广东是改革开放的前沿阵地、经济大省，也是岭南文化的代表地区，在这片区域广府文化、客家文化、潮汕文化、雷州文化是岭南汉文化的主体，也滋养出了高凉、侨乡等文化类型。广东乡村是岭南地域特色文化依附和互动的重要场域，随着乡村振兴政策实施，政府官员、乡村新移民、各类人才、企业家、志愿者、游客等群体进入乡村，带动了城乡人口、资金、技术等要素的流动，传统与现代文明的碰撞与交流。当前，全省各文化区域内乡村传统文化留存、文化活动开展，文化设施建设、文化产业及文化人才发展的情况亟待关注。

一、文献综述

当前乡村文化的研究主要涉及对乡村文化、民俗文化、民族文化等的整体性文化功能认知。在公共文化治理方面，刘超提出以自然村为单位的传统文化活动，如庙事、社火等，不仅能培养村庄集体认同和行动能力，凝聚村庄社会资本，充实村庄治理资源，而且能构建乡村经营生产机制，满足村民精神文化需求，有效推动乡村文化建设和治理结构优化[②]。巩村磊认为乡村公共文化在社会发展中既承担着大众娱乐职能，也发挥着社会教育、政治动员、凝聚价值认同等

---

① 刘忱.乡村振兴战略与乡村文化复兴 [J].中国领导科学，2018（2）.

② 刘超，刘明.中国乡村传统文化或欧东及其治理功能——基于陕西 D 村的个案研究 [J].湖南农业大学学报（社会科学版），2015（4）.

社会治理功能①。20 世纪 90 年代以来，我国乡村文化变迁明显，对村落的社会关系、风俗习惯都产生了较大影响，村落社区文化共同体重塑、农民文化主体性培育、传统文化再生与公共文化空间重构、乡村文化生态重建都需要对传统文化在社区治理中的功能进行充分挖掘②。在文化变迁的功能方面，乡村文化对农村社会变迁、生产生活等各方面都会产生很大的影响，对农业科技推广实际效果也有着很大的影响③。返乡创业群体也受到农村学习文化、农村政策执行文化、农村信息文化、农村亲情文化和就业文化等影响④。对特定文化活动或文化旅游功能关注。蔡小于和邓湘南指出，乡村旅游的本质属性在于乡村文化，它可以有效满足旅游者所追求的文化体验和精神陶冶⑤。广东省乡村文化研究主要关注文化遗产保护、传统文化、家祠文化、文旅开发，公共文化服务情况的个案和面上分析，韩琦等以龙门农民画为基础关注了乡村文化景观的生产及乡村的构建问题⑥。肖鹏和邓楚悦在对广州文化站建设的研究基础上提出发挥文化馆在乡村公共文化服务体系的作用，推动乡村文化内生力⑦。刘美新等关注祠堂空间与乡村文化治理之间的关系。当前，对于广东省各特色文化需求与供给的实际情况的研究较少⑧。

二、研究方法与数据来源

岭南文化是中华文化的重要组成部分，主要分布在广东省，因地域聚居的人群、习俗等差异而形成了广府、客家、潮汕、雷州等文化差异。本文根据研究需要，采取电子问卷（问卷星）、纸质问卷相结合的方式，从广府文化、潮汕文化、客家文化、雷州文化、高凉文化、侨乡文化 6 个文化圈所分布的不同区域中

① 巩村磊. 农村公共文化服务确实的社会影响与改进对策［J］. 理论导刊，2010（7）.

② 陈波. 二十年来中国农村文化变迁：表征、影响与思考——来自全国 25 省（市、区）118 村的调查［J］. 中国软科学，2015（8）.

③ 姜英杰，钟涨宝. 乡村文化对农业科技推广的影响路径及引导策略［J］. 农村经济，2007（9）.

④ 周宇飞，兰勇，贺明辉. 新农村文化对农民工返乡创业行为的影响［J］. 西北农林科技大学学报（社会科学版），2017（1）.

⑤ 蔡小于，邓湘南. 乡村文化对乡村旅游需求的影响研究［J］. 西南民族大学学报（人文社会科学版），2011，32（11）.

⑥ 韩琦，姚江春，朱竑，姜浩，步兵. 乡村文化景观的生产及乡村性建构——以广东龙门农民画为例［J］. 经济地理，2023（11）.

⑦ 肖鹏，邓楚悦. 乡村振兴视域下的文化馆（站）服务高质量发展：以广州为例［J］. 中国文化馆，2024（1）.

⑧ 刘美新，蔡晓梅，黄凯洁. 乡村文化治理视角下当代祠堂空间的再生产——广东案例［J］. 地理科学进展，2023，42（8）.

抽取了广州、汕头、韶关、河源、梅州、东莞、江门、湛江、茂名、潮州、揭阳11个代表地市开展调查。通过各地市农业农村部门在各管辖区内抽取 2 个县（市、区），再由每个县（市、区）中抽取 6 个行政村发放问卷。问卷主要调查对象为各地农民群众，以行政村人口数量作为划分标准，分类分层发放。设置1000 人以下，1000~2000 人，2000 人以上三种层级的行政村，再从各层级当中分别抽取 2 个行政村作为调查对象，计划每个行政村采集 30 份问卷，共计划收集 3960 份。最终在各地市、县级农业农村部门的大力支持下，实际采集 4113份，经数据筛选处理，有效问卷 4106 份。《广东乡村传统文化供给及需求情况调查问卷》涉及基础信息、乡村文化设施建设情况、乡村传统文化留存与文化活动开展情况、乡村文化产业发展情况、乡村文化人才情况等五大部分，共 27 道题目，其中多选题 6 道、单选题 21 道。

三、调查结果与分析

（一）调查对象情况

调查对象年龄：据调查数据显示，本次随机调查对象中，20 岁及以下占比为 4.48%，21~30 岁占比为 24.94%，31~40 岁占比为 32.15%，41 岁以上占比为 38.43%。调查对象性别：本次随机调查对象中，男性群众居多，占比为58.72%，女性群众占比为 41.28%。调查对象职业：本次随机调查对象中，农民及相关职业占比 55.86%，工人占比为 6.31%，企事业单位职工占比为 17.1%，个体经商占比为 6.62%，自由职业者占比为 14.1%（见表 1）。

表 1　调查样本职业　　　　　　　　　单位：人，%

职业	人数	比例
农民及相关职业	2294	55.86
工人	259	6.31
企事业单位职工	702	17.10
个体经商	272	6.62
自由职业者	579	14.10
合计	4106	100.00

注：表 1 至表 3 数据均根据《广东乡村传统文化供给及需求情况调查问卷》样本数据整理。

调查对象居住年限：本次随机调查对象中，160 人在当地居住 1 年以下，占比为 3.9%；570 人在当地居住 1~5 年，占比为 13.88%；374 人在当地居住 5~

10 年，占比为 9.11%。为数最多的是在当地居住 10 年以上，比例达 73.11%（见表 2），大多数调查对象生活方式、风俗习惯深受当地传统文化、习俗影响。

表 2　调查样本本地居住年限　　　　　　　单位：人，%

年限	人数	比例
1 年以下	160	3.90
1~5 年	570	13.88
5~10 年	374	9.11
10 年以上	3003	73.11
合计	4106	100.00

调查对象所属文化圈分类：本次随机调查对象人数共 4106 人，其中属广府文化圈共 1208 人，占比为 29%，潮汕文化圈共 957 人，占比为 23%，客家文化圈共 1096 人，占比为 27%，雷州文化圈共 460 人，占比为 11%，高凉文化圈共 117 人，占比为 3%，侨乡文化圈共 224 人，占比为 6%，其他地区共 44 人，占比为 1%（见图 1）。广府、潮汕、客家三大文化圈的农民群体占绝大部分。

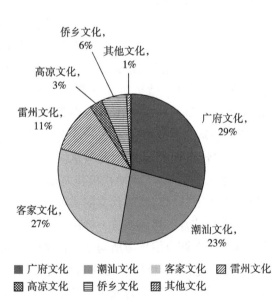

图 1　广东各文化圈分布

注：图 1 至图 15 数据均根据《广东乡村传统文化供给及需求情况调查问卷》样本数据整理。

调查对象对所在地传统文化保留情况认知：认为当地传统文化完整保留的人数占比为 37.24%，部分保留的占比为 58.5%，认为当地传统文化已经失传的仅有 4.26%（见表 3）。由此可见，广东各传统文化圈在政府和民间共同努力下得以部分保留，特别是重大节日等传统文化活动和生活习俗得到了部分的保留，但是在活态传承上还不够。

表 3 传统文化保留情况　　　　　　　单位：人，%

文化保留状况	人数	比例
完整保留	1529	37.24
部分保留	2402	58.50
已经失传	175	4.26
合计	4106	100.00

（二）广东省乡村文化设施建设情况

围绕乡村文化服务设施建设情况，问卷在建设程度、满足程度、类型、使用频率等方面设计了调查问题 5 道，反映出以下几方面情况：

1. 各地对乡村文化设施建设的重视程度较高

自推进乡村振兴以来，广东省农村公共文化服务设施建设取得了很大成绩。目前，全省主要通过实施广播电视村村通、乡镇综合文化站建设、农家书屋建设、农村电影放映工程、全国文化信息资源共享工程等文化惠民工程，为农民提供基本农村公共文化服务。据统计，截至目前全省共建成乡镇（街道）综合文化站 1617 个、行政村（社区）综合性文化服务中心 26011 个，基本实现全省全覆盖。调查数据显示，52.65% 的群众表示所在村十分重视传统文化设施建设，37.43% 的群众表示所在村比较重视传统文化设施建设，4.85% 的群众表示不够重视，5.07% 的群众不清楚（见图 2）。各地积极将基础文化设施与传统文化建设相结合。例如，东莞茶山镇南社村将新时代文明实践站与农家书屋、旅游服务中心、文创展馆、村史馆等相结合，形成多位一体的多功能场所。梅州兴宁县星耀村将非遗火把节传承基地、上灯习俗习传所与新时代文明实践站相结合，打造成以传承传统文化为主题的特色娱乐场所。梅州市依托足球文化，打造"市—县—镇—村"级足球场全覆盖（7 人制足球场），实现平均每万人拥有 2.6 块足球场。

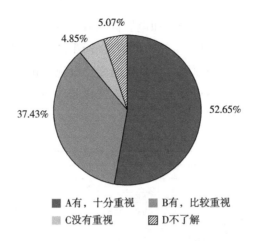

图2　广东省各文化圈传统文化设施建设重视程度情况

2. 乡村文化设施日趋完善

在调查中发现，村里配套靠前的三种文化设施分别是综合性文化服务中心，占比为66.54%；文化广场，占比为66.34%；村级图书馆，占比为55.38%（见图3），实地调研中所了解的情况也一样，这三种文化设施在各地较为普遍，是目前各地为农村群众提供最基础的文化设施。另外，基于乡村文化元素挖掘整理的基础设施，如村史馆、文化展览馆和电影院则相对较少，仅占了26.67%、14.47%和6.09%。值得关注的是，广府文化圈相比起其他文化圈，村史馆、文化展览馆和电影院的建设较为完善。问卷数据显示，广府文化圈村史馆占比为

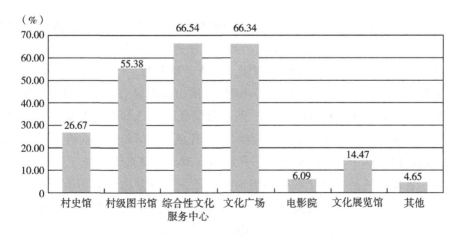

图3　广东省各文化圈文化设施配套统计情况

42.3%、文化展览馆占比为 20.7% 和电影院占比为 11.01%，分别高出其他文化圈的一半左右（见图4）。由此得知，广府文化圈由于经济发展水平较高和农民群众对物质文化需求更多的原因，各乡村的文化设施也相应得到了更深层次地优化和配套，从而逐步呈现出更具多元化、人性化和功能性文化设施的趋势。

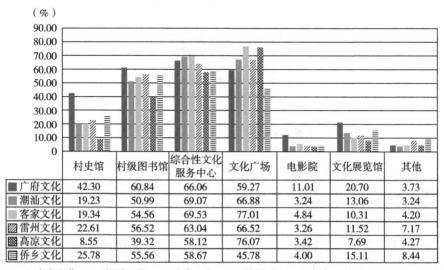

	村史馆	村级图书馆	综合性文化服务中心	文化广场	电影院	文化展览馆	其他
广府文化	42.30	60.84	66.06	59.27	11.01	20.70	3.73
潮汕文化	19.23	50.99	69.07	66.88	3.24	13.06	3.24
客家文化	19.34	54.56	69.53	77.01	4.84	10.31	4.20
雷州文化	22.61	56.52	63.04	66.52	3.26	11.52	7.17
高凉文化	8.55	39.32	58.12	76.07	3.42	7.69	4.27
侨乡文化	25.78	55.56	58.67	45.78	4.00	15.11	8.44

■ 广府文化　　■ 潮汕文化　　■ 客家文化　　▨ 雷州文化　　▨ 高凉文化　　▤ 侨乡文化

图4　广东省各文化圈文化设施配套统计情况

3. 乡村文化设施作用得到有效发挥

近年来，为解决部分农村公共文化服务设施"沉睡"问题，各地对乡镇综合文化站进行了专项治理，提高农村公共文化服务设施使用效率，努力将文化资源输送到乡村，取得了新的成效。例如，推动"粤书吧""粤文坊"等新型城乡公共文化空间建设，全省共建成"粤书吧"、佛山南海读书驿站、韶关风度书房等新型城乡公共文化空间2000多家。问卷数据显示，77.08%的群众反映公共文化设施有经常开放，13.01%的群众表示偶尔开放，2.87%的群众表示极个别时间段开放，仅有0.78%的群众表示不开放和6.16%的群众不清楚（见图5）。由此可见，各地乡村公共文化设施为当地群众提供了日常休闲的场所、设施。此外，调研中还发现，集体经济相对发达的地区，乡村文化公共设施管理较为规范、标准，每年村里能确保一定的经费保障，专门用于日常维护乡村公共文化设施、聘请管理专员等。例如，东莞市南社村形成《茶山镇文化管理员管理办法》，组建文化专职管理人员 20 多名，以村（社区）综合性文化服务中心及各类文化设施为阵地，利用重大节庆或工作日晚间、周末等时间组织举办展览、讲座、培训班等各类文化活动，普及科学文化知识、开展社会教育、提升群众文化素质。佛山丹灶镇仙岗村以"民宿+图书馆"的文旅融合路径，链接村民、乡村与现代生活，将古村落古韵与新文化融合，丰富村民与旅客的休闲生活。集体经济相对薄弱的地区，只能依靠镇政府支持或统筹村两委力量，想方设法参与到公共文化服务。南雄市灵潭村，由村干部兼职担任乡村文化专员，将新时代文明实践中心打造成亲情连线小屋，每天为当地有需要的留守儿童、老人视频连线在外工作的父母、子女进行线上交流。比如，潮州市龙湖镇设立社会工作服务站，配备 6 名社工志愿者为各村落提供文化服务，每天安排社会志愿者轮流担任图书馆管理员和定期在各村开展文化活动。

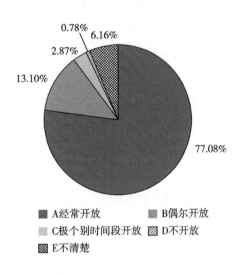

图 5　广东省各文化圈乡村公共文化设施开放情况

4. 乡村文化设施的种类还比较单一

使用频率最高的三种公共文化服务设施是文化广场、综合性文化服务中心、村级图书馆，分别是 65.61%、64.22%、46.23%，其次为村史馆 22.07%、文化展览馆 11.45%、电影院 5.5%（见图 6 和图 7）。村文化广场作为最基础的乡村文化设施，自然而然成为使用频率最高的文化设施，大多乡村文化活动，如民俗节庆、体育赛事、文艺演出等，都会用到村文化广场。各地行政村村文化广场虽然为当地村民提供了日常休闲活动便利，但也存在功能性单一、针对性不强、设施老化等缺陷。一是为迎合现代化发展，传统村落活动集聚场所的改造简单粗暴、步调单一，原有的榕树下、小凉亭等被改造成统一的硬体化水泥广场，缺乏地方特色；二是文化专管人才仍较为欠缺，部分临时招募的人员，专业技术也较为薄弱；三是管理经费不完善，区域性差距较大，地处发达地区的村集体，每年能有部分资金用于文化设施的日常管理，但地处相对欠发达地区的村集体难以持续对文化设施管护。

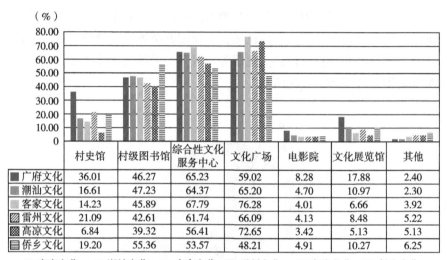

	村史馆	村级图书馆	综合性文化服务中心	文化广场	电影院	文化展览馆	其他
■ 广府文化	36.01	46.27	65.23	59.02	8.28	17.88	2.40
▧ 潮汕文化	16.61	47.23	64.37	65.20	4.70	10.97	2.30
▦ 客家文化	14.23	45.89	67.79	76.28	4.01	6.66	3.92
▨ 雷州文化	21.09	42.61	61.74	66.09	4.13	8.48	5.22
▩ 高凉文化	6.84	39.32	56.41	72.65	3.42	5.13	5.13
▤ 侨乡文化	19.20	55.36	53.57	48.21	4.91	10.27	6.25

■ 广府文化　　▧ 潮汕文化　　▦ 客家文化　　▨ 雷州文化　　▩ 高凉文化　　▤ 侨乡文化

图 6　广东省各文化圈乡村公共文化设施使用情况

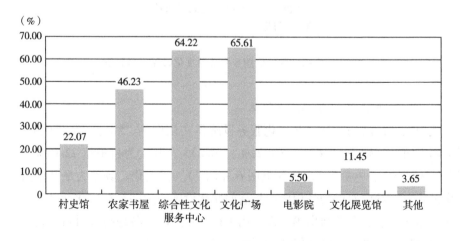

图 7　广东省乡村公共文化设施利用

5. 农民群众对基层公共文化设施满意度还有提升空间

结合实地调研，调研组在农村书屋观察到，现在每到下午、傍晚有一些儿童、中年妇女主动前往农家书屋进行阅读，小说类、科普类、报纸等书籍、报刊较为受读者欢迎。但也有部分农家书屋图书较旧、设施简陋，且大部分缺乏电子阅读设备，有待进一步优化提升。调查数据显示，全省农民群众对乡村文化服务设施的满意程度大部分能达到"非常满足"，平均达到55.89%，其中，广府文化、潮汕文化圈还接近60%，只有高凉文化稍有欠缺，满意度占比仅为33.33%，如图8所示。

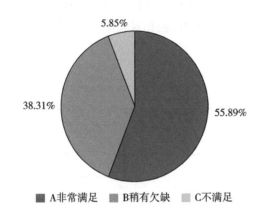

A非常满足　　■B稍有欠缺　　C不满足

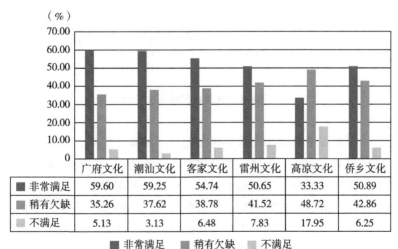

	广府文化	潮汕文化	客家文化	雷州文化	高凉文化	侨乡文化
非常满足	59.60	59.25	54.74	50.65	33.33	50.89
稍有欠缺	35.26	37.62	38.78	41.52	48.72	42.86
不满足	5.13	3.13	6.48	7.83	17.95	6.25

■非常满足　　■稍有欠缺　　不满足

图8　广东省各文化圈村民对乡村文化服务设施需求满意度

（三）乡村文化活动情况

围绕乡村文化活动情况，问卷就乡村文化活动类型、传统文化活动留存、文化活动开展方式与频率等方面设计了 6 个问题，反映出以下几方面情况：

1. 乡村文化活动的形式还比较单一

调查数据显示，当地村民日常主要的休闲文化活动情况是，看书占比为53.6%，看电视占比为 53.6%、玩手机刷视频占比为 59.38%、棋牌活动占比为26.28%、参与村里舞蹈队等社团活动占比为 24.16%、参与村里组织的传统文化活动占比为 39.14%、其他占比为 10.16%（见图 9）。由此可见，和城市一样，当前互联网、电视、手机等已占据了农村日常主要休闲活动，而参加村里组织的文体社团活动及传统文化活动的比例相对较小。

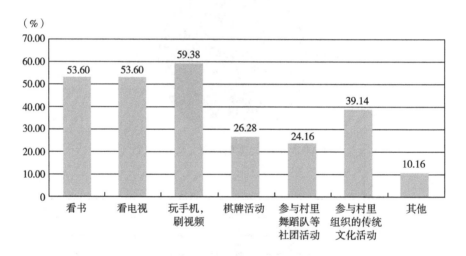

图 9　广东省各文化圈村民休闲文化活动情况

近年来，广东省不断增加优秀乡村文化产品和服务供给，活跃繁荣乡村文化市场、丰富乡村文化生活。开展各类文化文艺交流活动，鼓励村民自发组织舞蹈队、话剧团等队伍并请专业老师给予指导，继续开展文化文艺下乡活动，支持志愿者深入农村开展丰富多彩的文化志愿服务活动，让城市高品质的文化社团、文化节目更多走进乡村。广泛开展丰富多彩的乡村文化活动。连续 5 年举办中国农民丰收节，举办乡村音乐原创歌曲创作大赛，"工银杯"首届粤乡印迹创意设计大赛等省部级活动。2023 年启动"粤美乡村—文化新舞台"广东乡村文化活动年系列活动。以活动为平台展现乡村新风貌、新风尚，丰富了农民的文化生活。围绕地域文化底蕴，打造乡村活动品牌。例如，五华县积极挖掘群众喜闻乐见、强身健体文体活动。横陂镇作为"球王"李惠堂的故乡、全国足球专业镇，通过举办足球赛事将群众体育与乡村振兴有机结合，得到了群众的积极响应和参与。陆丰市鼓励各乡镇定期举办"乡村文化集市"，打造集农耕文化、民俗文化、非遗文化、饮食文化等乡村文化活动于一体的平台，已成为全省推广乡村文化活动的品牌。东莞市打造以农耕文化与农耕文化节庆相结合的"稻田里的新时代文明实践"系列活动，将稻田音乐会、稻田展览、"百姓庆丰收"农耕巡游、"香甜的丰收"传统美食墟市等相结合。但也要承认的是，当前全省乡村文化活动仍面临覆盖面不全、举办频率较低、活动类型不够丰富、缺乏全民参与和关注的特色活动等方面问题。

2. 乡村数字文化活动还有较大提升空间

乡村公共数字文化服务，能够为乡村文化建设提供新动能，是提升国家和地区文化软实力的基础和保障，可以轻易突破物理上的障碍，充分覆盖到各个地区。调查数据显示，村民日常参加线上文化活动，25.11%的村民通过刷视频，8.18%的村民通过拍视频，2.9%的村民通过直播，47.2%的村民通过微信、抖音，16.61%的群众表示没有线上参与文化活动（见图10）。由此可见，微信、抖音是目前在乡村传播力较强的数字化途径方式，成为乡村文化传播的主流介质。乡村文化数字共享打破了地域鸿沟，保障了人民群众特别是农村地区群众的文化权益，提高了农民的信息素养和农民享受公共数字文化服务的能力，近年来有不少这种案例。比如，在农业生产活动中，通过"云养殖""云共享""云认养"等方式在乡村开展农业种植培训、农业认养经营活动。例如，普宁英歌节通过网络微信视频传播，成为2023年春节爆红网络的地域文化节庆活动，各地人

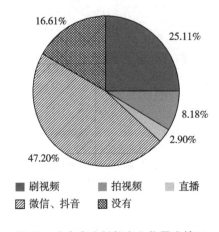

图10 广东省乡村数字文化需求情况

士慕名前往观看、了解当地的英歌文化。这也反过来为传统文化活动的创新性转化、创造性传承提供了新的发展机遇,以英歌为例,老的"传内不传外,传女不传男"的习俗逐渐被打破,很多地方开始成立女子英歌队。

3. 岭南特色宗族祠堂文化独树一帜

岭南祠堂最初作为祖先崇拜的产物,是规模最大、质量最好、历史文化内涵最为丰富的建筑,集中了岭南传统建筑艺术的精华。作为中国民间保存最好的一种古建筑群体,祠堂提供了珍贵的乡村文化研究价值,祠堂"用自己存在的方式诠释时代文明"。为此,在调查中了解了各地宗祠的留存和使用情况,15.03%的群众表示自己家族没有祠堂,7.28%的群众表示自己家族有祠堂,但没人管理,13.2%的群众表示自己家族有祠堂,但没怎么使用起来,59.06%的群众表示自己家族有祠堂并每逢重要节日都积极开展活动,5.43%的群众选择了其他(见图11)。随着人们观念的改变,以及国家对文物古建筑的重视,祠堂也越来越被重视。祠堂作为凝聚农村群众的重要载体,祠堂文化也成为乡村文化的重要组成部分。例如,普宁市泥沟村的祠堂文化植根深厚,不仅深入当地村民的思想观念,还吸引了众多海外华侨回乡认亲祭祖,触动他们对家乡的感情。同时,也兴起一种祠堂维修保护热潮,调研中发现广府文化圈、潮汕文化圈更重视祠堂的修葺和维护,如在普宁有华侨集资 700 万元修葺了自家的祠堂,还聘请专人长期管护看守。

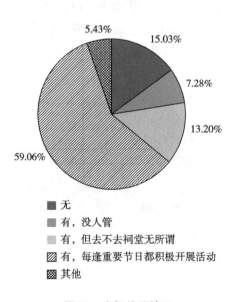

图 11 宗祠使用情况

4. 传统文化活动的生命力很强

问卷数据显示，85.34%的群众表示参加春节、元宵等传统节庆习俗，63.96%的群众表示参加清明、重阳等祭祖活动，25.74%的群众表示参加粤剧、潮剧等地方戏曲，11.4%的群众表示参加妈祖等神诞庙会，35.97%的群众表示参加丧葬习俗，48.47%的群众表示参加嫁娶习俗，2.05%的群众表示参加其他活动（见图12）。总体来看，农民群众对春节、元宵等传统节庆习俗和清明、重阳等祭祖活动十分重视，也保留了部分丧葬、嫁娶的习俗。实地调研了解到，近年来，各地探索非遗进乡村、进景区、在社区、进校园，组织开展"非遗过大年文化进万家""广东视频直播家乡年""文化和自然遗产日"非遗宣传展示等系列活动；以中国非遗博览会、成都非遗节、广东旅博会、深圳文博会等省内外重要节庆、展会和传播活动为契机，积极纳入与乡村文化有关的非遗代表性项目进行重点展示和传播。从时空来看，乡村文化活动主要集聚在重大节庆活动中举

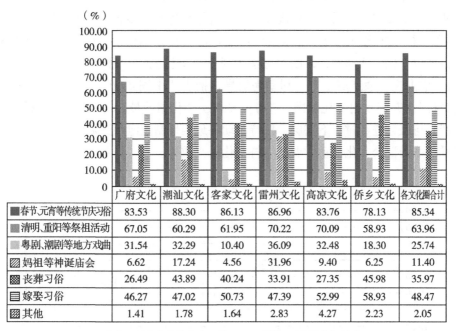

	广府文化	潮汕文化	客家文化	雷州文化	高凉文化	侨乡文化	各文化圈合计
■春节元宵等传统节庆习俗	83.53	88.30	86.13	86.96	83.76	78.13	85.34
■清明、重阳等祭祖活动	67.05	60.29	61.95	70.22	70.09	58.93	63.96
■粤剧、潮剧等地方戏曲	31.54	32.29	10.40	36.09	32.48	18.30	25.74
▨妈祖等神诞庙会	6.62	17.24	4.56	31.96	9.40	6.25	11.40
▨丧葬习俗	26.49	43.89	40.24	33.91	27.35	45.98	35.97
▤嫁娶习俗	46.27	47.02	50.73	47.39	52.99	58.93	48.47
▨其他	1.41	1.78	1.64	2.83	4.27	2.23	2.05

■ 春节、元宵等传统节庆习俗　　■ 清明、重阳等祭祖活动
■ 粤剧、潮剧等地方戏曲　　▨ 妈祖等神诞庙会
▨ 丧葬习俗　　▤ 嫁娶习俗
▨ 其他

图12　各文化圈村民参与传统文化活动情况

行，例如，春节、元宵，还有各地以乡土传统文化为基础，由村民、乡贤、政府共同组织的传统活动，普宁英歌舞、兴宁星耀村的点灯节、火把节等。从方式来看，传统文化进校园、进乡村、进社区，潮汕地区有部分村建立专门的传承培训班，例如，潮州卧石村针对学生组织了卧石村弦乐组、开办暑期潮剧传承班，汕头潮南区组织潮乐团、潮绣培训班等，普宁市结合英歌舞文化打造特色学校。

5. 乡村文化活力不断增强、日渐激活

在调查中向群众了解了最受村民喜欢的乡村文化活动情况，问卷数据显示，72.21%的群众反映喜爱文艺演出的方式，22.7%的群众反映喜欢技艺比拼的方式，42.28%的群众反映喜爱以举办特色美食节的方式，31.76%的群众反映喜欢文化讲堂的方式，38.7%的群众反映喜欢农耕活动的方式，33.34%的群众反映喜欢体育竞技的方式（见图13）。结合实地调研情况发现，特别是潮汕地区，通过定期举办潮剧表演、英歌舞等文艺演出活动，丰富广大群众精神文化生活，充分调动群众参与文化活动的积极性。省级近年来也有很多有力举措，例如，推出"粤美乡村—文化新舞台"广东省乡村文化活动年系列活动，围绕"大地欢歌"全国乡村文化年活动主题，以"粤美乡村—四季村晚"、"群星耀南粤"惠民巡演、"农业文化遗产展示"等活动为引导，推出"书润乡村""广东有戏—戏曲进乡村""艺美乡村文化社团""粤美乡村—文化指导员"等项目，组织优秀文化产品与服务进乡村、下基层，扶持带动各地因地制宜组织开展内容丰富、形式多样的系列群众文化活动，展示乡村文化振兴成果。

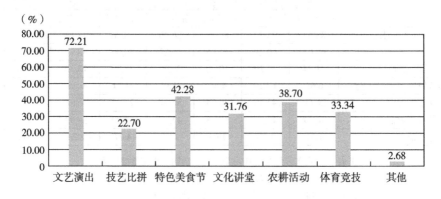

图13 最受村民喜爱的乡村文化活动

（四）乡村文化产业发展情况

围绕乡村文化产业发展情况，问卷就乡村文化产业发展领域、主要路径、产生效益等情况设计问题6道，反映出以下几方面情况：

1. 乡村文化产业蓬勃发展、前景喜人

近年来，广东省发挥各地文化资源禀赋，以文化产业赋能乡村人文资源和自然资源的保护利用，激发优秀传统乡村文化活力，培育乡村发展新动能。推动规划引领，出台《广东省乡村休闲产业"十四五"规划》；深入挖掘乡村文化资源，发布第一批《广东省乡村旅游可开发资源目录》，推动传统村落、少数民族特色村寨、历史建筑、文物古迹、非物质文化遗产等文化资源融入乡村旅游产品，开发探索推广"乡村+节庆""乡村+非遗""乡村+文创""乡村+演艺""乡村+游乐"等乡村旅游发展新模式。据统计，全省乡村休闲旅游年营业收入持续增长，其中以广州的乡村休闲旅游营业收入较为突出（见图14）。

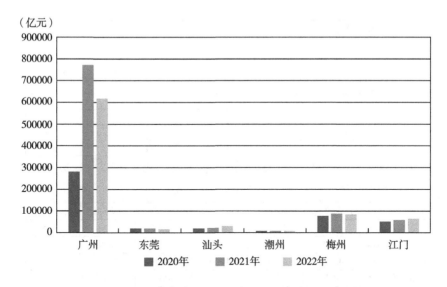

图14 2020～2022年六大文化圈代表地市乡村休闲营业额

资料来源：全国休闲农业统计监测调查系统广东数据。

为此，在调查中向群众了解了乡村文化产业发展较多较好的领域，问卷数据显示，39.8%的群众表示文艺表演领域发展较好，57.26%的群众表示健身休闲领域发展较好，42.04%的群众表示文化旅游领域发展较好，38.41%的群众表示民俗风情领域发展较好（见图15）。近年来，全国很多地方结合健身休闲、文化旅游更好打造乡村文化产业，诞生了不少超级"IP"、超级"流量"、网红打卡地。如贵州"村BA""村超"爆红了人气，聚集了财气，带足了烟火气，成为乡风文明新风尚、民族团结新示范、基层治理新模式，生动诠释了文明实践活动在乡村振兴中的独特魅力。

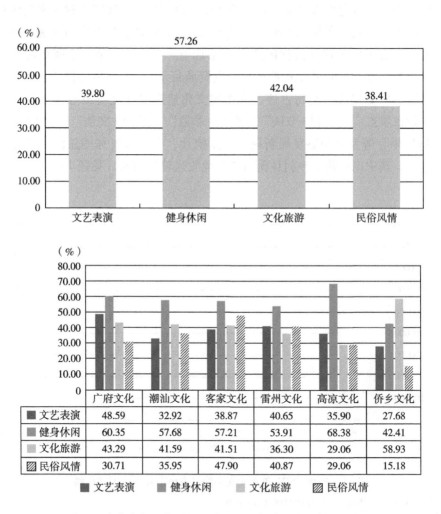

图15　广东省各文化圈村（社区）文化产业发展较好的领域

2. 传统农耕文化产业、乡村休闲产业前景广阔

据问卷数据显示，63.47%的群众表示是传统农耕文化产业，36.07%的群众表示是文艺表演产业，46.27%的群众表示是农村生活工艺品产业，35.19%的群众表示是红色文化资源产业，51.29%的群众表示是乡村休闲产业（见图16和图

17）。例如，广西横州以"好一朵横州茉莉花"为主导，以国家现代农业产业园、全国特色小镇（茉莉小镇）为载体，大力推进"旅游＋"，促进茉莉花全产业链联动，持续打造世界茉莉花主题旅游目的地，"茉莉闻香之旅"旅游品牌效应日益凸显，成为广西旅游的新名片。

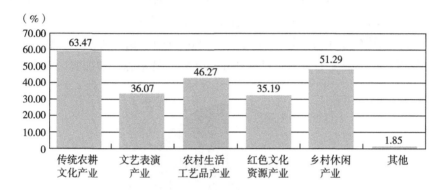

图 16　广东省乡村文化产业化发展路径

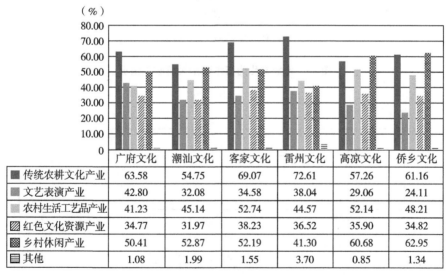

	广府文化	潮汕文化	客家文化	雷州文化	高凉文化	侨乡文化
■ 传统农耕文化产业	63.58	54.75	69.07	72.61	57.26	61.16
▓ 文艺表演产业	42.80	32.08	34.58	38.04	29.06	24.11
▨ 农村生活工艺品产业	41.23	45.14	52.74	44.57	52.14	48.21
▨ 红色文化资源产业	34.77	31.97	38.23	36.52	35.90	34.82
▨ 乡村休闲产业	50.41	52.87	52.19	41.30	60.68	62.95
▤ 其他	1.08	1.99	1.55	3.70	0.85	1.34

■ 传统农耕文化产业　　▓ 文艺表演产业　　▨ 农村生活工艺品产业
▨ 红色文化资源产业　　▨ 乡村休闲产业　　▤ 其他

图 17　广东省各文化圈乡村文化产业化发展路径

3. 乡村文化产业直接拉动了乡村经济发展

乡村文化的深耕与发展，不仅丰富了农民群众的精神生活，也大大提升了县域人气、激活了乡村资源，从而为农民群众提升了收入。问卷数据显示，62.83%的群众表示当地的传统文化有为当地带来经济效益，15.08%的群众表示没有，22.09%的群众表示不清楚。另外，55.16%的群众表示个人没有利用传统文化资源，44.83%的群众表示有利用传统文化资源来增加个人收入，其中23.89%的收入达到了 1 万元以上（见图 18 和图 19）。由此可见，乡村文化资源的活化利用，一定程度上能为农村当地注入新的经济来源，增加农民收入。

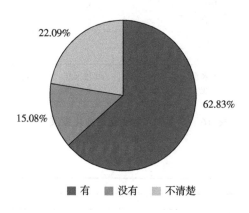

图 18　传统文化为当地带来经济收入情况

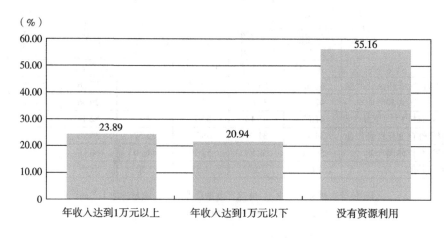

图 19　传统文化资源增加个人经济收入情况

（五）乡村文化人才情况

围绕乡村文化人才情况，问卷就乡村文化人才数量、从事行业、年龄分布等情况设计问题4道，反映出以下几方面情况：

1. 乡村文化服务群体以兼职为主，专职人员较少

问卷数据显示，30%左右的村民对于村内从事文化工作的人员情况不清楚；22.52%的村民认为广府地区村落中从事文化相关工作人员数为3人以下；25.29%和27.39%的村民认为潮汕及雷州地区村落有10人以上从事文化相关工作（见图20）。从职业分工来看，目前从事乡村文化工作以村干部兼职为主，其次是乡村文化能人及其他群体。但是，当前新乡贤、非遗传承人、手工艺人在乡村文化工作中的参与度还不算高，主要是政府统筹整合及相关文化元素挖掘打造能力还不够，但也有一些地方在这方面做得比较好（见图21）。比如，揭阳普宁市在传统文化活动挖掘及人才培养上，以英歌舞传承为核心，以"政府整合+传承人牵头+传承基地建设+全民参与"的方式在全市组织了100多支民间英歌队伍，通过商业演出和公益文化展演等方式，丰富了村民的业余文化生活，活化传承了传统文化。

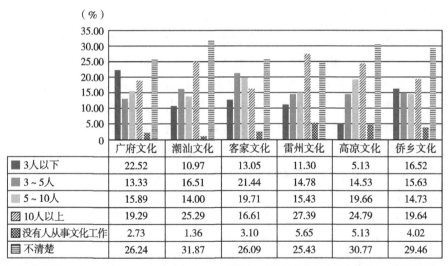

（%）	广府文化	潮汕文化	客家文化	雷州文化	高凉文化	侨乡文化
3人以下	22.52	10.97	13.05	11.30	5.13	16.52
3~5人	13.33	16.51	21.44	14.78	14.53	15.63
5~10人	15.89	14.00	19.71	15.43	19.66	14.73
10人以上	19.29	25.29	16.61	27.39	24.79	19.64
没有人从事文化工作	2.73	1.36	3.10	5.65	5.13	4.02
不清楚	26.24	31.87	26.09	25.43	30.77	29.46

■ 3人以下　　■ 3~5人　　▨ 5~10人　　▨ 10人以上　　▨ 没有人从事文化工作　　▤ 不清楚

图20　广东省各文化圈从事文化工作人数情况

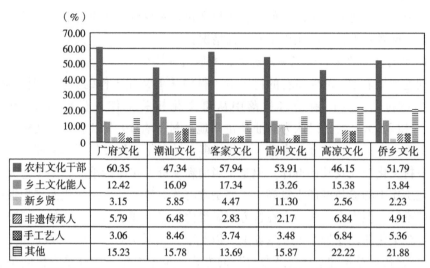

（%）

	广府文化	潮汕文化	客家文化	雷州文化	高凉文化	侨乡文化
■ 农村文化干部	60.35	47.34	57.94	53.91	46.15	51.79
■ 乡土文化能人	12.42	16.09	17.34	13.26	15.38	13.84
■ 新乡贤	3.15	5.85	4.47	11.30	2.56	2.23
▨ 非遗传承人	5.79	6.48	2.83	2.17	6.84	4.91
▩ 手工艺人	3.06	8.46	3.74	3.48	6.84	5.36
▤ 其他	15.23	15.78	13.69	15.87	22.22	21.88

■ 农村文化干部　■ 乡土文化能人　■ 新乡贤　▨ 非遗传承人　▩ 手工艺人　▤ 其他

图 21　广东省各文化圈从事文化工作相关人员情况

2. 参与乡村文化服务人员以中年群体为主

问卷数据显示，当前乡村从事文化相关工作人员的年龄多在 30~40 岁，他们多为村委干部或志愿者群体。从实地调研来看，大部分村都有日常文化工作人员，一般为村干部多肩挑，专职人员较少。例如，韶关南雄市以文化协管员兼职、社工关爱、村民理事会监督的形式，开展村内公共文化活动，南雄市珠玑镇灵谭村在新时代文明中心定期开展亲情连线小屋活动关注留守老人、儿童的情感需求。东莞茶山镇从 2019 年起启动文化管理员制度，公开聘请 35 周岁以下专职人员负责全镇各村（社区）综合文化服务中心的日常维护、管理工作，并协助开展文化活动。

3. 乡村文化人才的培训力度不断加大

问卷数据显示，各文化圈 30% 以上村民认为所在村每年至少举办 1 次人才培训，但潮汕、雷州、高凉、侨乡文化圈所在村落有近 30% 的村民认为当地没有开展过相关人才培训（见图 22）。实际上近年来省级在这块的力度是很大的。

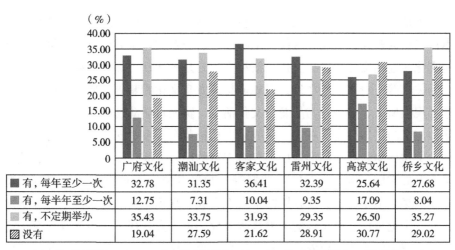

（%）	广府文化	潮汕文化	客家文化	雷州文化	高凉文化	侨乡文化
■ 有，每年至少一次	32.78	31.35	36.41	32.39	25.64	27.68
■ 有，每半年至少一次	12.75	7.31	10.04	9.35	17.09	8.04
▨ 有，不定期举办	35.43	33.75	31.93	29.35	26.50	35.27
▨ 没有	19.04	27.59	21.62	28.91	30.77	29.02

■ 有，每年至少一次　　■ 有，每半年至少一次　　▨ 有，不定期举办　　▨ 没有

图22　广东省各文化圈乡村文化人才培训情况

四、当前广东省乡村文化建设存在问题与思考

研究发现部分农村群众缺少参与乡村文化建设的主体意识，等靠要思想严重，参与意识比较薄弱。这也可以理解，绝大部分农村群众忙于生计，要么在地里干活、要么外出打工，无暇顾及乡村文化氛围的营造，更谈不上激活乡村文化的动力与热情。随着现代社会节奏快、文化形式多元，许多农村群众沉迷于手机、电视甚至是麻将，精神文化生活其实很空虚，而现有的农村文娱活动形式较为单一、内容不够丰富、覆盖面不够广。数字化、网络化、智能化的文化产品，适合村民口味的文化产品偏少、质量偏低。同时乡村文化建设在专业化人才队伍、相关要素支撑上也不足。因此本文对广东省乡村文化发展工作提出以下三点思考：

（一）加强各文化圈优秀文化宣传，举办地域特色文化活动

地方性特色活动具有显著的地域性和丰富的文化内涵，是村民在长期生产生活中自觉形成的文化传统、历史印记和地方认同，对提振村民精神风貌、凝聚乡村力量具有重要的作用。一是围绕广东省六大文化圈打造地域特色乡村文化活动样板。以县域为基础，支持各地体系化打造群众参与度高、形式多样化、接地气的特色乡村文化活动样板。二是政府牵头挖掘群众喜闻乐见、强身健体地方特色文体活动。梅州客家文化圈五华县以球王之乡，打造足球文旅活动与客家文化协

同发展阵地，推动职业足球竞技赛与乡村足球友谊赛协同发展。广府文化圈文化传承形式更为多元，粤北地区韶关南雄以广府原乡文化振兴示范带为基础，推动广府文化圈迁徙文化、姓氏文化、祭祖文化月月有活动，周周有精彩。广州、佛山、韶关市等广府文化所在地，以地域特色龙舟文化为基础，通过宗祠力量，每年举办规模盛大、全民参与的龙舟文化活动，赛龙舟活动已成为广府文化圈村民的集体记忆与集体荣誉所在。三是鼓励文化精英牵头乡贤支持政府统筹的民间表演艺术文化展演。粤东潮汕地区留存有丰富的民间表演艺术、工艺美术、地方节日等资源如潮剧、潮绣、普宁英歌舞等，2022 年春节期间潮阳、普宁英歌舞不仅上了广场、上了大街，还在网络平台上爆火，视频全网最高点击率达 2 亿次之多，让一个地域性、节庆性的英歌舞表演成功进入大众视野。四是政府牵头打造文化元素突出的岭南特色农产品旅游节日品牌。例如，东莞"稻田里的新时代文明实践"系列活动，将稻田音乐会、稻田展览、"百姓庆丰收"农耕巡游、"香甜的丰收"传统美食墟市等相结合。五是政府牵头整合省市级节庆活动。持续推进省部级赛事如乡村创意大赛、乡村音乐节、中国农民丰收节、美丽乡村健康跑、"村 BA"等活动品牌建设，实现"省—市—镇—村"四级联动。

（二）加大数字化文化建设，系统梳理广东特色乡村文化

岭南文化丰富多彩、别具一格，当下省委正在实施"百县千镇万村高质量发展工程"，要推动形成"小而美"的县域乡村文化生动格局。一是加快完善广东特色乡村文化资源图谱。挖掘和整理全省乡村本土优秀文化活动数据库，建立广东省乡村文化资源一张图，汇集乡村文物、非物质文化遗产、地方戏曲剧种、农耕文明遗址等数据资源，实现乡村核心文化资源的数字化保存。实施云上民族村寨工程，对少数民族特色村寨进行数字化留存。推动各地以特色文化活动链接本土红色文化历史、优秀民风民俗、传统文化技艺、乡村特色美食等文化资源，推动乡村各种优秀传统文化活起来、旺起来。二是加强广东省农业文化遗产保护工作。推动开展全省农业文化遗产摸底调查，建立省级重要农业文化遗产项目库，鼓励和支持地市、县区积极参与重要农业文化遗产的发掘与认定工作。继续做好全球及中国重要农业文化遗产的组织申报工作，争取实现全球遗产零的突破。多渠道加大农业文化遗产宣传推介力度，营造全社会积极参与农耕文化传承保护的浓郁氛围，形成一批可复制、可推广的活化利用新典型案例。

（三）加大智力支持文化建设，探索乡村文化振兴智库联盟建设

乡村文化振兴智库可以为全面推进乡村振兴、推进农业农村现代化提供智力和人才支撑。要打造高质量的乡村文化智库，不断加强乡村智力文化供给，协助

各地创新和筑牢乡村文化振兴的主阵地。加强县域内特色传统文化、非物质文化遗产分类化、创造性活化传承的体制机制建设问题，探索"乡村文化振兴"研究新议题，推动县域内"政企、校企、村企、村村"之间的联动，支持跨学科、跨省份、跨民族的文化活动联动与文化品牌推广。

Ⅲ　县域调研篇

台山市粮食产业发展调研报告

洪思扬　杨震宇　方　伟

2023 年 6 月 27 日，广东省农业科学院农业经济与信息研究所课题组对台山市粮食产业情况进行了调研，现将有关情况报告如下。

一、台山市粮食生产的基本情况

台山是广东省优质稻种植面积最大的县级市，是国家优质商品粮基地之一，有"中国优质丝苗米之乡"称号和"广东好大米特色产区""广东第一田"的美誉。台山水稻生产区位及土壤具有天然优势。区位上，"广东第一田"基本由冲积平原构成，土质肥沃疏松、通透性好且是富氧状态，水稻根系沁氧充分。气候上，"广东第一田"属于亚热带季风性气候，雨热同期、日照充足。地质上，"广东第一田"大多属于填海区，土壤富硒量高，达到国家一级、二级土壤标准。台山丝苗米种植历史久远，明嘉靖二十四年编纂的《新宁县志》里就有黄粘、油粘、花粘等品种的记载。2020 年，台山市丝苗米现代农业产业园成功入选第一批省级特色产业现代农业产业园建设名单。2022 年粮食播种面积达 112.1 万亩，大豆播种面积 1.29 万亩，水稻种植面积 104.5 万亩，粮食产量 40.4 万吨，粮食产业产值达 15.2 亿元。

二、台山市粮食产业高质量发展面临的问题

（一）品种培优面临瓶颈，缺乏与"杂优"竞争的突破性品种

目前台山优质稻均为常规优质稻，有"台香812""台农811""齐粒丝苗""象牙香占""齐丰占"五个水稻选育品种通过省审定。其中，"象牙香占"曾获"首届全国优质稻（籼稻）品种食味品质鉴评金奖""广东丝苗米首批认定品种"等多项荣誉，是目前广东省内高档品牌大米的主要选择品种之一。现有优质稻品

种在品质方面表现突出，但产量一直很难突破，随着外省杂交稻优质品种米质的提升，产量优势越来越明显，而本地的常规优质稻品种产量短期内无法突破，未来可能存在被外地杂优品种替代风险，可能会影响台山"中国优质丝苗米之乡"地位。

（二）稻谷市场波动大，优质稻"优质优价"市场机制还未形成

台山当地粮食企业经营规模普遍较小，尚未形成具有较大影响力、市场占有率高的企业品牌。调研了解到，截至 2023 年 6 月 27 日，台山早稻有将近 20% 的水稻已经收割，但 2023 年早稻湿谷收购价格有所降低，由 2022 年的 120 元/50 千克降至 2023 年的 110 元/50 千克，同时生产成本略有增加，主要源于增加的用工成本和地租上涨（目前台山水稻种植地租介于 500~800 元/亩）。实地调研的大江镇种植企业反馈，当地优质稻收购价格没有细分市场，只要确定为优质稻，收购价格基本一致，没有细致的分级定价，种植户的收益主要影响因素还是产量。

（三）粮食生产社会化服务补短板依然存在政策方面难题

台山是广东省最早和广东天禾公司合作提供飞防和粮食生产全程托管的县域之一，粮食生产社会化服务总体走在全省前列。但补短板方面依然存在政策难题，调研了解到，台山市水稻生产社会化服务体系短板在于育秧环节，但建设育秧大棚用地问题现在还比较模糊，自然资源部门对利用耕地建设育秧大棚尚未有明确答复，可能会涉及占补平衡等问题。

（四）继续推进粮食规模化经营面临困难加大

台山市地势平坦土地连片，作为广东省内为数不多可以使用大型农业机械的产粮区之一，其农业机械化水平较高，生产中机械自动化占比达到了 87.1%。据统计，台山市单造种植水稻规模在 100 亩以上的大耕户有 917 户，涉及种植面积 16.9 万亩，全市粮食规模化种植占 6 成左右（50 亩以上），年亩均收益约在 500 元左右。调研发现，近年来土地流转的难度、土地流转后的用途以及培育种粮大户采取的激励政策来看，依靠种粮大户扩大经营规模来填补小散户退出种粮面积难度在增大，当地财政没有能力对规模化种植提供相应奖补支持，未来推进粮食规模化经营面临困难加大。

三、台山推进粮食产业高质量发展的主要工作措施

（一）强化种质资源保护，优化各镇主导品种的结构布局

开展象牙香占等特色优势品种的种质资源保护与提纯复壮，加快优质高产专

用品种的培育、推广，提高良种覆盖率。2022 年晚造开展两个千亩粮食高产示范片，通过加强台山市自行选育优质水稻品种"台农 811""台香 812"推广示范，突出本地当家品种的稳产增产作用，在示范区建立品种筛选展示示范点，加大经过生产检验、农民接受程度高的水稻主导品种推广力度，推动构建一镇 1~2 个、一县 3~5 个主导品种的结构布局。

（二）加强农田基础设施建设，持续推进"藏粮于地"战略

高度重视高标准农田建设，持续推进高标准农田建设，以提高粮食产能、保护耕地和提升地力为目标，以粮食生产功能区和重要农产品生产保护区为重点，全面实施高标准农田建设，持续改善农业生产条件，补齐农田基础设施短板，保证粮食安全，截至 2022 年底，台山市累计建成高标准农田 70.82 万亩，同时 2023 年台山市加大对高标准农田财政资金投入，从 2022 年的 2250 元/亩提高到 2023 年的 2600 元/亩。同时将土壤改良作为高标准农田建设的一项重要内容，通过集成推广调酸控酸等土壤改良技术模式，建立土壤酸化耕地治理示范区，提升土壤有机质含量和耕地质量等级，高标准农田建设项目建设后耕地质量等级得到提升，平均质量等级为 4.08 等。探索"水稻+禾虫"的绿色种养模式，引入专业技术团队探索试验，增加种粮效益，台山市大江镇引入珠海专业公司采用"水稻+禾虫"种养模式，推广面积 300 亩，每亩稻田禾虫收益可以达到 1 万元，同时土地租金也涨到了 1400 元/亩。

（三）大力推广农业社会化托管服务，完善健全粮食生产服务链条

大力推广农业社会化托管服务，聚焦水稻耕整地、插秧、统配统施、病虫害防治、收割 5 个托管服务环节，首创"县级托管服务中心+镇级托管服务中心+村助理（村托管员）+农户"的扁平化属地管理模式，升级打造县、镇、村三位一体生产托管服务体系。积极开创农业生产托管数字化管理方式，提升农业生产托管服务效率，通过搭建物联网监测系统，通过监测系统实时查询近三年数据信息，有效增强应用数据的收集管理和病虫害服务的监控监测。平均每亩为农户带来增收节支 130 元，粮食产量提高 100 千克（湿谷），亩均年节本增收约 300 元。

（四）扶持粮食产业平台主体建设，进一步延长产业链

大力扶持推动粮食龙头企业发展，发展粮食精深加工，进一步延长产业链、增强对农民合作社和家庭农场的提升带动能力，引导新型农业经营主体健康发展。目前现有江门级以上龙头企业 6 个，其中省级龙头企业 3 个。同时建设省级丝苗米农业现代产业园，丝苗米产业园于 2020 年入选省级现代农业产业园建设名单，重点打造丝苗米标准化仓储和精深加工核心区，解决台山市标准仓储库容

缺口，提升加工转化能力，促进产业提质发展、三产融合发展。

（五）强化"台山大米"品牌建设，持续提升台山大米社会影响力

"台山大米"入选首批广东省特色农产品优势区名单，同时还入选了"粤字号"县域名特优新农产品区域公用品牌百强榜单，并以83.8亿元的品牌价值位列大米类品牌之首。在第十八届、第十九届中国国际粮油产品及设备技术展示交易会暨国际粮油博览会上，台山"珍香"牌丝苗米荣获"金奖"；在"2020世界数字农业大会、第十九届广东种业博览会"中，台山"象牙香占""海岛香米"荣获"2020首届广东十大国际名米（籼稻）"金奖品种和金奖产品。台山市丝苗米产业园两款产品获批广东省现代农业产业园百家手信（丝苗米）。

四、台山市粮食产业高质量发展建议

在座谈和与种植主体访谈中，调研组与当地干部群众深刻讨论了推进粮食产业高质量发展的意义，提升农户种粮积极性是核心，一揽子推进品种优质高产、品牌提升、规模化经营势在必行。参与调研人员均表示粮食价格是保障农民种粮积极性的关键，只有提升稻米品质，优质优价，让种植户能够得到实际回报，才能稳定农户种粮积极性。要做好粮食收益保障的长效机制，包括改善基本农田基础设施、推进小田变大田、推进社会化服务等。

调研组对当地粮食产业高质量发展提出了建议：一是强化科技支撑的作用，重点是与省农科院加强联系，加强台山本地与省内权威机构联合育种和水稻优良品种推广，以及绿色栽培技术的推广，同时加强抗病害、虫害技术的推广。二是加强种粮大户的培育，争取省里相关政策对大户奖补，提升大户的种粮积极性，同时做好土地流转相关工作，推进规范化经营，引导小农户向大户流转，鼓励农户开展"水稻—禾"等生态种养模式，提升农户种粮综合效益。三是注重培育新型职业农民，通过培训引导等方式培育一批懂市场、懂技术的新型职业农民，提升种粮主体整体素质。四是继续大力推广农作物病虫害专业化统防统治服务和化肥减量增效等技术，补足短板发展工厂化育秧中心，完成粮食生产链条，实现种植业绿色发展。五是加快农旅融合发展。围绕大米产业的功能拓展，深度挖掘岭南特色农耕文化，积极推进"旅游+""文化+""康养+"的农业跨界融合发展，打造全省以岭南特色农业为载体的农旅融合示范。

连州市粮食产业发展调研报告

杨震宇　洪思扬　方　伟

2024年6月28日，广东省农业科学院农业经济与信息研究所课题组对连州市粮食产业情况进行了调研，现将有关情况报告如下。

一、连州市粮食种植的基本情况

2022年连州市粮食种植面积为31.55万亩，产量为10.97万吨，产值为38888万元，其中水稻种植面积为24.87万亩，产量为9.49万吨。丝苗米种植面积约为20.5万亩，亩均350元收益，占水稻种植面积的82.4%，丝苗米总产约为8万吨，占连州市水稻总产的84.3%。全市12个镇（乡）均有种植丝苗米，集中连片种植基地主要分布在西岸、连州、丰阳、东陂、保安、星子6个镇。具有规模化、标准化生产基地建设的营业主体有3个，主要是连州市连正农业发展有限公司、连州市联合农产品专业合作社、连州市佳兴农业食品科技有限公司，种植面积达到1000亩以上。全市注册登记的丝苗米加工企业9家：连州市高山绿稻米业有限公司、连州市诚晟米业有限公司、连州市锦越盛食品厂、连州市荣晟米业有限公司、连州市丰阳盛裕米业粮食加工厂、连州市荔心连粮油有限公司、连州市畔水农业发展有限公司、连州市顺益米业有限公司、连州市祥兴粮油米业有限公司。近年来，连州市丝苗米产业以加工销售为主，主要销往珠三角城市。年销售量约为1万吨，销售单价约为8元/千克，产值约为0.8亿元。目前已培育出"高山绿稻""湟川稻"丝苗米品牌。连州市高山绿稻米业有限公司生产的丝苗米产品获得绿色农产品认证及有机农产品认证。目前，已完成1.53万亩的连片规模经营种植面积。

二、连州市粮食高质量发展面临的问题

（一）水稻比较效益愈发下降，粮食面临结构调整

连州市有"稻—菜"轮作"稻—玉米"轮作的传统生产习惯，但随着近年来农业生产成本持续攀升（主要反映的是农资价格、地租上涨），水稻生产赚钱效应愈发不明显，稻农或选择种植玉米等旱地粮食作物，或改为两年一次水旱轮作，粮食产业面临进一步结构调整的趋势。

（二）稻企精深加工能力不强，销售短板突出

连州市目前注册登记的丝苗米加工企业只有 9 家，大部分停留在初加工阶段，精深加工领域未有深入探索。企业主要以贴牌销售为主，多立足于本地传统渠道，没有完善的销售链，叠加外来米影响（湖北大米进货 1.9~2.1 元/斤，含包装、装卸费），水稻种植几乎没有比较收益可言，一定程度上导致丝苗米产业整体收益较低。

（三）土地质量问题影响品牌创建

连山县有 20 万亩富硒农地，但目前没有凸显出价值。调研了解到，本地品牌富硒认证的创建工作在一定程度上受困于土地重金属镉超标的问题。连州市希望培育更多本土加工企业品牌，目前注册登记的稻米品牌只有两个（高山绿稻、湟川稻），缺乏有影响力的品牌，尚未形成具有鲜明的连州特色的品牌，缺乏核心竞争力。

（四）托管服务区域不平衡

一是平坦地形的地区托管服务发展相对较快、托管规模较大，而丘陵和山区托管服务则开展相对缓慢滞后。二是灌溉环节的托管服务开展极少，而耕、收两个环节的托管服务则相对普遍。三是机插秧水平仍然较低，调研了解到，由于本地水稻品种不适等原因，机插秧会导致产量下降。

三、连州市推进粮食产业高质量发展的主要工作措施

为做强连州丝苗米品牌，力争打造百亿级产业，连州市委、市政府高度重视粮食产业发展工作，成立了多个领导小组和工作专班，推动粮食产业融合创新发展。其中重点发展连州菜心百亿产业，深度参与发展清远丝苗米百亿产业，配合参与发展清远鸡、麻竹笋百亿产业。

（一）加强丝苗米加工能力和品牌建设

连州市现有注册商标的丝苗米生产企业 4 家，有省级龙头企业 2 家，规模以

上企业 6 家，连州市大米加工类企业年销售收入约为 6500 万元。目前已培育出
"高山绿稻""渲川稻"丝苗米品牌。连州市高山绿稻米业有限公司生产的丝苗
米产品获得绿色农产品认证及有机农产品认证。一是充分利用发挥企业已建加工
场所作用，提升加工效能，扩大优质丝苗米出品量。鼓励企业引进优质丝苗米先
进加工生产线和开展丝苗米精深加工，提高优质丝苗米商品质量，进一步开发米
粉、米糊、米酒等米制深加工产品，延长丝苗米产业链条，增加附加产值。二是
配合推动成立行业协会。围绕清远市构建"1+N"区域公用品牌体系，充分发挥
协会作用打造公共区域品牌，结合连州本土"岭南硒谷·长寿连州"定位，提
升品牌知名度和市场占有率。

（二）推进丝苗米繁育和种植标准化

一是推进连州建设霞种繁育基地建设。依托清远市农业科研单位和大型水稻
种植生产企业，逐渐培育一批具有自主知识产权的优质丝苗米品种并进行开发，
提高育苗安全性和标准化水平。二是尽快梳理连州市连片土地，选取 2~3 块连
片土地聚集种植较为成熟的象牙香占、19 香、美香粘 2 号等优良品种，引导企
业集中力量种植推广，打造特色品牌。三是积极跟省农科院水稻研究所对接，择
优选择适合连州种植的南晶香占、美香占 2 号、十九香为丝苗米产业主推品种。
四是充分发挥农业龙头企业、农业服务企业带头作用，不断创新农业经营方式，
发展"公司+基地+农户""公司+合作社+农户""社会化服务"的利益联结新型
模式，从连片土地着力推动机耕、机插、机收，病虫害统防统治、集中育秧、集
中烘干、集中加工一体的社会化服务。

（三）拓展丝苗米销售渠道和市场

一是丰富拓展销售渠道。结合连州菜心"12221"市场体系建设搭建"丝苗
米"产销对接平台，培养销售队伍，开发商超、社区团购、优质客户，为连州稻
米企业"走出去"摇旗助力。二是进一步加强指导辖区内丝苗米跨县集群省级
现代农业产业园（清远市）实施主体推进产业园项目建设，推行丝苗米标准化
生产，加强现代化农业设施设备推广应用，提升区域公共服务能力，加强丝苗米
现代化加工、烘干、仓储、集中育秧等基础设施建设，其中实施主体连州市连正
农业发展有限公司 2023 年计划标准化种植 3500 亩，目前已完成 1500 亩；实施
主体连州诚晟米业有限公司 2023 年计划标准化种植 5000 亩，目前已完成 2000
亩。三是 2021 年安排 50 万元建设"一村一品、一镇一业"（石角）项目，扶持
连州镇石角村发展水稻产业，主要包括开展标准化生产技术示范，购置农业机
械，助力产业升级发展。

（四）加强农业生产社会化服务

为推动连州市农业高质量发展，连州市积极培育农业生产社会化服务组织，大力推进农业社会化服务，加快推动农业生产过程的专业化、标准化、集约化进程，不断推广农业生产社会化服务，构建"市运营中心+镇服务中心+村托管员"三级服务协办体系，以服务过程的现代化助力实现农业现代化。目前连州市已建立 1 个农业生产托管运营中心、2 个镇级托管服务中心、10 个托管服务站，并建立了生产托管服务组织名录库。目前，连州市可实施 4.2 万亩粮食生产托管服务，带动连州粮食生产托管面积 7.5 万亩，日烘干能力合计 250 吨。

四、下一步工作建议

（一）加强统筹推进，稳定产业规模

严格落实粮食安全党政同责，科学谋划部署 2023 下半年粮食生产工作，以撂荒地复耕复种、恢复双季稻种植为重点，大力推进高标准农田建设，积极发动农户种植丝苗米，以土地流转、土地托管经营、以耕代种、股份合作为主要模式，发挥农业龙头企业，专业合作社、专业大户等主力作用，以机械化耕作为保障手段，稳步增加丝苗米优质品种的种植面积，实现丝苗米产业化规模化生产经营。

（二）探索精深加工，提高产业化水平

以工业化思维发展丝苗米产业，鼓励和引导经营主体企业积极开展丝苗米精深加工，开发米酒等米制品深加工产品，延长产业链条，增加农产品附加值。完善"公司+基地+农户"的种植管理模式，与农户建立联系，撬动社会资金投入丝苗米发展。依托企业、科研院所等平台，加强"产学研"合作，引导农技人才指导农户科学发展，实现科技成果转化为生产力，做大做强丝苗米产业。

（三）加强品牌建设，提升产品竞争力

结合连州市文化特色及农业优势，围绕"岭南硒谷长寿连州"的定位，着力抓好丝苗米公用品牌培育。同时，进一步提升产业规范化、品牌化和现代化水平，加大品牌宣传力度，积极推动品牌电商发展，进一步提升农业产业效益。

（四）聚力多产融合，延伸产业链条

大力推动"农业+旅游"融合发展，加快绿色种养体验区建设，扩大特色农产品区域公用品牌影响效益。加快烘干服务中心、大米加工厂等项目建设，整合优质产业资源，带动一二三产业融合发展，着力打造一个集生产、仓储、物流、批零、直销、电商、旅游、体验、科技支撑等功能于一体的核心产业链。

高明区合水粉葛产业发展调研报告

冯珊珊　　周灿芳

高明区是"国家农产品质量安全县""国家生态文明建设示范区"，土地面积 938 平方千米，居全省第 75 位，地区生产总值为 977.10 亿元，居全省第 28 位，三次产业结构为 3.3∶74.6∶22.1；蔬菜产值为 6.96 亿元，占农林牧渔总产值的 9.4%。合水粉葛是国家农产品地理标志保护产品，是高明区委、区政府提出要培育的"百亿级乡村特色产业集群"之一。2023 年 8 月 1 日，广东省农业科学院农业经济与信息研究所课题组通过座谈交流、实地走访等方式对合水粉葛产业发展情况进行专题调研，现将有关情况梳理报告如下。

一、合水粉葛产业发展的主要做法与成效

（一）统筹推进产业发展，壮大培育特色优势产业集群

高明区高度重视合水粉葛产业发展，2018~2021 年，区财政累计投入 200 万元，用于合水粉葛品质提升攻坚、技术示范及推广、生产经营主体扶持和品牌宣传及保护，振兴合水粉葛产业，提升生产经营效益。2023 年 3 月，区委、区政府印发《佛山市高明区促进乡村产业高质量发展"2252"工程总体方案》①，提出通过建设 2 万亩粉葛种植基地，建立粉葛全产业链标准体系，打造农产品集散交易中心，构建品牌增值增效体系等方式。目前，区农业农村部门已经完成部分土地集约流转工作，选定农产品集散交易中心选址，为粉葛规模化种植、产品流通奠定重要基础。

---

① "2252"工程提出：做大做优"合水粉葛""三洲黑鹅"2 个地理标志品牌，推动打造"高明食材""高明美食"2 个区域品牌；实施"粤菜师傅""五个一百"工程，打造"合水粉葛""三洲黑鹅"2 个百亿级乡村特色优势产业集群，以产业振兴推动乡村振兴。

（二）打通粉葛种植技术难点，提升粉葛种植品质

为了解决合水粉葛种植出现品质退化、发病率上升及重茬障碍等问题，高明区农业技术服务推广中心通过提升粉葛种植技术，提升粉葛种植品质。一是由粉葛种苗着手通过引进佛山市农科所培育的粉葛脱毒苗，并开展田间试验调查及对病样采集检测，从根源提高粉葛品质。目前种植效果表明粉葛脱毒苗能明显降低枯萎病的发病率，粉葛脱毒苗的应用也逐步得到广大种植户的认可，采用脱毒苗的种植面积也在逐步扩大。二是针对粉葛近年来频发的黑头病、空心病等，与华农大和省农科院的病毒专家进行合作，在合水粉葛基地进行试验，着力解决了粉葛病虫害问题。三是采用"每年一造水稻一造粉葛"的轮作种植模式，减少病虫害发生概率，提升粉葛种植品质。

（三）做大做优合水粉葛品牌，提高合水粉葛影响力和竞争力

高明区是广东省最大的绿色粉葛生产、出口基地，产品畅销国内外市场，大量出口到欧美、加拿大、东南亚等华人聚居的地方。高明区十分重视合水品牌培育与发展，一是强化品牌认证。2002 年，合水粉葛正式获得了"国家绿色食品 A 级认证"；2006 年，合水粉葛获得"国家地理标志产品"；2014 年，合水粉葛成功申请"广东省著名商标"；2017 年，合水粉葛入选"全国名特优新农产品名录"；2021 年，佛山市通过市地方标准《地理标志产品——合水粉葛》的审定。二是多渠道宣传推介。高明鼓励农业企业申请使用"合水粉葛"地理标志保护产品专用标志，提高消费者对地理标志的认知度和农产品市场竞争力，并通过绿色发展博览会、粉葛节、葛王大赛、直播带货等活动，多维度打响合水粉葛品牌。三是积极健全粉葛质量安全追溯体系。2022 年，中国平安财产保险股份有限公司佛山分公司与佛山市粉葛种植协会签订"平安产险溯源农产品质量责任保险合作协议"，全国首单"粉葛溯源保"落地高明区，以"溯源+保险"方式为合水粉葛加强"身份认证"，健全了粉葛生产、保险保障、市场销售等产业链前中后期的农业信息管理和风险保障体系，进一步提升了合水粉葛品牌效益。

二、合水粉葛产业发展面临的主要问题及原因剖析

近年来，高明区委、区政府在振兴合水粉葛品牌，提高合水粉葛质量和竞争力，做大做强粉葛产业方面下了大功夫，但合水粉葛产业仍存在规模化程度有待提高、精深加工能力有待提升和市场营销体系有待完善等问题。

（一）规模化种植程度有待进一步提高

合水粉葛虽然作为国家地理标志产品，但是近年来生产规模不但没有增加反

而缩减，从历史上最高峰种植的 1.5 万亩跌至现在不足 5000 亩，目前仅有 6 家规模种植合水粉葛的企业和专业合作社，绝大部分是家庭农户零散种植，难以做大做强，无法形成专业化、产业化经营，导致市场份额不大，品牌地位不突出，竞争实力不强。究其原因：一是高明区土地分散细碎，企业难以整合连片土地发展规模化种植，大部分企业种植规模为 200~300 亩，规模化、集约化程度较低。二是由于近年来防止耕地"非粮化"的管控要求，耕地应当优先用于粮食和棉、油、糖、蔬菜等农产品生产，大规模种植粉葛受到一定的限制。

（二）精深加工能力有待提升

合水粉葛目前的加工产品主要有葛根面、葛根粉、葛饮料和葛米粉等，但是由于当地粉葛种植规模小，粉葛产量不足以吸引大规模的加工企业，导致粉葛的精深加工的推进难度较大；此外，当地尚未研发出具有辨识度和代表性的合水粉葛加工产品，创新能力有待提高，粉葛精深加工能力不强，产品附加值偏低。

（三）市场营销体系有待完善

如何建立高效的市场营销体系，拓宽市场渠道，是合水粉葛产业发展亟待解决的关键问题。目前家庭农户零散种植的粉葛主要以田头收购为主，当地农业农村部门干部反映，"田头采购价格经常由采购商贩决定，经常因为采购商贩压价而导致种植农户效益较低"。种植合水粉葛企业的营销渠道主要是订单直销或者线下实体店销售，线上销售比例约为 15%，电商平台销售、视频直播、订单销售等线上销售渠道有待拓宽。

三、几点建议

（一）扩大种植规模，打造合水粉葛产业集群

一是鼓励区内企业、合作社和种植大户等生产主体自主流转土地，扩大合水粉葛种植规模，推动粉葛生产集约化、规模化发展。二是以当前粉葛种植规模最大的更合镇为核心，打造粉葛种植示范基地，推行"公司+基地+农户""合作社+基地+农户"等农业专业化模式，带动周边村镇新型经营主体和农户种植合水粉葛，同时辐射临近市县（鹤山、新兴和高要等）种植粉葛，逐步扩大粉葛种植规模，打造华南地区粉葛生产集群，为创建百亿级粉葛产业奠定基础。

（二）致力发展粉葛精深加工，推动产业高质高效发展

要建设合水粉葛百亿级产业，必须推动产业深度融合和全产业链增值，发展壮大深加工产业集群。一方面，要引导区内合水粉葛种植规模较大的企业，如佛山市禾田生态农业发展有限公司、佛山市高明区禅农生态农业科技有限公司等，

根据市场消费需求，研发葛粉、葛根面、葛根粉丝和粉葛饼干等深加工产品，致力延展合水粉葛产业链。另一方面，加强农产品加工技术研发，积极与省市农业科研机构和高新技术企业合作，进一步推动合水粉葛精深加工产品研发，如葛根生态茶、葛根饮料等保健产品和预制菜，不断提升合水粉葛的产品附加值。

（三）做大做强产品交易流通，打造高效市场营销体系

一是打造高明合水粉葛交易集散地。围绕《佛山市高明区促进乡村产业高质量发展"2252"工程总体方案》，在高明区布局建设集仓储物流、冷链集配、展示展销、电子商务于一体的农产品集散交易中心，依托合水粉葛属地种植规模优势，打造华南地区粉葛储藏、加工及流通中心，形成辐射能力强、服务功能完备的粉葛贸易集散地，做大做强粉葛交易流通。二是稳定粉葛收购价格，保障种植效益。充分发挥高明区合水粉葛种植协会的组织作用，根据年度种植成本和市场需求，主动与粉葛采购商协定最低采购价，稳定粉葛收购价格，保障农户种植效益。三是拓宽线上交易渠道。鼓励企业入驻电商平台，发展电商销售、视频直播、订单销售等线上销售，打破线下销售的区域性限制，同时积极参与展会、农博会等推介会，拓宽营销渠道。

连州市菜心产业发展调研报告

梁俊芬　冯珊珊　李伟锋

连州是国家重点生态功能区，也是"中国长寿之乡""全国富硒农业示范基地"，土地面积为 2668.52 平方千米，居全省县域第 18 位，地区生产总值为 180.39 亿元，居全省第 95 位，三次产业结构为 28.5∶25.6∶45.9；蔬菜产值 33 亿元，占农林牧渔业总产值的 42.1%。连州菜心是国家农产品地理标志保护产品，是清远市委、市政府在"十四五"时期首批打造的"五大百亿级产业"之一。2023 年 6 月 29~30 日，广东省农业科学院农业经济与信息研究所课题组通过座谈交流、实地走访等方式对连州菜心产业发展情况进行专题调研，现将有关情况梳理报告如下。

一、连州菜心产业发展的主要做法与成效

（一）高位统筹推进，打造连州菜心百亿产业集群

连州市高度重视菜心产业发展，将连州菜心作为主导农业产业，2018 年成功申报创建连州菜心省级现代农业产业园。在省级层面，连州菜心作为省"12221"① 市场体系重点推动项目，2022 年 12 月广东省农业农村厅专题召开连州百亿菜心"12221"工程建设研讨会，支持连州探索打造百亿菜心产业。连州市迅速启动连州菜心"12221"市场工程建设，成立连州菜心"12221"市场体系建设工作领导小组，设立工作专班，制定《2022 年连州菜心营销"12221"行动工作方案》，开展系列营销行动。2022 年采购商地头采购的比例占五成，中间环节减少。在清远市层面，2022 年清远将连州菜心定位为重点打造的首批百亿

---

① 搭建"1"个连州菜心数据平台，打造销区采购商和培养产区经纪人"2"支队伍，拓展销区和产区"2"大市场，策划采购商走进产区和农产品走进大市场"2"场活动，实现品牌打造、销量提升、市场引导、品种改良、农民致富等"1"揽子目标。

产值特色产业，规划在"三连一阳"地区打造"连州菜心"产业集群，连州菜心迎来发展重大机遇。连州市成立由市委、市政府主要领导牵头的连州市推进农业高质量发展工作领导小组，连州菜心产业发展领导小组，下设工作专班，抽调优秀人才，开展挂图作战。在连州市层面，连州市委、市政府通过土地流转、项目扶持、产业奖励等政策扶持，加强连州菜心提纯复壮和品种繁育，制定连州菜心地方标准，引进和培育现代农业龙头企业与省级农民专业合作示范社，成立连州菜心协会，促进连州菜心向规模化、产业化、标准化、品牌化发展。

（二）一年三茬粮蔬轮作，实现连州菜心量价齐升、钱粮双收

连州地处广东西北部粤北地区，具有发展冬种生产得天独厚的条件，生态优渥、昼夜温差大，所产菜心以香甜细嫩、爽口汁多、品质上乘而著称。连州市耕地面积 45.45 万亩，大部分地区采用"甜玉米+甜玉米+连州菜心""水稻+甜玉米+连州菜心""双季稻+连州菜心"等轮作种植方式，春季种植玉米、夏秋种植水稻、冬种连州菜心，实现一年种植三轮作物，亩产值超万元。连州菜心属于中晚熟蔬菜品种，种植期一般为 9 月至次年 2 月，从播种到采收 60 多天，可采收主苔和侧苔，亩产 3000~3500 斤。2011~2022 年，连州菜心种植面积从 1.8 万亩发展至 8 万亩，产值从 1 亿元增至 12 亿元，亩均产值从 0.56 万元升至 1.5 万元，年均分别增长 13.2%、23.0%、8.6%，实现"量价齐升"，带动 5 万名农民就近就业，人均增收 1600 元，成为连州人民的增收菜、富民菜。

（三）全力推进产业园建设，打造全产业链发展格局

连州菜心产业园是 2018 年广东第二批省级现代农业产业园之一，项目计划总投资 2 亿元，其中省级财政资金 5000 万元，市县统筹整合涉农资金 5000 万元，撬动参与项目的实施主体和社会资金 1 亿元。自 2018 年以来，连州市以全县之力，全力推进连州菜心产业园建设。建立了现代农业产业园"园长制"，由市长担任"园长"，党委领导主持召开协调推进会，研究产业园规划建设方案，落实用地和配套资金。截至 2021 年 5 月 31 日，产业园建设总投入资金 2.2684 亿元，其中省级财政资金 5000 万元，地方统筹资金 8293 万元，企业自筹资金 9391 万元，打造集生产、加工、储运、销售于一身的全产业链模式。园内有省级农业龙头企业 4 家、市级农业龙头企业 7 家、国家级农业合作示范社 1 家、省级农民合作示范社 7 家、省级家庭农场 1 家。通过"公司+农户""公司+合作社""公司+基地+农户"等模式，让广大农民成为产业园建设的参与者、利益分享者。2020 年园内农民收入 19056 元，高于全县平均水平 21.09%。

（四）共建区域公用品牌，提升连州菜心竞争力

自 2011 年第一届"连州菜心节"伊始，连州市委、市政府就有意识建设

"连州菜心"品牌。一是完成两项地方标准制定。为破解品种标准、种植标准和品质标准不健全，农药化肥使用不统一等问题，清远市编制实施《连州菜心》（DB4418/T 017-2023）、《连州菜心生产技术规程》（DB4418/T 018-2023）两项地方标准，规范菜心种植，提升连州菜心品质和产品形象。二是强化"两品一标"认证。经过多年品牌培育，目前连州菜心获得国家地理标志保护产品（2014年）、岭南生态气候优品（2021年）、广东省名特优新农产品区域公用品牌等称号，入选2020年全国名特优新农产品名录、2022年国家地理标志农产品保护工程项目，拥有绿色食品认证10个、无公害农产品7个、广东省名牌产品3个、广东省名特优新农产品7个、广东省第三届"十大名牌"产品2个。2019年连州市被认定为广东省特色农产品优势区（连州菜心），2021年西岸镇被评为广东省"一村一品、一镇一业"专业镇（连州菜心），丰阳镇朱岗村（2019年）、西岸镇东江村（2021年）、石兰村（2021年）被评为广东省"一村一品、一镇一业"专业村（连州菜心）。三是多渠道宣传推介。连州市通过举办连州菜心节、短视频、广告、直播、宣传片等方式，将连州菜心的种植环境、栽培管理、文创故事等宣传给广大消费群体，提升连州菜心知名度与影响力。2011~2022年连续举办12届连州菜心节；2022年广州地铁5号线"连州菜心"专列启程接客、连州菜心登上广州塔"小蛮腰"，创作主题歌曲、MV《爱上连州菜心》，推出"百亿菜心的抱负""营养专家谈连州菜心"系列短片，发布市领导力荐连州菜心打call视频等，助力连州菜心挺进大湾区乃至全国市场。

二、连州菜心产业发展面临的主要问题

近年来，连州市委、市政府在打造百亿级菜心产业方面下了大功夫，但菜心产业仍存在规模化程度不高、销售渠道偏窄、标准体系不统一、公共品牌辨识度较低、延链强链力度有待加强等问题亟需解决。

（一）规模化种植程度有待提高

种植面积不大、规模化程度低、产量不高是连州菜心产业目前面临的主要问题之一。目前连州菜心最大规模的生产企业是经营了20多年的连正农业发展有限公司，种植规模约4000亩，而超过1000亩的企业寥寥无几，且实力普遍较弱。由于菜心种植采摘需要耗费大量的人力，一般家庭农场的种植面积在30亩左右，还有众多的小农户处于分散独自经营的状态，种植面积为2~6亩。在调研中了解到，连州本地菜心总产量低，虽然市场上对连州菜心的需求大，但是真正产自连州本地的菜心较少，大量是来自云南、广西、宁夏种植的"连州菜心"。究其原因，一是由于连州地处粤北山区，主要是丘陵盆地，土地分散细碎，土地规模化、集约化程度低。二是缺乏农业龙头企业带动，目前发展连州菜心的本地企业少，且大多数种植规模不足千亩，难以起到示范带动作用。

（二）销售渠道有待进一步拓宽

如何拓宽连州菜心的市场销售渠道，打造更加高效全面的市场营销体系，是连州菜心产业发展亟待解决的主要问题之一。调研中，连州市菜心协会反映，当前连州菜心销售仍以传统的市场批发（中间商销售）为主，线上渠道销售额不足 20%，电商平台销售、视频直播、自媒体销售等线上销售以及展销会、社区团购、订单销售、加工销售等线下销售渠道有待拓宽。当地农业农村部门干部反映，"菜心采摘耗费人力，且菜心的适宜采摘期只有 3 天左右，如果市场行情低迷，菜心收购价低，很多种植户选择把菜心烂在田间地头"。

（三）标准化体系仍未完善

由于连州菜心生产组织化程度不高，对品种、种植采摘、分等定级、包装等标准执行不统一，造成连州菜心的品质标准参差不齐，亟需形成标准化的种植模式和稳定的产品品质。目前连州菜心的田头收购一般只按重量计价，菜心分级分拣标准尚未完善，导致当地连州菜心的收购价格一直在低端徘徊，难以进入高端市场。

（四）公共品牌辨识度不高

连州菜心在"菜心节"的带动下，具有一定品牌效应，但是连州菜心的品牌辨识度仍然不强。究其原因：一是目前连州菜心的标准体系不完善，造成市面上的连州菜心长短参差不齐、不打霜不甜、口味不统一。二是"连州菜心"品种在外省亦可种植，连州本地种植的菜心尚未形成鲜明的地域辨识度。

（五）延链强链力度有待加强

目前连州菜心主要以鲜销为主，深加工企业少，产业链延伸能力较弱。虽然本地菜心相关加工企业确定了菜心干、菜心富硒纤维素粉、菜心含片等加工产品，也尝试研发菜心香菇饺预制菜式，但后续推进力度不够。根本原因在于本地加工企业体量偏小，缺乏实力雄厚、市场知名度高、带动能力强的优质加工企业，导致产业链延伸难度较大。

三、几点建议

（一）扩大产业规模，推动规模集群种植

围绕《连州菜心创百亿产业行动计划》（2023~2025 年），谋划成立连州市国有公司（如连州市农业发展有限公司），整合土地资源，重点打造 6 个连州菜心产业集群示范基地，以示范为核心，结合生态资源禀赋，推广"粮蔬"轮作种植模式，辐射带动周边村镇新型经营主体、菜农种植连州菜心，扩大菜心种植面积，为打造百亿级菜心产业奠定基础。同时，搭建连州菜心农产品大数据平台，以产业园和种植示范基地作为连州菜心数字化赋能策略实施先行区，加强连州菜心全产业链流程的数字化建设工作，开发种植检测、品牌价值和市场行情等功能模块，以数据指导生产。

（二）打造高效有力的市场体系，提高种植效益

抓农业产业要生产市场"两手抓"，特别要把市场挺在生产前面。持续抓好连州菜心"12221"市场体系建设各项工作，打造高效有力的市场体系，提高连州菜心种植效益，是连州菜心创百亿产业发展的关键一环。一方面，探索实行"订单农业"模式。发挥连州菜心协会的组织作用，集合本地菜心种植企业组建连州菜心对外销售团队，定期到省内外开展销售对接活动，主动对接大宗市场、一级批发市场等，推广产地集散与批发直达的营销模式；并邀请批发市场、商场、餐饮协会、商会和帮扶机构等有关采购负责人实地考察，开展生产端和消费端对接活动，打通"订单式"销售渠道，破解"丰产不丰收"的难题。另一方面，做强线上销售。指导本地种植户在菜心种植期间开展视频直播活动，让广大群众亲临现场，共同见证菜心成长，并在菜心收获期，安排主播在各大平台进行直播带货，打破线下销售的区域性限制，拓宽销售渠道。

（三）加强标准化生产体系建设，保障产品品质

现代农业应建立在标准化种植和稳定的产品品质基础上，加强标准化生产体系建设，提升产品品质，才能把连州菜心产业做大做强。一是完善连州菜心相关地方标准。以《连州菜心技术规程》和《连州菜心》两项地方标准为基础，制定完善品种、种植、采摘、保鲜、等级、包装、物流等环节标准，建立统一产品品质标准体系，为产业高质量发展奠定标准化基础。二是推进标准化生产。在各镇村建立标准示范基地，推行种植环境标准、种植机械标准、种植方式标准、采摘标准等，通过举办标准化生产技术培训班、现场观摩会、开展田间技术指导等形式，加强标准培训和宣传，逐步扩大应用覆盖范围，实现标准的执行落地。三是建立连州菜心产地溯源体系。设计连州菜心商标和防伪码，建立产品统一的防伪溯源体系；建立连州菜心品牌授权机制，按照标准化生产技术规程进行生产，才能申请使用连州菜心商标标识和防伪编码；加强监督，规范市场秩序，把好连州菜心质量关，形成稳固的品牌声誉。

（四）构建连州菜心区域品牌，擦亮"连州菜心"金字招牌

善用多种资源和手段构建连州菜心区域品牌，强化品牌效应。一是设计连州菜心宣传推广元素，统一连州菜心的品牌设计和包装设计，结合五大百亿产业连州菜心品牌形象，强化连州菜心地域辨识度，聚力提升品牌效应。二是充分利用连州本地富硒土壤和"福地连州"地理认证，打造连州特有的富硒菜心品牌。三是多基地、多点位建设连州菜心展示点，从历史、文化、种植、加工及产品等多个环节全面提升连州菜心的对外展示宣传力度，让品牌更加生动形象。四是通过多种方式、多方媒体，持续深入推广连州菜心公共品牌，提升品牌知名度和美誉度。

（五）聚力延链强链，壮大特色产业集群

随着菜心种植规模的逐步扩大，必须解决菜心一二三产融合对接问题。一是加强企业培育和加大引进力度。进一步强化招商引资和本地优质企业培育，对根植本地的加工企业加大政策支持力度；着力引进省内外农产品、食品和预制菜加工等领域龙头企业，开展连州菜心精深加工建设，提升连州菜心附加值。二是加强产品研发。与广东省农科院等科研院所及省内外高新技术企业合作，进一步开展连州菜心精深加工产品的研发，如菜心面、休闲零食和预制菜等，研发出具有代表性和认可度的连州菜心精深加工产品。三是推进农旅深度融合发展。将连州菜心与连州地下河、连山欧家梯田、千年瑶寨和阳山第一峰等旅游资源整合，呈片、呈线辐射带动提升周边镇村或交通干道，开发建设以连州菜心为主题、聚集多资源载体、多业态支撑的田园农旅融合综合体；将连州菜心基地融入连州市丰阳镇畔水村等乡村旅游示范镇、点及东陂乡村振兴示范带等建设规划，打造以观光、采摘、研学为主的连州菜心休闲旅游点，吸引粤港澳大湾区短途人群体验。

增城区荔枝产业发展调研报告

胡韵菲　雷百战

中国荔枝看广东，好吃荔枝在增城。当前，增城区荔枝名优品种包括增城挂绿、桂味、糯米糍、北园绿、仙进奉、甜岩、水晶球等，增城挂绿等荔枝品牌也成为高端荔枝的代表。2023 年，增城荔枝种植面积为 19.72 万亩，栽培品种 70 多个，2023 年总产量约为 4.8 万吨，较 2022 年增产 6.2%，市场营销额约为 21.6 亿元，荔枝产业是增城区农户增收致富的重要产业，已形成种植基地、家庭农场、种植大户等多种形式的、具有一定规模的绿色生态农业，并形成生产、保鲜、加工、流通、营销产业链。2023 年 9～10 月，广东省农业科学院农业经济与信息研究所课题组对增城区荔枝产业发展情况开展实地调研，调研对象主要为荔枝果园，涵盖荔枝种植、电商销售、休闲采摘等。

一、增城区荔枝产业基本情况

（一）千年荔乡，种植历史悠久

增城区水网众多河岸肥沃，总河道长度近 1000 千米，清澈水域、沃厚土壤、适宜气候共同造就了全球最优质荔枝生长[1]。增城区荔枝种植历史悠久，晋代顾微所著的《广州记》记载："增城县白水山有五距鸟。县北又有搜山，有荔枝树，高八丈，相去五丈而连理。"可见早在 1600 多年以前县域内就有了极为高大的古荔树，增城荔枝的历史至少应有 2000 年。北宋时期，一位名叫张宗闵的文人就编写了县域荔枝专书《增城荔枝谱》。2020 年，具有鲜明地域特色的独特农业生产系统——增城荔枝种植系统，包括幼龄荔园间套种、林下养殖、梯级种植、果基鱼塘、庭院种植等生产模式[2]，以广东岭南荔枝种植系统之名，入选中国重要农业文化遗产名录。

（二）"天生荔质"，品种品质齐闻名

作为广州荔枝核心产区之一，2023 年增城荔枝总面积为 19.19 万亩，约占广

州市荔枝面积的 35%，产量为 4.52 万吨，增城更是广东省的优质荔枝产区，种植的特优和优质品种 31 个，面积达 16 万亩，占比超 81%，其中，桂味、糯米糍两种高端品种，占增城荔枝种植面积约 60%，挂绿、仙进奉、甜岩、水晶球等优珍品种约占 10%。一般情况下，增城荔枝于 6 月中旬集中成熟上市，但往往会在 4~5 月开始迎来提前预订采购。由于技术得到保障，近年来，除了大果场开展预定，一些家庭农场、小型种植场也已纷纷开始接受预售订单，据了解，2023 年 4~5 月，一些小型家庭农场、种植场已预售出 3000~20000 千克不等的荔枝。

二、增城区推进荔枝产业高质量发展的做法

（一）发挥区位优势，主攻鲜销市场

增城区荔枝以质优闻名，相较于省内其他荔枝产区，其产量和规模并未占优，基于增城区位于珠三角城市群核心的区位特点，增城荔枝持续发挥科技和人才的支撑作用，主推鲜果销售。增城区不断探索推动优质荔枝生产基地与专业的头部直销平台衔接，拓宽荔枝鲜果电商销售渠道。2023 年，由增城区农产品推广与质量安全监督所，组织华南农业大学等科研院所的专家与街道相关负责人员、辖区电商企业代表、农民专业合作社代表和荔枝种植大户等共商荔枝病虫害防治技术和荔枝产供销形势，探索建立健全荔枝产供销联农带农惠农富农机制和搭建荔枝产供销对接平台，帮助果农增产增收。如增江街道探索，由街道主动对接，协助广东中荔农业集团有限公司和广州创鲜农业发展有限公司等收购荔枝，在四丰村、光辉村设置荔枝收购点，让果农不出村就能销售荔枝。其中，荔果源（广州）家庭农场有限公司供应链基地建成启用后，荔枝销售规模将大幅提高。该平台搭建起来后，还将聚焦当地特色农产品，将特色时令农产品销往全国各地。下一步，将着力推动增城区打造全国荔枝采摘权挂牌交易示范点[3]。

（二）传承荔乡文化，聚焦品牌价值

面对激烈的市场竞争和消费者不断升级的品质需求，增城区不断扩大优质品种种植规模和大力开展品牌建设，提升增城荔枝的"软实力"。增城区荔枝种植和采摘园遍布全区，千亩以上的荔枝种植村 67 个，仅 19 余万亩种植面积，品牌价值却高达 24.8 亿元。2012 年，增城挂绿、增城荔枝获评国家地理标志产品；2016 年，在增城举办中国荔枝邮票原地首发式；2018 年增城荔枝入选省名特优新农产品；2019 年，增城荔枝入选全国名特优新农产品、荣获"2019 全国绿色农业十大领军地标品牌"、成功创建增城荔枝省级特色农产品优势区；2021 年，增城荔枝获得广东荔枝最有价值区域公用品牌称号；2022 年，增城荔枝被农业

农村部列入首批国家农业品牌精品培育计划，是全国唯一入选的荔枝类品种。在最新公布的 2023 年国家农业主导品种主推技术名单中，增城仙进奉荔枝成唯一入选的荔枝类品种；仙进奉还作为首个通过广东省品种审定的迟熟特优荔枝新品种，连续 10 年入选省市农业主导品种，全国荔枝产区都争相引种，全国推广面积超过 15 万亩[4]，是近年来审定荔枝新品种推广面积最大、效益最好的品种。

（三）不断强链补短，"小特产"走向"大产业"

一是紧扣"品种培优、品质提升、品牌打造和标准化生产"的路线，于2020 年出台了《增城荔枝产业高质量发展十条措施》，3 年投入 1.44 亿元，全链条提升荔枝产业发展水平[5]；投资 2.8 亿元创建了省级仙进奉荔枝现代农业产业园，依托仙基、田园牧歌、京邦达、皇朝御苑等龙头企业，推动实施绿色种植、蜂蜜加工、仓储物流、餐饮民宿等 23 个项目，打造高标准荔枝全产业链现代产业园区。二是持续推进增城荔枝产学研基地建设。自 2019 年起，增城区人民政府与华南农业大学合作共建了国家荔枝龙眼产业技术体系增城工作站、增城荔枝研究院、增城荔枝培训学院，完善荔枝产业运营信息系统，持续为产业发展提供技术保障和人才支撑。增城区也着力扶持连片 100 亩（含）以上高接换种或扩种仙进奉荔枝，目前全区仙进奉种植面积达 3 万亩，建成增江联益村和正果乌头石村 2 个千亩仙进奉荔枝基地，积极推动荔枝从"小特产"向"大产业"转变。三是强化冷链物流、田头小站等建设，推动各项上级冷链补助和税费优惠直达快享[6]，减轻企业引进冷链运输设备资金压力，有效解决荔枝保鲜期短、储运技术要求高等难题。目前，全区荔枝田头冷库总库容约 2.5 万立方米，从库容总量计算，基本上满足全区荔枝冷藏保鲜需求。2023 年增城全区荔枝出口总量约为78.3 吨，较 2022 年增长 160%[7]。在中东、欧洲、北美等地，500 克增城荔枝售价折合人民币能达 100 元以上，是真正的果圈奢侈品。

三、增城荔枝产业发展面临的挑战与问题

（一）市场竞争激烈，成本逐年增高

近年来，随着直播电商销售的兴起，线上销售荔枝价格很透明，各个荔枝产区都铆足力气要在 5~6 月荔枝季的热度下"冲一波"业绩，这使得以鲜销为主的增城荔枝面临更激烈的市场竞争。据中窑果场的负责人表示，外地荔枝的销售价格比增城便宜很多，据说广西和茂名相关政府部门对电商销售荔枝有可观的运费补贴。具体而言，广西和茂名的荔枝仅在邮费就比增城发出的荔枝便宜 50 元/件，使荔枝集中上市期间，同等重量的荔枝比增城荔枝价格便宜一半。如果再考虑增城区人工、农资、土地租金等相对更高的成本支出，增城荔枝更加无法在价格上形成有力竞争。此外，很多外省消费者并不能辨别荔枝的品质优劣，甚至连品种都分不出来，很可能用高价钱买到名不副实的荔枝。长期发展下去，将使增城荔枝"金字招牌"口碑受到极大影响。由于销售端与消费端信息不对称，增城优质荔枝只能卖给"识货"的本地人，直播销售的兴起，使增城很多优质果园的销售目标群体反而变窄了。

（二）面临技术瓶颈，受气候影响严重

普通果园与标准化果园之间的管理水平存在较大差异[8]，荔枝品质与产量均受气候，特别是雨水分布的影响显著；同一果场中，不同品种出现不同产量结构分布，对果场收入起一定的稳定作用。据东林果场的负责人表示，果场种植正在往全面标准化管理方向建设，2023年，石滩镇东林果场荔枝产量上整体属于"中年"，其中，妃子笑"中小年"，桂味"大年"，仙进奉"中大年"。在种植标准化程度稍欠缺的中窑果场，妃子笑由于在花期的强雨水，2023年产量为550~650千克/亩，属于"中年"；桂味亩产400千克，属于"小年"，该品种每年都不稳定；水晶球亩产500多千克，受气候影响显著，得了黑皮病，2023年品质不佳；糯米糍受不利天气的影响更大，果子容易烂。同在石滩镇的三镇果场负责人则表示，由于在荔枝成熟期遇到强降雨，需要重新打药，需要延迟两天才能卖，小果、烂果都不卖出去。这种情况，对一般果农的销售将造成影响，但是该果场一直以品质和信誉与客户保持良好的互信关系，果场负责人袁老板表示，即使出现不利天气，荔枝管理控制得好质量就可以保障。但如果经营者无法像袁老板一样，能把握市场销售端，受不稳定气候的影响，多数普通果场的荔枝鲜果销售将很容易陷入"无果卖—卖坏果—失客户—卖不出"的恶性循环。

（三）产业链短板明显，三产融合程度处于初级阶段

一是加工业对种植业产生的"余果"跟进不足。由于主打的是鲜果销售，游客也会优先选择在荔枝季集中前往果园采摘荔枝，增城荔枝有长达9个月的鲜果销售空档期，生产深加工制品既能满足市场需求，也是产业升级的需要。但相对于本地荔枝鲜果的"蜚声在外"，加工荔枝在增城更显得是"次选"。从2023年荔枝季销售价格发展态势来看，妃子笑综合价格10~20元/千克，桂味14~16/千克，仙进奉80~100元/千克，后期桂味最低8~10元/千克。由于增城区高昂的人工费用，有些果场卖不完，就干脆不摘了，让果子烂在树上。市场需求后期变弱，使得有些果场出现"有荔枝，无人摘"的现象。增城荔枝干加工多选用糯米糍、怀枝两个品种，而优质的增城桂味荔枝，则被加工能力更强的茂名大量

收购，用于制作优质荔枝干。荔枝酒和其他糕点，也因为相似的原因并未受到市场青睐。二是增城荔枝的旅游业态单一，多年来都以体验采摘为主。在增城东林果业园每到荔枝成熟季，不少游客都会选择到果园采摘荔枝、游玩，票价45～60元/人，可以入园任摘任吃，购买带走则按市场价，2023年贵的品种200～240元/千克，桂味60～80元/千克。园内有京东、顺丰快递驻点，快递发货也很方便。然而，由于游客并不稳定，绝大多数果园采摘收入占比不高。据中窑果场负责人介绍，采摘大概为几百人一天，有时候有旅游团就多些，整体而言，2023年采摘收入占三至四成，电商销售的收入比采摘多。因此，对交通区位不太好、园内道路不完善、旅游设施配套不足的多数小、散果园而言，唯有随着市场价格销售鲜果，市场风险依然高，随着种植园维持成本逐年攀升，果农难以真正依靠发展荔枝产业增收致富。

（四）品种结构趋同，种质资源优势未能发挥

目前增城区在区农科所建设40亩增城荔枝种质资源保护基地，计划收集310份荔枝种质资源并进行保护性种植；在仙村仙基果场建成收集210个荔枝品种的荔枝种质资源圃；在石滩镇中窑果场已有荔枝品种多达30个以上，正在选育优质新品种"美荔迷"[9]。增城荔枝品种有70多个，基本涵盖广东现有品种，其中50个品种为本地原产或种植已久。据文献记载，挂绿、尚书怀（小华山、绿罗衣、交儿环的统称）、水晶球、苣麻子等知名品种均原产增城[10-11]。此外，绉纱裘、凤凰球、雪怀子、增城踏死牛、增城脆肉、胭脂红、桂花香、正果进奉、糖龙眼、南蛇皮、细核枝、素馨香、甜岩、兰溪山枝、八月熟等品种，在其他产区均为少见，许多品种尚有一定数量的古树或母树存留[1]。但是，增城的果场普遍种植的品种集中在桂味、糯米糍几个传统优势品种，近年来改种仙进奉的果场也逐渐增加，品种结构有明显的同化趋势，增城丰富的荔枝种质资源及其丰厚的文化底蕴优势尚未得到发挥。

四、经验借鉴

江西赣南脐橙年产量达百万吨，原产地江西省赣州市已经成为脐橙种植面积世界第一，年产量世界第三、全国最大的脐橙主产区。赣南脐橙果大形正，橙红鲜艳，光洁美观，可食率达85%，含果汁55%以上。据"2023中国品牌价值评价信息"发布，赣南脐橙以691.27亿元的品牌价值，居全国区域品牌（地理标志产品）第五位、水果类第一位，赣南脐橙连续9年位居全国区域品牌（地理标志产品）水果类榜首。

（一）推动规模化、标准化种植

为进一步适应市场需求，降低生产成本，提高赣南脐橙果品质量，赣州全面推广四蔬技术、水肥融合技术、配方施肥技术、病虫害综合防治技术，通过举办培训班等多种形式，建立标准化示范园，带动指导果农实现规范化生产管理。在果园建设过程中，赣州以标准化生态果园建设为抓手，推行"矮化密植、高干低冠、宽行窄株"栽培模式，推广全园深翻熟化改土、增施有机肥、水肥一体化、果园套种与生草栽培、假植大苗上山、病虫害综合防控等集成实用技术，全面提升果园标准化、生态化建设水平。赣州大力推广的"五统一分""三大一篓""三保一防""猪—沼—果"生态开发模式，成为南方山区综合开发的成功范例。通过打造标准化生态示范园，普及推广绿色、优质、高效栽培理念和集成技术等措施，赣南脐橙的品质得到提升，也得到了消费者认可，销售价格比其他地区所产脐橙高出30%左右。

（二）持续的政策和资金支持壮大升级产业链

赣州市始终将脐橙产业发展列入当地总体工作部署，连续多年安排专项果业发展资金，并出台"建设世界著名脐橙主产区""培植超百亿元产业集群""建设全国乃至世界有影响力和市场话语权的脐橙产业基地"等一系列举措及产业扶持政策和配套措施[12]。鼓励赣南脐橙从单纯的种植业发展成为集种植生产、仓储物流、精深加工于一体的产业集群，并将产业链向数字、旅游等领域延伸拓展，赋能脐橙产业链升级、产业增值。赣州市安远县橙皇现代农业发展有限公司，从苗木到种植，从贮藏保鲜到果品加工，从包装运输到品牌营销，已形成脐橙产前、产中、产后各个环节相互配套的产业体系，覆盖整个脐橙产业链条。同时，企业与观光旅游相结合，加强果园生态建设，山顶戴帽、山腰种果、山脚穿靴、山脊种林，"园中有林、林中有园"，并建设了休闲观光设施及民宿、餐饮等，促进一二三产业融合发展。

（三）联农带农激发内生动力

围绕补链、强链、延链，赣州推行"链长+链主"工作机制，每个县（市、区）支持若干脐橙产业链重点企业，培育一批市级、省级、国家级农业产业化（果业）龙头企业，采取"龙头企业+合作社+农户"模式，提高产业组织化程度。目前，赣州共有市级果业龙头企业70家，省级果业龙头企业36家，国家级果业龙头企业4家，果业合作社1200多个，90%以上的果农加入了合作社，还有果业家庭农场100多个。为了让农民更多享受果业发展红利，赣州坚持兴果与富民并重、产业建设与农民增收双赢的发展思路，充分利用山地资源，走户办、

联户办发展路子，激发果农积极性，形成了推动产业稳固发展的内生动力。

（四）重视产业安全和品牌保护

经江西省第十四届人民代表大会常务委员会第四次会议批准，赣南市首部关于优势特色产业保护的地方性法规——《赣南脐橙保护条例》（以下简称《条例》）于 2024 年 1 月 1 日起施行[13]，《条例》对赣南脐橙产业高质量发展的突出问题和关键环节、产业安全、品牌保护、服务保障、法律责任等具体条款进行规范。其中，"总则"对赣南脐橙品牌保护工作、生产区域用地监管利用、水土保持和水利设施、技术攻关和科技成果转化等的主管部门进行了明确；"产业发展"中的"生态建园""沃土工程"等条款，着力于提升赣南脐橙品质，对建园标准和栽培技术等进行了规定；"产业安全"中的"苗木繁育""黄龙病防控"等条款，着力于保护赣南脐橙产业安全，对苗木的检疫检验和黄龙病防控的各方责任进行了规定。为适应"放管服"改革需要，《条例》设置了一个窗口受理新开发脐橙果园申请的联审联办制度；针对假冒侵权问题，《条例》设置了信息共享、协查协助、线索移送等域外维权打假的联动机制。《条例》的颁布实施，标志着赣南脐橙产业发展进入有法可依的新发展阶段，进一步促进产业提质增效。

五、政策建议

（一）强化政策引导与资金支持

一是制定《增城区荔枝产业高质量发展规划》。明确产业发展目标、重点任务和空间布局，整合优势资源，打造数字化支撑种植、加工、销售、文化旅游多业态有机融合的荔枝产业链。进一步发挥增城区拥有悠久的荔枝种植历史和得天独厚的自然条件，全力以新质生产力推动发展高端荔枝产业集群。通过科技创新与品种改良，实施"智慧农业"项目，利用物联网、大数据等技术提升荔枝种植管理的智能化水平。深入引导有基础的果园进行产业融合与开拓文创旅游板块，促进荔枝产业与增城区丰富的乡村旅游、文化资源融合发展。二是加强资金扶持力度，拓展资金来源。成立"增城区荔枝产业发展专项基金"，为荔枝种植户提供低息贷款、补贴等直接资金支持，特别是在新品种引进、新型实用技术引入、营销策略改进、文化内涵挖掘等方面的政府补贴与奖励。设立"荔枝产业创新奖"，激励科研创新和模式创新。通过税收优惠、土地使用优惠政策等，吸引社会资本投资冷链物流、深加工工厂、深度体验等上下游项目。鼓励成立荔枝产业投资基金，引导私募股权投资、风险投资等参与增城荔枝产业发展。

（二）加大增城特色荔枝种植系统的生态与文化价值挖掘

一是做好生态价值保护。由区政府牵头，协调组织农业、文化、旅游、国土、财政等部门，设立专家委员会，依托古荔树保护工程的基础，进一步以荔枝为核心，以自然景观、乡村风貌与荔枝相关的种质资源、生产技术、古树、非物质文化遗产作为保护对象，探索高度城镇化背景下，岭南山地果树资源高效利用和节能减排的途径，将增城区城镇化、工业化对农业以及增城荔枝种植生态系统带来的挑战转变为机遇。二是讲好增城荔枝故事。充分利用增城荔枝丰富的历史文化内涵优势，及时将流传下来的历史文献、诗歌词赋，广东省非物质文化遗产项目《何仙姑与挂绿的传说》《尚书怀的故事》等传说故事，以及绘画、书法、曲艺、雕刻、陶瓷等艺术创作作品，进行深入挖掘和整理，发展科普教育与旅游开发。通过荔枝艺术创作、文化交流会、"拜树"祈福仪式等方式，广泛发动群众参与，活化增城荔枝产业的文化遗产。同时，探索出台《增城荔枝保护条例》，强化区域品牌保护力度，打造具有增城特色的文化品牌，提高增城荔枝的知名度和影响力，践行将增城的绿水青山转化为金山银山。

（三）加快产业链整合与产业融合创新

一是产业链协同整合。在种植环节上，支持和鼓励小散果园进行就近流转、合并，逐步在条件成熟的果园推广荔枝种植、加工、储存、运输等环节的标准化操作规程，提高产业链整体效率和质量水平。在三产衔接上，充分发挥大户的引领作用。针对滞销鲜果与深加工环节、加工产品与文旅融合脱节的现状，通过政策引导和市场机制，鼓励果园根据自身优势做好规划和定位，适度错位发展，优化内部资源配置。通过建立产业联盟、开展联合研发等方式，促进产业链各环节之间的信息交流和资源共享，鼓励产业链上下游企业之间的合作与协同，形成紧密的合作关系，确保资源在产业链中高效流动。二是推动优质资源深度融合。积极开发荔枝饮料、果酱、酵素、荔枝木艺术品等深加工产品，拓展产业链的深度和广度；融合优质资源，统筹增城荔枝、增城挂绿与增城丝苗米、增城迟菜心、派潭凉粉草等国家地理标志产品，将荔枝与丝苗米、乌榄、迟菜心、凉粉草 4 个全国重要农业文化遗产普查名录的生产系统作为关联资源，联动发展，相关特色产品融合打包进行品牌推广。三是依靠新质生产力进行产业升级。引入物联网、大数据、人工智能等现代科技手段，对荔枝产业链进行智能化改造和升级。利用物联网技术实现对荔枝生长环境的实时监测和调控，利用大数据技术对荔枝销售市场进行精准预测和分析，利用人工智能技术提高荔枝加工和包装的自动化水平等，提高产业链的整体效率和智能化水平，推动荔枝产业的转型升级和高质量发展。

（四）重视品种结构优化与管理提升

一是持续对全区荔枝品种结构进行优化。采用高接换种技术，有计划地将劣质、低产的品种替换为高产、优质、市场受欢迎的品种；充分利用增城荔枝种质资源圃资源，积极试种、复种进本地优良的荔枝品种，通过试验示范，筛选出适合种植的优良品种，并逐步推广；根据品种特性、市场需求和产期调节等因素，合理配置不同品种的比例，以实现品种多样化、产期均衡化和效益最大化。根据不同荔枝品种的特点，探索发展林下种植、林间养蜂、树干附生（铁皮石斛）等多元立体种养结合模式[14]，科学提升果园经营效益。二是不断提升果园管理水平。精化、细化、标准化增城荔枝的全周期管理：全面推广使用有机肥，提高土壤肥力和保水保肥能力，为优质生态荔枝提供根本保障；继续强化果园排灌基础设施建设，减轻水旱灾害带来的不利影响；进一步普及生物农药、生物防控等绿色生产技术，控制病虫害的发生和传播；科学整形修剪，培养健壮的树体结构和合理的树冠形状，提高荔枝的产量和品质；加强贮藏设施的建设和管理，及时采收、预处理与分级贮藏，延长荔枝的保鲜期和货架期；完善数字化追溯体系，保证荔枝在贮运过程中的品质和安全性。

参考文献

［1］赵飞，廖美敬，章家恩，等．中国荔枝文化遗产的特点、价值及保护——基于岭南荔枝种植系统（增城）的实证研究［J］．中国生态农业学报（中英文），2020，28（09）：1435-1442.

［2］向慧敏，章家恩，李宏哲，等．荔枝园养鸡配套技术及效益分析［J］．生态科学，2017，36（02）：107-112.

［3］广州市增城区人民政府．全国首创荔枝采摘权挂牌上市，莲花出水助力荔枝产业高质量发展［EB/OL］．［2023-03-06］．https：//www.zc.gov.cn/zx/bmdt/zxz/content/post_8834148.html.

［4］增城日报．增城全力推动荔枝产业高质量发展［EB/OL］．广州市增城区人民政府网，［2023-06-26］．https：//www.zc.gov.cn/zx/zcyw/content/post_9066905.html.

［5］广州市增城区人民政府办公室．广州市增城区人民政府办公室关于印发增城荔枝产业高质量发展十条措施意见的通知［EB/OL］．广州市增城区人民政府网，［2020-09-16］．https：//www.zc.gov.cn/gkmlpt/content/9/9398/post_9398941.html#3528.

［6］国家税务总局广州市增城区税务局．增城区局多措并举推动区域荔枝产业发展［EB/OL］．国家税务总局广东省税务局，［2021-08-06］．https：//guang-

dong. chinatax. gov. cn/gdsw/gzsw_jcdt/2021-08/06/content_f7fcca63a86043ea9d135
1a321914ac2. shtml.

[7] 羊城晚报. 约21.6亿元！今年广州增城荔枝产销两旺 [EB/OL]. 百家号，[2023-07-28]. https：//baijiahao. baidu. com/s? id=1772675004234386824&wfr=spider&for=pc.

[8] 潘昕意，吴正平. 广州市增城区荔枝特色产业发展现状与对策研究[J]. 商场现代化，2023（18）：16-18.

[9] 增城区. 增城全力推动荔枝产业高质量发展 [EB/OL]. 广州市人民政府网，[2023-06-26]. https：//www. gz. gov. cn/xw/zwlb/gqdt/zcq/content/post_9066986. html.

[10] 赵飞. 一棵树的历史与文化——增城挂绿荔枝 [M]. 北京：中国农业出版社，2015.

[11] 廖美敬. 增城荔枝 [M]. 北京：中国农业出版社，2018.

[12] 经济日报. 传统水果致力标准化品牌化——江西赣南脐橙产业调查[EB/OL]. 百家号，[2023-10-13]. https：//baijiahao. baidu. com/s? id=177959
90878882985580&wfr=spider&for=pc.

[13] 赣南日报.《赣南脐橙保护条例》公布2024年1月1日起施行[EB/OL]. 赣州市人民政府网，[2023-10-14]. https：//www. ganzhou. gov. cn/gzszf/c100022/202310/5173ec6c01b84018b98e96f832b97ab8. shtml.

[14] 正果镇人民政府. 助力"百千万工程" | 增城首个荔枝产业四维立体种植示范基地落户正果镇畲族村 [EB/OL]. 广州市增城区人民政府网，[2024-04-18]. https：//www. zc. gov. cn/zx/ztjj/xczxzl/content/post_9621945. html.

高州市荔枝产业发展调研报告

雷百战　胡韵菲

　　高州市是广东农业大市，2022 年农林牧渔业总产值 302.04 亿元[1]，连续多年稳居全省县域第一，被誉为"中国荔乡""全国水果第一市"。2023 年 4 月 11 日，习近平总书记考察根子镇柏桥村时指出，高州荔枝种植有历史传承和文化底蕴，发展荔枝种植有特色有优势，农村特色产业前景广阔；要进一步提高种植、保鲜、加工等技术，把荔枝特色产业和特色文化旅游发展得更好。2023 年 7～8 月广东省农业科学院农业经济与信息研究所课题组两次赴高州市调研荔枝产业，考察国家荔枝种质资源圃、荔枝古贡园、荔枝种植加工企业、合作社及荔枝文化旅游景点等，召开由茂名市政协、高州市农业农村局、荔枝电商企业、种植合作社及大户等参加的座谈会。现将有关情况报告如下。

一、高州市荔枝产业基本概况

（一）荔枝种植历史悠久

　　高州有 2200 多年的荔枝种植历史[2]，始于秦朝，唐朝时期高州荔枝成为贡品，现保存有根子柏桥贡园、泗水滩底贡园、分界南山贡园、大井大坡山荔园等千年古荔枝树林。高州市开展"一树一法"保护工作，登记建档荔枝古树共有 2081 株，占茂名地区的 48.15%[3]。根子柏桥贡园成园于隋唐年间，是全国面积最大、历史最悠久、保存最完好、古荔枝树最多、品种最齐全的古荔园之一，也是"广东省早熟优质荔枝第一名"白糖罂荔枝的发源地[4]。

（二）荔枝产业规模最大

　　高州是全国荔枝的最优产区和广东省特色农产品优势产区。高州市先后建设国家荔枝产业园、国家级大唐荔乡田园综合体、省级荔枝产业园和广东荔枝跨县集群产业园（茂名）生产基地等重大项目，率先成立 RCEP 广东荔枝龙眼国际采购交易中心。2023 年，高州荔枝种植面积 59 万亩，产量达 24.64 万吨，鲜果产值超 25 亿元，面积、产量、产值分别占广东省的 14.4%、15.4%、15.6%，居广东省县级市首位[5]。

（三）荔枝加工不断深化

高州市现有荔枝加工企业 20 多家、合作社 200 多个、家庭农场 80 多个、加工散户 2 万多户。主要产品有荔枝干、荔枝原浆、荔枝饮料，其他还有荔枝冻干、荔枝酥、荔枝米酿、荔枝燕窝等。根子镇柏桥荔枝龙眼合作社的荔枝加工产品长期供货娃哈哈、同仁堂、好想你等知名企业 1700 多家门店。广药王老吉广东荔枝（茂名）产业园是全国最大的荔枝饮料生产基地，灌装生产线规划产能 900 万箱/年[6]，目前已研发出 20 种"荔小吉"系列产品，得到消费者青睐。荔枝加工副产物方面，荔枝核主要是烘干销售给国内药厂，或销售到日本、中国台湾用于制药。

（四）荔枝品牌价值最高

高州市现有名特优新荔枝经营专用品牌 4 个、十大省名牌产品称号 1 个、广东名牌产品称号 3 个、荔枝绿色认证 6 个。"高州荔枝"是国家地理标志证明商标，获评全省"优秀区域公用品牌"，是"粤字号"2019 年县域名特优新农产品区域公用品牌百强品牌之一、入选亚洲果蔬产业博览会 2020 年度最受欢迎的果品区域公用品牌百强榜。2021 年"高州荔枝"以 122.2 亿元的品牌价值获全省"最有价值荔枝区域公用品牌"[7]。

（五）荔枝旅游资源丰富

高州市建成有红荔阁、百荔园、贵妃广场、柏桥贡园、拴马树公园、大唐荔乡广场、荔枝古诗词主题园等一批人文景点。2022 年，国家荔枝种质资源圃、中国荔枝博览馆、中国荔枝产业大会会址三个国家级平台在高州建成运营，致力于打造我国荔枝种业"硅谷"[8]。高州大唐荔乡文化旅游区获评"国家 AAAA 级旅游景区"，"赏花叹蜜品荔之旅"入选全国乡村旅游精品线路，"甜美果海"线路入选中国美丽乡村休闲旅游行精品景点线路[9]。

二、高州市推动荔枝产业高质量发展的经验做法

高州市紧抓省委、省政府推动全省荔枝产业高质量发展的重大历史机遇，打造全国最强荔枝产业集群，推动"荔枝大市"向"荔枝强市"转变。经验做法有：

（一）科技创新助推荔枝产业提质增效

近三年来，高州市投入逾千万元科研资金，支持企业与华南农业大学、广东省农科院、仲恺农业工程学院等 11 家省级以上科研单位在品种培育、荔枝大小年、综合加工、冷链保鲜等方面合作开展技术攻坚；与华南理工大学合作建设乡村资源数据库，助推高州荔枝产业数字化发展[10]。科技助力荔枝"三品一标"基地建设，加快低效品种高接换种，推广桂味、岭丰糯、仙进奉等优质品种。三年已建立荔枝标准化示范园 2.1 万亩，荔枝优质品种率超过 60%，实现每千克荔枝增收 4 元。

（二）"百千万工程"助推荔枝产业集群发展

高州市委、市政府以创建国家级农业现代化示范区和乡村振兴示范县为契机，2023 年 5 月印发《高州市落实"百县千镇万村高质量发展工程"促进城乡区域协调发展行动方案》，提出以深化农产品加工为着力点，打造荔枝、龙眼、畜禽 3 个百亿元产业集群，支持根子镇、分界镇打造成为荔枝龙眼加工产业园区[11]。2023 年 6 月印发《高州市全面推进"百千万工程"促进城乡区域协调发展三年行动计划（2023-2025 年）》，聚力美丽集镇建设、特色镇创建、乡村产业发展等"十大行动"，推动城乡区域协调高质量发展[12]。

（三）"三链"模式引领荔枝全产业链发展

2022 年 4 月，高州市率先成立全省首个荔枝产业链党委、茂名地区首个产业链党委，搭建"1+10+N"组织体系（1 个荔枝产业链党委，10 个县镇荔枝交易中心，N 个荔枝产业党组织成员单位），推动荔枝产业上下游企业抱团发展。荔枝"三链"模式简单概括为"党组织建在产业链上、党员聚在产业链上、荔农致富在产业链上"，纵向构建了荔枝产业链党委、党支部、党小组三级组织架构，横向在荔枝种植链、销售链、加工链上成立党支部、党小组，打通了荔枝产业链上下游[13]。

（四）营销组合拳推动荔枝"大年"变"丰年"

2021 年，高州市率先创新建设"田头小站"，有力保障鲜荔枝冷链保鲜"最先一公里"。2023 年，高州市不断推进荔枝"12221"市场体系建设，开展荔枝定制、电商人才培育、物流降费提效、保鲜技术攻坚、省内外市场拓展五大行动。创新打造荔枝"百千万"立体销售网络，百名党员示范带动，千家企业对接洽谈，万名干部护航助力，引进荔枝收购网点 1000 多家。开展十万电商直播带货行动，超 3500 家电商在抖音等平台"竞技"带货，吸引 2300 多万粉丝关注高州荔枝[14]。2023 年，荔枝产量较上年增产 17.3%，属于"中大年"，通过一套营销组合拳，高州荔枝鲜果销售达到 80% 以上，电商销售率接近 30%，果农平均总收益比上年高 20%[15]。

（五）财政支持荔枝特色产业和特色文化旅游

2023 年，高州财政局制定《财政支持荔枝特色产业和特色文化旅游发展工作方案》，高州市财政拿出 1405.8 万元，支持荔枝产业做大做强[16]。拓宽荔枝营销广度，发展荔枝文旅消费，补齐荔枝精深加工短板，改善荔枝营商环境，推动"小荔枝"向"大产业"转变。支持根子镇柏桥荔枝种植园保护、国家荔枝种质资源圃运营，致力于做好荔枝古树研究，保护荔枝文化遗产，打造全球最大的荔枝种业"芯片"。支持建设柏桥实践馆和柏桥讲堂系列项目，提炼荔枝文化元素，做实荔枝知识科普，讲好荔枝故事。

三、高州市荔枝产业发展的主要问题

调研过程中，高州市基层干部、企业主体、小农户都认为荔枝产业的政策措施对农民增收起到重要作用，但受到天气条件、种植技术、保鲜技术、市场销售等因素影响，产业发展仍存在一些现实问题。

（一）荔枝种植以小农户为主，果园标准化水平较低

高州市荔枝种植果农 20 万户，50 亩以上的荔枝果园只有 340 多户，以小农户为主。荔枝以山地种植居多，果园大多没有配备蓄水池和水肥一体化设施，在 10 月到次年 3 月，荔枝开花前和成花期容易缺水；同时，小农户不愿流转果园和改造低效果园，山地果园没开带，株距较密难管理、没开天窗不透光、没有矮化难采摘，疏花时机没抓好、花期易遇倒春寒。小农户果园施肥以化肥为主、有机肥施用较少。根据兼营农资店的荔枝果场主反映，一些小农户偏信价格较贵的国外农药药效，不用便宜的、具有同等药效的国产农药，随意增加施药次数，无形增加 20%种植成本。荔枝"大小年"现象由气候条件、地理位置、土壤肥水、果园管理等多种因素造成，难以完全控制和绝对稳定。由于种植习惯保守和管理技术措施跟不上等原因，造成部分小农户果园"大年"产量不大、"小年"几乎绝收。

（二）中晚熟荔枝提前上市冲击价格，保鲜技术仍需攻关

鲜销荔枝季节性强，2023 年属于"中大年"，荔枝供应充足。6 月中上旬，高州妃子笑、黑叶等品种尚未卖完，桂味荔枝大量成熟上市，由于连续高温天气，往年成熟期稍晚的糯米糍也开始上市；与此同时，阳江、广州、惠州等地桂味也提前上市，对高州市小农户荔枝鲜销造成冲击较大。6 月 10 日高州桂味田头价 14~16 元/千克，6 月 13 日降至 4~5 元/千克，小农户卖价更低。如果田头价下降较多，部分小农户就会减少果园投入甚至放弃管理，显著影响第二年荔枝

产量和品质。不少企业和合作社都表示，田头采后预冷作用很大，但其他冷链保鲜技术推广应用不足。调研了解到，热带农业科学院加工所在高州试验果蔬减压保鲜设备及技术，可以使荔枝保鲜期延长到42天，保鲜效果较好。但丰盛食品公司和建和果蔬合作社负责人均表示，需要对更多荔枝品种和更长保鲜时间（3个月以上）进行试验，并实现经济性、可应用和延长货架期的目的。

（三）荔枝加工产能和综合利用不足，产品销路有待拓宽

荔枝降价滞销后，加工是保本的较好出路。高州市往年加工荔枝鲜果1.5万~2万吨，不足荔枝总产量的10%。省龙头企业鉴河公司和燊马公司负责人均表示，荔枝"大年"时，企业可全力收购当地滞销荔枝，但普遍加工能力不足。由于荔枝清洗、脱壳、烘干等加工新设备投资较大，荔枝"小年"时面临无荔枝可加工，设备长时间闲置，企业普遍不愿意投资。丰盛食品负责人则表示，企业荔枝加工也存在问题，荔枝干加工场地不足，荔枝果酒加工厂需要改造。盛农种养合作社负责人也表示，由于自身资金不足，无法收购桂味进行荔枝干加工，也无法购买设备加工适销的荔枝冻干。整体上，高州仍以荔枝干加工为主，精深加工产品开发不足，加工副产物荔枝核仅当作原材料出售给制药企业，荔枝壳等当废弃物丢掉。部分加工企业没有进行专业的品牌策划、包装设计和线上推广，市场销售渠道并未完全打开。

（四）荔枝特色文化旅游缺乏整体谋划，文创价值有待提升

高州市相继打造了红荔阁、柏桥贡园、大唐荔乡广场、中国荔枝博览馆等一批荔枝文化旅游景点，但周边景点还没有融入荔枝产业发展进程，还未形成"串点成线、连线成片、聚片成面"的发展格局。根子镇柏桥贡园荔枝季游人众多，但是人气仍没有很好地转化为财气，高州特色美食、乡村民宿、研学体验等项目开发不够，道路、停车场等基础设施仍需要升级。非荔枝季人气不足，需要更多措施聚拢人气。"我在大唐荔乡有棵荔枝树"的荔枝定制仍是单一荔枝营销模式，缺少直观、系统的数字化定制平台，荔枝定制与文化旅游产业结合不够。荔枝文化宣传不够立体全面，荔乡道路两边、建筑外立面荔枝文化元素缺乏。荔枝文创产品单一，产业价值需要进一步挖掘。

四、政策建议

以科技创新推广为驱动，以延链补链强链为抓手、以提升荔枝竞争力为中心、以促进农民增收为目标，推动打造高州荔枝百亿产业集群。据此，借鉴洛川苹果发展经验，从科技创新、标准生产、联农带农、精深加工、产业融合和品牌

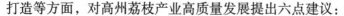

打造等方面，对高州荔枝产业高质量发展提出六点建议：

（一）聚焦科技创新，支撑荔枝产业高质量发展

一是结合国家荔枝种质资源圃建设，联合广东省农业科学院、华南农大等荔枝产业科研团队，继续加强对特早熟优质、中熟特优质、晚熟或特晚熟优质、耐贮运、抗逆性强、特异性状品种以及加工专用品种等选育攻关。二是加快荔枝产量大小年栽培技术、养分精准管控技术、病虫害绿色防控技术、生产机械化技术和数字化管理技术的推广应用。三是支持企业联合科研单位开展荔枝新型保鲜集成技术研发与示范应用，集成推广适应不同营销模式的冷链保鲜技术，扩大荔枝销售半径和周期，增强高州荔枝鲜果市场竞争力。四是支持企业联合科研单位开展荔枝干燥技术、速冻保鲜技术、精深加工关键技术与装备、加工副产物综合利用研究与应用。

（二）聚焦标准生产，推动荔枝产业高效发展

一是引导果农改良荔枝品种。引导果农合理优化早、中、晚熟品种结构，荔枝优质品种率达80%以上，错峰上市策略赢得市场。二是推进标准化示范园建设。继续推进高州市低效果园升级改造和"三品一标"基地建设，持续打造3~5个"五化"高标准智慧果园，推进小规模果园标准化、机械化、数字化升级。三是鼓励和推广在荔枝园套种中药材、林下养鸡鸭、养蜂采蜜等多种林下经济，开展立体种养。四是指导果农做好果园管理。采用线上直播、线下示范指导、职业技能认证等多种途径，扶持小农户提升果园规范管理水平，做到成花好、坐果好、单产高、产量稳、品质好。

（三）聚焦联农带农，发挥龙头引领带动效应

按照"龙头企业引领、中小企业（合作社）支撑、家庭农场和小农户为基础"的发展思路，探索创新"企业+合作组织（农业生产托管社会化服务队）＋小农户+基地""园区+企业+小农户""合作社（家庭农场）+小农户"等经营模式，通过土地流转、果农果园入股、果园"托管"等多种形式，统一果园改造、统一生产标准、统一技术培训、统一农资供应、统一产品营销。通过新型经营主体联农、社会化服务带农，提升小农户生产经营组织化程度，扶持小农户拓展增收空间。

（四）聚焦精深加工，推动荔枝产业集群发展

支持根子镇、分界镇打造成为荔枝加工产业园。一是每年安排专项资金用于标准加工厂房建造、数字节能设备更新、先进技术工艺升级、新产品研发试产，并推动一机多用，非荔枝季加工更多农产品。二是推动荔枝干传统产品向荔枝冻

干、荔枝糕点、荔枝巧克力、荔枝雪糕、荔枝酸奶等新产品延伸。三是支持建设3~5个契合市场消费需求的荔枝饮料、荔枝醋、荔枝气泡酒等产地加工项目，改进提升产品加工工艺和品质口感。四是支持建设1个荔枝预制菜加工项目，挖掘高州传统美食文化，开发和荔枝相关的特色菜品。五是开展荔枝全果活性成分研究，荔枝壳、荔枝核等副产物功能成分研究，开发荔枝健康食品、药食同源产品、美妆品、日化品等高附加值产品，有效推动荔枝与更多业态跨界融合。

（五）聚焦产业融合，深化荔枝定制模式创新

积极创新升级定制模式，探索推行私人定制、公益定制、综合定制等模式，把更多荔枝古贡园、省级标准荔枝果园、专业镇村标准果园纳入定制行列，做好鲜果品控，搞好品牌宣传，满足消费者多样化、个性化、高端化的需求。开发大唐荔乡荔枝云定制平台，制作VR果园和云上果树，给每一棵荔枝树制作数字证书（果园名称、树号、树龄、品种、管护者、预估产量、定制形式、预售价格、定金、咨询电话等），实现对荔枝果树的云展示、云定制、云交易等。同时，平台应具备荔枝产品、文创产品及其他特色农产品购买功能，具备推荐旅游景点、美食小店、乡村民宿等服务功能，实现从定制荔枝一棵树，延伸到荔枝文旅一条线。

（六）聚焦品牌打造，激活荔枝文创旅游消费

一是依托每年荔枝季的产销对接会、贡园古树定制、高州荔枝品鉴会、百园开摘直播、荔枝食品大赛、荔枝短视频大赛等品牌推广活动，擦亮"中国荔都甜美高州"品牌。二是传承千年荔枝文化，利用中国荔枝博览馆、国家种质资源圃、荔枝古贡园等旅游资源和研学平台，为广大游客和中小学生提供荔枝生产知识学习、荔枝文化艺术体验等。三是深入挖掘荔枝的历史底蕴、文化内涵和岭南特色，讲好"大唐荔乡"故事，举办荔枝主题书画展、木雕展、流行乐、木偶戏、山歌诗歌、荔枝微视频等文化活动。四是打造荔枝文创街区，引进培育荔枝文化创意企业，做大做强荔枝文化产业，大力开发荔枝文创产品、国潮文创食品，激活荔枝文化的流量密码，实现从单纯销售荔枝升级为荔枝文化输出、品牌变现。

参考文献

［1］茂名发布综合南方农村报．全省农林牧渔十强，茂名占四席，高州"摘金"！［EB/OL］．茂名发布，［2023-11-17］．https：//mp.weixin.qq.com/s？__biz=

MzIzMjA3OTE0NQ＝＝&mid＝2651245100&idx＝1&sn＝b07cc154e8ad748fc29c59
9b15e56744.

　［2］茂名史志．茂名古驿道｜高州驿道·物产［EB/OL］．南方+，［2022-
04-17］．https：//static. nfapp. southcn. com/content/202204/17/c6407742. html.

　［3］南方农村报．高州：千年贡园被世代守护高州荔枝有根有魂枝繁叶茂
［EB/OL］．广东省农业农村厅，［2022-03-21］．https：//dara. gd. gov. cn/snnyxx-
lb/content/post_ 3886776. html.

　［4］高州生活网．揭秘！高州根子千年贡园古荔树背后的传说故事（第1集）
［EB/OL］．搜狐网，［2020-04-13］．https：//www. sohu. com/a/387571859_120331555.

　［5］南方农村报．AI"高智荔"助高州荔枝再出发［EB/OL］．［2024-03-
02］．https：//epaper. nfncb. cn/nfnc/content/20240302/Articel07001MT. htm.

　［6］中国日报网．荔枝深加工全产业链发展广东荔枝（茂名）产业园投产
［EB/OL］．［2022－05－30］．https：//gd. chinadaily. com. cn/a/202205/30/WS629
46966a3101c3ee7ad7e4c. html.

　［7］南方日报．高州：荔枝区域公用品牌价值破百亿［EB/OL］．广东省农业农
村厅，［2021-07-30］．https：//dara. gd. gov. cn/snnyxxlb/content/post_ 3448136. html.

　［8］南方农村报．中国荔枝博览馆正式揭牌，2300 年荔史惊艳世
［EB/OL］．人民号，［2022-06-01］．https：//rmh. pdnews. cn/Pc/ArtInfoApi/arti-
cle？id＝29008674.

　［9］小康杂志社．高州：文旅融合助推高质量发展［EB/OL］．百家号，
［2024-03-11］．https：//baijiahao. baidu. com/s？id＝1793216395576441704.

　［10］南方新闻网．高州从"荔枝大市"向"荔枝强市"转变［EB/OL］．
腾讯网，［2021-06-07］．https：//new. qq. com/rain/a/20210607A02PNZ00.

　［11］南方日报数字报．打造3个百亿产业集群［EB/OL］．［2023-05-26］．ht-
tps：//epaper. southcn. com/nfdaily/html/202305/26/content_ 10061900. html.

　［12］南方日报网络版．茂名高州"百千万工程"三年行动计划（2023-2025
年）发布　重点项目已开工 55 项［EB/OL］．广东省人民政府，［2023-07-07］．ht-
tps：//www. gd. gov. cn/gdywdt/zwzt/bxqzwc/gdxd/content/post_ 4213671. html.

　［13］邱茜．刚刚！高州成立全省首个荔枝产业链党委［EB/OL］．南方+，
［2022-04-29］．https：//static. nfapp. southcn. com/content/202204/29/c6449361. html.

　［14］南方日报数字报．2025 年创建国家乡村振兴示范县［EB/OL］．［2023-06-
30］．https：//epaper. southcn. com/nfdaily/html/202306/30/content_ 10065586. html.

[15] 南方农村报．高州荔枝"全季红"果农收入增长 20% ［EB/OL］.［2023-07-06］. https：//epaper. nfncb. cn/nfnc/content/20230706/Articel06003MT. html.

[16] 高州市人民政府．高州市财政局给"荔"特色产业和特色文化旅游发展得更好 ［EB/OL］.［2023-06-21］. http：//www. gaozhou. gov. cn/gkmlzl/content/mpost_1183599. html.

台山市鳗鱼产业发展调研报告

曹　阳　陈　强　王思盼

广东省农业科学院农业经济与信息研究所课题组于 2023 年 5 月 17 日赴台山市就鳗鱼产业发展开展调研，深入了解和查找产业发展中好的经验做法、存在的困难和问题，以期科学制定产业提升的政策建议、推动产业高质量发展。现将调研情况汇报如下。

一、基本情况及主要做法

台山市是珠江三角洲著名的"鱼米之乡"，拥有全国最大的鳗鱼养殖基地，有着"世界鳗鱼看中国，中国鳗鱼看广东，广东鳗鱼看台山"的美称。截至 2023 年底，台山日本鳗鲡养殖面积为 47871.9 亩，产量为 50502 吨，产值为 634352.24 万元，活鳗出口量占全国 80%，主要出口国家为日本和韩国。其中 500 亩以上的养殖场有 26 个，分布在台山市 7 个镇。过千亩规模养殖场主要集中在斗山镇，合计 23567.33 亩。而端芬镇重点依托久慎水产有限公司，养殖面积为 7872.2 亩，整个台山市鳗鱼养殖产业已形成了规模化、集团化的鳗鱼养殖区域。通过调研，台山市鳗鱼产业发展的优势和主要做法如下：

（一）养殖条件得天独厚

作为"世界上最纯净的鱼"之一，鳗鱼对水质要求极为挑剔。台山鳗鱼养殖水源主要来自台山第一大水库——大隆洞水库，面积 2.2 万亩，库容量 2.5 亿立方米，水质纯净，水体稳定，含多种矿物质元素。土壤酸碱度适宜，以壤土和黏壤土为主，为鳗鱼养殖提供了优良的生态条件。这里出产的鳗鱼体形细长、表皮无鳞，腹白背蓝，富含高钙高蛋白，在业界享有"蓝色生态鳗"的美誉。在同等养殖条件下，台山的鳗鱼单产要比其他地区高出近 30%。

（二）品牌效应逐年提升

2011 年，"台山鳗鱼"获评为国家地理标志保护产品；2012 年，"台山鳗鱼"获评为国家级出口食品农产品质量安全示范区；2015 年，"台山鳗鱼"获评为广东省名特优新农产品；2018 年，台山市鳗鱼产业园入选省级现代农业产业园建设名单；2019 年，"台山鳗鱼"入选"粤字号"名特优新农产品区域公用品牌百强榜，品牌价值高达 141.6 亿元，位列水产类第一名；2020 年，"台山鳗鱼"获评为全国名特优新农产品；2021 年，"台山鳗鱼"获评为广东省特色农产品优势区。

（三）重视质量管理与检验检疫标准

台山市鳗鱼出口国家对于鳗鱼检验检疫标准极高甚至苛刻，例如，2006 年，日本施行《食品残留农业化学品肯定列表制度》，其中对鳗鱼产品的药物残留限量检测标准由原来的 25 项增加到了 116 项，给国内鳗鱼行业带来了不小的冲击。为提高产业抗风险韧性，台山市经过多年摸索，台山总结出了一套"组合打法"：一是规范鳗鱼养殖。2009 年，台山市制定了《台山鳗鱼养殖技术规范》，推行"龙头企业+农户"生产模式，龙头企业为养殖户提供鳗苗，养殖过程中提供技术指导，规范养殖行为，确保出产鳗鱼达到企业收购标准，从而实现鳗鱼养殖标准化，从源头保障产品质量。2011 年，台山鳗鱼养殖标准化示范区成功通过国家级 I 类农业标准化示范区考核验收。二是不断提高技术装备水平，实现鳗鱼养殖智能生产和科学管理。目前台山市共荣食品有限公司、台山市绿盛食品有限公司已建立产品自检中心，检测项目和标准对标欧美、日本、韩国等发达国家出口食品标准。

（四）示范带动作用进一步增强

台山市已形成鳗鱼培育、饲料加工、鳗鱼养殖、鳗鱼出口和烤鳗加工"一条龙"鳗鱼产业链，示范带动作用进一步增强。台山市坚持"园区+龙头企业+基地+农户"的运行模式联农带农，包括培育新型经营主体，探索完善多种利益联结机制，引导新型经营主体与农民建立紧密、稳定的合作关系。台山鳗鱼现代农业产业园的牵头实施主体——广东远宏水产集团仅在台山市端芬镇的专业技术和管理人员就超过 110 人，与农户签订购销协议、合作养殖协议，带动了超过 500 户鳗鱼养殖户增收。

二、主要问题

（一）销售市场过度单一

常见的鳗鱼品种有日本鳗、美洲鳗、欧洲鳗等，台山目前养殖的鳗鱼品种以日本鳗为主。鳗鱼销售主要依靠出口，台山活鳗出口量约占全国的 80%，出口主要市场为韩国和日本，消费市场已形成对出口尤其是韩国和日本市场的极度依赖，虽然日本是全球最大的鳗鱼消费国，每年的鳗鱼需求量达约 13.6 万吨，但对单一市场的依赖仍然会加剧不确定风险。例如，日本经济陷入低迷萧条，鳗鱼消费市场出现萎缩，会对鳗鱼养殖产生巨大冲击。美国、意大利、丹麦、西班牙、荷兰等国家也是鳗鱼需求大国，但在目前对欧美市场的出口占比依然较小。同时，我国人口数量多，鳗鱼消费市场潜力巨大，但由于销售渠道少、市场推广力度不足等原因，在国内市场的发展空间拓展力度还远远不足。

（二）精深加工还需提升

鳗鱼的加工产品目前依然较为单一，以烤鳗为主，在其他产品品类的开发上空间很大。台山市鳗鱼行业中加工类企业较少，此外，相关经营主体对鳗鱼加工的科技研发投入较少，产业现有的产品加工生产线较为单一，导致市场产品还是以烤鳗为主，不仅产品种类单一，且仅处于初加工水平，离精深加工还有较大差距，难以满足消费市场对鳗鱼产品多样化的需求。新型经营主体较少、精深加工能力不足，已成为鳗鱼行业生产技术提升，产品多样化发展的主要阻碍性因素之一。

（三）鳗鱼苗种"种芯不强"

种苗供给不稳定已经成为制约鳗鱼产业发展的主要难题。鳗鱼属于洄游性鱼类，一般在海水中产卵然后回到淡水中生长，因此鱼苗往往只存在于海洋中。目前国内鳗鱼苗的人工孵化技术还不成熟，所需的鳗鱼苗主要来自长江、闽江、珠江等流域的渔民在每年特定时间出海捕捞，由于捕捞极易受到海洋气候、海洋环境等因素的影响，捕捞难度较大。同时，由于人工无节制捕获等行为，导致鳗苗数量显著减少甚至稀缺。据了解，广东可捕获的鳗苗量非常少，2020 年捕捞量仅为全国的 0.20%，台山各鳗鱼养殖场主要依靠收购江浙一带的天然野生鳗苗维持养殖业。由于获得不易，鳗鱼苗价格随捕捞量波动较大。据了解，鳗鱼苗均价在 20~30 元/尾，最贵能卖到 40 多元/尾。同时，鳗鱼苗的非法捕捞和走私现象依然存在，由于鳗鱼苗的稀缺性，在高利润的诱惑下，大量鳗苗被走私出口，更加剧了国内鳗苗供应量的不足，导致养殖成本进一步推高。

（四）品牌影响力还需提升

台山市鳗鱼在广东省内各地远近闻名，但是出了广东省知名度就大大降低，并未获得与其产品特色相对应的市场知名度和美誉度。由于台山市鳗鱼主要出口日本，日本市场的消费量目前足以支撑台山市鳗鱼产业发展，无形中降低了台山市对其他市场鳗鱼品牌的推广力度。此外，台山市鳗鱼产业在品牌推广过程中，仍然沿用较为传统的线下推广方式，品牌推广效果不佳。同时，台山市虽然在鳗鱼

产业化发展中给予较多政策支持，但在台山市鳗鱼品牌推广方面的支持政策较少。

三、相关建议

（一）进一步开拓消费市场空间

对外，要加大对欧美等市场的开拓力度，利用跨境电商等数字化平台，促进鳗鱼产品不断提升国际知名度，降低对日本和韩国市场的依赖程度，营造出多元化的出口环境，有效防控鳗鱼市场的出口风险。对内，要加强鳗鱼宣传，通过市场调研了解消费需求，针对性开发多元化的产品更好满足不同消费群体，同时，要抓住数字经济发展机遇，利用电子商务、数字媒体等推广平台，积极扩宽台山鳗鱼产品销路销量。

（二）加大精深加工的研发力度

要推进鳗鱼精深加工园区及相关基础设施建设，积极引进行业知名企业参与园区建设。提升食品仓储、冷链物流、产品交易中心等精深加工配套设施建设，提升鳗鱼精深加工的生产、加工、仓储、流通等环节的全产业链集聚度。要借助预制菜发展机遇，研发探索鳗鱼小零食、鳗鱼药膳汤、鳗鱼火锅等不同品类预制菜，加大鳗鱼肽、鳗鱼钙、鳗鱼蛋白粉等生物制品的研发力度。

（三）提升鳗鱼种苗的保护及培育力度

要加大对鳗鱼苗的资源管理力度、鳗鱼苗主要流域的资源保护力度、鳗鱼苗非法捕捞和走私的打击力度、鳗鱼苗人工增殖放流的投放量及鳗鱼种苗的研发投入，不断完善鳗鱼产业科技支撑体系。此外，要鼓励鳗鱼龙头企业、行业协会等积极发挥带动作用，并与有关科研院所建立产学研合作，提升台山鳗鱼育种的科学技术研发力度，对台山鳗鱼的品种培育、品种选育、品种优化等进行深度研发。

（四）提高鳗鱼区域品牌知名度

做好鳗鱼品牌战略布局，在保持国际鳗鱼市场占有率的同时，加大国内鳗鱼市场开拓力度，把安全、优质的台山鳗鱼推介给广大消费者。建议开展系列台山鳗鱼品牌推广工作，例如，十大鳗鱼菜式评选、鳗鱼美食研发基地授牌、鳗鱼产业拓展联盟签约、鳗鱼美食现场展销、鳗鱼知识闯关游戏等，全方位展示鳗鱼文化和产业融合发展的前景，并借助直播平台科普鳗鱼美食文化，扩大宣传面，将优质的鳗鱼产品推介给国内市场，让更多人民群众享受到"鳗妙滋味"，品味美好生活。同时，随着我国数字经济的高速发展，台山鳗鱼产业应抓住 RCEP 等发展机遇，借助跨境电商等网络营销平台，加大台山鳗鱼在国际市场的宣传力度，提升台山鳗鱼在国际上的知名度。

阳西县海洋渔业发展调研报告

曹 阳 陈 强 王思盼

一、主要做法及成效

阳西号称"中国蚝乡",是全国最大的海水鱼苗生产基地,也是广东省传统渔业大县。阳西海岸线长达 174.23 千米,海域面积 5668 平方千米,接近陆地面积 4 倍,海洋渔业资源得天独厚。2023 年实现渔业总产量为 48.41 万吨,总产值为 68.22 亿元,居全省县级前列。其中,海洋捕捞产量为 12.60 万吨、产值为 34.90 亿元,海水养殖产量为 34.31 万吨、产值为 33.32 亿元。

(一)锚定抓手,推进现代海洋牧场建设

自 2019 年 12 月广东省阳西青州岛风电融合海域国家级海洋牧场示范区入选第五批"国家级海洋牧场示范区"以来,阳西县紧紧围绕现代海洋牧场发展战略,加快推进海洋牧场规划建设,着力做大做强深水网箱和海水种苗等海的文章,打造"蓝色粮仓"。

一是加强组织领导,高位推进海洋牧场建设。阳西县将推进海洋牧场建设工作列入全县"百千万工程"十项重点工作任务安排,成立以县委书记为组长的现代化海洋牧场建设工作领导小组,多次召开专题会议,并外出开展考察交流活动,学习交流海洋牧场等方面的先进经验,推动阳西县现代化海洋牧场产业高质量发展。

二是坚持规划先行,着力完善海洋牧场发展空间。积极编制《阳西县现代化海洋牧场及全产业链建设总体规划(2023-2035 年)》《阳西县现代化海洋牧场及全产业链建设实施方案(2023-2027 年)》《阳江市海水种业现代农业产业园详细规划》和《阳江市阳西县-现代化海洋牧场种业示范强县建设方案》,目前已完成了《阳西县现代化海洋牧场及全产业链建设总体规划(2023-2035 年)》

送审稿，拟在 2024 年 6 月初完成上述规划和方案的报批工作。已出具初步规划思路，即"1+1+3+7"工程，即 1 个国家级海洋牧场示范区，1 个阳江市海水种业生产基地，3 个海洋牧场产业园，7 项重点配套工程（3 个渔港及周边提升、2 个海产品深加工产业园、2 个生蚝/贝类近海底播基地优化养殖基地建设）。

三是实施"海洋牧场+"，大力发展深水网箱养殖。全县共有规模化深水网箱养殖基地 3 个，深水网箱 660 口，年产量 10 万吨，产值超过 20 亿元。同时，积极发动有实力的龙头企业参与海洋牧场建设，建成全球首台"导管架风机+网箱"风渔融合一体化装备并顺利试产。

四是完善配套设施，加快现代渔港建设。抓住阳江市启动海陵岛—阳西渔港经济区建设项目的机遇，阳西县正在推进渔港升级和港池航道疏浚项目建设，其中，溪头渔港项目完成总工程量的 77%；沙扒渔港项目完成总工程量的 100%；河北渔港已基本完成渔港疏浚工程范围内渔业养殖设施搬迁等工作。青州岛人工鱼礁建设项目正在制作人工鱼礁礁体预制件，已完成 560 个预制件。

五是推动金融政策支持，增强海洋渔业抗风险能力。推行乡村振兴"政银通"贷款贴息政策，安排专项财政资金 2000 万元，县财政对贷款利息按总额的 80% 补助。同时，对深海养殖设备投入给予 30% 的财政奖补，目前已落实奖补 1104 万元；联合市农业农村局、人民财产保险阳江公司阳西分公司成立了国家级海洋牧场示范区服务中心；推出海水网箱水产品养殖风灾险种，119 个深水网箱保额超 1 亿元，落实各级财政补贴资金 846.6 万元；实现首批"渔船贷无感授信"约 1700 户，金额约 2.1 亿元。

（二）渔业振"芯"，激活"岸海联动"新局面

海水种业是海洋养殖的"芯片"，是发展海洋牧场的战略性、基础性的核心产业。阳西县海水鱼苗产业经过 30 多年的发展，通过不断的技术创新，摆脱了"受制于人"的局面。

全县共有种苗生产场（点）186 个，其中省级水产良种场 5 家，保有各类鱼亲本 6 万尾、后备亲本 4 万尾。年产值超 15 亿元，占全省市场份额超 70%。邀请港澳海水鱼苗专家和本土专家开展培训活动，传授海水种苗繁育技术，提升养殖户养殖技能。成功研制培育出黑鲷、石斑、美国红鱼等 30 多个海水优质亲鱼品种，季节性海水鱼苗鱼卵实现全年供应。另外，通过广东海珠子蚝业有限公司的技术指导，带动三倍体牡蛎占全县牡蛎养殖面积 55% 以上。成功创建海水鱼苗市级现代农业产业园。

（三）数字赋能，实现渔业安全生产智慧管理

阳西县是国家数字乡村试点县。在调研中我们了解到，全国首个"5G 海洋

专网+5G 数字渔船系统"已在阳西县沿海地区实现全面覆盖。这套系统可以为渔民出海和渔政管理提供更大的通信便利，已经将阳西县 7000 多艘渔船纳入系统管理。

通过数字渔船系统的"一船一档案"船只用户数据库、船位监控数据大屏等，可让渔船监管更加科学、直观、高效、便捷，在渔业资源增殖保护，安全生产、防风防台还有海难救助等方面发挥了巨大的作用。从而提升了全县涉渔船舶管理能力，推动渔船监管数字化、智能化、科学化发展，渔业安全生产实现了智慧管理。

（四）健强主体，提升渔业品牌效应

阳西县注重产业主体培育，强化品牌建设。全县有重点农业龙头企业 32 家，其中渔业类国家级龙头 2 家，省级龙头 4 家，市级龙头 6 家；农民专业合作社 3 家；家庭农场 1 个。全县"漠阳味道"区域公共品牌农产品目录共有 37 个（其中渔业相关 9 个），程村蚝获得国家保护地理标志产品，并入选全国名特优新产品目录，顺欣集团生产的"兴盛"牌墨鱼丸和罗非鱼片、"顺兴"牌罗非鱼片和冰虾仁获得"广东名牌产品"。程村镇（蚝）、沙扒镇（海水鱼苗）获得省级"一村一品"示范镇。

（五）"陆海接力"，打造海洋渔业全产业链

在调研中，我们了解到阳西县紧紧抓住"农头工尾""粮头食尾"，坚持"岸海联动""陆海接力"，在近岸推进原种良种培育，在深海推进海洋牧场建设、深远海养殖，在陆上推进预制菜、海洋生物制品加工业加速发展，构建一条从种业、养殖、装备到精深加工的现代化海洋经济产业全链条。

成立预制菜产业协会，发挥顺欣、美味源等"链主"企业作用，发展程村蚝、金枪鱼等水产品精深加工，形成从陆地、海洋到餐桌的"海水种苗、海洋牧场、预制菜、绿色食品"全产业链。全县现有规模以上水产品精深加工企业 9 家，预制菜规模企业 26 家，已开发金枪鱼丸、水煮鱼等 50 多种预制菜产品，年产量达 8 万吨，产值超 23 亿元，市场覆盖全国。

二、主要问题

（一）配套设施建设滞后

现有渔港建设标准偏低，码头规模偏小，避风能力和装卸泊位不足，且港池航道及避风塘普遍淤积严重。同时，网箱装备、饵料加工等上下游产业链尚未健全，仓储保鲜、冷链物流等设施建设相对滞后。

（二）要素保障能力不足

在用海方面，由于海洋牧场靠近大树岛和沙扒青州岛海域，海洋保护区、生态控制区面积较大，发展深海养殖十分受限。在用地方面，陆上配套设施建设用地需求难以满足。如沙扒渔港附近阳江盐业公司土地 8900 亩，盐场用地约 800 亩，有开发利用条件；河北渔港靠近大小双山示范区，是主要深海养殖渔船进入区域，靠近阳西电厂，有利用热能发展冷链的基础，但目前均无用地规模纳入开发边界。在审批方面，渔港建设项目前期工作手续繁杂，办理时间冗长，已启动的溪头渔港、河北渔港和沙扒渔港港池疏浚项目建设仍受海域论证、环评审批以及疏浚物外运海事部门监管等问题制约，严重影响进度。在资金方面，相关财政金融政策对海洋牧场及其配套设施建设支持不足，如国家级渔港项目前期经费达到项目概算总投资的 10% 以上。

（三）良种覆盖率偏低

水产品原种良种培育技术相对落后，水产种业企业"小、散、弱"，专业技术人员缺乏，科研经费缺乏，创新投入不足，产学研结合不紧密，在科研创新、良种培育、示范推广、产业融合等方面仍未形成体系，在一定程度上制约了海水种苗产业的持续健康发展。全县现有 186 个场（点），大多数为苗种生产繁殖场，省级水产良种场只有 5 个，且规模不大，水产良种推广覆盖率只有 23%，远不能满足实际生产需要。

（四）抗风险能力较弱

阳西县是台风易发地区，深海养殖面临着海况恶劣、台风威胁和远离岸线等问题制约。同时，由于企业实力不足，受养殖技术、投入资金和养殖风险等原因限制，整体抗风险能力不足。目前财政给予深海网箱投入 30% 的资金奖补，但税收要缴纳 11～13 个百分点，奖补额度过低，税收占比过高，投入风险与收益仍不对称，企业生产积极性不高。

三、政策建议

（一）在基础设施建设和良种培育、深海养殖等方面给予政策、资金扶持

针对深海网箱养殖投入成本高、养殖风险较大的问题，建议借鉴江苏、浙江、山东的经验做法，推动央企、省属国有企业、大型民企等参与海洋牧场基础设施建设，直接投资建设重力式、桁架式深水网箱和养殖工船等渔旅养殖一体化平台，并通过租赁养殖生产设施等方式带动发展深海养殖业，打造装备水平高、综合效益好的现代化海洋牧场。同时，加大惠农财政金融扶持力度，对企业科技

研发、良种培育、深海养殖平台研发应用等投入给予奖补，建议给予深海网箱养殖投入的资金奖补从30%提高至50%，鼓励企业积极投入生产，提升企业抗风险能力。

（二）进一步优化用海用地审批程序

探索把海洋牧场和海上风电项目用海分开报批，采用预支规划规模等灵活方式保障用海用地，建立健全渔港建设多部门联合审批机制，简化手续，缩短流程。同时，建议将申报渔港建设项目前期工作经费纳入项目投资总概算，对渔港建设及渔港疏浚用海免征海域使用金。

（三）建立海水种业研究院

阳西与暨南大学、广东海洋大学、南海水产研究所等高校和科研机构开展合作，建立了较为完善的产学研机制。未来可考虑探索在阳西建立海水种业研究院，对海洋牧场、海水鱼苗技术开展联合攻关，解决渔业"芯片"卡脖子难题。

（四）进一步健全完善保险机制

广东是台风灾害多发地区，一旦强台风登陆，深海网箱和近岸养殖都无法抵御，往往让投资者血本无归。而保险行业对高风险的渔业往往持观望态度，不愿意参与，金融行业支持的积极性也不够高。建议从省级层面出台政策，督促保险公司加大保险力度，引导金融、保险行业深入养殖业，实现养殖户购买保险全覆盖，进一步提高养殖业抗风险能力，更好地激发企业和农民发展渔业经济的积极性。

高州市生猪产业发展调研报告

田璞玉　蔡　勋　李伟锋

培育县域特色产业是构建县域经济发展新格局的突破口。习近平总书记强调，推动高质量发展，要善于抓最具特色的产业、最具活力的企业，以特色产业培育优质企业，以企业发展带动产业提升。近期，广东省政协农业和农村委员会组织广东省农科院经信所课题组对高州生猪产业进行专题调研。在调研中了解到，高州市通过大力引进培育规模化养殖企业，推动全市生猪养殖高质量发展取得较好的效果。现将有关情况报告如下。

一、高州市生猪产业基本情况

（一）全市生猪供给占全省4%左右，其中约一半生猪调往珠三角地区

近年来，茂名高州市生猪年出栏量位居全省县（市、区）前列。据农业农村局统计，2022年全市生猪产业产值为30.34亿元。其中生猪出栏138.67万头，猪肉产量为11.11万吨，均占全省总量的3.97%；生猪年末存栏79.09万头，占全省总量的3.60%；能繁母猪为8.39万头，占全省总量的4.11%。

（二）生猪规模化养殖转型升级加快，主要以大型企业为主

自2016年开始，因生态环境保护全市共关闭清退养殖场11000多家，其中小东江流域关闭7000多家。为推动全市生猪转型升级，专门成立生猪养殖一体化专项领导小组，由市长任组长，农业农村局牵头市发展改革委、林业局、自然资源局、市招商办等相关职能部门，集中办公加快简化年出栏能力达20万头以上的生猪养殖一体化项目审批，陆续引进温氏、京基智农、海大等大型养殖企业，有力推进高州市生猪产业集约化、规模化、现代化发展。2022年，高州市在册养殖场（户）数量为2817家，其中规模场（存栏250头以上）为287家、专业户（存栏25~249头）为1889家、散户（存栏24头以下）为641家，大型

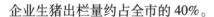

企业生猪出栏量约占全市的 40%。

（三）推进粪污资源化利用，促进生猪养殖业向健康绿色转型

依托畜禽粪污资源化利用整县推进项目以及绿色种养循环试点项目，大力推进畜禽粪污无害化处理和资源化利用，全市现有有机肥厂 3 家，有机肥生产能力 10 多万吨，加快构建种养结合、农牧循环的可持续发展新格局。截至 2022 年 12 月，全市规模场畜禽粪污综合利用率达 95.29%，规模养殖场粪污处理设施装备配套率稳定在 98.94%，大型规模场设施装备配套率达 100%。

二、高州市打造百亿生猪产业面临的问题

（一）生猪重大疫情威胁生猪产业健康发展

非洲猪瘟疫情对生猪产业影响程度深、持续时间长。一方面，直接造成生猪养殖规模断崖式下降。2018 年疫情发生后，高州生猪年末存栏头数从 85.51 万头减少至 48.74 万头，降幅达 43.00%；能繁母猪从 7.07 万头锐减至 3.91 万头，降幅达 44.72%，重挫全市生猪产业。另一方面，非洲猪瘟深层次影响生猪供需结构，导致生猪价格快涨速落、淡涨旺跌。生猪价格不稳定也进一步降低养殖户补栏积极性，顺达公司目前年出栏量不到 6 万头，仅占其全部出栏能力的 30%。

（二）加工产业发展滞后，加工产品种类少

虽然引进的均是具备饲料、养殖、加工、屠宰产业链的养殖一体化企业，但是受市场行情影响，大部分企业的加工、屠宰链条尚未建设或者未正式投产。全市较大的肉产品加工厂仅有高州市食品企业集团公司高城果乡食品厂肉品加工厂一家投产，2022 年肉品加工产量 590 吨，销售额为 1783 万元。顺达（10 万吨）猪肉制品厂加工设备已调试完成，但因未达到年出栏 20 万头规模无法自建屠宰场，目前加工线处于闲置状态。此外，加工品种较为单一，主要为腊肠、腊肉等。

（三）财政负担大，不利于生猪产区大力发展生猪养殖

调研了解到生猪养殖对地方财政收入贡献不大，同时还要承担较大的生态环保压力。如高州京基智农去年出栏 30 万头，产值约为 10 亿元，但税收仅有 200 万元。政府还要承担补贴疫苗、耳标配套、生猪保险、疫病扑杀补偿和畜禽无害化处理等经费。据农业农村部门统计，平均每头猪地方政府要配套 30~40 元，导致财政负担加重。江苏省建立生猪产销区保供合作机制，2022 年苏北主产区饲养苏南主销区保供能繁母猪 4.5 万头，获得生态补偿资金 5100 多万元。广东省 2019 年出台《广东省人民政府办公厅关于加快推进生猪家禽产业转型升级的

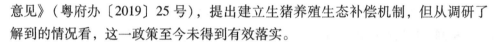

意见》（粤府办〔2019〕25号），提出建立生猪养殖生态补偿机制，但从调研了解到的情况看，这一政策至今未得到有效落实。

（四）养殖基地建设审批政策不明晰且缺乏多部门协调机制

在非洲猪瘟发生前，禁养区养殖户被关闭清退，然而非洲猪瘟疫情后，部分禁养区转为限养区，失去的生猪产能已无法恢复。此外，生猪养殖基地建设涉及多部门审批，各部门在审批过程中各管一摊，容易导致建设主体有意或者无意的建设违规。如顺达公司新建养殖场在完成建设审批后，因在原有林地自然形成的道路上硬底化，被认定违法。

（五）基层动物防疫队伍弱化

基层动物防疫队伍人员老化、青黄不接、人员地区分布不平衡（下放镇街管理无法调配）、同工不同酬和同酬不同工矛盾日益突出。另外，2019年机构改革后，乡镇畜牧兽医站合并至乡村振兴中心，兽医人员无法专职开展工作，影响了检疫、防疫等工作的开展。

三、打造百亿生猪产业政策建议

（一）强化规划引领，编制百亿生猪产业发展规划

一方面，基于高州市生猪产业实际系统编制生猪产业发展规划，完善育种、养殖、疫病防控、饲料、屠宰、加工、销售、有机肥等全产业链总体布局和百亿产业发展蓝图。另一方面，配套出台相关实施方案或行动计划，重点围绕疫病防控、屠宰、传统肉类加工以及生猪皮毛油等副产品加工等薄弱环节，积极对接相关科研院所和领军企业，补齐产业链短板，延伸生猪产业链、提升价值链。

（二）探索建立"链长制"保障全产业链建设有序推进

依托顺达牵头的生猪产业跨县集群，探索生猪产业"链长制"制度。组建由市委、市政府主要负责人分别担任"总链长""副总链长"，产业所在镇相应设立镇级农业产业链链长、副链长，分别由镇级党委书记、政府（街道办事处）主要负责人担任，产业链链长负责产业链所在辖区内的统筹协调工作。建立"指挥部+工作专班""定期调度+驻点服务"的工作机制，着力解决产业链推进过程中存在的疫病防控、土地综合利用、金融信贷等难点堵点问题。尤其是优化生猪养殖基地、加工厂等建设项目审批程序，引导企业合规合法建设，确保项目建成一项投产一项，系统推进生猪全产业链建设。

（三）加大政策创新力度，完善生猪产业政策支持

一是落实生猪养殖生态补偿机制，推动珠三角地区与生猪主产区通过资源环

境补偿、跨区合作建立养殖基地等方式，建立稳定的产销区合作保供和利益补偿长效机制，补偿产区在疫病防控、污染治理、质量安全监管和生产补贴等方面的投入，调动主产区发展生猪生产的积极性。二是推广生猪"保险+期货"试点，将生猪期货价格保险纳入政策性保险，根据生猪期货市场变化实行阶梯式保费补贴，平衡养殖风险和盈利水平。进一步探索"保险+期货+银行"的绿色金融支持模式，由保险公司向商业银行推荐同时购买生猪养殖保险和生猪期货价格保险的养殖企业，商业银行以生猪活体为抵押物，参照保险金额核定贷款额度向养殖企业发放贷款，实现农业生物资产抵押，满足市内养殖企业融资需求。

（四）强化基层兽医队伍建设

一是机构编制委员会要考虑基层兽医队伍的特殊性，足额配置编制数，确保队伍稳定；二是专人专用，在春防秋防关键时期，确保兽医队伍不被"占用"；三是提高基层兽医队伍综合素质，通过联合科研机构举办培训班等形式，提高基层兽医队伍专业素养。

化州市和廉江市生猪产业发展调研报告

田璞玉　蔡　勋　李伟锋

化州和廉江均是生猪产能调出大县，生猪出栏均过百万头，是全省生猪出栏最高的地区。调研报告如下。

一、生猪产业现状

（一）生猪出栏均超百万头

2022 年，化州市出栏 168 万头，出栏量全省第一。自 2007 年起，化州连续16 年获得全国生猪调出大县称号。廉江市出栏 142 万头，连续 6 年获得国家生猪调出大县称号。在存栏方面，廉江市存栏最高，为 104 万头，出栏与存栏比相对较低，主要是因为 2022 年受非洲猪瘟影响较大，出栏数量降低。据估算，化州市生猪养殖环节产值约为 36.8 亿元，廉江市约为 31.1 亿元（见表 1）。

表 1　2022 年化州市和廉江市生猪生产情况

地市	存栏（万头）	出栏（万头）	能繁母猪（万头）	猪肉产量（万吨）	养殖环节产值（亿元）
化州	88	168	8.7	13.6	36.8
廉江	104	142	12.74	11.2	31.1

（二）养殖主体以本地中小养殖场（户）为主

两市养殖主体结构如表 2 所示，化州市生猪规模：养殖场 671 家（存栏 250头以上）、规模以下（存栏 250 头以下）养殖户约 6000 家，规模场出栏量约占全市出栏量的 40%。生猪养殖省级龙头企业 1 家（恒兴），市级 1 家，国家级产能调控基地 4 家，省级生猪标准化养殖场 14 家，省级原种猪场 1 家，二级种猪扩繁场 13 家。

廉江市规模养殖场 566 家，专业养殖户（存栏 25~249 头）3655 家，散养户 3185 家，规模化养殖场出栏生猪 63.4 万头，占比为 44.6%。其中省级产能调控基地 5 家，国家级生猪产能调控基地 2 家

化州市和廉江市以本地中小规模养殖场为主，大部分养殖场（户）以自繁自养为主，没有大型企业集团进驻，目前两地最大的养殖场年出栏只有 2 万头。化州市在建规模养殖场年出栏预计最高可达 10 万头（茂名正田种猪有限公司），远不及高州等地企业集团年出栏 30 万头的数量。

表 2　2022 年化州市和廉江市养殖主体结构

地市	养殖户总数量（户）	规模场（存栏 250 头以上）（家）	专业户（存栏 25~249 头）（户）	散户（存栏 24 头以下）（家）	规模户数量占比（%）	规模户出栏占比（%）	单主体最大产能（万头）
化州	6671	671	—	约 6000	10.1	40	2
廉江	7356	566	3655	3185	7.7	44.6	2

（三）均无专项产业扶持政策

各地只落实了国家和广东省相关生猪产业发展的各类优惠政策，如生猪良种补贴、贷款贴息、生猪保险等。化州市累计奖补能繁母猪 27741 头，补贴资金 110 多万元。累计引进优质种猪 1.3 万头，累计发放生猪保险补贴 494.5 万元。廉江市在 2018 年启动了畜禽粪污资源化利用整县推进项目，共支持 480 家养殖场完成粪污处理设施升级改造，支持 29 户养殖场进行种养结合基地建造，建立第三方区域性粪污收储体系和建设廉江市区域性粪污集中处理中心。从各地规划来看，化州市将生猪产业列入了重点发展的农业产业之一，提出到 2025 年，全市生猪出栏量保持在 160 万头左右，规模化养殖出栏占比 70% 以上，畜禽粪污综合利用率达到 80% 以上。而廉江市提出打造百亿级湛江鸡产业，并未将生猪产业列入重点发展的农业产业。

二、化州市和廉江市打造百亿生猪产业中面临的问题

（一）本地屠宰率较低，肉制品加工发展滞后

两地市生猪产业集中在养殖环节，在本地屠宰的生猪较少，屠宰环节的收益无法留在本地。例如，化州市生猪定点屠宰企业 8 家，年屠宰量约为 40 万头，为全市生猪出栏的 25% 左右，其余主要活猪调运珠三角地区。两地市肉制品加工产业发展滞后，加工企业数量和规模均比较小，加工产品为传统的腊肠、粽子、

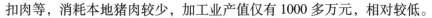

扣肉等，消耗本地猪肉较少，加工业产值仅有 1000 多万元，相对较低。

（二）成本上升和猪价波动影响生猪产业稳定发展

养殖成本和生猪价格波动是决定养殖户收益的关键。近年来，饲料原料价格持续上涨、生猪销售价格持续低迷，当前生猪收购价格低于成本价，"养一批亏一批"，处于持续亏损阶段。另外，"环保风暴""减抗行动""生物防控"等行动间接加大了生猪养殖的成本投入，两地市部分中小养殖户逐步退出生猪养殖，影响当地生猪产业的稳定发展。

（三）生猪养殖用地及屠宰加工建设用地缺乏

生猪养殖业需要大量土地，当前两地市后备养殖土地资源数量少、限制多，不利于养猪业发展壮大。新增养殖用地审批难，生猪养殖主要使用林地，涉及自然资源、农业农村、环保、林业等多个部门，但各部门没有形成联合审批和协调机制，各自为政，出现各部门管理和执法不一致情况。如在廉江市的调研中，一个养殖场将原有通往养殖场的道路进行了硬底化，但被认定为违法，"差 2.8 亩就被抓起来了"，已建成的猪舍无法正常投产。另外，肉制品加工和屠宰建设用地指标在各地优先级较低，无法满足需求。且用地政策宣传不到位，养殖户甚至不知道所用地块是什么性质。

（四）养殖主体结构固化，地方引入大型企业动力不足

两地市养殖主体结构固化，短期内依然是中小养殖户为主。中小型养殖户优势是能够解决部分农民的生计，缺点是抗风险能力比较差。而大企业的优势在于资金充足、抗风险能力较强，能够在种猪培育、饲料生产、加工和销售等全产业链形成一体化发展模式。但两地市政府引进企业集团养猪的意愿不强：一是因为环保压力大，随着乡村振兴工作的逐步推进，对畜牧养殖环保治理越来越严，畜禽粪污必须达标排放。同时新建猪场受环评门槛提高、治污设备投资大。二是地方政府财政负担大，生猪养殖对地方财政收入贡献不大，反而要补贴疫苗、耳标配套、生猪保险、疫病扑杀补偿和畜禽无害化处理等经费，财政收入少的农业大县不堪重负，不利于生猪产区大力发展生猪养殖。三是因为建设用地不足，引入大型养殖企业一般需要配套较多的建设用地，然而两地"工业企业都拿不到地"，更加没有动力引进大型企业。

（五）生猪产业门槛较高难以联农带农

恒兴等大型养殖企业在化州市和廉江市运营了"公司+农户"模式，目前茂名市恒兴养殖有限公司已与化州市的 19 户养殖户开展了合作，存栏生猪 2 万头。但带动农户的数量相对较少，且合作户大部分是有养殖经验的大户，自有养殖场

地和人员，在市场低迷时选择与企业合作获得保底收入，以此规避市场风险。正大集团在化州与地方企业（化州天天汇有机食品公司）以"保底收购+分成"的方式合作养殖，建设了 6000 头规模的母猪养殖场，年出栏 15 万头仔猪，并计划建设年出栏 15 万头左右的育肥猪场，本地公司负责提供养殖场地和人员，正大集团负责销售并提供种猪和技术支持。这种模式对当地农民的带动作用更加有限，是大型养殖企业与本地企业之间的合作。因此，生猪产业的高门槛很难做到联农带农。

（六）养殖企业融资难，各类财政补贴手续繁琐

中小型养殖户没有抵押物，银行贷款困难。广东省农担可为农业企业提供融资担保，但最高额度只有 300 万元。"生猪贷"也限定 1000 头母猪只能贷款 100 万元，但能繁母猪价格相对较高，"能养得起 1000 头母猪的，100 万元贷款对他来说用途不大"。各类财政补贴呈现"规模养殖户不感兴趣，政府补贴无法下放"的状况，以能繁母猪补贴为例，100 头以上母猪规模才能拿到，但手续繁琐，且需要进场核查和"回头看"核查，面临较大的防疫风险，很多猪场宁愿不拿补贴，政府也"头疼"相关补贴无法下放。

三、政策建议

生猪养殖业呈现养殖门槛在提高、产业格局在调整、生物安全要求在加强、生态养殖步伐加快、智能化数字化正在快速普及等新特征。在此情况下，化州和廉江推进百亿产业政策建议如下。

（一）强化屠宰、冷链运输和肉制品加工业，延伸生猪产业链

鼓励两地市布局从养殖到屠宰和深加工的猪肉全产业链发展模式，按照"建基地打基础、强加工育龙头、创品牌拓市场"的思路，推动生猪产业延伸产业链。一是打造若干"链主"企业，延伸产业链、提升价值链、打造供应链。二是打造地方猪肉品牌。通过政府机构、行业协会等联合中小企业，打造化州和廉江地方生猪品牌。三是加强屠宰和冷链运输建设。配套建设冷藏库、冷冻库、冷链运输车等基础设施，保障猪肉速冻产品安全快速运输。四是开发多样化的预制菜产品。鼓励肉制品加工企业不止于加工传统的腊肠、腊肉等腌制食品，还可根据市场需求开发更多的预制菜食品。

（二）建设交流沟通平台，及时发布生猪养殖存销信息

中小养殖户对存销和市场分析能力有限，地方政府应建立信息发布渠道，打通养殖户与市场间的信息屏障。一是建立区域内养殖户信息共享平台。调研中发

现，农业农村局关于生猪养殖信息只发送到各镇街，而不能及时通报养殖户。因此，鼓励政府推动当地成立生猪养殖业协会和养殖户沟通交流群，及时并直接地将相关信息通报给本地养殖户。二是及时发布全国、全省和全市生猪养殖与市场信息，让养殖户能够及时调整生产水平。

（三）推动部门间沟通协调机制，疏通产业用地途径

土地是生猪产业生产最重要的投入要素，也是养殖企业最为关注和最难解决的问题，其问题的根源不仅仅在于养殖土地资源稀缺，更加重要的是各职能部门之间没有建立有效的沟通协调机制，导致"一刀切"现象普遍，基层合理的诉求没有能够有效解决。一是各部门要联合出台农业产业用地指引。明确地块性质和用地审批流程，避免出现投资建设完成后被拆除和整顿的现象。二是职能部门间要建立用地联合审批机制。可探索在"百千万工程"指挥部中建立地方特色优势产业专班，协调产业发展中的用地等各类重要问题。

（四）给予生猪大县生态补偿，培育地方龙头企业

两地市生猪均呈现养殖主体多而散的特征，若以打造百亿产业为目的，需要有竞争力的龙头企业带动建设全产业链。一是对生猪产出大县给予一定的生态补偿。生猪养殖大县污染留在本地，而产业利润和税收大部分在外地，如果没有政府重视较难持续高质量发展。建议给予生猪养殖大县生态补偿，激发地方政府发展生猪产业的积极性。二是通过外引或内培打造若干具有引领产业发展作用的龙头企业。外部引进大型企业集团或扶持培养本地企业发展壮大，打造成为产业龙头企业，支持引导龙头企业全产业链发展，发展加工业，打造本地品牌，推动生猪产业增加产业链后端收益。

（五）扩大联农带农规模，保障中小企业和散户发展权益

乡村振兴的最终目标是农民富裕，生猪养殖是部分农民收入的重要来源，在符合养殖条件的情况下，切实保障中小企业和散户的养殖和发展权。一是扩大中小型养殖场与企业集团合作规模，走"公司+农户"的道路，建立完善"保底+分红"利益联结机制，以大企业的资金和技术来降低疫情和市场风险，实现资源共享。二是推动散户向家庭农场转型升级。推动散户逐渐向以夫妻经营为主的25~200头存栏的家庭农场转型，提升适度规模养殖比例。鼓励散户和家庭农场成立专业合作社，提供统一采购、统一技术指导服务，降低养殖成本。

（六）提高金融支持与财政扶持效率

信贷等金融支持对中小型养殖户扩产、渡过风险有重要作用。一是创新金融支持产品，提升信贷额度。根据养殖规模适当提升省农担担保额度。本地银行机

构加大信贷投放力度，支持对龙头企业、以"公司+农户"模式生产经营的生猪企业、挂牌国家级、省级生猪产能调控基地的生猪养殖企业予以信贷支持上的政策倾斜。加快推广土地经营权、养殖圈舍、大型养殖机械、生猪活体等抵押贷款，更好地满足养殖主体融资需求。二是优化生猪养殖各项补贴的发放手续。优化各类补贴项目申报流程，减少养殖主体交易成本。探索采用现场视频等非现场核查和监督手段，避免疫病带入风险，提高符合条件的养殖户申报财政补贴的积极性。

阳西县调味品产业发展调研报告

甘阳英　周灿芳

推动县域经济高质量发展是贯彻落实习近平总书记视察广东重要讲话、重要指示精神的关键举措，也是广东省实施"百县千镇万村高质量发展"和乡村振兴的重要内容。特色产业在带动乡村县域经济发展方面具有巨大的潜力，习近平总书记指出：各地推动产业振兴，要把"土特产"这3个字琢磨透。阳西县地处粤西沿海，有丰富的山、海、林、泉、湖、滩、岛等自然资源，光热充沛，是传统的调味品产区。自2005年以来，阳西县借助产业转移的政策机遇，依托中山火炬产业转移工业园，先后引进调味品、食品及配套项目139个，打造出产值67亿元的绿色食品产业集群，2021年全县GDP和人均GDP值在全省各县市的排名比2004年分别前进了13名和21名。2022年阳西县工业排名全省第67位，同比前进了32位。为了总结阳西县依靠调味品产业推动县域经济发展的经验模式，分析当前存在的问题与需求，为后续发展提供政策建议，广东省农业科学院农业经济与信息研究所课题组于2023年6月29~30号前往阳西县开展了实地调研，现将调研情况汇报如下。

一、阳西县发展调味品产业的经验模式

（一）筑巢引凤　打造高质量产业载体

依托中山火炬（阳西）产业转移工业园全力打造绿色食品产业园，为调味品产业发展提供载体。中山火炬（阳西）产业转移工业园是2005年广东省政府认定的首批三个省级产业转移园区之一，位于沈海高速阳西县城出口处，规划用地面积2.29万亩，分六期建设，目前完成第一期、第二期、第三期共计7550亩的面积，正在开发第四期、第五期，远期规划第六期2600亩。园区内现已高标准建设道路、供水、供电、排水排污、通信、有线电视、互联网、燃气、蒸汽、

废气处理、污水预处理等基础设施，高效率实现了"十一通一平"。同时，园区还不断完善生产、生活、生态环境，累计投入基础设施建设资金超 20 亿元，各项配套基础设施日臻完善，形成了物流运输、原料供应、包装制品、冷热电联供、废水全过程处理等上下游产业链配套。此外，园区还建设了创新孵化中心、人才驿站、智慧园区、电商交易中心，配套了 10 家大型社区、6 所学校、医院、公园、商业广场、商务酒店、农贸市场、公共交通、体育中心等生活设施，保障入园企业生产不出城、生活不出园，实现了园区与县城的融合发展。

（二）创新政策　塑造县域营商优势

为了吸引优质企业入驻，阳西县不断创新招商引资政策，实行了并联审批、"先建后验"，积极推广承诺制订信用审批、预审批和"容缺预审"制度，推行"2 号章"工作机制。实施重大项目审批"绿色通道"，开办企业实现"一天办结制"和秒批。落实招商重点项目"一领导一专班"机制和企业服务员、企业特派员"双员"制度。不断优化项目规划建设审批流程，出台实施了《阳西县社会投资类工程建设项目"拿地即开工"工作（2.0 版）实施方案》。政府投资类项目审批时间压减到 70 天，社会投资类项目压减到 50 天。此外，还出台了《阳江市重点产业招商引资奖励办法》，设置了动工奖、竣工奖、达产奖、增长奖，最高奖励达 3000 万元。

（三）瞄准定位　促进形成产业集群

多年来，产业园始终围绕绿色食品发展定位，以打造"全球最大的调味品生产基地""南派酱油文化中心"，争创"中国食品名称城"为战略发展目标，以调味品、香精香料、食品饮料、包装配套为主导产业，发展绿色食品产业。目前，园区已累计引进工业企业 108 家，其中，调味品企业 15 家、食品企业 28 家、包装及配套企业 50 家，以世界 500 强企业美国卡夫亨氏、新加坡丰益国际和全国调味品十大品牌中的厨邦、味事达、致美斋、金龙鱼为龙头，吸引了御膳厨、妙多等大批知名企业及上下游企业汇集园区，形成了门类齐全、品种繁多、产品质量较高、经济效益较好和产业链较完整的调味品产业集群，带动就业 8000 多人。调味品当前产能达 157.3 万吨，全面达产后产能达 413 万吨，约占全球产能的 15%，中国产能的 22%。2018 年，产业园获得"中国调味品之都""中国香谷"荣誉，2019 年获得"建国 70 周年中国调味品产业最佳服务园区"殊荣，2020 年获得"全国调味品十大产业基地""调味品行业 25 年服务优秀工业园区"称号，2021 年获得"广东省营商环境创新实践评选优秀招商服务团队奖""2021 年度地方产业高质量发展突出贡献奖"。2022 年，园区完成规模以上工业总产值

为 66.84 亿元，同比增长 37.3%。

（四）纵横联合 开创以工带农新局面

随着产业的不断聚集，调味品企业之间的合作日益密切，例如，美味源加工上游调味品，生产的提取物供给厨邦生产下游的调味品，生产的酱料包提供给顺欣开发预制菜产品。以调味品产业为核心，也带动了上下游产业的快速发展，包括上游的水产养殖、能源供应，下游的物流、电商、工业包装和生活服务业等。尤其是政府适时引导创建了生蚝和预制菜两个省级现代农业产业园，开创了良好的以工带农新局面。其中，美味源作为生蚝产业园的牵头实施主体，解决了当地特色农产品程村蚝的加工和市场销售，调研中了解到目前生蚝原材料处于供不应求状态，呼吁当地扩大养殖规模。

阳西县是广东省渔业大县。近两年，阳西县渔业总产量和产值均居全省县级第一，而调味品和预制菜产业的发展正好为水产品提供了很好的市场出路。顺欣集团作为预制菜产业园的牵头实施主体，开创了产品的"A+B 包"模式，当地养殖的罗非鱼经顺鑫集团加工成预制菜主料（A 包），配料来自当地调味品企业（B 包），整合在一起形成预制菜成品，通过自有的销售网络进行销售。顺欣集团还和调味品企业共同进行菜品研发，目前已开发预制菜品 50 多个。此外，个别企业还发现，阳西县当地有冬种辣椒的习惯，规模约为 3 万亩，每年在辣椒种植后期，价格暴跌，农民销售困难，计划增加辣椒生产线，在辣椒价低时收购生产辣椒酱。未来，这种以工带农的模型还可能越来越多。

二、阳西县调味品产业发展面临的主要问题

（一）用地指标亟需增加

近年来，随着园区产业的集群效应日益显著，吸引更多的优质企业前来投资，对用地规模、用地指标需求大。目前，阳西县中山火炬（阳西）产业转移工业园红线范围 11000 亩已基本开发完成，正在开发的四期、五期没有纳入省级园区红线范围，难以享受到产业园的奖补政策。园区在谈的项目有珠江桥调味品、御农食品、高技食品、绿客门食品、日康饮料、百富饮料等 13 个，土地及指标均未到位，有 10 个已签约的工业项目需要解决用地问题才能落户建设。

（二）交通设施有待完善

目前，阳西港口基础设施水平较低，没有通用货运码头，最近的货运港距离园区 50 千米。同时，阳西高速公路网络密度偏低，分布不均衡，特别是纵向高速公路稀缺。交通设施的滞后导致园区内原料的输入和产品的输出均比珠三角地区要增加至少 1~2 天的时间，运输成本也相应增加较多。此外，由于交通基础设施不够完善，产业规模还不够大，尚未形成成熟的物流园和电商园，导致企业在物流配送上还存在一定的困难，个别企业需要从中山调货车过来运送。电商业务也尚在起步阶段，仅少数企业（美味源）开拓了有规模的电商市场，且服务企业来自外部。

（三）产业合力有待加强

目前，园区内调味品产业发展势头持续向好，国内十大调味品品牌的"半壁江山"已落户园区，且企业之间的业务合作也十分密切。但总体来讲，大部分品牌在阳西县的定位仍然还只是生产基地，尽管都是大品牌，但品牌的溢价收益和精深加工的附加值多数留在了珠三角总部，各企业以阳西县为新的产业阵地的合力还没有完全形成，调味品企业团体公共的平台还偏少，级别还偏低。例如，成立的调味品协会还只是县级的，作用也没有充分发挥；举办的高级别会展活动还偏少，影响力不够；园区内还没有公共的研发平台和宣传平台；媒体宣传不足，"中国调味品之都"这个招牌还没有注册微信公众号和抖音号；产业与当地自然、文化的结合还不够，对服务业的辐射带动还没完全发挥出来。尤其是随着调味品生产设备的升级改造，用工显著减少，如果不能多途径拓展服务领域，对本地就业增收的带动就会变得有限。

三、阳西县调味品产业发展的对策建议

（一）着力解决园区的用地需求

为了解决园区的用地需求，阳西县政府正在努力争取园区调规和扩园。一是调规，根据实际需求将原规划范围内不能开发的城市商业化及配套用地、留用地和村庄用地 5448 亩调出，把正在开发的园区三期、四期共 5033 亩调入。二是扩园，力争将四期、五期、六期开发建设列入园区管理范围。根据省里政策要求，调规和扩园都必须在省里考评排名前 2/3 才有机会，目前距离目标大约还相差十名。建议园区大力扶持已投产企业发展壮大，推动在建企业早日投产，加快形成年产量超过 400 万吨、年产值超百亿元的绿色食品产业集群，提高土地单位产出，尽快达到省里的调规和扩园标准，解决用地需求。此外，由于广东区域经济发展不平衡问题突出，粤东、粤西、粤北地区的县域经济整体较弱，与珠三角地区同等竞争势必处于劣势，建议省里制定分区、分类考评制度，或政策上适当照顾粤东、粤西、粤北地区的园区，以促进全省区域协调发展。

（二）改善交通条件与产业配套

大力改善阳西县交通基础设施，尤其是货运港口、高速网络的建设，加快临

港工业区 30 万吨级深水港的建设，并配套便捷的集疏运体系，缩短调味品原料输入和产品输出的物流时间。同时，不断完善阳西县高速网络建设，重点加强纵向路网的规划建设，争取早日融入粤港澳大湾区 1 小时生活圈。在改善交通基础设施、提升园区产能的基础上，进一步完善园区内产业配套设施，重点是规划建设现代化的物流园和电商园，同时提升园区内生活配套设施，不断优化园区的"三生"环境。

（三）打造公共平台　强化产业合力

依托阳西县调味品产业集群，打造一些公共研发平台、宣传平台和联合载体。一是联合园区企业和省内高校、科研院所成立广东调味品产业研究院，设立公共实验室，引进食品研发队伍，服务整个园区，既能促进大品牌之间的合作，又能解决一些小企业缺乏研发条件的问题。二是打造阳西县调味品宣传实体，可依托园区建设工业旅游项目，设立园区生产参观路线，让市民看得见和信得过阳西产品，融合本地文化资源，增加民俗体验和"漠阳味道"美食体验以及其他参观配套服务。三是积极主办中国调味品展销会、博览会、行业峰会等，不断增加园区流量，提高园区的知名度。四是加强阳西调味品媒体宣传，积极争取主流媒体的关注和宣传，同时重视新媒体的宣传，尽快注册"中国调味品之都"微信公众号和抖音号并用心经营。五是充分发挥阳西县调味品产业协会的作用，强化企业之间的交流，争取升级为阳江市乃至广东省调味品产业协会，引导企业积极加入中国调味品协会或争取联合成立分会等，提高阳西调味品的市场话语权。

（四）持续加强以工带农联镇带村

目前，园区通过调味品产业和预制菜产业与当地渔业形成了紧密联结，初步形成了以工带农的良好开端。但由于调味品的主要原材料（大豆、小麦）均来自东北，对阳西本地种植业的带动还很微弱。后期可借助扩展产品品类（如增加酱菜、剁椒等）、发展壮大预制菜，逐步带动当地种植业。同时，依托工业园区和本地丰富的山海资源、人文景观开发休闲旅游，进一步加强以工带农和上下游辐射联动，形成强县联镇带村的良好局面。

高明区调味品产业发展调研报告

甘阳英　周灿芳

推动县域经济高质量发展是贯彻落实习近平总书记视察广东重要讲话、重要指示精神的关键举措，也是广东省实施"百县千镇万村高质量发展"和乡村振兴的重要内容。特色产业在带动乡村县域经济发展方面具有巨大的潜力，习近平总书记指出：各地推动产业振兴，要把"土特产"这3个字琢磨透。自2005年以来，高明区结合自身资源优势，通过扶持做大佛山市海天（高明）调味食品有限公司，打造全国最大的调味品生产基地。2022年，海天实现营业收入256.1亿元，约为当年高明区GDP的25%，生产调味品超过412万吨，覆盖10余个系列、百余品种800多规格，其酱油产销量连续26年稳居全国第一。2022年获"国家知识产权优势企业"、入榜福布斯全球2000强，是"国家级智能制造标杆企业""中国制造业民营企业500强""中国轻工业百强""农业产业化国家重点龙头企业"；2019年，公司入选全国农产品加工业100强企业名单，综合排名第51。为了总结高明区调味品产业高质量发展的经验模式，分析当前存在的问题与需求，为后续发展提供政策建议，广东省农业科学院农业经济与信息研究所课题组于2023年7月初前往高明区开展了实地调研，现将调研情况汇报如下。

一、高明区发展调味品产业的经验模式

（一）做好服务　发挥民营企业能动性

高明区调味品产业发展的特征是：政府企业分工明确，政府做好基本服务，企业做好生产和市场。自2005年高明区引入海天生产项目，先后为企业供地3000多亩，做好水、电、气等基础设施改造，协助海天引进人才并解决人才家属就业、子女入学等问题，同时还引进包装企业解决产业配套问题。而海天作为民营企业，抓住了改革开放的政策优势，并不断改革创新，逐步发展为全国最大

调味品企业。

（二）改革创新 激活企业发展动力

海天在数十年的发展过程中始终坚持改革创新。1966 年，海天建成第一座晒池，率先开始以池代缸的发酵酿造酱油试验。1971 年，海天研发第一台国产酱油真空注瓶机，同年，海天第一条酱油自动包装流水线建成并投入使用。1984 年，海天获国家轻工业部贴息贷款 700 万元，用于酱油工程技术改造扩建项目。在信息化发展初期，海天就紧跟时代，于 1997 年注册了域名，建立了企业官网。2001 年，海天设立了广东省唯一一家从事酿造工程技术研究的省级技术研发中心，并提出"双百工程"规划蓝图。2005 年，海天在高明建立了产量超 100 万吨的生产基地，这个产能在国内外都算是首屈一指的。这也为海天在其后将近 20 年调味品快速增长期内抢夺市场主导地位奠定了规模基础。2008 年，为提高企业管控能力，利用系统化、流程化思路优化现有管理平台，提高业务单元透明度及资源共享，以满足未来业务的快速发展和调整，海天正式启动实施 ERP 项目，建立起依托大数据监控的生产品质标准。目前，海天建有 5 个省级研发平台，研发试验场所总面积超过 6000 平方米，近三年每年研发投入超 7 亿元。累计承担国家级科技计划项目 9 项，省部、市区级项目 36 项，获授权专利 513 项，完成国内先进以上水平成果 20 项，获国家科技进步奖二等奖 2 项、广东省科技奖一等奖 3 项、其他省市区级奖励 30 余项；已加入国家级、省市级协会及机构 37 家；担任中国调味品协会酱油专业委员会、中国调味品协会调味油专业委员会主任委员。

（三）市场引领 打造一流品牌

多年来，海天以市场引领，通过强化产品品质保障、不断改进产品包装设计、重视品牌宣传，提升行业影响力，并建立了覆盖全面的庞大经销网络等多种措施，逐步打造全国乃至世界一流品牌。

强化产品品质保障。在 2008 年就建立起 ERP 项目实现生活全流程监控。每年投入超过 7 亿元的科研项目用于生产技术的改进和产品研发，不断提升产品品质。

不断改进产品包装设计。实施了多轮品牌优化提升项目。早在 1995 年，海天就开始进行小包装改进，以 500 毫升专用瓶取代 620 毫升玻璃瓶，并启用新的标签形象设计。2015 年，启动了"海天精品"打造工程，投入超亿元，耗时三年，对金标生抽、草菇老抽两大代表性酱油品类进行包装优化升级。升级后的海天酱油瓶身瘦高，手握时很趁手，此外酱油瓶盖的开合也更加顺滑。通过精确而科学的数据计算，新改进后的酱油瓶盖具有更强的密封性、更好的耐用性、更舒适的翻盖感受，并具有控制倒出量和残留量的功能，解决了当下年轻消费者在使用调味品时难以掌控产品使用的计量标准的痛点，有了更人性化的使用感受。

长期注重品牌的宣传，不断提升行业影响力。在 20 世纪 90 年代就率先注册域名，拥有官网。1999 年就开始在央视播放准点广告，成为第一个在央视黄金时段打广告的调味品品牌。2003~2004 年，海天有大量投放地面广告，累计投放广告费达 14.26 亿元。同时，海天还不断提升行业影响力，参与了国家标准《蚝油》和《黄豆酱》的起草，并获授为全国调味品标准化技术委员会酱油及酱类分技术委员会秘书处承担单位。奠定了其行业领导地位。

建立覆盖全面的庞大经销网络。海天较早建立起涵盖经销商、分销商、营销网点，覆盖省、市、县、镇的庞大经销网络。2020 年，海天味业一级经销商为 7051 家，覆盖全国 31 个省份，320 多个地级市，2000 多个县级市场，产品遍布全国各大连锁超市、各级批发农贸市场、城乡便利店、零售店。结合直营直供、托盘商和电商等多种形式，让海天产品市场渗透率从 2014 的 50% 增加到 2022 年的 90%。在品牌打造上，1993 年，国家外贸部批准了海天的自营进出口业务，为海天产品打入国外欧美市场提供了大好机遇。以"中国调味品领导品牌"为定位，通过聚焦多个核心品类，与热门综艺结合，实现从"单一品牌"到"1+N"品牌的跨越，2022 年，海天味业品牌估值 62.82 亿美元，入选中国最具价值的 50 个品牌，也是唯一上榜的调味品企业。

（四）接一连三 促进全产业链发展

在第一产业方面，带动大豆、小麦订单基地面积 310 万亩，合同联结农户 2 万户；在第三产业方面，依托高明生产基地开发了工业旅游项目——娅米的阳光城堡，建设了一条长达 3 千米环绕整个厂区核心功能区域的空中走廊，沿途共设置了 17 个参观景点，通过实景展示、超大屏幕、3D 影院、4D 绘画、创意设计、全息影像、古代实景雕塑等各种震撼、创新、有趣的方式，全面展示了海天的历史、文化、规模、生产、技术、研发等各个领域的内容。项目自 2013 年开始以来已累计接待数百万人次的游客，营业收入超 8200 万元。2022 年接待游客 4.4 万人次，营业收入 1270 万元。景区现为国家 AAA 级景区、全国科普教育基地，佛山市研学教育基地。

二、高明区调味品产业发展面临的主要问题

（一）产业生态不够平衡

目前高明区的调味品产业以海天一家独大，极化效应明显，同类产品定位的企业难以在此立足，互补配套的企业在合作谈判中也处于绝对弱势，难以形成结构均衡、多样性丰富的产业生态。近年来，随着预制菜产业快速发展，市场需求不断调整，对复合调味品的需求量迅速加大。在这种环境下，更加需要企业之间的紧密合作。例如，阳西县厨邦与美味鲜合作分别生产"A包"和"B包"酱料，顺欣集团则加工罗非鱼预制菜，结合"A+B包"形成预制菜成品。有强大的渔业产业和丰富多样的调味品企业，为阳西县营造了更好的产业生态。而这些是海天味业相对缺乏的。此外，海天建立了庞大的经销商系统，也较早进入电商市场，但与其他品牌相比，对电商市场的培育力度相对不足，错失了线上的竞争力。2022年10月，海天的线上销售额同比下降了32%，这一跌幅使海天失去了长期保持的市场领导地位。

（二）对本地一产带动较弱

海天加工所用原材料几乎全部来自外省，大豆主要来自东北，小麦来自东北和安徽，生蚝来自福建，尚未与本地农业形成联动。同时，海天作为国内最大的调味品生产企业，全国化程度高，近年来生产布局以省外为主（宿迁、南宁），后期省外基地的发展潜能甚至可能超过本地，如未及时形成相对多样、均衡的产业生态，后期对本地的带动可能会减弱。

（三）产品定位有待优化

长期以来，海天的产品定位主要在中端市场，在高端市场的竞争力相对较弱。尽管也做了很多高端产品的尝试，但收效一般。同时，近年来出现一些公信事件，如"双标事件"，使得海天在C端市场的口碑连年下降。而随着国内餐饮市场的火爆，调味品企业对B端市场的争夺越来越激烈，复合调味品成为产业发展的新赛道，但海天在B端市场和新赛道上的布局相对滞后。尽管自2020年开始也陆续推出了火锅底料、食用油等，但这些产品在市场上已经有稳固的企业主体（比如海底捞）。2022年，海天味业净利润出现上市以来首次下滑，同比下滑超过7%。到2023年，海天味业营收及净利润未有改善，同比增速均为负数。

三、高明区调味品产业发展的对策建议

（一）优化产品与市场定位

持续加大科研力度，紧密结合全省预制菜产业发展规划，充分发挥华南饮食文化特色，重点开发一些更健康、更特色、更高端的复合型调味品，并加强在B端市场的布局，加强网络宣传和线上市场的拓展，增加在新赛道上的市场占有率。

（二）强化本地合作与行业合作

强化企业对本地产业的带动。高明区特色农业资源丰富，如合水粉葛、合水生姜、三洲黑鹅，建议大力发展预制菜产业，将优良食材与调味品结合，开发优质预制菜产品，带动当地特色工业产业的发展；同时，结合这些资源大力发展都市休闲农业，并与海天的工业旅游进行链接，带动本地休闲服务产业发展，形成多元化的产业生态。

（三）强化政企合作

建议政府积极主动做好企业的对接服务，从区的层面做好统筹规划，以政策激励和给予企业社会荣誉等途径，引导企业更深入地参与到本地产业发展的总体结构中，更好地带动本地县域经济的发展。

IV　典型案例篇

连山丝苗米产业园调研报告

蔡　勋

连山坐落于南岭五岭之一的萌诸山脉中，是北江、西江、湘江上游的水源涵养地，是个典型的山区县，素有"九山半水半分田"之称。连山土壤富含矿物质，年平均相对湿度为82%，适宜水稻生长。作为国家重点生态功能区，连山森林覆盖率更是长期保持在83%以上，位列全省之首。经初步核算，2023年全县完成地区生产总值为50.94亿元。其中，第一产业增加值为11.53亿元；第二产业增加值为12.28亿元；第三产业增加值为27.13亿元。丝苗米已成为连山富民强县的支柱产业，在农业产值占比高，为20%~30%。2023年总产值为6.49亿元，其中加工总产值为2亿多元；带动8600户农户户均增收7350元。

一、产业园基本情况

连山壮族瑶族自治县丝苗米产业园是2019年获批建设的省级现代农业产业园。主导产业为丝苗米，建设范围涵盖太保镇、吉田镇、永和镇、福堂镇和小三江5个镇，区域面积983.6平方千米，人口10.6万人。产业园牵头实施主体是连山壮族瑶族自治县民族食品有限公司（省级农业龙头企业），参与项目建设的实施主体单位共12家，其中，丝苗米种植加工企业9家、科技服务单位（事业单位）2家，储藏物流企业1家。园区主推象牙香占、美香占2号、五星丝苗、19香等9个省级优质丝苗水稻品种，繁育了优质丝苗米品种3个，良种覆盖率达100%。产业园依据各镇的区位条件、环境容量与资源承载力，规划确定"一线、两心、两区、多基地"的空间布局方案，含加工核心区、标准化种植区、科技研发中心、三产融合中心。截至2023年12月，产业园累计投入资金为22032.99万元，是计划投资总额的110.1%，其中省级财政资金5000万元，撬动县地方统筹资金及社会资本投入17032.99万元，省级财政资金撬动比为1.00∶3.41。

二、产业园发挥的功能和作用

（一）丝苗米品质优良，有机丝苗米种植规模全省第一

2023 年全县水稻种植（播种）面积为 10.2 万亩，其中，丝苗米种植面积为 8.56 万亩（含有机稻种植面积 3.5 万亩），占全县水稻种植面积的 83.9%。全县水稻（谷）总产量为 4.08 万吨，其中，丝苗米（稻谷）总产量为 3.48 万吨，占全县水稻总产量的 85%。丝苗米水稻品种的种植比 2018 年增加约 1.2 万亩，总产量增加 0.75 万吨。以省级现代农业产业园建设为契机，建立省级丝苗米研发、试验、检测中心，连山丝苗米标准化示范基地入选广东省第一批现代农业全产业链标准化示范基地创建名单。全县有机水稻基地认证面积为 10580 亩，为全省之最。建设稻渔共生、稻鸭共作丝苗米标准化种植基地 2.5 万亩。是广东省首批特色农产品优势区，国家级有机稻标准化种植示范区，全国有机农业（水稻）示范基地。

（二）加工水平显著提升

产业园实施主体稻米加工设备基本全部升级，稻米加工能力有质的飞跃。全县丝苗米加工厂房建设总面积为 1.76 万平方米，日加工大米能力可达 480 吨，其中引进智能化先进加工生产线 3 条，日加工能力 320 吨，建设标准化稻谷仓库 4000 平方米，容量可达 2 万吨，标准化冷库 19 间，容量 9550 立方米。如牵头实施主体连山民族食品有限公司产业园建设前，日加工产能为 30 吨/天，产业园建设后加工线条布局完善，加工线产能为 150 吨/天；依托产业园建设 3 个各 1000 平方米的标准仓储，仓储容量共 2 万吨。

（三）品牌影响力逐渐增强

近年来，连山着力打造"连山丝苗米"品牌标识，发力"连山大米"区域公用品牌建设。一方面，不断加大对优质稻米龙头企业的扶持力度，加快推动大米产业向高端化发展；另一方面，带领连山大米"走出去"，相继亮相世界农业食品博览会、国际绿博会等多场推介会。产业园创建了"壮瑶家香""富基""乡意浓""金爵""采胜"等优质大米品牌十多个，被评为清远土特产"十件宝"之一。连山有机稻标准化生产先后获得省级农业技术推广三等奖、国家有机农业（水稻）示范基地、广东国际食品博览会金奖食品、国际现代绿色农产品博览会金奖。目前，"壮瑶家香""壮瑶金爵""采胜"等有机米品牌远销珠江三角洲、香港等地。

（四）创新种植模式提高农户种粮积极性

按照"公司+基地+农户"模式，与农户签订有机米种植合作模式，免费提

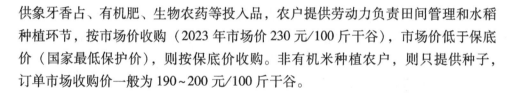

供象牙香占、有机肥、生物农药等投入品，农户提供劳动力负责田间管理和水稻种植环节，按市场价收购（2023年市场价230元/100斤干谷），市场价低于保底价（国家最低保护价），则按保底价收购。非有机米种植农户，则只提供种子，订单市场收购价一般为190～200元/100斤干谷。

三、存在问题和建议

（一）存在的短板弱项和制约因素

一是产销能力不匹配，导致稻米加工设备利用率不高。产业园建设显著提升了全县丝苗米加工能力，但是由于销售端渠道拓展不足，稻米加工设备利用率偏低。如某企业丝苗米日加工能力达150吨/天，但是平常设备利用率仅在20%左右。

二是丝苗米以初加工为主，精深加工产品较少。丝苗米加工门槛低、技术含量低，大米加工企业以初级加工为主，精深加工比例偏低，产品附加值低。目前全县丝苗米加工产品以大米为主，平均售价在5～6元/斤，高品质的有机米售价为12元/斤，但有机米种植成本已达7元/斤。与其他地市大米精深加工产品相比，丝苗米产业链延伸不足，产业效益难以提升。

三是物流成本较高。大米电商销售主要是企业线上接单、快递发货的形式。但是小而散的客户订单难以支撑企业与快递公司议价，导致大米电商物流成本较高。如韵达、邮政省内快递费用为20斤13元、30斤18元；顺丰快递费用为2斤起13元，若邮寄20斤大米寄到四川，邮费为33元。大米较窄的利润空间难以覆盖物流成本。此外，小于1吨以下订单难以预约配送车。

（二）发展建议

一是集中建设农产品物流园或者云仓。政府与供销合作社或电商物流合作，推动农产品物流园或者云仓建设，打造集仓储冷藏、生产加工、产品展销、电子商务、物流配送为一体的大型综合性冷链物流产业园，将本地特色农产品进行物流集中配送，缩短物流响应时间，提高小订单的物流效率。

二是强化种业攻关，培育本地丝苗米品种。丝苗米产业发展核心在种源。目前主要以象牙香占为主，缺乏适宜本地的优质品种。应加强与省级科研院所合作，建设种业基地、提升丝苗米品种、育种能力，培育适宜本地生长、具有本地特征的"吉香优305"等丝苗米品种，方便进一步打造连山丝苗米品牌，提升米业竞争力。

三是成立连山大米协会或联盟，实现抱团取暖。推动成立连山大米协会或联盟，整合县域内丝苗米种植、加工企业，进一步强化连山有机米种植标准，塑造连山优质高端大米形象。整合各企业电商资源，集中力量统一打造电商平台，增强与物流公司议价能力，降低物流成本，进一步拓宽电商销售渠道。统一打造连山大米区域公用品牌，通过"区域品牌+企业品牌"模式，推动连山大米进一步品牌塑形增值。

惠东县蔬菜产业园调研报告

代丽娜

惠州市素有香港市民"菜篮子"的美誉，已连续多年成为内地最大的供港蔬菜和冰鲜禽肉基地之一，供港蔬菜约七成来自惠州市。作为惠州市蔬菜主产区的惠东县，蔬菜品种以叶菜、瓜豆、茄果类为主，主要供应本地市场与销往周边城市（如东莞、广州、深圳）及港澳地区和出口东南亚国家，是内地最大的供港蔬菜生产基地。当前，惠州市正大力推进蔬菜产业园建设，惠东县蔬菜产业园作为惠州市三个省级蔬菜产业园之一，立足全县蔬菜种植优势，以巩固规模化原料生产基地为基础，以延伸产业链为动力，全面推动惠东县蔬菜产业向绿色化、集约化和标准化方向迈进。

一、惠东县农业产业概况

惠东县国土总面积 3528.7 平方千米，下辖 17 个镇（街道、度假区、旅游区）、298 个行政村（社区居委会）、2309 个村民小组，主要农业镇有铁涌镇、稔山镇、梁化镇、平海镇和多祝镇。全县乡村人口约 37.76 万人。2023 年惠东县地区生产总值为 741.77 亿元，同比增长 4.6%。2023 年全年农林牧渔业初步总产值为 134.47 亿元，增速 6.6%。截至 2023 年 12 月，全县有农业龙头企业 124 家（国家级农业产业化龙头企业 3 家），行业领域涵盖农、林、牧、渔等行业，已延伸至食品加工、粮食转化、农资经营等各类行业。农业龙头企业规模不断壮大，全县产值过亿元的农业龙头企业有 5 家，5000 万元至 1 亿元的有 10 家，1000 万元至 5000 万元的有 37 家。

一直以来，惠东县凭借地理、交通等区位优势，农产品大部分销往深圳、香港等地，价格行情总体不错，长期以来惠东县的农产品，特别是绝大部分蔬菜产品以鲜销为主，主要进行分拣包装等初加工；少部分蔬菜深加工为梅菜加工，主要通过腌渍加工梅菜干。惠东县农产品加工仍处于刚起步阶段，加工能力和水平较弱，与先进地区存在较大差距。惠东县农产品加工业企业中，与本地生产的农产品加工直接相关且为农业部门所掌握的农产品加工龙头企业 20 家，主要涉及粮食、畜禽、梅菜、甜玉米、荔枝、茶叶等农产品，其中粮食加工企业 3 家、蔬菜加工企业 2 家、畜禽加工企业 2 家、荔枝加工企业 1 家、茶叶加工企业 12 家。

表 1　惠东县近 5 年主要经济指标　　　　　　　　　单位：亿元

类别＼年份	2019	2020	2021	2022	2023
全县地区生产总值	612.84	607.62	710.87	741.77	762.10
第一产业增加值	60.98	62.31	65.60	80.74	87.40
农业总产值	90.84	97.73	109.97	125.77	134.50

二、产业园发挥的功能和作用

"惠东县蔬菜省级现代农业产业园"项目由惠东县政府于 2019 年 3 月经市政府同意向省农业农村厅申报，2019 年 6 月经省政府批准实施。建设时间为 2019 年 8 月至 2020 年 12 月，产业园包括梁化镇、平山街道、多祝镇、九龙峰度假区，总面积 887.03 平方千米，耕地面积为 16.79 万亩，常住人口 34.2 万人。产业园总投资额为 20039.80 万元，围绕绿色优质蔬菜主导产业，建设绿色蔬菜创新中心、现代化绿色高效蔬菜生产区、加工流通示范区及休闲农业示范区，形成"一心引领，三区发展，体系支撑"的发展格局。2020 年园内农民人均可支配收入 28035.1 元，比全县农民人均可支配收入 24357.2 元高出 15.1%，成为推动乡村振兴的重要抓手。惠东县蔬菜省级现代农业产业园共 5 家实施主体，目前各实施主体均有生产经营。

（一）优种植，夯实产业发展基石

惠东县品种以叶菜、瓜豆、茄果类为主，主要供应本地市场与销往周边城市（如东莞、广州、深圳）及港澳地区和出口东南亚国家，是内地最大的供港蔬菜生产基地。立足产业园蔬菜优势，以巩固规模化原料生产基地为基础，建设现代化育苗温室大棚 15 亩、标准化蔬菜种植示范基地 500 亩和蔬菜温室大棚 80 亩，完善机耕路、排水沟等基础设施建设，推广使用生物有机肥料和低毒低残留高效农药，推进农业废弃物、畜禽粪便综合处理利用，控制农业面源污染，加快绿色高效蔬

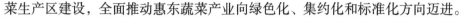

菜生产区建设，全面推动惠东蔬菜产业向绿色化、集约化和标准化方向迈进。

（二）引科技，增强产业发展动力

通过购买农药残留检测设备、重金属检测设备、检测器具、检测材料等检测设备，有效控制蔬菜瓜果中的农药残留量、重金属等指标，严控蔬菜品质，提升蔬菜产品质量安全水平。通过完善建设网络信息平台，建设蔬菜产业科研中心，包括技术研发、专利申请、科技转化示范基地和科技培训大棚、申请或购买蔬菜产业相关专利，积极与华南农业大学、省农科院等科研机构对接，加强蔬菜工厂化育苗、健康安全种植、病虫害绿色防控、精深加工技术等技术研究与指导培训，着力推动蔬菜新产品、新技术推广与应用，提高蔬菜产业生产技术水平。自创建以来，产业园科研经费投入合计近1022.72万元，累计培训职业农民和农村实用人才718人次以上。

（三）深加工，延长产业链提高附加值

深加工是增加农产品附加值、提高农业效益的有效途径，在产业园建设过程中，主要建设了2个加工厂房，更新了1处加工设备，有效地提升了全县蔬菜加工能力。

1. 惠东县伦信农业有限公司

作为产业园的牵头实施主体，"农业产业化国家重点龙头企业"惠东县伦信农业有限公司投资3亿元建设惠州市级重点项目"惠东伦信农副产品产业一体化项目"，以满足初级加工农产品、深加工农产品的冷藏需求以及农产品储备，做到农产品南北调运。该项目位于惠州市惠东县梁化镇七娘坛村产业园区内，加工厂房面积为10000平方米。主要加工产品包括：一是净菜加工产品，如香葱粒、冬瓜块、上海青叶片、包生菜叶片、红椒片、南瓜小块、金针菇、胡萝卜土豆块、油麦菜叶片、沙葛块、莴笋段、四季豆段等系列，年产量约为1000吨，年产值约为2000万元。二是沙拉蔬菜加工产品，如西洋菜苗、水晶罗马生菜、日本甜杆西兰花、奶白菜、罗马生菜、绿橡叶生菜、绿珊瑚生菜、绿牛油生菜、罗马芯生菜、荷兰水果青瓜、荷兰甜椒、红牛油生菜等系列，年产量约为600吨，年产值约为2400万元。加工产品主要供应粤港澳大湾区的餐饮连锁、食堂、商超、电商平台、农产品批发市场等，合计产值约为4400万元，约占公司总产值的15%。目前，伦信公司正在建设"粤港澳大湾区优质蔬菜交易市场"，其中包括蔬菜商品化处理加工厂和供港澳高品质蔬菜生产基地，组织引导农业企业、农民合作社、个体农户等规范生产优质蔬菜，近销粤港澳大湾区及国内市场，远销国外。

2. 惠东县新甘香农贸实业有限公司

实施主体惠东县新甘香农贸实业有限公司在新甘香产业园内建设加工厂房，

购进全自动粉丝生产线，开展红薯粉丝、红薯粉饼、马铃薯粉饼产品生产，年加工产量约为 950 吨，年产值约为 3000 万元，占总产值的 76%。

3. 惠州市蔡发农业有限公司

实施主体惠州市蔡发农业有限公司新建 1 条 5000 吨的梅菜生产线，推出了免切免泡低盐梅菜产品——免洗免泡梅菜；主要销往东北、天津、北京、合肥、东莞、福建等地。免洗免泡梅菜年产量可达 5000 吨，产值约为 1000 万元，占公司产值的 30%。

（四）强品牌，推动产业高质量发展

遵照国家及地方标准、规范指导蔬菜产品生产，用标准规范生产技术措施，控制农药残留，减少有害物质，推动绿色食品、有机食品的生产，确保农产品质量安全，促进农产品增产、农业增效和农民增收。加快建设标准化设施蔬菜生产基地；推广新型设施和覆盖材料，提高机械化作业水平和设施环境调控能力。蔬菜经营 100% 实行农业标准服务性生产，100% 建立生产记录制度，100% 开展自检，蔬菜销售 100% 附加标识，检验合格率达 96% 以上，基本实现农产品质量安全可追溯。深入实施品牌强农行动，鼓励蔬菜龙头企业和农民专业合作组织进行"二品一标"申请认证。目前园区拥有"两品一标"农产品 21 个，广东省名牌农产品 12 个，省著名商标 1 个，有效推动当地蔬菜产业高质量发展。

（五）联农户，完善利益联结机制

自创建以来，产业园内家庭农场、农民专业合作社和龙头企业的数量日趋增多，规模不断壮大，效益不断提升，已成为产业园发展现代农业的主要生力军。目前产业园新型经营主体共 26 家，其中省级龙头企业 7 家，市区级龙头企业 14 家，专业合作社 5 家。不断创新联农带农机制，加快推进农业经营方式创新，利用蔬菜种植区相对集中的优势，引导农户土地入股、签订购销合同等方式参与产业园建设，通过"公司+合作社+基地+农户"等形式，积极发展订单农业等增值收益分配模式与机制，各实施主体与农民构建稳定利益联结机制。通过产业园建设，累计带动农户超过 1067 户（其中紧密型 100 户，松散型 240 户，辐射型 727 户），吸纳就业 450 人，有效带动合作制、股份制、订单农业等多种利益联结模式快速推广。园内农户加入合作社联合经营的占比 10% 以上。

三、主要做法与措施

（一）主要做法

1. 提高蔬菜商品化处理能力

通过支持农业龙头企业和农民专业合作社建设了一大批采收、净选、切制、

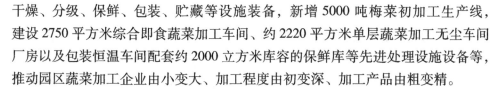

干燥、分级、保鲜、包装、贮藏等设施装备，新增 5000 吨梅菜初加工生产线、建设 2750 平方米综合即食蔬菜加工车间、约 2220 平方米单层蔬菜加工无尘车间厂房以及包装恒温车间配套约 2000 立方米库容的保鲜库等先进处理设施设备等，推动园区蔬菜加工企业由小变大、加工程度由初变深、加工产品由粗变精。

2. 发展农村电商

通过搭建农产品网络销售平台，推进建设农产品电子交易平台，开展品牌资源和销售网络资源整合，加强与京东、淘宝网等大型电子商务平台的紧密合作，实现线上线下联动发展，丰富销售渠道，严控蔬菜品质，切实提高蔬菜产品市场占有率和品牌影响力。

3. 推进现代农业与乡村旅游融合发展

通过建设蔬菜生产示范休闲观光园区，完善休闲观光园区基础设施，优化园区农业科普教育区、儿童乐园园区及园区宣传，建设蔬菜科普展示玻璃温室大棚，对农民进行农业科普知识教育，农业新技术、新品种示范推广及名特优产品宣传、展示，并吸引城镇居民、中小学生走进农村体验农业、观赏农业和瓜果菜采摘等，将蔬菜生产与生态观光、休闲旅游、采摘体验、科普教育等相互结合，大力推进现代农业与乡村旅游的深度融合发展。

（二）当地出台的相关政策文件

1. 新型农业经营主体能力提升政策

在龙头企业方面，出台了《惠东县推进农业产业化经营发展农业产业化龙头企业实施方案》，扶持惠东县农业龙头企业经营发展。惠东县农业农村局积极组织经营状况良好、带动农户能力较强及具有发展潜力的农业龙头企业申报县级农业龙头企业，并推荐一批经营发展较快、竞争能力强及生产规模大的县级农业龙头企业申报省、市级农业龙头企业。2019～2023 年，全县农业龙头企业数量由 109 家增至 124 家，其中，新增国家级农业龙头企业 2 家、省级农业龙头企业 4 家、市级农业龙头企业 17 家、县级农业龙头企业 40 家，淘汰不符合资格的县级农业龙头企业 25 家。在农民专业合作社和家庭农场方面，连续多年安排农业经营主体能力提升资金用于提升农民专业合作社和家庭农场。2023 年，农业农村局组织 2023 年惠东县培育新型农业经营主体能力提升（农民专业合作社和家庭农场）项目申报和评审工作，并确定惠州坤和农机服务专业合作社等 8 家合作社为 2023 年惠东县培育新型农业经营主体能力提升项目资金承担单位，每个农民专业合作社安排项目资金 19.6375 万元；确定惠东县宝口镇大围家庭农场等 4 家家庭农场为 2023 年惠东县培育新型农业经营主体能力提升项目资金承担单位，每个农民专业合作社安排项目资金 5 万元。

2. 农业生产能力提升政策

支持现代设施农业建设。组织开展现代设施农业建设贷款贴息项目申报，为一方海（广东）海洋牧场有限公司、广东谭喜农业科技有限公司等企业提供现代设施农业建设贷款贴息，支持设施农业发展。开展"深圳农场"创建申报工作。组织各镇相关企业、合作社、家庭农场申报创建"深圳农场"，提升农业产量和品质。

3. 招商引资政策

建立惠东县招商引资项目评审联席会议制度。县招商引资项目评审联席会议办公室设在县商务局，具体负责县招商引资项目评审联席会议的组织、协调等日常工作。

4. 用地政策

惠州市农业农村局与惠州市自然资源局联合印发《惠州市农业农村局惠州市自然资源局关于加强乡村振兴用地保障的指导意见》，从设施农用地和乡村振兴专项建设用地两个方面提出保障措施。

5. 人才引进和培养政策

（1）人才引进。

为进一步优化惠东县人才结构，加大人才储备力度，助力惠东早日重返一流行列，惠东县 2021 年面向国内外引进了一批全日制博士、硕士研究生及专业技术人才，引进的高层次人才享受如下待遇：①事业编制。②特定津贴。引进高层次人才与用人单位签订 5 年以上工作合同的，博士研究生由市县财政发放津贴 2500 元/月；聘任正高级专业技术职称人才由县财政发放津贴 1500 元/月；聘任副高级专业技术职称的人才由县财政发放津贴 1000 元/月；硕士研究生由县财政发放津贴 500 元/月。③住房保障。落户惠东，服务满 5 年且年度考核职称以上等次的，博士研究生由市县财政一次性发放 8 万元安家费；正高级专业技术职称人才由县财政一次性发放 5 万元安家费；副高级专业技术职称人才由县财政一次性发放 3 万元安家费；硕士研究生由县财政一次性发放 1 万元安家费。

（2）人才培养。

惠东县人力资源和社会保障局关于印发《惠东县人力资源和社会保障局关于"山海工匠"遴选和管理办法（试行）》（惠东人社规〔2023〕3 号），提出经遴选为"杰出技能人才""拔尖技能人才""优秀技能人才"的技能人才享受 5000 元津贴补助、优先参加市级技能大师工作室评选、优先参加县内外技能交流、技能培训活动、优先推荐为劳动模范等。还出台了《惠东县"拔尖人才""山海人才"遴选培养实施办法》每3年遴选1次，培养期为3年。培养期内，给予"拔尖人才"每人每年1万元培养经费；给予"山海人才"每人每年5万元科研工作经费，该经费用于科研项目研究、购置与项目有关的仪器设备和改善科研条件、学术交流、著作出版等。

四、主要制约因素

（一）规模化土地流转难

企业在发展精深加工过程中，需要发展适度规模经营开展种植，以降低原材料成本。然后，惠东县耕地资源有限，且零散分布在农户手中。部分农民小农思想意识仍然存在，不愿流转土地。据企业介绍，以前还有农户虚报租地亩数，骗取租金。严重制约了农业规模经营，提高了耕作的难度和成本。

（二）固定资产少，贷款难

固定资产少，是农业行业的通病。精深加工企业，大部分以租赁厂房为主，只有少数企业能够获得属于企业的建设用地，用以抵押贷款。租赁的厂房抵押贷款额度低，特别是设施农用地上用于初加工的简易大棚，只能按照废铁估价。

（三）缺乏创新研发人才

市场上普遍生产的农产品加工品技术含量还不高，很容易被竞争企业模仿，产品需要及时创新，更新换代。调研中有企业提到，企业研发团队需要提前准备好几种可以立刻投产的加工品，才能保证新品速度。因此，农产品加工型企业必须有自己的研发团队，但惠东县位于珠三角外围，农产品加工行业人才难招更难留，不利于企业发展。

（四）运费过高制约线上销售

惠东是农业大县，通过快递寄送农产品时，为保障质量，一般都选用优质快递，一方面为了新鲜，另一方面为了及时送达，保证品质。但是当地的快递费较高，制约了线上销售发展。惠东县伦信农业有限公司现与顺丰合作，运费最低价12元/件（5千克内），成本高。

五、对策建议

当前，广东省食品工业正处于重大机遇期，这个机遇，既有食品工业累积到一定基础、发展到一定阶段面临的机遇，更有本届省委、省政府狠抓"百千万工程"而带来的历史性机遇。要实现"把食品工业搞上来"的目标，"百千万工程"是有力的途径；要实施好"百千万工程"、振兴县域经济，食品工业是重要的抓手和发力点。为推动食品农产品加工业发展，提高农产品附加值，促进农民就业增收，最大限度地释放农业内部的增收潜力，保障国家粮食安全，助力农业高质量发展和乡村产业振兴，提出以下三点建议：

（一）抓住机遇用好"百千万工程"的有力支持，布局建设梁化镇区域性农产品加工中心

实施"百千万工程"，将有效提升对县域经济发展的各方面要素保障，全面激活县域发展动能。县域狠抓食品工业，要利用好"百千万工程"带来的资金、政策、要素、体制机制、技术力量等，在深入实施"百千万工程"中，继续巩固好 4 个省级产业园、3 大产业集群、2 个一二三产融合示范镇（白盆珠、梁化）、1 个产业强镇项目（梁化）建设成果，推进特色农业与乡村旅游有机结合，大力发展农产品精深加工，不断拉长产业链条、要素链条和利益链条，增强联农带农作用。例如，紧抓机遇重点打造梁化镇农产品加工，根据各村产业特色，强化规划谋划，加强院校科技合作，以产业园建设等为抓手，推动土地集约化发展，整合组织、人才、土地等资源，促进各村发展特色生产示范项目，带动集体经济发展。发展特色农产品示范生产，提升标准化种植生产水平，培育壮大新型经营主体，开展品质提升、品牌打造行动，形成现代农业示范生产区。同时，鼓励引导农民专业合作社和家庭农场以土地或资金入股的方式，共建发展农产品初加工、精深加工，发挥好圩镇的加工、交易功能，通过实施产业强镇、三产融合示范等项目，进一步完善农产品初加工、精深加工基础设施，强化产品创新和品牌推广，打造现代化、智能化农产品加工示范区。重点在新民村建设蔬菜预制菜生产线，在环联村建设梅菜扣肉预制菜生产线，在水联村建设鲜花深加工生产线，打造农产品加工、集散中心，配套建设冷库、完善冷链物流体系，建设区域性农产品加工中心。

（二）创新土地流转政策，助推现代农业产业全链条发展

浙江土地承包经营权流转居全国前列。目前，浙江全省家庭土地承包经营权流转总面积达 1119.48 万亩，流转率达 60.68%。其中，流转规模 50 亩以上为主（占 71.61%）。发展现代农业，促进农民增收，必须推进农业适度规模经营，解决好全县农村承包地细碎化问题。建议一方面要加大前线农村土地承包经营权流转力度，下决心统筹安排一定财政资金，开展奖补试点，出台奖补政策，分类指导，切实解决好农村承包地细碎化、收益低、流转难问题。另一方面也要以连片流转、适度规模、集约经营、联合合作为导向，不能局限于村民之间互换、并

地，要让家庭农场、农民专业合作社、农业龙头企业等新型农业经营主体成为土地流转的生力军。以经济社、经济联社作为载体，先将土地集中流转到经济社或联社，完善相关流转程序及协议，由经济社或联社直接对接企业，降低企业流转成本。

（三）健全完善相关配套政策，确保现代农业产业精深加工健康可持续发展

一是进一步强化扶持力度。推动资本、技术、人才等要素加快向农产品精深加工集聚，使其具备足够的带动、辐射能力，并能够承担起联农带农富农作用。针对企业固定资产少筹资困难，可以考虑"一企一策"，加大贷款担保力度，通过贴息贷款、减税降费等方式，为企业纾难解困。二是持续加强人才引进和培养政策。建议有关部门扩大人才引进政策优惠范围，不仅仅针对事业单位，入职企业也可享受相应的人才政策。三是制定农产品快递补贴办法。针对快递费高的问题，对粮食、蔬菜等民生农产品出台一些补贴政策，促进农产品电商发展。

英德市红茶产业园调研报告

蔡 勋

红茶是英德市支柱农业产业之一，自 2018 年创建省级现代农业产业园以来，打造了以英红镇、横石塘镇、石牯塘镇、石灰铺镇为核心的英德红茶产业园，总面积为 1018.76 平方千米，并以产业园为依托逐步健全全市红茶原材料供应、生产加工、市场销售、科技支撑、品牌建设、金融扶持等全产业链链点，形成健康有序的产业发展格局。

一、产业园基本情况

（一）红茶产业发展基础进一步夯实

产业园建设 5 年来辐射带动全市红茶产业飞速发展。茶叶种植面积从 11.7 万亩增长到 17.7 万亩；干茶产量从 8000 吨增长到 16500 吨；茶叶综合产值从 24 亿元增长到 75 亿元。涉茶企业增加至 758 家，其中省级龙头企业 12 家，市级龙头企业 23 家，规上企业 4 家；新型经营主体涉茶专业合作社 187 家，食品生产许可证茶叶企业 127 家。英德红茶品牌价值从 20.78 亿元增长到 43.29 亿元；从业人数达 15 万人，增长 2.5 万人。

（二）加工能力不断提升

产业园建设有力推动企业茶叶加工设备升级迭代，建成全国首条标准化、自动化、规模化、数字化的红条茶生产线；引进华南地区第一条智能化红碎茶生产线，日茶青处理量 60 吨；"条茶+碎茶"融合生产线即将投产，有效减少设备占地面积。创新探索 "1+N+N"（即在 1 套全产业链标准体系下，建立 N 个区域加工服务中心，辐射带动 N 个种植生产基地）模式，持续提升茶叶生产加工能力，整体实现英德红茶高品质稳定供应。在毛茶加工方面，建成 1 个英德红茶加工技术工程中心和 9 个大型区域性红茶加工服务中心，年新增产能 2700 吨。在精深加工方面，建设深加工中心 2 个，精制加工中心 3 个，开发出荔枝红茶、金花红茶、麻竹叶粽形红茶、英德特色茶香菜等新茶饮以及红茶面膜、眼膜、茶功能性食品、生物发酵产品等 30 款精深加工产品。

（三）产业融合不断深化

深挖茶文旅发展潜力，英德市被评为"中国茶文旅融合十强示范县""全国区域特色美丽茶乡"，2023 年全市实现茶文旅总产值 8.3 亿元。依托红茶产业园创建 6 个英德红茶一二三产业融合示范基地，建成休闲茶文旅观光点 20 余个，打造 2 条全国茶乡旅游精品线路和 3 条全国百条红色茶乡旅游路线。截至 2023 年底，英德市已有 40 家茶企入选广东生态茶园认定名单，占全省总数的 23.81%，位于产业园区内 22 家；高级生态茶园 6 家，占全省的 46.15%；鸿雁茶业、英九庄园获评全国最美生态茶园。在文化方面，英德红茶制作技艺及英德擂茶粥分别入选广东省第七批非物质文化遗产名录，英德红旗茶厂分别入选国家第五批、广东省首批工业遗产名录，并入选国家工业旅游示范基地。

（四）品牌营销不断拓展

自 2019 年以来，英德市红茶区域公用品牌价值①从 20.78 亿元增长到 43.29 亿元，位居全国红茶类产业的前列，平均年增长率为 15.8%。一是聚力塑品牌。运用"媒体宣传+茶事活动+出访推荐+跨界融合"的联动模式，推动英德红茶上央视、进高铁、下地铁、游珠江、巡游茶博会，"飞跃"广州小蛮腰，走进美国纽约时代广场，多渠道扩大宣传，持续提升品牌影响力。英德红茶被国际茶委会授予"世界高香红茶"荣誉称号。二是聚焦拓渠道。积极举办或参与各类茶事活动，举办第十五届中国茶业经济年会、红茶头采季、国际茶日以及红茶产业大会，参加国际茶叶博览会、中国—阿拉伯国家博览会等展销会。积极开展巡演产销对接，省内开展"绿美英德进湾区"名优特产旅游宣传推介活动，英德市与广州市增城区签订战略合作协议，增城区协助引荐精深加工企业与英德市特色农业企业合作，以多种支持方式建立、扩大英德红茶、西牛麻竹笋等特色农产品销售渠道，拉动提升英德红茶、西牛麻竹笋等特色农产品出口能力；省外挂牌成立英德红茶（北京、绍兴、济南、南昌、西安）推广中心，英德市茶协与北京茶业交易中心、老舍茶馆、西安市西商茶叶文化协会、西北国际茶城等签订合作协议。国外赴意大利、韩国、马来西亚、摩洛哥等国开展专题宣传推介活动，与印华百家姓协会妇女联谊总会、长荣集团有限公司、马来西亚联合金属有限公司等企业签订战略合作协议，持续拓展英德红茶国际市场销售渠道。

---

①　资料来源：浙江大学 CARD 中国农业品牌研究中心发布的"2023 中国茶叶区域公用品牌价值评估"。

二、做法和成效

（一）加强组织引领，做好产业规划

清远、英德两级政府高度重视规划引领作用，清远市发布了《英德红茶产业发展规划》《英德红茶创百亿产业行动计划（2023-2025 年）》，英德市发布了《英德市加快茶叶产业发展实施方案》《推进英德红茶创百亿产业实施方案（2023-2025）》，在全市规划红茶、高山有机茶、绿茶以及特色茶叶 4 个主产区，优化以省级良种英红九号为主，鸿雁十二号、金萱、英州一号、福鼎大白等多品种种植结构，推动加强英德红茶种业、种植、加工、物流、平台、品牌、标准化、市场、文化、产业融合、科技和人才和产业政策配套等建设，有力地引导全市茶产业健康有序发展。

（二）加强政策扶持，破解要素制约

在金融方面，英德市农业农村局、英德市茶业行业协会与中国农业银行英德支行签订合作框架协议，中国农业银行给予英德红茶产业综合整体授信 5 亿元。英德市安排 200 万元省级财政资金作为贴息额度，撬动 1.4 亿元的社会资本投入园区茶产业发展。创新"茶树抵押贷""茗茶贷""农业龙头贷""实施主体贷""农园微 e 贷""整村授信"等多种专项信贷产品。创新政策性英德茶叶品质气象指数保险产品①，推动茶叶保险从"保基本"向"保品质"升级转变，有效提高茶农抵御自然灾害风险的能力。在用地方面，根据《清远市五大百亿农业产业用地指引》，引导茶产业重点项目入库乡村振兴项目，申报乡村振兴专项用地、点状供地和建设用地规模和指标，破解用地瓶颈。在人才方面，清远市和英德市两级财政局按 1∶1 比例配套，每年安排 120 万元培养不少于 1000 人茶产业特色人才，还专门开设英德红茶首席品牌官 CBO 培训班，培养品牌营销方面的人才。

（三）加强标准建设，提升加工品质

持续完善英德红茶标准体系。主动参与国家标准、行业标准、地方标准、团体标准制订，先后制定英德红茶品种标准、栽培标准、茶青标准、加工标准、产品标准和品鉴标准，逐步完善全产业链标准体系建设，构建"从茶园到茶杯"的全链条质量安全溯源体系，有效保障英德红茶品质稳步提升、产品高标准输出。同时，制定《英德红茶加工技术规程》《英红九号红茶加工技术规程》等加工标准，英德红茶标准化技术成果《红茶标准化高效加工技术》入选 2023 年广

---

① 由人保财险清远市分公司承保，每亩保障金额 5000 元，每亩保险费 200 元。其中，保费的 80% 由政府各级财政承担，参保种户自缴保费比例为 20%（即 40 元/亩）。

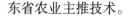

东省农业主推技术。

（四）加强品牌打造，扩大品牌影响

一是强化品牌打造。运用"媒体宣传+茶事活动+出访推荐+跨界融合"的联动模式，推进"英德红茶"跨省出海，大力提升"英德红茶"区域公用品牌影响力。二是强化区域公用品牌管理。逐步推行"证明商标+地理标志专用标志+企业商标+溯源码"的协同管理模式，加强证明商标宣传，引导、支持相关企业规范使用商标、加强溯源管理，促进区域公用品牌影响力持续扩大。系统性构建英德红茶区域公共品牌识别体系，建立区域公共品牌授权与退出机制，现有 10 家茶企获得英德红茶国家地理标志证明商标使用授权，有 83 家茶企申请并获批使用国家地理标志保护专用标志。同时开展"清源"地理标志保护专项行动，对擅自使用地理标志产品专用标志的违法行为进行依法查处。

三、存在问题

（一）英德红茶精深加工能力不够强

一是精加工品类不多。目前全球饮茶，已由消耗初级大宗散茶，向消耗袋泡茶、速溶茶及茶叶生化成分产品等高级产品方向发展，英德红茶目前加工产品主要为条茶，碎茶加工产品较少。英德红茶碎茶加工规模化刚刚起步，2023 年全省首条红碎茶生产线在英德投产。二是深加工能力不足。目前深加工主要以茶叶企业拓展产品品类为主，缺乏相应的茶叶深加工龙头企业。虽然已开发面膜、眼膜、茶功能性食品、生物发酵产品等深加工产品，但是深加工品类不足、产量规模较小，尤其是茶叶药用功效科技研发能力不足，未形成科技成果转化。

（二）精深加工发展要素紧缺

一是茶叶技术人才短缺。虽然英德红茶加工技术已经日趋完善，随着标准化、规模化订单需要，尤其是近年来英德红碎茶出口需求，急需加工领域及品控领域的茶叶拼配师。二是用地审批流程有待优化。英德红茶区域化加工中心属于工业领域，农转工产业发展所需用林用地指标规模少，用地报批流程复杂，企业用地成本高。

（三）产业配套制度有待完善

一是英德红茶品牌管理制度有待完善。当前英德红茶发展势头良好，催生部分不良商家以次充好，冒用相关茶企包装并违法使用英德红茶证明商标，损害英德红茶品牌形象。二是英德红茶精深加工配套的标准体系有待完善。调研了解到部分企业都在积极研发新式茶饮，但是部分研发新品尚无相关标准难以上市销

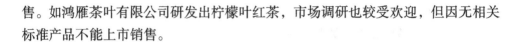
售。如鸿雁茶叶有限公司研发出柠檬叶红茶，市场调研也较受欢迎，但因无相关标准产品不能上市销售。

四、对策建议

（一）深挖精深加工潜力，强化茶加工产品研发

一是加强多茶类产品开发。积极开发英红九号等品种黄茶、白茶、"金花"红茶等多样化茶叶产品，打造以红茶为核心，多元化的产品路线。二是把握碎茶发展机遇，加快补齐碎茶生产加工机械设备短板，积极开发速溶茶、袋泡茶、奶茶、调味茶等新式茶饮。三是鼓励支持龙头企业、科研机构等在产品深加工、智能化装备领域的投入，引进茶叶深加工龙头企业，加快攻克关键核心技术，加强茶叶药用功能研究及产品研发，大力开发茶食同源产品以及降尿酸等功能性茶。

（二）强化品牌宣传和保护

一是继续加大英德红茶品牌宣传力度。深挖英德红茶历史文化资源，进行全域茶文化氛围营造、茶生活方式内容植入，持续提升英德红茶区域品牌知名度和影响力。编制英德红茶统一读本，统一对外宣传口径（历史溯源、标准化种植过程、冲泡技艺等），讲好英德红茶故事。对金毫和金毛毫等高端茶叶产品统一设计包装，提升品牌价值和形象。二是完善公用品牌的管理。构建英德红茶区域公共品牌识别体系，建立区域公共品牌授权与退出机制，加快出台并完善《英德市英德红茶地理标志管理办法》，借鉴西湖龙井品牌保护经验，适时出台英德红茶保护管理条例和防伪溯源专用标识管理办法，加强品牌保护。

（三）固本强基，提升英德红茶竞争力

一是强化英德红茶品质标准打造。进一步完善种植标准、加工标准等全链条标准体系建设，加强英德红茶标准化种植、加工技术培训，壮大技术人才队伍，实现英德红茶"种植标准化、加工标准化、等级标准化"。二是加快培育头部企业进一步做大做强，完善金融、财税等政策扶持，加大冷链物流体系扶持力度，支持区域云仓、冷链等物流体系建设。

高州市荔枝产业园调研报告

田璞玉　王建军

　　高州市是全国著名的荔枝之乡，高州荔枝以规模大、品种多、品质优、口感佳和历史悠久而驰名中外。高州市历来重视荔枝产业的发展，2022 年，高州市荔枝种植面积为 59.08 万亩，产量为 24.64 万吨，全产业链产值约为 50 亿元①。高州市 2022 年农林牧渔业，产值达 302.04 亿元，首次突破 300 亿元大关，稳居全省县级市首位。荔枝产值约占全市农业产值的 1/6，是当地重要农产品。通过产业园建设，推动了高州荔枝产业集群发展，提升了土地流转水平和农民收入，提高了机械和科技的投入，撬动了社会资本投入，对高州荔枝产业发展起到了重要作用。

一、产业园基本情况

（一）基本情况

　　高州市荔枝产业园是广东省批准的第一批省级现代农业产业园之一，主导产业为荔枝。产业园规划总面积约为 22.2 万亩，范围覆盖根子、分界两个镇，涉及 31 个行政村共 13 万人。产业园实施主体共 6 个，项目共 23 项，其中，20 项为实体工程，3 项非实体工程（贷款贴息、运作经费、资金调配）。2020 年产业园荔枝主导产业产值为 11.77 亿元，占园区农业总产值的 57.13%，园区内农民人均可支配收入高出全市平均水平 24.81%②。截至 2019 年 12 月底，产业园共投入资金 27737.03 万元，其中，省级财政资金投入 5000 万元，地方财政统筹及社

---

　　① 资料来源：一颗小荔枝撬动起百亿产业链！https：//baijiahao.baidu.com/s？id = 176656399
7142565453&wfr=spider&for=pc。此数据为折算，2022 年，茂名市荔枝总产量 55 万吨，其中鲜果销售 80
亿元，全产业链产值 110 亿元左右。
　　② 该产业园验收后未更新相关数据。

会资金投入 22737.03 万元，项目已按资金使用方案完成全部投资。目前园内农业企业 19 家（省级龙头企业 6 家），合作社 95 家（示范社 20 家），农户入社率达 70%，家庭农场 45 家（示范家庭农场 7 家），农业产业化龙头企业不断聚集。

（二）推动加工及全产业链发展

产业园围绕加快优质荔枝产业转型升级和高质量发展，从源头的荔枝种质资源到终端的荔枝交易销售，以及荔枝产品加工进行产业链布局，使原来单纯的荔枝种植业产业变为种植、加工、仓储、销售、电商、文旅等多产业、多业态融合的现代农业产业集群。产业园内荔枝种植面积为 9.07 万亩、总产量为 6.07 万吨，分别占全市比例的 16.3%、29.8%，建成旱涝保收标准化果园面积占园区荔枝种植面积的 75% 以上，实现荔枝主导产业产值为 11.21 亿元，占园区农业总产值的 56.6%。产业园通过支持农业龙头企业和农民专业合作社建设了一大批储藏、保鲜、烘干、分拣、自动包装等设施装备，新建荔枝初加工车间 6286 平方米，冷库约 9130 立方米，新增荔枝预冷、分拣、包装生产线 35 台（套），大型加工生产线 9 套，新增产能 4.671 万吨，推动园区荔枝加工企业由小变大、加工程度由初变深、加工产品由粗变精（见图 1）。产业园通过建设荔枝观光栈道、文化广场、唐诗主题园三大观光项目，打造荔枝休闲文化旅游带，逐步形成"旅游+荔枝""文化+荔枝""康体+荔枝"等高品位"农旅文创一体化"融合发展态势。高州荔枝主题公园被评为"2019 年 AAA 广东农业公园"，产业园三产融合发展水平显著提升。

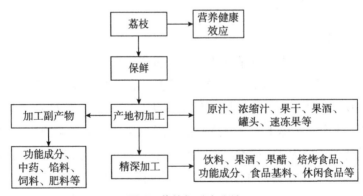

图 1　荔枝加工产业链

二、主要做法与措施

（一）成立工作专班，确保产业园建设顺利推进

高州市认真贯彻落实省委、省政府部署，成立了由市长任组长的项目建设工

作领导小组，落实市委、市政府统筹协调，专职部门监督管理，相关镇党委镇政府具体组织实施的工作架构，按照政府引导、市场主导、联农带农的工作思路，实行多规融合、多元投入、多方参与的工作举措，确保项目建设顺利有效推进。

（二）夯实产业基础，建设优质荔枝生产基地

产业园所在根子镇和分界镇是高州市荔枝种植核心优势产区，自创建以来，产业园着力对园区内基础设施改造升级，提高荔枝生产和运输效率，新增节水灌溉面积 5000 亩，建成标准化示范园 10 个，旱涝保收标准化果园面积占园区荔枝种植面积的 75% 以上，16 千米长的园区主干道及园区周边道路全面完成扩建改造，交通条件得到极大改善，新建大型冷库冷链 11 个，商业街 3 条，加工专业村 3 条，园区内生产生活环境和产业发展发生了显著变化。

（三）延伸产业链条，构建三产融合发展业态

产业园通过支持农业龙头企业和农民专业合作社建设了一大批储藏、保鲜、烘干、分拣、自动包装等设施装备，新增产能 4.671 万吨，推动园区荔枝加工企业由小变大、加工程度由初变深、加工产品由粗变精。同时，随着产业园东方农贸市场、柏桥电商一条街等项目落地，京东快递、顺丰快递、邮政快递等大品牌物流公司现已进驻产业园，搭建物流中心中转站和大型交易市场，为当地商家和电商平台提供优质的物流服务。此外，产业园通过建设荔枝观光栈道、文化广场、唐诗主题园三大观光项目，整合高州贡园、红荔阁、荔枝种质资源圃、荔枝博物馆、大唐荔乡田园综合体等，打造荔枝休闲文化旅游带，逐步形成"旅游+荔枝""文化+荔枝""康体+荔枝"等高品位"农旅文创一体化"融合发展态势，并成功创建了一个国家 AAA 级旅游景区。如今，产业园产加销同步发展，农文旅协调提升的融合业态稳步推进。

（四）引进现代要素，巩固产业高速发展核心

为推动荔枝产业高质量发展，高州市充分发挥产业园集聚效应，积极引进现代要素，巩固产业高速发展核心，创建期间，累计投入科技研发资金超过 1000 万元。产业园大力推动各类产、学、研发展平台和服务机构构建，先后与华南农业大学、仲恺农业工程学院、广东省农业科学院等 11 家省级以上科研单位开展实质性合作，高州市晟丰水果专业合作社与广东省农科院合作开展的"岭南大宗水果综合加工关键技术及产业化应用"产学研项目，获得"广东省科学技术一等奖"，茂名名园农业有限公司与仲恺农业工程学院合作开展干冰缓释保鲜技术，有效提升荔枝冷链保鲜质量，延长荔枝有效保鲜期。此外，产业园通过建设现代农业智慧园区项目，试点开展智慧管理，推动荔枝种植基地生产作业及田间管理

数字化,田间设施及生产设备管控智能化可视化,作业管理、生产加工到市场营销的全程信息化。同时,智能风吸式杀虫灯和水肥一体化等现代农业装备在园区内得到广泛应用,荔枝清洗、分拣、包装、加工和贮存保鲜等各个环节的机械化、自动化科技设备得到推广,极大提升荔枝产业现代化水平。

(五)强化品牌建设,提升荔枝产业价值链

围绕进一步擦亮"高州荔枝"区域公用品牌,产业园安排专项资金,通过产业园亮牌活动、"高州荔枝"品牌外观设计、广东电视台与"南方+"等媒体专题报道、参加农产品博览会等渠道,高强度高密度宣传推介,提高高州荔枝的知名度。围绕广东荔枝"12221"行动大力开展营销工作,积极举办高州荔枝采购节、文化节、北上推介等活动,引入"网红+电商+直播"的带货新模式,通过"市长带你看荔枝""网红地头直播看产品""产地直供直采、销区订单供应""线上体验+交易"等云直播、云发布、云签约、云互动、云消费、云旅游模式,形成更加紧密的购销关系和长效产销对接机制,将高州荔枝从"云"端传向五洲四海。

(六)联结带动农户,巩固产业发展根本

产业园通过引导普通荔农以土地、荔枝树等入股方式参与产业园建设,创建期间累计带动农户超过 8000 户,重点推广"两高三服务"模式(两高:高质量荔枝、高额度返利;三服务:荔枝生产服务、仓储服务、信用服务)、保底分红和联农电商等模式,基本形成了以公司为依托、合作社为基础、农户为保障的"公司+合作社+农户"利益共同体,构建了土地流转得租金、入园就业得薪金、家庭经营得现金、入股分红得股金的"一地生四金"多元增收机制,进一步盘活资源,激励"三变"(资产变股权、资金变股金、农民变股东),实现"三赢"(农户、企业、产业三方赢利),园区内农民人均可支配收入达 23913.96 元,高出全市平均水平 24.81%,联农带农成效显著。联农带农效应初步显现。

三、存在问题

(一)产业园配套与企业融资存在难点

项目投入资金不足,按照要求 1∶3 的投入不一定能达到,融资比较困难,虽然上级不断发布融资的政策,但实际到金融机构执行时还是有门槛的,贷款额度缩水严重。政府现阶段筹措资金主要是以统筹涉农资金为主,按照省里的要求需要吸收社会资本,但是很多实施主体在做贷款的时候还是通过抵押。农业企业融资优惠政策需进一步落实,农业的投入成本大,融资主要还是靠企业自身。

（二）加工用地难以获取

有些企业想要扩建，无论是加工厂房还是冷链、仓储，想找一块建设用地的难度很大，农业设施用地也很难。用地是各产业园反映得最大的挑战。对政府而言，农业与工业相比，对一个地区的经济发展贡献小，土地还是优先供应工业，现代农业建设用地指标非常稀少。有些地方将农业企业安置到工业园区内，才得以解决农业产业发展的建设用地问题。此外，点状供应的审批流程过长，有部分地区的点状用地用来养畜禽，极易被认定为大棚房，需要拆除。对经营者而言，农业如果是按照工业一样挂牌、拍卖的方式进行的话，用地成本太高，投入与产出不成正比，可能亏损。

（三）荔枝季节生产特性导致加工效率低

农产品生产的季节特性与加工效率之间存在矛盾。农产品存在收获的季节性，决定了农产品加工行业的季节性。高州荔枝每年在5~7月规模成熟，其他时间段没有荔枝。也就是农产品加工受制于原料供给的影响比较大，表现为加工线产能浪费，即设备投入大，但产出较小。因此对于大型的加工企业而言，仅加工单一产品，是无法产生企业效益的。调研发现，生产线随着水果的季节性也发生了变化，集中表现为荔枝生产完后，就加工生产饮料产品。因此，对地方小企业而言，农业加工要做大，就要考虑到产品的多元化，否则可能存在产品单一，导致产品铺货面有限、品牌辐射弱、打造难等困境，加工企业的生产效益低，长期处于亏本状态。因此，部分农产品季节性特征导致深加工产品无法获利，不足以维持企业的运营成本。

四、对策建议

（一）建立以市场需求与质量为导向的农产品加工链

针对荔枝生产的季节性，在开发创新荔枝加工技术和产品的同时，还应当加强加工产品的市场推广。一是提升产地初加工水平。鼓励支持农民合作社、家庭农场和中小微农业企业开展农产品产地初加工，减少产后损失，延长供应时间，提高质量效益。二是推进以市场需求为导向的精深加工产品研发。企业在做好原有农产品加工的基础上，定期深入市场，收集产品的市场真实评价，了解同类产品的市场需求度，根据调查结果，不断补齐产品短板，紧紧抓住现有消费群体。如可借鉴学习广东珍珍果汁汽水的产品和营销，锚定一些大众化消费产品，以满足市场需求为目的上加工项目，不能盲目发展。

（二）完善农业产业建设用地及设施用地政策

一是完善乡村产业建设用地机制。完善并落实乡村产业建设用地政策，稳定经营主体投资预期。用活规模预留、村级土规、乡村振兴用地指标、"点状供地"等政策。建立部门间协调机制，积极探索编制操作流程指引，强化个案指导，以项目为抓手推进乡村产业建设。在编制或修编土地利用总体规划时，充分考虑乡村产业所需规划建设的用地规模，逐步解决农产品仓储加工、民宿等项目的建设用地需求，简化用地手续。二是用好用足设施农业用地政策。完善和规范设施农业、看护房和工具房等设施农用地的备案和监管政策，精简备案手续、减少备案时间和成本，促进设施农业健康有序发展。积极调研农业经营者的合理需求，及时发现目前设施农业用地政策与新发展技术、新生产需求的冲突点，会同相关部门积极沟通协调，争取通过更新设施农业用地正、负面清单政策等方式予以妥善解决。

（三）加大财经与金融支持力度

一是扩宽乡村产业融资途径。积极对接广东省金融支农促进会、广东省农业供给侧结构性改革基金、广东省农业融资担保有限责任公司、广东省乡村产业投资联盟等金融服务机构，服务产业园加工项目建设。鼓励金融机构规范发展农业供应链金融业务，提升农业产业链整体金融服务水平。全面推行温室大棚、养殖圈舍、土地经营权依法合规抵押融资。积极发挥政府性融资担保机构支农支小的作用，加强政银担保合作。二是建立多层次的农业保险体系。建立优势特色农产品保险品种储备及动态调整机制，支持开办特色农业保险品种，加大力度推广岭南特色水果等保险。探索推进区域产量指数保险、天气指数保险、价格指数保险试点以及大宗农产品"保险+期货"试点、"订单农业+保险+期货（权）"试点。推动政策性农业保险基本覆盖全市种养业品种，建成多层次农业保险体系。

平远县脐橙产业园调研报告

梁俊芬

梅州市平远县地处粤闽赣三省交界处，素有"广东脐橙之乡"美誉。平远县从 1983 年开始试种脐橙，1995 年后大面积推广种植，经过 40 年发展，已形成集种植、贮藏、保鲜、加工、销售等于一体的脐橙全产业链发展集群。建成 10 个千亩脐橙标准化种植基地，脐橙种植和精深加工水平全国领先，拥有国家地理标志保护产品（2020 年 8 月）、第一批全国名特优新农产品名录（2020 年 5 月入选）、广东省优质柑橘金奖等一系列"金名片"。

一、平远县脐橙产业发展情况

自 2018 年启动脐橙省级现代农业产业园建设以来，平远县从生产、加工仓储、品牌营销、科技创新、示范带动、配套服务体系等板块发力，统筹生产、加工、流通、旅游、文化、研发、服务等功能，令平远脐橙产业愈发红火。2018～2022 年新种脐橙 1.5 万亩，2022 年脐橙种植总面积为 5.45 万亩，鲜果产量为 5.9 万吨，产值为 11.09 亿元（见表 1）。平远县以国家电子商务进农村综合示范项目为载体，建成 1 个县级电商运营服务中心、1 个县级物流配送中心、8 个镇级服务中心、90 个村级电商服务网点、100 个农村网商网店投入运营。全县电商企业有 62 家，主要销售的农产品有脐橙、柚子、茶叶、油茶、三华李、酒水等，销售范围以南方市场为主，如湖南、广西、福建、江西、海南等广东周边省份。2019～2022 年，平远县电子商务交易额分别为 5.0 亿元、6.1 亿元、6.9 亿元、7.3 亿元。

表 1　2022 年中国部分地区脐橙种植面积与产量　单位：万亩，万吨

地区	种植面积	产量
江西赣州	189.0	159.0

续表

地区	种植面积	产量
湖北秭归	40.0	80.0
湖南新宁	52.0	63.0
广西富川	27.0	55.0
重庆奉节	37.0	40.0
四川邻水	28.3	19.5
湖南道县	22.1	16.8
广东平远	5.45	5.9
云南建水	2.1	3.5

二、产业园功能和作用

平远脐橙产业园于 2018 年 8 月列入省级现代农业产业园建设名单,以大柘、中行、八尺、仁居、差干、上举 6 镇为建设范围,面积为 716.61 平方千米。从种植生产、加工仓储、品牌营销、科技创新、示范带动、配套服务六大板块推进平远脐橙产业发展,共投入建设资金 21151.36 万元,其中省级财政资金 5000 万元、地方政府配套资金 5115.36 万元、企业自筹资金 11036 万元(占比为 52.18%)。2021 年,平远脐橙产业园(扩容提质)项目再次被列入省级现代农业产业园建设名单。

(一)种植基地:完善生产设施,建成广东最大的优质脐橙生产基地

一是建立无毒种苗繁育基地。建设了 50 亩脐橙无毒种苗繁育基地,年出圃优质脐橙种苗 20 万株,不仅能供应平远全县,还能服务赣南、福建等地。二是扩大脐橙种植面积。建立 10 个标准化种植示范基地,新(改)种脐橙 8280 亩,共有脐橙种植面积 4.25 万亩(其中标准化种植面积 1.3 万亩),占全县的 77.98%。三是推广先进农业设施。在新种连片面积 50 亩以上的脐橙果园扶持安装水肥一体化系统;在连片 50 亩以上的老果园扶持安装固定喷雾系统;在山地坡度大,生产运输不便的果园扶持安装山地运输设备。共推广安装 4083 亩滴灌系统、1980 亩固定喷雾系统、33 套水肥一体化系统(其中 15 套智能水肥一体化系统)、15 台(套)山地运输设备、276 盏太阳能杀虫灯、3 套果园智能监测设备。四是实施土壤改良。对脐橙种植基地进行测土化验,对土壤 pH 值过低和有机质含量偏低的果园进行土壤改良,共完成 7171 亩脐橙果园土壤改良。五是完善水电路等基础设施建设。完成 4363 立方米蓄水池、6220 平方米常规育苗大棚、

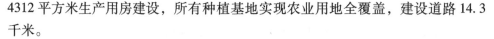

4312 平方米生产用房建设，所有种植基地实现农业用地全覆盖，建设道路 14.3 千米。

（二）生产加工：引进加工技术设备，提升精深加工能力

一是提升农产品加工能力。产业园共引进 7 套先进加工设备，包括 1 套 NFC 鲜榨橙汁和灭菌灌装生产线、1 套中温灭菌自立袋灌装设备、1 套鲜果品质无损检测分级生产线、4 套脐橙自动清洗保鲜分选设备，建成冷库容量 2.5 万立方米。二是引进先进精深加工技术。引进安装了 1 套先进的 NFC 鲜榨橙汁生产线，采用鲜橙直接进行物理榨汁、杀菌和灌装，鲜榨橙汁在鲜果离树 48 小时内进行鲜果加工、榨汁、成品灌装、储藏，最大限度保留脐橙原有的营养成分。

（三）品牌建设：强化区域品牌管理和宣传，扩大平远脐橙品牌影响力

发挥平远县脐橙协会技术服务、品牌管理等作用，制定脐橙全生产过程的技术方案、食品安全要求、质量标准要求、产品分级标准、区域公用品牌标识管理等，强化平远脐橙区域公用品牌和原产地地理标志管理。注册"平远脐橙""平远橙"公用品牌专用标志 2 个；有"平远脐橙""上橙""橙之乡""橙香"等优质脐橙注册商标 21 个；建立"平远脐橙"地标产品溯源二维码，16 家脐橙经营主体纳入"平远脐橙"地标产品溯源系统管理，实行"一企一码"，实现果品可追溯。利用互联网、电子商务、新闻媒体和参加展会等形式开展品牌宣传和推广，脐橙协会成功举办了第十四届、第十五届平原脐橙文化旅游节暨农特产品展销会。

（四）市场销售：拓宽销售渠道，扩大电商销售比例

脐橙销售渠道主要有线上直播销售和电商销售、线下树下收购（批发商）和休闲采摘等。推动广东华泰农兴农产品交易中心及可其山、南台果业、客家围龙①三家电商平台建设，在产业园核心区脐橙展厅设立直播间，通过淘宝、抖音、微信等平台销售，2022 年全县电商销售脐橙鲜果 1.72 万吨、占全县的 31.56%，销售额为 7.3 亿元。10 斤装的脐橙按照产品品质分级销售，每箱售价 68 元、78 元、88 元不等，比传统销售纯利润多出 2.5~3.0 元/斤。对于平远本地及周边地区来说，更为青睐线下采购、现场采摘，产业园建有 10 家脐橙亲园采摘基地。

三、链主企业带动农产品精深加工全产业链分析

梅州市飞龙果业有限公司（以下简称飞龙果业）是梅州市本地农业龙头企

---

① 梅州可其山电子商务有限公司、梅州南台果业有限公司、梅州客家围龙信息科技有限公司。

业，2015 年开始从事橙汁加工，但品种较为单一。受益于产业园建设，牵头实施主体飞龙果业加大研发力度，扩大加工品种和规模，加工生产线实现全年运转，发展成为一家集脐橙种植、原料加工、产品研发、品牌运作、市场销售的差异化全产业链省重点农业龙头企业，2022 年被认定为"国家高新技术企业"。2023 年，飞龙果业农产品加工产值达 4 亿元，税收超过 1500 万元，成功入选梅州市工程技术研究中心。

（一）开展产学研合作，创新研发新产品

一是开发新产品。飞龙果业近年来不断加大科技投入，与科研机构、高校合作，创新研发新产品，开发了 NFC 鲜榨橙汁、脐橙浓缩汁、橙精油、橙蓉等精深加工产品，拥有多项发明专利及实用新型专利，被授予"省级院士专家工作站"，其生产的 NFC 果汁具备了先进的杀菌技术及灌装技术。二是探索推进脐橙果渣废弃物回收再利用。2019 年，飞龙果业与福建省农业科学院农业工程技术研究所、福州大学和国际食品科学院院士饶平凡合作，重点开展以"平远县脐橙汁生物发酵加工关键技术研究与应用""脐橙加工副产物高值化综合利用"为主的项目研发合作。

（二）开展脐橙精深加工，提升脐橙附加值

飞龙果业建有年产 20 万吨脐橙鲜榨橙汁生产线；拥有广东省唯一的 1 套先进的 NFC 鲜榨橙汁和灭菌灌装生产线，年可加工 10 万吨原材料、生产成品 4 万吨（每 2.5 吨鲜橙可榨 1 吨橙汁）；建有 1 套脐橙品质无损检测分级生产线，每小时可检测分级鲜橙 8~12 吨；建有 2 条自立袋包装生产线，每小时可灌装 2800 包；建有 1 条果汁中温灌装生产线，每小时可灌装 9000 瓶；建有 2 条混合果酱罐装生产线及 11 个速冻库，可实现日产 200 吨混合果汁，速冻库容量 4 万立方米。

（三）抓住"新茶饮"市场机遇，为 B 端茶饮提供定制化的饮品服务

当饮品都在面向 C 端的白热化市场竞争时，2021 年飞龙果业选择从源头供应链做起，为 B 端连锁茶饮企业（如茶百道）提供定制化的饮品服务，专注于提供饮品原材料，主打产品为 NFC 鲜榨橙汁（2023 年产脐橙 NFC 果汁 2000 吨），其他饮品有苹果汁、菠萝汁、葡萄汁和禾米浆等。精深加工生产线从单季运转转变为四季运转，开辟出禾米浆、菠萝汁、苹果汁等近 10 项全新业务。

四、主要措施、存在问题及建议

（一）当地出台的政策文件

1. 支持标准化种植

制定出台《平远县人民政府关于加快特色高效现代农业发展扶持政策的意

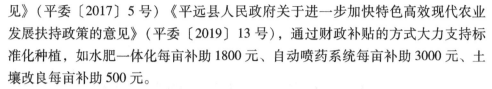

见》（平委〔2017〕5号）《平远县人民政府关于进一步加快特色高效现代农业发展扶持政策的意见》（平委〔2019〕13号），通过财政补贴的方式大力支持标准化种植，如水肥一体化每亩补助1800元、自动喷药系统每亩补助3000元、土壤改良每亩补助500元。

2. 举办脐橙文化旅游节

截至2023年，平远县已连续18年举办脐橙文化旅游节，以节庆活动为媒介，打开市场，扩大平远脐橙知名度和影响力，进一步提升平远脐橙公共品牌价值。

（二）存在问题和制约因素

1. 项目用地难解决

产业园各实施主体都不同程度存在建设用地审批困难，发展山地种植脐橙受林地开发限制。

2. 种植规模增长慢

脐橙产业园建设以来仅新（改）种面积8280亩，全县种植面积5.45万亩，不复当年鼎盛时期，部分果农仍对柑橘黄龙病谈之色变，不敢轻易涉足。

3. 企业融资困难大

产业园企业，尤其是加工企业在农产品收购、技术改造、设备添置、人力输出、农资采购、建设投入等方面资金需求巨大，银行贷款抵押物有限、门槛高，社会融资成本高。

4. 假冒平远脐橙地标产品

市场上存在收购湖南、广西等外地脐橙冒充平远脐橙销售的现象（价格较低），对平远脐橙价格造成一定冲击。

（三）发展建议

一是通过政策扶持和资金补助，调动农户发展脐橙种植积极性，扩大产业种植规模。二是对种植户开展有针对性的培训，提高黄龙病统防统治种植管理水平，保障柑橘产业的健康安全发展。三是加大平远脐橙区域品牌保护力度。

普宁市青梅产业园调研报告

莫子健

  普宁市种植青梅约有 700 年历史，是国内最大的青梅产销集散地，1995 年被正式命名为"中国青梅之乡"，普宁青梅亦被评为国家地理标志产品。2022 年，普宁青梅全市种植面积超 16 万亩，产量达 5 万吨，产业产值达 52.19 亿元。近年来，普宁市青梅省级现代农业产业园大力发展青梅加工产业，加工转化率已达98%，年加工能力大于 10 万吨，取得了良好成效，青梅生产加工产能维持全国第一、促进冷链流通率突破六成、青梅区域公共品牌知名度提升、加工品生产迈向标准化。

一、普宁市农业概况

  2022 年，普宁市地区生产总值为 629.5 亿元，其中，农林牧渔业总产值为70.93 亿元，占地区生产总值的 11.3%。青梅和稻蔬是当地种植业主导产业，前者产值为 52.19 亿元[①]，后者为 17 亿元，相关涉农加工食品企业有 222 家，2023年培育新增 2 家县级龙头企业，农业龙头企业总量 19 家。近年来，普宁市通过引导本地主导产业企业发展农产品加工环节，青梅产业加工转化率已达 98%，年加工能力大于 10 万吨，有效促进了县域经济发展。一是贡献经济总量增长，2022 年青梅产业总产值为 57.55 亿元，同比增长 5.26 亿元；二是促进人均收入提升，全市 30 万梅农人均可支配收入突破 2.4 万元/年，高于全市平均水平的 31.09%[②]。

---

  ① 资料来源：揭阳市人民政府，http://www.puning.gov.cn/xwzx/pnxw/content/post_792451.html。
  ② 资料来源：国家税务总局广东省税务局，https://guangdong.chinatax.gov.cn/gdsw/jysw_jcdt/2023-07/19/content_5c4036e1138b43d8bdf0d1e71874b5cb.shtml。

二、产业园功能和作用

普宁市青梅省级现代农业产业园于 2019 年 6 月纳入国家现代农业产业园管理体系，2022 年 1 月通过国家现代农业产业园认定。产业园范围涵盖域内高埔镇、大坪镇、后溪乡、马鞍山农场 4 个乡镇场，总规划面积为 267 平方千米，核心功能区规划面积为 500 亩，青梅种植面积为 10.5 万亩，年产量为 5 万~6 万吨，占普宁市的 63.25%，拥有 58 家青梅加工企业，其中省级农业龙头企业 2 家、地市级农业龙头企业 1 家，总体年加工能力超 10 万吨，占全国的 30%以上。目前，产业园各实施主体平稳运营，暂未发生倒闭或停产的情况。

（一）原材料供应方面，产量增加超六成

2023 年普宁市青梅种植面积为 16.28 万亩，总产量为 5 万吨，分别比产业园创建前的 2018 年增加 2.92 万亩、2 万吨。产业园内现有青梅规模化种植面积达 13.4 万亩，同比创建初期增长 21.8%，现青梅种植面积位居全国榜首。

（二）生产加工方面，产能维持全国第一

产业园内引进大型成套青梅加工生产线达 16 套，新增青梅产业装备 12 套，总量达 35 套；新建加工厂、仓库 20000 平方米，园区内青梅加工厂房、仓库总面积达 16 万平方米；目前园内 58 家青梅加工企业年加工产能达 10 万吨，是国内最大的青梅加工基地，加工产能"吃不饱"，远超当地青梅原料供应量，原料缺口甚至需要从福建招安、永泰等青梅产地收购。

（三）储藏冷链物流方面，冷链流通率突破六成

产业园新建冷库 600 立方米，农产品冷库总库容达 4685 吨，实现农产品冷链流通率 64.23%，远超广东省"十四五"冷链物流发展规划中果蔬产品 30%的目标值，较大程度地降低了加工产业链条中原材料的损耗率。

（四）市场销售方面，区域公共品牌知名度提升

产业园内建成国内贸易量最大的青梅产业电商平台，拓宽了青梅加工产品过去依赖出口日本的传统销售渠道，有效推广普宁青梅地区品牌。青梅农产品网络销售额达 3.3 亿元，普宁市凭借青梅产品入选全国农产品电商"百强县"第 25 名。

（五）链主企业带动方面，加工品生产标准化，质量安全提升

链主企业牵头制定发布广东省团体标准《普宁青梅制品质量安全控制规范》，用于指导园内青梅加工企业安全生产。目前已有 28 个青梅产品录入广东省农产品质量安全监督检测信息系统，青梅加工企业均已录入国家农产品质量安全

追溯信息管理平台。

三、主要做法与措施

（一）经验做法

1. 联结农户提升青梅种植规模

产业园内的青梅加工企业与农户形成二次分红联结机制，与15家专业合作社和种植大户签订青梅收购二次分红协议带动农户1815户，青梅鲜果经企业加工销售，按销售金额3%给农户分红，提升了农户的种梅积极性，保证了原料供应的稳定性。

2. 强化专业人才培育

以市农业农村局、市水果蔬菜发展研究中心为核心，与广东省农业科学院、华南农业大学、仲恺农业工程学院、揭阳职业技术学院等科研院所合作，由21名行业专家组成5个专家团队，定期在园内开展青梅种植技术、青梅加工技术培训，年培训科技示范户、专业户近5000人次，培育新型职业农民230人。

3. 举办梅文化节日宣传青梅加工产品

普宁连续五年举办普宁梅花旅游文化节，共接待国内外游客904.5万人次，游客通过参观青梅产业园观光工厂的实时视频，可了解到青梅加工的情况，提升消费者对青梅加工品的购买意愿。

（二）支持政策

当地出台《普宁市促进青梅产业链创新发展扶持措施》《普宁市关于支持国家现代农业产业园建设的若干措施》《普宁市落实揭阳市促进产业发展"1+1+12"政策体系的若干措施》等规划性政策支持青梅全产业链的发展。

1. 金融服务方面

当地银行与协会建立长期合作关系，与普宁市青梅科技协会及其会员单位组织青梅产融对接会，根据不同企业的情况定制专属金融方案。广东殿羽田食品有限公司负责人反映，目前公司正享受利率3%的低息贷款，相较之前5%～6%的利率有大幅下降，为企业生产减轻了资金压力。

2. 用地方面

对种植青梅集中连片流转土地500亩以上且流转期五年以上的主体，一次性按30万元（600元/亩）给予补助；对连片建设青梅标准化生产基地100亩以上，每亩给予一次性补助300元。

3. 财政奖励方面

对成功创建揭阳市级农业产业化龙头企业、市级示范农民合作社和家庭农场分别最高可奖励 20 万元、10 万元；成功创建县级农业产业化龙头企业、县级示范农民合作社和家庭农场分别最高可奖励 8 万元、4 万元。

四、存在问题和制约因素

（一）青梅加工企业整体研发能力薄弱

普宁市青梅加工企业数量多，但多数企业研发能力薄弱，制约着当地青梅精深加工产品的发展。主要原因是多数企业经营理念相对落后，存在"路径依赖"的情况，业务重心仍为销售半加工品"干湿梅"，微薄的利润导致企业仅能维持日常经营，而无法投入更多的资金用于升级设备、研发产品。

（二）青梅加工企业用地困难

用地困难使企业投入精深加工的厂房设施难以及时产生效益。主要原因是土地建设报批手续繁琐、周期长，揭阳中元股份有限公司负责人反映，公司加入产业园项目以来已投入 1 亿元用于购买土地以及建设厂房等，但部分用于建设生产工厂的土地在近期才通过审批，厂房迟迟无法投产，导致企业承担着较大的资金周转压力。

（三）行业缺乏专业技术人才

普宁市青梅精深加工业缺乏专业技术人才支撑。主要原因是当地多数青梅加工企业位于山区，区位交通以及生活条件等劣势导致大多数加工企业难以招聘食品研发类、翻译类等专业型技术人才。广东殿羽田食品有限公司负责人反映，公司目前仅有几位本科学历大学生，而新招来的应届学生通常工作不到一个月就会因为工作环境、通勤等原因离职，无法留住人才。

五、对策建议

（一）推动校企深度合作，提升研发能力

可借鉴陆河县青梅产业园经验，采取高校科技成果作价入股企业的模式，以此为基础成立联合研究中心，开展农产品加工技术和装备研发、专业技能培训、联合培养研究生等工作，促进高校深度参与到企业的研发、生产和经营等各个环节，由此提升企业精深加工产品的研发能力。

（二）简化项目审批手续，优化营商环境

可借鉴福建省福州市经验，推动交地即交证，对带土地设计方案出让的产业园项目，在出让金缴清后交付土地时，为用地单位一并核发不动产权证书、建设用地规划许可、建设工程规划许可证和建设工程施工许可证合计"四证"，缩减

企业拿证周期，为企业早日投产争取宝贵时间。

（三）精准对接企业需求，完善人才队伍

可借鉴陕西省西咸新区经验，成立"人社工作进园区"工作专班，聚焦人才服务、劳动关系等方面的问题，并征求意见和建议，调研摸清企业重点需求，并组织召开专项现场招聘会，帮助企业和高校毕业生等青年群体实现就业精准对接，加强产业园人才队伍的建设。

化州市化橘红产业园调研报告

田璞玉　　王建军

化州市是全国最大的化橘红生产基地，被誉为"中国化橘红之乡"。2022年，化州市化橘红种植基地 13 万亩，年产鲜果 6.5 万吨、干果 1.2 万吨，499 家种植、加工、销售企业，其中加工企业 384 家，药字号 4 家，食字号 10 家；产品系列 60 多种，超 35 万从业人员，全产业链产值约为 100 亿元，并入选 2022年全国区域农业产业品牌影响力百强榜。化州市生产总值为 651.57 亿元，农林牧渔业总产值为 242.1 亿元，化橘红产业产值占农林牧渔业总产值的 41.3%，占全市生产总值的 15.3%，对县域经济发展具有重要作用。

一、产业园基本情况

（一）基本情况

2018 年，化州市成为首批创建的省级现代农业产业园。2021 年 4 月，化州市化橘红产业园成功跻身国家现代农业产业园创建名单。化橘红省级现代农业产业园以"一中心一核心区三基地"（一中心为化橘红产品展销展示博览及物流集散中心；一核心区为河西化橘红产业集聚加工核心园区；三基地分别为化橘红良种繁育及质量安全追溯体系建设示范基地、化橘红农业生态观光型高标准生产示范基地、化橘红一二三产业融合发展示范基地）为总体布局，其范围涵盖平定镇、中垌镇、官桥镇、丽岗镇以及石湾、河西街道 6 个镇（街道），规划总面积为 127.98 万亩。园内化橘红种植面积为 12.4 万亩、产品可 100% 溯源，均实现全国领先。已建成千亩基地 5 个，百亩以上基地 166 个，5A 级种植基地 1 个，GAP 认证面积 1 万亩，适度规模经营率达 75.3%。目前，园内化橘红产业总产值达 93.18 亿元，一条化橘红产业链惠及 40 万人。产业园实施过程中，无主体倒闭或停产。

（二）加工、研发等产业链发展情况

化橘红产业园注重产业链的完善，从橘子种植、收购、加工、销售到品牌推广，形成了一个闭环的产业链体系。园区培育加工经营主体 282 家，药企 8 家，系列产品 120 多种，加工转化率 100%，产业园第二产业产值达 94.1 亿元，农产品加工业产值与农业总产值比值达 3.52∶1.00。园区与 13 家省级以上科研单位合作，搭建国家级研发中心、化橘红研究院等科研平台 11 个，科研投入 7761.81 万元，创建期参与国家科研项目 3 项，新增国家专利 47 项，论文 66 篇、著作 8 部，高新技术产品 3 项，农业技术推广奖 1 项，转化科研成果 9 项。

二、主要做法与措施

（一）"链条延伸，产业融合"立园模式

首先，以"二产拉一产"助规模化经营。大力抓好"回归工程""引凤工程"，累计引资 50 多亿元，组建由产业园内 60 多家规模主体、化州市 384 家化橘红加工企业为主的化橘红产业联合体，通过引导加工企业采取独资、合资或"公司+基地+农户"模式建立化橘红基地，实现化橘红种植 11.62 万亩，年产鲜果超 5 万吨，年加工能力达 7 万吨。其中建成 GAP（良好农业规范）标准化橘红种植基地 1 万多亩，AAAA 级中药材种植基地 1 个，化橘红种源复壮育苗基地 25 个，适度规模经营达 65%。其次，以"项目带产业"增加产业附加值。以"化橘红初加工和仓储服务平台项目""化橘红精深加工项目"两大项目为龙头，在开发化橘红药用及食用产品的基础上，往保健、美容、养生、时尚类产品方向延伸。最后，以"文化推农旅"加速产业融合。紧抓茂名市"五棵树一条鱼一桌菜"的决策部署，持续推进"南粤古道·橘香万里""新安新塘产业双创孵化园""中华化橘红第一村——平定镇大岭村旅游景区""官桥化橘红文旅产业园""丽岗尖岗岭化橘红产业文旅产业带"建设。成功举办化橘红赏花节、化橘红封坛仪式、化州市"大美化州，橘红飘香大舞台"。园内化州橘红之乡康养度假之旅入选首批广东省乡村旅游精品线路名单，大岭村入选第二批广东省文化和旅游特色村名单。

（二）"技术先进、科技赋能"兴园模式

一方面，构建产学研智慧联合体。深化与中山大学、华南理工大学、仲恺农业工程学院等 13 家科研单位合作，2022 年科技投入约为 1.59 亿元，建成化橘红省级科技研发中心 4 个，"博士后工作站"1 个，参与国家标准制定 4 项，取得国家专利技术 30 多项，推进 6 亿元产值的国家发明专利红珠胶囊Ⅲ期 B 临床试验，加速投产。另一方面，加快专业人才培育引进。组建由 870 名行业专家、专业人才和地方"土专家"组成的化橘红智囊团，创建期累计举办化橘红产业相关培训 30 期，培训人数达 1800 人次。

（三）"品质提升、绿色生产"强园模式

一是全面推行绿色标准化生产。积极推广化橘红高效节水灌溉建设及农药化肥减量化行动，制定了《化橘红种植技术规程》，实现园内农药、化肥利用率分别达 45% 和 48%，农业废弃物综合利用率达 91.49%。二是加强溯源体系建设保障"舌尖"安全。建立化州市农产品质量安全主体名录，全面推行合格证管理制度，实现产品可追溯比例超 90%，农产品质量安全抽检合格率达 99.2%，"两品一标"农产品认证比例达 42%。

（四）"渠道畅通、品牌推介"拓园模式

依托"粤西地区首家县级服务中心""国家级电子商务进农村综合示范县"优势，建立化橘红"12221"市场体系，在全国设立"化橘红"销售网点超 1 万个、专卖店 1000 多家，化橘红产品电子商务年交易额超 6 亿元。同时，举办化橘红 MR 品牌发布会，联合高铁传媒、新华网、南方报业等媒体扮靓"中国化橘红之乡"金字招牌，实现品牌价值达 110.9 亿元。

（五）"联农带农、持续增收"富园模式

产业园培育化橘红生产经营主体 1341 家，直接带动 35 万农民从事化橘红产业，带动经济效益 12 亿元。创建期间，力促"订单保底"模式，带动鲜果收购价较创建前提高 1/3，新增龙头企业 12 家，合作社 122 家，家庭农场 103 家，返乡创业人数 1461 人，被评为全国农业社会化服务创新试点县和省农民合作社高质量发展整县推进试点县、省家庭农场示范县。2023 年新的奖补政策是化橘红连片种植 10 亩以上，每亩奖补 500 元，鼓励农户多种植化橘红。

（六）"机制创新、党建引领"活园模式

推行"市长挂帅+领导小组统筹+管委会推进+产业链经营主体参与+科技服务团队指导"的产业园管理机制，成立化橘红产业链党委，共同搭建"1+3+X+N"开放式组织体系，将"组织链"嵌入"产业链"，以党建引领高质量发展化橘红产业。

三、存在问题

（一）尚未列入"药食同源"名录

除了入药，化橘红和陈皮一样，也具有极高的食用价值，但目前，由于未能进入国家"药食同源"食品目录，加上现行的化橘红药典标准对于不同原料种类和入药部位没有做出区分，导致化橘红作为茂名化州市独有资源，在品牌影响力和产品附加值提升上仍受到不小的限制。比如，化橘红相关加工食品的销售不能写"化橘红""化州橘红"，消费者在电商平台搜索化橘红很难对标到企业产品。

（二）产品标准和认证有待完善

化橘红种苗存在多个品系，不同品系之间质量、产量相差较远，至今尚未实现工厂化、标准化生产繁殖。品质认证体系还未健全，以假充真、以次充好或产品标识不全的现象充斥化橘红交易市场。一方面树立自身品牌，规范生产，确保道地化橘红的销售；另一方面需要加强销售产品的质量认证，提高地理标志的准入，确保消费者的知情权，做强口碑。

（三）缺少龙头企业带动

缺少化橘红龙头企业带动、缺乏过硬的龙头产品，没有形成统一的行业标准，尚未形成产业集群。企业以中小药企为主，加工工艺比较落后，产品附加值低，高质量产业集群尚未形成。

（四）产品众多、种类却不多

目前，化橘红相应的产品虽有 60 余种，但是加工类产品以开发化痰止咳类药品为主，而忽略了化橘红健胃、解酒护肝等其他功效药品、保健品的研发，使其在具有相同功效的止咳类产品中不占据明显优势。因此只有顺应市场的需求，综合地开发化橘红，才能让其产生显著的社会效益和经济效益。

四、对策建议

（一）健全化橘红产业市场治理机制

一是发挥化州市化橘红产业链党委作用。已成立化州化橘红产业链党委，书记由市农业农村局党组书记兼任。二是加强协会管理。推动化州市化橘红产业协会改组工作，修订完善协会管理章程，建立起从种植、加工到销售的统一标准。

（二）进一步健全化橘红全产业链

一是推进化橘红种植标准化体系建设，制定和完善种苗繁育、种植、采收加工等技术规范和标准。加强高产优质高效种植示范基地建设，实施示范种植数字化。二是采用"公司+基地+农户""公司+基地+协会+农户"等形式，积极引导骨干制药企业到农村建立试验示范种植基地，促进化橘红种植基地的规模化、规范化和集约化发展。三是建设化橘红初加工和仓储服务示范平台，开展烘干、仓储、切片、切丝、产品展示、金融服务、商贸物流等配套服务。四是加强龙头企业扶持，重点培育5家以上大型医药、保健加工企业，引导企业向产业链中高端延伸，提升市场竞争力，力争3年内培育1家化橘红上市企业。五是加强与高等院校合作，建设化橘红产业科技协同创新平台，构建"政府+科研院所+企业研发平台"模式，加快化橘红精深加工技术研究和产品研发。

（三）继续抓好药食同源和标准化体系建设

继续争取中央、省部门支持，加快药食同源申报工作和地方标准的制定。加快实施化橘红广东省化橘红地方药材标准，推动化橘红国家行业标准制定。推进化橘红标准化体系建设，制定和完善种苗繁育、种植、采收加工等技术规范和标准。目前化橘红种植标准已制定，化州市电商协会正在推进化橘红仓储标准制定，茂名市人大常委会正加快推进《化橘红地理标志保护条例》的制定，同时委托中山大学苏薇薇教授制定化州橘红的等级标准，目前已与中山大学签订合作意向书。整合搭建溯源体系，实现化橘红源头可溯，从种苗、种植、加工、储存、流通、营销等环节都可控。

（四）提高金融服务化橘红产业能力

构建化州市化橘红"供应链+金融服务"体系，覆盖化州市化橘红产业，连接主要银行及非银机构，以供应链服务为主要形态的产业金融服务平台。利用化州市化橘红年份久效能更优良的属性，探索"金融+化州化橘红"结合的市场收藏模式。同时，利用化橘红初加工和仓储服务平台，搭建化橘红金融银行，撬动银行资金，推出优质金融服务和金融产品。化橘红初加工和仓储服务平台拟分两个平台建设，分别为：化橘红初加工和仓储服务第一平台，位于化州市石湾街道广垦热带农业公园南侧，属于化橘红国家产业园核心区建设范围内，为新建项目，已落实项目所需建设用地，拟计划总建设规模10000平方米，目前已筹集6600万元，其中广东省化州市化橘红国家现代农业产业园中央财政奖补资金2200万元，广东好心药业有限公司投入4400万元；化橘红初加工和仓储服务第二平台（平定镇），项目正在谋划推动中。

（五）持续拓展化橘红产业增值增效空间

一是紧紧围绕"政府搭台、京东引擎、帮扶企业、产业繁荣"，发挥京东集团在零售、批发、物流、金融、数字驱动等领域的优势，加快推进与京东集团具体事项落实。二是拓展化橘红产品市场。以广东省"12221"市场营销体系建设为契机，把"走出去"和"引进来"更好地结合起来，组织有关经营主体到省内外参加推介会和展览会，开拓省内外市场，促进化橘红"走出去"。组织化橘

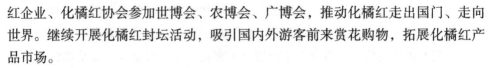

红企业、化橘红协会参加世博会、农博会、广博会，推动化橘红走出国门、走向世界。继续开展化橘红封坛活动，吸引国内外游客前来赏花购物，拓展化橘红产品市场。

（六）继续推动化橘红三产业融合发展

一是以非遗赋能产业发展，积极做好非遗工坊和非遗传承人的申报认定工作。挖掘传承化橘红"济世安民"的文化力量，把化州市化橘红昨天、今天和明天的故事说好。二是借鉴新会"陈皮村"建设管理经验，全力推进化橘红文化公园，打造集加工、研发、展销、科普、休闲娱乐于一体的化橘红产业核心区。三是大力弘扬中医药文化，挖掘化橘红农业生态价值、休闲价值、文化价值，推动农业三链重构和演化升级，开发创意文化、旅游消费、工艺收藏等产品，加快化橘红农旅结合，促进化橘红一二三产业融合发展。

曲江区食用菌产业园调研报告[①]

梁俊芬

曲江区食用菌种植历史悠久，早已实现由传统的棚栽培养向工厂化、标准化全面转变，真姬菇、白玉菇、茶树菇等主要品种的种植规模及产量占全省60%的市场份额，成为广东省食用菌种植规模及产量最大的县区。自2023年以来，曲江区以"百千万工程"为牵引，把食用菌预制菜工作抓在手上，大力发展"菌蔬宴"，倾力打造"韶州家宴"预制菜公用品牌，把菌膳类产品作为曲江预制菜未来的主要发展方向。

一、产业园基本情况

曲江区现已成功创建食用菌省级现代农业产业园和预制菜省级现代农业产业园，培育食用菌为主导产业的经营主体上百家，食用菌年产量为5万吨、综合产值超过18.4亿元。其中，曲江预制菜产业园位于曲江食用菌省级现代农业产业园和粤港澳大湾区"菜篮子"产品韶关配送中心的核心区，全力研发菌菇预制菜，推动曲江区食用菌产业园从1.0版升级到3.0版，已形成以沐和、薪界为上游核心的初级农产品生产加工企业，以星河、星安、犇牛、兴昶为中游核心的预制菜生产商，以亚北为下游核心的冷链物流、品牌销售经营主体，集群式发展的全产业链体系。[②]

二、产业园功能和作用

韶关市曲江区食用菌产业园于2019年3月获省政府批准创建，是省内唯一

① 资料来源：曲江农产品加工业发展情况书面材料，曲江区农业农村局，2024-01-16。

② 广东沐和生态农业发展有限公司、韶关市薪界农业科技有限公司、韶关市星河生物科技有限公司、广东星安农业科技有限公司、韶关市犇牛农业发展有限公司、广东兴昶未来食品科技有限公司、广东亚北农副产品有限公司。

一个食用菌产业链最完整的产业园，园区食用菌主导产业种植规模为 12.15 万亩。同步发展食用菌"工厂模式"和"林菌模式"，以"工厂模式"发展的食用菌产业土地利用率和产出率远超传统种植业。

（一）种植基地

通过产业园建设，新建标准化育苗大棚 13.89 亩、规模化栽培大棚 28 亩、温室大棚 31 个（共 13200 平方米）、生产厂房 4500 平方米等。园内聚集省级重点农业龙头企业 4 家、市级农业龙头企业 7 家，各实施主体种植食用菌品类不同，实现差异化发展。

（二）生产加工

引进菌蔬预制菜净化分拣、加工生产流水线设备 2 套，固态类预制菜生产线 2 条，包装机系统 1 套等，对园内菌蔬深加工工艺进行升级改造，提高菌蔬产业加工产值。

（三）品牌培育

创建了国家级区域公用品牌"韶州府食用菌"和省级区域公用品牌"南华草菇"，以及"爱上蘑力""菇木真""亚北兴""玉龙洞"等企业品牌。

（四）市场销售

食用菌产品除了供应国内市场外，还远销越南、新加坡、泰国、马来西亚、美国、荷兰、新西兰等国家。

（五）联农带农

2020 年，园内土地流转率达 66%；农民人均可支配收入达 23306.2 元，高出全区平均水平 16% 以上。产业园与低收入户共享食用菌产业发展收益。帮扶资金投入产业园 1770 万元，产业园为 29 个欠发达村建设 29 个生产大棚，每年增加收益达 119.54 万元。

三、链主企业带动农产品精深加工全产业链分析

韶关市星河生物科技有限公司是省级现代农业龙头企业，也是粤北地区首家工厂化栽培食用菌的企业，曲江区食用菌产业园重要实施主体之一，位于韶关市曲江白土工业园，占地 173 亩，员工 460 人。目前，星河生物在粤北地区已拥有数座食用菌大型生产基地、研发中心、深加工产品线等，日产鲜菇 100 吨，年产优质鲜品 3 万吨，年产值 3 亿元，产品畅销国内外。2021 年被评为食用菌星河生物工程技术研究中心。

（一）食用菌精深加工

主要生产销售真姬菇、白玉菇、杏鲍菇，以及灰树花、北虫草、灵芝等十多

个品种的菌类。冬季销量大，夏季市场需求减小会减少种植产量。真姬菇、白玉菇、杏鲍菇华南地区日产能第一，华南地区杏鲍菇产能第一，华南地区食用菌企业中品类最全。食用菌加工产品有食用菌即食休闲食品、食用菌干货、食用菌即食小菜、茶树菇等为主的煲汤料和食用菌佐餐酱料等，2023 年 9 月底投产，预计年产 3600 吨、产值增加 4500 万元。

（二）市场销售

主要以销售鲜菇为主，一半国内、一半出口国外。产品已进入国内一级市场（香港、澳门、深圳、广州、长沙、武汉、郑州、北京、桂林、重庆、成都、合肥、昆明等），出口至东南亚（泰国、越南、马来西亚、新加坡、印度尼西亚）、欧美（荷兰、美国、加拿大）、中东（阿联酋、土耳其）等，以东南亚为主。真姬菇和白玉菇在华南地区销售份额市场占有率 60%、外贸销售份额市场占有率 33%。杏鲍菇在西南地区销售份额占有率 65%。供货的大型农产品批发市场有北京新发地、广州江南、上海江桥、郑州万邦、重庆双福等。商超主要供货合作渠道有大润发、沃尔玛、华润万家、永辉超市、家乐福、山姆会员商店等。电商主要供货合作渠道有盒马、拼多多、每日优鲜、美团买菜、抖音、多多买菜、橙心优选、淘菜菜、小红书、京东、兴盛优选、十荟团等。社区团购主要供货合作渠道有钱大妈、温鲜生、肉联邦、谊品生鲜等。

四、主要措施、存在问题及建议

（一）当地出台的政策文件

一是出台食用菌产业发展奖补政策。出台《韶关市曲江区食用菌（香菇）产业发展奖补方案》，投入资金 800 万元用于食用菌（香菇）菌种选育补贴及香菇菌棒种植补贴。2022 年试点村集体投放 17.2 万棒香菇菌棒，产量约为 32 万斤，带动试点村集体经济总收入 120 万元。2023 年继续出台了《韶关市曲江食用菌产业发展奖补方案》，在白土镇、樟市镇、罗坑镇、沙溪镇、大塘镇共 50 个村（居）委大面积推广试点经验，对建设食用菌种植大棚进行奖补，每个大棚奖补 30 万元，目前大塘镇、樟市镇、沙溪镇食用菌基地已完成建设，罗坑镇、白土镇预计今年 2 月可完成。出台《曲江区壮大村集体经济和产业发展结合项目实施方案》，从驻镇帮镇扶村资金中划拨 360 万元，在全区共选取 12 个村（居）委作为壮大村集体经济与产品工厂化试点进行产业扶持，每个试点扶持资金 30 万元，资金主要用于食用菌产业发展所需的大棚建设、菌棒及生产经营费用等支出，目前已完成 10 个试点建设。

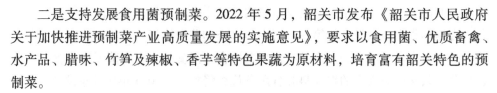

二是支持发展食用菌预制菜。2022 年 5 月，韶关市发布《韶关市人民政府关于加快推进预制菜产业高质量发展的实施意见》，要求以食用菌、优质畜禽、水产品、腊味、竹笋及辣椒、香芋等特色果蔬为原材料，培育富有韶关特色的预制菜。

（二）存在问题和制约因素

一是品牌建设不足。曲江区食用菌至今尚未树立统一的区域公用品牌。一方面区域内食用菌品牌合力不足，市场品牌"杂、散、乱"，另一方面现阶段曲江区每日食用菌产出量占广东食用菌市场 60% 的份额，但各实施主体对打造统一区域公用品牌的深刻认识不够，品牌效益未能充分体现，溢价能力仍有较大提升空间。

二是融资渠道有限。农产品加工业的发展需要大量的资金投入包括技术改造、设备更新、新产品研发等。然而，由于企业规模、信用等级等原因，许多企业面临融资难题，融资渠道有限。这制约了企业的发展和扩大，也增加了企业的经营风险。

三是奖补资金兑现难。由于县级财政困难，其首要任务是"三保"，先建后补、以奖代补项目资金兑现难，造成农业经营主体不愿意申报承担奖补项目，如优势特色产业集群建设项目、预制菜产业园先建后补资金。

四是检测费用高，影响检测数量。目前曲江区食用菌出口以抽检为主，如供港菇按检测指标收取费用，一个产品检测 200 多个指标，共收费 2000 元，对规模户尚可接受，但对小规模农户而言检测费用高，需要政府补贴。

五是科技水平不足。食用菌省级现代农业产业园的中、高级人才较为缺乏，各实施主体的人才流失率较高，存在人才支撑不足的问题。菌种研发基础薄弱，食用菌高值化栽培技术相对落后，影响菌种选育和规模化种植推广。食用菌生产虽然在一定程度上实现了标准化，但是由于部分种植技术指导人员不专业、生产技术掌握不熟练、标准化规程执行不到位，导致食用菌品质参差不齐、价格差距大、收益不稳定。

六是用地政策受限。随着农产品加工业的快速发展，对土地的需求不断增加。然而，受土地供应不足、用地成本高昂、土地流转困难、程序繁琐、土地用途受限等因素制约，农产品加工业发展受到一定限制。

（三）发展建议

一是加大政策扶持力度。为推动农产品精深加工业的快速发展，需要出台一系列的优惠政策，包括税收减免、资金扶持、土地使用等方面政策为精深加工企业创造良好的发展环境。同时，还需建立完善的政策落实机制，确保政策能够得到有效实施。

二是提高科技创新能力。加大食用菌领域高层次人才引进力度，加强与科研院所和技术服务单位沟通联系，引进试验示范推广适合韶关栽培特点的新品种、新技术，选育优势菌种，并逐步实现本地生产用种的完全自给，以降低生产成本，提高产品质量安全。

三是优化产业结构布局。针对当前农产品加工业结构单一、产业链条短的问题，应引导企业调整产业结构，延长产业链条，提高产品附加值。同时，还需培育新兴产业，优化产业布局，形成多元化的发展格局。

四是培育精深加工企业。精深加工企业是推动农产品加工业发展的主力军。应加大对精深加工企业的培育力度，支持企业扩大规模、提高技术水平增强市场竞争力。同时，还需鼓励企业加强合作，实现资源共享、优势互补。

五是加强品牌建设和市场推广。建议广东省相关部门多牵头组织开展丰富多样的宣传活动，加大食用菌产业宣传推广力度。可通过建立省级食用菌文化展览馆，举办省级食用菌烹饪大赛、食用菌产业健康主题活动，扩大菌食文化的传播范围；借助省级主流媒体和新媒体力量，通过图文、直播等方式，加大食用菌产业园和相关产业的宣传推广力度，提高食用菌相关企业和农户的参与积极性。

六是完善产业链条和产业集群。围绕重点产品、技术、企业和平台，引进、培育可与现有食品产业形成产业链的项目，推进菌蔬产品精准加工，加大自动化、智能化装备应用，全力打造菌蔬加工产业集聚区。

小结：产业园建设倒逼经营主体快速发展（深加工、联农带农），推动县域农业发展提质。之后，可选择县域主导产业、典型头部企业重点支持，强化三方监管。

南海区花卉产业园调研报告

赵永琪

佛山市南海区位于粤港澳大湾区腹地，面积 1071.82 平方千米，辖 6 个镇、1 个街道、290 个村（社区），常住人口超 365 万人，经济综合实力全省领先，历来是改革的热土，先后承担国家级农村体制综合改革、集体经济组织股权确权、全国乡村治理体系建设、农村宅基地制度改革，是广东省城乡融合发展改革创新实验区、全域土地综合整治省级试点，在农业农村领域持续为全国提供南海经验模式。连续 10 年位居全国百强区第二，四度荣膺全国最具幸福感城市（区），是一个工业强区，同时，深化改革，聚焦落实广东省委"百千万工程"，大力推进"6621"农业现代化强区工程，努力念好工业大区的"农业经"，区内农业产值占比虽然不大，但水产、观赏鱼、花卉等特色产业在全国拥有着重要地位。

一、南海区农业概况

2023 年，南海区农林牧渔总产值为 132.25 亿元，增速 5.3%，农业经济稳定向好。全区农用地面积约为 60 万亩，培育农业龙头企业 60 家（国家级 2 家、省级 16 家、市级 17 家、区级 25 家），总资产规模超 87 亿元，直接带动农户超 8 万户。南海区坚持全产业链协同发展，通过产业链延伸、产业范围拓展、产业功能转型，促进一二三产融合发展，培育农业农村新业态。

（一）水产养殖领先全国

南海区淡水养殖面积为 13.93 万亩，以加州鲈、生鱼、黄颡鱼、鳗鱼、桂花鱼等优质高值鱼为主，是"中国淡水鱼苗之乡""中国加州鲈之乡"；是全国最大的淡水鱼养殖区、淡水鱼苗繁育中心、淡水鱼加工流通中心，全年鱼苗年产量超 1900 亿尾，占全国的 1/7；是南鱼北运主供区，日均北运量占全省的 50%。

（二）锦鲤产业闻名全国

南海区是全国观赏鱼养殖产业集聚区，观赏鱼养殖面积达 2500 亩，有观赏鱼相关企业 360 多家，年产量超 2 亿尾，综合经济价值超 20 亿元。

（三）花卉种植驰名全国

南海区现有花卉种植面积 8.22 万亩，拥有"中国香水百合名镇"等称号；蝴蝶兰种植面积约 3000 亩，年生产销售蝴蝶兰超 5500 多万株，产值超 10 亿元，是华南地区最大的蝴蝶兰生产销售中心，全国每四株蝴蝶兰就有一株产自南海里水。

二、产业园功能和作用

佛山市南海区花卉园艺产业园位于佛山市南海区里水镇，规划面积为 3.6 万亩，主导产业面积为 3.2 万亩，主导产业为花卉园艺产业，创建主体为里水镇人民政府。2023 年，产业园总产值达 26.5 亿元，同比创建前的 16.85 亿元，增长率达 57.3%，主导产业产值达 19.1 亿元，同比创建前的 13.58 亿元，增长率达 40.6%。截至目前，产业园计划投入 3.3 亿元（市级财政 0.3 亿元，区级财政 0.6 亿元，社会自筹资金 2.4 亿元），累计已投入 3.29 亿元；规划建设项目 51 个，已完成项目 51 个，项目完工率达 100%。

通过产业园建设，南海区花卉生产企业从 2019 年的 278 家增加到 677 家，其中国家级龙头企业 1 家、省级农业龙头企业 2 家、地市级农业龙头企业 1 家、区级农业龙头企业 4 家。农民专业合作社 18 家，其中蝴蝶兰合作社 4 家，百合花合作社 1 家，苗木小盆栽 8 家。产业园建设以来，已落实建设用地 20.26 亩，新流转土地面积 2398.5 亩，新增种植规模 2200 亩，新增设施大棚面积 1200 亩，新建节水灌溉面积 1000 亩，新增装备（含采收、分拣、物流等）2 台（套）、新建冷库 3 个、新建冷库容量 5000 立方米，新建水肥一体化设备 11 台（套），新建或者改造核心区道路 4786 米，产业规模化、标准化和现代化水平稳步提升。

产业园在建设过程中，南海区立足花卉园艺产业，以农民增收为核心，园内各经营主体采用"龙头企业+农户+市场"的产业园经营模式，与周边农户建立了稳定的联结关系。通过地块出租、农忙雇工、技能培训等，给农户带去了实质的收益和能力提升。同时，产业园区设置有创业鼓励机制，由实施主体引入大学生创业群体，提供温室大棚，减少业主前期投入的机制，在一定程度上为园区的良性运行打下基础。产业园自建设以来，带动农户 5000 户，吸纳农民就业人数 20000 人，吸引返乡创业人员 100 人，园内农民人均纯收入 37114 元，园内农民人均可支配收入比当地平均水平高 26.03%。

三、主要做法与措施

南海区采取"强统筹、强机制、强服务、强科技"等一系列措施，有序推进花卉产业园创建和建设，推动花卉产业实现跨越式发展。

（一）强统筹，做好园区顶层设计

制定《佛山市南海区花卉园艺产业园总体规划》、《佛山市南海区花卉园艺产业园上级财政资金使用方案》（2019 年、2020 年、2021 年）、《南海区花卉园艺产业园建设专项资金使用计划表》（2019 年、2020 年、2021 年），落实发展规划，谋划总体布局，切实推进产业园建设实施。

（二）强机制，抓好园区建设进度

建立产业园运营管理机制，由区委副书记、区长担任组长，成立产业园建设工作领导小组，建立专门议事机构，产业园创建以来召开多次专门会议，协调推进产业园建设工作，并定期向省、市主管部门汇报工作进展情况。

（三）强服务，落实园区项目落地

为促进产业园建设和快速发展，市、区、镇积极出台产业园扶持政策措施，如 2022 年佛山市南海区人民政府印发《佛山市南海区关于实施"三农"改革转型推动乡村高质量振兴的实施意见》（南府〔2022〕10 号）、《南海区关于推动现代农业高质量发展的若干意见（2022－2024 年）》（南府办〔2022〕5 号）、《南海区农业用地整备工作方案（2022—2024 年）的通知》（南府办函〔2022〕56 号）、《关于印发南海区进一步加快花卉产业高质量发展行动计划的通知》（南府办函〔2023〕30 号）、《南海区加快推进农业品牌建设工作方案（2022—2024 年）的通知》（南府办函〔2022〕179 号）等文件，用好用活产业、用地、园区、科技、金融等扶持政策、机制、资源优势；里水镇制定《佛山市南海区里水镇现代农业产业扶持奖励办法》、《里水镇现代农业产业园管理办法》等一系列政策，推广农业保险保证权益，宣传推广南海区"政银保""信贷直通车"等，强化金融扶持，降低融资成本，优化企业营商环境，为企业进驻、人才引进和产业发展提供了政策支撑和服务保障，有效推动龙头企业等新型经营主体和农民在产业园建设及经营的发展壮大。

（四）强科技，促进企业增效提质

立足产业园主导产业特色品种，推进农科教、产学研联合协作，目前产业园与广东农业科学院环境园艺研究所合作制定《南海区花卉园艺产业园蝴蝶兰栽培技术规程及其种苗和盆花质量等级标准》，示范带动产业园蝴蝶兰产业种植提质增效，推进产业园蝴蝶兰产业向高质量发展。引入上海交通大学花卉专业博士工作室进驻产业园，链接花卉园艺科研资源，开展日常培训及生产指导，促进园内花卉园艺企业实现科研成果转化，为"三农"建设提供有效服务。加强花卉的种业研发，成立天俐生物蝴蝶兰种苗中心，积极培育本地蝴蝶兰特色品种，逐步实现从引进育种到自主育种的质的提升。截至目前，产业园内自主研发新产品、新技术10项，合作开发新产品、新技术3项，引进新产品、新技术2项。

四、存在问题和制约因素

(一) 发展无序，行业管理有待规范

南海区花卉产业虽实现了聚集规模化发展，但仍处于自发分散状态，各自为政，缺少宏观调控及专业指导，经营户盲目跟风种植，市场无序竞争。从调研中了解到，花卉产业园建设以来各经营户快速扩大产能，蝴蝶兰组培规模预计将超过10亿株，而当前消费市场萎缩，大量花卉已经出现滞销趋势，未来花卉市场将出现巨大的产能过剩。同时，南海区缺乏统一的花卉行业管理机制，花卉企业之间、上下游产业之间缺乏协调性，导致花卉生产、加工、流通、销售有序性差。

(二) 受土地资源制约，流转租期不确定

土地是花卉产业发展不可或缺的基本要素，花卉基地大多数建设在城乡结合部，与农作物争地矛盾突出，土地租金持续上涨，花卉企业生产成本大幅度增加。调研中发现，当前南海区不同地段的土地流转期不一致，合同期的土地使用政策存在诸多不确定性，导致企业不敢进行新品种、新技术等方面的大规模投入，普遍依赖台湾的花卉种源和组培技术，缺乏最前沿的花卉育种核心技术，影响着花卉产业的健康、可持续、高质量发展。

(三) 产业结构不合理，科技支撑不足

花卉产业发展极不平衡，蝴蝶兰产业占花卉种植面积的80%以上。在调研中发现，当前在研究、示范、开发、推广等领域多处于企业自发的零散状态，几乎没有自主知识产权的花卉品种，以零散种植经营为主，专业化程度低、产品质量不稳定，严重减缓了花卉的产业化进程。同时，受制于设施农用地不能硬化的规定，花卉生产中机械化、信息化、标准化程度低，数字化生产能力有待提高。

(四) 产业发展单一，深加工不够

南海区的花卉产业大多属于观赏类，依靠幼苗组培，花期控制，再批发销往全国各地，产品的可复制性和可代替性高。单一的产出形态和简单的初级产品，

必将影响花卉产业的长远发展。调研中发现，南海区整体以鲜销为主，缺乏拓展和研究花卉产业的使用价值、深层次加工技术，对一些美容、药用、营养保健等产品所带来的价值认识不足。

五、对策建议

（一）强化宏观调控，建立健全服务体系

花卉产业是精细型农业产业，要有科学合理的布局，政府要在政策上进行宏观调控。一方面要因地制宜制定科学的发展规划，出台发展纲要，有序引导和扶持企业种植和生产多品类、多用途、多形态的花卉产品，满足市场的个性化需求，提前谋划花卉产能和销售市场的良性对接，减少市场变化对花卉产业的冲击。另一方面要完善花卉产业发展服务体系，建立花卉行业协会，通过协会进行有组织的花卉生产，同时加强营销网络、融资保险、链式流通等上下游企业的沟通，促使花卉行业向高效、优质、高值、有序等方向发展。

（二）加大政策支持力度，确保土地稳定流转

引导和鼓励农户开展土地流转，把分散、闲置的土地集中到合作社、农业产业化龙头企业等新型农业经营主体中，提高土地产出率、利用率和生产率。加大农村土地承包经营权纠纷仲裁机构建设，依法保护双方的权益，合作社、农业产业化龙头企业流转土地有一定规模的，可以在项目、技术指导、税收等方面给予重点扶持，允许财政项目资金直接投向符合条件的合作社、农业产业化龙头企业，确保土地的稳定流转。

（三）聚焦产业科技创新，促进数字化经营

推动花卉园艺技术创新，加强生产技术、生产设施、生产方式创新。加强科研院所、高等院校、科技企业与花卉生产企业对接服务，在生产、示范、开发、推广等方面给企业提供技术支持，为企业研发新品种、开发新技术、创造新方法提供助力。成立专家服务队深入田间地头开展下乡服务，加强花卉产业技术指导和疑难解答，在当前政策条件下破解设施农用地不能机械化、信息化的难题，提升企业数字化经营能力。同时，开设花卉、盆景造型、插花艺术等专题技术讲座，培养花卉产业技术人才，解决企业用工难问题。

（四）拓宽产业链，发展花卉深加工

发展花卉的深加工，不但能够体现花卉的高附加值，而且能有效延长花卉产业链，带动经济发展。引入高水平的加工龙头企业，使花卉产品功能逐步从观赏向食品、日化甚至医药等多领域拓展。鲜花加工成保鲜花可以延长花卉的观赏时间，也可以加工成可食用的花茶、鲜花酱、鲜花泥、鲜花馅料，或者果酒，甚至香精、香水等。不同于云南、山东等省份将花卉精深加工成面膜、眼膜、香水等产品，南海区要依托身处粤港澳大湾区市场的地理优势，在土地资源紧缺和租金昂贵的发展状态下，开发出市场认可和自身适应的深加工系列产品，如通过加工技术生产高保真和长时态鲜花、多用途（观赏、食用、美容多合一）花卉产品，或者加工成具有地方文化特色的花卉食品，把南海区土地资源紧缺和租金昂贵的劣势转变成发展的优势。

（五）扩大品牌宣传，提高品牌知名度

政府应扩大宣传，主办花卉、苗木观赏交易会，搭建市场销售平台。拓宽销售渠道，如靠黏合固定客户群走高端路线，拓展接地气的"日常鲜花订阅"个性服务等，利用互联网信息共享优势，利用"互联网+"、电商平台等新兴供销渠道，开通网络销售，线上、线下双管齐下，畅通市场销售渠道，提高南海花卉品牌知名度，推动花卉产业的发展。